大学章程

第五卷
UNIVERSITY STATUTES

主编　张国有
副主编　李强　冯支越
执行副主编　胡少诚　陈丹

图书在版编目（CIP）数据

大学章程（第五卷）/张国有主编. —北京：北京大学出版社，2012.1
ISBN 978-7-301-16767-0

Ⅰ. ①大… Ⅱ. ①张… Ⅲ. ①高等学校—章程—汇编 Ⅳ. ①G649.2

中国版本图书馆 CIP 数据核字（2011）第 055978 号

书　　　名：	大学章程（第五卷）
著作责任者：	张国有　主编
套 书 主 持：	周志刚
责 任 编 辑：	刘 军　于 娜　郭 莉
标 准 书 号：	ISBN 978-7-301-16767-0/G · 3093
出 版 发 行：	北京大学出版社
地　　　址：	北京市海淀区成府路 205 号　100871
网　　　址：	http://www.jycb.org　http://www.pup.cn
电 子 邮 箱：	zyl@pup.pku.edu.cn
电　　　话：	邮购部 62752015　发行部 62750672　编辑部 62767346
	出版部 62754962
印　刷　者：	北京中科印刷有限公司
经　销　者：	新华书店
	730 毫米×1020 毫米　16 开本　83.25 印张　1716 千字
	2012 年 1 月第 1 版　2012 年 1 月第 1 次印刷
定　　　价：	680.00 元（精装，全五卷共七册）

未经许可，不得以任何方式复制或抄袭本书之部分或全部内容。
版权所有，侵权必究
举报电话：010-62752024　电子邮箱：fd@pup.pku.edu.cn

序

唯有第五卷用三册的规模来印制，以便全面展示英国剑桥大学章程、条例细则的内容。剑桥大学 1209 年成立。从 1209 年到此卷出版的 2011 年，剑桥大学已有 802 年的历史。用八百余年的经历积累下来的章程体系，无论看起来有多少值得商榷的地方，无论她的优点或缺点，我认为都是大学治理领域十分宝贵的财富，有许多理念、规则、办法、过程都值得我们借鉴和思考。

剑桥大学的章程、条例及其修订的规矩等，都是世界上少有的模式及惯例，为更好地理解剑桥大学在章程方面的经历及其所显示的内容，我想先将剑桥大学的行政机制和治理框架摆在前面，然后再考察剑桥大学章程的变动历程及其结构，这样的顺序便于理解章程内容变动的背景、规则、程序和内在关系。

剑桥大学治理结构中大学层面的行政负责人

剑桥大学现在的行政责任体系主要由名誉校长、校长、总务长、若干副校长、教务长、学监、校长法律顾问、仪式官、图书馆馆长、大学出庭代讼人等各方面的行政负责人组成大学层面的责任体系，从对外代表、大学执行官、教学、研究、资源、人事、国际关系、法律环境等不同领域维持大学层面的行政秩序、行政效率和行政质量。由于历史久远，在大学理念和治理结构上沉淀下来的设置模式及规矩，在后来的其他国家的大学里已经少见，即使在英国，新起的大学也没有照搬剑桥的设置模式。所以，需要了解这些与剑桥大学的成长直接相关的治理结构，进而理解剑桥大学的治理机制。虽然有些方面与牛津大学相似，但剑桥大学有自己特别的地方。

名誉校长 名誉校长（chancellor）的职能在历史上发生了很多变化。早期的 Chancellor 并非纯粹荣誉性职务，而是负责大学管理的实权任务，后来演变成荣誉性的职务。1246 年剑桥大学诞生第一个名誉校长。在中世纪，名誉校长每年选举一次，一般任期不超过 2 年。当时名誉校长负责大学的日常行政事务，并且对剑桥大学的成员有司法处置权。在早期的大学管理体制中，地区的主教处于领导者地位，开始时，名誉校长是主教的官员，其权威来自于地区主教。1401 年，教皇卜尼法斯九世（Pope Boniface IX）废除了剑桥名誉校长需得到伊利主教认可的要求，使得大学进一步摆脱了外界的影响。1504 年，罗彻斯特的主教约翰·费什(John Fisher)当选剑桥名誉校长,由此开启了选举公众名人担任名誉校长的传统。当时的考虑是,大学与政府打交道的过程中,作为公众名流的名誉校长可以捍卫大学的利益和特权。由于名誉校长一般是有名望、居高位者,因此不太可能住校。有鉴于此,1570年的《伊丽莎白章程》将主要的行政权力赋予了校长和各学院院长。

现在,名誉校长很少介入大学事务,一般只负责颁发荣誉学位和出席学校的各种庆典等。除此之外,名誉校长还有对大学章程进行解释的权力。在人们对章程的含义产生疑问时,校务委员会可要求名誉校长进行书面解释,并且该解释被视为该章程的真实含义。剑桥大学的前任名誉校长是英国女王的丈夫菲利普亲王、爱丁堡公爵(H. R. H. The Prince Philip,1921—)。爱丁堡公爵担任剑桥荣誉校长一职达34年,于2011年6月30日卸任。剑桥大学提名委员会提名盛博理勋爵(Lord Sainsbury of Turville)(1998—2006年间曾任英国科学与创新部部长)接任名誉校长,并提交摄政院审议。2011年10月16日,盛博理勋爵当选为剑桥名誉校长。

校长 校长(Vice Chancellor)在学校行政职员中是最有权力的执行官员。校长是校务委员会、财务委员会、学院总委员会等三个机构的主席,同时也是学校很多部门和委员会的主席。校长人选由校务委员会提名,摄政院选举,任期一般4年。根据《伊丽莎白章程》的规定,剑桥大学的校长每年选举一次,由评议会投票决定。从1587年开始,大学校长一般都是从各学院院长中产生。一直到18世纪,校长几乎是剑桥大学最繁忙的行政官员,校长需要出席所有的学位授予仪式,参加所有各个委员会的会议,因此负担非常繁重。后来,为提高学校行政效率和政策延续性,校长的任期在4年之后还可连任。同时还有多位副校长辅佐工作。2011年现任剑桥大学校长是英国著名科学家莱谢克·博里塞维奇(Leszek Borysiewicz)。

总务长 总务长(High Steward)职位设于16世纪。总务长由评议会选举。在名誉校长缺席时,总务长可以代替名誉校长执行一些职责,例如收回基金会的资格等。现在,和荣誉校长一样,总务长也是一个荣誉性职位。2010年,剑桥大学校友、电视网络公司CTN的主席沃森勋爵(Lord Watson of Richmond,1941—)当选剑桥总务长,他曾于2005年当选为剑桥基金会主席。

副校长 副校长(Pro-Vice-Chancellors)由校务委员会与学院总委员会协商后任命,任期一般不超过6年,人数通常不超过5人。副校长的职责主要在资源与规划、人事、研究与教育等方面辅佐校长工作。2011年在任的剑桥大学5位主要副校长的分工及相关背景是:副校长约翰·拉里森(John Martin Rallison),流体力学教授,主管教育,兼任研究生教育委员会主席、学院总委员会委员,任期2008—2011年;副校长斯蒂芬·杨(Stephen John Young),信息工程学教授,主管规划与资源,任期2009—2012年;副校长林恩·格拉登(Lynn Faith Gladden),化学工程教授,主管科研,任期2010—2012年;副校长珍妮弗·巴恩斯(Jennifer Barnes),科学与政策中心的教授,主管国际战略,任期2010—2012年;

副校长伊恩·怀特(Ian Hugh White),电子工程学教授,主管学校事务,任期2010—2012年。

教务长 教务长(Registrary)的职位始于1506年。第一位担任教务长的是罗伯特·霍布斯(Robert Hobbs),他担任此职一直到1543年。当时教务长的主要职责是负责大学的各种仪式。现在,教务长是剑桥大学行政人员的负责人(head of university's administrative staff),并担任校务委员会的秘书长。教务长需出席校务委员会的会议,并做记录。教务长负责编辑《剑桥大学章程与条例》。教务长由校务委员会任命,但不是校务委员会的成员。2011年在任的剑桥大学教务长是乔纳森·尼科斯(Jonathan William Nicholls),教务长通常是专职行政工作者,乔纳森·尼科斯在这之前曾担任伯明翰大学的教务长。教务长的任期通常比较长,近五百年来,剑桥大学总共产生了26位教务长,平均任期20年左右。

学监 学监(Proctor)主要负责大学的纪律,以及学校社团的申请和审批工作。在中世纪大学中,学监的权力很大,大学的财务工作就归学监管理。在一份1275年前的大学章程中,学监的权力包括确定大学讲座、辩论、学位授予仪式、节日庆典的时间和地点。违反上述纪律者归学监处理。同时仪式官也服从学监的管理。18世纪,学监在评议会典礼中发挥重要作用,同时也是大学的纪律官员,负责监督学生的考试纪律。剑桥大学现在有两位学监。

校长法律顾问 校长法律顾问(Commissary)的职位建于16世纪中叶,最初的职能是帮助名誉校长处理法律事务,并由名誉校长任命。现在,校长法律顾问仍然由名誉校长任命,主要处理与大学条例或法令相关的事务。校长法律顾问有权因为某大学部门的决策或决策的一部分不合理(如越权、程序不当、事实有误或类似的理由)而对其进行审查、修正或推翻。所以校长法律顾问一般应具有法学学位或具备司法经验。2011年在任的剑桥大学校长法律顾问是詹姆斯·麦凯勋爵(Rt. Hon. The Lord Mackay of Clashfern),曾在1987—1997年任英国大法官。

仪式官、捧持 仪式官、捧持(Esquire Bedell)是剑桥大学非常古老的行政职员,其职责包括宣布选举开始、在摄政院会议中负责某些仪式的责任、在某些仪式场合持执大学的权杖等等。剑桥大学现在有两位仪式官。

图书馆馆长 图书馆馆长(Librarian)的职位设立于1577年。图书馆馆长是大学图书资源系统的负责人,对大学的教育、研究、管理、发展及各种事务在信息资源方面保障方面负有重要责任。

大学出庭代讼人 当摄政院的成员提出检举和举报时,大学出庭代讼人(University Advocate)代表大学提出起诉。

上述十个方面的行政负责人,并不是大学行政系统的全部力量。除此之外,还有各层次的行政负责人及行政组织,组成整个大学的治理系统。这里主要指的是大学治理的总体框架及院系结构。

剑桥大学治理结构的总体框架

剑桥大学的治理结构经过多次改革，在规则方面发生了一些变化，但总体框架变化不大。大学治理结构基本框架由评议会、摄政院、校务委员会、学院总委员会、监察委员会、统一行政服务等方面构成。

评议会 评议会（Senate）1926年以前是剑桥大学最高的权力机构，1926年之后将主要治理权力移交出去。评议会成员包括名誉校长、校长、摄政院的现任成员以及所有拥有剑桥大学博士学位、除工程硕士和自然科学硕士之外的硕士学位以及神学学士学位的人。目前，评议会主要履行两大职能：一是选举名誉校长和总务长；二是制定与自身事务有关的各种条例。

评议会的人员构成非常庞大，它包括所有的大学成员，包括在校的和不在校的，只要曾获得剑桥的 M.A. 或更高的学位，就都属于评议会的成员，因此它的人数非常之多。1808年，剑桥大学评议会的成员就有1053人。到1837年，评议会的成员数达到了2613人。在评议会的成员中，住校的成员是少数。例如，在1822年，在校的评议会成员不超过100人。到1855年，评议会的住校成员大约为250人左右。目前，剑桥大学一般不公布评议会的人数和名单，所以无法得知其确切人数。根据章程规定，评议会的组成包括所有摄政院的成员以及所有拥有博士学位、除工程硕士和自然科学硕士之外的硕士学位以及神学学士学位的剑桥毕业生，而在剑桥大学，获得本科学位（B.A）的毕业生在一定年限后将自动获得母校的艺学硕士（M.A.）学位。因此，评议会的成员实际上包括所有的教职工和几乎所有校友。

在历史上，评议会一般通过投票的方式行使权力，而且要求投票者亲自参加投票，所以评议会的权力在大多数情况下是由在校的成员来履行的。不过，也有少数例外情况。如果出现涉及全局的重大事项，不在校的评议会成员也会赶回来投票。据说，在1897年和1921年关于是否允许女性进入剑桥大学上学的决议中，很多不在校的硕士（M.A.）也赶回来参加投票。19世纪末，一些反对剑桥大学考试改革的在各地担任牧师的剑桥大学校友也赶回母校，到评议会投否决票。

1926年，剑桥大学章程将大学的主要治理权力赋予摄政院。此后，评议会的权力所剩无几，真正保留的实质性权力是选举名誉校长和总务长。2011年，剑桥大学选举新的名誉校长，不少校友赶回母校投票，才多少让人觉得评议会不是一个虚设的机构。

摄政院 摄政院（Regent house）是大学的治理团体、选举团体与立法机构。根据英国大学理事会主席委员会（Committee of University Chairmen）2009年出版的《高等教育治理团体指南》，1992年前成立的英国大学的治理团体（Governing Body)一般是大学中的校务委员会,而且校务委员会的人数最好不超过25人。① 但根据剑桥大学官方在剑桥大学主页上的界定,摄政院才是"剑桥大学的治理团体和主要选举团体(electoral constituency)"。

摄政院由教师和行政人员组成,目前拥有约五千名成员。主要成员包括名誉校长、校长、其他的大学行政官员、各学院院长、大学学部(faculty)成员、各学院院士(fellow)。荣誉校长或校长所召集的摄政院会议被称为教职员大会(congregation)。摄政院的规模及功能类似于牛津大学的教职员全体会议(congregation)。因为摄政院成员的代表性和广泛性,剑桥大学史研究者克里斯托夫·布鲁克称其为"大学所有教师以及高级行政人员的民主"。

摄政院的权力主要包括选举权和立法权。首先,具有选举大学行政官员的权力,校务委员会和审查委员会的大部分成员都是摄政院选举出来的;其次,具有制定、修改大学规章,通过法令和条例的权力,对大学的相关政策做出修订,需要提交摄政院获得通过。因此在规则上摄政院是大学事务的最终裁决者。

同时,摄政院的权力又受到校务委员会的制约,因为摄政院没有提出议案(initiate action)的权力,它只能对校务委员会所提交的提案(grace)进行表决。事实上,几乎所有的提案都会被通过。

摄政院"Regent house"有学者译为评议院或高级教职员会议,其实这个名称非常古老,它源自剑桥大学历史上对摄政教师(regent master)和非摄政教师(non-regent master)的区分。所谓摄政教师,指的是从事实际教学工作的教师。剑桥大学史研究的权威学者达米安·里德(Damian Riehl Leader)指出,中世纪的大学毕业生大部分毕业后都在教会和政府工作,很少从事教师职业,为了确保大学拥有充足的师资,剑桥大学、牛津大学等都规定毕业生在获得硕士(Master)学位后,需要宣誓继续为大学从事1到2年的教学服务,这一服务期限被认为是他的摄政期(Regency)。② 在1570年之前,摄政教师指的是获得硕士(MA)学位不超过3年者,因为根据大学的规定,毕业生在获得硕士学位后必须继续为大学从事一段时间的教学,所以获得学位不超过3年者也是从事实际教学工作的教师。1570年的《伊丽莎白章程》将这一期限扩展到了5年。同时,《伊丽莎白章程》还规定,获博士学位时间少于2年者以及某些大学职员也属于摄政教师。与此相对,非摄政教师(non-regent master)指的是住校但不参与教学的教师。根据1570年《伊丽莎白章程》的规定,获得硕士学位超过5年以上和获博士学位超过2年以上者均属于非摄政教师。

摄政教师和非摄政教师均可参与大学治理,在这个基础上,剑桥大学产生了

---

① Committee of University Chairmen (CUC) (2009) Guide for Members of Higher Education Governing Bodies in the UK: governance code of practice and general principles (November). Available at www.hefce.ac.uk/pubs/hefce/2009/09_14/.

② Damian Riehl Leader, *A History of the University of Cambridge*, Vol. 1, *The University to 1546*, Cambridge, 1988. p. 22.; DR Leader, 'Professorships and academic reform at Cambridge, 1488—1520', *Sixteenth Century Journal* 14 (1983), pp. 215—27.

摄政院和非摄政院(Non-Regent House)的区别。从14世纪中期开始,大学就是由来自这两个院的成员所管理的,他们共同构成了评议会(Senate)。非摄政院由于不参与教学事务,其成员对涉及大学财产、特权等方面的事务有发言权,但对教学事务没有发言权。

校务委员会 校务委员会(Council)[①]是大学执行与政策制定机构。校务委员会原称评议会理事会(Council of the Senate),1994年后改用现名。校务委员会是大学的执行和政策制定机构。评议会理事会(Council of the Senate)起源于19世纪中期,前身为提案理事会(Caput)。1849年3月,在得知皇室即将成立皇家委员会后,剑桥大学评议会任命了一个委员会来修改大学章程。在1852年3月28日的报告中,该委员会建议缩小提案理事会的权限,使其仅负责学位申请事宜,所有其他的提案应当由新的名为评议会理事会的机构来负责,该机构的成员包括校长(Vice Chancellor)、前校长以及十五位选举的成员。理事会的单一成员没有否决权。根据1855年的一个法案,校务委员会的成员包括荣誉校长、校长、四名学院院长(由各学院院长提名并决议通过)、四名不担任学院院长的教授、四名摄政教师和四名非摄政教师。在这之后,原先属于提案理事会的权力和特权都让渡给了校务委员会。

目前,校务委员会是大学主要"执行和政策制定机构",负责大学规划、大学资源管理、财务、基金等事务。校务委员会对上向摄政院负责,并须每年向摄政院提交年度报告。校务委员会的任意三名成员可共同向名誉校长提出投诉,以充分理由要求罢免校长。

根据《剑桥大学报》2011年3月公布的"学校团体成员名单",目前校务委员会的成员共有25人,包括荣誉校长(但一般不出席)、校长和23名由选举产生的成员。23人包括4名学院院长代表、4名教授或副教授代表、8名来自摄政院的其他成员、3名学生代表(其中至少有1名是研究生)以及4名校外成员。4名校外人员由校长、两名校务委员会成员、四名评议会成员等组成的提名委员会提名。

根据《剑桥大学报》2011年3月公布的"学校团体成员名单",校务委员会下设审计委员会、财务委员会、申请委员会、商务委员会、执行委员会、荣誉学位委员会、投入委员会、工资委员会、风险管理委员会、学生事务咨询委员会等机构,其中审计委员会主席由校外成员担任。从人员构成上,校务委员会构成与以前不同,一是学生成为校务委员会的成员;二是在校务委员会中引入校外人员。

学院总委员会 学院总委员会(The General Board of Faculties)[②]是校务委员会之外的另一个主要的执行机构。19世纪70年代,为了处理日益繁杂的大学事务,剑桥新成立了两个机构,即学术总委员会(General Board of Studies)和财

---

① 也可译为"校务理事会",在本卷中通常译为"校务理事会"。
② 也可译为"学部总委员会",Faculty在组织规模上类似于我国的"学院",但为与作为法人机构的colleges相区别,也可译为学部。本卷译文正文采取了"学部"的译法。

务委员会（Financial Board）。学术总委员会主要负责大学的教学事务。1926年，根据新的大学章程的规定，学术总委员会更名为学院总委员会（General Board of Faculty）。

学院总委员会主要职责包括：就学校的教育政策问题提出建议，并掌控执行教育政策所需要的资源，设定教学与研究标准；聘请考官；确保大学教师恰当地履行其教学责任等等。为履行上述职责，学院总委员会下设一些常设委员会，主要有掌握资源分配的需求委员会、处理课程与考试事宜的教育委员会、处理人事问题的委员会、图书馆委员会、研究生入学委员会、研究政策委员会等等。

校务委员会和学院总委员会之间存在一定程度的分工。学院总委员会主要负责学术和教育事务的决策。并且在大学的学术和教育事务方面向校务委员会负责。受学院总委员会监管的组织主要包括学院、学系。学院总委员会的主席是校长（Vice Chancellor）。

根据 2009 年的剑桥章程以及《剑桥大学报》2011 年 3 月公布的"学校团体成员名单"，学院总委员会共有 15 人组成，包括：校长、各学院理事会任命的 8 名摄政院成员、校务委员会任命的 4 名摄政院成员、2 名学生成员（本科生研究生各一名）。

监察委员会　　监察委员会（Board of Scrutiny）被看作是剑桥大学的"看门人"，于 1995 年 10 月成立。它对摄政院负责，其主要使命是确保剑桥大学以透明、公正的方式运行。从 1996 年开始，监察委员会每年向摄政院提交一份年度报告，对校务委员会提交的年度预算和财务报告进行审查，同时对剑桥大学科研、教学、人事、国际事务等各方面的状况进行评估，并提出改进建议。监察委员会由校监、副校监和 8 位摄政院的成员组成，这 8 位成员不能是学校的高级行政人员。

统一行政服务部门　　统一行政服务部门（Unified Administration Service）是为大学提供服务保障的部门，受校务委员会领导，负责人是教务长，主要包括学术部、不动产管理与建筑服务部、财务部、人事部、管理信息服务部、研究服务部和秘书处（包括法律服务）。统一行政服务各下属部门的规模较大。根据 2010 年的统计数据，学术部有 78 名职员，不动产管理与建筑服务部有 57 名职员，财务部有 49 名职员，人事部有 20 名职员。

剑桥大学的教育机构体系

剑桥大学对学生的培养由独立学院（college）和大学（university）共同完成。独立学院是独立于大学的实体，而大学下设的学部（school）、学院（faculty）和学系（department）形成三级教学、研究及管理体系。剑桥大学的每个学生既属于大学的某个院系，同时也是某个独立学院的成员。

独立学院　独立学院（Colleges）[①]是大学的组成部分，同时又是法人实体。1284 年，剑桥大学建立的第一个独立学院是彼得豪斯学院（Peterhouse）。早期的这种学院是为教师提供住宿的机构，并不面对本科生。从 17 世纪开始，选择住校的学生越来越多，学院承担起了大部分的住宿和学习的责任，学院在大学中的地位日益重要。大学本部则成为一个负责注册、考试、颁发学位的机构。19 世纪之后，大学本部的权力逐渐增大。

独立学院有自己的资产和工作人员。现在这类学院的主要功能是为学生提供一个社区，相当于学生的"家"。独立学院不是根据专业划分的，一个独立学院里面有各种专业的学生，独立学院负责学生的食宿和交往活动，也向学生提供辅导课之类的小组教学。2011 年剑桥大学有 31 所独立学院。

从法律意义上讲，剑桥大学的独立学院是高度自治的、永存的法人团体，拥有自己的章程。独立学院内部的事务由管理委员会（Governing Body）处理，管理委员会由院长（通常称为 Master 或 Head，Head of Houses）和院士（Fellows）组成。作为一个法人社团，学院成员由院长、院士和奖学金学生或学者（Scholars）构成。院长是学院的领导人，由学院的院士选举产生。在历史上，剑桥的各个独立学院院长在大学的治理中拥有非常大的权力，他们通常轮流担任校长一职。

独立学院不仅是一个法律意义上的法人团体，也是院内成员共同学习、生活、交往的场所。独立学院拥有独立的图书馆、宿舍、餐厅、礼拜堂、花园等物质设施。独立学院不仅为本科生提供导师，而且为其提供膳食和住宿的场所，同时也是学生结交朋友的主要场所。

除院长之外，独立学院的职务，如教务秘书、导师（Tutor）、财务总监（Bursar）、管事（Steward，负责照管学院的建筑和花园，负责管理学院的厨师和仆人）、图书管理员（Librarian）、学习督导（Director of studies）（担任此职位的人负责管理本学院中某专业的本科生，一般也在大学中相关院系任职）。著名的经济学家凯恩斯就曾长期担任国王学院的财务总监，并拒绝接受大学的教职。院长、管事、财务总监和教务秘书一起构成了学院的管理体系。

每个独立学院都有一个或多个基金（Foundation）为学院提供经济支持。大多数独立学院都拥有不动产和捐赠基金。独立学院的创建者在创立之初就指定其将对多少位院士和学者提供资助。例如，剑桥大学女王学院是 1448 年由亨利六世的王后捐资成立的，当时她每年捐赠 200 英镑，用于资助一位院长和四位院士。因此，独立学院能够提供的院士或学者的职位数量，很大程度上取决于学院所获得的捐赠。除了创始人的捐赠之外，独立学院同时也接受其他人的捐赠，从而使学院能够资助更多的学生和学者。捐赠可以用于扩建学院建筑，也可以用

[①]　牛津、剑桥大学的学院（Colleges）是个特殊的法人机构。Colleges 也有学者译为书院、学舍等。这里的中文冠以"独立学院"，一方面反映它的法人性质，另一方面也为和下文的学术性学院（Faculties）相区别。

于提供奖学金。

学部 学部（Schools）是负责相关学科的行政机构。包括相关学科的各个科系。School 是大学的机构，跟美国大学的 School 有所不同，美国大学的 School 相当于通常所说的按专业划分的"学院"，但剑桥大学的 School 范围更大，是按专业类别划分的"学部"。2011 年剑桥大学有六个学部：即艺术与人文学部、生物科学（包括兽医）学部、临床医学学部、人文与社会科学学部、物理科学学部、工学部。学部设置有学部理事会（Council of the School），主要执行大学校务委员会的决策并处理本学部的重要事务。

学院 这里的学院（Faculties）与独立学院（Colleges）不同，是按学科组建起来的大学行政组织，主要负责相关学科的教学和研究的组织工作。剑桥大学的本科生、研究生分学科在这些学院中研修相关课程、攻读学位、考试、获得学分等。学院设置有各种专业课程，由相关的教授、高级讲师、讲师等教学人员来讲授和组织，还有一些辅助人员，协助处理一些教学及服务方面的事务。有些教师除在学院担任教职外，还在独立学院中担任院士或导师。学院设有学院委员会（Faculty Board）和学位委员会。学院委员会的成员包括教授、高级讲师、讲师。例如，剑桥教育学学院有 75 名教师，学院委员会的成员有 19 人。学位委员会权力很大，有关研究生学位的一切决定，如录取学生、设置录取条件或继续攻读学位的条件、论文选题、指定导师等，都要通过学位委员会。学位委员会在学期中间，一般三周开会一次。研究生有什么问题，也可向学位委员会提出申诉。

学院的建立始于 20 世纪 20 年代的改革。1926 年颁行的《剑桥大学章程》使学院成为正式的实体。2011 年，剑桥大学有 21 个学院。临床医学部下面都是实验室和研究中心，没有学院。艺术与人文学部有 8 个学院。历史学院（History Faculty）2011 年有一百多位教学人员，有数百名本科生和 450 名研究生。

学系 学系（Departments）是学院（Faculties）的构成部分。剑桥大学大部分的学院是由学系构成的，但有的学院没有院系设置。2011 年剑桥大学有 60 个左右的学系。有些学院由几个学系组成，有些学院则只有一个学系。每个学系均有系务委员会（Departmental Committee），负责学系的管理事务等。

剑桥大学治理结构的框架和学生教育培养机构的设置，各个机构的职能和相互之间的关系，以及大学与政府、与社会之间的关系都和剑桥大学章程直接相关。800 年来，剑桥大学章程受各种因素的影响，经历了许多变动，从这些变动中，我们可以看出大学章程与大学进步的关系，可以看出剑桥大学现在的运行机制，如何通过章程及条例的变化逐渐积淀下来。

剑桥大学章程的变化演进与历史积淀

剑桥大学建立时的章程现在还没有看到。1209 年剑桥大学成立，按常理，剑桥大学创始时应有自己的章程，但目前可知的最早的剑桥大学章程，据历史学家哈克特（M. B. Hackett）推断大致在 1250 年。① 这个《1250 年章程》篇幅并不长，大致有 13 章，主要规定了校长的选举、校长和仪式官的职责、各行政职员的职责、司法与法律豁免权、大学全体会议的召开、学位授予的仪式、校历、房屋租金等内容。校长（Chancellor，后称"名誉校长"）有权召集摄政院（house of regents）和非摄政院（house of non-regents）的会议。1250 年的剑桥大学设有艺学、神学、法学三个学院，这些学院的管理和运作受到章程的约束。从 1250 年的章程内容和约束对象来看，章程已经具有大学治理的基本结构和效力。1275 年 3 月 17 日，剑桥大学又颁布了一个章程，这个章程稍微分散了一些校长（Chancellor）的权力，增加了学监（Proctors）和摄政教师（Regent Masters）的权力。章程规定学监也可以召集召开摄政院会议。

1535 年，因坚持教权高于皇权并拒绝承认英国皇室的绝对权威，剑桥大学名誉校长约翰·费什（John Fisher）被亨利八世处死，托马斯·克伦威尔（Thomas Cromwell）接任名誉校长。同年，皇家巡视员带着皇家的谕旨，奉命考察牛津、剑桥两校。英皇谕旨要求两所大学的成员宣誓效忠皇室，同时提出了如下要求：第一，两所大学的学院免费提供希腊语和拉丁文的讲座；第二，在神学课程中停止使用彼得·伦巴德（Peter Lombard）的《箴言》教材；第三，停止教会法的教学。这是历史上英国政府第一次干涉大学的内部事务。1545 年，一项解散所有重要礼拜堂和所有学院的法令获得通过，国王据此可以任意处置剑桥大学的所有学院。这对剑桥大学来说将是一个致命的威胁，所幸的是亨利八世没有取缔牛津、剑桥两校，还在牛津和剑桥分别成立了亨利八世学院（后更名为基督教会学院）和三一学院。

1548 年，爱德华六世登基。1549 年，为了使剑桥章程与英国的宗教改革相一致，英国皇家再次组织了一个委员会考察剑桥，并制定了一个比较简明、合理的章程，史称《爱德华六世章程》（Statutes of Edward VI）。《爱德华六世章程》的不同之处是在 1535 年谕旨的基础上，进一步更新了剑桥的课程，例如强调政治学与伦理学课程、引入地理学课程、使用最新的数学教材等，进一步扩大了人文主义在课程中的影响。1559 年的《伊丽莎白一世章程》（Statutes of 1st of Elizabeth）在《爱德华六世章程》的基础上进行了一些小幅度的修改，主要包括：校长和各学院院长决定公共讲座的时间；在选举税务官时，在各学院院长提名的 6 位摄政教师中产生两位税务官等。

为了强化各学院院长的权力，调整大学的治理体系，剑桥大学三一学院院长约翰·惠特吉夫特（John Whitgift）和其他 5 位学院的院长在 1570 年起草了一份新的章程（同年，约翰·惠特吉夫特接任剑桥大学校长一职）。1571 年，英国议会通过法案正式确认新章程的基本条款。历史上这一法案通常被称为《伊丽莎白章程》（Elizabethan Statutes）。《伊丽莎白章程》详尽地规定了大学的治理、课程、

---

① MB Hackett, *The Original Statutes of Cambridge University: The Text and its History* (Cambridge 1970).

纪律等各个方面的规则。在此后将近三百年中,一直到19世纪中叶,《伊丽莎白章程》都是剑桥大学治理的准则。和旧章程相比,《伊丽莎白章程》的主要特点是:第一,进一步增大了各学院院长的权力,在选举校长、讲师、仪式官和其他行政人员时,他们有权提名两位候选人,评议会必须任命其中一位。在学院的选举事务方面,学院院长具有绝对的否决权。同时,关于新章程的模糊和存疑之处,学院院长有解释权。这样,原来属于评议会的一些权力也被转移到学院院长身上了。第二,在增大各学院院长权力的同时,相应地削弱了学院其他教师的权力。在《伊丽莎白章程》颁布之前,名誉校长(Chancellor)和校长(Vice Chancellor)都是由摄政教师(Regents)单独选举的,但《伊丽莎白章程》将该项权力赋予了各学院院长。第三,削弱了学监(Proctor)的权力。在这之前,学监是大学中最重要的行政官员,拥有广泛的权力,例如解决争端、主持大学所有的公共仪式、负责监督大学中酒类和食物的供应、掌握大学财务、主持考试、授予摄政教师头衔,等等。但根据《伊丽莎白章程》,学监不再是摄政院的官方代表,原有的很多权力转移给了名誉校长或校长。

由于《伊丽莎白章程》削弱了普通教师的权力,所以在剑桥校内引起极大的反对。评议会的164名成员联名向名誉校长上书,反对新章程。剑桥名誉校长将请愿书和校长约翰·惠特吉夫特(John Whitgift)的辩护书一并呈交给伦敦和伊利的大主教。大主教的裁决偏向约翰·惠特吉夫特,维持了《伊丽莎白章程》的基本原则。根据《伊丽莎白章程》的规定,大学校长(Vice-Chancellor)和各学院院长可以对章程中的模糊之处进行讨论,并决定其含义,但这一解释不能脱离章程的字面含义和法律意义。早期,大学校长和各学院院长利用这一权力对章程进行了一些事实上的调整。例如,《伊丽莎白章程》明确规定,艺学学士(B.A.)在申请艺学硕士之前,必须在大学住宿满9个学期。但事实上很多学生是无法满足这一条件的。于是大学校长和各学院院长在1608年出了一个章程解释文件,免除了住宿的要求,并进行了说明。17世纪,《伊丽莎白章程》中很多有关课程的规定都过时了。但大学如果要修改这些章程,必须向皇室(Crown)提出请求。为了省事,大学干脆对过时的章程条款不予履行,而不是采取修改章程的办法。到18世纪,《伊丽莎白章程》中的不少规定已经明显不符合大学的实际情况了。

到19世纪,《伊丽莎白章程》陈旧过时、阻碍学校发展的问题日渐突出。1841年,主张改革章程的剑桥大学教师乔治·皮科克(George Peacock)出版了《对剑桥大学章程的观察》一书。乔治·皮科克发现,事实上学校的一些发展,如1730年以来数学课程占主导地位的规定,已经不符合大学实际状态,但修改章程又非常困难。出于可行性的考虑,皮科克建议修改章程,并主张将章程分为两类:一类是有关大学的构成和治理的部分,其章程条款须议会批准;另一类是有关细节细则部分的章程内容,可以由剑桥大学自己来修改。乔治·皮科克的改革建议得到了政府的欣赏。1850年,约翰·罗素(John Russell)勋爵向英国众议院(House of Commons)建议成立了一个皇家委员会来调查牛津大学和剑桥大学的教育体制和收入分配问题时,乔治·皮科克被任命为皇家委员会的成员。

1856年,英国议会通过了《剑桥大学法案》(Cambridge University Bill),该法案允许神学学位之外的学位申请人不宣布其宗教信仰,但同时将评议会的成员资格限于信仰英国国教的文学硕士和博士。也就是说,不信仰英国国教的人还是没有权利参与大学的治理。围绕1856年的《剑桥大学法案》,剑桥大学内部爆发了非常激烈的争论。1858年1月,各大学院被要求服从新章程的规定。对于这次改制,曾两度担任剑桥大学校长的威廉·休厄尔全力反对,态度非常激烈。他指出,制度不是制造的,而是逐渐形成的。对于导师选拔向全社会开放、不要求导师独身等措施,休厄尔极力抵制。休厄尔的反对产生了作用。1859年对章程做了一定的修改,比如继续要求导师为牧师,大部分院士要求独身,有选择地开放院士的选拔等。此后,根据《1882年牛津与剑桥法》(University of Oxford and Cambridge Act of 1882),剑桥大学的章程又进行了一定幅度的修改。

1919年,英国又成立皇家委员会对牛津大学和剑桥大学进行审查,并于1922年提交报告。这次审查促成了《1923年牛津剑桥大学法案》(the Universities of Oxford and Cambridge Act 1923),时至今日,该法案仍发挥着效力。根据这一法案,剑桥大学成立章程委员会,并对剑桥大学和各个独立学院的章程进行了修改,由此产生了1926年的剑桥大学章程。《1926年剑桥大学章程》确立了多项改革,例如,将大学的主要治理权力从评议会转移到了摄政院;大学成立学部;将学术总委员会(General Board of Studies)更名为学院总委员会(General Board of Faculty);引入学术休假制度;增加校聘教师数量等等。《1926年剑桥大学章程》在剑桥大学治理上的具有深远的影响。

20世纪80年代,当时的撒切尔政府削减了对大学的公共投入,英国大学开始面临资金困难的问题。由于大学预算中70%—80%都用到了教师身上,其中超过50%用在了终身教职的教师身上,于是政府当局希望用废除终身制和裁减教师的办法来缓解财政困难问题。根据大学章程,只有在"正当理由"(例如,能力欠缺、行为不当或触犯法律)的情况下,大学才有权解聘教师。为了使大学的裁员行为名正言顺,英国政府效仿19世纪牛津、剑桥两校改革的先例,在1987年成立了专门委员会,修改大学章程,以使大学能够因为"正当理由"之外的原因解雇教师。为此,1988年,英国政府通过了《教育改革法》,根据《教育改革法》聘任了章程委员会,为英格兰和威尔士的所有大学制定有关终身教职和教师解聘方面的章程。新章程有两个显著的变化。第一,解雇教师的决定不再需要得到管理团队三分之二的多数票同意;第二,大学可以出于人员冗余(redundancy)的原因而解聘教师。

1997年,英国政府发布《迪林报告》(Dearing Report),要求英国大学对其治理机构进行改革。报告提出,改革主要在三个方面进行:第一,进一步增强治理团体(Governing Body)的权力;第二,1992年前成立的大学的治理团体规模太大,为了提高决策的效率,应当缩小治理团体的规模,以不超过25人为宜;第三,外部的利益相关者应当在治理中发挥更大的作用。关于《迪林报告》,夏托克(M. Shattock)、马丁·特罗(Martin Trow)等高等教育研究专家普遍不予好评,认为这是对英国大学自治传统的侵蚀,忽略了大学机构之间的多样性。2002年6月26日,剑桥大学校务委员会正式发布治理改革的提议。具体内容包括:第一,扩大摄政院的成员组成。将博士后和行政人员纳入摄政院,摄政院人数将从3000人增加到5000人左右。第二,增加校长权力。首次确认校长是对校务委员会负责的大学第一执行官,全面负责大学的管理和财务,同时校长任期从原来的5年延长至7年。第三,改变校务委员会、审计委员会的成员结构。历史上第一次提出要吸纳三名外部成员,其中一名出任校务委员会主席,另一名出任审计委员会的主席。第四,增加副校长的人数。第五,增设一名执行校长(Executive Vice-Chancellor)。经过摄政院激烈讨论后,校务委员会的部分提议获得通过。2004年底,在校务委员会中增设校外成员的提议获得通过,并从2005年1月起,剑桥大学校务委员会中增设了两名校外成员。

现在,剑桥大学会根据每年通过的动议(Graces),对章程和条例(Ordinance)进行更新。2006—2007年,剑桥校务委员会发布《大学治理绿皮书》,提出了改革剑桥治理结构的若干建议,其中包括提议将校务委员会中的外部成员由2位增加到4位。2008年3月,摄政院召开会议对这一提案进行表决,尽管反对者认为这将会侵蚀大学一贯以来的学术自治传统,但这一提案最终被摄政院所采纳。根据表决结果,剑桥大学修改了章程A中的相应条款,并将加盖学校公章的章程修改稿送呈枢密院,2008年7月9日,英国女王批准了剑桥大学章程的修改。我们所翻译的也正是这个经过多次修订的《剑桥大学章程与条例》2008年的版本。我们看到,在这个版本的《剑桥大学章程》中,校务委员会的成员已经增加到了4位。2008年颁布的《剑桥大学章程与条例》分为两类:第一类是章程部分,内容广泛,主要包括:序言;大学校长及管理机构;入学、住宿、学位、纪律;学院与教师团体;大学官员;信托酬金;财务与财产;学院责任;经过批准的基金和社团;大学出版社;程序的开始、解释与无效程序;临时条款;教务人员;附录。共13个部分,约一百余章。其中"信托酬金"部分,有四十多个基金及其基本规则呈列出来。第二类是大学条例部分,主要是各种管理细则,有15章,约106项。

在剑桥大学建立后,从找到的最初的1250年章程,到1549年的《爱德华六世章程》、1559年的《伊丽莎白一世章程》、1571年的《伊丽莎白章程》、1856年的《剑桥大学法案》和《1926年剑桥大学章程》,大约经历406年,涉及比较重要的六个章程,建立起了剑桥大学相对稳定的结构体系。从20世纪80年代以来,受到全球化、市场化、实用化的影响,剑桥大学章程内容又进行了一些改革,这就有了2008年的《剑桥大学章程与条例》。尽管如此,剑桥大学的章程结构和内容还是保留了许多以往的传统,Chancellor、High Steward、Esquire Bedell、Colleges等就是与众不同的设置。上述剑桥大学章程及大学治理结构改革的进程,反映了修订章程的必要和修订的艰难。章程涉及大学方方面面的利益和机制,修订的利弊直接影响大学的稳定和效率。同时,剑桥大学的章程变动过程,也反映出英国社会及英国政府对大学发展的理解和对策,反映了剑桥大学在大学治理结构方面的思考、辩论和改进,反映了大学在历史趋势中的响应能力和因应机制。

章程认可并造就了民主的治理结构和广泛的意见体系

剑桥大学章程认可并造就了大学的治理模式。就章程原则来看,剑桥大学是典型的学者团体治理、倒金字塔式的民主治理结构,多渠道的民主的意见体系。其基本状态表现为:

第一,数千名教师组成的立法机构。每位教师都是剑桥大学作为立法机构和治理结构的摄政院成员,拥有参与学校治理的权利。摄政院由数千名剑桥教师和行政人员组成,充分体现了教师治理和学术民主的原则。剑桥大学的任何重大改革都要通过数千名摄政院成员的表决。曾在剑桥大学任教数十年并有丰富行政工作经验的社会人类学家艾伦·麦克法兰(Alan Macfarlane)将剑桥的权力体系比喻为"倒金字塔结构"。

第二,教师参与管理的多渠道性。教师在大学治理中拥有很多权力,剑桥大部分行政工作是由教学人员代表其同僚来承担的。教师可通过进入校务委员会、学院总委员会,以及下属的各委员会、学院委员会、学位委员会、研究生教育委员会等各种不同的机构参与学校管理。不同职称等级的教师均可参与管理,剑桥大学的校长和副校长绝大部分是本校教师。这种机制保证了大学的发展能够反映教师的意愿,通过教师的能力进行管理,体现大学是教师的家园。

第三,吸收外部人士参与大学治理。剑桥的荣誉校长、总务长、校长法律顾问等都不是剑桥教师,而是校外人士。2002年以后,剑桥大学开始在校务委员会中吸纳外部成员,2011年的校务委员会中有4名校外人员,这些规则,有利于加强大学与社会之间的联系,吸纳外部人士不同的眼光和多元化的思维。这些外部成员多数为剑桥校友。

第四,学生参与不同层次的大学治理。本科生和研究生在大学治理中发挥一定的作用。例如校务委员会25名成员中有2名本科生,1名研究生。学院总委员会15名成员中有1名本科生,1名研究生。不仅校务委员会、学院总委员会有学生代表,而且学院的理事会、考试委员会(Board of Examination)等机构中也有学生成员。这种机制,可以在不同方面反映学生的意愿,及时沟通学生意见,保持大学成长的活力和目的性。

第五,民主参与修订大学章程。每次修订章程几乎都在教师中引起了激烈的争论,这是民主参与、修订章程的好事情。章程是大学治校、办学的依据,因此要改革大学,必须先修改章程。修改章程必须经过教师学生的讨论。剑桥大学历史上的几次大变革,都是通过修改章程、获得教师学生的支持来实现的。遵循传统、恪守章程,同时因应时变,适当修改,这是剑桥在800多年的历史中能够有条不紊、守成出新的关键所在。

第六,章程与细则结合一体,是民主机制的体现。作为学校的根本大法,剑桥大学章程典型体现了大学自治、学者治校、民主治理的传统,同时为这一传统提供了可靠的法制保障。这种保障形态用章程原则和管理细则结合方式来体现大学的规范系统,使得凡事都有章有例可循。这种结果不是官僚化的,谁想改谁就可以改的,这是八百多年沉淀下来的民主机制的结果。所以,剑桥大学章程所体现的治理模式和机制是比较特殊的,复制起来极其困难。但其理念和原则可以细心体会和参考。

我曾访问过剑桥大学,在北京大学也接待过剑桥大学校长及其他行政官员,对剑桥大学在教学、研究、全球影响等方面长期持续的卓越成效非常感佩。2011年3月《泰晤士报》教育版的世界大学排行榜中,剑桥大学位列第三。这种地位和优势,有它内在的基础。现在大家看到的第五卷翻译出来的三册中文版《剑桥大学章程》,文字大约有一千余页,其中章程部分约有一百余页,细则部分约有九百余页。主要的份量还是在细则部分。我建议大家耐心地读完章程,再看细则,你就可以知道世界一流大学是如何造就的。

张国有

北京大学校务委员会副主任

2011 年 9 月 28 日

目录

剑桥大学章程

序言 /3
章程 A　大学校长及管理机构　/5
章程 B　入学、住宿、学位、纪律　/14
章程 C　直属学院与学部　/23
章程 D　大学教职人员　/29
章程 E　基金　/49
章程 F　财务和财产　/67
章程 G　独立学院的义务　/70
章程 H　经批准的基金会与学会　/78
章程 J　剑桥大学出版社　/80
章程 K　章程的生效、解释与无效程序　/82
章程 T　临时条款　/87
章程 U　学术员工　/91
附录 /100

剑桥大学条例

与剑桥大学有关的议会法案摘选　/115
学院制定章程的程序　/122
校长法律顾问依据章程 D 第五章第 11 条制定的程序规章　/124
第一章　大学校长与管理机构　/125
第二章　入学、住宿、学位授予、纪律　/204
第三章　考试　/264
第四章　预考与文学学士荣誉学位考试　/285
第五章　文学学士学位和文学硕士学位　/521
第六章　研究生　/526
第七章　学位、文凭及其他资格证书　/535

第八章　直属学院与学院理事会　/698

第九章　学部总委员会监督下的学部、学系和其他机构　/705

第十章　校务理事会监督下的机构　/813

第十一章　大学职员　/824

第十二章　基金　/919

第十三章　财务和财产　/1232

第十四章　学院　/1274

第十五章　章程 H 下的机构规定　/1302

后记　/1304

剑桥大学章程

序言

随着1923年《牛津与剑桥大学法案》的颁布，剑桥大学专员委员会成立，并被委以制定剑桥大学新章程的任务，此次制定的新章程取代1882年的旧版剑桥大学章程。新章程在1926—1928年间完成，并由国王陛下会同枢密院批准通过。新章程的详细情况参见1928年版序言，关于其后增补章程的情况，参见后续版本的序言。关于1926年10月1日章程最终形式完成并立即生效的情况，参见1928年版章程第136页。

2007年版章程包含了截至2007年10月1日的所有修订条款，同时也包含了一条在此日期前制定但在出版时尚未在女王陛下会同枢密院通过的修订章程，该条款此后的批准情况为：

提案	由校务理事会以法令形式批准	刊印在2007—2008报告中	涉及章节
2007年5月2日一号表决案	2007年12月12日	第390页	章程C,第二章,第3—4条及第5条(增补)

在2007年版章程之后的修订和批准情况分别为：

提案	由校务理事会以法令形式批准	刊印在2007—2008报告中	涉及章节
2007年11月14日一号提案	2008年5月7日	第774页	章程B,第三章,第1(b)、3及5(c)条
2007年12月5日二号提案	2008年7月9日	第974页	章程A,第四章,第2、4(c)、6(e)(增补)、9(b)(增补)及10条;章程C,第一章,第9条;章程T,第57条(增补)。
2008年2月6日三号提案	2008年7月9日	第974页	章程G,第二章;章程G,第三章,第3及5(增订)条;章程T,第54条。

2007 和 2008 年间对章程又作了进一步的修订,具体情况见下表。此次修订已录入最新版本中,但至出版之时尚未在议会通过女王陛下会同枢密院的批准。

表决修订	涉及章节
2008 年 7 月 16 日五号表决案	章程 B,第三章,第 1(b)、3 及 5(c)条

章程 A 大学校长及管理机构

第一章 名誉校长及评议会

1. 依照法律规定和剑桥大学惯例,剑桥大学名誉校长应由评议会(Senate)成员亲自投票推选,任职至本人自愿辞职,或评议会对人选另有决议。

2. 除非选举方式遵循惯例,且相关规定没有任何变更,否则大学条例应就每一次的候选人提名方式、选举投票方式和投票结果决定方式给予明确规定。选举进行后,应立即密封选举文书并将其即刻递送至当选者。

3. 名誉校长有权召集摄政院全体会议(Congregations of the Regent House)对候选人的学位和职称进行认定。

4. 名誉校长有权监督所有大学管理人员正当履行其职责。

5. 名誉校长应履行章程和条例中所规定的其他职责。

6. 评议会成员包括:

(a) 名誉校长和校长;

(b) 最新公布的摄政院(Regent House)名单中登记在册的人员;

(c) 拥有以下剑桥大学学位的人员:博士学位、除工程硕士和自然科学硕士之外的硕士学位以及神学学士学位。

但是:

(i) 仅凭所获学位无权取得评议会成员资格;

(ii) 若任何评议会成员自愿辞去其成员资格并告知教务长,在校务理事会视其理由足够充分且允许辞职后,其评议会成员资格立即终止,并在免职后的五年内不得恢复原职。五年期满,由校务理事会决定是否恢复其评议会成员资格;

(iii) 被暂时剥夺或剥夺学位的人在其学位被暂时剥夺或剥夺期内不得成为评议会成员。

7. 评议会的职责包括:

(a) 颁布条例以规范评议会议事程序;

(b) 选举名誉校长和总务长。

第二章 大学的权力

1. 为鼓励学术,维持良好纪律和秩序,并管理自身事务,大学有权颁布条例和法令(可以是条例的例外补充或其他形式的法令),但任何条例和法令都不得违反剑桥大学章程。

2. 大学有权征收学费,并有权征收用于其他与大学相关的办学费用。

3. 依据剑桥大学章程中关于大学教职人员的条款,大学可聘用工作人员,有权决定其薪水和退休金(若有),并规定其工作条件。

4. 大学有权接受捐赠。即使捐赠的附加条件与章程规定有不符之处,任何人亦无权阻止大学接受捐赠。

5. 依据剑桥大学章程的相关条款,大学可授权代表行使以上2—4条中规定的权力。

6. 大学有权制定有关罚款的条例,并根据条例规定实施罚款。此种条例应明确规定各类须处以罚金的情况,并应明确规定在每种情况下可处罚的最大金额。

7. (a) 大学应持有一枚大公章和一枚公章,并有权或制定条例授权在某个或某类文件上加盖。未经授权,任何人不得加盖校章,通过章程规定的其他方式获得授权的情况除外。

(b) 大公章应被妥善保管,存放于有三把锁的箱子中,钥匙由校长和学监分别保管。只有校长或其正式任命的代理人以及学监或其代理人同时在场的情况下,才可以加盖大公章。

(c) 公章应被妥善保管,存放于有两把锁的箱子中,钥匙由校长或由校长不定期委派的副校长(该委派须公之于众)以及教务长分别保管。只有在上述人员或由其任命的代理人在场的情况下,才可以加盖公章。

第三章 摄 政 院

1. 摄政院是剑桥大学的治理机构(Governing Body)①。

2. 在1923年牛津与剑桥大学法案或其他议会法案中,规定分配给剑桥大学制定、修改、废除大学章程的权力应由摄政院行使。

3. 摄政院行使颁布条例和发布命令的权力,在大学章程中规定分配给其他个人或机构的该项权力除外。

4. 任何时候应当或可由剑桥大学执行的事务或做出的决定,都应由摄政院通过表决案执行或决定,有明文规定以其他方式执行或决定的情况除外,如:摄政院可授权校务理事会或其他机构代其执行,或在某些情况下代其决定。

5. 摄政院成员应是登记在最新公布的摄政院名单上的人员。

6. 教务长每年应在大学法令规定的日期公布摄政院名单。公布结果应刊登在当年的《剑桥大学通讯》中。

---

① 在这个意义上,Regent House 的权力类似于美国的董事会。——校者注

7. 摄政院名单中应包括以下人员：

(a) (i) 名誉校长、总务长、副总务长、校长法律顾问，以及，(ii) 符合下述第(e)条规定的校务理事会成员；

(b) 其他大学职员和章程 J 第 7 条中规定的具备同等资格的人员；

(c) 各学院负责人；

(d) 依据条例确定符合该资格各项条件的学院院士(Fellow)；

(e) 其他在大学或学院担任上述职位，并依据条例具备合格工作资历的人员。

但是符合第(b)(d)(e)条资格的人员在满七十周岁后，其下一任摄政院成员的资格将被终止。

8. 教务长应在每年公布摄政院名单的指定日期前至少一个月内，公布新一届摄政院的预备名单。公布预备名单时，校长应确定公开听取意见的时间和地点，在此时间和地点，大学的任何人都可以就已经或尚未被列入名单的人员提出异议。校长就此类意见的决定将作为最终裁断。

第四章 校务理事会

1. (a) 校务理事会是剑桥大学的主要行政机构和政策制定机构。校务理事会负责大学的行政管理、工作计划和资源管理；必要时，校务理事会有权采取行动以履行其职责。此外，校务理事会还有权履行摄政院授权的或依据章程或条例规定分配的其他行政和管理职责。

(b) 校务理事会有向大学汇报的权利。它应就大学的总体事务向摄政院提出相关建议。

(c) 校务理事会应执行章程 F 第一章中分配的财务方面的职责。

(d) 校务理事会应每年向大学提交年度报告，并通过摄政院表决批准该报告。

(e) 校务理事会有权向摄政院和评议会提出表决请求。提出表决的程序在法令中有详细规定。

(f) 校务理事会应统筹其监管下所有大学机构的工作，并确保这些机构中的大学教职人员正确履行其职责，且行为符合其在职期间的要求。

2. 校务理事会应由名誉校长、校长、十九名推选出的成员和四名任命的成员构成，人员组成分为以下几类：

(a) 四名学院负责人；

(b) 四名教授和副教授；

(c) 八名摄政院成员（除以上提到的人员）；

(d) 三名剑桥大学学生，其中至少一名应是经教务长认定的研究生；

(e) 由校务理事会表决任命的四名成员。这四名成员在受命时尚不具备摄政院成员资格,符合章程 A 第三章第 7 条(a)(ii)款情况的除外,也不受雇于剑桥大学或任一学院,四人中将有一人被校务理事会任命为校务理事会审计委员会的主席。

第(a)(b)(c)类成员将根据本章程第四节第(a)条的规定由摄政院选举产生,选举办法由大学条例决定。第(d)类成员将根据本章程第四节第(b)条的规定由剑桥大学学生推选产生,推选办法见大学条例。第(e)类成员应由评议会根据校务理事会的提名表决后任命;提名的安排办法应在大学条例中详细规定。

为明确本章程内容,在剑桥大学条例中对剑桥大学学生和研究生的概念将给予明确定义。

3. 校务理事会成员推选的程序应在大学条例中明确规定。

4. (a) 第(a)(b)(c)类校务理事会成员在选举产生后任期四年,选举每两年举行一次,在选举年米迦勒学期①推选出一半的成员。

(b) 第(d)类校务理事会成员任期一年,任期开始时间由条例规定。选举每学年举行一次,选举日期应在条例中规定。

(c) 第(e)类校务理事会成员在公历奇数年的 1 月 1 日被任命后任期四年;每两年任命产生一半的成员。

5. (a) 若第(a)(b)(c)类中的校务理事会成员或提名参加校务理事会选举的人员不再具有摄政院成员资格,或其大学公职、学位或剑桥大学成员资格被暂时或终身剥夺,则其校务理事会成员席位随即空缺,或对其的提名随即无效,具体措施视情况而定。

(b) 若某校务理事会成员成为名誉校长或校长,则其成员席位随即空缺。

(c) 若第(a)(b)类校务理事会成员不再是学院负责人,或不再是教授或副教授,其席位不应就此空缺,具体措施视情况而定。

(d) 若第(d)类校务理事会成员或提名参加选举的人员,根据上述第二节定义不再是剑桥大学学生;其学位或剑桥大学成员资格被暂时(或终身)剥夺;或被大学法庭、学院停学,则其校务理事会成员席位随即空缺,对其的提名随即无效,具体措施视情况而定。

6. (a) 若因校务理事会成员死亡、辞职或其他原因造成席位在其任期内临时空缺的,或已知某成员辞职将造成空缺的,或在选举结果公布后和当选成员正式任职前的时间段内由于该当选人死亡、辞职或其他原因导致其无法任职的,则应进行补缺选举填补空缺席位;但若席位空缺是在该死亡、辞职或因其他原因无法任职的成员任期满前六十天内发生,则不应举行补选。

(b) 若选举没有完全填补所有空缺席位,则校长应组织再选举以填补这些空缺席位。

(c) 若在提名呈交后和选举结果最终决定前,任何被提名人死亡或无法任职,或依据上述第五节第(a)(d)条被提名人的提名无效,则所有该类的提名都将

---

① 剑桥大学实行三学期制,分别为米迦勒学期(Michaelmas Term,10 月初到 12 月初),四旬斋学期(Lent Term,1 月初到 3 月中旬),复活节学期(Easter Term,4 月初到 6 月中旬)。——校者注

被视为无效,校长应对此给予通知,并重新组织一轮选举。

(d) 任何在本条上述第(a)(b)(c)条情况下举行的补缺选举、再选举和重新选举都应尽快举行;选举的组织办法应由校长决定并公之于众。

(e) 如果第(e)类成员中因死亡、辞职或其他原因造成席位临时空缺,则应依据本章程第2条的规定的程序任命新成员以填补空缺席位。

7. (a) 第(a)(b)(c)类校务理事会成员的任期如下:

(i) 在米迦勒学期被推选的成员(为填补临时空缺席位而推选的成员除外)自选举后的第一个1月1日起开始任职。

(ii) 在除米迦勒学期之外的其他学期推选的,或为填补临时空缺席位而推选的成员,自选举结果公布之日起开始任职;但若在这两类选举中,上述任何一类提名人数未能超过该类空缺的席位数,则提名人将被直接视为已当选,其任期则从接收提名名单截止日期的第二天开始。

(iii) 对于在除米迦勒学期之外的其他学期被推选的成员(为填补临时空缺席位推选的成员除外),尽管上述第4节第(a)条有规定,但其任期从选举年起的下一个公历年年底开始,持续两年。

(b) 任何第(d)类校务理事会成员,无论是在年度选举中当选,还是在补选中为填补临时空缺而当选,都从选举结果公布之日起开始任职;但若在这两类选举中,被提名人数未能超过空缺的席位数,则被提名人将被直接视为已当选,其任期则从接收提名名单截止日期的第二天开始。

8. 已满七十周岁的人不可被推选为校务理事会成员。

9. (a) 校务理事会主席由校长担任,但名誉校长在场的情况下,有权担任校务理事会任何会议的主席。若名誉校长和校长均不在场,则由校长任命的一位校务理事会成员作为其代理人出任主席,若该代理人也不在场,则由众成员推举出一位在场的校务理事会成员出任主席。

(b) 尽管有第9节第(a)条的规定,校务理事会仍应不定期从(a)(b)(c)(e)类校务理事会成员中委派一人作为校务理事会代理主席。由校务理事会决定,即使名誉校长或校长在场,代理主席也可以不定期代为执行校务理事会程序。

10. 校务理事会一学期内至少召开两次集会。必须有至少九名成员出席方可处理事务,在少于九名成员出席的会议上不得处理任何事务。

第五章 校务理事会委员会

1. 校务理事会应具备:

(a) 以下常设委员会:

财务委员会和审计委员会;

(b) 其他委员会,可以是常设或临时的,由校务理事会不定期指定。

2. 本条根据2005年2月9日一号表决案和2005年12月14日校务理事会令已废除。

3. 本条根据 2005 年 2 月 9 日一号表决案和 2005 年 12 月 14 日校务理事会令已废除。

4. 财务委员会应由以下人员构成：

（a）校长或由校长正式任命的代理人，出任主席；

（b）依据条例规定的方式选举或任命一定数目的委员，人数由剑桥大学条例规定；但：

（i）委员会中应包括三名由各学院代表选举出的委员；

（ii）委员会中应至少有三名委员（包括校长在内）是校务理事会成员。

5. 财务委员会应履行以下职责：

（a）就剑桥大学的资产管理向校务理事会提出建议，其中，资产包括不动产、货币和证券；

（b）履行其他由大学章程、大学条例或校务理事会指定和委派的职责。

6. 本条根据 2005 年 2 月 9 日一号表决案和 2005 年 12 月 14 日校务理事会令已废除。

7. 本条根据 2005 年 2 月 9 日一号表决案和 2005 年 12 月 14 日校务理事会令已废除。

8. 依据章程 A 第四章 2(e) 的规定，审计委员会的组成由大学条例决定。审计委员会应履行大学章程或大学条例规定的职责。

第六章　委员会和管委会

1. 剑桥大学应设有：

（a）剑桥大学章程的其他条款要求设立和保留的委员会和管委会；

（b）以下委员会和管委会的组成应由剑桥大学条例决定：

（i）研究生教育委员会，依据大学条例，该委员会的职能包括：研究生资格的认定、研究生工作的监管、依据研究生阶段学习或对研究的贡献授予学位，以及其他同类事宜。

（ii）考试委员会，依据大学条例，该委员会负责监督管理剑桥大学所有考试和其他同类事宜。

（iii）学院考试委员会，依据大学条例，该委员会负责管理各学院和其他机构的考试。

（c）其他委员会或管委会的组成方式和职能由大学决定。

2. 根据剑桥大学章程、剑桥大学条例或摄政院表决设立的任何委员会或管委会都有直接向大学报告的权利。

3. 任何在其任期或继任期开始前已年满七十周岁的人，都不可被任命或重新任命为任何委员会的成员、任何未被明确称作委员会但具有选举或管理性质的机构成员，以及除临时委员会以外的任何委员会的成员。

第七章 监察委员会

1. 剑桥大学应设立监察委员会。监察委员会代表摄政院对校务理事会的年度报告、大学账目提要以及校务理事会申请调拨资金的报告进行年度审查。此外,大学法令和条例中对该委员会应履行的职责和拥有的权利都给予了明确规定。

2. 监察委员会有权就上一条中所述职能范围内的事务直接向大学报告,审查委员会的意见应得到大学的充分重视。

3. 依据下述第4条的规定,监察委员会的人员组成为:
(a) 学监(proctor);
(b) 由学院提名的两名副学监;
(c) 由摄政院选举产生的八名摄政院成员,其中:
(i) 两名成员在被推选当年的10月1日应未满三十五周岁;
(ii) 其他六名被推选者没有年龄限制。

第(c)类成员的选举每两年一次,选举在复活节学期(easter term)举行,并产生一名(i)类成员和三名(ii)类成员;选举的组织方式由校长决定。选举出的成员从当选年的10月1日开始任职,任期四年。大学可制定规则,细化选举程序,以应对可能出现的第(c)类成员在选举时提名人数少于空缺席位的情况。

4. 校务理事会成员、学部总委员会成员和校务理事会财务委员会成员都不可成为监察委员会委员。同时,监察委员会委员不可以是名誉校长、校长、副校长、大学出庭代讼人、大学副出庭代讼人、教务长、副教务长或直属学院秘书长。在大学条例规定范围内,大学也可不定期地制定条款,自行委派依大学条例设立的、具备主要行政职能的大学办事机构的办公人员,这些机构的负责人均不可成为审查委员会委员。若任何监察委员会委员成为以上提到的诸多机构的成员,或被任命、选举为以上任一机构成员,或其不再是摄政院成员时,其监察委员会席位随即空缺。填补监察委员会空缺席位的选举处理办法与章程A第四章第6条中填补校务理事会空缺席位的处理办法相同。任期满四年或连续任期四年以上的已退休成员,在其上一个任期结束后一年内,不可凭借第(c)类成员资格续任监察委员会委员。

5. (a) 监察委员会应在每学年的第一次会议上选举出一名主席和一名秘书长作为委员会负责人,其任期直至学年结束。主席在其任期满后不可连任。
(b) 主席在须审查的事务公布后应尽快召开监察委员会会议进行商讨。
(c) 秘书长应允许任一摄政院成员查阅监察委员会会议记录。

6. 监察委员会有权:
(a) 查阅所有与监察事务相关的官方文件或账目(大学出版社的除外);
(b) 查阅大学法令中明确规定的部分大学出版社的官方文件或账目;

(c) 对与审查事件相关机构的官员进行当面或书面的调查问讯；

(d) 要求将某事件交至摄政院讨论，对于此类要求校务理事会不应无故拒绝。

任何人不得拒绝提交在上述(a)或(b)中提到的监察委员会所需的文件和账目，除非与审查事件无关。如若扣押此类文件或账目，则应获得校长的书面批准。

第八章 业务行为规范

1. 校务理事会、任何委员会、管委会或其他有权直接向大学汇报的机构的报告，均应通过在《剑桥大学通讯》上刊登的形式呈交给学校。除校务理事会以外的其他任何机构的报告均应呈交教务长，并由教务长与校务理事会沟通。校务理事会可将该报告交至学部总委员会或其他需要与之协商的机构或个人。此报告应在首次呈交至教务长之日起六个月内刊登公布，除非呈递报告的机构同意推迟公布。任何校务理事会或学部总委员会希望公布的关于该报告的评论也应与报告本身一同刊登。

2. 为处理大学事务的摄政院大会和为讨论报告或其他事宜而召开的摄政院会议，都应在评议会大厦或大学辖区内的其他地方举行和召开，召开的日期和时间由校长或校务理事会指定。召开大会和在大会上处理事务的方式由剑桥大学条例不定期规定。

3. 评议会成员有权参与摄政院的讨论并发言。大学可在条例中明确规定，除摄政院和评议会成员外，有资格出席此类讨论并发言的其他个人或群体。在该条例规定外的人员，经校长决定，可以获邀出席或在某特定讨论中发言。

4. 校务理事会应确保在每次讨论中的所有评论和意见都能被相关的大学机构谨慎考虑。在必要的协商后，校务理事会应将反馈意见以适当方式公布。

5. 任何由摄政院或评议会批准通过的申请都应以提案的形式提交。校务理事会有权发起提案，并将提案递交摄政院或评议会。任何委员会、管委会或其他权力机构都可发起并向摄政院递交提案，并可请求校务理事会代为提交。

6. 只有在校务理事会授权后，提案方可递交至摄政院或评议会。大学条例应规定提案和提案修正案的发起、递交方式，以及就提案进行决议的方式。

7. 有五十名摄政院成员即可发起摄政院提案，有二十五名摄政院成员可以对已经递交但尚未被通过的校务理事会提案提出修正案。

8. 在第7条规定下发起的提案和提案修正案中，校长有权不许可直接针对个人的提案或修正案。大学条例可明确规定校长的其他权力。

9. (a) 在校长依据第8条和相关大学条例行使其权力的情况下，校务理事会应对依据第7条规定发起的提案或提案修正案进行磋商，并可以(i)允许此提案或提案修正案提交至摄政院，或(ii)发表报告解释不予许可的原因，并建议摄政院批准该项决议。若摄政院对该项决议不予批准,则校务理事会最迟应在下一学期结束之前,将该提案或提案修正案递交至摄政院。

(b) 若某项已获批准的提案或提案修正案涉及大学基金支出,则校务理事会应将该提案和提案修正案交至财务委员会及学部总委员会或其他相关机构,以征求这些机构的意见。在递交该提案或提案修正案至摄政院的同时,校务理事会应公开发表一份声明,以表明将如何拟定财政支出进行拨款。

章程 B 入学、住宿、学位、纪律

第一章 入 学

1. 只有具备以下条件的人才能注册成为剑桥大学成员：
(i) 由学院推选的；
或(ii) 已经获得承认的大学办公人员；
或(iii) 由章程 J 第 7 条特别指定的剑桥大学出版社工作人员；
或(iv) 受雇于剑桥大学或大学内某学院，且满足章程 A 第三章第 7(e)款规定，所在职位获得大学批准的人员。

此外，通过以下任一方式获得入学资格的人员，即：
(a) 符合大学条例中考试要求的人员（但大学可颁布条例给予特定的个人或群体免于所有或部分考试的特权）；
(b) 已被认定的研究生；
(c) 已被认定的附属学生；
(d) 由校务理事会提出的通过学历互认或其他方式承认学历的人员；
(e) 由校务理事会批准的，或属于经校务理事会批准的可以录取的人员。

2. 大学可以通过制定条例来决定录取方式。

3. （本条根据 1987 年 12 月 9 日 11 号表决案和 1988 年 5 月 25 日校务理事会令已废除。）

4. 大学可以通过制定条例来规定研究生认定的各项条件。

5. 大学可以制定条例以：
(i) 规定附属学生的认定，即在大学录取时或录取后，在一定时期内（应不少于两年）接受一所或多所机构的成人教育，并通过校务理事会要求的考试获得该资格的人员；
(ii) 明确附属学生可享有的特权（包括免于服从大学章程加诸其他学生的要求，及享有大学章程规定的关于住宿的特别许可），并明确附属学生获得部分或全部特权应遵从的条件；
(iii) 规定将符合以下条件的人员认定为"附属学生"，即在一段时间内参加了与大学协作的委员会管理下的教育课程，或参加了其他成人教育机构的教育课程，上述两种情况可视为在一段时间内在该机构接受教育，同时通过了校务理事会依本条第(i)款要求的考试,获得该资格的人员。

6. 即使在本章程第 5 条的要求没有被满足的情况下,所有或部分附属特权(即本章中规定的,或依据本章规定制定的大学条例中规定的附属学生享有的特权)也可通过表决案赋予特定申请人,只要该申请人为或曾经是成人教育机构的成员。

7. 若已注册为大学成员者自愿放弃其大学成员资格且将该情况告知教务长,同时,若校务理事会视其理由充分并批准其要求,则该人的姓名应从下一次公布的大学成员名单中删除,被删除的姓名只有依据校务理事会随后的决议才能恢复,但自删除之日起五年内校务理事会不得做出恢复该姓名的决议。在本条中被从大学成员名单中删除姓名者若为评议会(Senate)成员,则其姓名应依章程 A 第一章第 6(ii)款中的规定同时从评议会名册上删除,且依据章程 B 第三章第 11 条之规定,其所获的学位也应一并被取消。

第二章　学期、住宿

1. 一年中有三个学期,分别称为米迦勒学期(秋季学期)、四旬斋学期(春季学期)和复活节学期(夏季学期)。大学可决定每学期开始和结束的日期,但需保证三个学期总共至少有 227 天。

2. 耶稣受难日当天关闭大学所有图书馆、实验室和博物馆,并停止一切讲座。

3. 大学通过大学条例不定期决定每学期的哪一部分构成完整学期,完整学期应包括全学期至少四分之三的时间。

4. 依章程要求,某学期的住校人员应为在该学期内(不短于该学期的四分之三)在大学辖区内,以大学条例规定的方式居住的人员。大学可通过制定大学条例规定特定群体在特定学期内居住在大学内(不一定是大学辖区范围内)或大学周边的特定区域,大学可授权特定群体在特殊情况下居住在大学辖区以外的地区,或其他指定区域。

第三章　学　位

1. 在已注册成为大学成员者满足所有大学章程或大学条例的要求后,大学可为其认定以下学位:

（a）文学学士、医学学士、外科学学士、音乐学学士、兽医学学士、教育学学士、牧职神学学士学位;

（b）文科硕士、法学硕士、外科学硕士、文学硕士、理学硕士、哲学硕士、工学硕士、工商管理硕士、教育硕士、自然科学硕士、〈以研究论文取得的硕士学位〉、以课程学习取得的硕士学位、金融学硕士学位；

（c）工学博士、哲学博士和兽医学博士学位；

（d）神学学士学位；

（e）神学博士、法学博士、医学博士、音乐学博士、文学博士、理学博士学位。

2. 学位的先后次序排列可由大学条例决定，在大学条例中没有规定次序的学位按惯例进行排序。

3. 即使之前没有获得过剑桥大学的任何学位，学生也可被认定为文学学士、医学学士、外科学学士、音乐学学士、兽医学学士、教育学学士、牧职神学学士、文科硕士、法学硕士、外科学硕士、文学硕士、理学硕士、哲学硕士、工学硕士、工商管理硕士、教育学硕士、自然科学硕士、以研究论文取得的硕士学位、以课程学习取得的硕士学位、金融学硕士学位、工学博士、哲学博士或兽医学博士（这些学位以下称为一级学位）。

4. 除大学章程中另有明文规定外，之前没有获得过剑桥大学任何学位的人不可被认定为一级学位以外的任何学位。

5. 除大学章程中另有明文规定外：

（a）除非至少有三个学期在校住宿，否则任何依大学条例规定已完成一年或两年综合课程学习的人员仍不得被认定为医学学士、外科学学士、法学硕士或工商管理硕士，任何依大学条例规定已完成全日制课程的人仍不得被认定为文学硕士、理学硕士或哲学博士，任何人不得被认定为工学博士；

（b）除非至少有五个学期在校住宿，否则任何人不得被认定为教育学学士或牧职神学学士；

［（c）除非遵守大学条例规定的住宿要求，否则任何人不得被认定为金融学硕士或哲学硕士；］①

〈（c）除非遵守大学条例规定的住宿要求，否则任何人不得被认定为金融学硕士、哲学硕士或以研究论文取得的硕士学位；〉②

（d）除非至少有九个学期在校住宿，否则任何人不得被认定为文学学士、音乐学学士或兽医学学士；

（e）除非至少有十二个学期在校住宿，否则任何人不得被认定为工学硕士或自然科学硕士。

6. 大学可通过大学条例规定由校务理事会授予文学学士学位和文学硕士学位所需的条件。大学可根据校务理事会建议授予某些大学行政人员、学院负责人或院士、担任章程 J 第 7 条特别规定的大学出版社职务的人、为章程 A 第三章第 7（e）款的由大学批准任命并在大学指定的机构中担任特定职务的人以完整程度的文学硕士学位，以上这些人不必满足获得该学位通常所需的条件。

---

①② 尖括号中的条款将根据 2008 年 7 月 16 日的第五号提案在获得女王及枢密院的协商批准后代替方括号中的条款。

7. 大学可通过大学条例规定以下情况的条件：

（a）牛津大学或都柏林大学（三一学院）的毕业生可通过学历互认获得校务理事会认为与其所在学校学位同等的剑桥大学学位；

（b）在以上两所大学中任一所已居住一学期或若干学期的学位候选人，可获准居住在剑桥大学，居住时间不长于其在以上两所大学中的居住时间。

8. 大学可通过大学条例规定：

（a）在表决案通过的前提下，参考附属学生或其他类别学生在注册入学前的表现和工作，可以对其在校住宿要求给予宽限，对于攻读文学学士、教育学学士、音乐学学士或兽医学学士的学生，在以上第5(d)款中要求的九学期中至多可以有三学期宽限，对于攻读自然科学硕士学位的学生，在以上第5(d)款中要求的十二学期中至多可以有三学期宽限；

（b）参考研究生在注册入学前的表现和工作，可以对其在校住宿要求给予宽限，对于攻读文学硕士、理学硕士、工学博士或哲学博士的学生，在以上第5(a)款中要求的至少三学期中至多可以有三学期宽限，对于攻读哲学硕士的学生，在该学位要求的两年综合课程期间要求的在校住宿学期中至多可以有一学期宽限。

9. 校务理事会对于学期的宽限条件如下：

（a）因疾病或其他严重原因，校务理事会可允许：

（i）被要求实际住校六个学期以上的学位候选人有一至两学期不住校；

（ii）被要求实际住校六个学期或以下的学位候选人有一学期不住校。

（b）在学部委员会或相关同等部门建议下，校务理事会可允许被要求实际住校六个学期以上但自入学后在学部委员会或同等部门的指导下修读校外课程的任何学位候选人可有至多三个学期不在校内居住。

（c）在大量学生的正常在校住宿受到干扰的情况下，在以上所述的宽限期之上，校务理事会可再给予其认为符合条件的学生更长的住宿宽限期，具体条件由校务理事会规定。

10. 学位授予应在摄政院大会上由学位候选人亲自接受；但大学可规定学位候选人可缺席接受学位的情况。

11. 对于在本章程第一章第7条所述情况下自愿放弃其大学成员资格的人，若校务理事会已将其姓名从大学成员名单中删除，则其在剑桥大学所获的学位也应一并取消，被取消的学位只有依校务理事会随后的决议才能恢复，但自取消之日起五年内校务理事会不得做出恢复学位的决定。

第四章　名誉学位

名誉学位可作为荣誉称号授予英国王室成员，可授予有突出功绩或对国家、大学有杰出贡献的英国臣民，也可授予外国杰出人士。

第五章 布道、纪念

1. 布道应在完整学期期间,由名誉校长在大学指定的时间段在大学教堂中进行。
2. 依据法律规定,任何人不得在大学布道上攻击英国国教的教义教规。
3. 纪念恩主活动每年在大学教堂中举行,具体时间和方式由大学规定。

第六章 纪律与大学法庭

1. 为维持大学应有的秩序和纪律,大学应当不定期制定规章,对学位服的穿着、学校各部门工作的协助与遵从、违规与惩罚的定义及决定、罚金与罚款的目的等方面给予适当的规定。
2. 大学应依据章程U第三章第5条成立大学法庭,应依据章程U第五章第3条成立七人法庭。大学法庭和七人法庭对名誉校长、总务长、常务副总务长或校长法律顾问没有司法管辖权。
3. 当大学行政人员、评议会成员或获得学位、荣誉学位的非受监护人被指控触犯大学纪律或者有严重不当行为时,大学法庭应当按照本章程的规定进行裁决;但是,在章程U不适用于对某人的指控时,大学出庭代讼人应依本章第28条确定其是否应受大学法庭的裁决。所有在大学法庭上的法庭诉讼程序均应依照本章程第三章第10条至第14条的规定。
4. 大学法庭可处以以下判决(处罚可叠加):
(a) 剥夺或暂时剥夺大学成员资格;
(b) 剥夺或暂时剥夺学位或名誉学位,推迟或取消学位授予;
(c) 剥夺或暂时剥夺文科硕士学位;
(d) 罚款;
(e) 赔偿令;
(f) 剥夺或暂时剥夺使用大学场地或设施的权利;
(g) 其他大学法庭认为较轻的处罚。
对于已触犯纪律的人员,大学法庭也可裁决对其不予处罚;但对于被剥夺或暂时剥夺大学成员资格的人员,应据此剥夺或暂时剥夺其学位或名誉学位,直至其大学成员资格得到恢复。
5. 在大学法庭宣判并公布判决的二十八天内,被判决人可依据本章程第五章第4条至第9条的规定上诉至七人法庭。
6. 七人法庭作为上诉法庭,应
(a) 依据章程U第五章规定,审理章程U适用之人员的上诉;

（b）审理在大学法庭上受指控者就大学法庭的裁定或判决提出的上诉，七人法庭有权推翻大学法庭的裁定，或更改判决。更改后的判决仍应在大学法庭的权力范围内；

（c）审理在纪律法庭上受指控者就纪律法庭的裁定或判决的上诉，七人法庭有权推翻纪律法庭的裁定，或更改判决。更改后的判决仍应在纪律法庭的权力范围内。

在召开会议审理纪律法庭的上诉时，七人法庭应通知上诉人所在学院的负责人。

7. 依据章程 U 的规定，大学法庭和七人法庭有权自行制定法律程序规章（由大学条例决定的除外）；但若在聆讯期间出现与程序规章的条文、解释或适用有关的问题，或出现该规章无法解决的程序问题，则应由法庭主席决定，其在受聆讯案件上的决定应为最终裁决。

8. 大学法庭的所有裁定和判决，及七人法庭对上诉的所有判决，都要根据在场多数成员的一致意见进行。

9. 大学应设立纪律法庭，该纪律法庭应由一名主席和四名大学成员组成。主席应具备法律执业资格或有行使司法职能的经验，四名成员中至多可有两名受监护人。该法庭的组织方法和成员的任命应由大学条例决定；但

（a）校务理事会和七人法庭的成员，或即将被任命或选举成为这两个部门成员的人员，不得成为纪律法庭成员；

（b）该法庭成员中若有成为校务理事会成员者，仍将保留其纪律法庭成员资格直至其正在处理的法律程序结束，在此期间不得出席校务理事会会议或接收会议文件，此类继续保留的成员资格可构成缺席校务理事会会议的充分理由。

纪律法庭中，有三名成员即可构成法定人数，且该法庭的所有裁定或判决都要求在场成员投票的多数票意见一致。若该法庭中有成员无法或不愿在某特定指控或申诉中执行工作，则可以通过大学条例指定的方式任命一名替补者代替其工作。

10. 作为上诉法庭，纪律法庭应受理本章第 17 条的规定的所有法庭裁定的上诉，该法庭有权推翻其裁定。纪律法庭的裁决将成为上诉的最终裁定。

11. 作为初审法庭，在受监护人被指控触犯大学纪律时，纪律法庭应按照本章程的规定进行裁决；除此之外，依据本章第 28 条的规定，大学出庭代讼人可决定应受纪律法庭处理的被控罪行。

在纪律法庭提起诉讼的程序应由大学条例规定。纪律法庭可处以下判决（处罚可叠加）：

（a）剥夺或暂时剥夺大学成员资格；对于尚未被录取的受监护人，处以永久不予录取或暂时不予录取的处罚，由纪律法庭视具体情况而定；

（b）剥夺或暂时剥夺学位或荣誉学位，或推迟或取消学位授予；

（c）停学；

（d）罚款；

(e) 赔偿令；
(f) 剥夺或暂时剥夺使用大学场地或设施的权利；
(g) 其他大学法庭认为更轻的处罚。

对于已触犯纪律的人员，大学法庭也可裁决对其不予处罚；但对于被剥夺或暂时剥夺大学成员资格的人员，应据此剥夺或暂时剥夺其所有学位，直至其大学成员资格恢复。

12. （a）被纪律法庭处以剥夺或暂时剥夺大学成员资格、剥夺或暂时剥夺学位、停学的人员可上诉至七人法庭；

（b）被纪律法庭处以其他判决的人员，在获得纪律法庭主席或七人法庭主席许可的前提下，可上诉至七人法庭；

（c）本条中的上诉应在纪律法庭裁决后二十天内提出。

13. 教务长或由其正式任命的代理人应担任纪律法庭的书记员。

14. 在纪律法庭召开会议审理指控或上诉时，应通知被指控者或上诉者所在学院的负责人。

15. 纪律法庭有权自行制定法律程序规章（由大学条例决定的除外）；但若在聆讯期间出现与程序规章的条文、解释或适用等有关的问题，或出现该规章无法解决的程序问题，则应由法庭主席决定，其在受聆讯案件上的决定应为最终裁决。

16. 若在纪律法庭上，某人因考试行为不当受到指控，且其将通过该考试获得学位、文凭或资格证书的情况下，即使其已经满足大学章程或大学条例规定获得相应学位、文凭或资格证书的要求，仍不得被认定学位，也不得接受文凭或资格证书，直至对其指控被最终撤销。若纪律法庭判决该被指控者确有违规行为，可以建议校长发布通告修正该考试的成绩排名，或发布修正后的名单以取代原有名单；若该案件没有依本章第12条上诉至七人法庭，校长则根据纪律法庭的建议执行相关程序，若上诉至七人法庭，则依七人法庭的裁定执行。

17. 大学可依大学条例设立一个简易司法法庭并据此制定相关条款，尽管有第11条的规定，该法庭也可以作为初审法庭，在有人被指控触犯大学纪律时，对其进行裁决。该法庭的裁决应在纪律法庭的司法管辖范围内；除此之外，据第28条的规定，大学出庭代讼人可决定该法庭应受理的被控罪行。该法庭可进行以下判决（处罚可叠加）：

（a）不超过大学条例规定数额的罚款；

（b）不超过大学条例规定数额的赔偿；

（c）剥夺或暂时剥夺使用大学场地或设施的权利；

（d）其他大学法庭认为更轻的处罚。

对于已触犯纪律的人员，大学法庭也可裁决对其不予处罚。被上述法庭处罚的人员，在获得该法庭主席或纪律法庭主席的许可后，可以将该法庭的裁定上诉至纪律法庭，上诉程序由大学条例决定，但不得许可任何人对判决结果提起上诉。此类法庭的构成、任命方法、法律程序规章和初审诉讼程序均由大学条例决定。大学条例也可决定根据本条设立的法庭拥有上诉法庭的职能和权力。

18. 依据本章第19条的规定,对于任何被上述法庭审理或判决的人员:

(a) 应给予其出席审理的合理机会;并

(b) 有权传唤证人,并就其案件证据询问证人;但在上诉案件中,双方均不得召回在初审中已经传唤的证人,或提供新的证据,除非获得该上诉法庭主席的许可。只有在主席认为有必要或有利于司法公正时,才可以给予许可。

19. 尽管有本章第18条的规定,依本章第17条设立的法庭可基于诉讼双方提交的书面陈述执行全部或部分诉讼程序,但是其他上述法庭,在主席认为口头审理不可行时,也可以执行类似诉讼程序。

20. 若某受监护人故意或鲁莽地扰乱或妨碍了上述法庭的诉讼程序,则该法庭主席有权对其处以以下处罚(处罚可叠加):

(a) 处以不超过由大学条例规定之数额的罚款;

(b) 将此人驱逐出庭;

(c) 勒令其停学一段时间,但该时间不得长于该法庭处理诉讼的时间。

法庭主席的决定将作为最终裁定。但依本条规定被勒令停学的学生可以以判决过重为由,通过其导师向下达判决的主席申请复核判决,主席有权撤销或更改其判决。尽管有此类申请,在复核前停学令仍生效。

21. 在大学条例的相关限制下,对于某些因其行动或行为已被或应被国家或地方法院起诉的人,且其行动和行为同时也是上述大学法庭的诉讼对象,则法院的裁决不影响上述大学法庭的司法与权力。

22. 国家或地方法院对某人定罪所依据的证据,或法院发现的可证明被告罪行的证据,在依本章程上述法庭的诉讼中,为证明被定罪人或被告人触犯法令或有罪,都应成为可接受的证据。

23. 依本章程、大学条例或依其制定的规章,要求送达至某人的通知,都应按该人员所在学院提供给教务长的常用或已知最新地址邮寄。

24. 若在上述任何法庭接受了指控或上诉但尚未处理完的时间内,该法庭有成员任期已满,则该成员(而非其继任者)应作为法庭成员以完成对该指控或上诉的审理和决议。

25. 若在上述任何法庭接受了指控或上诉但尚未处理完的时间内,该法庭有成员无法或不愿执行工作,则余下的法庭成员应继续审理和议决该案件,即使余下成员数不足该法庭的法定人数。

26. 对于接受纪律法庭裁决的人,应给予其书面的合理判决。

27. 在某人被剥夺或暂时剥夺其大学成员资格期间,无资格被授予学位及接受文凭或资格证书,也无资格参加考试;受到本章程中除剥夺或暂时剥夺大学成员资格之外其他处罚,但没有遵守处罚要求的人,无资格被授予学位及接受文凭或资格证书,在没有校务理事会许可的情况下,也不得参加考试。

28. 任何对大学法庭或纪律法庭司法管辖范围内人员的投诉,且该投诉要求上诉至以上法庭(对章程U中大学教职人员的投诉除外),都应受到大学出庭代讼人的重视和考虑，但只有摄政院成员才有资格投诉大学法庭司法管辖范围内的人员行为严重不当，只有大学雇员才有资格投诉以上两个法庭司法管辖范围内的人员违犯了一般规章纪律。大学出庭代讼人有义务决定该被投诉人是否应被指控；若被指控，应在哪个法庭。但大学出庭代讼人可拒绝此类投诉，若

（a）没有指明被投诉人的姓名和所在学院（若有）；

（b）大学出庭代讼人认为所出示的证据不足以决定是否应指控此人；

（c）大学出庭代讼人认为该投诉是无理取闹的、轻率的或不重要的；

（d）大学出庭代讼人认为对严重行为的不当投诉与大学没有直接关系，其直接关联性不足以在大学法庭上被指控。

除非大学出庭代讼人根据本条和依本章程制定的大学条例对此事已做出裁决，否则依本章程设立的任何大学内法庭不得开始任何诉讼程序，但章程 U 规定的诉讼除外。

章程 C 直属学院与学部

第一章 学部总委员会

1．(a) 学部总委员会服从摄政院，并服从章程 A 第四章第 1 条中大学校务理事会的职责，学部总委员会应负责大学的学术和教育政策，并就与该类政策有关的问题向大学提出建议。

(b) 学部总委员会应审议学部委员会和其他机构提交的年度预算支出，在批准了这些支出后，应将其转交校务理事会。学部总委员会应向各学部委员会拨付资金以支持其教学和研究。

(c) 学部总委员会应监督置于其管辖下的各直属学院、学部、学系和其他机构的教学和科研工作，并应确保：

(i) 委派至这些机构的大学教职人员任职期间充分履行其职责并符合职位要求；

(ii) 机构内有足够的教学和科研设施；

(iii) 为机构提供合适的研究和教学课程以及最高水平的教学；

(iv) 机构内进行最高水平的研究。

(d) 学部委员会和类似机构提出的教学计划应提交给学部总委员会。学部总委员会须进一步审议以核准或驳回，并应在核准后向大学公布。

(e) 学部总委员会应审查附录 K 规定的大学考试规章并应确保其得到严格遵守。

(f) 学部总委员会应在大学的学术和教育事务管理上对校务理事会负责，并应就履行该职责向校务理事会作年度报告。

2．学部总委员会根据章程的规定，有权在与其他机构协商后酌情制定大学条例，并制定与以下有关的大学法规：

(a) 除了直属学院和学院理事会以外的在其监督下的机构的行政和管理；

(b) 附录 K 中规定的大学考试、学位、文凭和其他资格证书；

(c) 由摄政院不定期表决委派的其他事项。大学可通过校务理事会提案对附录 K 作不定期更改。

3．学部总委员会应任命所有考官，但已拥有考官资格的人员依其职权除外，且在以下情况中除外：

(a) 学部总委员会条例规定的附录 K 规定的考试；

(b) 校务理事会条例规定的附录 K 未规定的考试；

(c) 由其他约束并在其效力期内的相关考试。

4．学部总委员会应由以下成员组成：

（a）校长；

（b）八名由直属学院（Schools）理事会任命的摄政院成员，任命和安排方式由大学条例决定；

（c）四名由校务理事会任命的摄政院成员，但整个学部总委员会应有至少三名成员（包括校长）应为校务理事会成员，但若有学部总委员会成员不再是校务理事会成员，其学部总委员会成员资格依然保留；

（d）从剑桥大学学生中选举产生的两名成员，其中一人应是经教务长认定的本科学生，另一人应是经教务长认定的研究生。该学生和研究生应为符合章程A第四章第2条规定的学生，大学本科生指除定义的研究生以外的大学内的任何学生。

5．校长应担任学部总委员会主席，但若校长无法出席会议，该次会议的主席应由校长任命的学部总委员会成员作为其代理人担任，或若该代理人不在场时，出席会议的成员可选择其他学部总委员会成员担任主席。

6．第（b）（c）类的学部总委员会成员应任职四年，这两类的半数成员在每两年一次的校务理事会成员选举的同时或选举后短期内被任命。成员的变动应从次年1月1日之后生效。第（d）类的学部总委员会成员应任职一年，并应在每学年由剑桥大学学生按照本章程第4（d）款和大学条例规定的方式选举产生，选举日期由大学条例规定。

7．如果第（b）或（c）类的学部总委员会成员成为校长，其成员席位随即空缺。

8．当学部总委员会讨论由某学部委员会或其他机构提出的议案时，总委员会为协助事务的处理，可以给予该机构派代表出席会议并参加讨论的机会。

9．学部总委员会每学期应至少召开两次会议，但在没有足够的事务处理时，主席有权取消会议。除非至少有五名成员出席会议，否则不得处理任何事务。

10．根据章程K第20（c）款的规定，对考官、教授选举人、聘任委员会成员和学位委员会成员的任命（或提名任命）应为保留事项；章程K第20条有关保留事项的规定应适用于第（d）类的非受监护人的学部总委员会成员，此时将其作为受监护人对待。

11．由校务理事会在与学部总委员会协商后不定期指定的教务长或大学行政人员应担任学部总委员会秘书长。

第二章　直属学院

1．根据学部总委员会的建议，大学可建立一个或多个直属学院，可对现有的学院进行合并、抑制学院扩展、改变学院的范围，或将学院分成两个或多个学院。大学可不定期决定在各直属学院内设立学部、学系和其他机构。

2. 各学院应设立理事会。理事会的组成、成员任命的数量和方式以及权力和职责应由大学条例规定并符合以下第 3 条的规定。

3. 根据第 2 条的规定,学院理事会的职责应包括:

(a) 根据学部总委员会确定的方式筹备学术和财务计划及报告;

(b) 将学部总委员会提供的资金分配给组成该学院的各机构;

(c) 与组成该学院的各机构协调工作,以确保机构和学院学术计划的一贯性、现实性和经济上的可行性;

(d) 审议并处理学部总委员会分派的事务。

4. 每个学院应任命一个负责人,并根据大学条例规定的要求任职。

5. 负责人应是学院理事会的主席和学院的主要学术人员,并应向学院理事会、学部总委员会和校长负责学院的整体运行,包括使用第 3(b) 款规定的资金和执行第 3(a) 款中提到的已批准的计划的执行。

6. 各学院理事会有权向大学汇报。

第三章 学　　部

1. 学部指根据章程、为推动一个或多个学科的研究而设立的群体性机构。

2. 根据学部总委员会的建议,大学可建立一个或多个学部,可对现有的学部进行合并、抑制学部扩展、改变学部的范围,或将学部分成两个或多个学部。各学部应分配至一个或多个学院。

3. 各学部成员应始终为:

(a) 给学部范围内的学科提出指导的人,属于下列类别,即:

(i) 大学教职人员;

(ii) 具备以下身份(1) 院系负责人或院士,或(2) 大学雇用的从事教学或研究工作的人员,且其讲座或其他指导课程经学部委员会批准作为该学部该学年教学方案一部分的人员;

(iii) 在独立学院或获批准的社团中担任该学部范围内教师、授课者、讲师、副讲师或研究部主任的人员;

(b) 大学条例核准的其他人或群体;以及

(c) 由学部委员会任命为学部成员(直至下一次或下下一次名单公布)的人员。

对于以上第(a)款,相关学部委员会应有权决定某学科是否在该学部范畴内,以及相关人员教学的性质和数量是否使其有资格成为该学部成员。关于此问题的所有上诉应由学部委员会提交至学部总委员会,学部总委员会的决定将作为最终裁决。

4. 各学部的成员名单应在每年学部总委员会条例规定的日期颁布。对于名单增删提出的异议应依据学部总委员会条例规定的方式进行决定。

5. 章程中不应有内容阻止任何人同时成为两个或两个以上学部的成员。

6. 各学部主席应担任当选的学部委员会主席。

7. 各学部成员应举行年度会议选举学部委员会的一名或多名成员。

8. 除年度会议,主席在其认为须召集学部会议时即可召集。在收到至少十名学部成员签署的书面请求后,主席应立即召集会议。

9. 在选举学部委员会成员时,提名应以书面形式提出,并采取投票表决方式。

10. 在学部年度会议和其他学部会议上,在通知学部其他成员,或由主席决定而不另行通知的情况下,任何学部成员提出的有关工作的任何事项都有可能被讨论。学部决议对学部委员会没有约束力。

第四章 学部委员会

1. 每个学部应设一个委员会以监督该学部工作。

2. 每个学部委员会应包括以下(a)、(b)和(c)类成员:

(a) 符合以下任一条件或两者均符合的人员:

(i) 学部内各系的负责人;

(ii) 分配到学部或学部内各专业的教授和章程附录B规定的经表决批准的具备该学部委员会成员资格的其他教职人员;

(b) 与学部总委员会协商后,由校务理事会任命的成员;

(c) 由学部推举的成员。

学部总委员会可依据学部委员会的建议制定条例规定,以增加下列类别的成员:

(d) 由学部委员会现成员选举的成员;

(e) 同类研究的代表和指定职位的所有人;

(f) 由该学部学生选举,或在学生中选举产生的成员,选举方式由学部总委员会条例规定;但若第(f)类成员不再为该学部学生,则其也不再为学部委员会成员。

3. 对于各学部委员会,(a)类的成员人数和(b)、(c)、(d)、(e)、(f)类的成员人数应由学部总委员会条例根据学部委员会建议确定,但

(a) 第(f)类成员的数目不得超过三名,且

(b) 在三名成员中至少有一名应是研究生。

4. 在本章程中,学部内的学生和研究生定义应由大学条例规定。

5. 对于各学部委员会,学部总委员会应按照条例确定a(ii)类成员的任期和第(b)、(c)、(d)和(f)类成员的任期,以及第(e)类同类研究代表的任期。

6. 除特定学部委员会由学部总委员会条例另有规定外,各学部委员会每年应选举其成员之一担任主席和秘书长;学部委员会不能选举学部的任何学生担

任主席或秘书长。

7. 学部委员会可向学部总委员会提出建议，对条例中与其有关的考试做出其认为必要的任何变更。

8. 各学部委员会应向学部总委员会提交学部总委员会条例规定的考官提名。

9. 各学部委员会应向学部总委员会负责，确保向学部内的学科研究提供适当的指导和充足的设施，编写学部教学方案，并确保提供高标准的教学。为了履行这些职责，应有权：

（a）就学部为支持教学和研究活动所需的资源向学部总委员会提出陈述；

（b）在学部教学方案中指定所要教授的科目；

（c）授权非大学教职的人员在学部总委员会批准的薪酬条件下进行课程讲座和其他教学指导活动；

（d）如果学部内大学教职人员未充分履行其职责，或不符其职位要求，应就此向学部总委员会报告。

10. 除依章程C第五章第3（c）条规定由学系系主任负责的资金外，各学部委员会秘书长应负责妥善利用学部资金，以确保支出不超过获批准的预算且账目正常；但若学部总委员会有相关要求，学部委员会应将此职责委派给学部总委员会认可的其他人员。

11. 依据章程C第一章第1（b）条之规定，各学部委员会应向学部总委员会提交年度支出预算，提交方式由大学条例规定。

12. 学部委员会应根据学部总委员会的要求筹备学部工作报告。

13. 根据章程K第20（c）条规定，选举学部委员会主席和秘书长、选举学部委员会成员、任命（或提名任命）考官、教授选举人、学部成员、聘任委员会成员、学位委员会成员应为保留事项；章程K第20条有关保留事项的规定应适用于第（f）类的非受监护人的学部委员会成员，此时将其作为受监护人对待。

第五章　系

1. 根据学部总委员会的建议，大学可在学部内组建一个或多个各学系，可组建独立于任何学部的各系，但须置于学部总委员会监督下，也可抑制学系的扩展。

2. 各系应设一名系主任。学部总委员会应制定条例规定系主任的任命方式和任期。

3. 根据学部委员会或类似权力机构要求，及大学或学部总委员会不定期制定的规章要求，系主任应有义务：

（a）组织各系的教学和研究；

（b）依照章程C第一章1（b）款规定和大学条例安排的方式，编制各系每年的财政预算并提交至学部总委员会供其审议；

（c）负责妥善利用系内资金，以确保支出不超过获批准的预算且账目正常。

但第（b）和（c）条规定的职责可以由系主任指派给学部总委员会认可的其他人员执行。

第六章 学位委员会

1. 学部总委员会与研究生教育委员会协商后应确定各学部和其他机构的学位委员会。

2. 各学位委员会须按照学部总委员会条例规定的方式组建。

3. 学位委员会服从研究生教育委员会，各学位委员会应有义务行使学部总委员会条例规定的职能：认定研究生学历并监督研究生工作，根据研究生的学习、对学术的贡献或其他同类事宜授予其相应学位、文凭和证书。

章程 D 大学教职人员[①]

第一章 通　　则

1.（a）大学教职人员仅限在大学内担任名誉校长、校长、副校长、总务长、常务副总务长、校长法律顾问、学监、校方发言人、教务长、图书馆长、费茨威廉博物馆馆长、仪式官、大学出庭代讼人、大学副出庭代讼人、附录 J 规定的大学职位或其他依大学章程或大学条例设立的大学职位的所有人员。

（b）大学章程或大学条例中规定的大学机构或大学教职人员的主管部门为校务理事会或学部总委员会，依机构本身由校务理事会或学部总委员会监管而定。

（c）由学部总委员会监管的机构包括各直属学院、学部、学系，及其他大学章程、大学条例或其他方式规定隶属学部总委员会监管的机构。除以上机构和大学出版社外，所有其他大学机构均隶属校务理事会监管。

（d）大学章程或大学条例中，类似于学部委员会的部门或同类部门，指依大学章程或大学法令设立的直属学院、学部、学系管理委员会或工会，其独立于学部之外，并由学部总委员会监管。

（e）由大学或主管部门设立的办公机构可以由其在兼职基础上设立。

2. 在听取学部委员会或其他相关部门的意见后，主管部门应决定对已空缺或即将空缺的大学教职采取补缺措施或继续使之空缺；但该条不适用于：

（a）以上第 1(a) 条中规定的个人职位；

（b）教授；

（c）相关效力期内的信托条款中要求填补的职位空缺。

若设立、空缺或填补办公职位的日期可预测，则应在该日期前预先进行职位选举或任命。

3.（a）除附录 B 规定的职员外，所有大学教职的任期从选举或任命机构所指定的选举或任命日期开始；但若没有明确选举或任命日期，则：

（i）若已空缺或新设立的职位，则其任期从选举或任命之日起；

（ii）若尚未空缺的职位，则其任期从上任职员退休离职之日起。

但若某机构无法明确日期，或在没有明确日期的情况下进行选举或任命，则

[①] Officer 指在大学里担任某一职位的人员，既包括校长、副校长等大学高级行政人员，也包括教授、副教授、讲师等。也可译为"职员"，直译为"大学职位持有者"。这里译为大学教职人员。——校者注

待选举或待任命的职位任期应在该职位空缺之日前开始,或至少提前六个月开始;或者在选举或任命该职位之日后至少十八个月开始。

(b)对于由大学章程或大学条例条款规定,或由表决案批准通过的某大学职位或某类大学职位的重新任命,在没有新设立或更改职位导致重新任命受阻的情况下,任何此职位或此类职位的职员不得在其目前任期届满后一年内续任。

(c)对于大学章程或大学条例中提出应划分等级的大学职位,每一等级都应通过不同编号或具体头衔进行区分,并作为独立的大学职位,从被划分职位的低等级向高等级晋升时应视作担任不同职位,在相关大学章程或大学条例中有明文作其他规定的除外。

4. 所有教职人员应在其任期开始后在教务处簿册的履职宣言上署名以表示将充分并忠实地履行该职位所有责任,同时在该簿册上登记其入职日期,所有职位经过该程序得到认定,在大学章程或大学条例中有其他明文规定的除外。

5. 职位薪金从教职人员入职开始计算(无法在以下定义的规定日期当日或之前入职的除外)。规定日期应为选举或任命机构在选举或任命时明确规定的日期;若没有明确日期,且任期开始之日不是该职位选举或任命之日,则规定日期应为任期开始之日;若没有明确日期,且任期开始之日即选举或任命之日,则规定日期为下一学期的第一天。

6. 没有或无法在规定日期当日或之前入职的教职人员,应将情况向主管部门汇报。主管部门将决定该教职人员开始计算薪金的时间,主管部门可允许该教职人员在规定时间后的至多一年内不服从其部分或全部履职要求,并决定扣除相应薪金。

7. 除大学另行规定的情况外,所有薪金按日累计,并依时间分批发放。

8. 大学有权制定条例以规定大学教职人员的职位薪金,并有权根据其在学院所获的薪酬扣除相应的金额。

9. 任何个人或机构无权代表大学表态或签订合同,由大学章程或大学条例规定授权履行代表职责的或由大学相关部门许可的个人或机构除外。此类许可通常用于特定事务或某类事务的处理,并且大学相关机构应对代表人的权力予以限制。

10. 剑桥大学应加入大学退休金计划,并向加入该计划的大学教职人员发放退休金。

11. 所有大学教职人员(除名誉校长、总务长、常务副总务长、校长法律顾问及大学章程规定免于本条要求的大学职员外)应在其满六十七周岁的学年结束前离职。

第二章 职责和请假制度

1. 向大学教职人员支付的薪金(若有)应由大学条例决定,或在大学章程或大学条例中规定支付方式。

2. 所有大学教职人员(除名誉校长、总务长、常务副总务长、校长法律顾问,及大学章程规定免于本条要求的大学职员外)应遵守大学制定的关于住校和在岗的规章。

3. 大学应始终保留一个包含涉及教授、副教授(Reader)、大学高级讲师、大学讲师及其他大学教职人员信息的附录,即附录J,附录包含内容可由大学不定期决定。

4. 附录J中的大学教职人员有义务致力于推动所在学科知识的进步,并按学部委员会、考试委员会或其他与其职责密切相关机构的要求,给予学生指导,承担学生不定期的考试,同时,有义务推动大学教育、宗教、学术、研究等各方面的发展。考试范围根据大学条例规定仅限于大学内学位或其他资格的测试。

5. 附录J中的大学教职人员有权在每六个"工作学期"(以下有定义)的一学期中免于履行其所在职位的职责;但以下情况除外:

(a) 该教职人员应获得学部总委员会的许可,学部总委员会不得无故不予许可;

(b) 依据本条规定在估算应获休假天数时,不得将六年前的工作量计入;

(c) 在本条规定的休假期内,教职人员不一定会有薪金,但学部总委员会可以规定在休假期内向教职人员支付薪金的数额(若有)。

为本条需要,学部总委员会有权决定在附录J中的大学职员依章程D第一章第6条规定免于遵从其职位的部分或全部履职要求,或依以下第6条规定免于履行其所在职位部分或全部职责的情况下,某学期或学期某部分是否可算作工作学期;为本条需要,"工作学期"定义为:一个工作学期即大学教职人员担任其职务的一学期或该学期的部分时间里,除非

(i) 依章程D第一章第6条规定,在某学期或学期的某部分,学部总委员会允许某大学教职人员不遵从其职位的部分或全部履职要求,但该段时间不得算作工作学期;

(ii) 依以下第6条规定,在某学期或学期的某部分,学部总委员会允许某大学教职人员不履行其所在职位的部分或全部职责,但是该段时间不得算作工作学期;

(iii) 依本条规定,某大学教职人员免于履行其职责的学期。

6. 主管部门在理由充分的前提下,可允许大学教职人员免于履行其所在职位的部分或全部职责,具体如下:

(a) 主管部门可因大学教职人员的健康问题允许其带薪离职,但最多不超过六个月。主管部门也可允许延长其离职时间,并确定在此种情况下应支付的薪酬金额(若有)。

(b) 主管部门可以因除健康问题以外的合理原因特许大学教职人员离职,最长不超过五年。在特殊情况下,主管部门全体成员中至少有三分之二投票一致赞同时,主管部门可允许长达五年的离职,或延长已给予的五年特许,但若在委

员会、管委会或其他与该教职人员密切相关的机构中未能表决一致,则该特许或延长期的特许无效。上述离职情况均没有薪金(无论特许离职时间是否超过五年),除非在给予特许或延长特许时,主管部门在考虑离职理由的性质、该教职人员是否在离职期间正接受或将接受大学以外来源的报酬等各方面情况后,决定支付全部或部分正常薪金。

(c)主管部门可以因除健康问题以外的合理原因初步特许大学教职人员离职不超过五年,其后再延长五年特许离职的时间,但若在委员会、管委员或其他与该教职人员密切相关的机构中未能表决一致,则该特许或延长期的特许无效。主管部门可决定在离职期间支付其削减后的薪金。

7. 主管部门有权决定在教职人员职位任命或重新任命确定任期时是否忽略上述第5条和第6条中该教职人员的特许离职或部分离职。

8. 主管部门在以下情况有权任命大学教职人员的代理人,并给予其适当的报酬:

(a)在上述第5条和第6条中大学教职人员离职时期,或依据大学条例职员不在任的时期;

(b)在有职位空缺时;

(c)在紧急情况下。

本条中任命的代理人应执行其代理的教职人员的所有职责,行使其权力,并有权代为出席其为当然成员的任何机构的会议并投票。

9. 大学有权或可授权防止大学教职人员做超出本职范围的工作或限制超出本职范围的工作量。

10. 依据章程U的相关条款,在充分履行其各项职责的前提下,大学教职人员有权在其职位任职至退休年龄,除非其任期受到大学章程或大学条例或表决案中其他条款的限制。

11. 大学教职人员不可同时担任其他大学职务,以下情况除外:

(a)对于某大学教职人员担任一个或多个附录J中的职务的提议,将由大学决定;

(b)若所兼任的职务不在附录J中,则由主管部门决定。

12. 所有大学教职人员都应向主管部门、委员会、校务理事会或其他与该职位密切相关机构的秘书长递交报告,主管部门和有关机构应就报告分别指示。

13. 具有神学院成员和英国国教牧师身份的大学教职人员可任伊利大教堂驻守教士职位。每次只能有一位大学教职人员担任此职位。该教职人员担任此教士职位的收入(若有)将作为其大学职位薪金的一部分,但教士官邸的净年值不计入职位薪金。大学在制定或修正有关大学职员住校的规章时,应考虑到居住在伊利大教堂的该教职人员的义务和其作为大教堂教士应承担的责任。

第三章 校　　长

1. 校长应由摄政院根据校务理事会提名产生,校务理事会可提名任何人。被任命者应于大学决定的日期入职。在此之后,应尽快在摄政院大会上正式就任,摄政院大会应由名誉校长召集,若名誉校长无法出席或名誉校长职位空缺,则由学监召集。提名与正式就职的程序由大学条例明确规定。

2. 校长首个任期为五年,或在特殊情况下,由大学决定其任期时间。校长可以续任,但总任期时间不得超过七年。续任的程序由大学条例明确规定。

3. 校长享有惯例规定的权利,并履行其职位的例行责任。校长有权确保所有大学教职人员均履行其职责,并享有和履行大学章程或大学条例中规定的其他权力和职责。

4. 在其正式就任后,校长有权召集摄政院大会,并有权认定学位或名誉学位,但在正式就任前,没有该项权力。

5. 除以下第 6 条所提到的情况外,

(a) 校长应担任校务理事会、学部总委员会及其他任何其为当然成员的机构的主席,但名誉校长有权在出席校务理事会会议时担任主席;

(b) 校长可出席在大学章程或大学条例规定下成立的任何大学机构,或由这些机构委派的任何机构的会议,但此条不适用于以下机构的会议:

(i) 审查委员会;

(ii) 依章程 B 第六章成立的大学法庭;

(iii) 为大学考试设立的考试委员会;

(iv) 院系或其他机构的学位委员会;

(v) 大学通过提案规定的其他机构。

6. 校长不得出席校务理事会及其他机构涉及其续任或任命校长继任者的会议。

7. 若校长无法亲自担任校务理事会和学部总委员会主席时,有权任命代表其执行事务的人员,具体如下:

(a) 校长可以从各独立学院负责人或摄政院其他成员中任命一名或多名常务副校长,可向其委派大学章程或大学条例中规定的任何校长职责。被任命者的姓名应即刻公布。

(b) 校长可任命一名摄政院成员作为其任何事务的代理人,包括可代为参加上述第 5(b) 条中的会议,或代为执行大学章程或大学条例中规定的任何校长职责。

8. 在其任职期间,校长不得承担其他大学职务或学院职务,或其他与校长职责不符的事务。

9. 在校长无法履职长期缺席、根据章程 U 规定被停职、校长职位空缺的情况下,校务理事会在必要时应任命一名摄政院成员作为临时校长并随即公布其姓名。被任命者在其任职期间应履行校长的所有职责并执行权力。

10. 若校长职位在其任职期满前因故空缺,应依据以上第1条和第2条规定,尽快任命一名新的校长。

第四章 副校长

1. 校务理事会应参考大学章程规定的人数上限决定副校长的人数。副校长应通过校长向校务理事会汇报。

2. 校务理事会在与学部总委员会协商后,通过依据大学条例成立的提名委员会的推荐任命或续任副校长。副校长的任期至多为三年,并可以续任,但总任期不得超过六年。

3. 副校长应履行大学章程或大学条例中规定的职责,及由校务理事会或校长决定的其他职责。

第五章 总务长、常务副总务长、校长法律顾问

1. 总务长应由评议会成员亲自投票选举产生。大学章程中规定的用于名誉校长选举的组织办法同样适用于总务长的选举。

2. 常务副总务长应由总务长以特许证的形式任命。

3. 校长法律顾问应由名誉校长以特许证的形式任命,若名誉校长职位空缺,则由总务长任命。校长法律顾问应具备司法或相关司法经验,或具有法律执业资格,并且不得担任其他大学或学院职务。在校长法律顾问职位空缺的情况下,名誉校长(或总务长在名誉校长职位空缺时)应任命一名临时校长法律顾问行使校长法律顾问在本章中规定的所有权力,直至新任命的校长法律顾问入职。

4. 以上第1—3条中的大学职员应任职至其自愿辞职,或评议会另有决定时。

5. 总务长和常务副总务长应履行该职位迄今为止例行的职责,以及大学章程或大学条例规定的其他职责。当总务长职位空缺时,其职责由常务副总务长履行。

6. 校长法律顾问应履行该职位迄今为止行使的职责,以及大学章程或大学条例规定的其他职责。校长法律顾问在履行本章规定的职责时,不应受校务理事会或其他任何大学部门的支配。

7. 依本章规定,对于由大学成员提出的任何应由校长法律顾问决定解决的问题,校长法律顾问有全部决定权。校长法律顾问因某大学部门的决策或决策的某些方面不合理(如越权、程序不当、事实有误或类似的理由)而对其进行审

查、修正或推翻。并制定其认为合理的条令(包括要求修正、推翻或发回该决策的条令)。校长法律顾问在本章中的该项权力不包括:

(a) 仍需由大学部门进一步审查或需上诉至有关部门的事务;

(b) 由以下机构做出的决定的法律依据和内容:

(i) 依据章程 B 或章程 U 设立的大学法庭;

(ii) 考试委员会、学位委员会、研究生教育委员会、与大学考试结果有关的审查委员会或类似部门;

(c) 大学部门做出的对个人聘用的决定,或擢升个人的决定;

(d) 由出版委员会或学院考试委员会负责的事务。

8. 在特定事件处理中,校长法律顾问可任命一名代理人,并可向其授予本章条款规定的与此案件有关的校长法律顾问权力。

9. 校长法律顾问或由其任命的代理人有权对其认为无理、轻率或过时的事件不予理会。

10. 对于任何事件(除因无理、轻率或过时而不予理会的事件),校长法律顾问应指定该事件的处理是通过口头或书面陈述的形式进行,或两者兼有。此类陈述应:

(a) 由校务理事会任命的个人或多人代表大学做出;且

(b) 由法律程序的另一方或多方亲自或派代表作出。

11. 校长法律顾问应制定程序的一般规章以约束特定事件中的各方。程序规章中应有条款规定向校长法律顾问提出某事件的时间限制。在所有特定事件中,校长法律顾问(或其正式代理人)对相关程序事项拥有最终决定,且章程 K 第 5 条不适用于此。

12. 校务理事会在提议任何涉及本章第 6—14 条规定之事务的法令前,都应与校长法律顾问进行协商。校长法律顾问有权发表声明以阐明其在拟议法令上的指导意见。

13. 本章程中没有授权或要求校长法律顾问审理或决定《1988 年教育改革法案》中规定的与大学教学、科研人员(依章程 U 之定义)的任免有关的上诉或争议。根据章程 U 制定的条例,或与上述法案规制的事务有关的、符合章程 U 的目的条例,校长法律顾问无权驳回或废止。

14. 大学应支付校长法律顾问为履行其职责所寻求的任何法律咨询的费用。

15. 大学应通过提案决定本章第 6—14 条的生效日期。

第六章 学　　监

1. 学监和副学监应由摄政院选举产生。依以下第 3 条规定,学监的选举提名在附录 A 中的学院中产生,每年两个学院,根据附录 A 中的周期轮流提名;当该周期中规定的最后年份结束时,提名顺序则依照该周期重新开始直至结束,循环往复,但大学有不定期修正该周期的权力。被提名的候选人应为在评议会中任职至少三年的成员。

2. 在每年的复活节学期,下一学年提名学监的学院负责人应在教务长在场的情况下,亲自或通过代理人向校长提出由学院提名的人员,并以书面形式保证在过去的两年中,该被提名人至少在三个学期的大部分时间里居住在大学内。在该学年结束前,两名被提名的学监候选人都应为选举提名一名或两名副学监候选人。

3. 若由学院按时进行的学监提名在选举前,被校务理事会以充分理由视作无效或撤销,则该学院应进行再提名。若按顺序应该提名的学院没有进行提名,或摄政院拒绝对提名人进行选举,则由校务理事会通过摄政院表决提名参选人。

4. 学监选举应于每学年米迦勒学期的第一个工作日的上午十点举行,上一任学监应在当天上午十点前将职位空缺出来。在选举时,两名仪式官应站立在旁监票,仪式官和其他投票者应投赞成票或反对票。若每位被提名人均获得多数票赞同,则仪式官宣布其当选。选举出学监后,应立即进行副学监的选举。若在选举后,学监希望再提名一名副学监候选人,则其应请求理事会向校务理事会递交表决案以批准该被提名人。

5. 学监和副学监应发表公开声明以保证忠实履行其职责。

6. 若在选举后,由于死亡、辞职、免职或其他原因导致学监职位空缺,则三一学院应以与上述方式尽可能类似的方式提名一名选举候选人,该当选者应任职至下一个米迦勒学期的第一个工作日。

第七章 校方发言人

1. 校方发言人隶属于校务理事会领导。校方发言人的职责为:
(a) 撰写对其他大学或机构赠送仪式上的致辞;
(b) 代表大学授予相关人士荣誉学位称号。
2. 校方发言人应由摄政院根据校务理事会提名通过提案任命产生。

第八章 教 务 长

1. 教务长隶属于校务理事会领导。教务长的职责为:
(a) 作为大学的主要行政官员和大学行政人员的负责人执行工作;
(b) 对大学的各项活动进程进行记录,并因此出席摄政院的所有大会及由大学章程、大学条例或校务理事会规定的其他大学公开活动;
(c) 作为校务理事会秘书长执行工作;
(d) 接收各委员会和其他机构的报告,并依大学章程或大学条例的要求做出处理；

(e) 负责保留大学成员的登记册，并保存录取、班级名单、学位、文凭和其他资格证书的记录；

(f) 负责主编《剑桥大学章程与条例》和《剑桥大学通讯》；

(g) 履行由大学章程、大学条例或校务理事会规定的其他职责。

2. 教务长由校务理事会任命。

3. 教务长不应为校务理事会成员。

4. 本条根据 2005 年 2 月 9 日一号提案和 2005 年 12 月 14 日校务理事会令已废除。

5. 本条根据 2005 年 2 月 9 日一号提案和 2005 年 12 月 14 日校务理事会令已废除。

6. 本条根据 2005 年 2 月 9 日一号提案和 2005 年 12 月 14 日校务理事会令已废除。

7. 校务理事会可不定期决定隶属于校务理事会领导的副教务长的人数。副教务长的任命方式、工作职责、工作任期和其他工作要求均由大学条例不定期规定。

8. 在校务理事会允许或指定的情况下，副教务长可执行教务长的任何职责。

9. 在教务长职位空缺期间，理事会可任命一名临时教务长，并给予适当薪酬。

第九章 图书馆长

1. 大学应设立图书馆委员会。该委员会有权制定剑桥大学图书馆的管理规章，但该规章应与大学条例一致。图书馆委员会的构成和任命方式由大学条例不定期决定。

2. 图书馆长隶属于图书馆委员会领导，且作为委员会秘书长执行工作。图书馆长的职责为：

(a) 依大学条例规定和图书馆委员会制定的规章，负责剑桥大学图书馆各方面的管理工作；

(b) 作为学部总委员会在图书馆事务方面的主要建议人；

(c) 负责应教务长或其他要求存放至图书馆的大学档案文件的保管与安排，在适当时应与教务长进行协商，但教务长有权要求将文件暂时存放于教务处，以便于其参考。

3. 图书馆长应由选举委员会选举产生，该选举委员会由校长或其正式任命的代理人、两名由校务理事会任命的人员、三名由学部总委员会任命的人员和五名由图书馆委员会任命的人员构成。学部总委员会和图书馆委员会任命的选举委员会成员中应分别至少有一名在其被任命之时不居住在大学内或不与大学有任何职务关系，由图书馆委员会任命的人员中应至少有三名为该委员会成员。学部总委员会秘书长，或其正式任命的代理人，应为该选举委员会的秘书长。

4. 选举委员会成员在米迦勒学期被任命，并从被任命后的1月1日开始任职，任期四年。

5. 若选举委员会成员已成为图书馆长候选人，则其不再具有参与选举事务的资格，其他选举委员会成员应有权参与选举工作。

6. 若在任命某选举委员会成员前，该成员即满足条件并考虑担任空缺的图书馆长职位，则该成员在图书馆长选举时没有选举权，而由其前任投票，但若其没有成为图书馆长候选人，则应保留其选举时的投票权。

7. （a）当图书馆长根据章程规定应退休时，校长应在其将卸任当年结束前的新学年米迦勒学期将该情况向校务理事会和学部总委员会汇报，但应在学期过半前汇报，不得晚于这个时间。

（b）图书馆长职位因除按规定退休之外的其他原因已经或即将空缺，且校长得知该情况后，应将该情况在下一次校务理事会和学部总委员会会议上进行汇报。

8. 在汇报图书馆长职位已经或即将空缺的情况后三十天内，校长应发布通告开始接受填补该职位的申请；但学部总委员会有权延迟该通告的发布，最长延迟时间不得超过一年。

9. 在一名或多名成员席位空缺时，选举委员会仍有权执行工作，并有权暂停和规定其活动程序，但必须注意以下几点：

（a）在委员会召开会议认定候选人资格之日前，不得举行选举；

（b）只有在至少三分之二的选举委员会成员出席投票（不包括因候选人身份而没有资格投票的成员），且出席的多数成员投票同意选举时，才可以举行选举。

10. 选举委员会的权利包括：(a) 提议没有递交图书馆长职位申请的人员担任此职位，但该人的资格须在不同日期召开的两次会议上得到认定；(b) 询问已递交申请的人员之外的个人或多人是否可以接受担任该职位的建议。

11. 若在以上第8条中的申请通告发布之日起两年内，选举委员会仍无法举行选举，则应由名誉校长任命，若名誉校长职位空缺，则由总务长任命。

第十章 财务主管

（本章根据2005年2月9日一号提案和2005年12月14日校务理事会令已废除。）

第十一章 费茨威廉博物馆馆长

1. 费茨威廉博物馆馆长（同时也是马雷艺术馆馆长）隶属于费茨威廉博物馆委员会领导，负责馆内所有物品和马雷艺术馆藏品，并履行大学条例中规定的其他职责。

2. 依据章程 U 的相关条款，费茨威廉博物馆馆长的任命方式、任职条件和博物馆委员会任命方式，均由大学条例不定期规定。

第十二章 仪 式 官

1. 应设两名仪式官（Esquire Bedells）①，仪式官由校务理事会任命的评议会成员担任。两名仪式官级别相同，应与校长同时出席公共场合，并履行大学条例或法令中规定的其他职责。

2. 仪式官隶属校务理事会领导。

第十三章 大学出庭代讼人、大学副出庭代讼人

1. 大学出庭代讼人的任命应由校务理事会在摄政院成员中提名，并由表决案通过产生。大学出庭代讼人不隶属于任何委员会、联合会或其他机构的领导。其职责在大学章程或大学条例中有明确规定。

2. 应设一名或多名大学副出庭代讼人，由校务理事会和出庭代讼人协商后，在理事会成员中提名，并由表决案通过产生。副出庭代讼人应出庭代讼人的要求或在其无法履行职责时代理其职责。出庭代讼人职位空缺时，由副出庭代讼人代为履行职责。

3. 依据章程 U 的相关条款，大学出庭代讼人和大学副出庭代讼人的任期均由大学条例规定。

第十四章 教 授

1. 大学应设神学、民法、药学、希伯来语、希腊语和近现代史的钦定教授讲席；应设由大学基金目前要求大学保留的教授职位；应设目前附录 B 中包括的教

---

① Esquire Bedells，也可译为"捧持"。——校者注

授职位;应设目前由大学条例规定设立的教授职位。

2. 依据目前对大学有约束力的信托条款的规定,

(a) 大学可制定相关规章,以限制教授选举中的候选人资格,或规定选举委员会有权优先考虑在某教授职位的一般研究领域中的特定范围工作的候选人;

(b) 若在某教授职位空缺之前或之后,没有上述规章适用于该教授职位,则学部总委员会可决定该教授讲席下次选举的候选人资格是否应受限制,或如上所述应给予优先考虑权。

同时,应即刻向大学发布关于限制和优先选举人资格的通告。

3. 未经学部总委员会发布报告和摄政院根据报告的表决,不得在大学设立教授职位。该报告应表明是否建议该教授职位纳入附录 B。若报告中建议将该教授职位纳入附录 B,则也应同时建议其纳入附录 H。

4. (a) 当某教授职位空缺或即将空缺时,大学可在学部总委员会的建议下,自空缺之日起终止或暂停该教授讲席,或修改有关条款,只能由大学章程规定或除大学以外的其他机构终止、暂停或修改的教授职位除外。

(b) 若学部总委员会收到报告称某教授职位的选举委员会无法举行选举,则学部总委员会可发布通告将该教授职位暂停一段时间,具体时间段依章程 D 第十五章第 20 条确定,只能由大学章程(或除大学以外)的其他机构暂停的教授职位除外。

5. 对于某些讲授职位暂停或条件的修改,只能通过制定章程或向大学以外的机构递交变更基金的申请来进行,若大学已批准该章程或已递交申请,则选举将继续暂停,直至获知该章程递交女王陛下在议会表决的结果或其他机构对大学申请的处理结果。

6. 依第一章和本章关于退休年龄的条款规定,大学有权设立有固定年限的教授职位,或单独对某教授的任期给予时间限制,或规定在规定年限或至规定日期后进行某教授职位的选举(由君主任命的教授职位和目前由信托管理并明文作其他规定的教授职位除外)。

7. 大学应将教授职位适当分配至隶属于学部总委员会监管的各学部、系或其他机构,并可以不定期更改分配情况。在有关机构意见一致的前提下,学部总委员会应决定特定教授职位的职责是否涉及其所在机构。

8. 教授津贴应由大学不定期决定,但目前由大学基金条款授权的教授应始终接收该基金的薪酬。

9. 大学可不定期规定教授的最少教学指导量,以及教学指导的性质。

10. 大学可不定期通过制定大学条例对由教授担任的学院职位性质加以限制,并对教授的教学加以限制,代表大学进行的教学除外。

11. 若大学更改了某教授职位的名称或某教授职位的研究范围定义,除非获该席位现任教授同意,否则此更改在现任教授任期内不得生效;但若该教授同意更改,则其应有权在更改后的条件下任职,该更改可被视为在其当选该教授职位前已经做出。

12. 大学有权在附录 B 中添加或删除教授职位。

13. 尚未担任过美术斯拉德教授职位的任何人均可以当选该职位,并最多任职三年,包括已满六十七周岁的人;但假设被再次当选该教授职位的人在其下一任期届满前六十七周岁,则不得被再次当选。

14. 无论被当选人是否满六十七周岁,或在其任期内满六十七周岁,均有资格当选或再次当选的教授职位包括:化学约翰·维尔弗里德·利内特客座教授职位、化学亚历山大·托德客座教授职位、法律科学阿瑟·古特哈特客座教授职位。

第十五章 教授选举

1. 所有教授职位的选举都应在第十四章和本章的条款指导下进行,除

(a) 民法、医学和近现代史钦定教授职位,及英国文学爱德华七世教授职位由国王予以任命;

(b) 仅在唯一一名教授任期内有效的教授职位,此类职位应通过表决为特殊个人设立;

(c) 以下教授职位的选举应由学部总委员会举行:

(i) 约翰·汉弗雷·普拉默基金会的教授职位;

(ii) 生物学奎克教授职位;

(iii) 任期短于一年的教授职位,或任期仅限于确定年数的教授职位;

但应遵守下列条件:

(i) 对于依据目前有效的大学信托条款任命的教授职位,只有在信托条款与本章程不矛盾的前提下,才可依据本章程管理该教授职位的选举;

(ii) 对宗教史戴谢教授职位的选举应依据与大学和伊曼纽尔学院同时有关的大学章程条款进行。

2. 除以上第 1 条中规定的例外情况外,教授职位的选举应依以下第 4 或 5 条之规定成立的选举委员会进行。依第 3 条的规定,该选举委员会可以是:

(a) 一个常设委员会,其被任命的成员应任职四年;

(b) 特别委员会,其被任命的成员任职至选举完成且教授入职为止,或任职至学部总委员会依章程 D 第十四章第 4(b)款之规定发布暂停教授职位通告为止。

3. 依第 4 条规定成立的选举委员会可以是常设委员会或特别委员会,由学部总委员会依以下第 6 条规定做出相应决定。依第 5 条规定成立的选举委员会应为特别委员会。教务长(或其正式任命的代理人)或由校务理事会委派的大学教职人员(或该教职人员正式任命的代理人)应为选举委员会秘书长。常设委员会的成员名单一年中应至少公布一次。特别委员会的成员名单应在成员任命后尽快公布。

4. 对于分配至隶属于学部总委员会监管的学部、系或其他机构的教授职位，其选举委员会应由以下人员构成：

(a) 校长或其正式任命的代理人；

(b) 八名由校务理事会任命的人员、两名由校务理事会内部提名的人员、三名由学部总委员会提名的人员，以及三名由该教授职位所在院系的学部委员会提名的人员，但若该教授职位所在系独立于任何学院或其他机构，则这三名成员由学部总委员会监管下的与学部委员会同级的部门提名。

5. 若学部总委员会认为对某教授职位的分配应延期至该教授职位的选举完成时，则该选举应由特别构成的委员会进行，其人员构成为：

(a) 校长或其正式任命的代理人；

(b) 五名由校务理事会任命的人员、两名由校务理事会内部提名的人员、三名由学部总委员会提名的人员；

(c) 其他人员为该教授职位的研究范围内的各学科分支代表，具体人数由学部总委员会决定，由校务理事会根据相关机构的提名而任命，提名机构应为学部总委员会认可的相关机构。

6. 教授职位最初设立时，在和学部总委员会视为与该教授职位相关的学部委员会或同等部门协商后，学部总委员会应决定该教授职位的选举委员会为常设委员会还是特别委员会。此后，学部总委员会在与该教授职位相关的学部委员会或同等部门协商后，有权在任何时候重新审视其决定，并有权推翻其之前的决定，推翻的决定从其后的第一个十月的第一天起生效。

7. 对选举委员会的提名应在学部总委员会知悉学部委员会或相关同等部门的提名后进行。

8. 常设选举委员会最初成立时，其成员的任期应由校务理事会决定，在委员会成立当年并在随后的每一年中：(a) 八名被任命的选举人中有两名应于九月三十日离职；(b) 对于空出的两个职位，任何提名机构都不得提名一名以上的选举人，除非有意外空缺需要填补。

9. 若在其任期开始或续任任期开始时满六十七周岁的人，不得被任命或续任为常设选举委员会的成员；若在其任期开始时满七十周岁的人，不得被任命为特别委员会成员。

10. 为确保校外意见得以表达，每个选举委员会都应包括至少两名不担任大学教职[依章程D第一章第1(a)条规定的大学教职人员]，且不是大学教堂周边二十英里内的常住居民的成员。学部总委员会的提名中至少包括一名此类人员，学部委员会或同等部门的提名中至少包括一名此类人员（在依第4条规定成立的委员会中）或学部总委员会视为相关机构的提名中至少包括一名此类人员（在依第5条规定成立的委员会中）。

11. 若选举委员会中的校外意见代表人其后成为大学教职人员[依章程D第一章第1(a)条规定的大学教职人员]，或成为大学教堂周边二十英里内的常住居民，其委员会中的席位不应就此空缺。但提名此人的机构下次提名时，应提名一名符合第10条规定的委员会成员,除非在其被提名人中已经有一名这样的人选。

12. 一旦选举委员会因非正常任期原因出现席位空缺(在特殊选举委员会中因选举人考虑参选空缺教授讲席而导致席位空缺的除外),则应任命新选举人填补空缺席位。若在任命某常设选举委员会成员前,该选举人即满足条件并考虑参选空缺的教授职位,则该选举人不得参与选举,而由其前任保留投票权,并依据以下第13条规定参与选举。若在章程D第十四章第4(b)条所述情况下,学部总委员会发布通告暂停教授职位时,该条规定依然有效。

13. 若某选举人已经或即将成为教授职位候选人,则其无权执行与该教授职位选举有关的事务,其他选举人则有权执行。

14. 在一名或多名成员席位空缺时,选举委员会仍有权执行工作,并有权暂停和规定其活动程序,但须注意以下几点:

(a) 在委员会召开会议认定候选人资格之日前,不得举行选举;

(b) 只有在至少三分之二的选举委员会成员出席投票(不包括因候选人身份而没有资格投票的成员),且出席的多数成员投票同意选举时,才可以举行选举。

15. 选举委员会有权:(a) 询问申请人之外的人员是否可以接受担任该教授职位的建议;(b) 提议没有递交申请的人员担任此职位,但被提议人的资格须在不同日期召开的两次会议上得到认定。

16. 以下条款应适用于所有教授职位,仅限于特定的唯一教授的教授职位除外:

(a) 当某教授依据大学章程或大学条例之规定应退休时,校长应在其将卸任当年结束前的新学年米迦勒学期将该情况向学部总委员会汇报,但应在学期过半前汇报,不得晚于这个时间。

(b) 当校长得知某教授职位因除教授应退休或任期届满外的其他原因已经或即将空缺时,应将该情况择机向学部总委员会汇报。

(c) 若某教授职位因三年以上的暂停期满而即将空缺,应依据以上第(a)分条处理,此处暂停期结束相当于第(a)分条中的教授退休当年。若暂停期为三年或不满三年,则依据以上第(b)分条的方式处理。

17. 在校长依上述第16条规定汇报已经或即将空缺的教授职位后,学部总委员会应考虑与该教授职位相关的工作要求是否需要修改,或该教授讲席是否应被终止或暂停。为此,学部总委员会应与相关学部委员会或同等部门以及相关学院理事会进行协商,询问其是否填补该空缺教职的建议,这些部门也可建议:(a) 应限制该教授职位的候选人资格,或给予选举人优先考虑在某教授职位的广义研究领域中的某个特定研究领域工作的候选人的权利;(b) 不应限制候选人资格,应优先考虑所有在该教授职位的广义研究领域中工作的人员。在对此类问题做决策时,学部总委员会应考虑本条中提到的相关部门的建议,但不应受其建议的约束。

18.(a) 在校长依据第16条规定汇报已经或即将空缺的教授职位后至多十八个月内,学部总委员会应:

(i) 同意填补该空缺职位;

(ii) 请求校务理事会提出自空缺之日起终止或暂停该教授职位的表决案;

(iii) 请求校务理事会提出给予学部总委员会一定时间延长期的表决案,此延长期不得超过第(a)分条中规定的时间,在此延长期内,学部总委员会可决定执行以上(i)或(ii)款中的工作。

(b) 在以上第(a)分条规定的时间前,若学部总委员会同意填补空缺职位;或者该教授职位依大学章程或基金条款的要求应被大学保留;或者在以上第a(ii)款中的提案被拒绝的下一学期未结束前,学部总委员会:

(i) 可请求校务理事会提出修正与该教授职位条件有关的大学章程或大学条例的提案;

(ii) 若没有大学章程或大学条例条款适用于该教授讲席,则应在下次选举时决定与该教授职位有关的条件。

19. 在以下的十二个月内:

(a) 学部总委员会依第18a(ii)款同意填补空缺职位后,该空缺被填补,且无须第18b(i)款中的提案批准对该教授职位相关条件进行修正后;

(b) 大学批准或拒绝依第18b(i)款递交的提案或拒绝依第18a(ii)款规定递交的提案后,校长应发布通告开始接受填补该空缺职位的申请。

20.(a) 若在教授职位申请通告发出之日起两年内,选举委员会仍无法举行选举,选举人应将此情况和原因向学部总委员会汇报。学部总委员会应就此:

(i) 给予选举人一段时间的宽限期来进行选举,宽限期最长不得超过两年;

(ii) 发布通告将该教授职位暂停一段时间,暂停期不应超过第19条中申请通告发布之日起七个学年。

(b) 若选举委员会在第20a(i)款的两年宽限期内依然无法进行选举,则应将此情况和原因向学部总委员会汇报。学部总委员会应就此:

(i) 建议校务理事会要求名誉校长,或,若名誉校长职位空缺,则要求总务长任命教授;

(ii) 发布通告将该教授职位暂停一段时间,暂停期或短于一年,或不长于第19条中申请通告发布之日起七个学年。

第十六章　副 教 授[①]

1. 大学有权在隶属学部总委员会监管的各类机构中设立并保留副教授职位。
2. （本条根据 2003 年 5 月 8 日十号提案和 2004 年 2 月 11 日校务理事会令已废除。）
3. 大学可不定期规定副教授的教学指导最低值，以及教学指导的性质。
4. 副教授津贴应由大学不定期决定。
5. 副教授的任命方式可由大学不定期决定。
6. 大学可不定期通过制定大学条例对由副教授担任的学院职位性质加以限制，并对副教授的教学加以限制，代表大学进行的教学除外。

第十七章　大 学 讲 师

1. 隶属学部总委员会监管的大学各学部、系或其他机构都应有一定数量的大学讲师，讲师数量可由学部总委员会不定期决定。
2. 大学讲师的聘任或续任由任命委员会执行，讲师所在学部、系或其他机构的任命委员会依据以下第 3 条规定组成。若学部总委员会认为某特定讲师的职责涉及一个以上机构，则应视具体情况依据以下第 4(a)或 4(b)款规定组成特殊任命委员会。对大学讲师的聘任或续任应由任命委员会中至少五名成员，或者至少三分之二在场成员一致投票通过（票应在委员会会议上由与会成员亲自投出），以人数多的方式为准。
3. 隶属学部总委员会监管的各学部、系或其他机构的聘任委员会的组成为：
(a) 由校长（或其正式任命的代理人）担任主席；
(b) (i) 若讲师职位设立在某学部，则包括该学部委员会主席；
或(ii) 若讲师职位设立在某系，则包括该系系主任；
或(iii) 若讲师职位设立在独立于任何院系的某机构（所），则包括该机构（所）负责人；
(c) 包括三名由学部委员会任命的人员。若讲师职位设立在独立于任何学部的系或独立于任何院系的机构（所）中，则该三名成员由相关的同等部门任命；
(d) 包括由学部总委员会任命的两名成员。
但对于独立于任何院、系或独立于任何院系的机构（所），学部总委员会有权通过大学条例规定其他任命委员会组成方式。
4. 当学部总委员会认为某特定讲师的职责涉及一个以上大学机构并明确所

[①] Reader 是英国特有的教师职称，相当于美国的副教授。——校者注

涉及机构时,对于该讲师的聘任或续任应由特殊聘任委员会进行,组成方式如下:

(a) 若其职责涉及一个学部的多个系,但不涉及整个学部时,其聘任委员会的组成方式同上第 3 条,但须排除学部委员会主席,而加入由学部总委员会规定的有关各系系主任;

(b) 若其职责涉及多个机构(所),或涉及除以上第(a)分条之情况外的其他各种机构组合时,其聘任委员会组成如下:

(i) 由校长(或其正式聘任的代理人)担任主席;

(ii) 由学部总委员会规定的有关各学部委员会负责人;

(iii) 由学部总委员会规定的有关各系或其他机构(所)的负责人;

(iv) 在各有关机构中,应由各学部委员会或其他同等部门聘任一定数量的成员,具体如下:

(1) 对于两所机构,每所聘任两人;

(2) 对于两所以上的机构,每所聘任一人;

(v) 由学部总委员会聘任的两名成员。

5. 以下条款适用于依以上第 3 条或第 4 条规定组成的聘任委员会中的所有成员:

(a) 应于每个偶数公历年的米迦勒学期聘任委员会成员,在聘任后的两个公历年中任职;但若某聘任委员会是依据以上第 3 条或第 4 条规定新成立的,或依以上第 4 条规定成立的委员会因讲师职责变化引起有关机构变更、重组的,则新聘任委员会的成员应于成立后立即聘任,并任职至下一个偶数公历年结束。

(b) 在其委员任期开始或下一任期开始时已满七十周岁的人不得被聘任或续任为聘任委员会成员。

6. (a) 对于大学讲师的任用,应参考其试用期的表现是否令人满意,试用的安排方式由大学不定期批准,除非聘任委员会建议放弃该试用要求且该建议经学部总委员会批准通过。

(b) 一旦确认任用,依据章程 U 条款的规定,大学讲师在充分履行其职责的前提下应任职直至退休年龄。

7. (a) (本条根据 2004 年 2 月 18 日三号提案和 2004 年 11 月 17 日校务理事会令已废除。)

(b) 在学部总委员会主持,或其在学部委员会、有关同等部门或有关任命委员会的建议下,或其为遵从目前对大学有约束力的基金条款的要求的情况下,有权为任命委员会做出的某特定的任用或续任指定固定任期,该任期可由学部总委员会自行规定,且可短于以上第 6(b)款规定的期限。

8. 在与学部委员会或其他有关部门协商后,学部总委员会应为各学部、系或其他机构确定大学讲师的教学量设定限制,作为决定各学部、系或其他机构决定讲师教学量的范围。教学量的最低限为每年至少三十小时的讲座;但以下情况除外:

(a) 其他形式的等效教学量可代替讲座,学部总委员会应决定等效教学形式;

(b) 在特殊情况下,根据学部委员会或其他有关部门的建议,学部总委员会有权规定某讲师的任期一次不得超过三年,在此种规定条件下,该讲师的教学量应少于上述教学量。

9. 大学教师应完成的教学量由学部委员会或有关同等部门根据以上第8条学部总委员会设定的范围自行决定。教学通常在完整学期内完成,但学部委员会或同等部门,在征得学部总委员会批准和该讲师同意后,可规定部分教学量在长假期内完成。

10. 若某大学讲师担任与学部、系或其他机构(所)有关的行政工作,则学部总委员会有权在学部委员会或有关同等部门的建议下,允许该讲师将此类行政工作计入可享受退休津贴的讲师工作中。

11. 学部委员会或同等部门在规定大学讲师每年工作量时,应考虑到其讲座主题或其他教学主题的性质,考虑到该讲师准备讲座或其他教学的时间,考虑到由学部总委员会依以上第10条批准的大学行政工作,以及该讲师的学院行政工作。若某讲师认为所规定的工作量不合理,则其可以上诉至学部总委员会,学部总委员会的决定将作为最终裁定。

12. 大学讲师不得在完整学期内,在未经学部总委员会同意的情况下,承担除大学或学院教学或偶尔的讲座以外的有偿教学工作。除经学部总委员会许可,大学讲师的学院教学工作每周不得超过十二小时,若该讲师为导师或大学会计,其工作量每周不得超过八小时。学部总委员会可基于学科性质或某些特定情况将工作量上限延长至每周十五小时,若该讲师为导师或大学会计,则不超过每周十小时。本条中所称导师和会计包括副导师和助理会计,由学部总委员会作其他规定的特殊情况除外。

13. 大学讲师的基本薪金或薪金范围应由大学根据学部总委员会的建议决定。

14. 当某大学讲师的基本薪金有所递增,学部总委员会应根据增长的额度在任命时决定其职位等级。若大学通过了对薪金范围的修改,则学部总委员会可以根据薪金范围修改的对象和条件更改相关大学讲师的职位等级。

15. 大学讲师的基本薪金中,除因教学、研究指导所获报酬和由学部总委员会特许的不定期收入外,由学院发放的部分,应按大学条例的规定扣除税款等。

第十八章　大学高级讲师

1. 隶属学部总委员会监管的大学各学部、系或其他机构都应有一定数量的大学高级讲师(Senior Lectures),高级讲师人数可由学部总委员会不定期决定。

2. (本条根据2003年5月8日十号提案和2004年2月11日校务理事会令

已废除。)

3. 对于大学高级讲师的任用,应考察其试用期的表现是否令人满意,试用的安排方式由大学不定期批准,除非任命委员会建议放弃该试用要求且该建议经学部总委员会批准通过。一旦确认任用,依据章程 U 条款的规定,大学高级讲师在充分履行其职责的前提下应任职至退休年龄。

4. 大学高级讲师的教学和薪金的决定方式同大学讲师。

5. 大学章程中对大学讲师教学(除代表大学的教学外)的限制同样适用于大学高级讲师。

6. 当某大学高级讲师的基本薪金有所递增,学部总委员会应根据增长的额度在任命时决定其职位等级。若大学通过了对薪金范围的修改,则学部总委员会可以根据薪金范围修改的对象和条件更改相关大学高级讲师的职位等级。

第十九章 副 讲 师

1. 大学应有一定数量的副讲师,副讲师人数可由学部总委员会不定期决定。学部总委员会应向各学部或学系适当分配副讲师职位。学部总委员会有权指导任命委员会对特定副讲师进行聘任或续任,该特定副讲师应为学部总委员会指定的在与大学有关的机构中任职的人。

2. 对大学副讲师的聘任或续任应依章程 D 第十七章第 3 条规定成立的学部或系任命委员会执行,若学部总委员会认为特定副讲师的职责涉及一个以上院系并明确了有关院系,则该大学副讲师的聘任或续任应依章程 D 第十七章第 4 条规定成立的特别任命委员会执行。对大学副讲师的聘任或续任应由任命委员会中至少五名成员,或至少三分之二在场成员投票通过(票应在委员会会议上由与会成员亲自投出),以投票人数多者为准。任命委员会可决定副讲师的任期或续任任期,每届任期不得超过五年;但当第 1 条中由学部总委员会指定的在与大学有关的机构中任职的副讲师不再担任该职务时,其应随即空出该副讲师讲席。

3. 副讲师有义务致力于其所在学科知识的发展、向学生给予该学科的指导并推动大学教育、宗教、学术和研究方面的发展。按学部委员会或有关同等部门的年度规定,副讲师有义务每学年在其学科领域讲授一定时间的课程,其授课时间不得少于十六小时,或从事相同课时数的其他教学活动,学部总委员会应根据学部委员会或同等部门的建议,对其他等效教学活动进行界定。

4. 副讲师应服从大学条例对其住所要求的不定期规定。副讲师不必受制于大学章程中对大学讲师教学的限制,但代表大学的教学除外。

5. 对于除特定副讲师以外的所有副讲师,大学都应在与学部委员会或有关同等部门协商后,在校务理事会的批准下支付其薪金;对于特定副讲师,由学部总委员会决定其薪金并决定其是否有资格享有退休津贴。

章程 E 基金

第一章 通 则

1. 大学应持有对本校有约束力的任何基金所提供的奖教金、奖学金、奖品和其他酬金，这些基金亦包括在本章程中所提及的其他基金。

2. 若基金条例在本章程生效之日起超过六十年时，对其进行的任何行为应当由评议会作出，以使大学可以做出某项变更行为（也即，由摄政院表决作出）。

3. 当信托条例在本章程制定之日时未逾六十年，对其进行的任何行为应当或可由评议会做出，特此变更以使大学应当或可以做出某项行为（也即，由理事会作出）。

但如果基金的创立者在本章程制定时还在世，此变更非经同意，在创立者生前不产生效力。如果此基金存在受托人或者学校外的管理机构，只有经受托人或者管理机构同意时，此变更才发生效力。

4. 所有基金条例的任何行为应该由一般或特别研究委员会做出。相应变更对应的相关行为应该由学部总委员会或代表当时相关分支学科的相应委员会作出。

5. 条例中涉及的本章程第二章至三十二章（含三十二章）提及的任何捐赠，包括在本章程之前的议会法案、枢密院令、法规、命令、章程或其他文书，不论以何种书面形式存在，一概取消，但不包括本章程中可能提及的有关条例。

6. 从相关的捐赠中获得的任何基金都必须附有创立者（或者基金纪念之人）的名字，同时此名字也应在宣布奖励时出现。

7. 本部分下列条款规范现有以及未来的基金，除非该基金是由当时文书或章程所规范的特殊基金。

(i) 如果不存在足够优秀的候选人，授奖者在任何时候都不能将基金提供的奖学金、奖品或其他酬金全部或部分收入自行处置。

(ii) 大学可决定是否考虑基金提供的奖学金、奖品或其他酬金的候选人的财务状况，无此决定时不得将其纳入审议范围。

(iii) 当一项基金的收入不足以有效维持其提供的讲师奖学金、奖品和其他酬金时，大学有权利暂停此项捐赠。

(iv) 当年未使用的基金的任何收入应累积投资，或由财政部门决定作为下一年或几年的收入或者用于增加基金的资本。

(v) 当存在两名或两名以上相当优秀的奖学金、奖品和其他酬金候选人时，授奖者可分割此收入并分别归几方处置。

（vi）当规定基金应用于奖学金、奖品或其他酬金时,用该基金的收入支付包括授奖者报酬等授奖费用也应为合法的。

（vii）校方可随时在任何情况下(不是每年都必须)决定基金提供的奖学金、奖品或其他酬金的候选者资格。

（viii）校方可随时制定条例:规定包括基金支付形式在内的任何基金属性、数额和条件,基金的持续时间和支付形式,候选人资格,授予方式等任何与基金管理相关的事务。

（ix）当一奖项为文章、学位论文、诗歌或其他类似情况设置时,获奖者的作品必须以被认可的方式正在出版(或已经出版或发表)。

8. 无论规范某一特定基金的条款以何种文书存在,校方都有权力为促进基金或者授奖者基金的价值,或维持相同性质的附加基金,或其他一个或多个目的而使用部分基金收入制定条例。除非该使用与捐赠的原始目的一致,否则在基金的创立者生前未经他(或她)同意不得进行此使用。并且,对于未愈六十年且存在受托人或学校以外的管理机构的基金,非经该受托人或管理机构同意不得使用。

第二章　贝尔、阿伯特和巴尔斯基金

1. 代表由威廉·贝尔立契于1810年7月18日执行的捐赠的不定期投资构成了一项信托基金,称为贝尔基金。

2. 依照1870年5月13日去世的约翰·阿伯特的意愿提供的捐赠的不定期投资构成了一项基金,称为阿伯特基金。

3. 由约翰·巴尔斯通过1844年12月19日执行的信托合同所提供的捐赠的不定期投资构成了一项信托基金,称为巴尔斯基金。

4. 贝尔、阿伯特和巴尔斯基金的首要花费应为大学某个或某几个分支学科研究中的优秀学生提供的奖学金或奖助。校方有权力决定候选人的资格。如不是每年都有以上花费,本基金收入中的任何一部分,经选举人审慎决定,可作为对需要财政支持的学生的奖励,该奖励由本条例可随时确定的H部分中认可的学院或组织的管理机构授出。

5. 选举人认为候选人的经济状况未得到证实时,不得予以任何奖励。

6. 就贝尔和阿伯特基金而言,如果选举人认为作为英格兰教堂孩子的一个或多个候选人足够优秀,他们应当在决定从基金中向其他候选人授予奖励前先满足他们的需求。

7. 就巴尔斯基金而言,如果选举人认为曾就读于苏塞克斯郡的基督学校、伦敦圣保罗中学、赫特福德郡的麦钱特泰勒斯学校的候选人足够优秀,他们应当在决定从基金中向其他候选人授予奖励前先满足他们的需求。

8. 就阿伯特基金而言，如果有两个或两个以上的候选人同等优秀时，奖励应授予出生在约克郡西区的候选人。

第三章 兰诺克的约翰·斯图瓦特基金

1. 遵循于1884年7月19日去世的兰诺克的约翰·斯图瓦特的意愿提供的捐赠的不定期投资构成了三项信托基金，分别称为兰诺克的约翰·斯图瓦特希伯来语基金，兰诺克的约翰·斯图瓦特希腊语和拉丁文基金以及兰诺克的约翰·斯图瓦特宗教音乐基金，这三个基金应当分别向希伯来语、希腊语和拉丁语以及宗教音乐中的一个或多个科目提供奖学金。如果两个或两个以上的奖学金候选人表现同等优秀，奖学金应优先考虑威尔士、赛莫森特或格洛斯特以及布里斯托城市或乡村的本地人。

2. 根据第一部分相关规定提供奖学金后，基金中累计的未使用收入作为对从事基金相关科目研究的学者或其他人的补助，包括购买书籍、乐器，或者相关员工所需物质，以及为了促进大学上述科目的研究所必需的开销。

3. 校方可随时制定管理本基金使用的规章。

第四章 泰森基金

1. 依照于1852年3月27日去世的亨利·泰森的意愿提供的捐赠的不定期投资构成了一项信托基金，称为泰森基金。

2. 本基金的收入应用于为获奖人提供奖章和奖品，该奖励是为奖励数学研究的法定的一个或多个分支学科中的杰出者而设定。

3. 规定一个或多个分支学科，奖章的形式、质地和数量，以及其他与基金管理相关事务的规章应以校方可决定的方式制定，前提是天文学恒为法定分支。

第五章 哈 勒 基 金

1. 由尤利乌斯·查尔斯·哈勒的朋友们于1861年向校方提供的捐助的不定期投资构成了一项信托基金，称为哈勒基金。

2. 本基金的收入应被用于为古典文学领域内学科的英文论文提供的一个或多个奖项。

第六章　哈尔瑟基金

1. 遵循于1790年12月14日去世的约翰·哈尔瑟的意愿提供的捐赠的不定期投资构成了一项信托基金，称为哈尔瑟基金。

2. 本基金应当：(a) 为了提供学院的奖学金，将在桑德巴奇和布拉德韦尔财产（构成最初捐献的一部分）或者由其产生的其他财产的净收入的三分之一授予圣约翰学院的研究生、研究员和学者。(b) 校务理事会下属的财务委员会认为合适时，用部分款项支付基金管理的相关费用。

3. 本基金的剩余收入应用于提供哈尔瑟牧师职位、哈尔瑟奖，校方可随时决定并通过相应的条款设置哈尔瑟讲师职位，在上述前提满足的情况下，可用于为诺里斯·哈尔瑟教授提供薪水。

4. 哈尔瑟布道者须每年选举一次，他的职责是必须在大学中进行一次或一次以上的布道。

5. 当一个哈尔瑟讲师被聘任时，他的职责是必须开展基督教神学某些分支的演讲。

6. 布道者奖和讲师职位的选举人必须是校长，三一学院和圣约翰学院的院长以及神学教授。校长及两个学院的院长可聘请代理人替其履行职责。

7. 依据此法规，校方可随时制定相关规章规定布道者和讲师的选举的时间和方式，他们享有（此奖）的条件和期限，传教士和讲演者的酬金以及其他与本基金管理相关的事务。

8. 哈尔瑟奖为基督教神学的某一分支学科的学位论文而设。

9. 奖金的获得者不得再成为候选人。

第七章　克拉文基金

1. 遵循1649年去世的第一男爵瑞顿的约翰·克拉文的意愿向剑桥大学拨款创立的基金会的年收入的一部分构成一项信托基金，称为克拉文基金。

2. 本基金应用于提供一个或多个关于语言和古代希腊语和罗马语知识的学者奖学金(Scholarship)，以及一个或多个的学生奖学金(Studentship)，（其中）获得者须从事对古希腊或罗马的语言、文学、历史、哲学、考古学、艺术和印欧语系比较语言学进一步的研究或学习，或者通过其他奖助手段促进以上学科的研究。

3. 本基金应委托给一个管理者委员会，该委员会的组成方式可由校方随时确定。

4. 管理者的职责在于确定克拉文学生（一名或多名）以及可促进研究的奖助（如果有的话），而无须为此举行竞争性考试。他们须依据可由校方随时确定的条例履行他们的职责。

5. 克拉文学生应当在离开剑桥大学后继续从事他或她的学习或研究（根据由管理者批准的安排表），除非管理者自行免除此项要求。

6. 无论是选举克拉文学生奖或学者奖，管理者或选举人都不能考虑候选人的经济状况。

第八章　巴蒂、布朗、戴维斯、皮特、波尔森和瓦丁顿基金

1. 由威廉·巴蒂从1747年9月30日起以赠予契约的形式提供的捐赠的不定期投资构成一项信托基金，称为巴蒂基金。

2. 遵循于1774年3月10日去世的威廉·布朗的意愿提供的捐赠的不定期投资构成了一项信托基金，称为布朗基金。

3. 遵循于1809年12月5日去世的约拿单·戴维斯的意愿提供的捐赠的不定期投资构成了一项信托基金，称为戴维斯基金。

4. 为了纪念尊敬的威廉·皮特，由伦敦议会和皮特俱乐部成员组成的委员会于1813年捐赠给学校的投资构成了一项信托基金，称为皮特基金。

5. 于1808年由理查德·波尔森的朋友向校方捐赠的不定期投资构成一项信托基金，称为波尔森基金。

6. 1870年由安尼·瓦丁顿和克拉拉·瓦丁顿为纪念他们的朋友向校方提供的捐赠的投资构成一项信托基金，称为瓦丁顿基金。

7. 巴蒂、戴维斯、皮特和瓦丁顿基金中的收入应用于提供一个或多个在古希腊和古罗马文明和语言研究的奖学金，以及其他可促进以上领域发展的奖助。

8. 布朗基金的收入应用于提供在希腊语和拉丁语诗歌方面的奖励，以及一个或多个在古希腊和古罗马语言和文明研究的奖学金，以及其他可促进以上领域发展的奖助。

9. 波尔森基金的收入应用于奖励用希腊诗的形式翻译英文诗歌的最佳译者，提供一个或多个在古希腊和古罗马语言和文明研究的奖学金，以及其他可促进以上学科发展的奖助。

10. 依据本章程校方可随时制定规范规定威廉·布朗奖章的数量、形式和质地，呈送文本所涉及的科目以及它们各自的长度，候选人的资格以及其他与奖章或奖励相关的事务。

11. 对本章提及的任何酬金的选举中，选举人都不能对候选人的经济状况进行考虑。

第九章　约翰·卢卡斯·沃克基金

1. 检察总长理查德·韦伯斯特依照于 1886 年去世的约翰·卢卡斯·沃克的意愿为资助大学所提供的金额的投资构成了一项信托基金，称为约翰·卢卡斯·沃克基金。

2. 本基金的收入用于提供一个或多个约翰·卢卡斯·沃克学生奖学金，获得者必须致力于对病理学的独创性研究或一直为此研究学习和训练，在至少提供了一个学生奖学金外，可以为促进该科目的原创性研究设立奖学金、奖品和基金。

第十章　克洛泽基金

1. 根据 1833 年 8 月 14 日的信托合同，从 1816 年 6 月 17 日去世的约翰·克洛泽的房地产中产生的资金投资构成的一项信托基金，称为克洛泽信托基金。

2. 该基金的收入应当用于提供学者奖学金、学生奖学金、奖项或研究基金（或任何一个或多个这样的酬金），以促进圣经希伯来文和希腊文、教会史和基督教神学知识的研究。

第十一章　西 顿 基 金

1. 遵循 1816 年 6 月 17 日去世的托马斯·西顿的意愿交付的房地产的不定期投资构成了一项信托基金，称为西顿基金。

2. 该基金的收入应当用于提供一个或多个评判者视为与创始人施加条件相符合的相关主题的西顿英语诗歌奖，即其有助于促进上帝的荣光和美德的褒奖。

第十二章　拉斯塔特基金

1. 托比亚斯·拉斯塔特通过 1666 年 1 月到 1667 年 1 月的赠予契约提供的捐赠构成的投资构成了一项基金，称为拉斯塔特基金。

2. 该基金的收入用于为学校图书馆购买书籍和手稿。

3. 任何用上述收入购买的书籍都应加盖拉斯塔特徽章标志，除非因书籍本身的性质的特殊需求。

4. 大学可订立规章规定提出购买意向者、图书馆的书籍或手稿的外借条件以及其他与基金的管理相关的事务。

第十三章 沃茨基金

1. 1709年6月21日遵循威廉·沃茨的意愿提供的捐赠的不定期投资构成了一项信托基金,称为沃茨基金。

2. 沃茨基金的收入依照下列费用支出,即:

(i) 每年提供30英镑资助剑桥大学的旧学院,只要上述学院是为了支持贫困儿童;

(ii) 依照创始人的要求,每年提供40英镑用以维护和修理从伊曼纽尔学院到高马靠山的道路,以及维护圣玛丽大教堂画廊(这两项都是创始人要求的)。当校务理事会下属的财务委员会认为某一比例适宜时,该笔款项的花费可随时扩大;

(iii) 按照1742年3月27日法院大法官的要求每年增加40英镑用于上述维修;

(iv) 财务委员会认为适当时,收取的款项可用于支付基金管理的费用。

3. 支付完上述费用后,基金应用于如下用途:

(i) 基于学部总委员会对该基金款项收入的分配,大学使用金额每年不超过400英镑,此花费应根据大学订立的条例,通过资助促进并鼓励在大不列颠以外的有关其他国家的宗教、教育、法律、政治、风俗、礼仪和珍宝等自然的或人为的研究,或有目的地进行地理探索或对这些国家的古物研究或科学研究,制定资助条例时,应规定出版相关研究成果的出版条件;

(ii) 沃茨基金的其余收入应用于大学图书馆,其方式可由校方不定期做出决定。

第十四章 雷德基金会

1. 由1519年1月8日去世的罗伯特·雷德爵士的基金会所收取的租金应用于资助一名讲师,其工作职责在于在其任期内每年提供一个讲座,称为"罗伯特爵士讲座"。

2. 大学可随时制定关于任命讲演者、任职期间、讲座的主题以及讲座的时间和地点的规章。

第十五章　玛格丽特夫人基金的布道者

1. 玛格丽特夫人基金须有一名布道者。该布道者应由校长任命,任期为一年。
2. 大学可随时为本职务制定管理规章。

第十六章　勒巴斯基金

1. 为纪念查尔斯·韦伯·勒巴斯,于1848年由捐款人所捐赠的投资构成勒巴斯信托基金。
2. 该基金的收入通过提供一种或一种以上的薪酬(无论是奖学金、奖项或研究基金)或其他方式用于推动文学研究。

第十七章　佩里格林·梅兰德基金

1. 为纪念佩里格林·梅兰德于1848年提供的捐赠的投资构成了一项信托基金,称为佩里格林·梅兰德基金。
2. 该基金的收入将提供任何一种或一种以上的薪酬(无论是奖学金、学生奖学金、奖项或研究基金)或以其他方式来推动基督教与其他宗教比较和有关基督教和其他文明间交叉科目的研究。

第十八章　布尔尼基金

1. 由简·卡洛琳·布尔尼依照她兄弟理查德·布尔尼的愿望于1847年1月19日提供的捐赠的投资构成了一项信托基金,称为布尔尼基金。
2. 该基金的收入应当通过提供任何一种或一种以上的薪酬(无论是奖学金、助学金、奖项或研究基金)或以其他方式促进宗教哲学(这些词的解释应包括基督教伦理、基督教事实和证据有关的问题)的研究。

第十九章　诺里斯基金

1. 1777年2月5日去世的约翰·诺里斯提供的捐赠的投资构成了一项信

托基金,称为诺里斯基金。

2. 该基金的收入应当用于为一篇关于基督教神学某一分支学科的文章提供一个奖项。

3. 提供以上开销后,该基金的剩余收入或其任何部分可成为诺里斯·赫尔斯教授的薪金。

第二十章　惠威尔慈善项目

1. 惠威尔庭院的室内房屋租金的一部分作为根据1866年3月6日去世的威廉·惠威尔的意愿而创建的信托的部分收入,但应由三一学院扣除其中所有的利率、税收、维修费用以及其他支出(包括搬运工的工资和在建筑物内外雇用的其他工作人员的费用)。

2. 该基金的纯收入应每年使用如下:
(a) 用150英镑维持三一学院奖学金;
(b) 其余应支付给大学,并构成一项信托基金,用于一个或多个以下目的,即惠威尔国际法教授的薪酬,提供惠威尔国际法奖学金,或以其他方式推进国际法研究。

3. 惠威尔荣誉教授的选举和任期由章程D规定。

4. 在支付过当时的入学固定费用后,惠威尔教授或惠威尔学者应有权被接纳为三一学院的一员。

5. 惠威尔教授和任何惠威尔学者,只要他或她是三一学院的成员,应有权在付出三一学院当时规定的租金和服务的收费及符合校方在为其成员分配一套惠威尔庭院房间时所订明的普遍的类似条款(尽量类似)和同样的规则下的条件时,分得惠威尔庭院的一套房子。

第二十一章　约 克 基 金

1. 根据于1871年11月29日去世的埃德蒙·约克的意愿提供的捐赠构成的投资形成一项信托基金,称为约克基金。

2. 收入将用来为法律或法律史某个分支的论文提供一个或更多奖项,或以其他方式促进法律或法律史的研究。

第二十二章　乔治·朗基金

1. 由1869年8月10日去世的乔治·朗的朋友们提供的捐赠的不定期投资

构成一项信托基金,称为乔治·朗基金。

2. 该基金的收入应当用于为在罗马法及其判例的一个或两个科目中的杰出能力(者)提供一个或多个奖项。

第二十三章　斯坦顿基金

1. 由文森特·亨利·斯坦顿依据1904年1月15日其给校长的信提供的捐赠的不定期投资构成一项信托基金,称为斯坦顿基金。

2. 该基金的收入应当通过支付相关科目的大学讲师的薪金或部分薪金,或通过提供专题讲座,或以其他方式,用于促进大学哲学、宗教的教学。

第二十四章　哈丁基金

1. 由哈丁上校提供并在1912年11月22日被接受的捐赠的不定期投资构成一项信托基金,称为哈丁基金。

2. 该基金的收入应当用于为动物学的一个或多个分支学科中的大学讲师席位提供资助。

第二十五章　艾萨克·牛顿基金

1. 由弗朗克·麦克林提供并于1891年3月5日被接受的捐赠的不定期投资的收入应通过维持一个或多个艾萨克·牛顿学生奖学金用于促进天文学科(特别是引力天文学,但也还包括天文学和天文物理学的其他学科)和物理光学的进一步学习和研究。

2. 三一学院院长、院士、学者可随时将构成当时基金的投资和其他资产转移给大学。此行为发生后应解除此信托。

3. 基于选举人的建议,可从基金中收取以下费用:

(a) 为艾萨克·牛顿学生的学习或研究的需要,为其购买仪器或器具,但这些仪器或器具应为本信托的财产;

(b) 与学生学习或研究的课程相关的特别开支。

第二十六章　阿诺德·格斯腾伯格基金

1. 由列奥诺拉·菲利普斯按照她的兄弟阿诺德·格斯腾伯格的意愿于

1892 年 12 月 15 日提供的基金的收入应用于促进自然科学学生（男女不论）的道德哲学和形而上学研究。

2. 三一学院院长、院士、学者可随时将构成当时基金的投资和其他资产转移给大学。此行为发生后应解除此信托。

第二十七章　普棱德加斯特基金

1. 由伊丽莎白·索菲娅为纪念盖·卢生顿·普棱德加斯特于 1888 年 6 月 8 日依据契约执行成立的普棱德加斯特基金的收入应通过维持一个或多个奖学金，或对相关科目研究的资助，促进古希腊语言、文学、历史、哲学、考古、艺术的进一步学习和研究。

2. 三一学院的院长、院士、学者可随时将基金的投资和其他资产转移给校方，此时，应解除信托。

第二十八章　斯密基金

1. 依照于 1768 年 2 月 2 日去世的罗伯特·斯密的意愿提供的捐赠的不定期投资构成一项信托基金，称为斯密基金。

2. 该基金的纯收入每年应按如下方式使用：

(a) 一半收入应用于支付普拉姆教授的薪金；

(b) 另一半收入将用于为数学及其应用的任何科目的原创著作提供一个或多个奖项。

第二十九章　雷利奖项

由第三男爵约翰·雷利的朋友们于 1909 年捐赠的收入应用于为数学及其应用的任何科目的原创著作提供一个或多个奖项。

第三十章　卡卢斯、肖菲尔德、卡耶、希伯来语、埃文斯、耶利米和乔治·威廉姆斯基金，神学研究基金

1. 由威廉·卡卢斯和他的朋友于 1853 年提供的以及另增的匿名捐助者于 1895 年提供的捐赠的不定期投资构成一项信托基金，称为卡卢斯基金。该基金

应首先用于提供奖项鼓励对希腊《新约》的精确研究。

2. 为纪念詹姆斯·肖菲尔德由捐赠者于1856年提供的捐赠的不定期投资构成一项信托基金,称为肖菲尔德基金。该基金的收入应首先用于提供奖项鼓励《圣经》的批判性研究。

3. 为纪念于1853年2月18日去世的约翰·卡耶的捐赠的不定期投资构成一项信托基金,称为卡耶基金。该基金的收入应首先用于为古代教会历史、《圣经》中的教会教规或者《圣经》评鉴学相关科目的一篇论文提供一个或多个奖项。

4. 大学成员于1865年以及另增的约书亚·纳西于1867年提供的捐赠投资构成一项信托基金,称为希伯来语基金。该基金收入应首先用于提供奖项鼓励大学对希伯来语的研究。

5. 纪念于1866年3月10日去世的罗伯特·威尔逊·埃文斯的捐赠的不定期投资构成一项信托基金,称为埃文斯基金。该基金的收入应首先用于为基督教神学的一个或几个分支研究的杰出者提供一个或多个奖项。

6. 由詹姆斯·阿米劳·耶利米于1870年提供的捐赠的不定期投资构成一项信托基金,称为耶利米基金。该基金的收入应首先用于提供一个或多个奖项鼓励对《旧约》七十子译文以及有助于《新约》解读的希腊文学研究。

7. 为纪念于1878年1月26日去世的乔治·威廉姆斯的捐赠的不定期投资构成一项信托基金,称为乔治·威廉姆斯基金。该基金的收入应首先用于为基督教神学的一个或几个分支研究的杰出者提供一个或多个奖项。

8. 依据本章程,校方可随时制定条例规范在本章程下授出的奖项的数量和价值,以及与这些基金管理相关的其他事务。

9. 应设立一项信托基金,称为神学研究基金,在校务理事会下属的财务委员会可随时决定将卡卢斯基金、肖菲尔德基金、卡耶基金、希伯来语基金、埃文斯基金、耶利米基金和乔治·威廉姆斯基金任何盈余收入中的累积余额或盈余收入转移到此基金中。为鼓励大学成员进行神学研究,神学研究基金收入应以为这些目的而不时订立的条例规定的方式进行管理。

第三十一章 维尔舍奖

由维尔舍于1900年提供的捐赠的收入用来为在地质学和矿物学二者其中之一的杰出者提供一个或更多奖项。

第三十二章 捐赠的教授职位与副教授职位

在本章程之前在任何文书基础上的规定,包括议会法案、枢密院令、法规、命令、章程或其他关于终身讲席教授与副教授职位的规定(大学校长制定的任何章程除外），应在本部分获得理事会主席批准之日起停止生效，此后每一终身讲席教授与副教授应受本章程 D 制约，并且大学可随时有权决定该职务的学科范围。

前提始终如下：

（a）如果在 1926 年 9 月 30 号时，以上规定因选举而使教授职务有效而并非按照原章程 B 部分第九章，此规定应继续有效，但校方可随时对其进行变更。

（b）本条不得废止任何由校长制定的与特殊教授职务有关的章程，也不得影响国王任命钦定民法、物理、现代历史教授、爱德华七世国王的英语文学教授的权力。

另一个前提是在本章程制定之前的对教授或副教授的捐赠所构成的投资继续被视为各自独立的信托基金，对其收入应当用于提供教授的薪金和可由校方使用的退休金。

第三十三章　神学和希伯来语教授职位

1. 尽管有前一章规定，如果给予神学教授的捐赠的收入多于校方对教授要求的教授薪金和退休金，在需要时剩余的收入或其中一部分收入捐赠可用来弥补其中有关神学教授捐赠收入中的不足，如果在以上不足得到充分弥补后，该收入仍有剩余，应用于提供钦定希伯来语教授的薪金。

2. 如果一名神学教授或钦定的希伯来语教授被录取成为一名拯救灵魂的主教或教区主管或任何圣职，该教授职位根据事实被视为空缺。

第三十四章　基督教会史的迪克西教授

1. 本章程同时适用于英国剑桥大学和伊曼纽尔学院。
2. 剑桥大学应设立迪克西教会史教授席位。
3. 该教授须遵守大学章程的有关教授义务。
4. 应按照规定的大学章程 D 第十五章第 4 条的规定选举教授，按照规定，伊曼纽尔学院院长应被列入选举人委员会中；但如果伊曼纽尔学院的院长缺席，或者如果院长也是教授职位的候选人，那么伊曼纽尔学院管委会①中不是候选人的高级会员应取代院长在委员会中的位置；另外，如果在任何时候伊曼纽尔学院院长或上述管委会高级会员拥有委员会成员身份，此人一次不得投两票。
5. 教会史迪克西教授不需要任何进一步的选举而依准许获得教授职务，并有权依据章程 19 章第 5 条（学院章程），在按照法规（学院章程）第 22 章要求由学

---

① 管委会（Governing Body）由院长和院士（Fellows）组成，是学院的治理机构。——校者注

院其他教授声明后,在伊曼纽尔学院担任迪克西教授的任期内永久获得教授奖学金(除了由剑桥大学任何学院院长延长的该教授职务任期外),并应有权[根据法规(学院章程)第25章]在迪克西教授的职务延续期间仍保有该奖学金,但不是永久保有。

6. 对于教会史迪克西教授的教授薪金,学院应在财政年度的每个季度从学院的总收入抽取并向校方支付192英镑和50便士(本数额包括退休金额)。

7. 在大学根据大学章程为大学目的从学院收取的缴纳款项中,学院有权每年从中扣除与迪克西教授相关的350英镑。

8. 对于教授职位本应出缺的任何期间,须根据本规定第6条按比例缩小支付的数额,也应根据本规定第7条按比例缩小从学院对大学的供款中扣除相应的缩小比例的数额。

第三十五章 天文学和几何学的劳恩德教授

尽管天文学和几何学劳恩德教授应由选举人每次选举一名计划单独或主要以天文学或几何学为业的教授胜任,本章程不意味着限制大学在章程D第十四章第2条a款中的权力,或限制学部总委员会根据章程D第十四章第2条b款所拥有的权力。特别是,大学可根据章程D第十四章第2条a款所赋予的权力,针对试图竞选天文学和地理学教授职位,或某一具体学科职位,或其中一个学科教授职位的候选人而制定相应规章,以规定竞选该教授职位的限制性条件,或规定选举人的偏好。

第三十六章 帝国史和海军史的威勒·哈姆斯沃斯教授

帝国和海军史威勒·哈姆斯沃斯教授应由选举人每次选举一名仅仅或主要以帝国史和海军史为业的教授胜任。本章程不意味着任何对大学章程D第十四章第2条(a)款规定的大学权力或章程D第十四章第2条b款中学部总委员会的权力的限制。

第三十七章 克劳奇基金

1. 1872年6月22日依照乔治·罗伯特·克劳奇的遗嘱以及于1903年8月15日依照威廉·杜帕·杜帕·克劳奇的遗嘱给予校方的捐赠投资一并构成一项信托基金,称为克劳奇基金。

2. 克劳奇基金的收入应用于为动物学博物馆购买书籍和标本,或者条例规定的为该博物馆目的的其他用途。

第三十八章　本·W.李维基金

1. 由本·W.李维纪念基金委员会于1910年给予校方的捐赠的投资一并构成一项信托基金,称为本·W.李维基金。该基金的收入应通过称为本·W.李维奖学金的创立致力于促进对生物化学的原创性研究。

2. 无论该信托有任何相反的规定,本基金的收入的任何没有使用的收入每年都可经基金的经理同意作为下一年的收入。

第三十九章　克勒克·麦克斯韦尔基金

1. 依照于1879年11月5日去世的克勒克·麦克斯韦尔夫人的遗嘱做出的捐赠的投资构成了一项信托基金,称为克勒克·麦克斯韦尔基金。

2. 本基金的收入应用来提供一个或一个以上的奖学金,称为克勒克·麦克斯韦尔奖学金,推动实验物理学尤其是电子学、磁学和热学的原创性研究,在至少提供一个上述奖学金后,还可通过其他方式促进以上科目的原创性研究。

3. 校方也可随时为本基金的管理和使用制定规章。

第四十章　阿瑟·巴尔夫基金

1. 以下两项捐赠的不定期投资共同构成一项基金,名为阿瑟·巴尔夫基金:
(a) 为遗传学教授即称为遗传学阿瑟·巴尔夫教授职位捐赠的于1912年5月23日由提案1接受的20000英镑。
(b) 由尊敬的阿瑟·詹姆斯·巴尔夫爵士、雷吉诺德·巴列尔爵士、爱舍尔子爵通过1913年12月信托契约向校方转移的捐赠。阿瑟·巴尔夫基金的首要支出是提供遗传学阿瑟·巴尔夫教授的薪金、国家保险、退休金、家庭津贴(如果有的话)。

2. 尽管信托的前述部分1的b小段有相反规定,遗传学系可使用被描述为维汀格哈默客舍的所有财产,当该系不需要该财产的一部或全部,由此财产产生的或通过对它的处置产生的资本金额产生的收入应归入阿瑟·巴尔夫基金的账户中。

第四十一章　哈内斯基金

1. 为纪念圣保罗教堂的受俸者、三一圣教堂、骑士桥和前基督学院的教区牧师，已故的尊敬的文学硕士威廉·哈内斯牧师，由捐赠者执行委员会于1871年向大学提供的捐赠的投资构成了一项信托基金，称为哈内斯基金。

2. 该基金的收入应用于为与莎士比亚文学相关的最佳英语论文提供一个奖项，称为哈内斯奖。

3. 大学可随时为本奖项制定规章。

第四十二章　艾伦·麦克阿瑟基金

1. 依照艾伦·麦克阿瑟女士的遗嘱于1927年11月25日由表决案1接受的捐赠的投资构成了一项信托基金，称为艾伦·麦克阿瑟基金。

2. 本基金的收入应用来鼓励经济史的研究。

3. 大学可随时制定本基金的适用规章。

第四十三章　丽贝卡·弗劳尔·斯奎尔基金

1. 为创立和资助法学学术，依照丽贝卡·弗劳尔·斯奎尔女士提供的捐赠的不定期投资构成了一项信托基金，称为丽贝卡·弗劳尔·斯奎尔基金。本基金的收入应依照下述第2条提供法学奖学金，并根据下述第3条为从事法学研究的人士提供奖助。

2. 校方可随时制定如下条例管理基金的使用：

(a) 任何人都不得被选举获得此奖学金，除非：

(i) 他或她是一名英国公民，或者是英联邦国家公民；

(ii) 他或她书面声明真诚打算做一名合格的法庭律师或事务律师，或法学教师或相应的法律教学和实践教师。

(b) 根据管理计划第6款以及斯奎尔法学奖学金于1902年8月8日通过的捐赠契约声明计划书中的规章的规定，在选举中应给予创立者的亲属以及出生于伦敦圣玛丽牛英顿教区的候选人优先考虑。

(c) 奖学金的保有以该学者成为或继续为大学在校成员为条件。

3. 本基金的收入也可用于因经济困难而对具有上述2(a)款规定的资格的从事法学研究的大学在校成员进行拨款。

第四十四章　R.A.尼科尔森基金

1. 依照已故 R.A.尼科尔森——前托马斯·亚当斯阿拉伯语教授——的配偶西西里亚·亚当斯夫人的遗嘱提供的捐赠的不定期投资构成了一项信托基金,称为 R.A.尼科尔森基金。

2. 本基金收入的首要花费应是为阿拉伯语和波斯语或其中一门语言的优秀研究者提供一个或几个称为 R.A.尼科尔森奖的奖项,

3. 校方可随时为本基金以及奖项制定规章。此规章应规定未在以上奖励中使用的收入用于资助大学阿拉伯语或波斯语或以上两领域的学习或研究。

第四十五章　F.E.埃尔莫基金

1. 依照 F.E.埃尔莫的遗嘱于1932年提供的捐赠的不定期投资构成了一项信托基金,称为 F.E.埃尔莫基金。

2. 本基金的收入的首要花费在于提供一个或多个称为埃尔莫医学奖学金的学生奖学金,此奖学金的获得者须于在校期间和离校后致力于医学或医学科学某个分支学科的研究。

3. 校方可随时为本基金及其奖学金制定规章。此规章应规定未在上述奖学金中使用的收入用于资助大学医学教育或研究。

第四十六章　桑迪斯基金和学生奖学金

1. 依照退休大学发言人约翰·埃德温·桑迪斯爵士的遗嘱创立的基金的收入,应优先用于促进古希腊和古罗马语言、文学、历史、考古、艺术和印欧语比较语言学的学习和研究。

2. 基金董事应当是圣约翰学院的院长、院士和学生(scholar)①。

3. 本基金的收入的首要花费在于维持一项称为桑迪斯奖学金的学生奖学金,本奖学金应向大学的研究生以及在大学注册为研究生的人士开放。本奖学金的获得者应从事上述第 1 条明确的一个或多个学科的进修和研究并且当年大部分时间在校或者在英伦岛外的其他学习场所。

---

① 作为一个法人社团,学院的成员包括院长、院士(Fellows)和学生(Scholars),学生是学院社团的初级成员,通常为本科生。起初,和院士一样,学生的生活学习也是由基金来维持的,给他们的资助称为 Scholarship。——校者注

4. 奖学金期限为一年,但一个学生可至多两次参与选举。
5. 奖学金的选举人须包括圣约翰学院的传统学派讲师,并且,此大学职位的持有者可由校方随时指定。
6. 提供奖学金后,基金收入的剩余部分应由理事为圣约翰学院的图书馆目的而使用。
7. 基于以上条款,经与圣约翰学院商讨后,校方可随时为此基金和奖学金制定规章。

章程 F 财务和财产

第一章 财务事务

1. 校务理事会应履行以下职责：
(a) 总体监管大学资金和除大学出版社以外的所有大学机构的财务；
(b) 长期审查大学的财务状况，并将财务状况向大学汇报；每年至少制定一次财务报告，对大学资金的调拨提出建议；
(c) 向大学推荐并通过表决的方式任命为大学提供服务的银行；
(d) 依据英国适用的会计标准，拟定并公布大学年度会计报表，报表应真实公正地反映大学的财务状况；
(e) 履行大学章程或大学条例中规定的其他与财务管理相关的职责。

2. 校务理事会应对大学所有的或以基金形式持有的所有动产和不动产的保管、管理与维护负责（由大学章程或大学条例分配给大学其他机构保管与管理的除外）。规划大学建筑或对现有大学建筑进行拆除或实质性改建则须通过摄政院表决批准方可实施。

第二章 资金、审计

1. 所有大学收益都应计入大学公款资金的账户，在大学章程或大学条例中作其他规定的信托和特别基金以及按规定应支付给院系基金的款项除外。

2. 应设立不同的独立账户来区分校务理事会管理的基金，包括所有信托基金、校务理事会或大学创立的特别基金，以及在大学指导下，用外来拨款或其他机构或个人的赠款或捐赠所设立的特殊用途基金。

3. 由大学机构或职员接收的用于学部、学系目的或其他大学的所有款项，都应记入适当账户。

4. 校务理事会每年应任命一名或多名执业会计师对学院考试委员会的账户进行年度审计。校务理事会每年应委派一名或多名财务委员会成员以监督审计过程，其职责为审查账目、与审计员商讨并向校务理事会汇报。

5. 除章程 J 和以上第 4 条另作规定外，大学的其他所有账户应由执业会计师每年审计，后者应通过校务理事会以表决案的形式提名。

第三章　财产、建筑物、贷款

1. 大学有权购买、租赁、保留、出售或转移任何动产或不动产，且有权购买、保留、出售或转移任何证券（此处包括股票、基金和股份），无论其是否有法律授权投资基金。大学还有权将资金用于 1925 年和 1964 年《大学与学院地产法》规定的大学资本金的用途。

2. 大学有权对所有的土地、财产或股份进行管理、发展、改进、出售、租赁、抵押或以其他方式处置，并有权获得土地、财产或股份。同时，大学有权在持有或获得土地、财产或股份的情况下为其自身利益而进行正当的交易和事务。

3. 本章程赋予的权力可延伸至对各类捐赠或其他大学基金的投资（包括变相投资），同时也可延伸至对与大学相关的以大学为受托人的特别基金的投资（包括变相投资）。

4. 除基金条款中另作规定的情况外，基金在一年中未支出的收入应以投资或其他方式累积，累积部分自校务理事会决定处理方式，可作为收入在当年或其后数年使用，也可将其添加至基金资本金中。

5. 除与大学出版社的财务和财产相关的章程特别规定外，依据 1925 年和 1964 年《大学与学院地产法》的规定，大学无权通过除表决案外的其他方式将大学财产或收入作为贷款抵押，且此类抵押贷款的条款中应明确规定大学应在至多五十年内以年度分期付款或其他方式清偿贷款。

6. 为便于管理在大学控制下的投资，校务理事会有权不定期将全部或部分捐赠、大学所有的其他基金和大学是受托人的特殊基金（以下称为成分基金）视为一个合并基金，投资合并基金以获取成分基金的应纳税收益，以下条款均适用于合并基金：

（a）投资在其最初形成时和有变化时不得纳入合并基金，除非是经授权的对成分基金的投资。

（b）合并基金可以股份的形式代表成分基金被持有，以便于按比例表明在合并基金最初形成时成分基金的相对资本价值；股份应当由校务理事会下属的财务委员会审议，经校务理事会决议后确定。

（c）在校务理事会下属的财务委员会建议下，校务理事会可在任何时候以增加新的成分基金的方式增加合并基金，应根据新增的合并基金决定其中新成分基金的股份。

（d）依据本节条款的规定，校务理事会可在任何时候进行合并基金清盘，并按比例将其中各成分基金投资所与份额重新进行划分或者将全部或部分股份投资到其他新的合并基金中。

（e）为确保长期合并基金投资总收益的实现以及成分基金按比例到期分配，理事会可完全自行决定合理划拨不超过大学条例规定的合并基金公允价值的费用作为经费支出。

7. 除与大学出版社的财务和财产相关的章程有其他规定外,大学可授权校务理事会或正式授权的校务理事会下属委员会,在大学条例的约束下,执行本章第1—3条中的权力。

章程 G 独立学院的义务

第一章 学院在奖教金方面的义务

1. 除附录 C 中的配额和附录 B 中分配至特定教授或其他大学职员的奖教金外,每个独立学院还应设一定数量的奖教金。上述奖教金在以下称"教授奖教金"(Professorial Fellowships),分配给学院的教授奖教金数目以下则称"配额"。通过选举或任命担任附录 B 中职务的人员在学院内不可被推选获教授奖教金以外的其他奖教金。附录 B 规定的学院负责人应被视为该学院教授奖教金的获得者。

2. 校务理事会应在 1966 年以及随后的每个第十年重审附录 C,也可以在其认为合适的中间年份对附录 C 进行修订。校务理事会应向大学公布拟作的修订,拟作的修订在其公布一个月后生效。在此期间,认为受修订方案影响的学院可以向名誉校长申述。此后,名誉校长有权维持原修订或对其作出经校务理事会批准的更正或对附录 C 不作修订。

3. 大学可依据表决案对附录 B 作不定期修改。

4. 大学无权推选担任或通过选举或任命担任附录 B 中职务的人员获得教授奖教金,除在选举期间,该奖教金:

(i) 有资格获教授奖教金的人数少于其配额;

(ii) 各学院中有资格获教授奖教金的人数不少于各学院配额;

(iii) 该人员已担任该职务两年,并在两年中,该职务始终在附录 B 中。

但需注意的是:

(a) 本条规定不应禁止学院或其他主管部门任命已担任或被任命、选举将担任附录 B 中职务的人员为学院负责人,也不应禁止学院推选在其被任命或被选举任该职(即使当时该职位并未被列入附录 B)时担任或曾担任学院教授奖教金候选人此职位的人员获得教授奖教金;

(b) 本条规定不应禁止教授奖教金的获得者或提名获得者被推选就任校长;

(c) 本条规定不应禁止宗教史迪克西教授获伊曼纽尔学院教授奖教金,或希腊语钦定教授获三一学院教授奖教金,或英格兰法唐宁教授获唐宁学院教授奖教金,或数学运筹学丘吉尔教授获丘吉尔学院教授奖学金;

(d) 若教务长认为从该推选生效之日起(除非该推选已进行),该学院中符合教授奖教金资格的人数不足其配额,本条规定不应禁止学院在下一学年前的某天推选已担任或被任命、选举将担任附录 B 中职务的人获教授奖教金;

(e) 在本条(i)、(ii)款所述情况下,被推选获教授奖教金的人应从该推选进行之日即被视为有资格获得教授奖教金者,即使该教授奖教金尚未生效;

(f) 当本条适用于只允许男性院士的学院时,只有女性院士的学院可将其忽略,反之亦然;

(g) 当本条适用于男女性均可成为院士之学院时,在推选女性院士时,只有男性院士的学院可被忽略,反之亦然;

(h) 在配额发放至学院的当年及其后五年内,若该学院中符合教授奖教金资格的人数不足配额,则可视该学院满足本条(ii)款中的条件;

(i) 若某学院中符合教授奖教金资格的总人数在连续九个月中少于其配额,且该学院向教务长证明在该段时间内无法推选出足够的教授奖教金获得者以满足本条(ii)款中的条件,则在学院同意的情况下,可将推选时间延长,但最长不超过一年(从学院向教务长递交证明之日起)。

5. 若在学院院士中,有能力获教授奖教金的实际人数少于该学院配额,且在大学中有五名以上符合教授奖教金条件但尚未获奖的人,该学院应确保在该情况一年内采取措施填补空缺,但:

(a) 若本条款适用于仅有男性院士的学院,五名以上指五名以上男性,若本条款适用于仅有女性院士的学院,五名以上指五名以上女性;

(b) 若该学院推选某人获教授奖教金,但该人拒绝接受,则依本章规定的义务,该学院有权视其为未获教授奖教金资格。

6. 附录 B 中的大学职员不得获有额外津贴的教授奖教金,但本条规定并不应禁止此类职员作为学院的负责人将其应得的学院津贴作为全部或部分薪酬。

7. 大学和学院关于本章规定的义务之间的任何分歧,应提交校务理事会,并可以经校务理事会上诉至名誉校长。

8. 若名誉校长职位空缺,则由总务长代为执行本章中分配给名誉校长的职能。

9. 对于在本章规定下可推选男性或女性院士的学院,若该学院以前是仅有男性院士的学院且从未推选女性为院士(学院财务主管除外);若该学院以前是仅有女性院士的学院且从未推选男性为院士(学院财务主管除外),该学院应被视为仅有男性院士的学院或仅有女性院士的学院;但无论何种情况,在该学院第一次推选异性教授奖教金获奖者时,其适用于本章第 4 条,并被视为男女性均可成为院士的学院。

10. 附录 B 中的教授讲席,在表决案批准后,可同时成为附录 H 中的教授讲席。尽管有本章程第 4 和 5 条之规定,附录 H 中的教授讲席应依据以下条款管理:

(a) 即使学院获得教授奖教金的人数不少于其配额,学院仍可推选此规定中的一名或多名教授获教授奖教金;

(b) 为满足本章程第 1 条规定的义务,学院可将此规定中的一名或多名教授推选为教授奖教金获得者,并计入学院的获奖人数中;

(c) 学院可将此规定中的一名或多名教授推选为教授奖教金获得者,并可从获奖名额中排除此类教授奖教金,以便于学院决定是否应进行再选举。

11. (本条根据 2000 年 12 月 13 日六号提案和 2001 年 7 月 18 日校务理事会令已废除。)

第二章 学院捐赠与学院基金

1. 大学每个独立学院应每年接受捐赠,捐赠应用于下文中所规定的目的。
2. 学院资产由以下项目构成:
(a) 学院所有的动产和不动产,或以基金形式持有的动产与不动产;
(b) 由学院持有的财产,或由与学院有关的基金的受托人持有的财产;
(c) 由学院附属机构持有的所有财产;
(d) 学院的所有业务,在第 4 条中有明确定义;及
(e) (视为负资产的)学院或其附属机构的所有债务。
但与职业退休金计划有关的资产和债务不属于学院资产。
3. (a) 以下资产构成学院的运作资产:
(i) 为学院目的或主要由学院所有的大学辖区内的土地权益;
(ii) 在该地产内为学院目的而持有的所有有形动产;
(iii) 财务委员会根据学院的目的和资产用途批准的作为学院运作资产的资产。
(b) 在财务委员会的批准下,
(i) 空缺的资产或资产的暂时使用不作为运作资产;且
(ii) 学院可自行宣称某资产为非运作资产。
(c) 就本条而言,
(i) 尽管受益者会有所支出或作其他考虑,只要某目的会带来收益,即视为对学院有利的宗旨;
(ii) 对学院项目有辅助作用的事务都应视为在该目的范围内;
(iii) 当同一资产的不同部分用于不同项目时,这些部分应被视为独立的不同资产;
(iv) 根据财务委员会的批准,学院所有的偿还与土地有关之债务的权利,应被视为分条(a)(i)规定的土地权益的一部分;且
(v) 为分条(a)(ii)中的项目,"学院项目"一词应包括与学院业务相关的项目。
4. 学院的经营业务指由学院或其附属机构为营利使用或允许使用其运作资产的所有活动,即使该活动是为学院慈善目的进行,也可作为学院的经营业务。
5. 学院的应评税资产应包括其所有资产,但以下两种资产除外:(i) 运作资产;(ii) 由财务委员会批准的用于非学院目的的由学院所有或与学院有关的基金的受托人持有的资产。

6. "学院的应评税金额"指每年在估价日评估的应评税资产的价值。估价日期应为前一年会计结算期的最后一天。若学院要求更改会计结算期,应征得财务委员会批准。

7. 对于部分为学院目的、部分为非学院目的的基金,其一年中的资产值将被视为估价日期当天估价时该基金的所有资产乘以当年会计核算期的根据该时期的收入划分的学院份额。在本条中,关于信托基金:

(a) 会计核算期学院份额指该时期内信托中用于学院目的的金额,或在该时期内由信托转移至学院的金额,但不包括由财务委员会批准的任何资本分配;

(b) 会计核算期内收入不应包括该时期内基金的增加,也不包括该时期内资本性质的收益,除非对该基金收入的计算是以财务委员会为本条目的而批准的方式进行的。

8. 学院每年的业务价值应为概念上的营业盈余,其在金额上等于该会计年度的业务经营额乘以确定百分比,以此,该概念上的营业盈余以4%的收益率被资本化(大学条例可规定其他数目)。在本条中,

(a) 营业额指扣除增值税(或其他由财务委员会批准的类似扣除项目)之后和扣除其他项目之前的总收入,但不应包括从学院或其成员获得的收入;

(b) 确定的百分比应根据相关经营业务的性质决定,该百分比应为财务委员会认为正常情况下该经营业务应有的适当利润预期,此处利润指营业额减去业务运作成本的金额,经营业务运作成本不包括学院相关运作资产的成本;并且

(c) 当某项经营业务同时涉及学院的运作资产和其他资产时,应以财务委员会批准的方式给予分摊,以便于决定运作资产单独的价值。

9. 财务委员会可根据本章的目的制定并不定期更改规章。在不损害上述活动一般性的前提下,这些规章中应包括以下各项的条款:

(a) 仅用作运作资产的应评税资产的估值;

(b) 由学院和其他个人共同持有的资产的估值;

(c) 学院对与本章中事务有关的信息和证据的提交;

(d) 忽略特定性质的经营业务,及降低第8条定义的利润百分比(无论是否与特定性质经营业务或收入或其他原因有关);

(e) 学院和其附属机构之间资产和债务的互相抵消;

(f) 估价日期因特定类型资产而变更;

(g) 对应评税资产价值的证明。

这些规章中应包括将因学院唱诗班成员设立学校此项经营业务忽略的条款。

10. 财务委员会可就本章涉及的事务寻求专业建议,此项开销由学院基金支出。

11. 财务委员会可书面告知学院其审查学院年度应支付捐赠的意图。该通知应标明审查年份,并应在该会计年度结束后的六个月内送交学院。若财务委员会基于之前没有注意或无法注意到的事实,而推迟审查,则推迟通知也是可行

的。此类推迟的通知应表明推迟原因,并应在财务委员会首次注意到所述事实的三个月内给出。任何通知不得晚于当年会计年度结束后的十二个月。本条规定的通知中可要求学院提交关于某财务事务的信息和证据。该通知应对学院信息、证据和有关陈述的提交设定时间限制。

12. 在参考学院在规定时间内(或在允许的延长期内)提交的信息、证据和有关陈述后,财务委员会应执行审查,并决定该学院当年应缴纳的捐赠。此类决定在本章的事务中是有约束力和效力的,但财务委员会可根据进一步的审查更改其决定。在审查之后,财务委员会可要求学院向学院基金支付一定金额款项作为大学的审查费用。

13. 财务委员会可就学院资产性质、估价日期和资产价值等方面同学院达成协定。这种协定可以是无条件的,或基于财务委员会决定的条件。该协定可依照财务委员会的意愿终止,但协定终止不得影响对往年学院应支付捐赠的核算。即便与本章由财务委员会制定的规章有冲突,仍可达成此类协定。

14. 在处理依本章制定规章,和依第13条就资产性质、估价日期或资产价值与学院达成协定等事务时,财务委员会应尽可能以公平、合理和行政简便方式完成。

15. 本章中财务委员会的批准可以是无条件的,也可以依据财务委员会自行决定的条件。

16. 学院捐赠依附录G的条款进行核算。

17. 各学院应在学院会计核算期结束后的12月31日当日或之前向大学缴纳当年捐赠的一半,余下一半应在随后的6月30日当日或之前缴纳。

18. 学院捐赠应缴入学院基金。从学院基金的支出应由大学依照本章条款的规定和大学条例的规定执行,可作为向各学院的拨款。该拨款可包括为学院利益对章程F第三章第6条所述合并基金的投资,但需受大学条例规定的一定限制。

19. 若财务委员会认为由于本章条款的施行对某学院造成不公平或特别困难之特殊情况,大学有权免除或延迟收取该学院当年全部或部分捐赠。

20. 若财务委员会和学院间就与本章有关事务存在争议,则该问题应由校务理事会决议。任何受到校务理事会决议影响的学院可在决议通知下发后的六个月内,向名誉校长提出上诉,名誉校长可确认、推翻或更改该决议。若名誉校长职位空缺,则由总务长代为执行此项职责。

21. 当学院发现对其捐赠核算有误时,可就此通知财务委员会,后者应决定对此做相关纠正(若有)。

22. 在对某学院上一年度应评税收入进行纠正或其他形式调整时,财务委员会应将拟作的更改通知所有学院。各学院可在通知下达所在会计核算期的审计中说明该更改。

23. 对于本章的解释:

(a) "持有财产"指拥有(无论是独有或是与他人共有)财产的合法或公正的

利益、拥有或占有（无论是否恰当）财产和曾持有财产。

（b）学院资产为第 2 条中的含义，学院所有权应据此解释。

（c）学院目的包括：

（i）对学院负责人、院士、教职人员或其他雇员（无论是现任成员或前任成员）有利的目的；

（ii）对学院的住宿成员有利的目的；

（iii）有助于学院教育、宗教、学术和研究运作（或其中的任一项）的目的；

但不应包括：

（iv）根据财务委员会批准，并非由学院或其附属机构提供的福利和利益；

（v）提供给在以上（i）和（ii）款范围以外人员的福利和利益；

"非学院目的"应据此解释。

（d）学院附属机构包括由学院所有或控制的公司、信托或其他法人或非法人团体。本条所称所有权应包括直接或间接获得附属机构至少一半财产收益的权利，控制应包括直接或间接任命、控制或影响附属机构至少一半行政管理人员的权利，但不应包括在财务委员会批准下从该定义中排除的公司、信托或其他团体。

（e）某年的会计核算期指其最后一天仍在该年度的会计核算期；

（f）财务委员会指校务理事会的财务委员会。

第三章　账　　目

1. 各学院应在每年的 6 月 30 日—9 月 30 日间对账目进行清算，清算应由有执业资格的审计师进行，且审计师不得是管理机构的成员。

2. 大学应设立一个跨学院账目委员会，由各学院代表组成，各学院均有权任命一名委员会成员。

该账目委员会的职责为：

（i）每年至少召开一次会议；

（ii）商定"建议剑桥大学学院账目"的形式，商讨会计实务的发展；

（iii）当其认为有必要对"建议剑桥大学学院账目"进行修订时，可以向校务理事会的财务委员会提出相关建议。

3. 除章程 T 第 54 条另作规定外，各学院在准备账目时应：

（i）参考由大学在校务理事会的财务委员会建议下不定期决定的"建议剑桥大学学院账目"，并考虑跨学院账目委员会的建议；且

（ii）在每个财务年度结束时，对大学的财务事务以及本财务年度的收支开销作出真实、公允的陈述。

4. 各学院应确保：

（i）其审计师的报告中包含对账目是否遵守本章程第 3 条规定，以及对章程

G 第二章中到期付款的核算是否符合该条款规定的意见；

（ii）其账目已连同审计师报告一并提交至教务长，提交时间不得晚于清算后的 12 月 31 日。

若审计师无法对账目是否遵守本章程第 3 条规定也无法对章程 G 第二章中到期付款的核算是否符合该条款规定进行报告，则其应以书面形式声明无法报告的原因，并由学院将此声明递交至教务长。

5. 各学院每年应向教务长提交一份由审计师署名的汇报书，其形式由财务委员会与跨学院账目委员会协商后指定，汇报书中应明示对章程 G 第二章中到期付款的核算。大学应每年公布各学院的汇报书和学院基金的财务报表。

第四章　学院成员资格

1. 除校务理事会对于某人或某类人有其他规定外，任何学院不得承认以学习或研究为目的居住在大学内但在其住校第一学期的一半后仍未满足以下条件的人员为学院成员：

（a）被录取入学。

（b）经校务理事会允许，在校务理事会规定的条件下（若有），将在该学期后半段或后一学期被录取；但国王学院可允许其唱诗班主唱、唱诗班成员和唱诗班主管为学院成员，即使他们没有被录取，或不够资格被录取。

2. 根据沃尔森学院章程中章程 E 第一章第 1 条的规定，大学可制定大学条例以规定在某些条件下该学院可接收文学学士、音乐学学士、教育学学士和牧职神学学士的候选人，并向其授予学位。

3. 根据圣埃德蒙学院章程中章程 F 第一章第 1 条的规定，大学可制定大学条例以规定在某些条件下该学院可接收文学学士、音乐学学士和牧职神学学士的候选人，并向其授予学位。

4. 根据露西·卡文迪什学院章程中章程 39 的规定，大学可制定大学条例以规定在某些条件下该学院可接收文学学士、音乐学学士、教育学学士和牧职神学学士的候选人，并向其授予学位。

5. 根据休斯大厅学堂章程中章程九第 1 条的规定，大学可制定大学条例以规定在某些条件下该学堂可接收文学学士、音乐学学士、教育学学士和牧职神学学士的候选人，并向其授予学位。

第五章　奖学金委员会

1. 大学应设立一个跨学院奖学金顾问委员会（以下称奖学金委员会），该委员会由校长和各学院代表组成。每个学院均有权任命一名成员。该委员会的任何成员变动都应通知校长和教务长。该委员会应推选一名成员担任秘书长。

2. 奖学金委员会的职责为：

（1）不定期制定奖学金发放的通则，以协助学院根据其自身财政状况调整对一等奖学金学生（scholar）和二等奖学金学生（exhibitioner）的奖金；

（2）执行学院认为适宜的与一等、二等奖学金有关的职能。

但该委员会无权约束学院在任何事务上的决议或行动，除非得到学院授权。

3. 委员会秘书长应每年至少召集一次会议，并可在其认为必要的任何时候召集会议。

第六章 餐 饮 管 理

（本章根据2003年8月6日一号提案和2004年3月10日校务理事会令已废除。）

章程 H 经批准的基金会与学会

第一章 经批准的基金会

1. 对于大学辖区内的旨在推动大学教育、学术和研究并符合以下条件的机构，大学有权通过表决案认可其为经批准的基金会：
（a）依据信托证书成立和维持。
（b）在机构的总章程、组织章程细则、组织章程大纲或信托证书中有条款规定该机构通过管理委员会、信托委员会、董事会或其他类似机构进行管理。
（c）若该机构拟吸纳学生或已经吸纳学生作为成员，则应制定与学生的教育和纪律相关的配套条款。

2. 大学条例应不定期制定规章规定某机构取得和继续享有批准基金会资格的更多条件；但(a)任何经批准的基金会，在未经其同意的情况下，不应受到其首次获批的相关条件以外的任何条件的限制；且(b)经批准的基金会不得更改其总章程、组织章程细则、组织章程大纲或信托证书中的任何条款，除非其已向大学通报拟作的更改，并得到大学的批准或校务理事会声明该更改不会影响或侵害大学的相关利益。

3. 大学章程或大学条例中涉及所有学院的任意条款都适用于经批准的基金会，即学院一词此处包含经批准的基金会（有明文作其他解释的及下文中所述例外情况除外）。本条不适用于解释章程 D 第六章的条款；且大学有权在机构的同意下决定本条同样不适用于解释章程 G 第一章的条款。

4. 如果有人以书面形式向校务理事会反映某经批准的基金会的条例不足以维持其良好秩序与纪律，或基金会所在的建筑已不适宜学生居住，或出现任何不符合继续享有经批准的基金会资格的要求的情况，校务理事会都可自行决定对此事开展调查。若校务理事会发现上述情况属实，但基金会的管理机构拒绝或没有在适当时间内采取校务理事会所要求的措施，或管理机构拒绝配合校务理事会的调查，则校务理事会应将此事反映至名誉校长。此后，将成立由名誉校长或其任命的代理人及两名由名誉校长任命的评估员组成的法庭对此事进行调查，但若管理机构仍然拒绝配合调查，或仍然拒绝或没有在适当时间内采取该法庭所要求的措施，则该法庭可以通过成员投票，若投票全体一致，则可以宣布收回该机构的获批准基金会的资格。若名誉校长职位空缺，则应由总务长代为执行名誉校长在本条中的职责。

第二章

（本章"非高校学生"根据1965年12月1日二十二号提案和1966年8月11日校务理事会令已废除。）

第三章

（本章"经认可的女性机构"根据1968年7月24日三号提案和1969年3月18日校务理事会令已废除。）

第四章　经批准的学会

1. 大学有权通过表决案认可大学辖区内的旨在推动大学教育、学术和研究的学会为经批准的学会。

2. 大学条例应不定期规定某学会获得批准和继续享有经批准学会资格的各项条件，但若该学会拟吸纳学生或已经吸纳学生作为成员，则应制定与学生的教育和纪律相关的适当条款，否则，不予批准，或剥夺其经批准学会的资格；且经批准的学会不得更改其总章程、组织章程细则、组织章程大纲、信托证书、管理计划或其他有关学会组织形式的文书中的任何条款，除非其已向大学通报拟作的更改，并得到大学的批准或校务理事会声明该更改不会影响或侵害大学的相关利益。

3. 大学章程或大学条例中凡涉及学院院士职位、某些学院教职、学院成员、学院的录取、住宿、学位的认定及授予、纪律、教学、指导，以及学院在院士职位方面的义务的条款，均适用于经批准的学会，即经批准的学会包含于此处的学院一词中。

4. （本条根据1975年2月26日一号提案和1975年7月23日校务理事会令已废除。）

章程 J　剑桥大学出版社

1. 剑桥大学应设立印刷和出版的专门机构即剑桥大学出版社，以促进各学科知识的获取、发展、保存和传播；大学出版社应致力于教育、宗教、学术和研究领域的进步，并促进文学及优秀文学作品的传播。

2. 剑桥大学应设立出版委员会。出版委员会负责剑桥大学出版社的财务、财产及总体事务的管理，并行使与此相关的大学权力，在大学章程和大学条例中另作规定的除外。出版委员会应包括一名主席和一定数目的评议会成员，主席由校长或正式任命的代理人担任，评议会成员则通过大学条例不定期规定的方式任命。

3. 出版委员会有权以大学的名义为大学出版社购买、租赁、保留、出售或转移任何动产或不动产，无论其是否由法律授权投资信托基金，其有权购买、保留、出售或转移任何证券（此处包括股票、基金和股份），并且该权力可延伸至所有大学出版社的捐赠或其他基金的投资（包括变相投资）。

4. 大学出版社的所有收益都应记入出版委员会的账户，且大学出版社的所有资金和收入都由出版委员会管控，并由其自行支配，以用于大学出版社的各类事务。

5. 出版委员会有权为大学出版社的目的借款，并将出版社的财产或收入作为贷款抵押，但需注意：

（a）校务理事会有权为出版委员会在本条中的借款权力设限；

（b）以大学出版社的财产或收入作抵押的贷款应符合 1925 年和 1964 年《大学与学院地产法》的规定，并应得到由校长代表的校务理事会的批准。

6. 出版委员会有权为大学出版社聘用工作人员，决定其薪酬与津贴，并有权规定其工作条件。

7. 依据章程 A 第三章第 7(b)款，章程 B 第一章第 1 条，章程 B 第三章第 6 条和章程 K 第 3(h)款，由校务理事会参考出版委员会的推荐意见而特别委派的在大学出版社内担任一定职位的人员，其地位相当于大学职员。

8. 校务理事会每年应任命一名或多名执业会计师对大学出版社的账户进行年度审计。校务理事会每年应委派一名或多名财务委员会成员监督审计，其职责为审查账目、与审计员商讨并向校务理事会汇报。

9. 大学公章中应设一枚出版社公章，在出版委员会处理与出版社相关事务时使用；但出版社公章的存在不应使与同一事件相关的其他大学公章失去效力。

大学有权制定相关条例规定出版社印章的保管与使用。

10. 在大学条例的限制范围内,出版委员会有权转授本章程中规定的各项权力。

11. 此处和大学章程及大学条例中提到的"大学出版社财产"指大学为大学出版社的目的所拥有或使用的财产。相关单据应由教务长署名,收款人为与大学出版社直接交易的人员,并注明某特定财产为大学出版社财产,或注明应遵循的借入限制,此类单据应作为决定性证明。

12. 出版委员会须每年向校务理事会提交年度报告,并以全文刊登或刊登概要的方式向大学公开该报告。

13. 尽管有上述条款的规定,校务理事会在其认定的特殊情况下,根据其财务委员会的建议,有权解散出版委员会并暂时承担出版社的所有管理责任。若校务理事会需要行使本条款中规定的权力,则应向大学递交一份详细报告解释采取此种行为的具体情况和原因。

章程 K　章程的生效、解释与无效程序

1. 所有章程自 1926 年 10 月 1 日起生效实施，自生效之日起，之前有效的章程，即章程 A、B、C、D、E 以及题为"私人旅店"的章程就此废除（章程另有规定者除外）。但不得因章程废除而视在该章程规定下已制定的条例或已执行的选举、任命等无效，也不得使在上述章程规定下已废止或撤销的章程、条例、信托、权力或条款恢复生效。

2. 如对大学章程或与大学、学院有关的章程中任何条款的真实含义存疑，校务理事会可要求名誉校长通过书面形式对存疑章程的含义进行解释，该解释应由大学教务长登记，且所声明的含义应被视为该章程的真实含义。大学应支付名誉校长为履行此职责所寻求的任何法律咨询的费用。

3. 在剑桥大学章程或剑桥大学条例中，

(a)"学院"一词包括所有学院，分别为彼得学院、卡莱尔学院、彭布罗克学院、冈维尔与凯斯学院、三一大厅学堂、圣体学院、国王学院、王后学院、圣凯瑟琳学院、耶稣学院、基督学院、圣约翰学院、麦格达伦学院、三一学院、伊曼纽尔学院、西德尼·苏塞克斯学院、唐宁学院、格顿学院、纽纳姆学院、塞尔文学院、费茨威廉学院、丘吉尔学院、新大厅学堂、达尔文学院、沃尔森学院、卡莱尔大厅学堂、罗宾森学院、露西·卡文迪什学院、圣埃德蒙学院、休斯大厅学堂，同时包括相关章程中提到的经批准的基金会；

(b)(c)（根据 1964 年 5 月 20 日二号提案和 1965 年 1 月 29 日校务理事会令已废除。）

(d) 评议会校务理事会即校务理事会；

(e) 总委员会即学部总委员会；

(f)"学年"即自米迦勒学期第一天开始的一年；

(g)"居住"与"住宿"由大学根据具体语境解释其含义；

(h)"受监护人"指尚没有担任大学职务的[剑桥大学出版社职务，尤其是章程 J 第 7 条中所指定职务，或章程 A 第三章第 7(e)条中由大学任命的职务]，或尚无学院院士、教职人员资格的，或尚无章程 A 第一章第 6(c)条所规定当选评议会成员之资格学历的，且自其第一学历（若有）被认定起尚未达到三年半的大学成员（包括学院成员、经批准学会的成员及居住在大学内并即将入学的人员）；

（i）"大学辖区"指大学条例中划定的在剑桥大学边界以内及附近的地区；

（j）"副教授"不包括文献学桑达斯副教授；

（k）"任命"包括现会员选举的方式，除非在大学章程和大学条例中已有其他明确解释或其他必然含义；

（l）在大学章程或条例中，除另作规定的情况外，"学院院士职位"指除荣誉院士之外的所有学院院士职位，"学院院士"则指院士职位的所有人；

（m）"可分红学院院士"指有资格在学院每年的收益中持有可分红股份的院士，或在某些基金中持有股份并获得薪酬的院士，"可分红学院院士职位"指该类院士的职位；

（n）"不可分红学院院士"指虽然与可分红院士享有同等津贴，但不具备上述分红资格的研究员，"不可分红学院院士职位"指该类研究员的职位；

（o）除另作规定的情况外，"教授"包括客座教授，"教授讲席"亦包括客座教授讲席；

（p）"学位"指剑桥大学学位，在大学章程或大学条例中另作规定的除外；

（q）"停学"指将当事人驱逐出大学条例定义的剑桥大学辖区范围；

（r）"总委员会条例"指由学部总委员会制定并公布的条例，"大学条例"指由摄政院通过表决案制定的条例。理事会表决案制定的法令，根据具体情况有其他含义的除外。

4. 大学章程或条例中所有只用阳性形式表达的词句中，都应添加相应阴性形式，有明确规定或必然含义的除外。

5.（a）如果某人或机构在大学章程的授权下执行某行为的三十天内，或在大学章程、大学条例或条令明确指定的执行日期的三十天内没有执行或没有按要求执行某行为，则大学成员可以以书面形式向校长申诉此种行为或不作为违反了大学章程、大学条例或条令，校长应就此事进行调查，并公布调查结果，调查结果可以是此行为或事件不构成违反或不构成影响，或者若校长认为该违反并不影响最终结果，则可以认为该行为或事件的正当性不受到申诉的影响。若校长确实发现有未执行或执行不力的行为，可对此进行适当指导和管理。申诉者应以书面形式详细说明该行为或事件违反章程、条例或条令之处。校长应就此立即作出决定，最晚不得超过三个月，除非申诉者书面同意推迟决定时间。

（b）如果上述申诉者对校长的决定不满，或其认为校长无故推迟决定，可以以章程D第五章规定的方式向校长法律顾问提出申诉。校长法律顾问的决定将作为最终裁定。如果不向校长法律顾问提出申诉，则校长的决定为最终裁定。

（c）若在行为执行后三十天内没有第（a）条中所述书面申诉，则任何行为都不得因违反大学章程、大学条例或条令之理由被视为无效。

（d）任何条例执行行为都不得以参与执行的人员不合格为理由而被视为无效，参与执行人员应为以大学章程、大学条例或条令指定的方式选出的执行人员或授权机构的执行成员。

6. 在制定与选举或任命委员会、管委会或其他机构成员有关的大学章程或大学条例时，除有明文作其他规定的情况外，应注意以下情形：

（a）符合各方面条件的已退休成员有权再度当选或被再度任命；

（b）应通过选举或任命新成员来填补临时空缺并继续其前任未到期的职位；选举或任命应按大学章程或大学条例中所规定的相关机构的选举或任命方式进行，但由大学或学部总委员会在大学条例中规定可以通过现成员选举填补临时空缺的情况除外。

7. 对于大学章程或大学条例中要求公开的事件，都应在《剑桥大学通讯》中以通告形式充分公开。

8. 大学可制定条例要求大学校务理事会成员，任何委员会、联合会成员或直属学院理事会成员因未出席会议离职，因职位需要而未出席会议的除外。

9. 以下条款适用于依据大学章程或大学条例而成立的所有大学机构，在大学章程中另作规定的除外：

（a）大学应制定相关规章规定机构的法定人数、机构决策和进行正常程序所需的多数票等，机构也可以在不违反大学条例的前提下自行制定规章。

（b）若机构认为通过成立委员会可以更好地制约或管理，则可以自行任命负责总体事务或具体事务的委员，机构可以在有或没有限制条件的前提下，将适当职能委托给被任命的委员或任何大学职员，但

（i）此种授权不代表授权机构在相关事务上不必再负责任；

（ii）授权机构成员有权获得并使用被授权委员或个人处理事务时审议过的所有文件；

（iii）为不与大学章程或大学条例中任何相反条款冲突，此种授权不适用于以下情况：

（1）大学教职人员的选举或任命，

（2）依章程B第六章规定设立的大学法庭的决定，

（3）涉及学位、文凭、证书或其他资格证明授予的正式决议，

（4）其他由大学条例明确规定的事务；

（iv）机构可以在任何时候撤回此种授权（无论是涉及总体事务还是具体事务）。

（c）依据机构自行制定的条例或规章，任何选举或决策都应由机构出席并投票的半数以上的成员做出，但必须要明确规定法定人数；但若出现赞成和否定票数相同的情况，则会议主席有权决定二次投票或投出决定性一票。

（d）若机构主席或以其他方式授权的主席未出席某次会议，则与会机构成员可为该会议任命一位会议主席。

10.（本条根据1973年6月29日一号提案和1974年1月9日校务理事会令已废除。）

11,12.（本条根据1994年1月26日一号提案和1994年6月22日校务理事会令已废除。）

13. 自本章程由国王陛下于枢密院批准通过之日起，1856年剑桥大学法案

第 5-21 条（含第 21 条）中的所有条款即被废除，但剑桥大学立法专员制定的章程中再次收入的条款除外。

14. 章程 E 将自国王陛下于枢密院批准通过之日起生效。自当日起，附录 F 中指明的诸章程即被废除，但章程 T 规定的部分条例将继续有效，同时，为保证章程中的相关者利益继续有效，部分章程也将继续有效，且不得使上述章程规定已废止或撤销的章程、条例、信托、权力或条款章程恢复生效。

15. 若在某选举或任命机构的会议上，主席的投票成为选举或任命的决定性一票，且主席欲推迟投票时，与会的多数成员可授予主席在得到授权之日起六周内任何时间不通过再次召开会议而直接投票决定选举或任命结果的特权。

16. 在依据大学章程或大学条例成立的任何大学机构里，有成员提出辞去该机构职位的意愿并确定辞职日期时，该机构应在预计席位空缺之日前四十二天内通过投票或任命方式决定继任者，以填补即将空缺的席位。

17. 校务理事会或其他有权向大学直接报告的机构所提交的报告，应由机构中赞同该报告的所有成员署名；但若有大学章程或大学条例规定不允许受监护人参与某些报告的讨论时，则相关受监护人不可在该报告上署名。

18. 若在选举的统计结果中出现两位或多位候选人票数相同的情况，校长或其他选举监察人，无论其之前有无投票或有无资格投票，此时都应投出决定性一票，大学条例中另作规定的除外。

19. 依大学章程或大学条例成立的任何大学机构都不得接收受监护人[①]，除非大学章程或大学条例中对于该机构的人员构成规定可以有受监护人加入（直接使用"受监护人"一词或其他描述均有效）。

20. 任何受监护人不得以成员身份或其他方式出席依大学章程或大学条例成立的大学机构的任何会议，也不得出席由这些法定机构委派的其他机构的任何会议，并不得参与会议主席宣布的需要限制受监护人参与之事务的讨论或决策。应限制受监护人的事务如下：

（a）大学对于个人的聘用或擢升，或与聘用、擢升相关的事务；

（b）对个人的录用和学术评估；

（c）大学章程或大学条例中明确规定的某特定机构或某类机构的其他事务；

（d）由主席依具体情况决定的其他事务。

但本节中的所有条款都不适用于摄政院讨论会议、摄政院全体大会或依章程 B 第六章规定设立的诸法庭的会议。

在委员会、联合会或其他机构中的任职将不被视为本条第（a）分条中所述的聘用；但委员会、联合会或其他机构对于成员的任命、任命提名或现成员推选，都可被视为第（c）（d）分条中所述事务。

在有争议的情况下，主席应决定某事务是否应限制受监护人，且主席的决定为最终裁定。任何受监护人不可接收与受限制事务相关的文件，但对于依大学

---

① Statu Pupillor，拉丁文，意为处于受监护或未成年状态。——校者注

章程或大学条例成立的大学机构或由这些法定机构委派的其他机构中的受监护人成员,在机构允许的情况下,可以接收机构事务决议的会议记录。

21. 在本章程于2005年12月14日由女王陛下于枢密院通过批准后,原先大学章程、大学条例、合同、文书中关于"财务总管"或"学部秘书长"的陈述或声明,都解释为"教务长",或其正式任命的代理人,大学章程或大学条例中有其他规定的除外。

章程 T 临时条款

1. 在本章程中,"新章程"指的是本章程中由剑桥大学立法专员为大学制定的从 1926 年 10 月 1 日起生效的章程条例,以及此后由上述立法专员或大学自身或其他主管部门制定的任何章程条例;"旧章程"则包括自 1926 年 10 月 1 日起被废除的章程条例(之后由于合理原因被保留的除外),以及此日期前制定的未被废除的章程。本章程在与新章程某些条款不一致的情况下仍然有效。

2. (本条根据 1975 年 2 月 26 日一号提案和 1975 年 7 月 23 日校务理事会令已废除。)

3. (本条根据 1994 年 1 月 26 日一号提案和 1994 年 6 月 22 日校务理事会令已废除。)

4,5. (本条根据 1975 年 2 月 26 日一号提案和 1975 年 7 月 23 日校务理事会令已废除。)

6. (本条根据 1952 年 6 月 7 日一号提案和 1953 年 2 月 11 日校务理事会令已废除。)

7. (本条根据 1975 年 2 月 26 日一号提案和 1975 年 7 月 23 日校务理事会令已废除。)

8. (本条根据 1956 年 11 月 17 日五号提案和 1957 年 4 月 5 日校务理事会令已废除。)

9,10,11. (本条根据 1994 年 1 月 26 日一号提案和 1994 年 6 月 22 日校务理事会令已废除。)

12,13. (本条根据 1952 年 6 月 7 日一号提案和 1953 年 2 月 11 日校务理事会令已废除。)

14. (本条根据 1994 年 1 月 26 日一号提案和 1994 年 6 月 22 日校务理事会令已废除。)

15. 在对本章程的解释中,所有章程的生效日期均为 1926 年 10 月 1 日。若某章程在 1926 年 10 月 1 日前因某些问题尚未被女王陛下经议会批准,则以其获批准的日期为生效之日。

16. (本条根据 1995 年 7 月 26 日十七号提案和 1996 年 2 月 14 日校务理事会令已废除。)

17. 当由章程 E 中的信托基金因行政原因需要大学在某章程的授权下制定大学条例,而该章程或章程中的相关规定已经被废除或撤销时,则自章程 E 生效之日起有效的相关规定在不与章程E中条款冲突的情况下虽被撤销但依然保留效力,其有效期直至大学条例变更完成。

18.（本条根据1952年6月7日一号提案和1953年2月11日校务理事会令已废除。）

19.（本条根据1994年1月26日一号提案和1994年6月22日校务理事会令已废除。）

20,21,22.（本条根据1952年6月7日一号提案和1953年2月11日校务理事会令已废除。）

23. 对于在本章程生效前已被授予学位称号的女性,应视获得相应学位文凭的日期为其学位认定时间,但若有女性通过其所在学院申请由教务长亲自为其认定学位,则须缴纳一定费用,具体金额由大学决定。

24. 在本章程生效前有资格且没有获得学位称号的女性应有权获得相应的学位认定。

25. 在本章程生效前格顿学院或纽纳姆学院成员所有的住所,都将视为符合本章程规定的住所。

26. 章程G第四章第1条中"第一学期的住宿"一词适用于女性时,指本章程生效后她第一学期的住宿。

27,28.（本条根据1952年6月7日一号提案和1953年2月11日校务理事会令已废除。）

29. 1948年12月4日三号提案通过的章程修正案于1947年10月第一天开始生效。

30.（本条根据1966年4月27日一号提案和1967年1月11日校务理事会令已废除。）

31.（本条根据1973年2月7日一号提案和1973年6月20日校务理事会令已废除。）

32,33.（本条根据1966年4月27日一号提案和1967年1月11日校务理事会令已废除。）

34.（本条根据1998年12月2日一号提案和1999年7月21日校务理事会令已废除。）

35.（本条根据1998年12月2日一号提案和1999年7月21日校务理事会令已废除。）

36.（本条根据1998年12月2日一号提案和1999年7月21日校务理事会令已废除。）

37.（本条根据1975年2月26日一号提案和1975年7月23日校务理事会令已废除。）

38.（本条根据1995年7月26日十七号提案和1996年2月14日校务理事会令已废除。）

39.（本条根据1981年12月9日一号提案和1982年4月7日校务理事会

40.（本条根据1978年5月4日二号提案和1978年12月20日校务理事会令已废除。）

41. 由1974年6月12日四号提案制定的本章程及章程D和章程F的修正案自校务理事会决定的日期起生效。尽管该部分修正章程的条款有新规定，但大学仍保留各大学间的联合养老金系统，并向在评议会校务理事会确定的该章程生效日期前，将剑桥大学教职人员或其他机构教职人员身份加入该系统，且还没有转入新养老金计划的大学教职人员继续支付到期养老金。

42. 由1973年12月12日三号提案通过的章程B第三章的修正案于1974年10月1日起生效实施。在此日期前，剑桥大学相关机构的任职人员中若因其表现而具有资格获得文科硕士学位，但还没有被正式认定的，将继续有资格被考虑认定并授予该学位。

43,44.（本条根据1981年12月9日一号提案和1982年4月7日校务理事会令已废除。）

45.（本条根据1995年7月26日十七号提案和1996年2月14日校务理事会令已废除。）

46.（本条根据1981年12月9日一号提案和1982年4月7日校务理事会令已废除。）

47.（本条根据1995年7月26日十七号提案和1996年2月14日校务理事会令已废除。）

48. 在1982年10月1日前满足作为法学学士考试主考官要求的人：

（a）若其已攻读法学学士学位，可通过其所在学院向教务长申请重新认定其为法学硕士学位。

（b）若其尚未攻读法学学士学位，可请求以法学硕士学位取代其原有学位。

49.（本条根据1998年12月2日一号提案和1999年7月21日校务理事会令已废除。）

50. 依据1994年1月26日1号表决案制定的修正章程中的相关条款，在议会法案、校务理事会法案、剑桥大学章程、剑桥大学条例或其他与剑桥大学相关的文书中所提到的"评议会校务理事会"都解释为"校务理事会"，同理，所有文书中的"财务委员会"被解释为"校务理事会财务委员会"。

51. 章程D第二章第4条规定的开展考试的义务不适用于1994年10月1日前即开始担任其目前职位的大学教职人员。

52. 由1995年7月19日三号提案制定的章程G第二章的修正案自1995年7月1日起生效实施，并最早适用于1995—1996年度学院捐赠的核算，但对第7条中规定超过可扣除免税额的核算可以最早提前至1994—1995年度。

53. 由1999年5月26日六号提案制定的章程G第二章和附录G的修正案自1999年7月1日起生效实施，并最早适用于1999—2000年度学院捐赠的核算。

54. 由2003年8月6日一号提案通过的章程G第三章的修正案和对附录D、E的废除对各学院当年的账目产生效力,各学院应自当年起每年向教务长通报账目明细;若某学院没有通报,则应在2002年10月1日以章程G第三章中所规定形式报账,此类修改如关系到大学捐赠则须通过财务委员会的批准方可实施。依据章程G第二章的内容,该学院还须以财务委员会规定的形式向教务长提交一份由其审计员署名的申报表,以明示对支出的核算。

55. 由2007年1月10日三号提案通过的章程G第二章的修正案对2006—2007年度各学院对大学捐赠的评估产生效力。由修正案推迟批准导致的必要更正,应通过调整修正案批准当年度大学捐赠评估的方式完成。

56. 依据首相对1925年大学与学院地产法第29条作出的决定,各学院可要求将部分金额作为章程G第二章中规定的可减税项目。

57. 对于2007年12月5日二号修正表决案通过的章程A第四章的修正案中规定的大学校务理事会第(e)类构成人员的任命,大学应通过表决案的方式制定相应的过渡性条款。

章程 U　学术员工

第一章　章程的释义、适用与解释

1. 本章程及根据本章程制定的大学条例在所有情况下都应被解释，以使以下指导原则得以贯彻，即：

（a）确保学术员工[①]在法律范围内有质疑和检验多数人意见、提出新观点和意见的自由，即使其观点或意见有争议或不受欢迎，且应确保学术员工不会因此面临失业或丧失权利；

（b）使大学能够有效并经济地提供教育、促进学术和从事研究；

（c）遵循公正、公平原则。

2. 本章程不应有条款导致任何学术员工被开除，除非在特定的合理情况下（包括大学的规模和行政资源问题）有充分理由开除学术员工。

3. 本章程适用于：

（a）校长，适用程度和方式在本章程第七章有明确规定；以及

（b）章程 D 第一章第 1(a)款规定的，除校长以外的其他大学教职人员，但不包括名誉校长、总务长、常务副总务长和校长法律顾问。

在本章程中，"学术员工"即指本条适用的所有人员。

4. 在本章程中，"开除"一词指对学术员工的开除，包括撤职。关于合同雇佣的解雇，应依据 1978 年《就业保障（巩固）法案》第 55 条予以解释。

5. 本章程中关于学术员工开除的"充分理由"一词，应该为涉及相关人员在被任命或聘用的工作上的表现、能力或资格等理由，具体应指：

（a）依本章程第三章条款任命的法庭定罪的违规行为，如宣判被定罪人在其职务上履职不当，或作为学术员工工作不当；

或（b）行为与其职位或工作不相称，且不道德、造成丑闻或不良声誉；

或（c）构成不履职、拒绝履职、玩忽职守或无能力履职的行为；

（d）本章程第四章规定的因身体或精神原因丧失工作能力。

对于学术员工，"工作能力"一词指参考其工作技能、才能、健康或其他身体、心理状况而评估的能力，"工作资历"一词指与其职位相关的学位、文凭，或其他学术、技术、专业资格。

---

① Academic Staff：和行政人员（Administrative Staff）相对，指从事教育和研究的人员，因为名誉校长、总务长、副总务长、校长法律顾问等纯行政人员不包括在内。——校者注

6. 在本章程中,开除应被视为因人员冗余导致的开除,若人员冗余是由以下原因全部或部分造成的:

(a) 大学已终止或将要终止与相关学术员工被选举或任命进行的活动,或大学已终止或将要终止相关学术员工工作或曾工作地点进行的活动;

或(b) 大学学术员工所从事的特定类型的工作或进行特定类型工作的场所中,对活动的要求已终止或已降低,或者即将终止或降低。

7. (a) 在本章程条款与其他章程或大学条例的条款冲突时,以前者为准;在依本章程制定的大学条例条款与其他大学条例冲突时,以前者为准;但在依1988年《教育改革法案》第204条对本章程进行的修改被批准通过之日前,该条不适用于本章程第三章、第四章和第七章。

(b) 在任命或缔结合同时,不应无视或排除本章程中与教职人员因人员冗余或充分理由被开除的有关条款;但本条款不应与1978年《就业保障(巩固)法案》第142条中免除此项权利的规定相冲突。

(c) 当依本章程设立的机构在斟酌其决议或讨论程序的某个环节时,任何人不得作为成员出席,或直接出席该机构的会议,本章程或依本章程制定的另行规定的除外。

(d) 章程B第六章第23条应适用于本章程或依本章程制定条例中要求的所有通知,章程B第六章第7、21、22、24、25条应适用于大学法庭或七人法庭的所有诉讼程序。

(e) 在本章程中,所有编号的章、条和分条都指本章程中相应编号的章、条和分条。

第二章 裁 员

1. 本章授权主管机构可以因人员冗余的原因开除学术员工。在本章中,主管机构应为校务理事会或学部总委员会,视具体情况而定。

2. 本章中不得有内容损害、改变或影响大学或相关个人的权力、权利或职责,除非:

(a) 该人于1987年11月20日当天或之后被任命或被签约聘用;

或(b) 该人于该日期当天或之后被擢升。

3. 以上第2条中所称1987年11月20日当天或之后对某人的任命、签约聘用或擢升都应依据1988年《教育改革法案》第204条第(3)和(6)分条的规定予以解释。

4. 摄政院有权:

(a) 在校务理事会的建议下,决定对大学全体教职人员实行减员;

或(b) 在相关主管部门的建议下,决定对某学部、系或其他机构的教职人员实行减员,并以裁员的形式进行。

5. 当摄政院已作出第 4 条中的决定时,相关主管部门应任命一个裁员委员会,该委员会的组成依照以下第 6 条之规定,其职责为:
(a) 选出必要的学术员工,并以人员冗余的原因建议其解职;
(b) 在规定的日期内将裁员的建议报告给主管部门。
6. 裁员委员会的组成应为:
(a) 一名主席;
(b) 两名校务理事会成员;
(c) 两名非校务理事会成员的学部总委员会成员。
7. 主管部门应同意以上第 5 条中的建议,或将其发还给裁员委员会,要求其进一步考虑依据主管部门可能给予的指导意见。只有在给予有关学术员工合理向主管部门申述的机会后,本条中选择的被裁人员方可被批准通过。
8. 若主管部门已批准裁员委员会建议的裁员名单,则其应将该建议以报告形式在大学公布。在该报告没有被表决通过前,任何学术员工不得因人员冗余原因被解职。
9. 若在主管部门递交报告后,该解职建议被表决通过,则主管部门可指定一名主管官员作为其代表负责相关人员的解职。
10. 被选中解职的每个学术员工都应被个别通知。通知中应充分说明主管部门作出解职决定的合理原因和情况,尤其应包括:
(a) 对主管部门依本章条款采取之行动的总结;
(b) 对裁员委员会的选择程序的解释说明;
(c) 告知被通知人有权对此提出上诉,并明确依本章程第五章规定可提交上诉的时间限制;
(d) 拟定的解职将生效的声明。

第三章 纪律、开除与免职

1. 在以下 2—4 条的纪律程序中,某特定学术员工的负责人应为主管院系或其他机构的负责人,或与此学术员工职责主要相关的委员会、管委会或其他机构的主席。
2. 若负责人认为有理由相信某学术员工的行为或表现不能令人满意,则其应调查问讯此事件。若在调查后,负责人的结论为该学术员工行为确有过失,则可对该人员提出口头警告。负责人应明示警告的原因,表明口头警告为大学纪律程序的第一步,并建议该人员可以对该警告提出申诉,若被调查者认为结论不公正或歪曲事实,可要求修正其调查结论,相关程序应依照本章程第六章的规定。
3. 若负责人在调查后,认为该学术员工的过失已被证实十分严重,或有进一步的违规行为,则负责人可对该过失人员提出书面警告。该警告应明示对该教职人员的投诉,要求其改善或纠正自己的行为或表现,且明确改善或纠正的时间限制。负责人应建议其可对此警告提出申诉;若被警告者认为警告不公正或歪曲事实,可要求修正其结论,相关程序应依照本章程第六章的规定。同时,负责人应表明,若在上述规定时间内该人员没有做出令人满意的改正,则该投诉依照以下第 6 条将被反映至校长。

4. 负责人应保留以上第 2 条和第 3 条中警告的书面记录。对于口头警告,在其被提出之日后一年不必做进一步记录,而对于书面警告,在其被提出之日两年后不必做进一步记录。

5. 应设立大学法庭。该法庭由一名主席和四名摄政院成员组成,主席应为具备法律执业资格的大学成员。主席和其他成员的任命方法和任期由依本条制定的大学法令规定。教务长或其正式任命的代理人应担任大学法庭的秘书长。

6. 若校长接到关于大学学术员工行为或表现的投诉,并且校长认为有理由相信被投诉的行为或表现足以构成开除该人的合理原因,则校长可在其认为必要时,组织对此事件的调查或问讯。

7. 若在某特定案件中,校长认为对某学术员工的投诉是无关紧要或毫无根据的,或该投诉被指控侵犯了大学章程、大学条例或依大学条例制定的规章,可直接在大学或直属学院、学部、学系及其他机构内执行标准处罚,这两种情况下,校长可简要地撤销该投诉,或决定不再继续本章中的法律程序。

8. 对于没有按以上第 7 条方式处理的投诉,校长应将该投诉视为依本章对案件进一步处理的充分理由,并应致信给相关学术员工要求其以书面形式给予意见。校长可酌情决定:

(a) 将此学术员工带薪停职;

(b) 将此学术员工从所有或部分大学场地中驱逐。

以上决定仍待最终定夺。

9. 在获得相关意见后,或在校长致信的二十八天内没有收到任何意见的情况下,校长应依据所有现有证据对此事件进行决定。若在二十八天内没有收到任何意见,则校长可视该学术员工的情况完全否认该投诉,并据此进行处理。校长可以:

(a) 驳回该事项;

(b) 依本章第 2 和 3 条规定或章程 B 第六章第 3 条之规定,将此事件提交审议;

(c) 若校长认为恰当,且该学术员工书面同意此种处理方式,可以非正式处理此事;

(d) 指示大学出庭代讼人将此事在大学法庭提出控告。

10. 若校长已指示大学出庭代讼人对此事提出控告,则大学法庭秘书长应通知相关人员出席法庭的日期、时间和地点,并通知述职内容,大学法庭应向有关人员送交有明确信息的文件。大学出庭代讼人应出席法庭指控,并应对传唤证人和出示文件进行必要的行政安排。大学出庭代讼人通常负责向法庭作适当的案件陈述。

11. 随后的程序包括法庭准备、审理和裁定,具体程序由依本条制定的大学条例规定。

12. 在不损害上述程序普遍适用性的前提下,该大学条例应确保:

(a) 相关的学术员工有权由其他有关人员代为出席大学法庭对案件的审理,代为出庭人员可以不具备法律执业资格;

(b) 在尚未对相关学术员工或经其授权的"代为出庭人"进行口头审理时,不可对控告作出裁定;

(c) 代表被指控学术员工和大学出庭代讼人两方的证人都可被传唤,且证人可以就相关证据被问询;

(d) 应有详细充分的条款对案件的推迟、休庭、撤销控告、诉讼程序中欠缺诉讼手续、免于诉讼、要求校长进一步审议的诉讼以及纠正诉讼的偶然差错等方面作出规定;

(e) 为诉讼程序的每一步(包括审理)设定合理的时间限制,以使大学法庭迅速、合理、可行地对诉讼进行审理和裁定。

13. 若指控获赞成,则大学法庭应决定适当的处罚(若有),可以是:

(a) 若大学法庭判决被指控学术员工的行为或表现构成将其开除的合理理由,则将其从相应机构开除;

(b) 在大学法庭认为公平合理的情况下,依据该学术员工的雇佣合同或任命条款处以较轻的处罚,包括章程 B 第六章第 4 条中规定的处罚。

若大学法庭裁定开除为适当的处罚,则法庭主席应有权实行处罚。若法庭主席没有处以开除的处罚,或者,若大学法庭裁决其他较轻的处罚更为恰当,则该法庭根据章程 B 第六章第 4 条的规定实行相应处罚。

14. 大学法庭秘书长应将法庭裁决通告校长、大学出庭代讼人和被指控学术员工。该通告应包括大学法庭在该指控中对事实的认定、裁定的理由、裁定的处罚(如有)以及由大学法庭或主席执行的处罚。大学法庭秘书长应注意提出上诉的时间,并确保将本章程第五章的复印件送交被指控的学术员工。

第四章 因健康原因无法履职人员的免职

1. 本章制定了独立条款以规定因健康原因无法履职人员的开除和免职中的各种情况。

2. 在本章中:

(a) "健康原因"指参考健康状况或其他身体或心理素质而评估的能力;

(b) "主管官员"指校长或作为校长委派代表的官员;

(c) 根据学术员工的残疾或无行为能力的程度,本章所称"学术员工"还包括其本人以外的对其负责的亲戚、朋友,或其他受权辅助或代表其行事的人员。

3. 若主管部门认为应考虑对于因健康原因无法履职的学术员工予以开除和免职,主管部门的秘书应:

(a) 通知相应的学术员工,并告知原因;

(b) 以书面形式通知该学术员工,说明拟要求其执业医生开具一份医疗报告,并寻求该学术员工的书面同意,以上程序依据1988年《获取医疗报告法案》的相关要求;

(c) 可将该学术员工带薪停职。

4. 若鉴于依上述第3条获得的医疗报告,主管部门认定某学术员工被要求因健康原因退休,且该人接受主管部门的意见,则主管官员据此终止该人的工作。

5. 若该学术员工不同意其应因健康原因而离职;或者若在获得医疗报告后,该学术员工拒绝因健康原因退休,则主管部门可将此事连同相关医疗及其他证据(包括由该学术员工提交的证据)秘密移送至医疗委员会,医疗委员会的组成为:

(a) 在征得该学术员工司意下,一名由校务理事会任命的具备医疗执业资格的主席;或者在未获同意时,则为校务理事会根据伦敦皇家医师学院院长的提名任命的主席;

(b) 一名由主管部门任命的人员;

(c) 一名由该学术员工委托的人员,或在未获同意时,由主管部门任命的第二位人员。

6. 应依据本章内容,制定大学条例以规定医疗委员会处理事件的准备、审理和裁定的程序。大学条例应确保:

(a) 相关的学术员工有权由有关他人代为出席大学法庭对案件的审理,该人员可以不具备法律执业资格;

(b) 在没有对相关学术员工或其授权的代为出庭人进行口头审理时,不可对控告作出裁定;

(c) 可传唤证人,且可以就相关证据问询证人;

(d) 迅速、合理、可行地对案件进行审理和裁定。

医疗委员会可要求相关学术员工接受医疗检查。

7. 大学应负担上述第3条中医疗报告或第6条中医疗检查所需的合理费用。

8. 若医疗委员会决定某学术员工应该因医疗原因被免职,则主管官员可以因该原因终止其工作。

第五章 上 诉

1. 本章为处理被开除或通知将被开除或受其他处罚的学术员工提出的上诉

设定相关审理和裁定程序。

2. 本章适用于以下上诉：

（a）对主管部门（或该部门授权的机构）在执行本章程第二章权力时所作出的开除决定的上诉；

（b）对依第三章进行的诉讼或作出的决定上诉；

（c）对除按照第二章或第三章决定之外的开除决议上诉；

（d）对除按照第三章决定之外的大学部门之纪律决议上诉；

（e）对依第四章作出的决定上诉；

（f）对依第七章进行的诉讼或作出的决定上诉（包括按照该章第4条作出的决定）。

在以上情况中，应对"上诉"和"上诉人"作相应解释；但以下不得成为上诉对象：

（i）第二章第4条中摄政院的决定；

（ii）第三章或第七章中大学法庭对事实的认定，或第四章中医疗委员会对医疗事实的认定；在七人法庭的同意下，在审理上诉中由上诉人提出的新证据除外。

3. 应设立七人法庭审理这些上诉。七人法庭应由一名主席和六名校务理事会成员组成，主席应为根据表决案任命的具有法律执业资格的大学成员，任期四年，六名成员应根据表决案单独任命，任期两年。

（a）在七人法庭的某些诉讼程序开始后才被任命的成员不得参与这些程序的工作；

（b）在诉讼程序期间将结束任职的七人法庭成员应继续保留其成员资格，直至该诉讼程序结束；

（c）在担任或被选举、任命即将担任理事会或学部总委员会成员的人，在此期间不得成为七人委员会成员，但以上（b）条中的情况除外。在非正常情况下，该人不得出席校务理事会或学部总委员会的任何会议或接受任何会议文件，此种继续保留的七人法庭成员资格将构成不出席上述两个机构会议的充分理由。

法庭中的五名成员即构成法定人数。

4. 学术员工可按教务长的通知，以书面形式阐明上诉理由，以此来提起上诉。上诉应在上诉通知送交上诉人之日起二十八日内提出，但七人法庭有权在此期限后审理提交的上诉，若其认为这样做符合公正、公平以及案件具体情况。

5. 教务长应通知七人法庭上诉通知已被接收和具体接收日期，同时也应将此情况告知上诉人。

6. 随后的程序包括法庭准备、整合、审理和裁定，具体程序由依本条制定的大学法令规定。

7. 在不损害上述程序正常进行的前提下，该大学条例应确保：

（a）上诉人有权由他人代为出席大学法庭对案件的审理，该人可以不具备法律执业资格；

(b) 只有在大学出庭代讼人和上诉人或其授权的代为出庭人均有权出席口头审理,并在七人法庭的同意下,传唤证人时,才可对上诉作出裁定;

(c) 应有详细充分的条款对案件的推迟、休庭、撤销控告、诉讼程序中欠缺诉讼手续、纠正诉讼的偶然差错等方面作出规定;

(d) 七人法庭可为程序的每一步(包括审理本身)设定合理的时间限制,以使其迅速、合理、可行地对诉讼进行审理和裁定。

8. 七人法庭可允许或撤销部分或全部上诉,并且在不损害上述内容的前提下,可以:

(a) 根据第二章中的决定(或在上诉期间出现的任何议题),可将上诉发还主管部门要求其再次审议;

(b) 根据第三章中的决定,将上诉发还同一大学法庭或根据该章条款重新任命组建的不同大学法庭,要求重审;

(c) 以较轻的其他处罚取代根据第三章条款在原判中处以的处罚;

(d) 将第四章中的上诉发还同一医务委员会或根据该章条款重新任命组建的不同医务委员会,要求重审。

9. 七人法庭秘书长应将七人法庭就上诉的裁定和以上第 8 条中作出的决定,连同与第二章中主管部门或第三章中大学法庭不同的事实认定,向副校长、大学出庭代讼人和上诉人予以通告。

第六章　申诉程序

1. 本章条款适用于所有学术员工关于其任命或聘用的申诉,该申诉可涉及仅影响该学术员工一人的事件,也可以涉及影响该学术员工与其他人的人际交往或关系的事件,但不得是本章程中明文written其他规定的事件。

2. 若直属学院、学部、学系或其他机构已无补救措施,则学术员工可向主管的学部委员会、其他主管部门或主管院系或其他机构的负责人申诉。

3. 若某学术员工对以上第 2 条解决方式的结果不满,或该人的申诉直接涉及学部委员会或其他部门的主席,或直接涉及院系或其他机构负责人,则其应以书面形式向校长申诉。

4. 若校长认为该申诉无关紧要或毫无根据,可以立即撤销该申诉或不采取行动。

5. 若校长认为所申诉的事件应以第三章、第四章或第五章中的诉讼程序来处理,或认为所申诉的事件构成全部或部分诉讼程序,则对此事件采取的措施应推迟至相关诉讼程序结束或已超过提起诉讼的时限,并应通知相应申诉人。

6. 若校长没有撤销申诉,也没有推迟采取措施,其应在考虑公平性和公正性的基础上决定是否应以非正式方式处理此申诉。校长可将此决定通知相关人员,并执行相应的程序。

7. 若该申诉没有被非正式处理,则校长应将此事件提交申诉委员会予以审议。

8. 申诉委员会应由校务理事会任命,并由一名主席和一名由校务理事会提名的成员和一名由学部总委员会提名的成员组成。

9. 大学条例中应规定在审议申诉时采取的程序,并以此确保申诉人和被投诉人在出席审理时均有发言的机会,且双方均有同伴或代表陪同出席审理的机会。

10. 若该委员会认为某申诉是有理由的,则其应建议以适当方式改正对其的不公正待遇。

第七章 校长撤换

1. 校务理事会中任意三名成员可共同向名誉校长提出投诉,以充分理由要求罢免校长。

2. 若名誉校长认为该投诉无关紧要、无效或没有合理依据,可以决定不采取行动。

3. 若名誉校长认为所提出的证据在被证实后,构成开除或罢免校长的合理理由,则可以指定大学出庭代讼人向大学法庭提出控告。该指控将依照本章程第三章和第五章规定处理,但名誉校长应执行校长的所有职责,行使其所有权利。

4. 对于因健康原因无法任职的校长的免职,可依照本章程第四章和第五章的相关规定,但名誉校长应执行校长的所有职责,行使其所有权利。

附录

附录 A　学监提名周期

年度	学院	年度	学院
1999—2000	耶稣学院 新大厅学堂	2015—2016	冈维尔与凯斯学院 沃尔森学院
2000—2001	唐宁学院 麦格达伦学院	2016—2017	三一大厅学堂 圣埃德蒙学院
2001—2002	基督学院 塞尔文学院	2017—2018	纽纳姆学院 达尔文学院
2002—2003	国王学院 冈维尔与凯斯学院	2018—2019	圣凯瑟琳学院 露西·卡文迪什学院
2003—2004	罗宾森学院 达尔文学院	2019—2020	费茨威廉学院 彼得学院
2004—2005	彼得学院 纽纳姆学院	2020—2021	伊曼纽尔学院 卡莱尔大厅学堂
2005—2006	圣凯瑟琳学院 费茨威廉学院	2021—2022	丘吉尔学院 卡莱尔学院
2006—2007	丘吉尔学院 彭布罗克学院	2022—2023	彭布罗克学院 格顿学院
2007—2008	三一学院 卡莱尔学院	2023—2024	圣约翰学院 圣体学院
2008—2009	格顿学院 圣体学院	2024—2025	国王学院 西德尼·苏塞克斯学院
2009—2010	伊曼纽尔学院 圣约翰学院	2025—2026	三一学院 王后学院
2010—2011	国王学院 西德尼·苏塞克斯学院	2026—2027	耶稣学院 新大厅学堂
2011—2012	基督学院 耶稣学院	2027—2028	唐宁学院 麦格达伦学院

(续表)

2012—2013	新大厅学堂 麦格达伦学院	2028—2029	基督学院 塞尔文学院
2013—2014	唐宁学院 王后学院	2029—2030	罗宾森学院 达尔文学院
2014—2015	罗宾森学院 塞尔文学院	2030—2031	冈维尔与凯斯学院 沃尔森学院

附录 B 经所在部门认定可获教授奖教金的教职人员

行 政 官 员

校长
教务长

图书馆长
费茨威廉博物馆馆长

教 授

（以下专业按英文名称首字母排序）

会计学
活动地质构造学
航空工程（弗朗西斯·芒德教授）
气动热技术
代数学
代数几何学（2000）
代数几何学（2001）
美国史（保罗·梅隆教授）
美国历史和机构研究（皮特教授）
美国思想史
麻醉学
分析生物技术
分析物理
解剖学
古代史
古代哲学（劳伦斯教授）
古代哲学（1998）
盎格鲁-撒克逊研究（艾灵顿和博斯沃斯教授）
动物胚胎学（查尔斯·达尔文教授）

动物机械学
动物福利（科林·麦克列奥德教授）
人类学科学
应用经济学
应用数学（1964）
应用数学（2003）
应用数学（2006）
应用概率论
应用统计学和信号处理
应用热力学（霍普金森和帝国化工教授）
应用热力学
阿拉伯语（托马斯·亚当斯爵士教授）
考古科学（乔治·皮特-瑞沃斯教授）
考古学（迪斯尼教授）
建筑史
建筑学（1970）
艺术史
亚述学
天文学（皇家学会教授）
天文学与实验哲学（普拉姆教授）

天文学与几何学（劳恩德教授）
天体物理流体动力学
天体物理学（1909）
天体物理学与宇宙学
大气科学（2000）
大气科学（2005）
听觉感知学
行为生态学
行为神经病学（MRC 教授）
行为神经科学（1997）
行为神经科学（1998）
行为科学
生化工程
生化学（威廉·邓恩爵士教授）
生化学（赫舍尔·史密斯教授）
生物化学
生物学
生物学（奎克教授）
生物医学核磁共振
生物物理化学
生物统计学
生物技术
骨科医学
植物学
不列颠与爱尔兰史
癌症生物学（皇家学会内皮尔研究中心教授）
癌症研究（乌尔苏拉·佐尔纳教授）
癌症研究（2001，提案 9，2000 年 12 月 13 日）
癌症研究（2001，提案 10，2000 年 12 月 13 日）
癌症研究（2001，提案 11，2000 年 12 月 13 日）
癌症治疗学
心肺医学
心胸外科学
心血管科学（英国心脏基金会教授）
细胞生物学与寄生虫学
细胞生理学
细胞神经科学
细胞药理学
化学与结构生物学（约翰·汉弗雷·普拉默教授）
化学生物学/分子生物学
化学生物学（皇家学会研究教授）
化学工程（壳牌石油集团教授）
化学工程（1999）
化学物理学（1999）
化学物理学（2000）
化学物理学（2008）
化学（BP）（1702）
化学（乔弗利·莫尔豪斯·吉布森教授）
化学（1968）
化学（1996）
儿童和青少年精神病学
中国历史、科学、文明研究（李约瑟教授）
中国管理研究（新义教授）
土木工程学
民法学（钦定教授）
古代阿拉伯语
古典考古学（劳伦斯教授）
古典学（2003）
古典学（2004）
临床生化学与医学
临床老年学
临床核磁共振成像
临床神经心理学
临床肿瘤学（2000）
临床药理学
认知神经科学
协同人类学（西格里德·劳星教授）
组合数学
商业合同法学
英联邦史（司马慈教授）
通信系统学（马尔科尼教授）
公司与证券法
比较认知学
比较胚胎学
比较免疫遗传学
比较病理学
比较语言学
比较心理学
复杂物理系统学（施鲁姆伯格教授）
计算工程学

计算语言学	计量经济学
计算机逻辑学	经济社会史
计算矿物物理学	经济地理学
计算物理学	经济史(1928)
计算机辅助推理	经济史(2004)
计算机科学(1994)	经济学(弗朗克·兰赛教授)
计算机科学(罗伯特·桑松教授)	经济学(1970)
计算机技术(1997)	经济学(1988)
计算机技术(2005)	经济学(1995)
计算机信息处理技术	经济学(2007)
凝聚物理学	经济学与博弈论
保护与发展研究(莫朗教授)	教育学(1938)
保护生物学(米莲·罗斯柴尔德教授)	教育学(2000)
保护科学	教育学(2000)
继续教育和终身学习	教育学(2002)
控制工程学(2002)	教育学(2004)
控制工程学(2006)	教育学(2004)
公司治理学(罗伯特·芒克斯教授)	教育学(2005)
公司法(S.J.贝尔温教授)	教育学(2008)
宇宙学	教育与发展(英联邦教授)
宇宙学与天体物理学	埃及古物学(赫伯特·汤姆逊教授)
犯罪学(沃夫森教授)	电机工程
犯罪学与刑事司法学	电磁学
发生生物学	电子设备物理学(西塔奇教授)
发生生物学(约翰·汉弗雷·普拉默教授)	电子学
发育遗传学(2002)	经验社会学
发育遗传学(2008)	内分泌学
发展力学	工学(1875)
发育神经生物学(皇家学会教授)	工学(1966,提案5,1965年12月1日)
发育神经科学	工学(1966,提案6,1965年12月1日)
发展精神病理学	工学(1974)
设备材料学	工学(2008)
计算机分布式系统研究	工学(兰可教授)
神学(玛格丽特夫人教授)	工学(范埃克教授)
神学(诺里斯-哈尔瑟教授)	工程设计(2001)
神学(钦定教授)	工程设计(2004)
地球科学(皇家学会教授)	工程摩擦学
东亚研究	英语(1966,提案2,1965年12月1日)
宗教史(戴谢教授)	英语(2001)
生态与发展犯罪学	英语(2001,提案1,2001年11月21日)
生态学和进化生物学(菲利普王子教授)	英语与应用语言学
计量经济理论与经济统计	英语与法语文学文化

英国法（劳斯·鲍尔教授）
英国文学（爱德华七世教授）
英国文学（2004）
英国文学（2007）
英国私法
企业研究（玛格丽特·萨切尔教授）
环境与政策
环境流体动力学
环境系统分析
流行病学与医学
精神病学认识论
马与农场动物科学（阿尔伯拉达教授）
欧洲法
欧盟和就业法
进化论
进化遗传学
进化古生物学
实验天体物理学
实验燃烧学
实验医学（根茨梅教授）
实验神经病学（默克公司基金会教授）
实验神经科学
实验粒子物理学（2001）
实验粒子物理学（2008）
实验哲学
实验物理学（1998）
实验物理学（2002）
实验物理学（2008）
实验心理学
实验量子物理学
家庭研究
农场动物健康、食品科学与食品安全（马克 & 斯本赛教授）
铁结构学
金融学（埃弗琳·德·罗思柴尔德爵士教授）
金融政策
流体动力学
流体力学（G.I.泰勒教授）
流体力学（1998）
流体力学（2006）
流体力学（2006）

流体力学（2007）
数学基础
傅立叶分析
法语（德拉帕斯教授）
法语与新拉丁文学
法国政府研究（客座教授）
法国史
法语文学与语言学
肠胃病学
全科医学
遗传流行病学
遗传学（阿瑟·巴尔夫教授）
地理学（1931）
地理学（1993）
地质学（沃华德教授）
地球物理学
德语（施罗德教授）
希腊语（钦定教授）
希腊语（2002）
希腊语与拉丁语
希腊文化（A.G.勒万提斯教授）
希腊史
血液病学
血液肿瘤学
健康管理（丹尼斯·吉林斯教授）
健康神经科学（伯纳德·沃尔夫教授）
医疗服务研究
希伯来语（钦定教授）
希伯来与犹太研究
高能物理学
印度教和比较宗教研究
组织病理学说
历史人类学
历史地理学与人口学
历史音乐学
科学史与科学哲学
科学史与科学哲学（汉斯·劳星教授）
科学史与科学哲学（1992）
科学史与科学哲学（2000）
美术史
基督教史
欧洲国际关系史

国际关系史
中世纪艺术史
政治思想史
科学史
人类进化学(列沃胡默教授)
人类地理学
人类种群生物学与健康
免疫生物学
免疫遗传学
免疫学
免疫学(舍伊拉·乔安·史密斯教授)
免疫学与细胞生物学
免疫学与医学
帝国与海军史(威勒·哈姆斯沃斯教授)
印度商业与企业(亚瓦哈拉尔·尼赫鲁教授)
劳资关系(蒙田·布尔顿教授)
传染病信息学
传染病学
信息工程学(1994)
信息工程学(2000)
信息工程学(2002)
信息工程学(2004)
思想史与英国文学
知识产权法(赫舍尔·史密斯教授)
国际史
国际法
国际法(惠威尔教授)
国际宏观经济学
国际政治
国际关系(帕特里克·舍希爵士教授)
意大利语(塞莱娜教授)
意大利语与英语文学
日本研究
犹太教与早期基督教研究
土地经济
土地使用与交通研究
拉丁语(肯尼迪教授)
拉丁美洲研究(西蒙·玻利瓦尔教授)
法学(1973)
法学(1992)
法学(1995)

法学(2006)
英格兰法律(唐宁教授)
学习障碍精神病学
法律与政治哲学
法律学(阿瑟·古特哈特客座教授)
语言学
宏观经济学
高分子生化学
大分子化学
管理科学
管理学(2001)
管理学(2006)
管理学(贝克维特教授)
管理学(迪亚格教授)
管理学(KPMG教授)
制造工程
制造工程(GKN教授)
材料化学
材料化学与腐蚀研究
材料科学(1988)
材料科学(2001)
材料科学(2007)
材料科学(2008)
材料科学(戈德史密斯公司教授)
数学生物学
数理逻辑
数理物理学(1967)
数理物理学(1978)
数理物理学(1998)
数学科学
数学科学(N.M.罗特柴尔德家族教授)
数理统计
数学(2008)
数学(2011)
数学(卢卡斯教授)
数学(劳斯·鲍尔教授)
数学运筹学(丘吉尔教授)
系统数学
矩阵生化学
机械工程(1993)
机械工程(1997)
机械工程(2006)

材料力学(1997)
材料力学(1999)
遗传医学(1997)
遗传医学(2007)
内科肿瘤学
医用物理学
医学生理学
药物化学(赫舍尔·史密斯教授)
医学(1962)
医学(1987)
中世纪与文艺复兴英语
中世纪英国史
中世纪法国文学
中世纪史
中世纪音乐
地中海历史
代谢医学
微生物学
矿物物理学(2005)
矿物学与矿物物理学
矿物学与岩石学
现代阿拉伯研究(赛义德王教授)
英国近现代史
中国近现代史
近代教会历史
欧洲近现代史(1992)
欧洲近现代史(2008)
现代希腊语
近现代史
近现代史(钦定教授)
现代语言
现代西班牙语文学与思想史
分子生物学
分子生物学(赫舍尔·史密斯教授)
分子生物技术
分子细胞生物学
分子内分泌学(赛罗诺教授)
分子酶学
分子遗传学(赫舍尔·史密斯教授)
分子遗传学与基因组学
分子免疫学
分子膜生物学

分子微生物学
分子神经遗传学
分子神经病学
分子寄生虫学(格拉克索教授)
分子药理学(皇家学会教授)
分子科学信息学(尤尼莱弗教授)
分子病毒学
音乐
作曲
纳米技术
自然哲学
自然哲学(杰克逊教授)
肾脏学
神经生物学
神经遗传学
神经病学
神经病理学
神经生理学
神经放射学
神经科学(2002)
神经科学(2005)
神经科学(2006)
神经外科
非线性数学科学
核医疗学
数论与代数(科威特教授)
微分方程数值分析
观测天文学(2002)
观测宇宙学与天体物理学
妇产学(1975)
妇产学(2000)
海洋地球化学与古化学
海洋物理学
旧约研究
肿瘤病理学
肿瘤学(李嘉星教授)
运筹学
有机化学(赫舍尔·史密斯教授)
有机化学(2001)
矫形术
儿科学(1978)
儿科学(1998)

寄生虫学
粒子物理学
病理学
围产生理学
波斯史
石油科学（BP 教授）
药理学（歇尔德教授）
哲学（奈特布里奇教授）
哲学（1896）
哲学（1999）
哲学（2007）
科学哲学与科学社会学
语音科学
语音学
光子学
分子材料光子学
药学（钦定教授）
物理化学
物理电子学
自然地理
物理冶金学
物理学（卡文迪什教授）
物理学（赫舍尔·史密斯教授）
物理学（1966，提案 7,1965 年 12 月 1 日）
物理学（1966，提案 19,1965 年 12 月 1 日）
物理学（2002）
物理学（2005）
物理学（2006）
材料物理学（约翰·汉弗雷·普拉默教授）
生理学
生殖生理学（玛丽·马歇尔和阿瑟·沃顿教授）
植物与微生物生化学
植物生化学
植物细胞遗传学
植物生态学
植物分子生物学
植物分类学与进化学
诗歌学（高利·普特教授）
政治经济学
政治科学
政治学

高聚物物理学
基本保健研究
工艺创新
蛋白晶体学
精神病学（1998）
精神病学（2000）
精神分析与性别研究
犯罪心理学
心理学（2004）
心理学（2007）
社会科学中的心理学
公共卫生医学
公法与法理学
国际公法与国际私法
公众风险认识（温顿教授）
纯数学
纯数学（赫舍尔·史密斯教授）
纯数学（赛德雷尔教授）
量子场论
量子物理学
量子物理学（雷格·特拉普奈尔教授）
第四纪古环境研究
射电天文学（1971）
放射线学
地产金融（格罗斯文纳教授）
再生医学
表示论
生殖生物学
生殖免疫学
生殖科学
呼吸生物学
呼吸科医学
风湿病学
核酸生物化学
核酸分子生物学
农村经济
安全工程学
闪米特语文学
服务和支持工程学
信号处理
信号药理学
斯拉夫研究

小动物医学	理论与数学物理
社会人类学(威廉·维斯教授)	理论天文学
社会学(1985)	理论天体物理学
社会学(2001)	理论化学
社会学、人类学与音乐	理论计算机科学
教育社会学	理论地理学
土壤力学	理论地球物理学
西语	理论矿物物理学
统计科学	理论物理(约翰·汉弗雷·普拉默教授)
统计信号处理	理论物理(1997)
统计学(2005)	理论物理(1998)
统计学(2006)	理论物理(1999)
干细胞生物学	理论物理(2001)
随机分析	理论物理(2002)
中风医学	理论物理(2003)
结构生物学	理论物理(2005)
结构动力学	理论物理(2007)
超导工程学	输血医学
超导性研究	城市与区域经济学
表面化学	脊椎动物古生物学
外科医学	兽医临床研究
永续设计	滤过性微生物学(病毒学)
系统生物学与生化学	视觉神经科学
工艺学(菲利普王子教授)	动物学(1866)
构造地质学	动物学(1997)
理论与计算物理	

教　　授

（规定由选举产生）

BBV基金会客座教授	亚瓦哈拉尔·尼赫鲁客座教授

章程J中明确规定的其他大学职员

生物技术主任	默维尔高分子合成实验室主任
植物园园长	经济学系研究执行主任
犯罪学研究主任	

其他大学职员

M.B.A.课程主任　　　　　　　　　大学计算机服务中心主任
金融研究所剑桥大学捐赠负责人

附录 C　对若干学院和获准学会的教授奖教金配额

基督学院	·	·	·	·	·	5
丘吉尔学院	·	·	·	·	·	7
卡莱尔学院	·	·	·	·	·	3
卡莱尔大厅学堂	·	·	·	·	·	2
圣体学院	·	·	·	·	·	3
达尔文学院	·	·	·	·	·	3
唐宁学院	·	·	·	·	·	4
伊曼纽尔学院	·	·	·	·	·	4
费茨威廉学院	·	·	·	·	·	3
格顿学院	·	·	·	·	·	4
冈维尔与凯斯学院	·	·	·	·	·	8
哈默顿学院	·	·	·	·	·	0
休斯大厅学堂	·	·	·	·	·	2
耶稣学院	·	·	·	·	·	4
国王学院	·	·	·	·	·	8
露西·卡文迪什学院	·	·	·	·	·	0
麦格达伦学院	·	·	·	·	·	2
新大厅学堂	·	·	·	·	·	1
纽纳姆学院	·	·	·	·	·	1
彭布罗克学院	·	·	·	·	·	3
彼得学院	·	·	·	·	·	3
王后学院	·	·	·	·	·	3
罗宾森学院	·	·	·	·	·	2

(续表)

圣凯瑟琳学院	·	·	·	·	·	3
圣埃德蒙学院	·	·	·	·	·	1
圣约翰学院	·	·	·	·	·	10
塞尔文学院	·	·	·	·	·	3
西德尼·苏塞克斯学院	·	·	·	·	·	3
三一学院	·	·	·	·	·	13
三一大厅学堂	·	·	·	·	·	3
沃尔森学院	·	·	·	·	·	3

附录 D　学院账目表

（本附录根据 2003 年 8 月 6 日一号表决案和 2004 年 3 月 10 日校务理事会令已废除。）

附录 E　审计证明表

（本附录根据 2003 年 8 月 6 日一号表决案和 2004 年 3 月 10 日校务理事会令已废除。）

附录 F　由章程 K 第 14 条废除的章程内容

章程条款名	经由校务理事会最高权威批准的日期
威廉·布朗爵士奖学金	1858 年 4 月 6 日
贝尔奖学金	1858 年 4 月 6 日
波尔森奖学金	1858 年 4 月 6 日
西顿奖	1858 年 4 月 6 日
威廉·布朗爵士奖章	1858 年 4 月 6 日
诺里斯奖	1858 年 4 月 6 日
哈尔瑟奖	1858 年 4 月 6 日
波尔森大学奖	1858 年 4 月 6 日
佩里格林·梅兰德爵士奖	1858 年 4 月 6 日
布尔尼捐赠	1858 年 4 月 6 日
勒巴斯奖	1858 年 4 月 6 日
玛格丽特夫人传道讲席	1858 年 4 月 6 日

(续表)

章程条款名	经由校务理事会最高权威批准的日期
罗伯特·雷德爵士公共讲座基金	1858年4月6日
拉斯塔特先生图书馆捐赠	1858年4月6日
天文学与几何学劳恩德教授讲席	1860年3月7日
赛德雷尔教授讲席	1860年3月7日
神学、希伯来与希腊钦定教授讲席	1860年5月10日
玛格丽特夫人神学教授讲席	1860年8月1日
玛格丽特夫人教授讲席与诺里斯神学教授讲席	1860年8月1日
诺里斯神学教授讲席	1860年8月1日
哈尔瑟先生基金	1860年8月1日
沃茨先生捐赠	1861年4月16日
道德神学、诡辩神学与道德哲学奈特布里奇教授讲席	1861年4月16日
自然哲学杰克逊教授讲席	1861年4月16日
地质学沃华德教授讲席	1861年4月16日
托马斯·亚当斯爵士教授讲席	1861年4月16日
克拉文奖学金、巴蒂奖学金、戴维斯奖学金	1861年4月16日
非学院学生	1869年5月13日
宗教史戴谢教授讲席	1882年5月3日
克洛泽奖学金	1895年3月8日
布尔尼奖与学生奖学金	1906年6月30日
卢卡斯、劳恩德、赛德雷尔教授讲席	1914年7月16日

附录G 章程G第二章所规定的学院捐赠

由章程G第二章第16条规定的学院捐赠应按以下规则进行核算：

依据财务委员会通报，学院每年获得的捐赠总数应与当年净支出总额相等，为章程G第二章第10、11条中所规定的用于大学费用的学院基金加上3000000英镑乘以当年的乘数。

该乘数应与2006年1月估价日期前所公布的指数值比例相同，大学每年根据总体经济情况决定当年指数。

各学院每年的应计税金额分为几类。第一类为当年所有学院应计税金额总和的1.25%（最大限）的金额。第二类为超出当年所有学院应计税总金额1.25%，但低于所有学院应计税金额平均值的金额。第三部分为超出所有学院应计税金额平均值的金额。

对于上述第一类，所获捐赠无须纳税，而第三类捐赠税率应为第二类中捐赠税率的两倍。

附录 H　附录 B 中同时由章程 G 第一章第 10 条
　　　　　特别条款规定的教授职位

BBV 基金会客座教授　　　　　　　亚瓦哈拉尔·尼赫鲁客座教授
拉美研究西蒙·玻利瓦尔教授　　　　美国历史与制度研究皮特教授
法律科学阿瑟·古德哈特客座教授　　法国政府研究客座教授

附录 J　在章程 D 第二章第 5 条规定下
　　　　　有权离职的大学教职人员

教授　　　　　　　　　　　　　　　发展研究助理主任
副教授　　　　　　　　　　　　　　国际关系研究助理主任
剑桥大学高级讲师　　　　　　　　　默维尔高分子合成实验室主任
剑桥大学讲师　　　　　　　　　　　犯罪学研究主任
助理研究主任　　　　　　　　　　　苏格兰极地研究所主任
高级研究助理　　　　　　　　　　　植物园园长
剑桥大学兽医系病理学家　　　　　　经济学系研究执行主任
生物技术主任

附录 K　学部总委员会制定之学校条例
　　　　　所用于规范的考试等

学部总委员会有权制定相关法令以规范以下考试、学位、文凭和其他资格评定：
所有普通考试、预备考试、资格鉴定考试和荣誉考试
对于欧洲学生的法律考试
除文学学士和文学硕士以外的所有学位，以及获得该学位所需的考试
所有文凭和证书（包括研究生证书和硕士证书）

剑桥大学条例

与剑桥大学有关的议会法案摘选

选自《1923年牛津与剑桥大学法案》①

该法案就牛津大学与剑桥大学及其独立学院作进一步规定。[1923年7月31日]

1.（1）应成立两个专员团体，分别命名为"牛津大学专员"和"剑桥大学专员"。

5. 专员权力的有效期截至1925年年底，但国王陛下可应专员的申请，将该有效期适当延长，但延长后的有效期不得超过1927年年底。

6.（1）根据本法案的规定，自1925年1月1日起，专员应根据皇家委员会的报告，就大学、学院和学堂以及大学内部或与之相关的任何授薪职位、捐赠、信托、基金、赠予、职位或机构，制定章程和规章。经审议相关修订的申述后，专员可对法规和规章做出其认为适宜的修改，但不得直接修改大学的课程大纲和课程计划。

（2）在根据本法案制定章程或规章时，专员应考虑促进大学和学院录取家境贫寒学生的需要。

7.（1）专员权力终止后，专员或任何其他机构为大学而非独立学院制定的任何章程，可由大学根据本法案对其进行不定期的修改，但是若该章程涉及独立学院（规定独立学院对大学的捐赠和大学对独立学院财务评估的章程除外），则未经独立学院同意，不得予以修改。

（2）专员权力终止后，专员为独立学院制定的章程，以及依据任何权限（本法案下的权限除外）为学院制定的任何章程、条例或规章，均可由学院根据本法案自行制定章程（该章程须在特别召开的学院管委会大会上获得不少于三分之二的与会人员投票通过）而对其进行不定期修改。

但是：

1）对于任何拟为独立学院制定的章程，在呈交国王陛下前，均须向大学发出有关通知；以及

2）若为独立学院制定的章程涉及大学，未经大学同意，不得对该章程进行修改。

（3）在本法案中（包括本法案附录中的条款，但第35条内容除外），与大学专

---

① 这一法案成立了章程委员会（statutory commission）对剑桥大学的章程进行了修改。——校者注

员制定章程、专员章程制定后实行的程序以及章程获批后的效力等相关的条款，在必要情况下，可适用于大学或独立学院制定章程、大学或独立学院制定章程后实行的程序，以及此类章程获批后的效力等。

8．（1）未经受托人或基金管治机构同意，不得根据本法案的规定制定任何章程而对基金进行修改，除非设立基金的文书自开始运作之日起已满六十年，但本款的任何规定均不得妨碍制定章程来增加任何授薪职位的薪酬或以其他方式改善授薪职位出任人的处境。

（2）专员或大学在制定章程以规定或更改学院对大学捐献的数量或评估基准时，应首先顾及学院自身在教育方面的需求以及其他学院的目的。

9．（根据《1960年慈善法》废除。）

10．《1877年牛津与剑桥大学法案》经修改后载于本法案附录。修改后的该法案适用于根据本法案委任的专员、该类专员的委任程序、权力和职责以及该类专员制定的任何章程，其效力相当于修改后的法案。

11．（1）大学可依法为其雇员（非其行政人员和教学人员）制定有关设立养老金基金的计划，而学院可合法地为其雇员（非其行政人员和教学人员）采用该计划。

（2）本法案中与大学或学院制定章程、条例和规章有关的规定，不得适用于为实施本条而制定的任何章程、条例或规章。

（3）本条的任何规定，均不得用于限制或影响根据本法案前述规定专员所拥有的职责或者大学或学院所拥有的权力。

12．本法案可引述为《1923年牛津与剑桥大学法案》。

**附录：为实施本法案而适用的
《1877年牛津与剑桥大学法案》中的规定**

2．在本法案中：

"大学"指牛津大学和剑桥大学两者或其中一个（视情况而定）；

"评议会"指剑桥大学评议会；

"学院"指大学的独立学院，包括牛津市的主教堂或基督教会学院教堂；

"学堂"指牛津大学的圣艾德蒙学堂；

学院的"管委会"（Governing Body），就剑桥大学的学院（不包括唐宁学院）而言，指学院院长和所有院士[不包括取得学士学位的二等院士（Bye-Fellows）]；就唐宁学院而言，指学院院长、教授及所有院士（不包括取得学士学位的二等院士）；

"授薪职位"包括：

（1）大学、学院或学堂里的主要负责人、教授、讲师、副教授、院士、二等院士、导师、奖学金学生、一等奖学金学生、二等奖学金学生、津贴生、高级硕士、女王学院奖学金学生、在食堂作感恩祷告的学生、在小礼堂谈经文的学生、工读生、减费生或补贴生等身份或职位,其收入从大学、学院或学堂的收益中拨付;或者学院或学堂的领导或其他人员所持有和享有的职位,其收入全部或部分从捐助、捐赠或基金中拨付;

(2)上述收入,因具有上述身份而享有的各种性质的利益,因作为学院或学堂的领导或其他人员而拥有或享有的任何捐赠,以及大学、学院或学堂持有或代表其持有的任何基金、捐赠或财产,且大学、学院或学堂将此类收入用于其成员薪酬的预支、奖励或其他方面的物质供给,或用于购买圣职授予权、发放僧侣俸禄或其他类似用途;

"学校"指大学辖区以外的学校或其他教育机构,包括位于苏格兰的独立学院;

"圣职授予权"包括独家的或轮换的任免权。

14. 大学专员在行使其制定章程的权力时,应顾及所制定的章程会影响到的任何机构或授薪职位的发起人的主要意图,除非该意图在本法案得到通过之前已被废除,或者影响机构或授薪职位的基金、条件或指令已经被任何其他法案或依据该法案做出实质上的修改。

15. 大学专员在制定章程时,应顾及教育、宗教、学习和研究方面的利益;若大学专员制定的章程涉及学院或学堂,则专员应首先顾及维护学院或学堂上述方面的利益。

20. 若学院始终自愿以其地产或财产的部分收益支付某款项,则本法案的任何规定,以及根据本法案所做出的任何行为,均不得妨碍专员为学院就继续自愿支付制定任何其认为适宜的规定。

30. 专员所制定的章程,在其认为适宜的情况下,可部分为大学而制定,部分为学院或学堂而制定。

专员在制定的章程中应明确指出该章程为大学章程、学院或学堂章程,并明确章程的某一部分专为大学、学院或学堂制定;该声明和代表大学专员所作的声明,实际上为决定性声明。

若在某章程中的某部分是为学院和学堂制定,则对本法案中有关学院和学堂的条款的处理程序,同样适用于该章程关于学院和学堂内容的处理。

31. 若专员拟为大学制定章程,或者出于与大学相关的目的拟定学院或学堂制的章程;或者拟定的章程以其他方式影响大学的利益,则专员应在就此采纳任何最终决议前至少一个月(不包括任何大学假期),将拟定的章程传达给牛津大学的七日理事会以及相关学院的院长、访问学者或者学堂校长,以及剑桥大学的校务理事会和所涉学院的管委会。

专员应参考校务理事会、学院、访问学者、各学院负责人或学院管委会就拟定的章程所作的申述。

在校务理事会收到专员递交的已拟定的章程后七日内,大学校长应在大学内发布相关公告。

32. 若专员拟为学院或学堂制定章程,则专员应在就此采纳任何最终决议前至少一个月内（不包括任何大学假期），将拟定的章程传达给大学校长、学院院长以及学堂校长。对于牛津大学，还应传达给学院的访问学者。

在收到专员递交的所拟定章程后七日内，大学校长应在大学内发布相关公告。

34. 专员所制定的任何章程的实施，不得损害其在章程实施之前因身为学院、学堂人员或者因担任大学或学院授薪职位而获得的既有权力和拥有的任何权益。

45. 专员应在制定章程后一个月内，促使将该章程提交给国王陛下，并且在《伦敦宪报》上发布有关公告（在本法案中称为"章程刊宪"）。

46. 章程刊宪后八周内的任何时候（不包括大学假期），如大学、学院、授薪职位、学堂、学校、人员或机构直接受到该章程的影响，则下列人员均可提请国王陛下驳回该章程或其任何部分。这些人员包括：大学、学院管委会、大学或学院授薪职位的受托人、管理人或赞助人、学堂校长、学院行政部门负责人或者其他人员、机构。

47. 若任何章程被其他人士根据本法案提交反对的请愿，则国王陛下可合法地将该章程转交给大学委员会。

呈请人有权亲自陈词或由大律师代为陈词，为他们的呈请提供支持。

对于有关上述呈请的法律程序，国王陛下可依法不时制定有关议事规则和惯例加以规限。

各当事人因上述法律程序而应承担的诉讼费用，由大学委员会全权决定；大学委员会做出的关于诉讼费用的命令应予以强制执行，其效力等同于由最高法院分庭下达的命令。

48. 若大学委员会发出报告表明，国王陛下转交的章程或其任何部分应予以驳回，则国王陛下可合法地驳回该章程或相应部分，而该章程或该部分随即失效。

49. 若任何章程并未转交给大学委员会，则在对其提交呈请的期限届满后一个月内，该章程应提交给议会两院，如届时议会并未举行会议，则应在议会下次召开会议后 14 日内予以提交。

若任何章程被转交给大学委员会，而大学委员会发出报告表明，该章程不应被全部驳回或不应移交给专员，则在大学委员会发出上述报告后尽快将以枢密院颁令形式批准的该章程或其任何部分提交给议会两院。

50. 若在提交任何章程或其中某部分至议会两院后四周（不包括休会期间）内，议会两院均未向国王陛下提交书面说明，请求陛下不予同意，则国王枢密院可合法地以命令的形式予以批准。

51. 专员制定的任何章程或其中某部分，经枢密院颁令批准后，对大学、学院和学堂均具约束力，且其效力不因任何文书依据、议会法案、枢密院颁令、法令、命令、章程、其他文书、全部或部分构成文书依据的任何东西、确认或更改文书依据或赠予的任何东西或者其他约束大学、学院或学堂的任何东西而受影响。

52. 专员权力终止后,若对专员为剑桥大学制定的任何章程的真实含义存疑,校务理事会可暂将有关事项交由大学名誉校长负责。对于提交席前的事项,大学名誉校长可书面声明该章程的含义,其声明应由大学教务处予以登记,声明中阐述的该章程的含义应视为其真实含义。

57. 本法案的任何规定,均不得解释为废除《1987年大学考试法案》的任何规定。

选自《1988年教育改革法案》

202.（1）应成立专员团体,命名为大学专员(在本法案本条及第203至207条中称为"专员");专员根据下述第（2）款的规定,在与有资质机构有关的情况下,行使上述条款赋予的职能。

（2）在行使职能时,专员应顾及有关需要:

1）确保教学人员在法律范围内有质疑和考察多数人意见、保证提出新观点和意见的自由,即使其观点或意见有争议或不受欢迎,也应确保教学人员不会因此面临失业或丧失权利;

2）使有资格机构能提供教育、促进学习并有效且经济地从事研究;以及

3）遵循公正、公平的原则。

（3）就本法案本条及第203至206条而言,有资格机构指:

1）自1987年8月1日起三年内,大学资助委员会或依据大学拨款委员会建议行事的国务大臣正在或曾经提供资助的任何大学或其他机构;

2）属上述1）条范围内的任何大学下属的独立学院、直属学院或学堂或其他机构;以及

3）不属上述1）条范围但已获得授予学位的许可证的机构,且自1987年8月1日起三年内,国务大臣正在或曾经向其提供资助。

（4）本法案的附录11对专员具有效力。

203.（1）专员应行使本法案第204条赋予的权力,以确保每一有资格机构的章程中有相关规定以保证:

1）主管机关或其代表,得以因人员过剩辞退其学术员工;

2）主管人员或其根据规定程序行事的受权代表,得以因正当理由辞退其学术员工;

3）对学术员工提起的有关其委任或聘用的诉讼,得以依照专员规定的纪律处分程序进行;

4）对于已被辞退或接到辞退通知的学术员工[无论该人员是根据上述1）款还是2）款规定而辞退],或者以其他方式受到处分的学术员工所提起的上诉,得以依照专员规定的程序进行聆讯和裁定;

5）任何学术员工,得以依照专员规定的程序就有关其委任或聘用中的不公

正待遇要求赔偿或纠正结果。

（2）上述(1)1)或2)款的任何规定,若依本法案第204条被纳入从业资质机构的章程中,则除非辞退学术员工的原因在有关情况下(包括机构的规模和行政资源)可被视作辞退该学术员工的充分理由,否则该规定不得使任何学术员工被辞退。

（3）如上述(1)款的任何规定被纳入有资格机构的章程中(无论依本法案第204条还是其他规定),且有以下情况：

1) 任何具有修改该规定的效力的文书,无须经女王陛下批准或提交议会两院；

2) 若无本款,该等文书本来无须经枢密院批准,则专员应行使本法案第204条赋予的权力,以确保并无任何文书具有修改该规定的效力,除非该文书经枢密院批准。

（4）凡本条中提到的学术员工,包括大学专员认为其委任条款或聘用合同与学术员工非常相似的人员。只要相似程度足够高,就本条而言即有理由将其视为学术员工。

（5）就本条而言,如果辞退任何员工可全部或主要归因于下列事实,则辞退该员工应视为出于人员过剩的原因：

1) 该员工所在机构已不再或者有意不再继续进行该员工所从事的活动,且委任或聘用该员工的初衷即为需要该员工从事该项活动,或者机构已不再或者有意不再继续在该员工开展工作的地方进行该项活动；

2) 上述活动已不再需要或预期不再需要人员在上述地方进行特定工作,或者这种需要减弱或预期会减弱。

（6）就本条而言,在与有资质机构的学术员工有关的情况下,"正当理由"指,与该人员为履行其工作而做出或拥有的行为、能力或资格有关的理由,且委任或聘用该员工的初衷即为需要该员工从事该项活动。在本款中：

1) "能力",在与该人员有关的情况下,指通过参考技巧、才能、健康状况或任何其他身体或心理素质而评估的能力；

2) "资格",在与该人员有关的情况下,指与该学术员工担任的职位有关的任何学位、文凭或其他学术、技术或专业资格。

（7）在本条中：

"主管"在与有资格机构的机关或人员相关的情况下,指专员经顾及该机构的性质与情况后认为适当的机构或人员；

"辞退"即：

1) 包括免职或(视情况而定)解除职位；

2) 在与根据合约建立的雇佣关系有关的情况下,应根据《1978年就业保障(巩固)法案》第55条解释。

（8）在本法案本条以及第204至206条中,"章程"在与机构有关的情况下,包括任何规章、条例或其他文书(条件是专员认为该文书就该机构而言充当了法规的角色因而将其指定为法规）。

204.（1）就履行本法案第203条委任的职责而言，专员可对任何有资格机构的法规进行其认为必要的适宜的修改。

（2）如所做的修改旨在确保有资格机构的法规符合本法案第203(1)1)条的规定，则该修改不得适用，除非发生以下情况：

1）该专员在1987年11月20日或之后获委任，或者其聘用合同在1987年11月20日或之后签订；

2）该专员在1987年11月20日或之后晋升。

（3）就本条而言，如1987年11月20日之前任何人员按薪级表（即该人员的原薪级表）收取薪酬，且该薪级表规定了最高薪金额。而在该日或该日之后，该人员的委任条款或聘用合同的条款得到变更（无论该变更是在该日之前还是之后生效），使得：

1）该人员获得加薪，加薪后的薪金额超过其原薪级表在加薪生效之日的最高级别；或

2）该人员按另一薪级表收取薪酬，且该薪级表在变更生效之日的最高级别超过该人士原薪级表在该生效日的最高级别；或者

3）该人士按某一基准收取薪酬，而该基准并未规定最高薪金额；

则该人士应视作在1987年11月20日之后得到晋升。

（4）凡上述第（3）款中提到的任何薪级表在任何日期的最高级别，均指在该日按定额或酌情基准根据该薪级表应支付的最高薪金额。

（5）就本条而言，担任任何类别职位的人员，不得仅因担任该类别职位的其他人员的委任条款或聘用合同的条款共同发生变更而视为得到晋升。

（6）对于1987年11月20日之前在有关机构担任任何职位的人士，上述第（2）款所述的修改不得只因下述事实而适用：

1）该人员获委任或聘用担任有关机构的另一不同职位，不再担任原职位，而该职位与薪酬有关的委任条款或聘用合同条款，与原职位的相同；

2）该人员获委任或聘用兼任有关机构的另一职位，而该职位不提供薪酬；

3）出于特定目的，该人员获擢升、委任或聘用临时出任有关机构的另一不同职位，且预期目的达成后，擢升不再有效，或该人员继续担任其原职位。

（7）若所做的修改旨在确保有资格机构的章程符合本法案第203(1)2)条的规定，则此类修改不适用于在做出修改的文书根据下述第（9）条获批当日之前所做出的行为或不作为。

（8）根据上述（2）至（7）款，专员根据本条所拥有的权力，包括制定其认为必要或适宜的附加、补充及过渡性规定的权力。

（9）专员行使其本条赋予的权力时所制定的任何文书，未经女王枢密院同意，均不得生效。

学院制定章程的程序

为学院制定章程的相关程序:公告

大学校务理事会发出公告(1952—1953 年《剑桥大学通讯》第 1258 页;1970—1971 年《剑桥大学通讯》第 443 页;1977—1978 年《剑桥大学通讯》第 310 页),明确为学院制定章程须遵照以下程序:

(1) 所拟定的章程,必须首先由《1923 年牛津与剑桥大学法案》附录第 2 条所定义的学院管委会通过。校务理事会建议,对于所拟定的章程,需在学院特别召开的管委会(Governing Body)①大会上获得至少三分之二的与会人员投票通过。

(2) 所拟定的章程若由以上方式通过,必须通报校长和学院院长。

(3) 在收到通报的所拟定章程后七日内,校长应在大学内发布相关公告。在学期中,校长在《剑桥大学通讯》中做出上述公告很方便;但校务理事会认为,在任何时候,尤其是放假期间,在评议会大厦外张贴海报作相应说明,并告知何处可查阅到所拟定章程的文本即可。

(4) 在所拟定的章程通报校长和学院院长后至少一个月(不包括大学假期),所拟定的章程必须再度在学院特别召开的管委会大会上经至少三分之二的与会人员投票通过。

(5) 所拟定的章程在第二次通过后一个月内,必须呈交给女王会同枢密院(Her Majesty in Council)。

校务理事会作如下补充:校长就所拟定的章程发布相关公告后,校务理事会将进行相关审议并随后发布公告表明其下述观点之一:

1) 校务理事会认为,所拟定的章程对涉及大学的章程做了更改,故未经大学同意不得制定;但若所拟定的章程并未损害大学的利益,校务理事会可提交摄政院表决以获得必要的赞同意见;

2) 校务理事会认为,所拟定的章程对涉及大学的章程做了更改,未经大学同意不得制定;且所拟定的章程损害了大学的利益,故校务理事会将其提交摄政院表决以获得否决意见;

3) 校务理事会认为,所拟定的章程并未对涉及大学的任何章程做任何更改,无须征得大学同意;且所拟定的章程并未损害大学的利益,故校务理事会决议不

---

① 剑桥大学各学院的管委员成员主要包括院长和院士。——校者注

采取任何行动；

  4）校务理事会认为，所拟定的章程并未对涉及大学的任何章程做任何更改，无须征得大学同意；但是所拟定的章程损害了大学的利益，因此校务理事会决议提请女王会同枢密院驳回该拟定的章程或部分章程。

  若校长根据上述1）或3）条的规定做出公告，则必须为征求摄政院赞同意见或寻求校务理事会不采取行动决议（视情况而定）的宽限期设限。校务理事会已经将该时间限制确定为一年。任何此类宽限期或公告，都将包括一份声明，表明宽限期或公告受限制性条款所约束，该限制性条款内容为：所拟定的章程须在特定日期（即发出公告之日后一年）之前提交枢密院，而在该特定日期后，校务理事会愿意重新审议所拟定的章程。

  在所拟定的章程提交枢密院后，若学院管委会已通知校长，表明其希望对所拟定的章程做其他变更，则上述程序应全部重新予以遵守，但下述情况除外：若该变更由枢密院建议，且显然属于轻微更改，不会使依据第（1）条或第（3）条中先前公告的拟定章程产生本质不同，校长在根据以上第（3）条就其他变更发布公告后，可以在适当时候发布公告表明大学无须对此作进一步声明。

校长法律顾问依据章程 D 第五章第 11 条制定的程序规章

1. 大学章程赋予校长法律顾问以复审管辖权。相关程序的规定对特定事件的各方均有约束力。具体规定以章程 D 第五章第 6—14 条为准。
2. 校长法律顾问不得审议章程 D 第五章第 7 条规定之外的事件申请。
3. 大学成员向校长法律顾问提交的事件申请必须为书面申请,采用统一认可的申请表格。申请人应将表格一式三份,与相关材料一并寄至校长法律顾问,并注明详细地址。
4. 由校长法律顾问审议的事件申请,在未获校长法律顾问许可的情况下,必须于事件发生当天后的三个月内提交,否则只有在特殊情况下校长法律顾问才能给予许可。
5. 在申请和相关材料中,申请人必须给出事实材料和事件详情的完整声明,且之后不得提交新的材料,除非获得校长法律顾问的特许。
6. 提交至校长法律顾问的特定事件的所有材料只可由校长法律顾问向事件各方公开,或在向大学陈述事件时向校务理事会委派的人员公开。
7. 校长法律顾问可将申请递交至事件涉及的各方,或递交至大学校务理事会委派的大学代表以听取他们的意见(因无理取闹、轻率或过时而被拒绝的申请除外)。上述人员应对此给出书面答复。校长法律顾问可将此类答复交至申请人,申请人可就此给出书面陈述。申请人的书面陈述将由校长法律顾问送交事件各方和大学代表。
8. 在收到第 7 条中的书面陈述后,校长法律顾问将决定对该事件基于书面申述处理或进行口头审理。校长法律顾问的指示将通过书面形式与各方交流。
9. 特定事件的口头审理程序将由校长法律顾问决定。
10. 本规章中的校长法律顾问的所有权力或职能都可由正式任命的代理人代为执行或履行。

第一章　大学校长与管理机构

《剑桥大学通讯》

1.（内容）《剑桥大学通讯》包含的内容有：
(1) 正式部分，机构发布的大学公告；
(2) 非正式部分，依据章程 A 第八章举行的讨论会的报告；由有选举权者署名的提案否决通知，不附加任何评论（对所讨论报道的引用除外）；未能获准收录于正式部分的讲座及其他指示的通知；各学院发布的通告；对与大学有联系的学术团体的介绍与报道以及教务长认为适合载入的其他通告。

2.（发布）《剑桥大学通讯》的发行量由教务长裁决公布。如某项报告、提案、通告或章程法令要求的其他事项不能于某时段或特定日期发布于《剑桥大学通讯》上，教务长应以其他方式予以充分公布，即张贴于评议会议厅外并同时向各学院及授权学会会长、各系主任，以及任何主管学校其他机构的主任或相应职员递送一份复本，并要求其在机构内部予以公布。在此情况下，一旦情势允许，该报告、提案、通告或其他事项也应立即在《剑桥大学通讯》上发布。

3.《剑桥大学通讯》由出版委员会出版。其售价及非正式通知和公告的收费由校务理事会在其财务委员会建议下确定。

4.（免费复本）《剑桥大学通讯》复本应免费提供给各独立学院院长和跨院讲师（Praelector）①。

5. 在大学区域内居住的学校成员或摄政院的任何成员，如果在完整学期开始 10 日内向学校出版社书店交费后，有权在该学期及其后的假期内收取《剑桥大学通讯》复本。该费用由校务理事会实时确定并公布于《剑桥大学通讯》上，且应低于根据条例 3 所制定的价格。

6. 超出进账部分的支出由公款拨付。

名誉校长提名与选举

1.（提名委员会）应设立一个提名委员会，其人员构成如下：
(1) 现任校务理事会成员；

---

① Praelector 指的是某一学院的院士，他的讲课同时向其他学院开放。也可译为大学讲师。——校者注

（2）十六名评议会成员，每年由评议会提案根据校务理事会提名任命四名，任期四年。这四名成员中应至少有一人不在大学内居住，至少有另外一人在任命时不满35周岁。

2. 教务长应为提名委员会书记。

3. 如获悉名誉校长职位空缺，或尚未空缺但名誉校长已经决定其辞职的日期，校长应就此事件及为施行本条例所拟订的日期作出通告。如通告时名誉校长职位已空缺，则通告日期即为拟订日期。否则，拟订日期即为通告日期或名誉校长离职前的第70日，择二者之中较晚者。在该通告中，校长还应要求评议会在规定日期后21天内递交其希望提名委员会考虑的人员名单。

4. 提名委员会应于拟订日期后70天内公布其提名的候选人名单，并证明委员会已获得候选人同意被提名的书面材料。特殊情况下，校务理事会可批准该提名在此处规定的日期后公布。

5. 除了提名委员会提名的候选人，任何对其他人的提名可在委员会提名公布日期后28天内提交至校长处。此类提名须由至少50名评议会成员签署，同时递送的还应包含一份由被提名者签名的声明，表示其同意该项提名。

6. 已被提名的候选人可于不晚于约定选举首日前7天向校长书面申请退出选举。该选举日根据以下第8(2)条确定。

7. 一旦收到有效的候选人退出声明，校长应就此做出公告。不管条例的前述规定如何，提名接收阶段应持续至该公告日期后28天。如已根据以下第8(2)条约定出选举日，则该约定视为被废除。如已经由校长公告退出的人员已被提名委员会提名，则该人员应于校长公告之日后的21天内：

（1）向公众宣布一名其他候选人，并证明已征得该候选人的书面同意；

或（2）向公众宣布自己不打算参加后续的提名。

8. 提名截止后第二天

（1）如只有一名候选人，校长需公告该候选人当选；

（2）如有两名或以上候选人，校长需公告约定两天进行投票。这两天不一定要连续，但都应该在公告日期后21至28天之内，且其中一天须为星期六。

9. 选举需在约定日期上午10点后，下午4点前举行。选民应亲自投票，投票及计票方法在单次可让渡投票规定中列明。

10. 如选举结束前任何时刻收到候选人的死讯，校长应立即予以公告。此通告日前所有依据本条例进行的活动视为无效，前述条例的规定继续实施，且此通告日即可视为拟订日期。

11. 上述规则不仅适用于名誉校长的选举，也适用于总务长的选举。

12. 如任何据上述规定确定的日期是星期日，则任何开始或截止于该日期的活动应延期至下一个星期一。

摄政院名单

1. 在某学院中出任院士职位的人员，须常住于大学教堂20英里以内才有资格成为摄政院成员。
2. 拟置于下一版摄政院名册上的姓名列表应在10月的第一个工作日发布。
3. 摄政院名单应于11月第五个工作日刊发。

章程A第3章第7(e)条规定的成员资格

根据章程A第3章第7(e)条的规定，摄政院成员资格包含以下种类：

(1) 出任高级研究助理、研究助理、讲师（非常设）及助理讲师（非常设）职位的人员；
(2) 在任何独立学院内出任导师、助理导师、总管、财务主管、助理财务主管或独立学院讲师（在一个或多个学院内从事全职工作）职位的人员。各独立学院院长应于每年10月1日前向教务长书面证实上述人员名单；
(3) 一、二、三级计算机助理；
(4) 附属讲师；
(5) 任命的地方考试委员会成员，包括集团总裁、总裁、副总裁、主管、助理主管和高级经理。

第(1)(3)和(4)类中的人员必须同时是某系的成员，或在某一独立于系的部门或大学机构中出任上述分类中所列职位的才有会员资格。

事 务 管 理

讨 论 会

1. (1) 每份提交至大学的报告应由摄政院在讨论会上提出审议。
(2) 如果有十名评议会成员以书面、传真或通过 cam.ac.uk 域名发电子邮件的方式向教务长提出一项请求，要求将某项与学校有关的主题提出讨论，则教务长应向校务理事会报告该请求，并在前期讨论会上将该主题纳入审议事项中。
2. 关于一项报告或其他事项的讨论会进行前，校长应通过在《剑桥大学通讯》上刊发通知的方式邀请摄政院成员出席。
3. 下列人员也可出席讨论会并参加讨论：
(1) 学校的毕业生；
(2) 各系成员；

（3）学生；

（4）校长批准参加某特定讨论会的其他人员。

4．校长或其正式任命的代理人应主持讨论会。

5．讨论会主持人有权：限制发言的大概时间；在某发言无关主题或带有诽谤意味时剔除相关评论；终止关于某特定主题的讨论。

6．通常情况下，讨论会上的评论应刊发于《剑桥大学通讯》上。但作为《剑桥大学通讯》的主编，教务长有权忽略或在征得原作者的同意下修改任何其认为带有诽谤性的评论。在正式记录中，教务长应排除任何已剔除或违反校长或其他主持人所订程序性规则的评论。若遇需忽略或修改处，教务长应随同刊发的评论给出实情注释。

摄政院提案与大会

1．（授权）未经校务理事会授权，任何提案不可提交至摄政院。除了一个或多个学位的正式申请书，每项提案，不论其由校务理事会、其他大学机构还是摄政院成员根据章程 A 第三章第 7 条发起，都需在一次会议上提交由校务理事会授权。如果教务长向每个校务理事会成员发出了一份提案的复本，以便他们能早于规定的刊发日之前 5 日收到，而且没有成员在收信之后第二天（刊发日前一天除外）上午 10 点前向教务长就该项提案提出反对意见，则该项提案视为得到授权。提交的学位申请由校务理事会依据学位授予条例中规定的程序予以授权。

2．（提交）提案可通过以下两种方式提交至摄政院：刊发于《剑桥大学通讯》上或由高级学监在大会上宣读。通过刊发方式提交提案的程序，将在下面第 4 条至第 15 条中作出规定。另一种提交方式的程序将在第 16 至 30 条中作出规定。

3．（期限定义）本条例中的"期限"一词应视为包括长假中的特定部分，在该时期内，根据条例，仍有教学课程在大学区域内进行。

以刊发方式提交提案

4．所有涉及章程条例规定的校务理事会所辖事务的提案，除了第 16 条至第 21 条中所述的，都应通过刊发于《剑桥大学通讯》上的方式提交至摄政院。

5．（批准）在下一星期五（刚好是递交日的后一天除外）下午 4 点之前，如未出现下列任一情况，则该提案视为得到摄政院批准：

（1）依据第 6 条，校长撤销了该提案；

（2）根据第 7 条，校务理事会公告将就此项提案举行投票；

（3）依据第 8 条，校长收到了就该项提案举行投票的请求；

（4）依据第 9 条，校长收到了修改该项提案的提案。

6．（撤销）在提案提交日后三周内，满足下列情况中第（1）条及第（2）、(3) 条之一时，校长可撤销该项提案：

(1) 第 5 条规定的批准时间之前；
(2) 有举行投票的请求；
(3) 有修改提案的提案。

根据此规章撤销一项提案，需在评议会议厅外公示，且随后印发该公示。此后，如校务理事会决定重新提交原提案，需：(1) 发起一次表决；或(2) 印发解释性通告阐明为何其认为不需要表决。

7.（投票表决）校务理事会有权决定就任何一项提案举行投票表决。关于表决的通告应于提案提交时刊发于《剑桥大学通讯》上。

8. 任意二十五名摄政院成员可向校长递交一份书面请求，要求就某项提案进行投票表决。如校长在第 5 条所规定的提案批准时间之前收到此类请求，除非据第 6 条撤销了该项提案，则根据第 13 条，应举行一次投票表决。

9.（修改）根据章程 A 第八章第 7 条，在下面两种情况下，摄政院成员可向摄政院递交一份书面提案要求修改某项提案：(1) 校长在第 5 条所规定的提案批准时间之前收到该提案；(2) 根据下面的第 10 条，有人请求举行表决，且提案递交日在表决请求刊发后一周之内。在此情况下，根据章程 A 第八章第 9 条和下面第 11 条的规定，需就此项修改进行投票表决，程序参照单次可让渡投票规定。投票的选项应包含：(1) 同意已提交至摄政院的提案；(2) 否决该项提案；(3) 同意根据提案中的修改意见达成的备选提案。还可包含（4）校务理事会制订的其他备选提案。另外，校长也可决定遵照单次可让渡投票规定中的程序，在"不修改原提案"和"以校长认为可反映所提修改意见的一种或多种备选提案之一替代原提案"中进行投票表决。如某项备选提案通过，即以该提案取代先前提交的原始提案，就各方面而言视同原提案。根据下述第 13 条，接下来应就批准该提案举行投票表决。

10.（通告）如据第 8 条收到要求投票的请求或据第 9 条收到修改提案，校长须在评议会议厅外张贴该通告，且随后印发该通告。通告应视实际情况注明要求举行投票者的姓名或提出修正案者的姓名。

11. 对于根据第 9 条发起的提案修正案，校长有如下权利：

(1) 如果认为该修正案在实质内容与效果上与提案的主要目的相悖，或无关乎该目的，则校长可驳回该提案或者上报校务理事会将其作为随后单独提交的一项提案。根据第 8 条，该提案的提出者即被视为就该项提案举行投票的请求者。

(2) 如果认为两份或更多提案在实质效果上相似，则校长可选取其中一份递交至摄政院，驳回其他提案。

(3) 校长有权决定选票上各选项的排列布局。在不影响该权力的一般性的情况下做如下补充：① 如果认为某个修正案包含两个或以上独立的选项，则校长可视其为多个修正案，其中每个提案包含一个或多个上述选项，具体数目由校长决定。② 校长可决定，投票就每个选项举行，犹如视每个选项为一项就各方面而言等同于原提交提案的单独提案。

如有必要,校长应在选票上指明:① 该投票结果是否需要进一步的提案(通过废除或修改某项章程法令或其他)才能生效;或② 需要进一步的提案来执行该结果。

12. 如果依据第 7 至 9 条任一条款需要进行一次表决,根据第 13 条的规定,应由校长对投票做出安排并刊发于《剑桥大学通讯》上。

13. (投票表决)对摄政院提案的表决和据上面的第 9 条举行的表决都应公告执行。校长确定一个介于表决公告后 14 天到 18 天的日期,在不晚于此日期前一天将选票分发至所有摄政院成员。校长也有权将分发推迟,但不得晚于公告刊发后 80 天。校长还应向公众宣布选票分发的日期以及最晚的选票回收日期,此日期不得早于约定的分发日后第 10 天。

14. 若根据上述条款举行一项表决,则校长或其正式指定的代理人应担任主持人。主持人的职责包括:

(1) 投票结束后尽快组织计票;

(2) 裁决任何不明确投票的效力;

(3) 计票结束后尽快宣布结果。

如出现票数相等的情况,即视为该项提案或修正案未通过。表决的结果应通过在评议会议厅外张贴通告的方式来公布,且稍后须刊发该通告。

15. (错误修正)若在刊发的提案或修正案上出现明显或不重要的错误,校长可视实际情况根据第 5 或 9 条在《剑桥大学通讯》上刊发通告来做出修正。该项提案或修正案即视为已正确提交。

以在大会上宣读方式提交提案

16. 校务理事会有权在大会上自行将下列提案提交至摄政院:

(1) 有关一个或多个学位授予的提案;

(2) 有关校务理事会或校长认为需要紧急执行的事务的提案。

17. (通告)除第 21 条所述情况外,摄政院大会应在评议会议厅或大学区域内的其他地方召开。时间由校长以在《剑桥大学通讯》上刊发通告的方式确定。如果校长认为大会不能在宣布的地方召开,可选定大学区域内其他地方召开大会,并且:

(1) 此通知应可行,且须为事先发出;

(2) 只有在至少二十名摄政院成员到会的情况下才可向大会提交提案。

如果校长无法出席,则此条款规定的校长职权可由常务副校长或副校长行使。

18. (人员构成)为了大会能顺利举行,名誉校长或校长、两位学监以及教务长或他们根据章程有关规定任命的代理人必须出席。另外,对于校长上任前举行的大会

(1) 名誉校长或校长并非一定要出席;

(2) 如果名誉校长也缺席,则由学监行使该职权并履行校长的职责。

19. 由各独立学院提名,校长亲自任命或通过代理人任命的两位学监应出席

所有大会。其他副学监也应出席校长要求他们出席的所有大会。

20.（刊发提案）除了第21条中规定的情况，除正式学位申请书以外，所有将要在大会上提交的提案，均应于次日（刚好是提交该提案的大会召开日前一天除外）下午4点前刊发于《剑桥大学通讯》上。

21.（紧急情况）如果在某时刻出现事务，而校长认为事态紧急需立即做出决断，则关于此事务的提案无须事先在《剑桥大学通讯》上刊发，即可直接提交至大会。该大会在校长确定的时间，于大学区域内举行。但须满足下列条件：

（1）此通知应可行，且须为事先发出；

（2）提案提交时，至少有二十名摄政院成员出席了大会；

（3）如提交提案未遵照第20条的要求事先通知，应要求大会对实际情况给予正式而格外的关注；

（4）随后需在《剑桥大学通讯》上刊发该项提案及关于该项提案的决议。

如果校长无法出席，则此条款规定的校长职权可由常务副校长或副校长行使。

22.（撤销）对于已发出提交通知的提案，校长可以在其提交前任何时候撤销，只要：

（1）校长要求大会对该撤销给予正式而格外的关注；

（2）校长随后向校务理事会解释为何撤销该提案。

23.（错误修正）如果刊发的提案里出现明显的或不重要的错误，校长可在大会上做出更正并要求大会对该更正给予正式而格外的关注。

24.（提交和否决）所有在大会上提交至摄政院的提案，都应由高级学监当堂大声宣读。如有人反对该项提案，可于宣读结束后立即喊"否决"表示反对。如出现此情况，接下来应就此项提案进行一次投票。如果大会前教务长并未收到打算反对该项提案的书面通知，《剑桥大学通讯》上也未刊发该通知，则校长有权撤销该项提案。依此被撤销的提案之后需尽快重新提交，方式可选择刊发或在大会上宣读。

25.（投票）如根据第24条需对大会上提交的某项提案进行投票，投票需依据第26条至第29条中规定的程序即刻举行。但校长也有权以邮寄选票的方式将投票推迟。

26.如果关于一项在大会上提交的提案的投票要即刻举行，则高级仪式官将大声说一次"Ad scrutinium"（在调查），如有必要可说多次。想投票的人员即可聚集起来，支持该提案的站在评议会议厅的南边，反对的站北边。

27.如果两位学监都认为分开站所显示的结果很明显，则高级学监立即宣布结果而不进行逐个投票。在此情况下，若有任意两名摄政院成员要求校长指示进行逐个投票，则校长需满足其要求。

28.不管是因为校长的指示，还是因为学监认为分开站所显示的结果不明显，逐个投票时，摄政院中支持该项提案的都应在评议会议厅南边投票，反对的在北边投票。南边的投票由高级学监和两位副学监中的一位逐个接收；与此同时，北边的投票由初级学监和另外一位副学监逐个接收。

每个投票者交给一位学监(或副学监)一张卡片,上面需注明：
(1) 投票者的姓名,学位及所属独立学院；
(2) "同意"或"不同意"字样(视具体情况而定)；
(3) 卡片所对应的提案编号(如大会上同时遭到反对的提案不止一项)。

29. 校长有权决定立即计票或是大会结束时才计票。如果确定须立即公布投票结果,则高级学监须在向校长报告了两边的票数后,在大会上公开宣读结果。如果是在大会议结束后才计票,一旦结果揭晓,须通过将其张贴于评议会议厅外的方式来公布。

30. 如果校长依据第 25 条的规定决定以邮寄选票的方式对某项提案进行投票,高级学监须在大会上对此做出声明。该表决须依照上面的第 12 至 14 条进行。

评议会的提案

1. 以下条款中的提案均指评议会的提案。

2. (授权)所有提案必须经过校务理事会的授权才可提交至评议会。任何提案都须事先在一次会议上提出以备授权。根据摄政院提案条例第 1 条中列明的备选程序,一项提案视为得到正式授权。

3. (提交)提案须通过刊发在《剑桥大学通讯》上的方式提交至评议会。

4. (批准)在下个星期五(恰为提案提交日后一天的除外)下午 4 点之前如不出现下列情况,则视为评议会批准了该项提案：
(1) 根据第 5 条,校长撤销了该项提案；
(2) 根据第 6 条,校务理事会公告将就此项提案进行投票；
(3) 依据第 7 条,校长收到了就该项提案进行投票的请求。

5. (撤销)校长可于第 4 条中规定的时间前任何时候撤销提请审批的提案。但如有人据第 4 条(3)提出了就该项提案进行投票的请求,则校长无权撤销该项提案。根据此条款撤销一项提案,需在评议会议厅外公示,且随后印发该公示。

6. (投票表决)校务理事会有权决定就任何一项提案进行投票表决。关于表决的通告应于提案提交时刊发在《剑桥大学通讯》上。

7. 任意十名评议会成员可向校长递交一份书面请求,要求就某项提案进行投票表决。如校长在第 4 条中所规定的提案批准时间之前收到此类请求,则根据第 10 条的规定,应举行一次投票表决。

8. 如据第 5 条收到要求投票的请求,则校长需在评议会议厅外张贴该通告,且随后印发该通告。通告应注明要求进行投票表决者的姓名。

9. 如果依据第 6 或 7 条需要进行一次表决,根据第 10 条的规定,应由校长对投票作出安排并刊发在《剑桥大学通讯》上。

10. 在评议会的投票表决中,每个投票人都应亲自投票。校长应安排两天进

行表决,这两天不一定是连续的两天,只要:

(1) 这两天都介于表决公告后 14 天到 18 天;
(2) 其中一天为星期六;
(3) 校长有权将表决时间推迟,但不得晚于表决公告后 80 天。

表决须于约定的表决日上午 10 点之后,下午 4 点之前举行。

11. 可参照摄政院提案规定中的第 14 条来安排评议会表决主持、计票工作和宣告结果。

12. (错误修正)可参照摄政院提案规定中的第 15 条来修改评议会提案中明显或不重要的错误。

校务理事会公告
讨论会与传单

讨论会

1. 校务理事会认为,如果每人每次的发言时间都不超过十五分钟,讨论会将更能体现多种观点,进而也就更富有成效。

2. 校务理事会认为,发言者不宜在其言论中列出支持其观点的人的名单。校务理事会要求校长或其他会议主持者制止此类行为。

3. 校务理事会要提醒所有与会人员,校长或其他会议主持者有权制定程序性规定,与会人员都应遵守该规定。

4. 讨论会上的发言要围绕主题。校长或其他会议主持者可剔除无关发言。被剔除发言者应尊重此项决定并在后续发言中紧扣主题或就此终止发言。被剔除的言论,或其他违背校长或其他会议主持者所订立的程序性规定的言论不作为讨论会的内容,也不会被印发。

5. 校务理事会相信,摄政院成员、其他有资格或应邀参加讨论会的人员都希望讨论会上的发言遵循礼貌与禁忌的惯例。

传单及其他报告

摄政院成员发表的报告书

6. 为了让公众了解摄政院成员关于某项表决的观点,校务理事会授权教务长安排该事务相关报告的流通,但要求至少有十名评议会成员在该报告上签名。如该报告于校务理事会规定日期的下午 1 点前送达教务长处,则复印、分发该报告的费用由学校负担。每份报告书上还需附上署名者的名字以及姓氏的首字母(以加粗大写字体书写)。该规定日期一般晚于校务理事会刊发的表决通知后 8 天,特殊情况下也可是 7 天。但有拟表决提案提出机构代理人签名的报告书接收时间可持续至规定时间后 24 小时。所有以传单形式印发的报告书都应紧随其相关的投票提案刊发在《剑桥大学通讯》上,以备查对。鉴于传单上的某些报告可能被认为带有敌意,校务理事会准许教务长在征询校长意见后自行决定是否将其从传单及《剑桥大学通讯》上剔除。对于传单的任何此类改动,教务长应上报校务理事会。

评议会成员发表的报告书

7. 类似于第 6 条中关于摄政院成员发表的报告的规定也可在稍加变通之后应用于评议会成员发表的有关摄政院表决的报告。只是此种报告将不以传单方式流传，只须表决前刊发在《剑桥大学通讯》上。

学生团体成员发表的报告书

8. 上文第 6 条中规定的有关摄政院成员发表报告的程序，也可在稍加变通后应用于学校内学生成员发表的有关摄政院表决的报告。但在特定情况下，校长可裁定该类成员不可提交传单。传单必须由下列人员中至少五人签署：主席、副主席、剑桥大学学生会女性事务处主任、研究生会主席、三名校务理事会学生成员、各学院学生会和研究生会主席（或同等人员）。且如果提案是由学部委员会或其他类似部门提交的，还应包含该相关部门成员的签名。校务理事会准许校长出于经济的考虑随时限制该种传单的发行数量。限制从一开始或得知传单总数量时就应宣布。由学生团体成员签署的传单只在摄政院成员间流通。

校务理事会

法定权力

为了维护学校利益，校务理事会有权以学校名义进行法律咨询，聘请律师和发起、辩护或实施法律诉讼。

向校务理事会上诉

根据章程 U，任何人如据章程 B 第六章第 3 条受到学校特别法庭审判，并已由学校某一机构根根据章程 A 第二章第 6 条和某项条例或根据条例制订的规则量刑，则校务理事会都应受理其上诉。上诉者须于学校相关部门发布量刑通知后 28 日内向教务长提交其向校务理事会上诉的书面通知。校务理事会有权撤销判决或在有关部门职权范围内修改量刑，且校务理事会的决议即为最终决议。

保留事务

根据章程 K 第 20(3) 条，学位或名誉学位授予的提案及学部委员会依据章程 C 第四章第 13 条视作保留事务的都应作为校务理事会的保留事务。

申请委员会的判决审查
2008 年 3 月 11 日第五号提案

对因章程 B 第三章第 9 条（津贴条款）及考生津贴规定（第 218 页）受辖于校务理事会的人员，校务理事会应就所有涉及他们的判决设立一个审查程序。任何根据此程序申请审查的人员不得根据投诉处理程序申请审查同一判决。该投诉处理程序是根据学生投诉条例设立的，用于处理校内学生成员的投诉。

附　　录
校务理事会申请委员会的判决审查程序

1. 学生本人或其导师在获得学生同意情况下可要求审查申请委员会做出的关于该生的判决。

2. 判决审查申请需书面提出，并注明审查的理由。除非教务长或其代理人在特殊情况下批准了延期，通常申请应于委员会书面判决通知发出后三周内提交。

3. 教务长或其代理人可在校务理事会常设的准审查人小组中任命一个审查人。特殊情况下还可设立一个三人的审查小组。在此种情况下，下文的"审查人"即可相应理解为审查小组。

4. 审查人将考虑所提请求，在必要情况下征询申请委员会意见，自行决定举行一次听证会（并非一定要举行）。然后尽快发布一份书面的裁定书，阐明事实、结论及建议（如果有的话）以供申请委员会参考。

5. 通常情况下，申请委员会应采纳审查人的建议。特殊情况下，如建议未被采纳，须向审查人、学生及其导师下发一份书面解释，同时上报至理事会。

6. 通常情况下，申请委员会参考审查的任何建议得出的结论即为学校内的最终判决。如需进一步审查，通常由国家高等教育独立审裁办公室来执行。特殊情况下，也可由校内其他审查人来执行（例如根据章程 D 和 V 及第 102 页程序规则由委员来执行）或根据章程 K 第 5 条执行。

7. 如认为审查申请纯属无理取闹或毫无意义，审查人可驳回申请。

校务理事会公告

意向声明

为了履行其作为首要行政及决策机构的职能，校务理事会应就其认为有争议性的问题咨询摄政院。它可就批准某项有争议的判决或意向声明向摄政院递交一项提案，此项提案可在适当处表明备选方案中的优先项。校务理事会将考虑讨论会上的相关评论及有关该事项的投票结果。

校务理事会成员选举

针对(1)至(3)类成员

1.（投票表决）所有校务理事会(1)、(2)和(3)类成员的选举都应以邮寄选票的方式进行，并遵循单次可让渡投票规定。选票须于校长确定的某日期前分发至所有摄政院成员手中。对于一次在米迦勒学期中举行的选举，该日期应至少在校务理事会名单公布10日后。校长须告知公众选票的分发日期及最晚的选票回收日期，该回收日应晚于约定分发日后10日。

2.（提名）为了取得任一类成员资格，候选人需在分发选票的前十日，在送达校长的提名票中被提名。该文件应包含：(1) 一份两名摄政院成员署名的声明以表明他们提名该候选人成为该类成员中的一员；(2) 一份候选人署名的声明以表明其同意被提名。同一候选人不得同时被提名参加多个类别成员的竞选。校长收到提名后应立即于评议会议厅外张贴该提名以公布该事项。公布后，该提名不得撤销。

3. 提名截止前，被提名者应向教务长递交一份履历。该履历的详细情况将随同选票分发至各摄政院成员手中以供其了解信息。

4. 不同类别成员的选举须使用单独的选票。

5. 选票书写错误、迟到或未送达并不影响选举的有效性。

针对第(4)类成员

6. 理事会第(4)类成员可分为如下两类：
(1) 两名由全校所有学生从他们中间选出的代表；
(2) 一名由全校所有研究生从他们中间选出的代表。
第(4)类成员从选举后的4月1日起任职一年。

7. 第(4)类成员的年度选举应于完整学期中不晚于完整四旬斋学期末日前4天的某日举行。选举的日期与地点，提名的截止日期以及投票过程的持续时间由校长根据校务理事会颁发的相关规定确定。其中，提名的截止日期应在完整学期开始7日内，且早于约定的选举日。

8. 每次第(4)类成员的选举都要经过投票表决，且选举者须亲自投票。选举可依照单次可让渡投票规定进行，也可将候选人名单列于选票上，选举者以数字表明他们的意向候选人。

9. 在不晚于确定的选举日期前35日，校长应公告该约定选举日期及提名的截止日期。

10.（选举名单）在不晚于确定的选举日期前25日，教务长应公示选举名单。包括根据章程A第六章、本条例以及据此制定的其他规则，有资格参加第(4)类成员第①种和第②种选举的候选人及投票人。因此，需要印发足够的选举名单复本以供教务处查对。另外，教务长还须向各独立学院的相关部门派发名单以供学院成员查对。任何人如对将某人列于任一名单上或遗漏某人持有异议，可于名单发布后7日内提交书面反对意见。教务长对任一反对意见的裁决即为最终决议。除非校长决定在该选举名单首次发布的日历年度中任何时候另作规定,该选举名单,或教务长修改后的名单即为任何第(4)类成员选举的名单。

11. (提名)为了取得资格,候选人须在一份据上述第7条确定的提名截止日期前提交给校长的文件中被提名。该文件应包含:(1)一份由候选人被提名类别中,八名有资格参选者或投票者署名的声明,以表明他们提名该候选人参加选举。(2)候选人署名的声明以表明其同意被提名。同一候选人不能同时被提名参加两个类别的竞选。校长应于收到提名后立即在评议会议厅外张贴该提名以公布该事项。公布后,该提名不得撤销。提名截止日期次日前,校长须向各独立学院发送一份完整的提名名单,稍后还须将其刊发在《剑桥大学通讯》上。

12. 下列情况中的提名无效:候选人已被中止或吊销学位或学校成员资格;候选人正被学校法庭或独立学院判处停学;候选人或提名者的名字不在候选人被提名类别的选举名单或教务长修改的名单中。

13. 根据章程A第四章第2条,校务理事会须实时制定规则,以便教务长据此确定学校学生及研究生的范围。规则的最终解释权属于教务长,其裁决即为最终决议。

针对所有(1)至(4)类成员

14. 选举结束后,在条件方便的情况下,校长应尽快组织计票及结果公示事宜。

附　　录
校务理事会根据校务理事会成员选举条例第13条制定的规则

1. 此规则适用于编写第(4)类第①和第②种校务理事会成员选举名单。

2. "学校学生"一词是指经教务长证实已被录取的人员,他们正学习荣誉学位考试课程,选修课程或从事研究以取得学校学位、文凭或证书。

3. "大学生"一词是指学习课程以取得下列学位的人:文学士、工程硕士、理学硕士、神学学士。"研究生"一词是指不属于上面定义中的"大学生"的学生。

4. 任何在公休的剑桥大学学生会人员,在其完成取得学位的课程学习前,如因在任该职务而被批准延期考试,则教务长应将他纳入第①种成员选举名单。完成了旨在获得条例3中所列学位的课程学习而又尚未开始任何深造学习的公休人员除外。

5. 研究生登记簿上的任何人,不管其是否注册攻读特定学位、文凭或证书,都应包含在相关选举名单中。

6. 在选举前的10月31日,若某研究生目前的课程自注册之日起已持续了4个日历年度以上,或者其已获得了任一独立学院的研究员职位,则教务长不能将其列于任何一类选举名单上。

第(5)类校务理事会成员(校外成员)提名

根据 2008 年 1 月 23 日第一号提案修改

1. (提名委员会)校务理事会须参考提名委员会的建议,依据提案履行其提名校务理事会第(5)类成员的职责。提名委员会由下列人员构成:

(1) 一名校务理事会根据学监或副学监提名任命的成员,该提名在现任或前任校务理事会第(5)类成员中产生;

(2) 校长;

(3) 两名摄政院从选举时为校务理事会现任第(1)、(2)、(3)类成员中选出的成员;

(4) 四名摄政院选出的评议会成员。

2. 上述第(1)类提名委员会成员从奇数日历年的 10 月 1 日起任职两年并将担任委员会主席职务。如果某现任第(5)类校务理事会成员正被考虑连任,则其不能效命于提名委员会。

3. 上述第(3)和第(4)类提名委员会成员须于奇数日历年的复活节学期中选出,自选举后的 10 月 1 日起任职四年。选举应遵照校务理事会成员选举条例中的第 1 至 5 条及第 14 条进行。如在选举时,空缺总数未被填补,则校长应安排一次后续选举来填补未弥补的空缺。

4. 校务理事会成员、出任学校常务副校长职位的人员、教务长、学校各办公室主任或副主任不能成为提名委员会第(4)类成员。

5. 如果提名委员会的第(4)类成员或被提名参加该类成员竞选者,成了校务理事会的一员,或被委以第 4 条中规定的任一职务,或不再是评议会的一员,则视具体情况裁定该成员职位空缺或提名无效。

6. 除了不得制定法令来增选以填补空缺,章程 K 第 6(2)条规定适用于第(1)类成员的初始任命及临时空缺填补。章程 A 第四章第 6 条中关于填补校务理事会成员临时空缺的规定适用于提名委员会第(3)、(4)类成员的初始选举及临时空缺填补。

7. 提名委员会第(1)、(3)或(4)类成员在四年或更长连续任期卸任后,一年内不得再次成为委员会第(1)、(3)或(4)类成员。

8. (书记)教务长应为提名委员会的书记。

9. 提名委员会的职责应包括:

(1) 公示提名意向;

(2) 参考英格兰高等教育基金管理委员会财务备忘录上关于审计委员会主席的相关规定要求,向审计委员会咨询该委员会主席的任职条件。

10. (提名)提名委员会须向校务理事会提交一份填补空位的建议名单;同时递交一份被推荐者的声明以表明其同意被提名,且一旦通过提案被任命,将在规定任期内履行相关职责。

监察委员会

1. 监察委员会的职责包括：每年以摄政院名义审查校务理事会年度报告（包括学部总委员会提交给校务理事会的年度报告）、学校账目、校务理事会任何公款拨付建议报告。

2. 为了履行其对上述第 1 条中所列文件的审查职责，监察委员会有权调查学校政策以及为执行这些政策所做安排并上报摄政院。

3. 根据章程 A 第七章第 6(1)条，监察委员会有权查阅任何与其据第 2 条进行的询问相关的官方文件及账目（学校出版社的除外）。根据章程 A 第七章第 6(2)条，监察委员会还有权查阅与学校出版社相关的部分文件与账目，它们是由出版特别委员会或出版社职员提交给校务理事会或校务理事会财务委员会的。

4. 根据章程 A 第七章第 4 条，下列依据法令设立的学校机构中身负首要行政职责的任职者，不能选为监察委员会的成员：学校各办公室主任或副主任（统一行政服务）和助理财务主管。

监察委员会成员选举

1. 第(3)类监察委员会成员的选举应参照校务理事会成员选举条例中第 1 至 5 条和第 14 条进行。

2. 若提名数不足以填补第(3)类中第①或第②种的空缺，则校务理事会应尽量多任命成员。

学部总委员会

学部总委员会成员的任命

第(2)类学部总委员会成员应于米迦勒学期内任命，自任命后的 1 月 1 日起任职四年。艺术与人文学部、人文与社会科学学部理事会各任命两人；生物科学学部、临床医学学部、自然科学学部、技术学部理事会各任命一人。

学部总委员会中学生成员的选举

1. 第(4)类学部总委员会成员包括以下两种：
(1) 所有本科生从他们中选出的一名代表；
(2) 所有研究生从他们中选出的一名代表。

第(4)类成员自当选后的7月1日起任职一年。

2. 校务理事会成员选举条例中的第6至14条在稍加变通后可适用于学部总委员会学生成员的选举。

学部总委员会公告

意向声明

对于任何依照章程C第一章第2条要求制订或修改法令的提案,学部总委员会将咨询学校其他相关部门。如果在咨询过程中,学部总委员会发现该事件有争议,则其也可向摄政院咨询。这可以通过发起一项提案,以便摄政院表明他们对所提修改的意见来实现。学部总委员会将考虑任何相关讨论会上的观点及投票表决的结果。

单次可让渡投票规定

1. (适用的选举)该规定经提案批准可适用于学校机构成员的选举及其他用途。所有适用该规定的选举应遵照以下条款进行。

2. (投票方法)所有参加投票的选举者:

(1) 应在选票(如下表)上的第一行填入自己首选的候选人名字;

(2) 可另外在选票上的第二、三等行依据自己的选择顺序填入其他候选人名字。

支持次序	按支持次序排列的候选人列表
1	
2	
3	
4	
5	
6	
7	
8	

3. 只有清晰地填写了没票人首选项的选票才有效力。

4. 每张选票上须附加如下提示:

在第一行中填入你最支持的候选人姓名。您也可在第二、三等行中根据您的选择顺序填入其他您支持的候选人名字,直至您觉得足够为止。您选择的顺序是很重要的。只有在前一选择者因足够票数当选或票数不足被排除后才会考虑下一选择。在计数靠前选择前不得计数后面的选择。

5. （计票）计票：第一阶段

（1）按照对每一候选人的第一选择将选票分组，留出无效选票。

（2）确定出有效投票总数（如选票数）及每个候选人得到的第一选择票数。

（3）接下来选票回收官应计算出能使候选人当选的足够选票数（即"限额"）。具体方法为用有效投票总数除以 n+1，此处的 n 代表有待填补的数字，结果：① 如果大于 100 且非确切整数，则将其取整至下一个整数；② 如果小于 100 且不是两位小数，则将其四舍五入保留两位小数。

6. 候选人当选

如果在计票的任一阶段，公认某一候选人获得了大于或等于限额的投票数，则视其当选。但如果，得到超过限额选票数的候选人数超过了上面的 n，则不能在本计票阶段认定该两名或以上候选人当选。选票回收官须进行计票的下一阶段。

7. 计票：后续阶段

计票的后续阶段须执行如下。根据第 8、9 条的规定，如果某一候选人当选，则应将其超出限额的部分（如果有的话）让渡给紧接着的下一位选民支持者。如不止一位候选人有余额，选票回收官应从最大余额的开始让渡所有此种余额。在让渡了所有余额后，包括因让渡其他余额而产生的后续余额，所获选票最少的候选人将从选举中被除名。且根据第 10 条和第 11 条，其所获票数相应让渡给紧接着的下一位选民支持者。如此让渡产生了新的余额，则该余额须继续被让渡，如此持续直至有所需数量的候选人当选。无论是当选候选人的超出部分选票，还是被除名者的所有选票，每次让渡都视为构成计票的延伸阶段。

8. 余额的让渡

一旦某位候选人当选，选票回收官应计算其超出限额部分的余额，并执行以下规定：

（1）如果任一候选人所获选票数超过限额且仍有一个或以上空缺，则根据第 9 条的规定应让渡该候选人选票余额，下面第 8(4) 款规定的除外。

（2）如果不止一位候选人有余额，则其中最多的应被让渡。

（3）如果不止一位候选人有相等余额，则在他们有不等票数初始阶段获得最多票数候选人的余额将首先被让渡。如果不止一位候选人在计票的任一阶段都获得了相等票数，则由选票回收官抽签决定先让渡哪个余额。

（4）如果某当选候选人的余额加上其他未让渡的余额不超过①下面两位获选票最低者之间的差额或②两位获最低选票者的票数总额与紧接着他们的上一位候选人所获票数之间的差额，则该余额的让渡须推迟至计票的下一阶段并重新考虑。

9. 余额须以如下方法让渡：

（1）对于第一阶段产生的余额，选票回收官应检查待让渡余额的候选人组中所有选票。

（2）对于后面阶段因让渡其他余额或除名一名或多名候选人产生的余额，

选票回收官只需检查产生余额的当选候选人最后收到的次组中的选票。

（3）待检的选票应根据所余候选人的下一个选择顺序分成若干次组。留出任何未填写下一选择的选票。

（4）确定出每个次组中的选票数、可让渡的选票总数及不可让渡票数。

（5）选票回收官可通过如下方法确定待让渡选票价值：① 如果可让渡投票总现值超过余额，则可让渡投票应以零散让渡价值让渡。以余额除以可让渡投票数，省略后面位次保留两位小数即为零散让渡价值。须在选票上注明新的让渡价值。② 如果可让渡投票总现值未超过余额，则让渡价值即为现值。

（6）应计算每个所余候选人受让渡选票的价值，该种选票总值与余额之间的任何不可让渡差额应计入先前的不可让渡总额。

（7）根据此规定让渡了余额后，选票回收官应根据第 6 条的规定确定哪位候选人当选。

10. 候选人的除名

所有余额让渡后［或者根据第 8 条（4）让渡被推延］，如果仍有一个或以上空缺，获最少票数的一位或多位候选人将从民意结果中被除名。具体规定如下：

（1）两个或更多获最少票数的候选人，其票数总额加上据 8(4)未让渡的总余额不超过紧邻的上一位最少票数候选人所获选票数，则他们将被除名。

（2）或者获最少票数的候选人票数加上据 8(4)未让渡的总余额不超过紧邻的上一位最少票数候选人所获选票数，则他将被除名。

（3）两名或更多获最少票数的候选人如票数相等，则在其获不等票数的初始阶段得票最少的人将被除名。如果不止一位此类候选人在计票的所有阶段都获得了相等票数，则由选票回收官抽签决定谁将被除名。

11. 对一名或多名候选人的除名通过下列方式生效：

（1）依让渡价值降序将待除名的一名或多名候选人的选票分组。

（2）最高让渡价值那组选票应再依下一选择次序分成若干次组，留出没有下一选择的选票。

（3）选票回收官应确定出每一次组中选票的数量与价值，不可让渡的选票数量与价值。

（4）应计算每个所余候选人受让渡选票的价值，任何不可让渡选票的价值应计入前面的不可让渡总额。

（5）在让渡了所有具让渡价值的一组选票后，选票回收官应根据第 6 条确定哪位候选人（如果有的话）当选。

（6）同样，余下的任何一组选票都应按让渡价值降序分组并让渡。每次让渡后选票回收官都应根据第 6 条确定哪位候选人（如果有的话）当选。

12. 最终阶段

（1）在除名一个或多个候选人后，如下面所余候选人数与所余空缺数相等，则剩下的候选人视为当选。

（2）如果据规定填补了最后一个空缺，则不再进行任何其他让渡。且所余其他候选人应被正式除名。

13.（公布结果）公布选举结果时，选票回收官应同时公布一份通知书，载明任何据上述规定作出的让渡以及每次让渡后各候选人所得票数。

14.（重新计票）任何候选人或其代理人，可于计票的任何阶段，在任何让渡开始前或结束后要求选票回收官重新检查或计数任一或所有候选人的选票（在前一次让渡中作为最终处置留出的选票除外）。选票回收官应按要求执行该重检或重计。此外，如对上一次计数的精确度不满意，选票回收官可自行决定组织一次或多次重计。但上述规定并不强制规定选票回收官须对同批选票进行多次重计。

15.（疑问）在任一让渡中如出现任何疑问，选票回收官口述或以实际行动表明的决定，即为最终决议。

16. 为施行上述规定，校长或其正式指定的代理人应担任选票回收官。

17. 上述条款中

（1）"有效选票"是指清晰明了地填写了第一选择或唯一选择的选票；

（2）"无效选票"是指第一选择空缺或模糊不清的选票；

（3）"所余候选人"是指尚未当选或未被从民意结果中除名的候选人；

（4）"下一可得选择"是指下一位的选择，除去在先前阶段当选或被除名的候选人；

（5）"可让渡投票"是指清晰明了地填写下一选择的选票，且该选择是针对所余候选人的；

（6）"不可让渡投票"是指未填写对所余候选人的下一选择，或者所填下一选择模糊不清的选票；

（7）"让渡价值"是指当选者或被除名者选票让渡给所余候选人使用的价值，小于等于一。

各委员会和特别委员会等

一 般 规 定

成员的任命、管理及退休

1.（任期）除非章程或条例另有规定，对根据章程或条例组建的永久委员会及特别委员会成员的任命，只能在每年有一名或多名成员退休时进行。

2.（机构初设时任期）除非提案或其他相关机构的规章另有规定，该类委员会及特别委员会初次设立时，校务理事会应确定首次选出或任命的成员的任期。教务长须公告该项校务理事会决定。

3.（日后任命）如任命机构未能在预定的日期前作出任命，校务理事会有权在稍后日期作出任命，或者批准当局依照机构相关规定设立的某特别机构进行任命。

4.（缺席会议）如果某委员会、特别委员会或其他机构的成员连续三次缺席已发出正式通知的会议，则在第三次会议结束时认定该成员职位空缺。除非该成员所属机构在该次会议或此前会议上宣告了该成员缺席的理由。但当然成员，学部委员会中第(5)类成员，或受任命时不在大学教堂十英里内居住的会员不受此条例约束。由此造成的空缺应由该相关机构的书记上报至教务长。

5.（非在校成员支出）非在校成员有权报销其参加相关机构会议的支出。总额不得超过从剑桥大学到其常住地或校务理事会财务委员会批准的其他地点的铁路往返票价，加上根据财务委员会实时更新的费率确定的工作津贴。

年度报告

校务理事会或学部总委员会可要求任何委员会、特别委员会、主管它们的其他机构或所辖部门领导提交年度报告，报告须遵守校务理事会认为合意的规定。根据实际情况，如校务理事会或学部总委员会在征询了该机构或系主任意见后认为有必要公示该年度报告，则应在《剑桥大学通讯》上刊发该报告。

特别规章

有薪神职选举人委员会

1.（选出后由校务理事会批准的有薪神职选举人委员会）空缺圣职继任者的选拔应由为此而组建的有薪神职选举人委员会负责。该委员会应包含校长（或其正式指定的代理人）和校务理事会任命的八名评议会成员（四位由神学学部委员会提名）。该选拔还须经校务理事会批准。

2.（神职空缺公示）总的来说，任何将由学校确定继任者的神职一旦空缺，委员会应就此项空缺及该神职申请的截止日期进行公示。特殊情况下，委员会可决定不做公示。此种情况下，委员会在向校务理事会报告人选时须阐明事实。

3.（选拔失败）如果选举人无法选定空缺神职执事者，则校长应选定合适人选。如果校长也无法选定，应向校务理事会报告此事项。

4.（继任者选定）一旦选定继任者，校务理事会有权命令相关部门在委任书上盖学校公章。

5.（选民候选人）为该空缺神职的候选人的选民，不得参加该空缺神职执事者的选举。

6.（委员会书记）教务长或其指定的代理人应担任选举人委员会的书记。

考试委员会

根据 2007 年 11 月 21 日第一号提案修改

1. (人员构成)考试委员会由下列人员组成:
(1) 校长或其正式指定的代理人,担任考试委员会的主席;
(2) 所有学监;
(3) 四名校务理事会任命的人员,其中一名应为地方考试委员会的工作人员;
(4) 四名学部总委员会任命的人员,其中一名应为根据剑桥大学学生会建议任命的学生代表。

除了上述第(4)类中的学生代表,所有第(3)类和第(4)类成员须于米迦勒学期中任命,自任命后的 1 月 1 日起任职四年。第(4)类成员中学生代表须于复活节学期中任命,自任命后的 7 月 1 日起任职一年。

2. (书记)教务长或其正式指定的代理人任委员会书记,考试委员会每学期内应至少举行一次会议。

3. (报告厅)只要校务理事会有要求,考试委员会有义务安排报告厅。

4. (考试)考试委员会负责安排学校内所有的学校奖学金考试,入学资格考试,公开考试及竞赛考试。具体职责如下:
(1) (考场)考试委员会应为学校所有考试提供并准备适当的考试场地。
(2) (考试日程)考试委员会应在征询主考官后起草考试日程并于考试开始至少两周前做出通告。考试日程需置于最终考生名单的前面。
(3) (特别安排)考试委员会还需考虑如下特例:① 准许或拒绝因病不能参加考试的考生进行单独考试;② 对于因特殊原因申请不在正常条件下或前面公告的时间参加考试的考生,批准或拒绝其另行考试。委员会还应确定出批准该申请的前提条件及须缴纳的额外费用或罚款。该类申请由导师提交给委员会书记。
(4) (督学与监考官)考试委员会还应为学校范围内的每一考试阶段任命一名督学及一名或多名监考官。监考官负责考场内的总体安排,报告考场内的考生参考率,考试结束后根据委员会书记发出的指示呈送考卷。整个考试期间,督学都应到场并监考。
(5) 考试委员会应向督学及监考官发出职责指示,并就监考和制止不当行为制定规则(见规则附录)。
(6) 如果督学或监考官不是一名主考官,则主考官主席或高级主考官须安排至少一名主考官在考试开场二十分钟内到场。
(7) (主考官酬劳)所有主考官的酬劳、校务理事会财务委员会批准范围内的考试支出都应由考试委员会支付,由信托基金支付的除外。在支付这些费用前,考试委员会须向主考官、高级主考官或主考官个人索取一份声明,保证其完成了工作并写明每个主考官应得的报酬额。同时应确保这些声明遵守法令。经财务委员会批准后,考试委员会还须确定督学及监考官的报酬额。

（8）（考场到场者和助理干事）除了督学及监考官,考试管理委员会还应在每间考场安排适当数量的到场者。应工作压力所需,考试委员会有权雇佣临时办事人员以协助正式员工。

（9）（给考生打分）考试委员会工作人员应负责学校所有考试的评分工作。每场考试开始后,工作人员应于方便时间准备一份修改过的最终考生名单,提交给教务长并在教务处备案。

（10）（考卷不得带离考场）在准许考生离场时刻前,未经督学或监考官准许,任何考卷不得带离考场。

5. 考试委员会须应校务理事会和学部总委员会的要求向其做出相应报告。

附　　录
考试中考生监管及不当行为制止规则

1. 如发现任何考生试图抄袭,则认为该考生采取了不当行为。

2. 考试开始时,未得到督学或高级监考官的批准,考生不得开始答题。考试结束时,督学或高级监考官发出结束信号后,考生应停止答题。

3. 未经督学或高级监考官批准,考生迟到不得入场,也不得在考试开始后三十分钟内离场。

4. 考生在桌上放置一小瓶拧紧瓶盖的水以供考试期间饮用,但不得妨碍其他考生。未经考试委员会书记书面批准,不得携带其他饮料或食物入场。督学、监考官或主考官有权收走考生未获准携带的物品直至考试结束。

5. 除非明令批准,考生不得于考场内夹带或私藏任何与考试相关的书籍或纸张。督学、监考官或主考官有权没收该类文件。

6. 除非明令批准,考生不得携带电子计算器或其他数据存储或检索工具进入考场。督学、监考官或主考官有权没收该类未获准携带物品。此外还需指出,计算器上必须贴上官方标记以表明其在该学校考试中允许使用。

7. 考生不得将任何广播、录音设备或手机携带入场或于考试期间私藏。督学、监考官或主考官有权收走考生此类设备直至考试结束,并没收卡带或磁盘。

8. 除了试卷和批准带入的书籍或纸张,考生不得将任何纸片带离考场。

9. 考试期间,考生不得与其他考生交流。

10. 考试期间,未经督学或监考官批准,考生不得擅自离开座位。

11. 考生的穿着应得体,以免引起骚动或分散他人注意力。

12. 对于任何违反该规定的行为,督学、监考官或主考官应上报考试委员会并告知学生此项上报。除非出现条例13所述情况,不得取消考生考试资格。

13. 如某考生的行为扰乱或妨碍了其他考生,则督学、监考官或主考官可视情节轻重要求其调换座位或直接取消其考试资格。

14. 参加实验考试的考生必须遵守考场所在实验室的安全规定。

研究生教育委员会

1. (人员构成)研究生教育委员会由下列人员组成：
(1) 校长或其正式指定的代理人,担任研究生教育委员会的主席；
(2) 四名校务理事会任命的摄政院成员；
(3) 四名学部总委员会任命的摄政院成员；
(4) 一名研究生导师委员会任命的摄政院成员；
(5) 五名以下研究生教育委员会增选的摄政院成员,但并未强制规定研究生教育委员会须增选成员；
(6) 一名由学校所有研究生选出的学部总委员会第(4)类成员。
上述第(2)、(3)、(4)类成员须于米迦勒学期中任命,自任命后的1月1日起任职四年。第(5)类成员须于四旬斋学期中任命,任期至下一年的12月31日。

2. (职责)研究生教育委员会的职责有：
(1) 决定是否批准已由学位委员会建议录取的研究生的入学申请,履行研究生教育总体监管的职责；
(2) 对于第(1)种情况以外的其他申请者,根据条例规定职责确定是否录取并记录其后来的表现,附属学生除外；
(3) 条例规定,哲学博士、工程学博士、理学硕士、文学硕士、哲学硕士有津贴。研究生此类津贴的所有申请,委员会应予以考察并作出裁决；
(4) 考察并裁决哲学博士学位特别规定下的特殊津贴申请；
(5) 考察并裁决经济学文凭、国际法文凭、法律研究文凭及研究所课程证书规定下的特殊津贴申请；
(6) 接收学位委员会关于神学博士、法学博士、理学博士、文学博士、音乐学博士、哲学博士、工程学博士、理学硕士、文学硕士、哲学硕士、研究硕士、兽医学博士学位候选人的报告书、建议书和决议书,这些候选人都是由各相关学位委员会提名的。研究生教育委员会须公布其认为应授予学位的候选人名单；
(7) 接收学位管理委员会有关上面第(5)类资格候选人的报告书、建议书和决议书,这些候选人都是由各相关学位管理委员会提名或批准的。研究生教育委员会须公布其或相关学位管理委员会认为应取得该资格的候选人名单；
(8) 以研究生教育委员会控制下的资金发放奖学金,并向相应的奖学金发放机构提名国家研究生奖学金人选；
(9) 监督研究生普通基金委员会；
(10) 与候选人及其他相关人员保持联络,向其他学校传播研究条件的信息；
(11) 向校务理事会提交年度报告并向学校提交其认为合适的其他报告；
(12) 履行由学校实时委派的其他任务。

3. (财务)研究生普通基金委员会年收入的余额应再投资,以供研究生教育委员会促进学校内研究生的学习和研究。

4.（书记）书记的职责有：
（1）接收所有入学、津贴及考试申请；
（2）负责委员会的通讯工作；
（3）向学生提供信息和建议；
（4）研究生教育委员会委派的其他任务。

5. 章程 K 第 20 条有关保留事务的规定适用于委员会中第(5)类非学生成员，在这一点上将其视同学生。

入学考试委员会
根据 2008 年 4 月 23 日第二号提案撤销

学校与助理联合委员会
根据 2008 年 3 月 12 日第四号提案修改

1.（人员构成）学校与助理联合委员会成员可分类如下：
（1）校长或其正式指定的代理人，任委员会主席；
（2）① 八名评议会成员，其中至少四人应为机构的领导或相应助理人员的管理者。这八名成员委任情况如下：四名由校务理事会任命，其中至少一人应为校务理事会成员；四名由学部总委员会委任；
② 因职权自然成为成员的教务长、财务部主任、教务主任和学校办公室人力资源部部长或他们的代理人；
（3）一些代表利益实体的学校助理，他们是校务理事会与各利益实体讨论后确定的，并被赋予了谈判权。校务理事会应实时在《剑桥大学通讯》上刊发通知，以阐明：
① 各利益实体的界定；
② 联合委员会内第(3)类代表各机构并被授予谈判权的成员数量。
委员会中第(2)①类须于米迦勒学期中任命，自任命后的 1 月 1 日起任职四年。除非任何时候，子分类的第①类成员中至少一名兼任校务理事会成员的成员因故停职，则在必要情况下，校务理事会可另外任命一人以履行所余任期的职责。第(3)类成员的任期由其所代表的机构决定。

2.（联合书记）校务理事会须任命一名学校办公室人员为委员会的联合书记。委员会第(3)类成员也应任命他们之中一员为委员会的联合书记。

3. 第(3)类成员的任命方法由其所代表的机构自定。相关机构在其所选代表上任前须告知两位联合书记他们的姓名。

4.（职责）委员会的职责包括：
（1）审查学校助理工作人员的雇佣条款；
（2）考虑校务理事会或学部总委员会所提问题，联合委员会中第(2)或第(3)类成员提请考虑的助理工作人员雇佣条款的相关问题；

(3) 组建特别联合谈判委员会以处理所有涉及一个以上利益实体的事务,特别联合谈判委员会代表成员的确定应遵守委员会第(2)和第(3)类成员间的协定。学校办公室人力资源部部长应以联合委员会第(2)类成员代表身份成为谈判委员会的一员;联合委员会第(3)类成员中各相关利益实体的至少一名代表应成为谈判委员会成员。

(4) 在每个利益实体内设立一个常设联合谈判委员会,由下列人员组成:

① 学校办公室人力资源部部长;由联合委员会第(2)①类成员从第(2)类成员中选出的三名成员;

② 联合委员会第(3)类成员中代表该利益实体的成员。

5. (常设谈判委员会职责)各常设联合谈判委员会职责如下:

(1) 根据上述第 4 条(3)的规定,审查相关利益实体助理工作人员的雇佣条款,包含涉及薪金与工资、津贴、工作时间、加班现金补偿、病假期间报酬、培训、招募、福利、工龄酬劳及退休金的一些特定问题(涉及退休金计划的运营与管理的问题除外)。

(2) 考虑联合委员会所提问题,联合委员会中第(2)或第(3)类成员提请考虑的助理工作人员的雇佣条款相关问题。如果谈判委员会内第(2)和第(3)类联合委员会成员都同意提案修改与相关利益实体助理工作人员雇佣有关的任何条例、补充规定、日程或操作指南,则谈判委员会应上报联合委员会。

6. 无论是特别联合谈判委员会还是常设联合谈判委员会,只有在谈判委员会内多数第(2)和第(3)类联合委员会成员在场的情况下才可办公。

7. 每个联合谈判委员会都应共同认定一人行使主席的职责。该主席不一定要是联合委员会的成员。但主席只有是联合谈判委员会的一员时,才有投票权。

8. 如果谈判委员会中第(2)类或第(3)类联合委员会成员要求休会或中断会议,主席应执行。

9. 如果谈判委员会中第(3)类代表某机构的联合委员会成员有要求,联合谈判委员会应准许该机构官员(不一定要是学校助理)代表该机构出席会议并参加讨论。

10. (程序)每个联合谈判委员会的执行程序需遵守程序协议,该协议是由校务理事会和学部总委员会与工会或其他在该谈判委员会中有代表的机构实时商定的。其中校务理事会和学部总委员会以雇主身份代表学校。且:

(1) 任何联合谈判委员会会议的投票详情不作记录,谈判委员会的报告无须由成员署名。

(2) 只有联合谈判委员会中多数的第(2)及第(3)类联合委员会成员同意,联合谈判委员会的决议才有效。

11. 联合谈判委员会的决议公告前,应传送至联合委员会以供其递交给校务理事会。若校务理事会或联合委员会提出任何修改,必须经过联合谈判委员会中第(2)及第(3)类联合委员会的多数成员同意。

12. 如果某项决议在联合谈判委员会内部未获通过,则应将材料报送至联合委员会以供讨论。如果联合委员会内讨论仍无结果,则应上报校务理事会。此后,如果校务理事会亦不能提出提案并征得联合谈判委员会中第(2)及第(3)类联合委员会的多数成员的同意,则其可要求联合谈判委员会启用争端解决机制来达成协议。

住宿委员会

1.（人员构成）须组建一个住宿委员会,由下列人员组成:
(1) 校长或其正式指定的代理人,任委员会主席;
(2) 三名校务理事会任命的人员,其中一人应为学校雇佣的非常设职位研究人员;
(3) 一名高级导师委员会任命的人员;
(4) 一名研究生导师委员会任命的人员;
(5) 一名会计委员会任命的人员;
(6) 一名学校与助理联合委员会在助理人员中任命的成员;
(7) 两名研究生会任命的研究生代表;
(8) 一名剑桥大学学生会任命的学生代表;
(9) 不超过两名住宿委员会增选的成员,但并未强制规定委员会须增选成员。

上述第(2)、(3)、(4)、(5)、(6)类成员须于米迦勒学期中任命,自任命后的1月1日起任职四年。第(7)和(8)类成员须于复活节学期中任命,任期为任命后的一学年。第(9)类成员任期至其被增选年的日历年末。

2.（职责）住宿委员会的职责有:
(1) 审查可供学校学生、学校雇员及访问学者住宿的地方(各独立学院提供的宿舍除外);
(2) 保留对上述宿舍的记录并提供相关咨询服务;
(3) 尽可能提供充足的宿舍;
(4) 监督住宿咨询办公室的工作。

3.（住宿委员会书记）应设立住宿委员会书记的校级职位。这些职位的任命或连任由住宿委员会中第(1)、(2)、(3)、(4)、(5)类成员组成的任命委员会负责。

4.（书记职责）书记的职责有:
(1) 出席住宿委员会的会议;
(2) 就住宿咨询办公室的工作对住宿委员会负责;
(3) 定期向住宿委员会报告所余宿舍数;
(4) 广泛协助住宿委员会处理所有与工会工作相关的事务。

5.（法定人数）只有主席及至少四名成员出席了会议,住宿委员会才能决定事项。

6.（保留事务）章程K第20条有关保留事务的规定适用于住宿委员会及上

述第 3 条中提到的任命委员会。在这一点上,将它们视同根据章程设立的机构。这些规定也适用于住宿委员会第(9)类中的非学生成员,将他们视同学生成员。

7.(报告)住宿委员会须应校务理事会要求向其做出所需报告。

就业服务委员会

1.(人员构成)应设立一个就业服务委员会来负责学校就业服务的执行工作。其人员构成如下:
(1) 校长或其正式指定的代理人,任委员会主席;
(2) 四名校务理事会任命的摄政院成员;
(3) 十二名由各独立学院、授权法人机构、授权团体按顺序轮流提名的摄政院成员;
(4) 两名校务理事会任命的学生代表;
(5) 不超过两名委员会增选的人员。

上述第(2)类成员须于米迦勒学期中任命,自任命后的 1 月 1 日起任职四年。第(3)类成员须于米迦勒学期中任命,自任命后的 1 月 1 日起任职三年,每年任命四人。各学院提名上述第(3)类成员的轮换顺序如下:基督学院、丘吉尔学院、卡莱尔大厅学堂、卡莱尔学院、圣体学院、露西·卡文迪什学院、唐宁学院、伊曼纽尔学院、达尔文学院、费茨威廉学院、冈维尔与凯斯学院、格顿学院、耶稣学院、国王学院、休斯大厅学堂、麦格达伦学院、彭布罗克学院、新大厅学堂、彼得学院、王后学院、圣埃德蒙学院、罗宾森学院、圣凯瑟琳学院、纽罕学院、圣约翰学院、塞尔文学院、沃弗森学院、西德尼·苏塞克斯学院、三一学院、三一大厅学堂、哈默顿学院。第(4)类成员须于复活节学期中任命,任期至任命次年的日历年末。第(5)类成员须于四旬斋学期中任命,自任命后的 10 月 1 日起任职四年。

2.(会议)就业服务委员会的所有会议由校长或其正式指定的代理人召开。一学年中至少应召开一次会议。

3.(法定人数)就业服务委员会的法定人数为主席及至少四名成员。

4.(职责)就业服务委员会的职责有:
(1) 制定学校就业服务政策;
(2) 向学校所有成员提供就业信息和建议;
(3) 在找工作或找雇主的学校成员间搭建并管理交流渠道,尤其要记录找工作者;
(4) 管理委员会的资金、批准年度评估、记录并维护每年须与学校账目一起审计公布的账目;
(5) 执行学校实时委派的其他任务;
(6) 向校务理事会提交年度报告并向学校提交其认为适宜的报告;
(7) 通过各种途径促进学校成员与其他机构代表就影响到学校毕业生就业的事务交换意见,尤其是以经常举办研讨会和其他信息交流会的形式。

5.（执行委员会）就业服务委员会须在其成员中任命一些人组成执行委员会，以履行部分其认为合适的职能。该执行委员会应由委员会主席及四名从委员会第（2）和第（3）类成员中选出的代表组成。

6.（委员会主席和就业服务部主任）应设立就业服务委员会书记的校级职位，该职位出任者同时应被委以就业服务部主任的职务。学校就业服务顾问职位的数量应由校务理事会根据委员会建议实时确定。书记与就业顾问的任命与连任都应由任命委员会负责。其人员构成如下：

（1）校长或其正式指定的代理人任委员会主席；
（2）就业服务委员会主席；
（3）三名由就业服务委员会在其成员中任命的成员；
（4）理事会任命的两名人员；
（5）就业服务委员会书记（对就业服务委员会书记的任命除外）。

上述第（3）和（4）类成员须于偶数日历年的米迦勒学期中任命，任期为其后两个日历年。第（3）类成员如果不再是就业服务委员会成员，则相应的也应免去其任命委员会成员的资格。

7. 对于就业服务委员会书记的任命或连任，教务长或其代理人应担任任命委员会的书记。对其他成员的任命，就业服务委员会书记应担任任命委员会的书记。

8. 书记或就业顾问的职责由就业服务委员会特别委员会确定。

9.（副主任）特别委员会应指定一名就业顾问任就业服务部副主任。

10. 应在学校设立一级就业顾问助理和二、三级助理的职位，这些职位的数量应由校务理事会根据委员会建议确定。一级就业顾问助理职位的任命与连任，应由委员会书记依据校务理事会咨询委员会后所订立的程序做出。

11. 就业顾问助理的职责由委员会决定，各级职位的薪资范围由校务理事会咨询委员会后决定。

12.（职员住所）在整个学期内及长假中的四周内，就业服务委员会书记及其他的学校就业服务部职员应在学校内居住。

13.（收入）下列款项应划入委员会基金：

（1）年度拨款，直至学校另行规定；
（2）剑桥大学各独立学院、授权法人机构及授权团体的年度拨款及其他拨款；
（3）社会团体及个人对委员会的援助性捐赠；
（4）委员会发行出版物所得。

14.（保留事务）章程 K 第 20 条有关保留事务的规定适用于就业服务委员会及执行委员会。在这一点上，将它们视同根据章程设立的机构。

信息技术委员会

根据 2007 年 10 月 24 日第一号提案撤销

信息战略与服务委员会

1．（人员构成）信息战略与服务委员会由下列人员组成：
（1）校长或其正式指定的代理人担任委员会主席；
（2）三名校务理事会任命的人员；
（3）三名由学部总委员会任命的人员；
（4）三名由各独立学院委员会任命的人员；
（5）一名由学校计算机服务部从他们的职员当中选出的人员；
（6）一名由学校办公室信息服务管理部从他们的职员当中选出的人员；
（7）两名委员会增选的学校学生代表，其中至少一人应为研究生；
（8）不超过两名委员会增选的成员，但并未强制规定委员会须增选成员。

2．教务长、图书馆馆长、学校计算机服务部主任、学校办公室信息服务管理部及财务部主任有权出席委员会的会议。

3．上述第(2)、(3)和(4)类成员须于米迦勒学期中任命，自任命后的 1 月 1 日起任职两年。第(5)和(6)类成员须于偶数年的米迦勒学期中选定，选举程序遵守单次可让渡投票规定。不同的是，其中的选票回收官由委员会主席或其指定的代理人担任。自当选后的 1 月 1 日起任职两年。增选的第(7)和第(8)类成员的任期至其被增选年次年的 12 月 31 日。如果第(7)类成员不再是学生，则相应的须免去其此类成员资格。

4．（书记）教务长与学校计算机服务部主任、信息服务管理部主任和委员会主席商议后任命委员会书记。

5．（职责）委员会的职责有：
（1）经校务理事会批准，咨询高级导师委员会和会计委员会后，在适当时候制定并审核信息战略，以服务于学校及各独立学院的宗旨与目标。
（2）在全校及各独立学院内适当地方推广该信息战略并就信息技术发展及其应用提出建议。
（3）审查学校及各独立学院的信息要求，就优先执行项和这些要求所需适当信息政策、设备、服务的发展和应用向校务理事会和学部总委员会提出建议。
（4）确保上述信息政策、设备、服务有效运行并富有成效。
（5）监督学校计算机服务部和信息服务管理部的发展方向和规划，为它们的资源分配和设备使用优先事项确立总原则。
（6）对于校务理事会和学部总委员会实时确定的主信息系统和技术工程，确保有合适的工程与预算管理及控制机制，并负责保管划拨给此类工程的资金。
（7）经主管部门批准，制定或修改并公布管理及安全规则，以规范学校内信息技术设备的使用,学院机构内因故由有关学院当局分派的计算设备的使用。对于违反一项或多项上述规定的个人施行以下一项或全部惩处:① 在委员会确定的时期内暂停其对计算资源的使用权;② 处以 175 英镑以下罚款。

(8)向校务理事会、学部总委员会、高级导师委员会和会计委员会提交年度报告。

6. 设立一个执行子委员会来负责服务管理。信息战略与服务委员会须任命一名子委员会主席。学校计算机服务部主任和信息服务管理部主任依职权应成为子委员会的成员。

7. 设立一个执行子委员会来负责网络管理。信息战略与服务委员会须在咨询会计委员会主席后任命一名子委员会主席。学校计算机服务部主任依职权应成为子委员会的成员。

信息战略与服务委员会制定的规则

以下各定义适用于该规则。"IT 设备"一词指学校计算机服务部的设备及独立学院机构内因故由有关独立学院当局分派的适用此规定的其他计算设备。"授权人员"一词在信息战略与服务委员会监督的服务实例中指计算机服务部主任,在其他实例中指学校或独立学院相关职员(学校机构实例中指学院理事会主席、系理事会主席或系主任;在独立学院实例中指独立学院为此而委派的职员)。

除非授权人员另行声明,IT 设备只能用于达成学校或各独立学院实时颁布的目标。

1. 未经信息战略与服务委员会或授权人员正式授权,任何人不得使用 IT 设备或将其提供给他人使用。授权人员可提出使用条件来确保规则有效执行。

2. 授权人员可通过发布文件将一台 IT 设备指派给特定班级或人员作特定用途。未经指派的计算机按人分配,并且分配的 IT 资源只能由接受分配的人用于指定用途。除非信息战略与服务委员会或授权人员特批,不得使用已分配给他人或小组的 IT 资源。

3. 不得采取任何故意、蓄意、鲁莽或非法行为来妨碍他人使用设备或破坏数据网络、计算设备、系统程序或其他存储信息的完整性。

4. 所有被授权使用 IT 设备的人员应对其通过使用该设备获得信息及不宜自由传播的信息保密。未经特定人员或机构准许不得部分或整体复制、修改、传播该信息。

5. 对于在信息战略与服务委员会发布或以其名义发布的通知中已被指定为专有或保密的信息,IT 资源的使用者须做到:

(1)遵守任何已发布的阐明该种信息使用范围的规定;

(2)未经特定授权人员事先批准,不复制、修改、传播该信息或将信息用于规定以外用途。

6. 除非相关法律(包括 1998 年的《数据保护法案》)有规定,不得将 IT 设备用于个人数据处理。若有此意图，应提前告知授权人员并遵守任何有关数据处理方式的限制规定。

7. 任何人不得将 IT 设备用于谋取私利或商业利益，包括其他临时将其用于咨询及其他未经特别授权的工作职责以外用途。

8. 对于不当使用 IT 设备或将其用于谋取私利或商业利益的人员，不管其是否得到特定批准，应依据授权人员实时确定的费率予以罚款。如受罚人员不缴纳罚款，则应自动中止其 IT 设备使用权直至其缴清罚款。并且信息战略与服务委员会应将此事上报学校或相关独立学院财务部门。

9. 不得将 IT 设备用于非法行为。

10. 如果认定某人违反了上述一项或多项规定，授权人员应上报信息战略与服务委员会。委员会可在考虑授权人员的报告及其他相关事件后，根据委员会条例 5(7) 自行决定对违规者施行一项或多项惩处。委员会也可向学校或有关独立学院建议依照学校或/和独立学院的纪律程序和任何相关法规处理此事。

学校软件管理政策

根据英国版权法，非法复制软件可判处民事损害赔偿（没有限额）和刑事处罚，包括罚款和监禁。对于每一起复制案件，非法复制者和相关学校当局都要受到起诉。为此，对于由剑桥大学及其所辖独立学院许可的软件，校务理事会和学部总委员会通过了如下软件管理政策，希望学校所有成员遵守。

1. 剑桥大学及其所辖独立学院在许可下使用许多外部公司的计算机软件（包括程序和数据）。学校不拥有此软件或相关文件的所有权。且未经许可，学校无权以任何方式复制该软件。

2. 不论软件（包括安装在局域网与多机上的软件）的使用时间与方式如何，学校与各独立学院的工作人员及学生都应遵守许可规定。

3. 上述第 2 条不仅适用于学校及所辖独立学院拥有的计算机上的软件，如果软件被用于达成包括学生课程作业在内的学校及独立学院目标，则该规定也适用于学校及学院工作人员和学生拥有的计算机上的软件。

软件许可管理程序

4. 职责。各机构领导应负责确保机构内所使用及存储在职责所辖计算机上的所有软件是通过正当途径获得，并在许可期内使用。下面就可采取的措施提供了建议以确保达到任何合理的法律要求。

5. 负责人的任命。各机构领导应任命一名工作人员（软件许可管理人）就管理和遵守软件许可对机构领导负责。

6. 软件许可证清单。软件许可管理人应保留一份机构持有的软件许可证清单。对于每项许可的软件应记录以下信息：软件名称、平台及版本号；所购买的拷贝数；购买日期及订单索引；软件许可证的地点（如果签发了书面许可）；软件存储系统的所在地点（或 IP 地址）及任何软件许可用途的限制规定。

7. 软件许可存放。如切实可行,软件许可证书应存放于机构内一个固定地点。

8. 软件的获得。机构采购程序应确保一旦购买了经许可的软件,软件许可证清单也随之更新。在规模较小的系、部门或其他机构中,可以由软件许可管理人购买所有软件来实现此职能。在规模较大的系、部门或其他机构中则需要更具柔性的程序。

9. 纪律程序。未经许可使用须授权软件或将软件用于许可条款外都是非法的,应视为违反纪律。该行为一旦发生,机构领导应首先确保采取纠正措施,然后再给予适当的纪律处分。

10. 所有从计算机服务部获取软件的用户应签署一份声明,保证其已通晓学校的软件管理政策并同意遵守该政策。

个人通过私人途径获取的软件

11. 对于通过其他私人途径获取的软件,用户如将其用于达成包括课程作业在内的学校或学院目的,应遵守软件获取时的协议条款。该类用户必须确保得到了必要的软件授权。

12. 所有学校计算机用户应遵守其获取使用权的规定。如该获取规定禁止安装私人途径获得的软件,则此规定应得到严格遵守。

地方考试委员会

1. (人员构成)地方考试委员会由下列人员组成:

(1) 校长或其正式指定的代理人任委员会主席;

(2) 一名校务理事会任命的学校职员;

(3) 六名校务理事会任命的摄政院成员;

(4) 六名经委员会提名、校务理事会任命的成员,他们必须在与校务理事会工作相关的教育、培训、商业事务方面有经验和特长。

上述第(3)、(4)类成员须于米迦勒学期中任命,自任命后的1月1日起任职四年。

2. (委员会首席执行官)须设立委员会首席执行官职位,首席执行官应出任委员会书记。其职责由委员会规定。

3. (法定人数)只有至少五名成员出席委员会会议,委员会才可决定事项,其中至少三人应为第(1)、(2)和(3)类委员会成员。

4. 应设立一些顾问委员会,具体数量由校务理事会根据委员会的建议实时确定。顾问委员会的职责是建议并协助委员会处理工作。每个顾问委员会由下列人员组成:

(1) 由委员会主席或其正式指定的代理人任顾问委员会主席;

(2) 三名由委员会从其第(3)类校务理事会成员中任命的成员;

(3) 不超过四名委员会任命的校务理事会其他成员;

（4）不超过二十名委员会任命的其他成员，其中应包含对相关顾问委员会工作有经验者。

上述第（3）和（4）类成员须于米迦勒学期中任命，自任命后的1月1日起任职两年。

5. 如果某顾问委员会第（2）类成员不再是委员会成员，则相应地应终止其相关顾问委员会的成员资格。

6. 委员会书记或其正式指定的代理人应出任根据第4条组建的顾问委员会的书记。

7. 应设立一个助理秘书长的校级职位。其后若出现空缺则撤销该职位。该职位的职责由委员会确定。

8. （任命委员会）委员会首席执行官的任命与连任由任命与连任时特别组建的委员会负责。该委员会由下列人员组成：

（1）校长或其正式指定的代理人；
（2）委员会主席；
（3）三名校务理事会任命的人员；
（4）三名委员会任命的人员。

教务长应出任委员会书记。

9. 委员会的主要工作是组织管理各独立学院非学校成员者的考试，包括确定考试费用、发布考试大纲、任命主考官并支付酬劳。

10. 经校务理事会批准，委员会有权依据《公司法》建立一个或多个有限责任公司，可以是学校独资，或者如果是慈善性质，学校应作为唯一成员。委员会可将部分工作分给一家或多家此类公司。在与这些公司接洽的事务中，委员会代表学校行权。如果该公司的董事会或管理层成员是由学校任命的，则与其接洽过程中学校代表应由校务理事会根据委员会提名任命。

11. （权力）在不影响第9条完整性的前提下，处理委员会相关事务时，地方考试委员会应被授权以学校名义行使以下权力（为避免疑义，现明确提及）：

（1）与儿童、学校及家庭管理部，教师协会及其他英国境内机构协作举行考试并向通过的考生颁发证书；

（2）与海外教育当局及其他机构协作举行考试并颁发特别证书；

（3）当学校当局提出申请时，审查各学校事务；

（4）举行主要针对非本校考生的特殊知识或其他技能考试，如英语和其他现代语言熟练度证书考试，并为此与其他机构通力合作；

（5）根据条例、提案或校务理事会要求，管理以学校收到的捐助拟设立或已经设立的奖学金或奖励，并颁发任何此类奖学金或奖励；

（6）经校务理事会批准，向剑桥联合信托基金会、剑桥大学海外基金会以及其他由剑桥大学建立的基金会进行捐赠，以资助在剑桥大学学习的国外学生；

（7）代表学校发起、辩护和执行所有与委员会事务相关的诉讼程序，但之前应向校长报告此意图。条件允许的情况下还应尽快向校长报告任何与委员会事务相关的、紧急的或针对学校的法律诉讼；

（8）以学校名义雇佣人员服务于委员会，确定其工资和奖金，订明其服务条件。但有关工资结构、奖金发放和服务条件的方案须接受理事会的常规审批。

（9）根据条例规定，做任何旨在方便或有助于上述职责履行的事和与职责履行相关的事。

12.（年度报告）委员会应向校务理事会提交年度报告，还须附加委员会经审计的年度账目。

13. 若某年经审计的账户有充足余额，则委员会须将一定比例余额上交给学校基金会，具体比率由委员会与校务理事会商定。

出版事业委员会

1.（人员构成）出版事业委员会由下列人员组成：
（1）校长或其正式指定的代理人任主席；
（2）一名校务理事会任命的学校职员；
（3）校务理事会任命的十六名评议会成员，他们在米迦勒学期中被任命，自任命后的1月1日起任职四年。

委员会应任命一名主席，该员同时应出任学校出版社的首席执行官。

2.（法定人数）只有至少五名成员出席委员会会议，委员会才能办公。

3.（权力）在不影响法令授予委员会管理学校出版社权力的整体性的前提下，在处理委员会相关事务时，出版事业委员会应被授权以学校名义行使以下权力（为避免疑义，现明确提及）：

（1）自行实时决定雇佣哪些人服务于委员会，确定其工资和服务条件，包括解雇通知和退休年龄。

（2）代表学校发起、辩护和执行所有与委员会事务相关的诉讼程序。但之前应向校长报告此意图。条件允许的情况下还应尽快向校长报告任何与特别委员会事务相关的、紧急的或针对学校的法律诉讼。

（3）为学校出版社争取国内或其他地方的各种动产或不动产、地产或利益，以任何方式处置学校出版社的任何资产及准资产。但上述行为须遵守学校资产（遗迹和建筑物）一般规定的第1条和第11条。且如涉及英国国内的土地，还应遵守法律规定的学校土地获取或处置期限。

（4）在世界各地设立并维护学校出版社的分支机构，并在认为恰当的情况下批准公司或其他机构加入该分支的控制与管理。

（5）如认为须通过预留资金来供应学校出版社的后续发展或预期负债，则安排预留资金。

（6）在任何符合下面第6条规定的文件上盖出版社公章。

（7）将其任何权利分派给一个委员会执行委员会或学校出版社的任何职员，但子规定第(6)条中规定的权利不能分派给个人。

4.（委员会资产）所有能够记录标题的学校出版社资产应以剑桥大学校长、独立学院院长和学者或校务理事会财务委员会批准的其他记名者名义登记。

5.（财务年度）学校出版社的财务年度截止于每年的4月30日。

6. 出版事业委员会应准备一份出版社年度账目并刊发一份该账目的摘要。

7.（出版社公章）出版事业委员会须妥善保管委员会公章。只有委员会当局或其特别授权的专门委员会才能盖公章。任何须盖章文件须先由委员会一名成员署名,并交由委员会书记或委员会为此指派的学校出版社其他雇员联署。

精选传道人委员会

1.（人员构成）须设立一个精选传道人委员会,其人员构成如下：校长、钦定神学讲座教授、玛格丽特夫人神学讲座教授、诺瑞斯胡新神学讲座教授、圣玛丽大教堂牧师、两位学监和四名校务理事会于米迦勒学期中任命的评议会成员。这四名成员自任命后的1月1日起任职四年。精选传道人委员会须应理事会要求向其做出相应报告。

2.（职权与职责）根据章程B第五章第1(1)条,精选传道人委员会可行使学校的权力,在完整学期中选定学校教堂讲章布道日。每年,委员会须在四旬斋学期结束前公布其选定的次年各讲章（包括胡新讲章）在学校教堂布道的日期。同时,委员会还应向校长递交一份名单,包括其提名的玛格丽特夫人传道者人选、拉姆斯登讲章传道者人选、一份应邀在余下日子中指定日期出任精选传道人的人员名单（不包括胡新传道人）。各传道人的具体执事日期由校长安排。如果某传道人不能出席既定布道日的传道,委员会须向校长报告一个备选者。

3.（其他讲章）除了任一年据上述第2条任命的精选传道人,校长可根据精选传道人委员会的建议任命一名或多名人员在该年中的其他一天或多天在学校教堂进行传道。

4.（精选传道人酬金）对于每一讲章,校务理事会须根据精选传道人委员会的建议实时确定出一个精选传道人酬金费率。除了应得酬劳,非居民精选传道人还应获得学校与其常住地或校务理事会财务委员会批准的其他地点之间的往返车费,及根据财务委员会实时确定费率发放的工作津贴。

5. 精选传道人委员会可行使由教区主教根据英格兰教堂集会决议赋予的自由权,为学校草拟传道人名单。

评议会议厅委员会

1.（人员构成）评议会议厅委员会应由下列人员组成：校长任主席,教务长、仪式官、学监、两名由各独立学院提名的副学监、八名校务理事会于米迦勒学期中任命的评议会成员。这八名成员自继任后的1月1日起任职四年。

2. 评议会议厅委员会负责管理和控制在评议会议厅内举行的公共仪式。委员会有权安排评议会议厅的使用，为公共仪式做适当准备，在认为合适的情况下发入场票，提供并安排座位，协助学校职员维持秩序。评议会议厅举行公共仪式时，委员会应将评议会议厅置于其完全控制之下。

3. 应校务理事会要求发布相应报告。

社团委员会

1.（人员构成）社团委员会由下列人员组成：

（1）校长或其正式指定的代理人任主席；

（2）初级学监或其代理人；

（3）学校联合俱乐部高级财务主管委员会主席；

（4）两名校务理事会任命的摄政院成员，其中至少一名为会计员或高级导师；

（5）三名由委员会技术委员会从其成员中任命的学生代表。如果技术委员会有一名或多名研究生，则上述三名成员应至少有一名为研究生；

（6）两名由服务于剑桥大学学生会的独立学院代表任命的学生代表；

（7）依职权成为成员的剑桥大学学生会服务主任和研究生会主席。

2. 上述第（4）类成员应于米迦勒学期中任命，自任命后的1月1日起任职四年。第（5）、（6）和（7）类成员自10月1日起任职一年。

3.（职责）社团委员会的职责包括：

（1）每一学年至少举行一次会议；

（2）管理任何可得资金并设立相关账目；

（3）考虑各社团的财务援助申请，拨款给其认为最应得此财务援助的社团。但如教务长认为某项申请对学校有重要的法律或财务意义，则须经校务理事会批准后才能拨付此项援助；

（4）特别考虑各学部委员会认为具特殊教育价值的社团提出的申请；

（5）于每年的米迦勒学期中就前一学年提供给社团的财务援助向校务理事会做报告。

4.（权力）社团委员会有权：

（1）要求申请财务援助的社团：① 证明其成员资格不考虑任何政治、宗教或社会因素，在原则与实践上向所有在学校内居住的成员开放；② 以委员会批准的格式递交一份已经过正确审计并由其高级财务主管联署的账目复本；③ 阐明其拟将拨款或贷款用于何处并在商定的时期内就每笔拨款或贷款去向作出报告；④ 提供证据以证明其无法道过收取会员费、改善管理、削减无用支出或更有效的募捐来即时改善财务状况。

（2）向根据下面的第5条设立的技术委员会分派其认为适当的部分委员会职责和权力。

技术委员会

5.（人员构成）须设立一个技术委员会,其人员构成如下:
(1) 初级学监或其正式指定的代理人任主席;
(2) 十二名学校学生代表,委员会每年提名的十二个社团各任命一名;
(3) 社团委员会中的第(7)类成员;
(4) 依职权成为成员的剑桥大学学生会服务主任和研究生会主席。

上述第(2)和第(4)类成员须于复活节学期中任命,自任命后的10月1日起任职一年。

6.（职责）技术委员会的职责有:
(1) 每学期至少举行一次会议;
(2) 考虑各社团的财务援助申请,向各社团拨款,金额不超过委员会确定的限额。但如教务长认为某项申请对学校有重要的法律或财务意义,则须经校务理事会批准后才能拨付此项援助;
(3) 每年向委员会递交一份审计过的委员会要求设立的所有账目的拷贝。

体育委员会

1.（人员构成）体育委员会由下列人员组成:
(1) 校长或其正式指定的代理人任主席;
(2) 五名校务理事会任命的评议会成员;
(3) 一名由校务理事会财务委员会提名,校务理事会任命的财务委员会成员;
(4) 学校联合俱乐部高级财务主管委员会主席或其任命的代理人;
(5) 体育部主任;
(6) 两名由委员会增选出的学校体育俱乐部高级财务主管;
(7) 不超过两名由委员会增选出的其他人员;
(8) 一名由各独立学院代表特别会议任命的学生代表,其中各独立学院代表的任命程序由各独立学院自主确定;
(9) 六名学生代表,其中四名由蓝色委员会任命,另外两名由女子蓝色委员会任命。

2. 上述第(2)、(3)类成员须于米迦勒学期中任命,自任命后的1月1日起任职四年。增选成员任期至被增选年或次年的12月31日,具体任期由委员会在增选时确定。第(8)、(9)类成员须于米迦勒学期中任命,任期为当前学年的剩余时间。

3.（会议）体育委员会每学年至少应举行一次会议。

4. 体育部主任应出任委员会书记。

5. 委员会应就学校内体育运动的政策、设施和组织向校务理事会和学校提出建议。委员会应确保学校各体育俱乐部能满足学校体育运动方面的需求。为此,委员会应对其批准的俱乐部及出现在据本条例第 7(3) 条所设名单上的俱乐部进行总体控制和监督。

6.（体育设施管理）委员会有义务全面管理体育中心、芬纳板球网球场、威尔伯福斯路运动场及校董会实时指派的其他体育运动和休闲场所、设施和服务。委员会应为这些场所、设施和服务制定规则；安排其认为适当的日常管理；设立其认为有助于有效管理的芬纳委员会和其他委员会或子委员会；对指派给委员会的员工工作进行总体监督；向校务理事会建议所需人员数量；做年度评估并将其提交给理事会。

7. 体育委员会有如下权利：

（1）检查中央田径运动委员会账目；

（2）批准学校各体育俱乐部的目标、章程和规则；

（3）设立一份授权体育俱乐部名单,并将任何委员会认为能满足学校体育运动方面现行需求的体育俱乐部添加到该名单中,剔除其认为不合格的；

（4）当委员会所做的某件事影响到了任何体育俱乐部的利益,鼓励该俱乐部的人员通过出席委员会会议或其他方式做出抗议。

8. 委员会应向校务理事会提交年度报告及校务理事会要求的其他报告。

9. 章程 K 第 20 条关于保留事务的规定也适用于体育委员会,在这一点上将其视同依章程设立的机构。

10. 须设立体育部主任和助理主任的校级职位和一定数量的体育部职员职位,具体数量由校务理事会实时确定。

11. 根据委员会的一般规定,体育部主任应为上述第 6 条中所述场所、设施和服务的专门和行政负责人。根据委员会和芬纳委员会的职权,体育部主任应负责所述场所、设施和服务的日常管理。

12. 体育部主任、体育部助理主任和体育部职员学校职位的任命和连任由任命委员会做出。教务长或其正式指定的代理人出任该委员会书记。任命委员会人员构成如下：

（1）校长或其正式指定的代理人任主席；

（2）体育委员会主席；

（3）两名由校务理事会任命的摄政院成员；

（4）两名由委员会任命的摄政院成员；

（5）若任命或连任是针对体育部助理主任或体育部职员的,还应包括体育部主任。

上述第（3）、（4）类成员须于米迦勒学期中任命,自任命后的 1 月 1 日起任职两年。

13. 任命委员会所做的任命或连任须经过委员会至少四名成员的投票（在会议上亲自做出）同意。章程 D 第十一章第 5 条也适用于此任命委员会。在这一点上将其视同一个系任命委员会。

14.（芬纳委员会）须设立一个对体育委员会负责的芬纳委员会,其人员构成如下：

（1）一名体育委员会任命的委员会成员，任芬纳委员会主席；

（2）三名评议会成员，他们由体育委员会根据下列机构的提名任命的：剑桥大学板球俱乐部、剑桥大学草地网球俱乐部和剑桥大学板球与田径有限公司，每个机构提名一名；

（3）体育部主任。

上述第（1）、（2）类成员须于米迦勒学期中任命，自任命后的 1 月 1 日起任职四年。体育部主任应出任委员会书记。

15. 关于芬纳板球网球场，芬纳委员会负有如下职责：

（1）向委员会就场地管理提出建议；

（2）对场地的管理和维护、职员的工作实施总体监管；

（3）管理可得资金；

（4）做年度评估并将其提交给体育委员会；

（5）向体育委员会提交年度报告。

学校剧场委员会

1.（人员构成）须设立一个学校剧场委员会，其人员构成如下：

（1）校长或其正式指定的代理人任主席；

（2）两名校务理事会任命的大英剧院理事；

（3）一名校务理事会任命的评议会成员；

（4）一名校务理事会根据校务理事会财务委员会提名任命的财务委员会成员；

（5）一名社团委员会任命的人员；

（6）一名英文学部委员会任命的人员；

（7）大英剧院现任主席和高级财务主管；

（8）一名大英剧院委员会任命的业余剧社成员，其应在大英剧院剧场中担任技术职务；

（9）一名由社团委员会任命的技术委员会成员；

（10）一名由剑桥艺术剧院信托任命的人员；

（11）依职权成为成员的执行委员会主席；

（12）不超过两名由剧院委员会增选出的人员，可包括学生代表，其中一名须为特别选出来作为音乐和戏剧利益代表。

第（2）、（3）、（4）、（5）、（6）和（10）类成员须于米迦勒学期中任命，自任命后的 1 月 1 日起任职四年。第（8）和（9）类成员任期为被任命学年的余下时间。增选成员任期为被增选学年的余下时间。委员会书记由教务长任命。

2.（职责）学校剧场委员会的主要目标是致力于保证大英剧院剧场作为一个学校剧场供使用和观赏。其主要上演学校及各独立学院戏剧、歌剧、音乐会社团的作品，也放映电影。对于校务理事会或其财务委员会作出的任何指示，学校剧场委员会有义务咨询社团委员会，制定出大英剧院剧场的全面政策，尤其是行政及财务政策。学校剧场委员会应监管剑桥大学内其他的剧场设施，并在每年制定上述政策时将它们考虑在内。每年的米迦勒学期中，委员会应向校务理事会报告大英剧院剧场的事务，尤其应报告所有在此上演的作品并指出哪些是由学校和各独立学院的社团制作的。

3.（执行委员会）须为大英剧院剧场设立一个执行委员会，其人员构成如下：
（1）一名校务理事会根据其财务委员会提名任命的摄政院成员任主席；
（2）一名校务理事会任命的学校职员；
（3）学校剧场委员会的第(3)、(8)和(9)类成员。

主席须于米迦勒学期中任命，自任命后的1月1日起任职四年。书记由教务长任命。

4.（职责）根据校务理事会或其财务委员会作出的所有指示，执行委员会有义务：
（1）每学期至少举行三次会议；
（2）管理大英剧院剧场，制定并公布使用规则和程序；
（3）为每个用户确定出剧场设施可用的时间并确定每个用户适用的合同条款；
（4）建立并审查剧场财务程序，准备和批准年度收支评估，管理剧场资金并于每次会议上接收收入和上座率的报告；
（5）批准除经理以外工作人员的任命并监督其工作；
（6）定期向教务长报告剧场上演的作品及其财务结果，每年向校务理事会财务委员会报告剧场的总体财务状况。

5.（经理）大英剧院剧场经理校级职位的任命与连任由校务理事会根据学校剧场委员会的建议决定。该职位出任人的薪资由校务理事会根据其财务委员会的建议确定。该职位职责由学校剧场委员会决定。

终身学习委员会

1.（人员构成）终身学习委员会由下列人员组成：
（1）一名校务理事会咨询学部总委员会后任命的摄政院成员任主席；
（2）校务理事会、学部总委员会和研究生教育委员会各任命的一名人员；
（3）人文与艺术学部、生物学学部、临床医学学部、人文与社会学学部、物理学学部委员会各任命的一名人员，商业与管理系、教育系、兽药系委员会各任命的一名人员；
（4）继续教育与终身学习部主任，任终身学习委员会的主要专业干事；
（5）继续教育协会和剑桥产业计划管理委员会各选出的一名成员；
（6）不超过四名终身学习委员会增选出的人员。

2. 除了因职权自然入选的成员,终身学习委员会成员自任命后的1月1日起任职两年。第(8)类成员须于米迦勒学期中增选,自被增选后的1月1日起任职一年。

3. (职责)终身学习委员会有向学校报告的权力。其应发挥校务理事会和学部总委员会指定的职能和章程或条例赋予的职能。终身学习委员会应负责就学校内继续教育和终身学习的未来发展向校务理事会和学部总委员会提出建议,无论这种继续教育和终身学习是由各系和部门还是其他机构组织的。委员会还应根据学部总委员会的实时指令,对学校各机构组织的继续教育和终身学习作品质保证或进行总体监管。

4. (年度报告)终身学习委员会应向校务理事会和学部总委员会提交年度报告。

5. (书记)教务长应任命一名学校职员任终身学习委员会的书记。

本科生招生委员会

1. (人员构成)须设立一个本科生招生委员会,其人员构成如下:
(1) 专管教育事务的常务副校长;
(2) 高级导师委员会的书记或一名副书记;
(3) 学院联合招生部主任;
(4) 三名高级导师委员会任命的人员;
(5) 一名招生论坛任命的人员;
(6) 一名会计委员会任命的人员;
(7) 四名摄政院成员,其中三名由校务理事会根据学部总委员会提名任命作为各学院院务委员会的代表,另外一名由校务理事会自己提名并任命;
(8) 剑桥大学学生会的大学入学办公室主任;
(9) 四名由本科招生委员会增选出的人员,但并不强制规定委员会须增选一名或多名人员。

2. (任期)除了第(1)、(2)、(3)、(8)和(9)类成员,本科生招生委员会成员须于米迦勒学期中任命,自任命后任职三年。第(9)类成员任期至被增选年日历年末。

3. 第(1)和(2)类成员应联合主持委员会事务。

4. 本科生招生委员会的职责有:
(1) 审查本科生招生政策和实践,包括与扩大入学和参与机会相关的事务,与这些活动资金相关的事务和学生人数相关事务;向学校或学院联合机构提建议。
(2) 促进学校招生政策的公平性与一致性。

5. (管理小组)本科生招生委员会可设立一个管理小组作为剑桥大学招生办公室,其不一定要包括所有的委员会成员。

6.（限制性条款）委员会无权考核或裁定候选人的入学申请，而且也不能限制各独立学院招生的自由和职责。

7.（保留事务）章程 K 第 20 条有关保留事务的规定也适用于本科生招生委员会，在这一点上将其视同根据章程设立的机构。

发展联合委员会

1.（人员构成）发展联合委员会是一个由校务理事会和各独立学院联合组建的委员会，其人员构成如下：

（1）校长任发展联合委员会主席；

（2）一名校务理事会成员；

（3）三名由校务理事会根据学部总委员会的提名任命的摄政院成员，他们通常须有校级筹资的经验；

（4）两名由各独立学院常务委员会任命的全体寄宿生领导，其中一名任联合委员会的副主席；

（5）四名由各独立学院常务委员会根据其为学院筹资的经验任命的四名人员；

（6）发展与校友事务部主任；

（7）美国剑桥的执行主任。

第（2）和（5）类成员须于米迦勒学期中任命，自任命后的 1 月 1 日起任职三年。教务长、教务主任和学校办公室财务部主任有权参加发展联合委员会的会议。

2.（书记）教务长应指派一名学校职员出任发展联合委员会的书记。

3.（职责）发展联合委员会的职责有：

（1）代表学校和各独立学院审查筹资的总体战略与实践；

（2）促进学校和各独立学院间的有效协作；

（3）审查并建议批准协作筹资活动的预算及工作计划，此处的筹资指由剑桥美国办事处和将来在世界其他地方建立的类似合资机构承担的筹资。

发展研究委员会

1. 发展研究委员会由下列人员组成：

（1）经济学学部委员会主席；

（2）社会人类学系主任；

（3）土地经济学系主任；

（4）考古学与人类学学部委员会、经济学学部委员会和社会学与政治学学部委员会各任命的一名人员；

（5）一名土地经济学学部委员会任命的人员；

（6）两名学部总委员会任命的人员；

（7）发展研究院副主任；

（8）不超过两名委员会增选出的人员。

2. 第（4）到（6）类成员须于米迦勒学期中任命，自任命后的1月1日起任职四年。第（8）类成员任期至增选年次年的12月31日。

3. （主席和书记）委员会应从除第（8）类以外的成员中选出两名成员分别任委员会主席和书记。其任期都不得超过两年，具体任期由委员会在选举时确定。经学部总委员会批准，发展研究委员会可给书记发放工资。

4. （法定人数）七名委员会成员才能构成法定办公人数。

5. （委员会职责）受校务理事会、学部总委员会、各学部委员会和其他相关机构的支配，发展研究委员会有如下职责：

（1）与各学部委员会和其他相关机构磋商以促进学校发展研究院的学习与研究；

（2）协调发展研究院哲学硕士学位（一年课程）的教学；

（3）履行土地经济学学部委员会和土地经济学学部学位管理委员会指派的发展研究院哲学硕士学位（一年课程）候选人入学、指导和考试相关职责；

（4）履行学部总委员会实时分派的其他职责。

6. （评估）发展研究委员会须准备年度评估并将其提交至学部总委员会。

健康与安全执行委员会

1. 健康与安全执行委员会是一个由校务理事会和学部总委员会联合组建的委员会，其人员构成如下：

（1）校长或其正式指定的代理人任主席；

（2）三名校务理事会根据学部总委员会建议任命的摄政院成员，其中一人来自人文与艺术学学部或人文与社会学学部内的机构，一人来自生物学学部、临床医学学部、物理学学部或技术部内的机构；

（3）安全顾问委员会主席；

（4）不超过两名由执行委员会增选出的人员，但并不强制规定执行委员会须增选一名或多名成员。

2. 第（2）类成员须于米迦勒学期中任命，自任命后的1月1日起任职四年。增选出的成员任期至增选当年或次年的12月31日，具体由执行委员会在增选时决定。健康与安全部主任、人力资源部主任和资产管理与建筑服务部主任有权出席执行委员会的会议。执行委员会的书记由教务长任命。

3. （职责）健康与安全执行委员会应：

（1）确保采取必要的措施以执行学校的健康与安全政策；

（2）实时检查学校健康与安全政策的有效性，具体时间间隔由执行委员会确定，但不得超过两年；

（3）确保执行委员会关于健康与安全决定的信息传达至校内人员；

（4）接收健康与安全方面的年度报告；

（5）接收安全顾问委员会和职业健康委员会的定期总结报告，从其他分配给健康与安全的渠道接收信息；

（6）监督并于恰当时候批准学校健康与安全政策的发展。

4．（年度报告）执行委员会须向校务理事会和学部总委员会提交年度报告。

5．执行委员会每年至少应举行一次会议。

凯特勒庭院委员会

1．（人员构成）凯特勒庭院委员会由下列人员组成：

（1）校长或其正式指定的代理人任主席；

（2）五名校务理事会任命的评议会成员，于米迦勒学期中任命，自任命后的1月1日起任职五年。其中两名由费兹威廉博物馆工会提名，一名校务由校务理事会财务委员会提名；

（3）费兹威廉博物馆主任或其代理人；

（4）一名校务理事会任命的学生代表，其任期为任命年度后的下一学年；

（5）不超过四名委员会增选出的成员，其任期至被增选当年或次年的12月31日，具体由委员会在增选时确定。

2．（书记）委员会书记由教务长任命。

3．（法定人数）七名成员才能构成委员会法定人数。但如果会议不在完整学期中举行，则五名成员即可构成法定人数。

4．（音乐子委员会）须设立一个对凯特勒庭院委员会负责的音乐子委员会，其人员构成如下：

（1）一名由凯特勒庭院委员会任命的主席；

（2）一名由东方艺术协会任命的人员；

（3）一名凯特勒庭院委员会任命的学生代表，任期为任命后一学年；

（4）不超过三名子委员会于米迦勒学期中增选出的成员，自增选后的1月1日起任职两年。

5．（音乐子委员会书记）凯特勒庭院委员会书记应兼任音乐子委员会的书记。还须有一个拿酬金的音乐书记，酬金具体数额由凯特勒庭院委员会决定。

6．（名誉管理人）凯特勒庭院委员会可在其第(1)至(4)类和第(8)类成员中任命一人为藏品名誉管理人。

7．须设立一个凯特勒庭院委员会主任的校级职位和一定数量主任助理的校级职位，具体数量由理事会根据凯特勒庭院委员会的建议实时确定。

8．（任命委员会）主任和主任助理职位的任命与连任由任命委员会做出，其人员构成如下：

（1）凯特勒庭院委员会主席任任命委员会主席；

(2) 费兹威廉博物馆主任；

(3) 两名校务理事会任命的人员；

(4) 四名凯特勒庭院委员会任命的人员。

第(3)和(4)类成员须于偶数年的米迦勒学期中任命，任期为接下来的两学年。

9. 主任和主任助理的职责由凯特勒庭院委员会经校务理事会批准后确定。

10. （委员会职责与目标）凯特勒庭院委员会的主要目标是确保凯特勒庭院的藏品不仅对校内成员尤其是学生开放，也以一定方式向社会公众开放，以发展和改进视觉艺术的知识、理解、欣赏和实践并增加其整体普及率。特别地，委员会负有如下职责：

(1) 监督凯特勒庭院画作、青铜器和其他艺术作品藏品的维护与保养，为藏品的参观和出借制定其认为必要的规则，安排展览廊的展览计划，安排其认为可在凯特勒庭院举行的会议和集会；

(2) 管理凯特勒庭院基金和展览会账目；

(3) 对于各种礼物、遗赠或有偿提供的物品，从藏品利益的角度出发，决定是否接受、拒绝还是上报校务理事会作决议；

(4) 随时向校务理事会报告其认为应该咨询校务理事会的问题；

(5) 于每年的米迦勒学期中向校务理事会报告藏品情况、建筑物状态、上一学年的展会、音乐会和举行的其他活动；

(6) 就共同关心的事务实时与费兹威廉博物馆磋商；

(7) 在不损害藏品整体实质的情况下决定出售藏品中的任何物品，并将销售收入用于藏品利益用途。

11. （保留事务）章程 K 第 20 条有关保留事务的规定也适用于凯特勒庭院委员会，在这一点上将其视同根据章程设立的机构。

医学教育委员会

1. （人员构成）医学教育委员会人员构成如下：

(1) 皇家医学教授任委员会主席；

(2) 生物学系内医学与兽医教育处主任；

(3) 临床医学系内医学教育处主任；

(4) 生物科学学院理事会主席；

(5) 生物学学部委员会主席；

(6) 两名高级导师委员会任命的人员；

(7) 一名生物学学部委员会从其第(6)类成员中任命的人员；

(8) 一名临床医学学部委员会任命的人员；

(9) 一名临床医学学部委员会从其第(6)类成员中任命的人员；

(10) 一名临床医学学部委员会任命的人员，该人必须是一名准住院医师。

2.（任命）上述第(6)类成员须于米迦勒学期中任命,自任命后的 1 月 1 日起任职四年。第(7)和(9)类成员应分别在米迦勒学期和四旬斋学期中任命,任期持续至其不再是任命他的委员会的成员。第(10)类成员须在四旬斋学期中任命,自任命日起任职一年。

3.（书记）委员会书记应由各系秘书长任命。

4.（职责）委员会的职责为审查学校的医学教育规定以保证不同科目标准的一致性、医学课程核心要素的完整性和课程中适当创新的引进。委员会应就以下事务向生物学学部委员会和临床医学学部委员会提出建议：

（1）医学院学生教育相关事务,包括招生政策、学生数据统计和考试结果;

（2）进行医学教育所需资源相关事务;

（3）医学课程和相关考试的修改建议。

5.（法定人数）医学教育委员会每学期至少应举行一次会议。只有在至少五名成员出席的情况下,委员会会议才能办公。

6.（报告）医学教育委员会须应学部总委员会要求向其做出相应报告。

7.（保留事务）章程 K 第 20 条有关保留事务的规定也适用于医学教育委员会,在这一点上将其视同根据章程设立的机构。

军事教育委员会

1.（人员构成）应设立一个军事教育委员会,其人员构成如下：

（1）校长或其正式指定的代理人任主席;

（2）四名校务理事会任命的评议会成员;

（3）两名高级导师委员会任命的评议会成员;

（4）国防部海军署、陆军署和空军署各任命的一名人员;

（5）现任军官训练团指挥官,如指挥官缺席则由副官代替;

（6）现任空军中队指挥官,如指挥官缺席则由副官代替;

（7）现任皇家海军部队指挥官,如指挥官缺席则由副官代替;

（8）就业服务工会书记,或书记在工会成员中任命的一名代理人;

（9）两名东安格利亚大学任命的人员,一名安格利亚鲁斯金大学任命的人员,一名艾塞克斯大学任命的人员;

（10）不超过两名委员会增选出的成员,但并无强制规定委员会须增选一名或多名成员。

2.第(2)和(3)类成员须于米迦勒学期中任命,自任命后的 1 月 1 日起任职四年。增选成员任期至被增选年次年日历年末。

3.（书记）军事教育委员会书记由教务长任命。

4.（职责）军事教育委员会的职责有：

（1）鼓励学校与军官训练团、空军中队、皇家海军部队的协作并在其中发挥纽带作用;

(2) 与国防部(海军、陆军、空军)和其他学校的勤务机构保持通信。

5. 军事教育委员会须应校务理事会要求向其做出相应报告。

6. (学校不承担费用)学校不对军官训练团、空军中队、皇家海军部队的维持承担任何财务责任。

自然科学荣誉学位考试管理委员会

根据 2008 年 3 月 19 日第四号提案令修改

1. 须设立一个自然科学荣誉学位考试管理委员会,负责与各学部委员会及其他相关机构就协调自然科学荣誉学位考试的管理进行磋商。

2. (人员构成)管理委员会的人员构成如下:

(1) 两名学部总委员会任命的人员,其中一名由生物学学院院务委员会提名,另一名由物理学学院院务委员会提名;

(2) 十一名学部总委员会任命的人员,其中四名由物理学学院院务委员会与地理学与地球科学学部委员会、数学学部委员会、物理与化学学部委员会磋商后提名,四名由生物学学部委员会提名,一名由历史学与哲学学部委员会提名,一名由计算机科学与技术学部委员会提名,一名由化学工程与生物工会提名;

(3) 目前学年的自然科学荣誉学位考试主考官主席;

(4) 两名由管理委员会从自然科学荣誉学位考试任何部分的学生候选人中任命的学生代表;

(5) 不超过三名委员会增选出的成员,但并无强制规定委员会须增选一名或多名成员。

3. (任命)第(1)和(2)类成员须于米迦勒学期中任命,自任命后的 1 月 1 日起任职三年。第(4)类成员须于米迦勒学期中任命,自任命后的 1 月 1 日起任职一年。第(5)类成员任期至被增选当年或次年的 12 月 31 日,具体由管理委员会在增选时确定。

4. (主席)管理委员会须从其第(1)或(2)类成员中选出一名成员任委员会主席。委员会书记是一个校级职位,须由学部总委员会指定。

5. (会议)管理委员会每学期至少应举行一次会议。

6. (法定人数)八名成员才能构成法定人数。

7. (职责)自然科学荣誉学位考试管理委员会的职责有:

(1) 审查荣誉学位考试各部分学生的所有相关管理;

(2) 监督荣誉学位考试的相关政策和指导,向荣誉学位考试各部分主考官提供相关信息;

(3) 从荣誉学位考试各部分主考官处获取报告,并在适当情况下确保各学部委员会主席和部门领导知道上述报告产生的问题;

(4) 审查荣誉学位考试各部分的规定,就须修改的规定与各学部委员会和相关机构磋商,并在恰当情况下就上述修改意见向学部总委员会或学校作报告;

（5）在咨询各学部委员会和相关机构后制定荣誉学位考试补充规定；

（6）参照学部总委员会希望根据章程 C 第一章第 1(4) 条行使的任何权力，在咨询相关机构后，制定自然科学荣誉学位考试的教学时间表；

（7）对于任何从属于自然科学荣誉学位考试的初级考试，行使根据初级考试规定分配给各学部委员会的权力并履行相应职责；

（8）在学校内发布荣誉学位考试的信息，并在校外各学院和机构中提升荣誉学位考试的知名度和理解度；

（9）向学部总委员会、各学院理事会、各学部委员会和其他荣誉学位考试的相关机构提交年度报告。

8．（保留事务）章程 K 第 20 条有关保留事务的规定也适用于自然科学荣誉学位考试管理委员会，在这一点上将其视同根据章程设立的机构。

临 时 规 定

9．对于 2008 年的米迦勒学期中任命的第（1）类成员，学部总委员会应安排其中一人自 2009 年 1 月 1 日起任职一年，另外一人自 2009 年 1 月 1 日起任职三年。

10．对于 2008 年的米迦勒学期中任命的第（2）类成员，学部总委员会应安排其中三人自 2009 年 1 月 1 日起任职三年，四人自 2009 年 1 月 1 日起任职两年，四人自 2009 年 1 月 1 日起任职三年。

自然科学荣誉学位考试战略委员会
根据 2008 年 3 月 19 日第四号提案解散

俄罗斯与中东研究院剑桥委员会

1．（人员构成）俄罗斯与中东研究院剑桥委员会由下列人员组成：
（1）斯拉夫研究部部长；
（2）两名学部总委员会任命的人员，其中一名由斯拉夫研究部部长提名；
（3）八名摄政院成员，以下学部委员会各任命一名：考古学与人类学系、亚洲与中东研究系、地理学与地球科学系、经济系、历史系、近代和中世纪语言学系、社会学与政治学系，另外一名由图书馆工会任命；
（4）不超过三名委员会增选出的成员，但并无强制规定委员会须增选一名或多名成员。

上述第（2）和（3）类成员须于米迦勒学期中任命，自任命后的 1 月 1 日起任职三年。增选成员任期至被增选年的年末。

2．（主席和书记）委员会每年需从其成员中选出一名主席和一名书记。

3．（职责）委员会职责如下：

(1) 与相关学部委员会协作促进俄罗斯与中东研究院的教学和研究工作;
(2) 与外部机构合作鼓励俄罗斯与中东相关课题的研究;
(3) 管理因上述第(1)和第(2)条职责划拨给委员会的资金;
(4) 履行学部总委员会实时分派的其他职责。

4. (报告)委员会须应学部总委员会要求向其作相应报告。

安全顾问委员会

1. (人员构成)安全顾问委员会的人员构成如下:
(1) 校长或其正式指定的代理人任主席;
(2) 校务理事会任命的一名人员;
(3) 六名学部总委员会任命的评议会成员,下列部门各提名一人:艺术与人文学院理事会、人文与社会学学院理事会、物理学学院理事会、生物学学院理事会、技术学院理事会和临床医学学院理事会;
(4) 一名校务理事会根据其财务委员会提名任命的人员;
(5) 一名大学教师剑桥协会任命的成员;
(6) 一定数量的学校助理,以确保每个校务理事会授予了谈判权力的机构有一名代表。且此类中每个成员有权任命一个代理人替其出席某特定会议;
(7) 两名校务理事会任命的学生代表,其中至少一名须为研究生;
(8) 因职权入选为成员的高级职业保健护士;
(9) 因职权入选为成员的学校生物医学辅助服务部主任;
(10) 因职权入选为成员的资产管理与建筑服务部主任;
(11) 有能力提出安全建议的学校职员;
(12) 不超过三名委员会增选出的成员,但并无强制规定委员会须增选一名或多名成员。

上述第(2)、(3)、(4)、(5)和(6)类成员须于米迦勒学期中任命,自任命后的1月1日起任职四年。第(7)类成员自10月1日起任职一年。第(12)类成员任期至被增选当年或次年的12月31日,具体由管理委员会在增选时确定。对于第(5)和第(6)类成员,如果委员会书记收到了任命该成员的工会终止该任命的书面通知,则应终止其成员资格。委员会书记由教务长任命。(书记)

2. (委员会职责)安全顾问委员会负责就学校内所有安全事务向健康与安全委员会提出建议。

3. (子委员会)安全顾问委员会应设立下列执行子委员会:离子与非离子辐射伤害子委员会、生物安全子委员会、教育与训练(职业安全与健康)子委员会、紧急救助安置子委员会、化学伤害子委员会。安全顾问委员会须确定每个子委员会的职责和权力,并可实时做出修改。安全顾问委员会主席和书记有权出席子委员会的任何会议。

4. (学校辐射防护主管和部门记录)被指派为学校辐射防护主管的学校职员

有权查看各部门有关下列事务的记录：使用的放射性物质种类和数量；处置方法；工作与放射性物质、离子和非离子辐射或激光光线相关的人员名单。

职员幼托委员会

1.（人员构成）职员幼托委员会由下列人员组成：
（1）一名校务理事会任命的人员任委员会主席；
（2）一名学部总委员会任命的人员；
（3）一名地方考试委员会任命的人员；
（4）一名校务理事会任命的具有职员协助事务经验的人员；
（5）一名校务理事会根据其财务委员会提名任命的人员；
（6）一名教务长任命的人员任委员会书记；
（7）不超过两名委员会增选出的成员，但并无强制规定委员会须增选一名或多名成员。

2. 第（1）至（5）类成员须于米迦勒学期中任命，自任命后的1月1日起任职三年。增选的成员任期至被增选当年或次年的12月31日，具体由管理委员会在增选时确定。

3.（职责）职员幼托委员会的职责有：
（1）就学校职员幼托相关的所有事务向校务理事会提出建议；
（2）监督提供给学校职员的学校幼托设施的管理；
（3）管理委员会因上述目标分配到的资金。

学校公用教室委员会

1.（委员会）学校公用教室应由校务理事会的一个委员会来管理，该委员会由下列人员组成：
（1）四名校务理事会任命的人员；
（2）四名摄政院选出的成员。

根据实际情况，成员须于米迦勒学期中任命或选定，自任命后的1月1日起任职四年。

2.（选举）第（2）类成员的选举须通过邮寄选票的方式进行，且应和两年一次的校务理事会成员选举同时举行。选举事务的安排可参照校务理事会成员选举条例的第1和第2条。如果提名人数不超过职位空缺数，则校务理事会应尽量多任命成员。

3.（偶然空缺）如果某职位偶然空缺，则委员会有权增选一名成员在所余任期内填补该职位。须刊发通知来通报被增选人姓名。

兽医教育委员会

1.（人员构成）兽医教育委员会人员构成如下：
(1) 兽医部主任或其任命的代理人任委员会主席；
(2) 生物学系医药和兽医教育部主任；
(3) 兽医学学部委员会书记任委员会书记；
(4) 四名生物学学部委员会任命的人员；
(5) 四名兽医学学部委员会任命的人员；
(6) 一名高级导师委员会任命的人员；
(7) 兽医学学部委员会第(7)类成员。
生物学院书记和生物学学部委员会书记有权参加委员会的会议。

2.（任命）上述第(4)、(5)和(6)类成员须于米迦勒学期中任命，自任命后的1月1日起任职四年。

3.（职责）兽医教育委员会的职责是审查学校兽医教育的规定，目的是确保兽医学学士的临床前和临床课程构成一个连贯的整体、课程中各要素适当平衡、不同科目间的标准一致。委员会应就以下事务向生物学学部委员会和兽医学学部委员会提出建议：
(1) 兽医学生教育相关事务，包括入学政策、学生数据统计和考试结果；
(2) 进行兽医教育所需资源相关事务；
(3) 兽医课程和相关考试的修改提议。
委员会应就任何与临床医学学部委员会相关的兽医教育事务向该委员会提出建议。

4.（法定人数）委员会每学年至少应举行两次会议。在至少五名成员参加会议的情况下才可决定事项。

5.（报告）委员会须应学部总委员会要求向其作相应报告。

6.（保留事务）章程K第20条有关保留事务的规定也适用于兽医教育委员会，在这一点上将其视同根据章程设立的机构。

康河管理员

根据1922年的《康河保护法案》，校务理事会每三年从十三名管理员中任命三名任职。该任命须在米迦勒学期中做出，管理员自任命后的1月1日起任职三年。

剑桥、牛津和南部学校考试理事会

1.（COSSEC的建立）1978年11月剑桥大学与牛津大学在与南部大学联合董事会磋商后签订协议，决定建立并维持一个剑桥、牛津和南部学校考试理事会

（简称COSSEC），该协议后来实时做过修改。根据此协议，剑桥大学应与牛津大学协作并与南部大学联合董事会磋商以促进考试理事会初建时目标的实现。

2.（学校义务）根据协议规定，剑桥大学尤其要负责视具体情况雇佣考试理事会工作人员出任学校职员或助理。只是这些工作人员的工资、奖金、国民保险和其他个人津贴都从根据协议拨给考试理事会使用的资金中偿付。

3.（任命和工作人员职责）须设立考试理事会书记的校级职位和一定数量的助理职员职位，具体数量由考试理事会实时确定。考试理事会书记校级职位的任命和连任由附属于牛津大学七日理事会和剑桥大学校务理事会的董事会确定。在考试委员会征得上述机构同意后确定的某个时间点，书记将被任命或连任，任期不超过五年。书记的职责经牛津大学七日理事会和剑桥大学校务理事会批准后由COSSEC决定。书记任命考试委员会助理职员并界定他们的职责。

联邦大学协会

作为联邦大学协会的普通会员，剑桥大学应该依据职权任命校长为学校代表。

法定寄存藏书代理处

1.（剑桥大学根据协议管理代理处）依据剑桥大学、牛津大学、苏格兰国家图书馆和都柏林三一学院1979年10月26日签订并在后来做出修改的《协定条款》，对于根据2003年《法定寄存藏书法案》共同维持的法定寄存藏书代理处，剑桥大学应代表牛津大学图书馆、剑桥大学图书馆、苏格兰国家图书馆、都柏林三一学院图书馆和威尔士国家图书馆进行管理。

2.（剑桥大学的职责）依据《协定条款》中有关共同制定代理处政策的规定，以及在五个图书馆平摊共有的代理处支出的基础上，剑桥大学应负责雇佣代理处职员、维持代理处账目并做其他所有其认为是代理处管理所必需的和适宜的事情。

3.（关于图书馆馆长）上述第2条中所述职责由剑桥大学图书馆馆长在图书馆工会指示下履行。

4.（代理处职员）代理处雇用的职员不拥有学校职员或学校助理的地位。

海洋生物协会
1904年受资助建立

1.（理事会成员）根据海洋生物协会附则第17条，剑桥大学应成为协会的一个管理者，并且永久拥有每年提名一个协会理事会成员任职一年（自本年年会至下年年会）的权力。

2.（理事会成员任命）海洋生物协会理事会中的剑桥大学代表由剑桥校务理

事会根据生物学学部委员会的提名在四旬斋学期中任命,任期为紧随海洋生物协会年会日后的一年。但学校有权随时更改此项安排。

3. 大学有权提名普利茅斯市的海洋生物实验室协会的一名会员,该权力由生物学学部委员会行使,它可提名一名学校成员,如果学校内没有合适成员申请,可提名其他合适的人选。

医 学 总 会

根据 2008 年 3 月 19 日第一号提案撤销

剑桥大学医院和帕普沃思医院国民健康服务信托基金会、萨福克国民健康服务信托、剑桥郡和彼得堡精神健康合营公司国民健康服务信托

根据 2008 年 3 月 19 日第一号提案修改

这些信托基金是根据 1990 年《国民健康服务和社区医疗法案》建立的,诞生于 1993 年 4 月 1 日或其后。该法案已为 2003 年《健康与社会医疗(社区健康的标准)法案》所取代。根据列表 2 第 3(1)④段的含义,这些基金会对法案负有重要的教学义务。因此,每个信托基金会的一名非执行董事须从学校内任命。

国民健康服务顾问任命委员会

在卫生部运用 1977 年《国民健康服务法案》(1980 年修改为《健康服务法案》)赋予的权力制定的条例中,对于负责国民健康服务人员任命的顾问任命委员会,如有条款要求学校提名其成员,则该提名由钦定医学教授或教授指定的代理人做出。

皇家兽医学院

根据 1948 年的《兽医法》规定由剑桥大学任命的两名皇家兽医学院董事会成员,应由校务理事会任命。其中一名根据兽医学学部委员会提名任命。

退休金计划

一 般 规 定

须制定两项退休金计划,一项是学校退休金计划,在计划特别规定中给出并在计划规则中作详细介绍;一项是针对大学退休金计划的联邦退休金计划,在计划特别规定中给出。

特别规定

学校退休金计划

1. （计划受众）根据计划规则 5 的规定，以下人员有资格享受学校退休金计划：

（1）所有满足下列条件的学校职员（章程排除在外的职位出任人或下述第 2 条中列明的职员除外）：① 在 1975 年 4 月 1 日前当选或被任命者，除非其以前是针对大学的联邦退休金计划中机构的工作人员，且并未选择转入学校退休金计划。② 在 1975 年 4 月 1 日前当选或被任命，且选择转入学校退休金计划。

（2）其他 1975 年 4 月 1 日或其后参加学校教学、研究或管理的人员或群体，校务理事会财务委员会或其前身财务理事会根据学部总委员会在委员会所辖机构人员或群体案例中的建议，批准其享受学校退休金计划的；或者 1975 年 4 月 1 日前经批准并选择转入学校退休金计划的人员或群体。

2. 以下人员通常不得享受学校退休金计划：

（1）章程排除在外的特定职位的出任人；

（2）任何由出版委员会指派为出版社服务的人员；

（3）任何在受任时加入国民健康服务退休金计划或自己选择保留该计划的学校职员；

（4）任何被委以学校职位时已经六十岁或超过六十岁的人员；

（5）特殊职位的出任人，鉴于其职责的实质和范围及职位任期，条例或者有关机构提请的提案决定其薪金不可享受退休金。

3. 计划中由成员自己缴纳的部分将从其薪金中扣除。

4. （计划的修改）无须经某项提案批准，计划可实时修改以与学校退休金计划有限公司实时修改的计划保持一致。

拉森养恤基金

1. 由已故三一学院院长亨利·拉森遗赠给学校的款项形成一项基金——拉森养恤基金，以下简称基金。

2. 基金的资本以剑桥大学名誉校长、各系主任和学者的名义进行投资，具体投资方式由校务理事会财务委员会实时确定。

3. 对于曾在学校或学院参加过工作的成员，若因年纪或疾病丧失行为能力，校务理事会可偶尔或每年从基金中拨付一些补助给该成员。若该成员未能充分履行对其家庭成员的抚养义务就已过世，则该补助应拨付给其妻子和子女。这类补助的申请应递交给校长。

4. 基金账户变动情况应每年在学校账目上公布。

5. 若某年基金收入大于支出，则由校务理事会财务委员会自行决定将该收支盈余滚入下一年收入还是增加基金资本。

6. 所有遗赠或捐赠作基金扩大用途的款项应增加基金资本。

7. 可根据法令对上述规定作出修改，但须始终与拉森先生意愿的规定相符。

大学典仪长

1. （任命）大学典仪长应由校务理事会根据学校雇佣条例任命。

2. （职责）大学典仪长有义务陪同校长出入各种仪式性场合并执行校长的命令。

机会平等政策

（政策声明）在追求学术卓越的同时，剑桥大学还致力于寻求机会平等和实现平等的积极、包容的途径，以支持和鼓励所有代表人数不足的群体，推动形成兼容并包的文化氛围和多样的价值观。

因此，学校致力于制定适当的政策和采取适当的措施。要求对于学生，做到其大学入学、本科和研究生阶段的升学都取决于个人才能和表现。对于员工，做到其是否被学校雇佣和工作升迁都取决于个人才能、各职位工作职责和条件相关标准的应用和各相关机构的要求。

根据章程规定，不得因性别（包括性别重整）、婚姻状况或生育状况、人种、种族或民族血统、肤色、残疾、性取向、宗教信仰或年龄歧视任何入学申请者、求职者、学生或员工。对于学生，满足选拔性入学评选标准要求的能力是主要的考核指标；对员工，完成工作的能力是主要考核标准。

任何人被录取成为学校的学生或雇员后，若其认为在入学、聘用或晋升与升学中因上述原因遭受了学校不平等的待遇，可根据商定的投诉、申诉程序或针对欺凌、骚扰的程序提出申诉，具体视实际情况而定。

（良好实践的界定）学校将采取积极的措施来促进良好的实践。学校将尤其注重：

促进机会平等；
推动不同种族群体间、男女间和残疾人与常人间建立良好关系；
对消除种族歧视、性别歧视和其他机会平等声明中提到的歧视的要求给予应有的关注；
不断对政策进行评估，以确定这些政策如何影响代表人数不足的群体，尤其是少数民族学生和员工、女性、残疾学生和员工；鉴定政策是否有利于达到所有人群机会平等或是否有负面影响；

监测所有学生和员工的招募和绩效评估，特别关注少数民族学生和员工、女性、残疾学生和员工点的员工招募和绩效评估；

通过发展最佳实践、政策和培训的规则，促进形成兼容并包的文化和良好的教学、学习和评估实践；

在任何适当的地方采取积极措施以支持上述政策贯彻和目标的实现；

在员工和学生中广泛宣传此政策、评估政策和监测结果。

（章程规定的义务）学校将通过相关立法来履行章程规定的所有义务，并在适当情况下期望未来根据欧盟指示订立新的法规。指导学校政策的法规有：

《公平工资法》(1979)

《性别歧视法》(1975)

《种族关系法》(1976)

《残障歧视法》(1995)

《特殊教育需求和残疾法》(2001)

《人权法》(1998)

《种族关系法（修订案）》(2000)

《欧盟平等待遇框架指示》(2000年第78号令)

还有，平等机会委员会和种族平等委员会联合发布的《实施规程》和《残疾和年龄多样化实施规程》。这些规程虽不具有法律约束力（虽然其在劳资纠纷裁判署中也可被接受作为论据），但学校也完全遵守。

政策须作适当修改以满足未来立法的要求。

须根据RR(A)A颁布进一步的总体义务指南，以

对消除种族歧视的要求给予应有的关注；

促进机会平等和形成和谐的种族关系。

并根据RR(A)A颁布进一步的具体义务指南，以

评估政策对少数民族学生和员工的影响；

监测对少数民族学生和员工的招募和绩效评估；

安排评估和监测结果的公告。

残疾平等政策

2007年11月7日第五号提案

在追求学术卓越的同时，剑桥大学还致力于寻求机会平等和达到平等的积极和包容的途径，以支持和鼓励所有代表人数不足的群体，推动形成兼容并包的文化氛围和多样的价值观。此承诺由学校的核心价值观支撑，表述于学校的使命宣言中：

思想和言论自由；

不受歧视。

学校因此致力于推动残疾平等，寻求消除残疾歧视和推行章程中新加的有关残疾人的积极义务（2006年12月生效）。为了达到上述目标，学校将：

（1）评估关于残疾人学生和员工的政策的影响；

（2）监测残疾人学生和员工的招募；

（3）安排评估和监测结果的公告。

学校将在各方面工作中履行上述义务，包括：治理、领导和管理；研究和奖学金评定；学生录取、入学和广泛参与；评估和学习进度，包括课程设计和课程讲授在内的教学和学习；支持服务的提供与获取；员工招募、选拔、培训、职业发展和绩效评估；伙伴和社区关系。这些活动直接影响员工和学生的工作和学习。

学校认为其各领域的活动是互相影响、互相依存的。因此，学校所有成员应根据自己的角色和职责共同对上述活动负责，并对上述职责和目标给予应有的关注。作为摄政院和学校的代表，校务理事会和学部总委员会对上述所有活动都负有特殊责任。出任领导职位或其他高级角色者如各机构领导也对上述活动负有特殊责任。

性别平等政策

2007年11月14日第五号提案

在追求学术卓越的同时，剑桥大学还致力于寻求机会平等和达到平等的积极和包容的途径，以支持和鼓励所有代表人数不足的群体，推动形成兼容并包的文化氛围和多样的价值观。此承诺由学校的核心价值观支撑，表述于学校的使命宣言中：

思想和言论自由；

不受歧视。

学校因此致力于推动性别平等，寻求消除性别歧视和推行章程中有关性别的积极义务。为了达到上述目标，学校将对以下需求给予应有的关注：

消除歧视和骚扰；

促进男女间机会平等。

学校将在各方面工作中履行上述义务，包括：治理、领导和管理；研究和奖学金评定；学生录取、入学和广泛参与；评估和学习进度，包括课程设计和课程讲授在内的教学和学习；支持服务的提供与获取；员工招募、选拔、培训、职业发展和绩效评估；伙伴和社区关系。这些活动直接影响员工和学生的工作和学习。

学校认为其各领域的活动是互相影响、互相依存的。因此，学校所有成员应根据自己的角色和职责共同对上述活动负责，并对上述职责和目标给予应有的关注。作为摄政院和学校的代表，校务理事会和学部总委员会对上述所有活动都负有特殊责任。出任领导职位或其他高级角色者如各机构领导也对上述许多活动负有特殊责任。

种族平等政策

机会平等政策表明：在追求学术卓越的同时，剑桥大学还致力于寻求机会平等和实现平等的积极和包容的途径，以支持和鼓励所有代表人数不足的群体，推动形成兼容并包的文化氛围和多样的价值观。此承诺由学校的核心价值观支撑，表述于学校的使命宣言中：

思想和言论自由；

不受歧视。

学校因此致力于推动种族平等，寻求消除种族歧视和促进来自不同种族的人们之间建立良好的关系。为了达到上述目标，学校将：

（1）评估有关少数民族学生和员工的政策的影响；

（2）监测少数民族学生和员工的招募；

（3）安排评估和监测结果的公告。

学校将在各方面工作中履行上述义务，包括：治理、领导和管理；学生录取、入学和参与；评估和学习进度，包括课程设计和课程讲授在内的教学和学习；支持服务的提供与获取；员工招募、选拔、培训、职业发展和绩效评估；行为和纪律；伙伴和社区关系。这些活动直接影响员工和学生的工作和学习。

学校认为其各领域的活动是互相影响、互相依存的。因此，学校所有成员应根据自己的角色和职责共同对上述活动负责，并对上述职责和目标给予应有的关注。作为摄政院和学校的代表，校务理事会和学部总委员会对上述所有活动都负有特殊责任。出任领导职位或其他高级角色者如各机构领导也对上述许多活动负有特殊责任。

大 学 聘 用

弹性工作政策

根据 2008 年 3 月 12 日第四号提案修改
（包括为期三个月以上的弹性工作安排）

引言

1. 此处关于学校员工弹性工作安排的政策，是考虑了学校机会平等的承诺（尤其是择优任命的承诺）后制定的，旨在帮助员工在本职工作外的事业和利益，以及大学合同所要求的职责之间，找到一个平衡点。学校认识到如果赋予员工弹性的工作安排,可帮助其在一段时间缺席后回到工作中去、继续工作或对退休有所适应。

2. 该政策遵守国家立法,包括《部分工时劳工(禁止较为不利的待遇)条例》(2000)、《固定期限雇员(禁止较为不利的待遇)条例》(2002)和《弹性工作安排条例》(2002)。弹性工作人员应与全职员工一样受到珍视和尊重。如果其工作量小于全职工作人员,则其合同工资率应与签订同类合同并从事相同或类似工作的全职员工相同,除非有客观合理的原因。

3. 根据此政策赋予员工的弹性工作安排包含很多种:兼职或期限工作,工作分担,压缩或年度小时,交错时间或弹性工作时间。商定的工作安排一直试图在员工的需要和待完成的工作间找到平衡点,并且对相关机构有利。其中一些安排是长期性的,并在合适的地方履行《弹性工作安排条例》规定的学校义务。其他将是临时性的,以适应工作人员调整其工作安排来平衡工作以外承诺的需要。但是,如果某员工想同时"尝试"学校以外的工作,则不得同意其弹性工作安排申请。另外,如果员工在学校外从事其他有偿工作,则其弹性工作安排的申请将不予考虑。

4. 这一政策也适用于在某些情况下,工作人员希望申请一段有限时期内的弹性工作安排,如:职员或同等职位的停职期和助理员工的家事假;产假或病假后的逐步复职阶段(学习和研究假涵盖在此项政策范围之外的单独安排中)。

5. 这些计划的详细资料在《学术员工、学术有关员工和助理员工指南手册》中给出,该手册可登陆人力资源部网站(www.admin.cam.ac.uk/offices/hr/)查阅。另外,在此网站上还可获得这些计划更详尽的程序信息。任何情况下,临时安排必须兼顾机构及个人的利益,时间也应明确界定。

6. 章程规定的临时假期权利如产假、育婴假、紧急事假、陪产假和领养假涵盖在此项政策范围之外的单独安排中。相关政策、指南和准则的详细资料可从人力资源部网站(www.admin.cam.ac.uk/offices/hr/policy/)上获取。

7. 除了认真考虑所有的弹性工作要求,还应鼓励各机构负责人以及所有负责员工任命的人员对以下事件做常规思考:在审查职位空缺、评估部门或个人的工作量时,如何以部分工时制完成部门内的某些事务或将其以多种方式分解。

适用者

1. 此项政策适用于所有在一段三个月以上的时期内申请弹性工作安排的员工,不论其工龄长短。

2. 对于三个月以下的弹性工作申请,如特别原因或病假的逐步复职,应审查申请人,并由机构领导或同等职权人员依据人力资源部的指导意见予以批准。

校务理事会和学部总委员会公告
学校弹性工作政策

鉴于2007年4月6日根据《工作与家庭法》(2006)赋予了成年监护人依据

《弹性工作（修订）条例》（2006）申请弹性工作安排的新权利，校务理事会和学部总务委员会对学校现有的、适用于所有雇员的更有利的弹性工作政策做出提示（http://www.admin.cam.ac.uk/offices/hr/policy/flexible/policy.html）。

更多关于其他家庭相关假期规定的详细情况，包括陪产假、育婴假和紧急事假可从学校网站（http://www.admin.cam.ac.uk/offices/hr/policy/）上获得。

员工审查和发展计划：评估安排
根据2008年3月12日第四号提案修改

校务理事会和学部总委员会已批准了《员工审查和发展计划》体系，该体系涵盖下面提到的所有员工。人力资源部发布了关于计划的指南，并将通过咨询各机构领导定期审查这些安排的有效性。

1. 计划的目的是提高工作效率，促进职业发展。体系赋予各机构调整自身计划的弹性。

2. 该程序的基本目标如下。该计划涉及讨论如何发展员工的工作和如何消除任何妨碍工作进展的困难和障碍。计划将确保员工清楚地了解自己的责任，并有机会正式、定期（至少每两年一次）地讨论达到组织要求所需的任何帮助。

3. 各机构应在其计划中列明：正在被审查的工作人员提供的预备文件，双方应如何为会议做准备，以及之后如何记录行动计划。计划应涵盖员工审查和发展程序中的关键步骤：计划、讨论和记录，具体步骤将在下面给出（见表1）。计划还应提交给代表主管当局的人力资源部以供审批。

4. 每个机构都应对计划的实施负责。各机构领导应负责协调每轮审查前后的程序。

5. 在认为修改有助于有效实施的情况下，主管当局可对程序做相应修改。

员工审查和发展（SRD）的目的

1987年大学校长委员会和大学教师协会签订协议，随后大学校长委员会、MSF和Unison也签订了协议。学校员工审查和发展计划正是为了合并和拓展协议中设定的目标而设计的。它计划：

创造机会以积极和有建设性的方式审查个体员工的工作及其开展方式；
确保个体对机构的贡献得到认可，批准随后审查期的目标；
提供一种方法以平衡员工的抱负、个人需求和机构及学校的整体目标；
创造机会以讨论当前职位的培训需求和任何未来职业机会的发展；
允许识别并讨论阻碍工作效率的困难或障碍。

在剑桥大学我们希望借助此程序达到以下目标：

创造机会以积极和有建设性的方式对员工工作业绩进行双向审查；
批准关于行动计划的协议；
创造机会以讨论员工当前职位的培训需求和未来职业发展；

允许识别并讨论阻碍工作效率的困难或障碍;
提供一种方法以平衡员工的个人需求、抱负和学校的整体目标。

表1 员工审查和发展程序的步骤

步骤		内容	程序
第一步:准备	(1) 计划 为讨论做准备	对前一阶段秘密审查并计划下一阶段的审查	相关的员工完成一份预备业绩审查审查员通过完成一份类似的员工业绩审查来为讨论做准备。审查员还须规定员工应携带至会议的文件,收集学校或机构目标所需信息
	(2) 议事日程 确定会议议事日程	审查员和被审查员工各自列出其想在会议上讨论的内容	被审查员工识别出自己想和审查员讨论的议题并将其列出来。列表将提交给审查员并由其在上面添加其想提出和影印的名目,然后再将列表返还给被审查员工
第二步:讨论		审查员和被审查员工就审查期员工的工作业绩、培训及发展需求进行讨论并商定未来行动计划	(1) 会议正式框架遵照机构的计划 (2) 建设性地进行双向开放讨论 (3) 商定审查决定的行动并在会后记录
第三步:记录 (后两小步是机构层执行的附加程序)	(1) 结果 记录会议的结果和决议	记录讨论或决议,包括行动计划和培训需求。这些记录应由员工和审查员保密(如机构计划上有规定,还应由机构领导保密)	(1) 这些记录由任何一方完成并由双方审阅和署名。如机构领导不是审查员,还可由机构领导或其任命的代理人署名 (2) 被审查员工和审查员都拿到完整的文件复本 (3) 如果员工同意,员工发展科还应获取一份同意培训和发展结果的个人声明
	(2) 总结 罗列并分析机构总体需求	审查员们一起提炼出单独审查中出现的议题	每个审查员总结出其完成的审查中出现的议题种类并提出解决的办法,然后将其提交给机构领导或其任命的代理人(这份总结必须是匿名的并且不得明确提到或暗示被审查员工的姓名)

（续表）

步骤	内容	程序
（3）机构反应进行机构总结	机构领导确认程序结束并识别出任何需要集中行动的培训需求	领导或指定人员综合所有审查员的总结做出一份机构总结。这份总结将在审查员讨论会上讨论，并全面反馈给员工以告知其总结中出现的议题及采取的应对措施 可通知员工发展科共同的培训需求以便其能在满足该需求过程中提供协助并为学校未来的培训活动制订恰当的计划

助 理 员 工

1.（定义）除非文中另有规定，否则学校雇佣条例中的：
（1）"主管当局"一词：
① 对于学部总委员会所辖机构雇佣的人员或群体是指学部总委员会；
② 对于其他人员或群体是指校务理事会。
（2）"机构"一词是指各系、部门或其他主管当局批准了其雇员适用下面条例的组织。

2.（学校助理的地位）任何学校雇佣的人员，除非其是学校职员或属于这些一般规定附表中列出的人员或群体，应具有学校助理的地位。在与学校和助理联合委员会磋商后，校务理事会有权对附表中排除在学校助理地位之外的群体作修改。

3. 在与学校和助理联合委员会磋商后，校务理事会应实时公布约束学校助理雇佣条款和条件的规章。

4. 根据上述第3条发布的学校助理雇佣条款和条件由校务理事会与学部总委员会磋商管理。排除在学校助理地位以外的人员的雇佣条款和条件由监管其受雇机构的当局决定。

5.（设定）主管当局在咨询相关机构领导后，应为每个雇佣学校助理的机构中每一类设定一个学校助理可雇佣最大限额，该分类在根据条例3(2)发布的列表中列明。主管当局还有权规定存续期、修改或上述设定的管理等条款。

6.（任命）在根据上述第5条所做设定范围内，任何关于任命学校助理的提案应由相关机构的领导提出。每项任命，还有相关机构领导提议的该任命的条款和条件，应遵守根据上述第3条发布的规章和列表的规定，并且需要主管当局的审批。每个将被任命为学校助理的人员应收到一份关于经审批的雇佣条款和条件的书面通知。未经主管当局审批或关于审批过的条款和条件的书面通知没有下发至被任命人员，该项任命不能生效。

7. （培训计划）校务理事会在与学部总委员会磋商后有权安排或批准针对学校助理的培训计划或课程。校务理事会在咨询机构领导后可决定助理脱产培训的条件。主管当局将负担助理培训支出的部分或全部。

8. （学校住房）如果助理需要入住学校住房，则其入住应遵守学校住房条例的规定及咨询主管当局后订立的条款和条件。

排除在学校助理地位以外的群体列表

（1）学校职员；
（2）部门指导者；
（3）领取非退休金报酬的人员，他们履行与教学、展示或考试相关的临时职责；
（4）以不适用于学校助理的条款和条件参加研究工作并担任临时领取或不领取养恤金职务的人员；
（5）在出版委员会供职的人员；
（6）供职于物业管理和建筑服务部门并在进行专业培训时担任不领取养恤金职务的人员；
（7）除了学校职员以外，供职于学校农场的人员，不管其是农业工人、办事员、秘书或技术工人；
（8）在马丁赖地产当建筑工人的人员；
（9）除了学校职员外，供职于地方考试委员会的人员；
（10）法定藏书代理处的工作人员；
（11）大英剧院剧场的工作人员；
（12）大学中心的工作人员；
（13）以不适用于学校助理的条款和条件参加行政或技术工作并担任临时领取或不领取养恤金职务的人员，在咨询助理员工委员会后可将其纳入此分类中；
（14）任何担任职业护士职位以协助职业顾问医师的人员。

缴纳养老金计划

根据 2008 年 8 月 6 日第二号提案修改

1. （导言）根据 1923 年《牛津和剑桥法》的效力，设立了（也应设立）一个名为缴纳养老金计划的基金。其目的是依据计划的规则，为助理以及剑桥大学或联合雇主雇佣的其他人员，即计划的成员提供养老金、补助金和津贴。

2. （托管人）计划的受托人应为剑桥大学养老金信托有限公司，其依据计划的规则任命一个管理委员会来行使职能。计划的受托人还应以信托形式持有基金，以便按照计划的规定加以运用。

3.（计划受众）根据计划规则 43（关于资格和准入）的规定，下列人员只要其与学校或其他雇主签订的雇佣合同期限不低于一年，即有资格参加缴纳养老金计划：

(1) 所有学校助理；

(2) 其他没有资格参加学校退休金计划的学校雇员；

(3) 任何雇主的永久雇员。

4. 应由计划成员缴纳的部分将从其工资中扣除。

5.（计划变更）根据规则 5（修改）和规则附表 2（外包）中的限制性规定，无须经提案批准，计划可实时变更，以通过养老金计划办公室和税务局国民保险缴纳办公室或任一继任机构的审批。此类变更应刊登在《剑桥大学通讯》上。

费　用

一　般　条　例

1.（学位）除了费用包含在学费中的学位，每种学位的费用在特别学位条例中具体说明。

2. 通过联合培养方式授予学位的费用为 5 英镑。

3.（考试）不包含于学费中的任何考试费用都在特别考试条例中具体说明。未被录取的学生如在入住学校以前参加学校的任何考试，每科考试应缴纳 3 英镑的费用。

4.（罚款）如某候选人获得了考试或参赛资格，但是其在奖助金、一等奖学金、二等奖学金、奖励或奖章登记时迟到，则应对其处以 5 英镑的罚款。

5.（费用与罚款的缴纳）教务长应通知各独立学院依据这些条例其成员应缴纳的费用或罚款。如果考生不是以独立学院名义入围的，则其应亲自将应缴纳的费用以个人名义交给教务长。如应缴费用或罚款未缴纳，不得允许其参加考试。

6.（费用与罚款的免除）如果考生入围某项考试，且在确定的登记截止日期前教务长未收到退出申请，则考生必须缴纳应缴的费用、罚款或其他合理的费用。然而，校务理事会可免除条件困难的考生部分或全部的考试、竞赛或学位费用。上述免除的申请应尽快提交至教务长处，不得延误。因病提出申请，应同时提交一份执业医生署名的证明。

7.（缴纳）除非任何特别条例中另行规定，所有根据条例应缴的费用应交给财务主任。

大 学 学 费

根据 2007 年 10 月 10 日第一号提案、12 月 5 日第一号提案和 2008 年 3 月 12 日第一、第二号提案、6 月 18 日第一号提案、8 月 6 日第一号提案修改

1.（大学学费缴纳义务）除了一般条例中对研究生入学另行规定，若一个录取的学生学习以下条例中的证书课程，或者某研究生并未登记参加任何证书课程的学习，他们都应该缴纳学费。费率将在第 10 条中列明。

（1）修以下课程的学生每年应缴纳一次课程费用：

工商管理硕士考试课程。

教育学硕士学位考试课程。

（2）其他学生：

① 如某学期内在校内居住，应缴纳该学期的费用。

② 如某学期内在校内居住或在学校内参加了 21 天以上的课程学习，应缴纳该学期费用。

③ 缴纳校务理事会认定为一个居住期的费用。

2. 除了上述第 1 条的要求，被录取的学生如果参加了下列考试或证书中的一项课程，应按适当费率缴纳学费。具体费率依据其不在校内居住的一个或多个学期确定。该学期也是课程安排的一部分。

亚洲和中东研究荣誉学位考试

化学工程荣誉学位考试

教育学荣誉学位考试

工程学荣誉学位考试

制造工程荣誉学位考试

数学荣誉学位考试

近代和中世纪语言学荣誉学位考试

自然科学荣誉学位考试

东方学荣誉学位考试

教育学研究生证书

医学士学位终极医学士考试（如果学生是在剑桥大学内进行临床研究的）

牧职神学学士

工程学博士

3.（费用涵盖范围）根据上述条例缴纳学费的学生有资格不为以下活动缴纳任何附加费用：

（1）旁听学校内任何课程，但除非经过学部总委员会特批，不能旁听以下仅对参加课程考试的考生开放的课程：

① 班级活动或实践指导课程；

② 任何通知作特别限制的其他课程；

如果学生想旁听一节某科目的指导课程但又不想参加后面的科目考试，则优先满足主修此科目的学生后如有空位才可准许其旁听；

(2) 参加学校任何考试或重考，除非特别考试条例另行规定；

(3) 考核合格后取得文学硕士的学位。

4. （额外费用）除了缴纳学校学费，学生还应义务缴纳：

(1) 其触犯法令受到的罚款；

(2) 学部委员会或系主任因抵偿损坏成本、出借设备损失或非正常材料供应成本而收取的押金或费用。

5. （其他学生）如果依上述规定中的第 1 条或第 2 条，某学校成员没有义务缴纳学费，且其他条例中也未对其做出任何规定，但学部总委员会批准其旁听某指导课程，则其应为某时期或年度缴纳一定数额的费用。具体数额由总务委员会实时确定。但学校的毕业生，即使不是为了参加学校考试，也可免费旁听某些课程。学部委员会经学部总委员会批准，在《剑桥大学通讯》上将这些课程宣布为可供该人员旁听的课程。

6. 哲学博士、工程学博士、文科硕士、法律硕士、理科硕士、文学硕士、音乐学士、文学士学位的候选人，如果从未缴纳过上述条例或大学学费其他条例中规定的大学学费，应为每个学位缴纳 5 英镑的许可费用。

7. （校务理事会权力）校务理事会有权：

(1) 在不确定情况下决定一个学生应缴的恰当费用，研究生除外；

(2) 减免境况困难学生的费用，任何学生不得以"未使用学校提供的任何设施"为由获得任何学期学费的部分减免。

8. （研究生教育委员会权力）研究生教育委员会有权：

(1) 在不确定情况下决定一个研究生应缴的恰当费用；

(2) 根据研究生入学一般规定减免学生费用。

9. （定义）这些条例的附录中将对国外学生给出定义，该种类以外的学生即为国内学生。

10. 根据第 11 条和第 12 条的规定，应按照规章附表中的费率，区分国内和国外学生以及其所学科目缴纳大学学费。费率将在这些条例的附表中列明。学生如不满其学费分类，可依据学生投诉程序进行投诉。为了程序顺利进行，认为投诉的事件是在学习过程一开始就发生的。

11. 研究生教育委员会有权根据学生学习过程中所需设施更改某特定研究生的分类。

12. 对列表中 A 至 C 类中于 2006 年 8 月 1 日或之后开始课程学习的学生，所收取的学费应由国务大臣依照高等教育平等入学办公室主任授权，确定为《2004 年高等教育法》第 3 部分中的较高金额，未计该法案中的基础金额。列表中 N 类学生的费率应为 A 类的一半或国务大臣为此类确定的其他数额。此规定于 2006 年 8 月 1 日生效。

分类		每年（英镑）	米迦勒学期（英镑）	四旬斋学期（英镑）	复活节学期（英镑）
国内及除海峡群岛和马恩岛*以外欧盟本科生					
连续学习的学生					
A	第1组	1255	419	418	418
B	第2组	1255	419	418	418
C	第3组	1255	419**	418	418
N	法律、近代和中世纪语言学和东方研究荣誉学位考试国外时期	625	209	208	208
2006—2007年度或其后开始课程的学生					
A	第1组	3145	1049	1048	1048
B	第2组	3145	1049	1048	1048
C	第3组	3145	1049	1048	1048
N	亚洲与中东研究、法律、近代和中世纪语言学和东方研究荣誉学位考试国外时期	1570	524	523	523
海峡群岛和马恩岛本科生					
连续学习的学生					
U	第1组	5241	1747	1747	1747
V	第2(a)组	6814	2272	2271	2271
W	第2(b)组	8910	2970	2970	2970
X	第3组	20965	6989	6988	6988
Y	法律、近代和中世纪语言学和东方研究荣誉学位考试国外时期	2622	874	874	874
2006—2007年度或其后开始课程的学生					
U	第1组	6490	2164	2163	2163
V	第2(a)组	8174	2725	2725	2724
W	第2(b)组	10419	3473	3473	3473
X	第3组	23332	7778	7777	7777
Y	亚洲与中东研究、法律、近代和中世纪语言学和东方研究荣誉学位考试国外时期	3245	1082	1082	1081
国内和欧盟学生					
D	第1至3组	3300	1100	1100	1100
D+	第1至3组提高（2009—2010）	4389	1463	1463	1463
PA	第4A组	7191	2397	2397	2397
PB	第4B组	12219	4073	4073	4073

(续表)

分类		每年（英镑）	米迦勒学期（英镑）	四旬斋学期（英镑）	复活节学期（英镑）
国外学生					
2008—2009					
E	第1组	9327	3109	3109	3109
F	第2组	12219	4073	4073	4073
G	第3组	22614	7538	7538	7538
S	第4组	12774	4258	4258	4258
2009—2010					
E	第1组	9747	3249	3249	3249
E+	第1组提高	10746	3582	3582	3582
F	第2组	127568	4256	4256	4256
G	第3组	23631	7877	7877	7877
S	第4组	13350	4450	4450	4450
工商管理硕士[†]、金融学硕士[‡]					
H	一学期课程	11300			
I	两学期课程	20500			
J	三学期课程	30500			
K	开放式课程				
教育学硕士					
L	国内和欧盟	1650	550	550	550
M	国外	4665	1555	1555	1555

*,**,†,‡：第1、2、3组定义如下：第3组包括临床教学课程，第2组包括需要大量实验室或车间实践的课程，第1组包括所有未归入第2、3、4组的课程。在海峡群岛和马恩岛的学生案例中第2组又做了子分类：第2(b)组包括科学、工程和技术课程；第2(a)组包括需要大量高成本实践的课程。第4组包括需要支付更高费用的哲学硕士课程。如果在超过两年的时间内选修哲学硕士课程，则每学期应付的费用为上面所列的一半。

清 单

根据 2007 年 12 月 5 日第一号提案、2008 年 3 月 12 日第二、第三号提案和 8 月 6 日第一号提案修改

	国内学生		国外学生
	海峡群岛和马恩岛学生	其他国内和欧盟学生	
证书	分类	分类	分类
文科学士学位			
下列荣誉学位、初级或普通考试的课程			
盎格鲁-撒克逊语、挪威语和凯尔特语	U	A	E
考古学与人类学	U	A	E
建筑学	V	B	F
剑桥大学内亚洲与中东研究	U	A	E
国外亚洲与中东研究	Y	N	N
化学工程	W	B	F
古典学	U	A	E
计算机科学	W	B	F
经济学	U	A	E
教育学	U	A	E
教育学研究	U	A	E
工程学	W	B	F
英语	U	A	E
地理	V	B	F
历史	U	A	E
艺术史	U	A	E
土地经济学	U	A	E
剑桥大学内法律	U	A	E
国外法律	Y	N	N
语言学	U	A	E
管理学研究	W	B	F
制造工程学	W	B	F
数学	U	A	E
医学和兽医学(包括二级医学士考试和兽医学士考试)	W	B	F
剑桥大学内近代和中世纪语言学	U	A	E
国外近代和中世纪语言学	Y	N	N
音乐学	V	B	F
自然科学	W	B	F
剑桥大学内东方研究	U	A	E
国外东方研究	Y	N	N

（续表）

证书	国内学生		国外学生
	海峡群岛和马恩岛学生	其他国内和欧盟学生	
	分类	分类	分类
哲学	U	A	E
社会和政治科学（政治学、心理学、社会学）	U	A	E
神学与宗教研究	U	A	E
神学士学位	U	A	E
医学士学位	X	C	G
音乐学士学位	V	B	F
兽医学士学位	X	C	G
下列文凭			
架上绘画保存	D	D	F
经济学	D	D	E
国际法	D	D	E
法律研究	D	D	E
管理学研究	D	D	F
现代语言	U	A	E
神学与宗教研究	D	D	E
下列文凭（2009年10月1日生效）			
经济学	D+	D+	E+
国际法	D+	D+	E+
法律研究	D+	D+	E+
高等数学研究证书	V	A	E
语言人文电算学证书	W	B	F
现代语言学证书	U	A	E
下列研究生学习证书			
盎格鲁-撒克逊语、挪威语和凯尔特语	D	D	E
化学工程学	D	D	F
经济学	D	D	E
工程学	D	D	F
英语	D	D	E
历史	D	D	E
国际关系	D	D	E
法律研究	D	D	E
自然科学	D	D	F
神学与宗教研究	D	D	E
教育学研究生证书	V	B	F
法律硕士学位	D	D	E
法律硕士学位（2009年10月1日生效）	D+	D+	E+
工程硕士学位	W	B	F

(续表)

证书	国内学生		国外学生
	海峡群岛和马恩岛学生	其他国内和欧盟学生	
	分类	分类	分类
哲学硕士学位			
下列考试的课程			
高级化学工程学	D	D	F
美国文学	D	D	E
盎格鲁-撒克逊语、挪威语和凯尔特语	D	D	E
应用生物人类学	D	D	F
考古文物和博物馆学	D	D	E
考古研究	D	D	E
考古科学	D	D	F
建筑学	D	D	E
亚洲与中东研究	D	D	E
生物人类学	D	D	F
生物科学	D	D	F
生物科学企业	D	D	F
生物技术	D	D	F
化学	D	D	F
中国研究	D	D	E
古典学	D	D	E
计算生物学	D	D	F
计算机语音、代码和互联网技术	D	D	F
自然科学材料保护	D	D	F
犯罪学研究	D	D	E
犯罪学	D	D	E
发展研究	D	D	E
发展生物学	D	D	F
早期近代历史	D	D	E
地球科学	D	D	F
经济与社会历史学	D	D	E
经济学	PA	PA	S
教育学	D	D	E
工程学	D	D	F
可持续发展工程学	D	D	F
英语和语言应用	D	D	E
英语研究	D	D	E
环境、社会和发展	D	D	F
环境设计与建筑学	D	D	F

（续表）

证书	国内学生		国外学生
	海峡群岛和马恩岛学生	其他国内和欧盟学生	
	分类	分类	分类
环境政策	D	D	E
流行病学	D	D	F
民族音乐学	D	D	E
欧洲文学与文化	D	D	E
财政学	PA	PA	F
财政研究	D	D	F
工业与环境中流体流动	D	D	F
地理信息系统和遥感应用	D	D	F
地理研究	D	D	E
历史学研究	D	D	E
历史学、哲学及科学、技术和医学社会学	D	D	E
艺术与建筑学史	D	D	E
人类进化生物学	D	D	F
工业系统、制造和管理	D	D	F
革新、战略和组织	D	D	F
国际关系	D	D	E
土地经济学	D	D	E
土地经济学研究	D	D	E
拉丁美洲研究	D	D	E
语言学	D	D	E
管理学	PB	PB	F
管理学研究	D	D	F
管理科学	D	D	F
医学科学	D	D	F
中世纪文艺复兴时期文学	D	D	E
中世纪史	D	D	E
微型和纳米技术企业	D	D	F
近代欧洲历史	D	D	E
近代社会与全球改革	D	D	E
音乐创作	D	D	E
音乐学	D	D	E
哲学	D	D	E
物理学	D	D	F
计划、增长和再生	D	D	E
极地研究	D	D	E
政治思想和思想史	D	D	E

(续表)

证书	国内学生		国外学生
	海峡群岛和马恩岛学生	其他国内和欧盟学生	
	分类	分类	分类
政治学	D	D	E
公共健康	D	D	F
第四纪科学	D	D	F
不动产财务	D	D	E
俄罗斯研究	D	D	E
银屏媒体与文化	D	D	E
社会与发展心理学	D	D	E
社会人类学分析	D	D	E
社会人类学研究	D	D	E
统计科学	D	D	E
技术政策	PB	PB	F
神学与宗教研究	D	D	E
兽医科学	D	D	F
世界考古学	D	D	E
哲学硕士学位(2009年10月1日生效)			
下列考试的课程			
高级计算机科学	D	D	F
应用生物人类学	D+	D+	F
考古文物和博物馆学	D+	D+	E+
考古研究	D+	D+	E+
考古科学	D+	D+	F
生物人类学科学	D+	D+	F
犯罪学研究	D+	D+	E+
犯罪学	D+	D+	E+
发展研究	D+	D+	E+
早期近代历史	D+	D+	E+
经济与社会历史	D+	D+	E+
教育学	D+	D+	E+
环境政策	D+	D+	E+
环境科学	D	D	F
历史学研究	D+	D+	E+
历史学、哲学及科学、技术和医学社会学	D+	D+	E+
人类进化生物学	D+	D+	F
国际关系	D+	D+	E+
土地经济学	D+	D+	E+
土地经济学研究	D+	D+	E+

(续表)

证书	国内学生		国外学生
	海峡群岛和马恩岛学生	其他国内和欧盟学生	
	分类	分类	分类
拉丁美洲研究	D+	D+	E+
管理科学与执行	D	D	F
中世纪史	D+	D+	E+
近代欧洲历史	D+	D+	E+
现代社会与全球改革	D+	D+	E+
计划、增长和再生	D+	D+	E+
政治思想和思想史	D+	D+	E+
政治学	D+	D+	E+
不动产财务	D+	D+	E+
社会与发展心理学	D+	D+	E+
社会人类学分析	D+	D+	E+
社会人类学研究	D+	D+	E+
世界考古学	D+	D+	E+
工商管理硕士学位			
一学期课程	H	H	H
两学期课程	I	I	I
三学期课程	J	J	J
开放式课程	K	K	K
财务硕士学位	J	J	J
教育学硕士学位	L	L	M
哲学博士、理科硕士和文学硕士学位			
下列课程			
盎格鲁-撒克逊语、挪威语和凯尔特语	D	D	E
考古学	D	D	E
建筑学	D	D	F
生物人类学	D	D	F
化学工程学	D	D	F
古典学	D	D	E
临床医学	D	D	G
计算机科学	D	D	F
犯罪学	D	D	E
经济学	D	D	E
教育学	D	D	E
工程学	D	D	F
英语	D	D	E
地理学	D	D	F

(续表)

证书	国内学生		国外学生
	海峡群岛和马恩岛学生	其他国内和欧盟学生	
	分类	分类	分类
历史学	D	D	E
科学与医学的历史和哲学	D	D	E
艺术史	D	D	E
土地经济学	D	D	E
法律	D	D	E
管理学研究	D	D	F
数学统计学	D	D	E
数学	D	D	E
近代和中世纪语言学	D	D	E
音乐学	D	D	E
自然科学	D	D	F
东方研究	D	D	E
哲学	D	D	E
社会与政治学	D	D	E
社会人类学	D	D	E
神学与宗教研究	D	D	E
兽药学	D	D	G
工程博士学位	D	D	F

研究硕士学位	每年费用(英镑)
下列课程	
应用犯罪学、刑罚学和管理学	
第一年	5950
第二年	5925
应用犯罪学和政策管理	
第一年	6800
第二年	6800
建筑环境跨学科设计	5050
国际关系	7875(国内和欧盟学生)
	11550(国外学生)
犹太教和基督教关系	1950
地方与区域历史	2342
制造	10500
现代主义	2970
社会企业和团体发展	3500(国内和欧盟学生)
	7250(国外学生)

附 录
根据 2008 年 8 月 6 日提案修改

为了学校学费的分类定义国外学生

国外学生是指学校根据教育条例规定,依法向其收取比非国外学生更高费用的学生。非国外学生的分类将实时做出修改。

学位和考试证书及入学考试

1. 教务长应向每位获得学位的人员免费颁发一份学位证书。如果还须颁发一份学位证书、文凭或证书的副本,则教务长应收取 4 英镑的工本费。

2. 教务长也可应要求颁发替代样式的学位证书,将校徽彩色印刷。此类学位证书应收费,具体金额由校务理事会实时确定。

3. 教务长可为下列事件颁发证书以证明其真实性:录取入学、通过任何考试、考生在荣誉学位考试中获某等级成绩、获得学位、考生获得学校奖励。此类证书每份收取 4 英镑工本费。

4. 除了根据考试成绩公布规定第 4 条颁发的证书,教务长还可向相关的考生颁发比第 3 条中所列证书更详尽的证书。攻读了一项学位的人员,或完成了一科带有学校奖励的课程的人员,可免费获取与该项学位或奖励考试相关的证书。如果某人尚未攻读学位或完成一科带有学校奖励的课程想获取一份证书或证书副本,则应向其收取 7 英镑工本费。

支 付 款 项

使用学校报告厅应支付的款项

校务理事会财务委员会有权核准报告厅和学校其他教学用设施的使用费。

支付款项和增值税

所有金额,无论是法令中列明的金额,还是学校根据法令确定的须缴纳增值税的支付金额,都应包含增值税,不再另行收取该项税收费用。

特别许可进入讲座与实验室

1. （研究设备）如果学校某成员或某入学申请者为了商业任务、工业任务或协会利益进行研究，或者其不具有自由公布研究结果的权力，则设备的使用须经过相关系主任和校务理事会一致批准。此种情况下，设备的使用费由学部总委员会批示。

2. （其他机构的老师）除了上述第 1 条中所述情况，和校内某系或学部有合作课题的其他大学、大学独立学院或同等机构的老师，或某人虽既非剑桥大学成员也未被剑桥大学雇佣，但却参与了该课题的研究，系主任或非系编制的学部委员会主席可准许他们学习学部教学课程或参与系实验室的工作。自根据此条例获准参与之日起期限不得超过一年。校务理事会可将此权限延长。学部委员会或系主任可决定每种情形下应向获准加入者收取的费用。

3. （特殊情况）如果某人没有合理的理由成为学校成员，则只有在特殊情况下才可准许他们学习学部教学课程或参与系实验室的工作。校务理事会可批准或驳回此类准许。此类申请应详述特殊情况，递交至教务长处。

4. （登记）非系编制的各学部委员会书记、系主任或负责文凭、证书课程候选人录取工作的机关应于 7 月 20 日前向教务长提交一份材料。材料上列明所有根据上述第 1 至 3 条在本系内接受指导或在实验室工作的人员姓名，按学期分组。教务长应将这些名字写入正式的登记簿中。但校务理事会有权于任何时间无条件地除去登记簿中的任何姓名。

5. （费用）根据上述第 3 条获准学习的教学课程若由实验室工作组成或包含实验室工作，则该人员在获准期限内每学期或假期应缴纳与研究生学费（视具体情况适用国内或国外学生标准）同等金额的费用。某人若根据上述第 3 条获准学习其他课程，应缴纳上述金额 1/3 的费用。

6. 对学校所有成员免费的讲座或系列讲座，即使未宣布其对其他人员也免费，根据上述条例获得批准的人员及主讲人许可参加的人员也可免费参加。

7. 如有特殊原因，校务理事会可减少或取消上述第 5 条中规定的应付费用。

8. 学校成员若被其所属独立学院当局禁止以该学院成员的身份居住于学校内，除非得到另一个学院的批准，在禁止期内未经校务理事会许可，不得进入学校讲座或实验室。

进入讲座与实验室的特别许可

关于条例 3 校务理事会宣布如下规定（1930—1931 年《剑桥大学通讯》，第 394 页）：

（1）申请者应注明其希望听课的所有系或学部的名称；

（2）通常情况下，许可期限不得超过两个学期；

（3）已被学校某独立学院录取但尚未入学的人员可获准在长假内听课，但必须证明其在听课期间会在家居住，或在校居住但遵守学生居住条例和所属独立学院的纪律。

根据条例 4 和 7，校务理事会宣布将准许学校助理旁听指导课程并免除所有费用，只要：

（1）该助理的申请得到系主任的支持，或如果相关的学部不是系编制，得到学部委员会主席的支持；并且

（2）尽管助理想听的指导课程有人数限制，申请仍得到系主任的支持；或如果相关的课程主办学部不是系编制，得到学部委员会主席的支持。

此类许可的申请应递交给教务长。

为了外部机构利益在学校实验室进行研究：通知

根据 1950 年 3 月 18 日第四号提案，校务理事会宣布（1949—1950 年《剑桥大学通讯》，第 1191 页）从 1950 年 10 月 1 日起，校务理事会将不再批准将学校实验室设备用于校外筹资的研究，除非该项安排事先得到校务理事会的批准。一般而言，校务理事会将不会批准此类安排，除非所有的财务细目都是学校财务主管在咨询相关系主任后记录的，包括外部机构因该研究提供给学校教学人员的任何款项。鉴于根据 1949 年 6 月 30 日校务理事会中女王陛下批准的章程所规定的津贴分配，校务理事会进一步通知任何此类款项都须经过学部总委员会的批准。

学部总委员会同意考虑，向与学校和校外机构都订有合同的大学职员支付一份不领取养恤金的酬劳的提议，只要这份酬劳是由相关的系主任提议并在合同中作出规定的。

加盖大学印章的权力

1. 除非经摄政院提案批准，不得在任何文件上加盖学校公章。

2. 下列文件中可加盖学校公章，以执行校务理事会的命令，或者若校务理事会已将下列有关事项授权给财务委员会，则执行财务委员会的命令：

（1）授权学校银行接收学校名下公司持有的股票、股份和证券的分红和利息的文件；

（2）出售动产和不动产及学校名下公司持有的股票、股份和证券必需的文件；

（3）接收学校名下公司购买的动产和不动产及股票、股份和证券必需的文件；

（4）接收作为礼物或遗赠转让给学校的动产和不动产及股票、股份和证券必需的文件；

（5）获取学校名下公司动产和不动产登记，及不记名支票或其他股票、股份和证券记录或登记必需的文件；

（6）根据退休金计划条例制定的保险政策的同意书；

（7）股东会议上投票代理人的任命表格；

（8）教堂委员会因学校资助的圣职相关目的申请贷款的同意书；

（9）租约、许可证和其他与财产相关的文件；

（10）对于学校充当资助人的采邑，批准学校改建其牧师住宅、教堂庭院或教会附属地或执行影响上述不动产的事务的文件；

（11）与学校任何责任机构根据章程或条例批准的合同相关的文件；

（12）赠予契约和空缺圣职提名证明。

3. 校长（或校长依据章程 A 第二章第 7 条指定的副校长）和教务长，或他们根据章程 A 第二章第 7(3)条任命的盖章时在场的代理人，应亲笔签字证实盖章。教务长应记录所有加盖了公章的文件。

第二章 入学、住宿、学位授予、纪律

入　学

1. 如果学期内,教务长收到某人填写完整的入学登记表和入学资格的充分证明,则可认为其在学期一开始就注册入学。

2. 每个入学候选人应在入学登记表上签字,同意以下声明:本人承诺遵守学校章程和条例有关规定,并尊重和服从校长及学校其他职员的决定。

3. 入学资格一旦填妥,应连同必要的入学合格证明一起,由候选人所属独立学院有关部门提交至教务长处。如果候选人不是某独立学院的成员,则由系主任或其他根据学位录取第9条有资格授予候选人学位的人员来提交。如果候选人是除研究生以外的学生,填写完整的入学登记表和入学合格证明,应在划分该生第一个居住期之前送抵教务长处。但教务长也有权在稍后的某日接收材料并对每生处以1英镑的罚款,除非导师能给出校务理事会可接受的迟到理由。

合格入学的人员类别

根据公示修订(2007—2008学年《剑桥大学通讯》,第567页)

除了章程B第一章第1(a)至(d)条规定的人员外,校务理事会还批准下列人员也具有入学资格:

(1) 校务理事会已授予其文学硕士学位的人员;

(2) 经法律系学位委员会许可作为法律硕士学位候选人的人员;

(3) 经某学部委员会、学位委员会或其他相关部门批准作为学校文凭或证书候选人的人员;

(4) 经教育学系主任批准学习教育学研究生证书课程的人员;

(5) 学校或某学院雇佣并持有学校据章程A第3节第7(e)条颁发的任命书的人员;

(6) 经临床医学学部批准作为临床学生学习医学和兽医学学士学位课程的人员;

(7) 剑桥大学神学联合会内某机构的成员,且其在联合会机构中学习的第一年末通过牧师神学资格考试(为了成为神学士学位候选人)的人员。

入学的考试要求

根据2008年4月23日第二号提案修改

1. (计划)对于获准学习的课程,或许可学院认为具有同等效力的其他资格证书中的同类课程,如果某学生达到列表1中设定的要求,则认为该生符合入学的考试要求。在作出每项录取决定时,学院应注意到这些条例关于资格证书的附表(列表2)和学部总委员会实时提出的建议。

2. (例外)如果许可学院认为某候选人不完全符合上述要求,但是学院又认为该候选人适合作为荣誉学位的候选人,则学院可认为该生合格。作出此项决定时,学院应注意到学部总委员会实时提出的建议。

3. 对于学部总委员会的一般性要求或针对任何特殊案例的要求,学院应提供以下信息:入学的考试要求的执行情况或学生报告中根据上述第2条所作的决定。

4. (列表的修改)学部总委员会有权修改这些条例的列表。

列 表 1

入学的考试要求

(从属于学部总委员会根据条例4所作修改)

1. 为了获准入学,候选人应证明自己有广博的教育背景和良好的读写与数学水平。在普通教育证书A等级考试三门课程(或同等课程)中须取得良好成绩。除了下面第2条中所列要求,学校对普通中等教育证书考试中的其他特定课程没有任何正式要求。

2. 通过下列一门或多门课程考试才可取得相应的荣誉学位录取入学资格:

荣誉学位	课程 除非另行规定,否则指普通教育证书A等级考试(或其他同等考试)
古典学	希腊语或拉丁语
计算机科学	数学
经济学	数学
教育学	荣誉学位候选人想专攻的一门课程
工程学	物理和数学(如想取得其中的化学工程学荣誉学位还需加试化学);或者数学和相应的一门工程学科职业证书
英语	英语文学或综合英语语言和文学
数理	数学和(至少中学准高级水平的)高等数学

(续表)

荣誉学位	课程 除非另行规定,否则指普通教育证书A等级考试(或其他同等考试)
医学与兽医学	普通中等教育证书考试——自然科学和数学双奖项或生物学、物理学和数学单奖项 进阶辅助级和A等级——化学和以下三门课程中的任意两门:生物学、物理学和数学,其中至少一门应为A等级
近代和中世纪语言学	荣誉学位要求的两门语言中的至少一门
音乐学	音乐学或相应的一门替代证书,如联合委员会八级理论证书
自然科学	生物学、物理学、化学和数学中任两门

列 表 2

入学的考试要求:符合要求的证书

(从属于学部总委员会根据条例4所做修改)

英国公共考试机构颁发的证书

普通教育证书:A等级(和进阶辅助级)

普通中等教育证书

苏格兰教育证书

威尔士中学毕业会考证书

剑桥大学的大学前考试(Pre-ll)证书

英国公共考试机构颁发的其他同等标准证书(如:国际普通中等教育证书和A等级职业证书)

英国公共考试机构颁发的其他证书(如剑桥大学考试委员会的英语熟练度证书考试)和雅思考试证书

欧盟其他成员国颁发的证书

普通二级毕业考试和奖励,该奖励使持有人有资格进入奖项颁发国的大学(如法国中学毕业会考证书和德国高中资格学历)

欧洲中学毕业会考证书

其他欧洲国家颁发的证书

与上述证书具有同等效力的证书

国际证书

国际中学毕业会考证书

其他国家颁发的证书

录取学院认为实质上等同于上述证书的其他证书(如美国学习能力倾向测验,包括跳级生测验)

附 属 学 生

根据 2008 年 2 月 13 日第一号提案、3 月 12 日第二号提案和 6 月 4 日第一号提案修改

1. 在被剑桥大学录取前已取得或有资格取得另一高等教育机构的学位的人员,有资格在录取时或录取后获准成为附属学生,只须:
   (1) 其在有资格取得学位时已具有该机构不低于三学年的成员资格;
   (2) 学位是由校务理事会因故授予的。

2. 在特殊情况下,校务理事会可批准下列人员成为附属学生:
   (1) 不满足第 1 条要求的某高等教育机构成员或前成员;或
   (2) 继续教育协会管理委员会特别推荐的持有例外证书的成人学生。但该生必须至少学习了四年以上成人教育课程,且其中三年是在大学校外课程班中学习,或三年分别在大学校外课程班和某全日制高等教育机构中学习。

3. 附属学生的申请应由其导师以学生名义递交给教务长,同时还应提供该生的合格证明。这类申请可在学院拟录取该生后任何时间递交,但不得晚于学生第一住校学期末。附属学生的批准在其第一住校学期开始时即生效。

4. 对于获准成为附属学生的人员,应视其已符合入学的考试要求。根据荣誉学位条例和除普通文学士或哲学博士、理科硕士、文学硕士、哲学硕士、工程学硕士和工商管理硕士学位以外的条例,附属学生的第一个实际住校学期应视为其第四个住校学期,第一个实际住校学期以前的三个学期应视为已住校。

5. 在执行荣誉学位考试候选人津贴规章、普通文学士学位考试规章和将某项考试(普通考试除外)纳入普通文学士学位要求的规定时,应考虑附属学生的实际住校学期而非根据第 4 条认定的住校期限。

6. 任何学生不得在第一个实际住校学期后的第六学期后将任何荣誉学位的第二部分作为其第一个荣誉考试。只要此规定一直成立,则(除非下面对某项特定荣誉学位另行规定)附属学生享有以下特权:

盎格鲁-撒克逊语、挪威语和凯尔特语

如果英语学部委员会在特殊情况下允许,附属学生:
(1) 可以在其第一个实际住校学期后的第五学期中取得盎格鲁-撒克逊语、挪威语和凯尔特语荣誉学位第一部分的考试资格。且如果学生取得了荣誉学位就有权利攻读文学士学位,如同其也在另一个荣誉考试中取得了荣誉学位一样。或者
(2) 无论其是否拥有在其第一个实际住校学期后的第二学期中参加考试的进一步权利,可以取得盎格鲁-撒克逊语、挪威语和凯尔特语荣誉学位第二部分的考试资格,如同其事先已在荣誉考试中取得了荣誉学位一样。

考古学与人类学

附属学生即使事先未在荣誉考试中取得荣誉学位,也有权在其第一个实际住校学期后的第二学期中取得考古学与人类学荣誉学位的第二(1)部分的考试资格。

建筑学

如果建筑学与艺术史学部委员会在特殊情况下允许,附属学生可在其第一个实际住校学期后的第二学期中取得建筑学荣誉学位的第一(2)部分的考试资格。

亚洲与中东研究

如果亚洲与中东研究学部委员会在特殊情况下允许,附属学生:

(1)可以在其第一个实际住校学期后的第二学期中取得亚洲与中东研究荣誉学位的第一(2)部分的考试资格。或

(2)可以在其第一个实际住校学期后的第八学期中取得亚洲与中东研究荣誉学位第二部分的考试资格。

化学工程学

如果化学工程学和生物科技学部委员会在特殊情况下允许,附属学生:

(1)即使事先未在荣誉考试中取得荣誉学位,也可以在其第一个实际住校学期后的第二学期中取得化学工程学荣誉学位的第一部分的考试资格。或

(2)无论其是否拥有在其第一个实际住校学期后的第二学期中参加考试的进一步权利,可以取得化学工程学荣誉学位的第二(1)部分的考试资格,如同其先前已取得荣誉学位的第一部分的考试资格一样。

古典学

附属学生:

(1)即使事先未在荣誉考试中取得荣誉学位,也有权利根据第24条在其第一个实际住校学期后的第五学期之后取得古典学荣誉学位的第二部分的考试资格。或

(2)如果古典学学部委员会在特殊情况下允许,即使事先未在荣誉考试中取得荣誉学位,也可以根据第23条在其第一个实际住校学期后的第二学期中取得古典学荣誉学位的第二部分的考试资格。

计算机科学

如果计算机科学与技术学部委员会在特殊情况下允许,附属学生即使事先未在荣誉考试中取得荣誉学位,也可以在其第一个实际住校学期后的第二学期中取得计算机科学荣誉学位的第一(2)部分的考试资格。

经济学

如果经济学学部委员会在特殊情况下允许,附属学生可以在其第一个实际住校学期后的第二学期之后取得经济学荣誉学位的第二(1)部分的考试资格,如同其事先已取得荣誉学位的第一部分的考试资格一样。

教育研究

如果教育学学部委员会在特殊情况下允许,附属学生即使事先未在荣誉考试中取得荣誉学位,也可以在其第一个实际住校学期后的第五学期后取得教育研究荣誉学位第二部分的考试资格。

工程学

如果工程学学部委员会在特殊情况下允许,附属学生:

(1) 即使事先未在荣誉考试中取得荣誉学位,也可以在其第一个实际住校学期后的第二学期中取得工程学荣誉学位第二(1)部分的考试资格。或

(2) 无论其是否拥有在其第一个实际住校学期后的第二学期中参加考试的进一步权利,可以取得工程学荣誉学位第二(2)部分的考试资格,如同其先前已取得荣誉学位第二(1)部分的考试资格一样。

英语

附属学生可以在其第一个实际住校学期后的第二学期中取得英语荣誉学位的第一部分的考试资格,或事先尚未取得英语荣誉学位第一部分的候选人有权根据相应规定取得荣誉学位第二部分的考试资格。如果学生取得了荣誉学位第一或第二部分的考试资格,则其有权利攻读文学士学位,如同其也在另一个荣誉考试中取得了荣誉学位一样。

地理学

如果地球科学与地理学学部委员会在特殊情况下允许,附属学生:

(1) 即使事先未在荣誉考试中取得荣誉学位,也可以在其第一个实际住校学期后的第二学期中取得地理学荣誉学位第一(2)部分的考试资格。或

(2) 无论其是否拥有在其第一个实际住校学期后的第二学期中参加考试的进一步权利,可以取得地理学荣誉学位第二部分的考试资格,如同其事先已在另外一项荣誉考试中取得了荣誉学位一样。

历史学

如果历史学学部委员会在特殊情况下允许,附属学生:

(1) 可以在其第一个实际住校学期后的第五学期中取得历史学荣誉学位第一部分的考试资格。且如果学生取得了荣誉学位就有权利攻读文学士学位,如同其也在另一个荣誉考试中取得了荣誉学位一样。或者

(2) 无论其是否拥有在其第一个实际住校学期后的第二学期中参加考试的进一步权利,可以取得历史学荣誉学位第二部分的考试资格,如同其事先已在荣誉考试中取得了荣誉学位一样。

只是学部委员会在根据(1)或(2)作出许可时,可从荣誉学位任意部分的试卷中抽出一份或多份让学生作答。

艺术史

附属学生有权在其第一个实际住校学期后的第二学期中取得艺术史荣誉学位第二(1)部分的考试资格,在其第一个实际住校学期后的第五学期中取得艺术史荣誉学位第二(2)部分的考试资格,如同其事先已在另一项荣誉考试中取得荣

誉学位一样。

土地经济学

如果土地经济学学部委员会在特殊情况下允许,附属学生:

(1) 即使事先未在荣誉考试中取得荣誉学位,也可以在其第一个实际住校学期后的第二学期中取得土地经济学荣誉学位第一(2)部分的考试资格。或者

(2) 即使事先未在另外一项荣誉考试中取得荣誉学位,也可以在其第一个实际住校学期后的第五学期中取得土地经济学荣誉学位第二部分的考试资格。

法律

如果法律学部委员会在特殊情况下允许,无论是否拥有在其第一个实际住校学期后的第二学期中参加考试的进一步权利,附属学生都可以取得法律荣誉学位第二部分的考试资格,如同其先前已取得荣誉学位第一(2)部分的考试资格一样。

语言学

［附属学生有权在其第一个实际住校学期后的第五学期之后取得语言学荣誉学位,如同其事先已在另外一项荣誉考试中取得荣誉学位一样。］

〈附属学生有权在其第一个实际住校学期后的第二学期中取得语言学荣誉学位第二(1)部分的考试资格,并在其第一个实际住校学期后的第五学期之后取得语言学荣誉学位第二(2)部分的考试资格,如同其事先已在另外一项荣誉考试中取得荣誉学位一样。〉

管理学研究

如果商业与管理学部委员会在特殊情况下允许,无论是否拥有在其第一个实际住校学期后的第二学期中参加考试的进一步权利,附属学生都可以取得管理学研究荣誉学位第二部分的考试资格,如同其事先已在另外一项荣誉考试中取得荣誉学位一样。

数学

附属学生:

(1) 即使事先未在荣誉考试中取得学位,也有权在其第一个实际住校学期后的第二学期中取得数学荣誉学位第二(1)部分的考试资格。或

(2) 如果数学学部委员会在特殊情况下允许,即使事先未在荣誉考试中取得荣誉学位,也可以在其第一个实际住校学期后的第二学期中取得数学荣誉学位第二部分的考试资格。

近代和中世纪语言学

附属学生:

(1) 有权根据第 24 条(4)在其第一个实际住校学期后的第五学期之后取得近代和中世纪语言学荣誉学位第二部分的考试资格。

(2) 如果近代和中世纪语言学部委员会在特殊情况下允许,可根据第 24 条(5)在其第一个实际住校学期后的第二学期中取得近代和中世纪语言学荣誉学位第二部分的考试资格。

音乐学

即使事先未在荣誉考试中取得学位,附属学生也有权在其第一个实际住校学期后的第二学期中取得音乐学荣誉学位第一(2)部分的考试资格。

自然科学

附属学生:

(1) 即使事先未在荣誉考试中获得荣誉学位,也有权在其第一个实际住校学期后的第二学期中取得自然科学荣誉学位第一(2)部分的考试资格。或

(2) 如果学部委员会或与学生意向科目相关的其他同等机构在特殊情况下允许,无论是否拥有在其第一个实际住校学期后的第二学期中参加考试的进一步权利,都可取得自然科学荣誉学位第二部分的考试资格,如同其先前获得荣誉学位第一(2)部分的考试资格一样。

东方研究

附属学生:

(1) 有权在其第一个实际住校学期后的第五学期之后取得东方研究荣誉学位第二部分的考试资格,如同其事先已在另一项荣誉考试中取得荣誉学位一样。

(2) 如果亚洲与中东研究学部委员会在特殊情况下允许:

① 可在其第一个实际住校学期后的第五学期中取得东方研究荣誉学位第一部分的考试资格。且如果学生取得了荣誉学位即有权攻读文学士学位,如同其已在另一项荣誉考试中取得荣誉学位一样。或者

② 即使事先未在荣誉考试中获得荣誉学位,也可在其第一个实际住校学期后的第二学期中取得东方研究荣誉学位第二部分的考试资格。

哲学

附属学生

(1) 有权在其第一个实际住校学期后的第二学期中取得哲学荣誉学位第一(2)部分的考试资格。或

(2) 有权在其第一个实际住校学期后的第二学期或第五学期中取得哲学荣誉学位第二部分的考试资格,如同其事先已在另一项荣誉考试中取得荣誉学位一样。

社会与政治科学(政治学、心理学和社会学)

如果社会与政治科学学部委员会在特殊情况下允许,附属学生可在其第一个实际住校学期后的第二学期中取得社会与政治科学(政治学、心理学和社会学)荣誉学位第二(1)部分的考试资格。

神学与宗教研究

即使事先未在荣誉考试中获得荣誉学位,附属学生也有权根据第24条在其第一个实际住校学期后的第二学期中取得神学与宗教研究荣誉学位第二(1)部分的考试资格,并根据第27条在其第一个实际住校学期后的第五学期中取得神学与宗教研究荣誉学位第二(2)部分的考试资格。

7. 根据上面第 6 条的规定,学生若想获得许可,其导师须于学生第一个住校学期末前向教务长递交申请。然后,教务长应将申请转给相关的学部委员会。学部委员会应将第 6 条中所述职责委派给系学位委员会并告知教务长所有委派的期限。

文科学士资格

1. 若某研究生既不是学校的毕业生,也不拥有文科硕士的资格,则只要其以研究生名义注册,就应具有文科学士资格。

2. 对于不满足上述第 1 条中的条件但满足下列所有条件的人员,校务理事会可授予其文科学士资格:
(1) 持有另一所大学的学位或一项校务理事会认为具有同等效力的证书;
(2) 年满 21 周岁;
(3) 由某独立学院院长或导师推荐,且能证实其已被该独立学院录取。

而且
(1) 如果该人员尚未被录取为学校成员,则此项地位授予后一有计划就应将其录取为学校成员;
(2) 每次授予应注明一个期限,且校务理事会可在任何时候取消此项授予。

3. 文科学士资格享有者:
(1) 对于学校图书馆、博物馆和植物园,与文学士具有同等权利;
(2) 有权穿无穗的文学士礼服但不得戴礼帽。

4. 文科学士资格享有者不能成为任何文学士学位或音乐学学士学位考试的候选人。

文科硕士资格

1. 先前拥有文科学士资格的研究生或其他人员,若年满 24 周岁,只要其不在攻读文科硕士学位,就应拥有文科硕士资格。

2. 对于下列年满 24 周岁且尚未攻读文科硕士或其他更高级学位的人员,校务理事会可授予其文科硕士资格:
(1) 处于任期中的学校职员或根据章程 J 第 7 条特别委任在学校出版社任职的人员;
(2) 在职位任期内的学院院士;
(3) 持有学校根据章程 A 第三章第 7(e)条颁发的委任书并处于任期中的学校雇员;
(4) 现任大学空军中队、大学军官训练团和大学皇家海军部队的指挥官和副官；

（5）持有另一所大学的学位或一项校务理事会认为具有同等效力的证书，并由某独立学院院长或导师推荐，且能证实其已被该学院委以学院职位或录取入学的人员；

（6）另一所大学的研究生，或在学校或校务理事会认定的学校某关联机构中工作的访问学者，且其由某学部委员会主席或系主任推荐为该项资格授予的恰当人选。

而且，

（1）如果该人员尚未被录取为学校成员，则此项地位授予后一有计划就应将其录取为学校成员。

（2）根据细目（5）和（6）作出的每项授予应注明一个期限，且校务理事会可在任何时候取消此项授予。

3．文科硕士资格享有者：

（1）对于校内图书馆（学校图书馆除外）、博物馆和植物园，与文科硕士具有同等权利；

（2）有权穿无穗的文学硕士礼服但不得戴礼帽；

（3）为了根据住宿期划分学期，可为其提供住宿证明；

（4）不受机动车辆条例或自行车和船只条例约束。

4．文科硕士资格享有者不能成为任何文学士学位或音乐学学士学位考试的候选人。

联 合 培 养

1．（条件）对于牛津大学和都柏林大学（三一学院）的研究生，校务理事会可以联合培养方式授予其一项学位，校务理事会认为该项学位等同于上面任一所大学颁发给此人的最高学位。只须此人：

（1）已被录取为学校成员；

（2）已年满24周岁（除非在特殊情况下校务理事会认为破例授予是恰当的）；

（3）在牛津大学或都柏林大学学位须满足的资质上达到校务理事会的要求，包括住校学期、考试通过情况和其他训练的表现；

（4）已被录取担任某学校职位、独立学院领导职位或院士职位（荣誉会员除外），或根据章程 J 第 7 条特别委任在学校出版社任职。

而且，如果此人出任了学校职位、学校出版社职位或某独立学院的院士职位，且在初始任命或选举时任期未定到退休年龄，则其出任一项或多项学校职位、学校出版社职位或学院院士职位的总时间应超过三年，但不一定要是连续的。

2．（申请）任何以联合培养方式取得学位的申请，不管是候选人本人亲自提出的还是他人以候选人名义提出的，都应注明：

(1) 候选人的全名和出生日期；
(2) 已录取或拟录取该候选人的独立学院名称（如果有）；
(3) 候选人出任的学校职位、独立学院领导职位或院士职位；
(4) 相关证据以证明据以提出申请的牛津大学或都柏林大学学位。
且申请应递交至教务长处。

3. （持续期）某人以联合培养方式取得的学位持续期应视为从其获得相应的牛津大学或都柏林大学学位的日期开始。

4. （关于学期的准许）如果某学位的候选人在牛津大学或都柏林大学（三一学院）居住超过一个或多个学期，应获准在剑桥大学内居住不超过上述数量的学期以取得剑桥大学学位。但是根据牛津大学或都柏林大学要求，理事会须确保批准的每学期内候选人在校居住期不少于 60 天。

5. 如果某学生获批上述一个或多个住校学期时还未成为学校成员，则该生的学位持续期应视为从其成为牛津大学或都柏林大学（三一学院）成员的第一学期开学时开始。

学期与长假

1. 米迦勒学期自 10 月 1 日开始，12 月 19 日结束，持续 80 天。四旬斋学期自 1 月 5 日开始，3 月 25 日或闰年的 3 月 24 日结束，持续 80 天。复活节学期自 4 月 10 日开始，6 月 18 日结束，持续 70 天。但如果该年的完整复活节学期在 4 月 22 日或其后开始，则复活节学期应自 4 月 17 日开始，6 月 25 日结束。

2. 完整学期自下文确定的第一天算起应包含整个学期的 3/4。

3. 完整学期的起始日和结束日将在此条例的附表中列出。

4. （在校居住的时间比例）学生每学期在校居住时间应为整个学期的 3/4 以上才能算作其完成了一学期。

5. （第一住校学期）除非法令对特定机构另有规定，须在校居住几学期者根据大学与居住区域条例 2 或 3（视实际情况而定），住校的第一学期应算作此人的第一住校学期，无论其是否完成了一学期，或是否获准完成一学期。

6. （无须通过居住完成的学期的批准）为了取得考试或竞赛资格、学生津贴或奖学金，理事会批准的一段时期应被视为已完成的一学期。

7. 校务理事会也有权批准文凭或证书的应考人住校几个学期，具体的学期数是他们根据章程 B 第三章第 9 条有关学位候选人的规定享有的。

8. 在长假中开设的课程持续时间不得超过 4 周。除非校务理事会根据学部总委员会的建议批准，任何在学校区域内开设的假期课程开课时间不得早于整体授予期后的第二个星期一，结课时间不得晚于一般入学期的第六个星期六。

学年	完整米迦勒学期		完整四旬斋学期		复活节	完整复活节学期		整体授予期 6月 周四/周五/周六
	开始日 10月 周二	结束日 12月 周五	开始日 1月 周二	结束日 3月 周五		开始日 4月 周二	结束日 6月 周五	
2007—2008	2	11月30日	15	14	3月23日	22	13	26/27/28
2008—2009	7	5	13	13	4月12日	21	12	25/26/27
2009—2010	6	4	12	12	4月4日	20	11	24/25/26
2010—2011	5	3	18	18	4月24日	26	17	30/7月1/2
2011—2012	4	2	17	16	4月8日	24	15	28/29/30
2012—2013	2	11月30日	15	15	3月31日	23	14	27/28/29
2013—2014	8	6	14	14	4月20日	22	13	26/27/28
2014—2015	7	5	13	13	4月5日	21	12	25/26/27
2015—2016	6	4	12	11	3月27日	19	10	23/24/25
2016—2017	4	2	17	17	4月16日	25	16	29/30/7月1
2017—2018	3	1	16	16	4月1日	24	15	28/29/30
2018—2019	2	11月30日	15	15	4月21日	23	14	27/28/29
2019—2020	8	6	14	13	4月12日	21	12	25/26/27

公　告

如果申请的许可是针对单个学期的，校务理事会须确保申请人在所申请的学期中尽量实际住校满完整学期。

如果学生在所申请学期内的完整学期开始日之后入住，须在申请中注明原因。

如果再次申请一学期的许可，校务理事会要求提交一份前一许可期的材料副本。若非情况非常特殊，校务理事会将不会再次许可一学期，除非申请人两学期的大部分时间都在校居住。

大学区域与住宿

1.（完成学期的区域界限）大学区域指距圣玛丽大教堂直线距离3英里以内的地区，且包括马丁赖学堂和提案或提案规定的当局实时确定的剑桥大学其他地区，无论该项提案是针对总体还是特定人员或人群的。

2. 攻读法学硕士、工程学硕士、理学硕士、兽医学士、音乐学士、医学士、神学士或医学学士学位（在校内进行其临床研究）课程的人员，若以住校方式来完成学期，应在以下大学区域内：

（1）所属独立学院内或独立学院提供并控制作为宾馆的建筑物；或

（2）玛格丽特波弗特协会、正教研究会、里得雷学堂、卫斯理宿舍、韦斯科特宿舍和威斯敏斯特学院中，被校务理事会在咨询宿舍委员会后实时确定为学生宿舍的地方；或

（3）经所属独立学院批准，大学区域内不属于任何学院的某宿舍。但做出此

项批准前校务理事会须确保独立学院对遵守住宿普通规定有所安排；或

（4）大学区域内的任何医院或疗养院内，剑桥大学医院、帕普沃思医院国民健康服务信托基金会和剑桥郡精神健康合营公司国民健康服务信托基金会等医院内，或如果是攻读医学学士的学生，可住在西萨福克医院内；或

（5）在特殊情况下，由于学生所属独立学院批准的重大原因，住在大学区域外的其他地方。

3. 攻读上述第2条规定以外学位课程的人员、攻读一项不取得学校证书的课程的已注册研究生，或具有文科学士地位的教授，若以住校方式来完成学期，不受上述第2条中规定的地点条款限制，但是也必须在距圣玛丽大教堂直线距离10英里以内的区域内居住。只有在特殊情况下，由于重大原因可获准住在大学区域外的其他地方。如涉及研究生，该重大原因由研究生教育委员会批准；如涉及其他人员，由该生所属独立学院批准。

4. （居住日）居住期应按日计算。对于任何以住校方式完成学期的人员，只有在某天的白天和夜晚的某些时候居住于居所内并遵守所属独立学院权力机构要求的其他住宿规定，才可视其该日在校居住。但学生完成其住校期当日白天的一部分时间即可算作一个居住日。

5. 为了便于计算住校期，规定从上午6点持续至午夜。

6. （住宿证明）学生所属独立学院的院长应亲笔签署住宿证明以供学校查对。

学 位 授 予

学位正式申请书

1. （申请书格式）每份学位正式申请书，即针对不是根据章程B第三章第6或7条颁发的完整学位的每个提案，应符合校务理事会实时规定的格式，并由申请者所属独立学院的院长、讲师或其代理人签字。如果申请人是学校职员但又非任何独立学院成员，则该学位正式申请书应由学部委员会主席、系主任或申请者任职机构领导签字。

2. （提交申请书和学期证明）除非下面另有规定，申请书和学期证明只有在申请次日上午十点以前递交至教务长处，且该日是在拟颁发学位日之前7日内，才可颁发学位。如拟颁发学位日是整体授予期中的某一天，则应在拟颁发日前10日内的申请次日上午十点以前递交至教务长处。

3. 尽管不满足第2条的规定，若教务长及时收到了酌情考虑必需的材料，并且除学位费用还额外收取了1英镑罚款，则也可在任何一次大会上颁发学位。对于正在继续当前学期以满足学位要求，且在前面规定的教务长接收申请书截止日期前不能完成该学期的申请者不得收取罚款。但应于恰当时间将申请书递交给教务长，同时还应提交一份声明书，解释学期证明递交延误的原因。

4.（向摄政院提交提案和学位正式申请书）只有在下列情况下，才可向申请者颁发学位：

（1）摄政院批准了某项提案以授权颁发此学位，并根据摄政院提案和大会条例第 20 条就此项提案发出应有的通知；或

（2）根据上述第 2 条或第 3 条，格式规范的学位正式申请书已提交至教务长处，且以下文规定的方式得到了批准。

任何人若缺席学位颁发仪式，不得授予其学位头衔或完整学位，除非在学位正式申请书中或根据章程 B 第三章第 6 或 7 条颁发学位的申请书中提出了此缺席请求。

5.（学期证明）对于有住校学期要求的学位，只有在申请人所属独立学院院长或院长的代理人向教务长提供所要求的住校学期证明后，才可颁发给申请人。

6. 所有关于学位或荣誉学位的提案在批准日期后有效期不得超过一年。

7. 若学位正式申请书已提交至教务长处，且教务长证明申请人已完成了章程和条例要求的所有学期并有资格在某天取得所申请的学位，则教务长应于约定的学位（颁发该学位的提案尚须在此次大会上审批或提交的除外）颁发大会开始时间一个半小时前将所有符合上述条件的申请者名单张贴在各直属学院走廊内的黑板上。名单张贴后一小时内，若摄政院任何成员以书面方式告知校长其反对向名单中的某申请者颁发学位，则校长应将该申请者从名单中剔除。在大会上，对教务长名单上所列人员的学位授予，应以如下集体公示向校务理事会提出建议：

Supplicant reverentiis vestris viri mulieresque—quorum nomina juxta senaculum in portico proposuit hodie Registrarius nec delevit Procancellarius (or Procancellaria) ut gradum quisque quem rite petivit asseguatur.

今天，姓名由教务长张贴在评议会大楼（Senate-House）旁拱廊的男士和女士（且其姓名未被校长删除的），可获得其所恰当申请的学位。

8. 如果校长收到书面的反对通知后，已根据上述第 7 条将遭到反对者的名字从教务长的名单中剔除，则不得向该人颁发学位，除非根据摄政院提案和大会规章第 20 条公示后，针对此事的提案提交至摄政院并得到了批准。

学位候选人的介绍和批准

9.（候选人的介绍者）根据章程 B 第四章颁发的名誉学位的领受人或完整学位的候选人，如在个人陈述后获准取得学位，应由下面子段落①至⑦中规定的人员予以介绍，介绍的次序将在第 10 至 12 条中作出规定。但是要求：

（1）任何人不得由非评议会成员介绍；

（2）在特殊情况下，校长或者主持会议的其他人员可授权下面子段落中所规定人员的代理人做介绍：

① 名誉学位的领受人应由发言人介绍，该代理人将发言介绍每个领受人。

② 根据章程 B 第三章第 6 条颁发的文学士学位、以联合培养方式颁发的哲

学博士或文学士学位的非独立学院成员候选人,及以联合培养方式颁发的理科博士或文学博士学位的候选人,应由系主任或委员会、工会、学部委员会或监管候选人的其他机构的主席或书记介绍。或候选人如果在某中央行政办公室中出任校级职位,应由教务长介绍。

③ 神学士或神学博士、法学博士、医学博士和音乐学博士学位候选人应分别由神学、法学、医学钦定教授和音乐学教授或他们的代理人介绍。代理人须为与教授同系的博士;对于音乐学博士的候选人,介绍者的代理人须为音乐学学部委员会主席。

④ 理科博士或文学博士学位的候选人(以联合培养方式取得此类学位的候选人除外)应由推荐其申请该学位的学位委员会的主席介绍,或由主席酌情委派的理科或文学博士介绍。

⑤ 医学学士学位的候选人应由医学钦定教授、教授委派的医学博士或外科硕士介绍。

⑥ 兽医学学士学位的候选人应由临床医学系和兽医学学部委员会的主席、主席委派的医学博士、理科博士或兽医学博士介绍。

⑦ 其他学位的候选人由其所属独立学院的讲师介绍。

在任何有争议的情况下,校长决定候选人的介绍者人选。

10. (介绍和颁发的次序)在每次学位授予大会上,各项学位应根据第14条的规定颁发,颁发次序参照仪式资历排序。但是要求:

(1) 每项名誉学位应在所有完整学位之前颁发;

(2) 根据第9条②至⑥款介绍候选人的所有学位应在由学院讲师根据第9条第⑦款介绍候选人的学位前颁发;

(3) (根据章程B第三章第6条颁发的文学士学位)根据章程B第三章第6条颁发的文学士学位或任何以联合培养方式颁发的学位的候选人,应在同样学位相同条例规定的其他候选人之前介绍。

(4) 大会上对第7条规定的集体公示的批准,对于公示提到的每个未作单独介绍的人员来说,该项批准即构成对其所申请学位(学位的头衔除外)的授予。

11. (跨院讲师所作介绍)根据第9条第⑦款被介绍的所有学位候选人,若来自同一独立学院,应由该学院讲师在任何学院讲师单独介绍的任一学位候选人前介绍。单独介绍应稍后按第12条规定的次序进行。但校长有权命令在学位整体授予大会以外的大会上,先依次由每个学院学监介绍所有申请同样学位的候选人,再介绍按仪式资历排序的学位候选人。

12. (各学院次序)除了第15条的规定,各学院的次序应为:国王学院、三一学院、圣约翰学院,然后是章程K第3(a)条所列其他学院按照各自创建时间排序,最后是根据章程H认可的学院按照其认可时间排序。

13. 每年6月第三个星期日之后的星期四、星期五和星期六应为学位整体授予期。但是根据学期与长假第3条,若该年的复活节学期是在4月22日或其后开始的,则整体授予期应为6月第四个星期日之后的星期四、星期五和星期六。整体授予期中的每一天应至少举行一次学位整体授予大会,会议具体时间由校长决定。

14. 以下规定适用于学位整体授予大会:

(1) 未经校长批准,在学位整体授予大会上不得颁发法律硕士、工程学硕士、理科硕士、文学士、音乐学学士、兽医学士或神学士学位以外的任何学位;

(2) 在同一届大会上获取工程学硕士或理科硕士,及文学士学位的候选人应被一次性介绍两项学位。

15. 整体授予期内几次大会每次会议上各独立学院的任务由校务理事会咨询各独立学院后安排。且除非征得相关学院的同意,任务人不得改变第 12 条规定的各独立学院次序。

学位介绍的惯用语

1. 根据条例 2 有关介绍简化形式的规定,跨院(Praelector)[①]讲师或其他介绍学位候选人的人员可使用如下惯用语:

(文学学士等)对于文科学士、医学学士、外科学士、牧师神学学士或兽医学学士学位

Dignissime domine, Domine Procancellarie, et tota Academia, praesento vobis

(for a man) hunc virum, quem scio tam moribus quam doctrina esse idoneum

(for a woman) hanc mulierem, quam scio tam moribus quam doctrina esse idoneam

ad gradum assequendum...; idque tibi fide mea praesto totique Academiae.

至敬的校长以及剑桥大学全体人员,我在此引见这位男士(女士),并认为其品格与学识适于获得某某学位;我以自己的忠诚向您和学校全体人员保证。

(文学硕士等)对于文学硕士、工商管理硕士、教育学硕士、工程学硕士、金融学硕士、法学硕士、文学硕士、自然科学硕士、哲学硕士、〈研究硕士〉、理科硕士、研究硕士或外科学硕士学位

Dignissime domine, Domine Procancellarie, et tota Academia, praesento vobis

(for a man) hunc virum, quem scio tam moribus quam doctrina esse idoneum

(for a woman) hanc mulierem, quam scio tam moribus quam doctrina esse idoneam

ad gradum assequendum...; idque tibi fide mea praesto totique Academiae.

至敬的校长以及剑桥大学全体人员,我在此引见这位男士(女士),并认为其品格与学识适于获得某某学位;我以自己的忠诚向您和学校全体人员保证。

(工程学或理科硕士及文学士)对于工程学或理科硕士学位及文学士学位,

---

① Praelector:指所授课程对象不仅限于某一学院的讲师。——校者注

同时介绍候选人获两项学位

Dignissime domine, Domine Procancellarie, et tota Academia, praesento vobis

(for a man) hunc virum, quem scio tam moribus quam doctrina esse idoneum

(for a woman) hanc mulierem, quam scio tam moribus quam doctrina esse idoneam

ad gradus assequendos Magistri in Ingeniaria (Scientiis Naturalibus) necnon Baccalaurei in Artibus;

idque tibi fide mea praesto totique Academiae.

至敬的校长以及剑桥大学全体人员,我在此引见这位男士(女士),并认为其品格与学识适于获得工程(或自然科学)硕士学位;我以自己的忠诚向您和学校全体人员保证。

(根据章程B第3节第6条颁发的文学硕士)对于根据章程B第3节第6条颁发的文学硕士学位

(for a man) hunc virum, ut, habita officii ad quod admissus est ratione, co-optetur in

ordinem Magistrorum in Artibus.

(for a woman) hanc mulierem, ut habita officii ad quod admissa est ratione, co-optetur in

ordinem Magistrorum in Artibus.

至敬的校长以及剑桥大学全体人员,我在此引见这位男士(女士),鉴于其履行的职责已被认可,其可被选中授予文科硕士学位。

(神学学士、神学博士)对于神学学士或博士学位

Dignissime domine, Domine Procancellarie, et tota Academia, praesento vobis

(for a man) reverendum hunc virum, quem scio tam moribus quam doctrina esse idoneum

(for a woman) reverendam hanc mulierem, quam scio tam moribus quam doctrina esse

idoneam

ad gradum assequendum...; idque tibi fide mea praesto totique Academiae.

至敬的校长以及剑桥大学全体人员,我在此引见这位男士(女士),并认为其品格与学识适于获得某某学位;我以自己的忠诚向您和学校全体人员保证。

(工程学、法学、文学、医学、音乐学、理科或兽医学博士)对于工程学博士、法学博士、文学博士、医学博士、音乐学博士、理科博士或兽医学博士学位

Dignissime domine, Domine Procancellarie, et tota Academia, praesento vobis (for a man) hunc virum, quem scio tam moribus quam doctrina esse idoneum

(for a woman) hanc mulierem, quam scio tam moribus quam doctrina esse idoneam

ad gradum assequendum...; idque tibi fide mea praesto totique Academiae.

至敬的校长以及剑桥大学全体人员,我在此引见这位男士(女士),并认为其品格与学识适于获得某某学位;我以自己的忠诚向您和学校全体人员保证。

(以合并方式授予的学位)对于以合并方式授予的学位

Dignissime domine, Domine Procancellarie, et tota Academia, praesento vobis

(for a man) hunc virum, ut in nostra Academia incorporetur et sit eodem gradu quo est

apud suos...

(for a woman) hanc mulierem, ut in nostra Academia incorporetur et sit eodem gradu quo est

apud suos...

至敬的校长以及剑桥大学全体人员,我在此引见这位男士(女士),以便其可以加入我们大学并获得与其同僚一致的学位。

(名誉学位)对于学位头衔或名誉博士学位

Dignissime domine, Domine Procancellarie, et tota Academia, praesento vobis

(for a man) egregium hunc virum, ut honoris causa habeat titulum gradus...

(for a woman) egregiam hanc mulierem, ut honoris causa habeat titulum gradus...

至敬的校长以及学校全体人员,我在此引见这位杰出的男士(女士),以便其可以获得荣誉学位的头衔。

2. 在介绍两组或以上同一学位候选人时,在介绍过第一个人后,学监可用如下惯用语:

(for a man) Hunc etiam praesento et de hoc idem vobis praesto.

(for two or more men) Hos etiam praesento et de his idem vobis praesto.

(for a woman) Hanc etiam praesento et de hac idem vobis praesto.

(for two or more women) Has etiam praesento et de his idem vobis praesto.

(针对一位男士)我同样引见这位男士,并表达同样意愿。

(针对两位或多位男士)我同样引见这几位男士,并表达同样意愿。

(针对一位女士)我同样引见这位男女,并表达同样意愿。

(针对两位或多位女士)我同样引见这几位女士,并表达同样意愿。

授予学位的惯用语

1. 根据条例2的规定,名誉校长、校长或其正式任命的代理人在授予候选人学位时可使用如下惯用语:

（根据章程 B 第三章第 6 条颁发的文科硕士）对于根据章程 B 第三章第 6 条颁发的文科硕士学位

Auctoritate mihi commissa admitto te in ordinem Magistrorum in Artibus, in nomine Patris et Filii et Spiritus Sancti.

基于授予我的权威,我以圣父、圣子和圣灵的名义准予你文科硕士学位。

（以联合培养方式授予的学位）对于以联合培养方式授予的学位

Auctoritate mihi commissa admitto te ad gradum... ut in nostra Academia incorporeris et sis eodem

gradu quo es apud tuos..., in nomine Patris et Filii et Spiritus Sancti.

基于授予我的权威,我以圣父、圣子和圣灵的名义,准予你某某学位,以便你可以加入我们大学并获得与同僚一致的学位。

（名誉学位）对于学位头衔或名誉博士学位

Auctoritate mihi commissa admitto te honoris causa ad titulum gradus..., in nomine Patris et Filii et Spiritus Sancti.

基于授予我的权威,我以圣父、圣子和圣灵的名义,准予你荣誉某某学位的头衔。

（工程学或理科硕士及文科学士）对于工程学或理科硕士学位及文学士学位,同时介绍候选人获两项学位

Auctoritate mihi commissa admitto te ad gradus Magistri in Ingeniaria (or Scientiis Naturalibus) necnon

Baccalaurei in Artibus, in nomine Patris et Filii et Spiritus Sancti.

基于授予我的权威,我以圣父、圣子和圣灵的名义准予你工程（或自然科学）硕士学位和文科学士学位。

（其他所有学位）对于其他所有学位

Auctoritate mihi commissa admitto te ad gradum..., in nomine Patris et Filii et Spiritus Sancti.

基于授予我的权威,我以圣父、圣子和圣灵的名义准予你某某学位。

2. 颁发学位的人员有权自行决定:

(1) 省略惯用语中的"in nomine Patris et Filii et Spiritus Sancti"部分;

(2) 在向候选人颁发文科学士、音乐学学士、兽医学学士、法律硕士学位、工程学硕士或理科硕士及文科学士联合学位时酌情使用下列简化惯用语的一种：

In eodem nomine te etiam admitto ad gradum (or gradus)…
Te etiam admitto ad gradum (or gradus)…
Te etiam admitto ad eundem gradum (or ad eosdem gradus)
以同样的名义，我也准予你某某学位（或若干学位）。
我也准予你某某学位（或若干学位）。
我也准予你同样的某某学位（或若干学位）。

明　细　表

学位介绍与授予中对特定学位应插入的恰当词语如下：

神学学士学位	Baccalaurei in Sacra Theologia
医学硕士学位	Baccalaurei in Medicina
兽医学硕士学位	Baccalaurei in Veterinaria Medicina
音乐学学士学位	Baccalaurei in Musica
文学士学位	Baccalaurei in Musica
神学士学位	Baccalaurei in Theologia Pastorali
医学硕士学位	Magistri in Chirurgia
文科硕士学位	Magistri in Artibus
法律硕士学位	Magistri in Jure
理科硕士学位	Magistri in Scientiis
文学硕士学位	Magistri in Litteris
哲学硕士学位	Magistri in Philosophia
工程学硕士学位	Magistri in Ingeniaria
工商管理硕士学位	Magistri in Negotiis Administrandis
金融学硕士学位	Magistri in re pecuniaria
教育学硕士学位	Magistri in Educatione
理学硕士学位	Magistri in Scientiis Naturalibus
神学硕士学位	Magistri in Studiis
〈研究硕士学位〉	Magistri in arte vestigandi
神学博士学位	Doctoris in Sacra Theologia
法律博士学位	Doctoris in Jure
医学博士学位	Doctoris in Jure
理科博士学位	Doctoris in Scientiis
文学博士学位	Doctoris in Litteris
音乐学博士学位	Doctoris in Musica
兽医学博士学位	Doctoris in Veterinaria Medicina
哲学博士学位	Doctoris in Philosophia
工程学博士学位	Doctoris in Ingeniaria

仪式毕业生资历排序

1. 仪式中学术资历排序如下：

名誉校长	校务理事会成员
校长	神学士
总务长	兽医学博士
副总务长	哲学博士
校长法律顾问	工程学博士
常务副校长	外科硕士
各独立学院院长	文科硕士
神学钦定教授	法律硕士
民法钦定教授	音乐学硕士
医学钦定教授	理学硕士和文学硕士
希伯来语钦定教授	〈研究硕士〉
希腊语钦定教授	哲学硕士
教授、发言人、教务长、图书馆馆长、费兹威廉博物馆主任（如果他们是博士，则按其完成学位的次序排序）	工程学硕士 工商管理硕士 金融学硕士 教育学硕士
神学博士	自然科学硕士
法学博士	研究硕士
医学博士	医学学士
理学博士和文学博士	外科学士
音乐学博士	法学学士
发言人	兽医学学士
教务长	音乐学学士
图书馆馆长	文科学士
教授、费兹威廉博物馆主任（如果他们不是博士，则按其任命次序排序）	教育学学士 牧职神学学士

2. 若两人持有同样或同等学位，则早取得学位者资历更高。

3. 若两人在同一天取得同样或同等学位，则之前持有的学位排序靠前者资历更高；若之前的学位仍无法区分，则姓氏首字母靠前者资历更高。

4. 在确定各文科学士资历时，复活节学期中的整体授予期应算作一天，其中任何一天都算作同一天。

5. （队列）在列队时应遵守以下惯例：

(1) 仪式官应领先于名誉校长和校长；
(2) 校长和教务长并列,紧随其后的是各学监；
(3) 在名誉学位颁发前的队列中,校长与发言人并列。

但校长咨询各学监后有权改变任何队列的顺序,不过每次应就对正常次序拟做出改动发出通知。

学 位 服

总 则

1. （学生着学位服）学校学生出席在学校教堂或评议会议厅举行的学校仪式时,或在校长公开通知指示应着学位服的其他场合,应着与自身地位相称的学位服。

2. （非学生成员着学位服）学校的非学生成员在进入学校教堂、评议会议厅和各直属学院时,在各种公众场合和正式会议上,或在校长公开通知要求着学位服的其他场合,应着与自己在校所获学位相称的学位服。

3. （特殊日期）几个系的博士在下列节日中的公众场合应着其节日礼服：圣诞节、复活节、耶稣升天节、圣灵降临节、圣三主日、万圣节、约定的捐助者纪念会日和学位整体授予期,以及校长公开通知要求着节日礼服的其他场合。

4. 尽管根据前述规定,任何学校成员,即使持有另一所大学或学位授予机构的某项学位,也应在上述第 3 条中列明的场合着与该学位相称的学位服,但是以下人员不受此条例约束：名誉校长、校长、总务长、副总务长、校长法律顾问、学监、教务长、仪式官或以上人员的代理人,及正在介绍学位候选人的人员或正被介绍的学位候选人。

5. （学监和仪式官）学监、学监代理人或仪式官在履行其职责时应着文科硕士学位服。

6. 高级仪式官应熟知学校各种学位服的细节,并提醒校长注意任何未经许可的改动。

7. 学校各种礼服和兜帽的图样及正确材料和颜色的样本应由教务长保管。

8. 尽管下文对学位服有所规定,但除了正在履行职责的学监、学监代理人或仪式官,任何学校成员应继续着初次穿着的那套学位服,当时着此学位服是符合惯例的。

黑色礼服

神学博士：长袖礼服或文科硕士礼服,两者背后都应有一圈环状线和一颗纽扣,且应同时戴一副黑色丝质绶带；

法学博士：带方形末端袖子的礼服，其伸手口上方有竖直切缝，下方缝在一起，两肩上有翼状物，背后有片状垂领；

医学博士：带方形末端袖子的礼服，伸手口下方缝在一起，背后有片状垂领；在两边胸前、领子四周和伸手口上方各饰以一条象征博士的花边，另外各有一条贯穿两条袖筒的底部，还有两条花边从伸手口正中垂直延伸至肩膀处；

理科博士：与文科硕士礼服相似，只是在每个伸手口上方有一条象征博士的水平花边；

文学博士：与文科硕士礼服相似，只是在每个伸手口上方有一条象征博士的垂直花边；

音乐学博士：与医学博士礼服相似，只是领子下端有两条象征博士的花边；

神学士：与文科硕士礼服相似，只是与神学博士礼服一样背后都有一圈环状线和一颗纽扣；

兽医学博士：与哲学博士礼服相同；

哲学博士：与文科硕士礼服相似，只是每个伸手口上方有一条象征博士的水平花边，长4英寸(10厘米)，花边底部边缘距袖口边缘3英寸(7.5厘米)；

工程学硕士：与哲学博士礼服相同；

医学硕士：与文科硕士礼服相似，只是在每个伸手口上方有三条黑色单线塞绳贯穿袖筒，每条丝绳间相距0.5英寸(1.25厘米)，第一条丝绳距袖口3/8英寸(1厘米)。

文科硕士：带穗丝质或呢绒礼服，紧身细长袖上有水平切缝以使手臂自由活动；

法学硕士：与医学硕士礼服相似，只是有两条单线塞绳贯穿袖筒；

音乐学硕士：与文科硕士礼服相似，只是每条袖子伸手口上缘有两颗纽扣，相距5英寸(12.5厘米)，还有一颗在两颗中间距伸手口5英寸(12.5厘米)处，三颗纽扣用线相连组成一个三角形；

理科硕士：与文科硕士礼服相似，只是沿每个伸手口水平排列了三颗纽扣，每颗相距2.5英寸(6.25厘米)，以线相连；

文学硕士：与理科硕士礼服相似，只是袖子上的纽扣和线是竖直排列的；

〈研究硕士：与哲学硕士礼服相似，只是纽扣间以两条线相连；〉

哲学硕士：与文科硕士礼服相似，只是每条袖子上有一条线自伸手口中间垂直延伸至肩膀处，且线顶部和底部各有一颗纽扣；

工程学硕士：与文科硕士礼服相似，只是每条袖子上有一圈线，线圈中央有一颗纽扣；

工商管理硕士：与文科硕士礼服相似，只是每个伸手口上缘有四颗纽扣以线相连组成一个正方形；

金融学硕士：与文科硕士礼服相似，只是每个伸手口上缘有四颗纽扣以线相连组成一个菱形；

教育学硕士：与文科硕士礼服相似，只是每个伸手口上缘有五颗纽扣以线相连组成一个十字形；

理学硕士：与文科硕士礼服相似，只是每条袖子上有一圈线，线圈中央有一颗纽扣；

研究硕士：与文科硕士礼服相似，只是每个伸手口上缘有五颗纽扣以线相连组成一个十字形；

医学士：比文科硕士礼服短的带穗丝质或呢绒礼服，开启式衣袖，没有切缝，折转成三角形，该三角形被一条长大约5英寸（12.5厘米）的黑线一分为二，线的顶端有一颗纽扣；

医学学士：与医学士礼服相似，只是每条袖子上有三条间距0.5英寸（1.25厘米）的平行线，每条线的顶端有一颗纽扣；

文学士：与医学士礼服相似的呢绒礼服，开启式衣袖，只是未以一条线作折转，但自肩膀起有垂直切缝，切缝底端缝合在一起。

法学学士：与医学士礼服相似，只是每条袖子上有三条平行的线，每条线的顶端有一颗纽扣；

音乐学学士：与医学士礼服相似，只是每条袖子上有一颗纽扣和一根线，且每条袖子的两侧各有一颗纽扣，位置在袖子折转部分形成的三角形的顶点处；

兽医学学士：与医学士礼服相似，只是每条袖子上有两颗竖直排列的纽扣，分别在线的顶端和底端；

教育学学士：与文学士礼服相似，只是每条袖子上有四条间距为1英寸（2.5厘米）、长5英寸（12.5厘米）的线，且每条线的顶端有一颗纽扣；

神学学士：与文学士礼服相似，只是像神学士礼服一样背后都有一圈环状线和一颗纽扣；

具有文科硕士地位的教授：与文科硕士礼服相同，只是不带穗；

具有文科学士地位的教授：与文科学士礼服相同，只是不带穗。

研究生的礼服应及膝。

黑色礼服上用的纽扣是以26行黑色的扁斜纹马海毛结成的；所用线是1/8黑色"丝缎"对折拧成的，医学硕士和法学硕士的礼服除外。

兜　　帽

博士（兽医学、哲学、工程学博士除外）：使用与节日礼服相同布料，并用与礼服衬里相同的布料加衬里；

神学士：用黑色灯芯丝缝制，衬里用黑色丝绸；

兽医学博士：用黑色灯芯丝缝制，衬里用猩红色布；冒盖部分用中樱桃色丝绸做衬里，纵深4英寸（10厘米）；

哲学博士：用黑色灯芯丝缝制，衬里用猩红色布；

工程学博士：用黑色灯芯丝缝制，衬里用赤褐色丝绸；冒盖部分用深红色布做衬里，纵深4英寸（10厘米）；

医学硕士：用黑色灯芯丝缝制，衬里用中樱桃色丝绸；
文科学士：用黑色灯芯丝缝制，衬里用白色丝绸；
法学硕士：用黑色灯芯丝缝制，衬里用浅樱桃色丝绸；
音乐学硕士：用黑色灯芯丝缝制，衬里用深樱桃色丝绸；
理科硕士：用黑布缝制，衬里用交织着浅蓝色的粉红色丝绸；
文学硕士：用黑布缝制，衬里用猩红色丝绸；
〈研究硕士：用黑布缝制，衬里用深梅红色丝绸；〉
哲学硕士：用黑布缝制，衬里用蓝色丝绸；
工程学硕士：用黑布缝制，衬里用赤褐色丝绸；
工商管理硕士：用黑布缝制，衬里用深绿色丝绸；
财政学硕士：用黑布缝制，衬里用浅绿色丝绸；
教育学硕士：用黑色灯芯丝缝制，衬里用浅蓝色丝绸；
理学硕士：用黑色灯芯丝缝制，衬里用交织着浅蓝色的粉红色丝绸；
研究硕士：用黑色灯芯丝缝制，衬里用黄色丝绸；
医学士：冒盖和披肩用中樱桃色丝绸缝制，冒盖部分用白色毛皮做衬里，披肩用白色毛皮镶边；
医学学士：与医学士兜帽相似，只是不用皮毛镶边；
文学学士：用黑色材料缝制，冒盖部分用白色毛皮做衬里，披肩用白色皮毛镶边；或接到进一步的命令，月黑色材料缝制，冒盖部分用白色材料做衬里，披肩用白色材料镶边；
法学学士：冒盖和披肩与医学士相似，只是用浅樱桃色丝绸缝制；
音乐学学士：冒盖和披肩与医学士相似，只是用深樱桃色缎子缝制；
兽医学学士：冒盖与医学士相似，只是用一条宽2英寸（5厘米）的白色毛皮镶边到披肩处；
教育学学士：用黑色材料缝制，冒盖部分用蓝色丝绸做衬里，白色毛皮镶边，披肩也用白色毛皮镶边；
神学学士：用黑色材料缝制，衬里用黑色丝绸，披肩用白色毛皮镶边。
兜帽的围颈带与外侧颜色相同，无须用衬里材料镶边。披肩的转角应成直角。

节 日 礼 服

神学博士：礼服用猩红色布料缝制，衬里用灰紫红色丝绸，这是一种翠蓝色中交织着浅玫瑰红色的丝绸；后背和两条袖子上各有一颗黑色纽扣（以22条扁丝结成）和一条1/8黑色丝对折拧成的线；有黑色穗带；此礼服里面还应着一套黑色的丝质教士袍；
法学博士：礼服用猩红色布料缝制，衬里用浅樱桃色丝绸，有猩红色的纽扣、线和穗带；

医学博士：类似的礼服，只是衬里用中樱桃色丝绸；

理科博士：类似的礼服，只是衬里用交织着浅蓝色的粉红色丝绸；

文学博士：类似的礼服，只是衬里用猩红色丝绸以配合礼服布料颜色；

音乐学博士：礼服用奶油色锦缎缝制，衬里用深樱桃色缎子，袖子短而宽，纽扣、线和穗带与衬里同色；

兽医学博士：与哲学博士的节日礼服相同；

哲学博士：与丝质的文科硕士礼服相似，只是有猩红色布的贴边，宽度 4 英寸（10 厘米），长度与整个下摆相同；或与哲学博士黑色礼服相似，只是有猩红色布的贴边，宽度 4 英寸（10 厘米），长度与整个下摆相同；

工程学硕士：与哲学博士的节日礼服相同。

头　　饰

着节日礼服时，神学博士应同时戴黑色天鹅绒无边帽，其他系的博士应同时戴有金色穗带的宽边圆帽。但博士生出席在评议会议厅中举行的仪式时应着节日礼服，戴方帽。

着其他礼服时，在校内居住者应戴方帽。但本科生可戴方帽或不戴帽。

毕业典礼着装

1. 除了兽医学博士、工程学博士或神学士学位，其他所有学位候选人的介绍人应穿斗篷。

2. 所有的学位介绍人在着其学位服的同时还应着黑色衣服。

3. 正获批取得一项学位头衔或名誉学位的人员应着不带兜帽的礼服。

4. 正获批以联合培养方式取得一项学位或取得根据章程 B 第三章第 6 条颁发的文科硕士学位的人员应根据自己将取得的学位着礼服和兜帽。

5. 正获批取得一个学位的学校毕业生应根据自己在校内已取得的最高学位着礼服和兜帽。

6. 若某教授拥有文科硕士或文科学士地位，但又不是本校的毕业生，则当其正获批取得一项学位（根据章程 B 第三章第 6 条颁发的文科硕士学位除外）时，应着与自己地位相称的礼服，兜帽则根据其将取得的那项学位或两项学位中的高者确定。

7. 正获批取得一项学位的本科生应着本科生礼服，兜帽则根据其将取得的那项学位或两项学位中的高者确定。

8. 所有正获批取得学位的人员在着其学位服的同时还应着黑色衣服。男性还应打白色领带和领饰。

9. 如收到将要介绍学位接受者的人员提出的申请，学监有权酌情批准介绍人或学位接受者豁免上述第 2 条或第 8 条中有关毕业典礼着装的规定。且如有必要，还可批准该人员豁免有关头饰的规定。但在每例中，学监应确保有批准该豁免的正当理由。

上书王室及对其他大学的正式文书

1. 给王室的文书的呈递须得到学校的批准。该文书的正文须由校务理事会审批。

2. 给王室的文书应由名誉校长呈递，但如果名誉校长缺席或职位空缺，则应由校长呈递。

3. 呈递一份文书时，与名誉校长同行的还应有仪式官和一个代表团，该代表团成员有校长、发言人、学监、教务长和由校长提名的其他六名学校成员。

4. 对另一所大学或类似机构的正式文书的递送须得到学校的批准。该文书的正文应由大学审批。

布道与纪念活动

1. （捐助者纪念会）捐助者纪念会仪式应在每年11月的第一个星期日举行。但如果某年的这个星期日恰好是约定的阵亡将士纪念日，则由精选传道人委员会决定在这之前或之后的一个星期日举行仪式。

2. （传道人）玛格丽特夫人传道人应在仪式上传道。

3. （拉姆斯登布道）拉姆斯登布道是由拉姆斯登夫人通过J.K.马克兰先生设立的。每年现任校长在复活节学期中选定一个星期日并任命一名传道人进行拉姆斯登布道。布道的主题为教堂海外扩展，尤其是在英联邦内的扩展。

4. （米尔纪念会）米尔纪念会上的布道应于复活节学期的第一个星期二进行。

5. 在所有学校仪式上，校长应负责学校教堂内的座位安排工作。

剑桥大学学生会

根据2008年6月11日第四号提案修改

1. 应成立一个剑桥大学学生会，这是一个由在校居住且正在修课程或做研究的学校学生成员组成的社团。

2. （剑桥大学学生会宗旨）应订立剑桥大学学生会规程，其主要宗旨如下：
(1) 促进对学生会成员的教育；
(2) 着眼于学生会成员的福利，提供娱乐或休闲活动的设施。这些设施

① 使成员能参加或协助其参加智力活动、社会活动和学校举办或与学校有关的其他活动,从而改善其生活状态;

② 是当前学生所需要的;

(3) 促进对所有申请加入剑桥大学及其附属机构的人员提供公平的录取机会,尤其是鼓励向申请加入剑桥大学的未被充分代表的人员提供机会;

(4) 为贯彻上述宗旨,充当学生会成员与剑桥大学及其他机构之间的沟通桥梁。

3. (修订)除非学校修改了第2条,任何对剑桥大学学生会规程的修订,若试图改变学生会宗旨,都是无效的。对规程所做的其他修订也须经校务理事会批准后才能生效。

4. (财务援助)校务理事会可自行决定是否向剑桥大学学生会提供财务援助。

5. (收支预算)剑桥大学学生会主席应为学生会的财务总监并就学生会的财务管理对校务理事会负责(这是学生会规章规定的职责和义务以外的责任)。每学年的复活节学期中,学生会主席须向校务理事会递交学生会下一财政年度的收支预算。

6. (账目)每学年在划分复活节学期前,剑桥大学学生会主席须向校务理事会提供学生会前一年度的已审计账目。

7. (职位)学生会主席及校务理事会因故指定的不超过四名学生会职员的职位应界定为1994年《教育法》第22章第2(4)条规定中的主要职位;学生会女性职员的职位无须如此界定。如有必要,校务理事会在接到相关独立学院导师的申请后,可自行决定是否允许剑桥大学学生会主席、四名任命职员中的所有或任一人员、女性职员将名誉学位考试延期一年。

8. (与校务理事会关系)校务理事会可自行决定是否以1979年11月26日通知中描述的方式与剑桥大学学生会保持工作关系。

9. 根据这些规章的规定,校务理事会应认可剑桥大学学生会为学校内初级成员的代表机构,有别于各学院级实体。

10. 学生会任何成员在某特定学年若想退会,须在该年划分其住校学期的第一学期前向教务长提交规定格式的书面通知。教务长应通知学生会主席此人已退会。然后学生会主席应将此人姓名从学生会所有选民名册或登记簿上剔除。退会在该学年余下的时间内都是有效的,且根据这些规章的规定视此人不再为学生会代表。已申请退会的人员,如在学生会中出任某职位,或是学生会内任何委员会或其他机构的成员,相应地,须解除该职位或会员资格。

11. (投诉)未根据第10条申请退会的学生会成员或准成员可向学生会提出投诉。如果学生会职员未能对此投诉做出令人满意的处理,投诉人可向初级学监上诉。初级学监须征询学生会内相关职员的意见,调查投诉的事件,并以其认为恰当的格式做关于此事件的书面报告:揭示其所有发现,表明自己对此投诉赞成与否并给出恰当的理由,如果有建议,还可提出自己的补救建议。初级学监应就上述发现和补救措施向学生会主席或其他相关职员、投诉人和教务长发出临时通知。这些人员的任何建议,初级学监应予以考虑,然后决定维持、修改还是撤销其发现和补救措施。任何补救措施,无论其是初始的还是修改过的,都应立即予以执行。学监的最终决定应告知校长和临时通知的接收者。初级学监可将其此条例规定的任何职责委派给另外一名学监或副学监。

12.（选举）每年划分米迦勒学期前,学生会主席须向校务理事会递交一份选举计划。该计划是针对学年剩余时间内学生会内部选举的。计划应根据校务理事会的批准任命出选票回收官,并督促选票回收官就每次选举的执行情况向校务理事会提交报告。

研 究 生 会

1. 应成立一个研究生会,这是一个由在校居住且正在修研究生课程或做研究的学校学生成员组成的社团。具体的课程和研究范围将在研究生会规程中界定。

2.（剑桥大学研究生会宗旨）应订立研究生会规程,其主要宗旨如下：
(1) 提供设施和服务或以其他方式促进对研究生会成员的教育；
(2) 着眼于研究生会成员的福利,提供娱乐或休闲活动的设施。这些设施
① 使成员能参加或协助其参加智力活动、社会活动和学校举办或与学校有关的其他活动,从而改善其生活状态；
② 是当前学校成员所需要的；
(3) 为贯彻上述宗旨：
① 促进并深化研究生会成员与剑桥大学及其他机构之间的沟通,在与剑桥大学及其他机构的联系中充当成员的代表；
② 协调和促进各学院研究生会或同等机构之间的联络。

3.（修订）除非学校修改了第 2 条,任何对研究生会规程的修订,若试图改变研究生会宗旨,都是无效的。对规程所做的其他修订也须经校务理事会批准后才能生效。

4.（财务援助）校务理事会可自行决定是否向研究生会提供财务援助。

5.（收支预算）研究生会主席应为研究生会的财务总监并就研究生会的财务管理对校务理事会负责(这是研究生会规程规定的职责和义务以外的责任)。每学年的复活节学期中,研究生会主席须向校务理事会递交研究生会下一财政年度的收支预算。

6.（账目）每学年在划分复活节学期前,研究生会主席须向校务理事会提供研究生会前一年度的已审计账目。

7.（主席）学生会主席的职位应界定为 1994 年《教育法》第 22 章第 2(4) 条

规定中的主要职位。

8.（与校务理事会关系）校务理事会可自行决定是否以1979年11月26日通知中描述的方式与研究生会保持工作关系。

9. 根据这些规章的规定，校务理事会应认可研究生会为学校内研究生初级成员的代表机构，有别于各学院级实体。

10. 研究生会任何成员在某特定学年若想退会，须在该年划分其住校学期的第一学期前向教务长提交规定格式的书面通知。教务长应通知研究生会主席此人已退会。然后研究生会主席应将此人姓名从研究生会所有选民名册或登记簿上剔除，剔除后即时生效。退会在该学年余下的时间内都是有效的，且根据这些条例的规定视此人不再为研究生会代表。已申请退会的人员，如在研究生会中出任某职位，或是研究生会内任何委员会或其他机构的成员，相应地，须解除该职位或会员资格。

11.（投诉）未根据第10条申请退会的研究生会成员或准成员可向研究生会提出投诉。如果研究生会职员未能对此投诉做出令人满意的处理，投诉人可向初级学监上诉。初级学监须征询研究生会内相关职员的意见，调查投诉的事件，并以其认为恰当的格式做关于此事件的书面报告：揭示其所有发现，表明自己对此投诉赞成与否并给出恰当的理由，如果有建议，还可提出自己的补救建议。初级学监应就上述发现和补救措施向研究生会主席或其他相关职员、投诉人和教务长发出临时通知。这些人员的任何建议，初级学监应予以考虑，然后决定维持、修改还是撤销其发现和补救措施。任何补救措施，无论其是初始的还是修改过的，都应立即予以执行。学监的最终决定应告知校长和临时通知的接收者。初级学监可将其此规章规定的任何职责委派给另外一名学监或代学监。

12.（选举）每年划分米迦勒学期前，研究生会主席须向校务理事会递交一份选举计划。该计划是针对学年剩余时间内研究生会内部选举的。计划应根据校务理事会的批准任命出选票回收官，并督促选票回收官就每次选举的执行情况向理事会提交报告。

根据1994年《教育法》第22章颁布的学生会工作守则

1. 1994年《教育法》第22章给各所大学（在第21章子章节5中予以界定）的主管机构安排许多职责。第22章的子章节3规定：每个主管机构应筹划并颁布一项工作守则，必要时还须修订守则。该守则规定了子章节1和2中与该机构内学生会相关要求的执行方式。守则还列出确保每项要求得以遵守的细节安排。现行的工作守则是校务理事会颁布的，涉及剑桥大学学生会和剑桥大学研究生会。

管理机构的一般职责

2. 子章节1要求主管机构采取"切实可行的措施以确保该机构内的学生

会公平、民主地运行并对自身的财务负责"。满足此项要求,即要遵守法令对学生会和研究生会的要求;遵守现行的工作守则;遵守学生会和研究生会的规程。

法案的特别要求

3. 子章节 2 要求主管机构采取"切实可行的措施以确保该机构内的学生会遵守下列要求"。这些详细的要求处理如下:

(1) 成文规程。学生会和研究生会应有成文规程。

剑桥大学学生会和剑桥大学研究生会都有成文规程。

(2) 规程应由主管机构批准和复审。学生会和研究生会的规程都须经大学的主管机构批准和定期复审,时间间隔不得超过 5 年。

剑桥大学学生会和研究生会的规程,校务理事会认可这两个机构时已进行了复审。每个协会的规章都要求对宗旨条款的修订须经某项提案批准,还要求对规章其他部分修订须经校务理事会批准。每年的复活节学期中,校务理事会复审两个协会的规程,具体由学生事务委员会执行。

(3) 拒绝权。学生有权不加入学生会、研究生会或其他非协会性代表机构以表明其不愿由该组织代表。行使此项权利的学生在获取服务或其他方面不应因此受到不公平的歧视。

剑桥大学学生会和研究生会的规章对退会都作出了规定。学生可从学校各办公室、老校建筑①或学生会、研究生会的职员处取得此类表格。学生会和研究生会须通知校务理事会,它们将继续向正式选择做非会员的学生提供服务。且校务理事会将此作为两个协会向学校融资的条件以保证其得以执行。对于已行使拒绝权的学生,各院学生会应继续向剑桥大学学生会或研究生会支付份额费用。

(4) 学生会和研究生会主要职位的选举。法案规定:学生会和研究生会主要职位的人选应由所有成员用无记名投票的方式选出。

剑桥大学学生会和研究生会的规章规定了哪些专职职位应为学生会和研究生会主要职位。这些职位的选举采用无记名投票的方式。

(5) 学生会和研究生会内部选举。各主管机构应确保学生会和研究生会内部选举公平恰当地进行。

剑桥大学学生会和研究生会的规章都要求向校务理事会提交每年的选举执行计划。根据有关规定,校务理事会应获悉选票回收官的任命并予以确认,还应要求选票回收官就每次选举的执行情况提交报告。学生事务委员会代表校务理事会处理此项事务。

(6) 专职或须选举的带薪职位。任何人出任学生会和研究生会内专职或须选举的带薪职位,总时间不得超过两年。

---

① Old Schools:指的是剑桥评议院议厅旁边围绕大学法庭的大学建筑群,现在它们是教务长办公室、学部总委员会和财务委员会的办公场所。——校者注

关于此项要求的规定包含在剑桥大学学生会和研究生会规程中。

（7）财务管理。须恰当管理学生会和研究生会的财务事务，并做恰当安排以保证主管机构审批学生会和研究生会的预算，监控学生会和研究生会的支出。

规章规定剑桥大学学生会和研究生会都须向校务理事会递交预算和账目。条例还规定学生会或研究生会主席应就各自的财务管理状况向校务理事会负责。根据英格兰高等教育基金管理委员会的审计工作守则，学生会和研究生会账目的审计属于学校内部审计服务范围，应由校务理事会审计委员会负责。这是学校向两个协会拨款的一项条件以保证它们每半年向校务理事会提交中期支出报告。校务理事会将要求学生事务委员会，如有必要还应要求财务委员会考核两个协会的这些报告、账目和预算。

（8）财务报告。学生会和研究生会的财务报告应每年或更频繁地公布并提供给主管机构和所有学生。每份报告应特别列出一份报告期内协会给予捐赠的机构名单及捐赠的详细情况。

遵守此项要求是从学校获得拨款的一项条件。剑桥大学学生会和研究生会将在各院学生会和研究生会主席或同等人员间传阅协会的账目。他们将在学院内公布这些账目以供初级成员参考。学校各办公室和旧直属学院的初级成员也可在学生会或研究生会的办公室内查阅相应的账目。

（9）团体或社团。学生会和研究生会应公正地向团体或社团分配资源，其程序应明文列出并供所有学生自由查阅。

在剑桥大学内，对学校团体和社团的资源分配并不是由学生会或研究生会来执行的，而是由两个学校机构——社团委员会和体育委员会来执行的。在有限范围内，学生会或研究生会可向团体、社团或协会分配资源。它们必须公正地执行并明文给出分配程序，后者交由校务理事会通过学生事务委员会批准。

（10）加入校外组织。如果学生会或研究生会决定加入某校外组织，则其应印发通知，说明该校外机构的名称、已缴或拟缴的赞助费或类似费用、已进行或拟进行的捐助的详细情况。该通知应提供给主管机构和所有学生。

剑桥大学学生会和研究生会规程对此程序作出了规定。给主管机构的通知应提交给代表校务理事会的学生事务委员会；给学生的通知应在各学院内公开传阅。

（11）入会报告。如果学生会或研究生会加入了校外组织，应每年或更频繁地作出报告。报告内容包括：现已加入的校外组织名称、上一年或自上一份报告起已缴赞助费或类似费用和已进行的捐助的详细情况。此类报告应提供给主管机构和所有学生。

剑桥大学学生会和研究生会规程对此程序作出了规定。

（12）入会审查。应订立加入校外组织的审查程序。在此程序下，现已加入的组织名单应每年或更频繁地提交由学生会或研究生会成员批准，具体时间间隔由主管机构确定，但不得超过一年。主管机构应确定一个比例（不超过5％），如果有超过此比例的成员递交请愿书,则是否继续保持对某特定校外机构的会员资格,须经所有学生会或研究生会成员以无记名投票的方式决定。

剑桥大学学生会和研究生会规程对此作出了恰当规定。校务理事会将须举行无记名投票的请愿成员比例定为2%。且这种请愿只能在四旬斋学期中进行,每年一次。

（13）学生投诉程序。应订立一个学生投诉程序。在此程序下,所有学生或学生群体,如在与学生会或研究生会交涉过程中有任何不满,或在行使上面第（3）段中的退出权后认为受到了学生会或研究生会的不公平歧视,可进行投诉。此投诉程序还要求有一名主管机构任命的独立人员对投诉进行调查和报告。

剑桥大学学生会和研究生会规章中都有关于投诉程序的规定。初级学监即为调查投诉的独立人员。根据学校规章,如果在某特定案例中,初级学监认为其无法独立恰当地履行职责,其可将某些职责委派给另外一名学监或副学监。

（14）补救措施。投诉应得到快速公正的处理。且如投诉成立,应采取有效的补救措施。

剑桥大学学生会和研究生会规章要求:在根据3(13)款调查过投诉事件后,学生会或研究生会应立即执行任何经确认的补救措施。学生会或研究生会须通知学生事务委员会书记以确认补救措施已得到执行。遵守此项补救措施是学生会或研究生会从学校获取拨款的一项条件。如果某项补救措施未能得到执行,此事应上报至学生事务委员会。学生事务委员会将考虑撤销或终止学校拨款或采取其他措施。

子章节4

4. 主管机构应呼吁所有学生关注下列守则:工作守则;慈善事业法规对学生会或研究生会活动的限制规定;1986年《教育法》第二号令第45章关于各大学和学院内言论自由的规定;根据该法案颁布的有关学生会或研究生会活动与管理的工作守则。此种呼吁每年至少应进行一次。

剑桥大学通过以下方式呼吁学生关注上述守则:每年刊发一次学监提示;将现行工作守则载入章程和条例中;在名为学生手册的小册子上刊发工作守则、限制规定的说明和慈善法规。此手册每年发行一次,里面还包括1986年《教育法》第45章的规定及学校根据此章节颁发的工作守则。

子章节5

5. 主管机构应呼吁所有学生关注下列信息:退出权和向已退出的学生提供服务的有关安排。主管机构还应向正在考虑是否要成为该机构学生的人员提供此信息。

学监提示和说明书中针对申请人的信息给出了此类信息。

纪 律

总 则

鉴于学校有义务维护校内的良好秩序和纪律：

1. 学校任何成员不得有意或鲁莽地干扰、阻碍或试图干扰、阻碍学校、学校任何组成机构或任何独立学院的活动和职能。

2. 学校任何成员不得有意或鲁莽地阻碍学校区域内的言论和法定集会自由。若根据1986年《教育法》第二号令第43章颁布的工作守则中规定某学校职员或学校机构应获悉某些通知，则任何人不得有意或鲁莽地将该通知隐瞒不报。

3. 除非经学校或学院有关机构明确或暗示授权，学校任何成员不得有意占有或使用学校或任何独立学院的资产。

4. 学校任何成员不得有意或鲁莽地损毁、污损或故意挪用学校或任何学院的任何资产。

5. 学校任何成员不得有意或鲁莽地在学校区域内危害学校任何成员、职员或雇员的人身安全、健康或财产。

6. 除非得到特别批准，学校任何成员不得在学校考试中使用任何违规手段或在任何考试中故意夹带与考试相关的书籍、纸张或其他资料。学校任何成员不得协助考生实施上述违规手段。

7. 学校任何成员不得伪造、篡改或故意不当使用学位证书或其他学业成绩证明文件，或故意发表错误的考试排名或结果声明。

8. 学校所有成员应遵守学校职员或代表学校恰当履行其职责的其他人员发出的指示。

9. 学校所有成员，若遇学监、副学监、学校机构或各独立学院内其他管理人员询问，应表明自己的姓名及所属独立学院。

10. 以上的第1条至第9条、根据这些规章发起活动的规定、机动车辆条例、自行车和小船规章也适用于尚未入学的学生，在这一点上将其视同学校成员。

罚 款

对于任何违反有关本机构的条例或本机构根据该条例制定的规则的人员，信息战略与服务工会和图书馆委员会有权向其收取不超过175英镑的罚款。

机动车辆

1. 在其居住期内的学期或长假中,学校任何学生成员不得在圣玛丽大教堂10英里以内保有、使用任何机动车辆(摩托自行车除外)或委托他人保有以供自己使用,除非其导师书面推荐后取得了一张由特设副学监签发的机动车辆执照。特设副学监可向以下学生成员颁发该执照:学校的研究生、具有文科学士地位的人员、已经(或获准)在校居住九学期的人员或学监们认为其个人情况特殊足以支持该项颁发的人员。

2. 没有资格取得第1条中所述执照的学校任何学生成员,在其导师书面推荐后,可取得一张执照来保有一辆机动车辆用于完成学校某系、学校或独立学院的社团或协会的任务。执照也可用于特设副学监批准的其他用途。在学校某系案例中,申请应由系主任签字赞同;在学校或独立学院的社团或协会案例中,应由该社团或团体的委员会签字赞同。

3. 通常情况下,执照在其颁发学年结束前都是有效的。但特设副学监有权在任何时候终止或吊销该执照,被终止或吊销执照者可向简易法庭上诉。

4. 执照申请应于该机动车辆进入圣玛丽大教堂半径10英里内之前7日内递交,如果该机动车辆已在该范围内,则应在申请人取得该车辆所有权前7日内递交。如果是申请执照延期,可在完整米迦勒学期开始7日内递交。

5. 执照应一直挂在相应的机动车辆上显著位置处。

6. 执照颁发要求执照申请人买乘客险,并对相应的机动车辆修理和停放位置有限制性规定。

7. 以上机动车辆规章不适用于以下人员或车辆:

(1)剑桥郡警察署颁发执照的机动车辆及商店店主或其雇员管理或驾驶的机动车辆;

(2)从在特设副学监持有的名单上出现的公司租来的机动车辆、正在上这些公司驾驶课的人员。

8. 对于违反上述规章或特设副学监根据第6条制定的规则的人员,特设副学监可对其处以不超过175英镑的罚款。

自行车和小船

1. 学校任何学生成员不得在学校区域内保有自行车或委托他人保有以供自己使用,除非该自行车上有根据学监实时发布的指示所做的特别标记。

2. 学校任何学生成员不得在学校区域内保有、使用小船或委托他人保有以供自己使用,除非康河管理员每年对此小船进行登记且小船上有根据学监实时发布的指示所做的特别标记。

社团和协会

1. 任何全部或部分由学校学生成员组成的社团或协会可向初级学监申请注册成为一个学校协会。申请注册的社团和协会应向初级学监递交一份有关自身当前财务状况的声明和一份规章的副本。初级学监可将此项申请上报至社团委员会。如初级学监驳回了社团或协会的注册申请,该社团或协会可向社团委员会上诉。如果认为恰当,工会可批准该社团或协会注册。

2. 所有已注册的社团或协会应就规程的任何改动在初级学监处备案,并通知初级学监本社团或协会内任何职员的变动。

3. 在每年的12月31日前,每个已注册的社团或协会应将一份已审计过的前一学年账目副本送至初级学监处备案。该账目由专业机构、在校内居住的评议会成员或初级学监为此任命的一名人员审计。

4. 如果规程要求某社团或协会有一名高级财务主管,则事先未经初级学监批准并向初级学监递交一份有关自身当前财务状况的声明,不得修改规程以撤销此要求。

5. 在此规章生效前由学监批准的任何社团或协会应视同已根据此规章进行注册。

6. 任何已根据或视同已根据此规章得到批准的注册可由初级学监自行决定撤销,被撤销注册的社团或协会有权向社团委员会上诉。

7. 任何全部或部分由学校学生成员组成的社团或协会,无论其是否根据此规章注册,如占用了学校的房屋,未经校务理事会财务委员会批准,不得从事贸易活动。如果社团或协会同意递交年度审计账目,或根据财务委员会认为有利于学校或其成员的其他规定(包括社团或协会应注册为一个有限责任公司的规定),财务委员会可作出此批准。此规章中:

(1)"贸易"应包括买进或售出商品或服务,无论其是否出于盈利或其他目的。但这不包括出售某社团或协会举办的公演入场券,出售某社团或协会出版的论文、杂志或期刊,或在上述出版物上刊登广告。

(2)"占用"不包括临时租用学校的房屋。

在学校建筑物内举行的会议和公共集会
根据1986年《教育法》第二号令第43章颁发的工作守则

1. 1986年《教育法》第二号令第43章涉及各大学、多科技术学院和学院内的言论自由。它要求校务理事会颁布一项行为守则并实时对其做出更新。学校成员、学生和雇员组织在学校建筑物内举行会议和其他活动时应遵守该守则。该守则还规定了学校成员、学生和雇员在处理与会议相关事务时应有的行为。因此,该守则适用于学校所有成员、学生和雇员,涉及包括综合社区在内的学校所有建筑物。在学校建筑物内举行的露天会议和室内会议都包括在内。

2. 守则提醒学校成员：根据纪律总则被控罪行可由大学出庭代讼人根据实际情况在大学特别法庭、纪律法庭或简易法庭上提出。

组织在学校建筑物内举行的会议和活动

3. 任何在学校建筑物内举行的会议和公共集会，无论其是室内的还是露天的，都须经过授权。当涉及分配给某学部或系单独使用的处所时，应征得相关学部或系机构的许可。当涉及未作此类分配的处所时，应征得学校中央机构的许可。如果某个房间需要预订，则应通过相关办公室办理预订。会议或其他活动的组织者应遵守学校机构订立的任何规定。此规定涉及会议或其他活动组织工作及将做出的安排。此规定还可要求：发行公共会议入场券、安排足够数量的服务人员、向警察咨询会议的安排、更改会议时间和地点。组织者应确定上述要求的执行成本，并负责满足这些要求。

4. 除了征得上述第 3 条中提到的许可，所有在学校建筑物内举行的会议或活动，如有非学校居民人员出席或在会上发言（由某学部或系机构组织的学术会议，或由高级学监批准可按惯例经常在学校建筑物内举行的某次会议或某类会议除外），则组织者须通知高级学监。此通知应按照预订学校建筑物的格式给出，通知的副本将由学校相关机构提交给高级学监。如果愿意，会议组织者也可直接与学监联系以提供详细情况。信息应在召开会议前至少 5 个工作日前送达（尽管高级学监可自行决定同意在会议前更晚的时间接收信息）。所需信息包括会议的日期、时间、地点、名称、地址、组织者所属独立学院（如果有的话）、会议的主办方名称及拟发表演讲者的姓名，无论其是否为学校成员。

5. 任何会议的组织者应遵守任何学监、学校其他职员，或其他经授权的学校代表在恰当履行其职责时发出的指示。应呼吁学校成员关注纪律总则的第 8 和第 9 条。

各独立学院

6. 1986 年《教育法》第二号令第 43 章的规定也适用于各独立学院的成员、学生、雇员及访问演说者。学校要求每个独立学院任命一名高级成员来负责法案规定在独立学院内的实施并在必要时与学监协作。守则提醒学校成员：学校纪律性条例适用于各独立学院建筑物和学校区域内的其他场所。独立学院可邀请学监进入其建筑物。

其他法定要求

7. 公共会议或集会的组织者应关注 1986 年《公共秩序法》第 11 章和 14 章有关游行和集会的规定。其他法定要求可能影响会议或其他活动的进行。例如，演讲者若煽动听众实施暴力、破坏和平或挑起民族仇恨即越过了合法演讲的限度。同样地，出于合法目的的群众集会如果严重扰乱了公共秩序或破坏了和平，则不再合法。还应对《审检法》的规定予以关注，其适用于包括大学中心在内的某些学校建筑物。这些法案要求被许可方维护许可建筑物内的良好秩序，赋予被许可方在其认为必要时将人员逐出建筑物的权力。

守则的应用

8. 任何人如对将工作守则应用于在学校内举行的会议和公共集会有疑义,有义务咨询高级学监。高级学监将决定是否应用该守则。

大 学 法 庭

在大学特别法庭、纪律法庭和简易法庭上发起诉讼

1. 对适用章程 U 的人员发起的任何诉讼须遵守章程 U 第三章的规定。对学校任何其他成员的诉讼应遵守章程 B 第六章第 28 条的规定。

2.（1）如果校长根据章程 U 第 3 节第 9 条指示对某适用章程 U 的人员提出控告,该案件应由大学出庭代讼人作陈述。

（2）如果对某项根据章程 B 第六章第 28 条提出的控告,大学出庭代讼人决定在大学特别法庭、纪律法庭或简易法庭上对学校某成员发起诉讼,则该案件的陈述应由大学出庭代讼人或原告来完成,具体由大学出庭代讼人决定。但如果该项指控起源于学监的控诉,则大学出庭代讼人应代表学校陈述案件。

3. 大学出庭代讼人应就根据章程 B 第六章第 28 条和上面第 2(2) 条作出的决定向教务长和原告发出书面通知。如果大学出庭代讼人决定指控某人,其应书面通知相关法庭的书记。

4. 如果学校某成员因实施某行为或参与某行动将在某法庭上受到指控,同时该行为还违反了纪律总则,则该成员不应被控违反总则,除非大学出庭代讼人确认在某法庭上该成员因该行动或行为受到的指控已审理完毕且其被判处罪行,或其因该行动或行为在某法庭上受到指控的可能性很小。

5. 如果学校某学生成员因某行为或行动被控违反纪律总则,且其因此在某法庭上被判有罪,则若此判决证据确凿,则该成员将被判处剥夺或终止学校成员资格、停学离校、剥夺任何特权或学校设施的使用权。只要纪律法庭认为为了维护学校利益有必要作出此项判决。但该成员不应受到其他判决。

6. 如果学校某学生成员因实施某行为违反了纪律总则和其所属独立学院的纪律,则仅当大学出庭代讼人确认以下条件时,该成员才会在某大学法庭上被指控:

（1）该成员不会因该行动受到其所属独立学院的纪律性诉讼;

（2）不进行指控,学校在校内维护良好秩序和纪律的一般利益就得不到充分的维护。

7. 在此条例中,所有在法庭上提到的"定罪"指法庭发现该罪行证据确凿,且被告在初审或上诉中都未被判无罪。

大学特别法庭

任命大学特别法庭成员

1. （专家组）校务理事会应设立一个专家组，下文中称专家组(1)。该专家组由根据章程 U 第三章第 5 条有资格并愿意担任大学特别法庭主席的人员组成。每年的米迦勒学期中，校务理事会须任命恰当数量的人员成为此专家组成员，专家组成员自任命后的 1 月 1 日起任职一年。校务理事会或七人法庭的成员不得作为专家组(1)成员人选。

2. 校务理事会应设立一个专家组，下文中称专家组(2)。该专家组由愿意成为大学特别法庭成员的摄政院成员组成。每年的米迦勒学期中，校务理事会须任命十名人员成为此专家组成员，专家组成员自任命后的 1 月 1 日起任职一年。校务理事会或七人法庭的成员不得作为专家组(2)成员人选。

3. （主席）每年的 12 月 31 日前，校长应在专家组(1)中任命一名成员为大学特别法庭的主席，自任命后的 1 月 1 日起任职一年。在作出此项任命时，校长应尽量选择一名非摄政院成员。在特定案例中，如被任命者不能胜任或不愿出任主席，则校长应任命另外一名专家组(1)成员在该案例中出任主席。

4. 若学校某成员将在大学特别法庭上受到指控，大学特别法庭的主席须安排举行一场听证会，具体日期、时间和地点由主席决定。在听证会开始前任何时间，主席有权应情势所需，取消既定的听证会，并选定新的日期、时间和地点来举行听证会。

5. （组建特别法庭）当某场听证会安排既定，特别法庭的书记应立即向所有专家组(2)成员发出书面通知，告知其约定的日期、时间和地点并要求其于通知发出后第 5 天的下午 5 点以前回复其是否能够和愿意出席听证会。对于已通知书记其能够并愿意出席听证会的专家组(2)成员，主席应通过抽签方式从中指定出特别法庭的其他成员。然后，书记应告知被指定者其将听审的一项或多项指控及被告的姓名。主席应以同样方式从专家组(2)成员中指定三名特别法庭预备成员。在诉讼开始时，预备成员应到场。当特别法庭某成员未能出席听证会，或某成员不再能够或愿意出席听证会，或主席根据第 6 条批准了对某成员资格的抗议，则必要情况下可通过抽签方式从预备成员中选出一人取代法庭成员。诉讼开始后，不得替换任何特别法庭成员。

6. 在特别法庭上受到指控的人员有权因正当理由要求任何法庭成员回避此诉讼。对于此回避申请，主席可自行裁定，且主席的决定即为最终决议。

7. 如果诉讼开始时，主席未能通过第 5 条中规定的程序从专家组(2)中指定出恰当数量的成员，则其应从专家组中任命出足够数量的成员以填补空缺席位。

8. 在任何情况下，如果没有足够数量的专家组(2)成员能够并愿意出席听证会,校长应从摄政院成员中任命恰当数量的人员以填补空缺席位。

9. 如果诉讼开始后,主席不能或不愿继续行权,校长应解散该特别法庭并根据第 3 条至第 8 条重新组建一个特别法庭。如果诉讼开始后,某其他成员不能或不愿继续行权,只要除主席外还有两名成员留下,余下的成员应继续行权,而不是解散法庭。如果有两名以上成员不能或不愿继续行权,校长应解散该特别法庭并根据第 3 条至第 8 条重新组建一个特别法庭。

程 序 规 则

1. (通知)如果学校某成员将在大学特别法庭上受到指控,大学出庭代讼人或其他负责陈述该案件的人员应向特别法庭书记发出书面通知,告知其将要在法庭上进行的一项或多项指控及其详情。连同通知一起还应提交所有拟出示的文件、一份拟传唤的证人名单及证人将提供的证词。

2. (当事人)可出席特别法庭听证会的各方人员有:
(1) 被告;
(2) 大学出庭代讼人或负责案件陈述的其他人员;
(3) 任何由特别法庭自行或应申请纳入作为一当事人的人员。

3. 在涉及特别法庭听证会事务中或在特别法庭听证会上,被告或任何由特别法庭纳入作为一方当事人的人员有权委托他人作其代理人,无论该代理人是否具有法律专业资格。

4. (传唤)在不晚于约定的听证会日期以前 14 天(或书记与各方当事人约定的更短的时期),特别法庭的书记应向各当事人发出:
(1) 听证会通知。通知包括有关下列事件的信息和指导:出席听证会、传唤证人、出示文件、委托他人代理和书面陈述。
(2) 一份某项或多项指控的副本和第 1 条中列明的其他信息。

5. 案件陈述人的职责有:安排传唤证人和出示文件,整体负责向特别法庭恰当陈述该案件。

6. 除已根据第 1 条发出通知的文件和证人,未经特别法庭批准,案件陈述人不得传唤其他证人或出示其他文件。且除非有正当理由,不得作出此项批准。如果此新的引证得到批准,应准许被告休会足够长的时间来考虑此新证据和作出反应,并酌情提出新的证据。

7. 只有被告和听证会的其他当事人及其代理人有资格出席口头听证会,一项指控才可终止。

8. (旁听许可)主席可自行决定特别法庭公开还是秘密审判。但若被告要求秘密审判,则特别法庭应秘密审判。在其认为适当的情况下,特别法庭可在同一场听证会上听取对两名或更多人员的指控。

9. 尽管第 1 条有所规定,在任何有资格出席的人员缺席的情况下,特别法庭有权继续听证会。如果认为为了维护秩序必须禁止某人出席听证会,主席有权发出此项禁令。

10. （1）如果某人因某行动或行为受到或可能受到法庭指控，且该行为或行动正是大学特别法庭上的诉讼标的，则该项事实不影响章程 U 第三章赋予特别法庭的裁判权或职权。但特别法庭也可考虑将此事务移交给警察。且如果移交了该事务，特别法庭在合理期间内应暂停诉讼以执行某项指控。

（2）任何法庭据以判决一项被控罪行的证据，或任何法庭裁决可证明某项被控罪行的证据，应在大学特别法庭的任何诉讼中被采纳以证明此人犯罪或因某行为或行动犯有被控或被判的罪行。

11. （举行听证会）特别法庭上听证会的各当事人或其代理人，有权作开庭陈述、提出证据、传唤证人、就有关证词询问证人和在证人给出证词后在特别法庭上作陈述。

12. 根据章程 U 和这些条例的规定，特别法庭有权规范自身程序。主席可为诉讼的每一阶段设定时间限制；自行决定推迟或中止特别法庭的任何会议。对于某项指控，特别法庭和主席有义务确保在可行情况下尽早举行听证会并作出判决。

13. 若诉讼程序中无人作出行动，特别法庭有权撤销指控。对于根据章程 U 第三章发起的指控，特别法庭有权将其发回校长处重审。

14. 除非已确认该指控证据确凿，特别法庭不得判决某项指控成立。

15. （处罚）若判决某项指控成立，在允许各方就拟作出的处罚进行陈述后，特别法庭应依据章程 B 第六章第 4 条的规定处以合理的处罚（如果有的话）。在根据章程 U 发起的指控案例中，则须依据章程 U 第三章第 13 条的规定。特别法庭或主席（视具体情况而定）有权实施该处罚。

16. 特别法庭书记有权全程出席听证会和特别法庭的任何会议并充分记录特别法庭的所有诉讼。

17. （决议）特别法庭的决议应在一份主席签署的文件中予以记录。该文件包含：

（1）特别法庭的关于某指控的事实裁定书；

（2）特别法庭的决议的理由；

（3）特别法庭决定的处罚（如果有的话）；

（4）酌情由特别法庭或主席实施的处罚（如果有的话）。

18. 特别法庭的书记须向校长、被告和听证会其他当事人递送一份第 17 条所列文件的副本。同时还应向被告发放一份有关上诉的章程 U 第 5 节的复印件。

19. 凭借手头的证明文件，主席有权更正特别法庭决议记录文件中任何因偶然过失或疏忽造成的书写错误。

纪律法庭

任命纪律法庭成员

1. (组建法庭)如果大学出庭代讼人决定在纪律法庭上对某成员发起一项指控,则根据第8条和第9条的规定,被控者有权选择对于此诉讼,在主席以外,法庭须包括两名摄政院成员和两名学生代表,或者四名摄政院成员。如果在指控通知发出后7日内,该人员未能通知法庭书记其选择,则根据第8条和第9条的规定,法庭将其人员构成确定如下:主席、两名摄政院成员和两名学生代表。

2. (专家组)校务理事会应设立一个专家组,下文中称专家组(1)。该专家组由根据章程B第六章第9条有资格并愿意担任纪律法庭主席的人员组成。每年的米迦勒学期中,校务理事会须任命恰当数量的人员成为此专家组成员,专家组成员自任命后的1月1日起任职一年。校务理事会成员不得作为专家组(1)成员人选。

3. 校务理事会应设立一个专家组,下文中称专家组(2)。该专家组由愿意成为纪律法庭和简易法庭成员的摄政院成员组成。每年的米迦勒学期中,校务理事会须任命十名人员成为此专家组成员,专家组成员自任命后的1月1日起任职一年。校务理事会或七人法庭的成员不得作为专家组(2)成员人选。

4. 校务理事会应要求每个院学生会委员会在每年划分米迦勒学期前提名一名有资格的独立学院成员。校务理事会将任命该成员为专家组成员,下文称专家组(3)。该专家组成员都是将成为纪律法庭和简易法庭成员的学校学生。如果某独立学院没有学生会委员会,该项任务将交给校务理事会认为最类似于院学生会委员会的机构。有资格的独立学院成员指愿意成为专家组(3)的学院学生成员,且其正在完成其住校学期,或已完成规定的住校学期但还在校内攻读某项课程或进行某项研究。每年的米迦勒学期最后一天前,校务理事会应公布其任命为专家组(3)成员的人员名单。被任命的人员自任命后的1月1日起任职一年。但如果根据此条例的定义,某成员不再具有独立学院成员的资格,则应终止其专家组(3)成员资格。

5. (主席)每年的12月31日前,校长须在专家组(1)中任命一名成员为主席,自任命后的1月1日起任职一年。在作出此项任命时,校长应设法选择一名非摄政院成员。在特定案例中,如被任命者不能胜任或不愿出任主席,则校长应任命另外一名专家组(1)成员在该案例中出任主席。

6. (组建法庭)一旦收到主席针对某特定案件的指示,特别法庭的书记应立即向所有专家组(2)成员发出书面通知,必要的时候还应通知所有专家组(3)成员,告知其约定的开庭日期、时间和地点并要求其于通知发出后第5天的下午5点以前回复其是否能够和愿意出席。对于已通知书记其能够并愿意出席听证会的专家组(2)成员和专家组(3)成员,主席应根据第 1 条的规定,通过抽签方式从中指定出特别法庭的其他成员。然后,书记应告知被指定者其将听审的一项或多项指控及被告的姓名。主席应以同样方式从专家组(2)成员和专家组(3)成员中指定三名法庭预备成员。在诉讼开始时,预备成员应到场。当法庭某成员未能出庭,或某成员不再能够或愿意出庭,或主席根据第 7 条批准了对某成员资格的抗议,则必要情况下可通过抽签方式从预备成员中选出一人取代法庭成员。诉讼开始后,不得替换任何法庭成员。

7. 在纪律法庭上受到指控的人员有权因正当理由要求任何法庭成员回避此诉讼。对于此回避申请,主席可自行裁定,且主席的决定即为最终决定。

8. 如果诉讼开始时,主席未能通过第 6 条中规定的程序从专家组(2)或(3)中指定出恰当数量的成员,则其应从专家组中任命出足够数量的成员以填补空缺席位。如果判定无法立即从专家组(3)中任命一名或多名成员,主席可从专家组(2)中任命一名或多名成员以填补空缺席位。

9. 在任何情况下,如果没有足够数量的专家组(2)成员或专家组(3)成员能够并愿意出庭,校长应从摄政院成员中任命恰当数量的人员以填补空缺席位。

程 序 规 则

1. (传唤)纪律法庭的书记应向任何在法庭上受到指控的人员发出书面通知,以告知:
(1) 其受到的控告;
(2) 出庭的日期、时间和地点。
并提醒其注意法庭成员任命规章的规定,该规定赋予被告选择法庭人员构成的权利。还应向被告所属独立学院的院长和原告递送该通知的副本。

2. (旁听许可)主席可自行决定法庭公开还是秘密审判。但若被告要求秘密审判,则通常情况下,主席应满足其要求。在其认为适当的情况下,特别法庭可在同一场听证会上听取对两名或更多人员的指控。如果法庭秘密审判,下列人员有权出席:被告、被告的导师(或导师任命的代理人)、被告所属独立学院院长(或院长任命的代理人)、大学出庭代诉人、原告及任何指定为被告、原告和大学出庭代诉人代理人的人员。

3. (旁听执行)尽管第 2 条有所规定,在任何有资格出席的人员缺席的情况下,纪律法庭有权继续审判,无论审判公开还是秘密进行。如果认为为了维护秩序必须禁止某人旁听,主席有权发出此项禁令。

4. 根据章程 B 第六章第 20 条,主席不得收取任何超过 175 英镑的罚款。

5. (提供证据的责任)除非确认某项指控有确凿的证据,纪律法庭不得判决该指控成立。

6. (处罚即时生效)法庭的处罚即时生效。但法庭主席和七人法庭主席都有权中止此项处罚直至七人法庭得出关于法庭决议上诉的结论。

7. (上诉)任何向纪律法庭上诉的人员须向教务长发出书面通知。通知应说明上诉的理由及上诉是针对简易法庭整个裁决还是某特定部分的裁决。未经纪律法庭批准,上诉人不得以未在上诉通知中列出的理由发起上诉。

简 易 法 庭

1. (法庭人员构成)应根据章程 B 第六章第 17 条的规定设立简易法庭。除非第 6 条和 7 另有规定,其人员构成如下:主席、一名摄政院成员和一名学校学生成员。两名法庭成员构成法定人数。法庭的每项裁定和处罚决议须征得至少两名法庭成员的同意。

2. (主席和副主席)主席和副主席应由校长在每年的米迦勒学期中任命,自任命后的 1 月 1 日起任职一年。主席和副主席都须是具有法律专业资格的评议会成员。

3. (组建法庭)在方便的情况下,简易法庭主席应尽快在四旬斋学期中任命另外两名简易法庭成员,任期至任命后的 12 月 31 日。任命方式为在纪律法庭专家组(2)和专家组(3)成员中抽签决定。

4. 在简易法庭上受到指控的人员有权因正当理由要求任何法庭成员回避此诉讼。对于此回避申请,主席可自行裁定,且主席的决定即为最终决定。

5. 任何情况下,如主席不能或不愿意行权,副主席应代替主席行权。在某特定案件诉讼中,若某成员不再能够或愿意行权,或主席根据第 4 条批准了对某成员(主席除外)资格的抗议,则主席应通过抽签方式从相应的专家组中选出一人取代法庭成员。

6. 如果根据此规章,主席只任命出一名法庭其他成员,则法庭应以两人法庭行权。

7. 如果根据此规章,主席未能任命任何法庭其他成员,则主席一人组成法庭。且不论第 1 条有何规定,主席有权行使法庭的任何权力。

8. (书记)教务长或其正式指定的代理人应出任简易法庭的书记。

9. (传唤)如果大学出庭代讼人决定某项指控应由简易法庭受理,其应向法庭书记提交以下材料以供其送达被告:

(1) 一项通知,告知被告其被控罪行;如果罪名成立,还应列明任何大学出庭代讼人认为合理的罚款金额(不超过 175 英镑)和赔偿金额(不超过 250 英镑);

(2) 一份事实认定书,如果被告未出庭,应由大学出庭代讼人或以大学出庭代讼人名义在庭上出示该事实认定书。

10. 法庭书记应立即将大学出庭代讼人提交的通知和认定书的副本送达被告并书面通知被告:

(1) 确定的听证会日期、时间和地点;

(2) 在被告不在场的情况下,根据下面的第 11 条,法庭宣判的权力。

书记可应要求被告书面声明：
(1) 其是否承认被控罪行；
(2) 其是否对大学出庭代讼人通知中规定的罚款或赔偿金额有异议；
(3) 其是否打算出席听证会。

而且，如果被告不打算出席听证会，应要求其就希望法庭关注的事实递交书面材料。

11. （执行受理）如果法庭确认第9条和第10条中规定的程序已执行，应在被告不在场的情况下进行审理和判决，无论大学出庭代讼人是否在场。只是：
(1) 法庭不得允许任何事实认定书由大学出庭代讼人或以大学出庭代讼人名义给出，根据第9条和第10条送达被告的认定书除外；
(2) 法庭不得对被告处以超过大学出庭代讼人根据第9条(1)限定金额的罚款或赔偿；
(3) 法庭可在任何时间休庭并要求被告出庭。

12. 法庭主席可自行决定法庭公开审理或秘密审理。

13. （推荐至纪律法庭）若作为初审法庭受理某起案件，简易法庭有权在任何时候征得被告同意后，不继续举行听证会并要求大学出庭代讼人在纪律法庭上提起控告和陈述案件。

14. （罚款上限）对于某项单独违规行为，简易法庭不得对任何人员处以超过175英镑的罚款或超过250英镑的赔偿。

15. （对简易法庭决议的上诉）作为初审法庭，简易法庭若判决某人罪名成立，该人员若想根据章程B第六章第17条向纪律委员会上诉，则其须在法庭发出决议通知后28日内向简易法庭书记书面申请上诉的许可。

16. （处罚即时生效）法庭的处罚即时生效。但简易法庭主席和纪律法庭主席都有权中止此项处罚直至纪律法庭得出关于简易法庭判决上诉的结论。

17. （向简易法庭上诉）作为上诉法庭，简易法庭应受理任何满足下列条件人员的上诉：根据章程B第六章第11条，此人在纪律法庭管辖范围内；学校某机构（纪律法庭除外）依据章程、某项法令或某项根据法令制定的规则对此人作出了一项处罚。该人员应在学校有关机构发出处罚通知后28日内向简易法庭书记递送一份书面通知，要求向简易法庭上诉。简易法庭有权废除该判决，或在有关机构职权范围内改变量刑。简易法庭的决议即为最终决议。

18. 诉讼过程中，法庭上的被告和上诉人只能委任在校居住的摄政院成员或学校学生作为其代理人。

19. 除了由章程B第六章和这些规章的规定订立的法庭程序，其他程序应由法庭主席订立。

医学委员会

1. 如果根据章程 U 第四章第 5 条设立了一个医学委员会来受理某案件,则:
（1）有关主管当局应任命一名人员向委员会陈述案件；
（2）委员会主席应任命一名人员为委员会书记。

2. 如果诉讼开始后,某委员会成员不再能够或愿意继续行权,校长应解散该委员会并依据章程 U 第四章第 5 条的规定组建一个新的委员会。

3. （当事人）医学委员会听证会的当事人有:
（1）委员会正在考虑其可能因医学原因退休的人员,以下称相关人员；
（2）任命的向委员会陈述案件的人员。

4. 在涉及委员会听证会的事务中或在委员会听证会上,相关人员有权委托他人作其代理人,无论该代理人是否具有法律专业资格。

5. 任命的向委员会陈述案件的人员应向委员会书记提交一份书面的案情陈述或任何相关的医学证明。连同通知一起还应提交所有拟出示的文件、一份所有拟传唤的证人名单及证人将提供的证词。

6. 委员会主席须安排举行一场委员会听证会,具体日期、时间和地点由主席决定。在听证会开始前任何时间,主席有权应情势所需,取消既定的听证会,并选定新的日期、时间和地点来举行听证会。

7. （传唤）当某场听证会安排既定,委员会书记应在不晚于约定的听证会日以前 14 天（或书记与各方当事人约定的更短的时期）向相关人员和根据第 4 条任命的代理人发出听证会通知。该通知包括:
（1）有关下列事件的信息和指导:出席听证会、传唤证人、出示文件、委托他人代理和书面陈述；
（2）一份案情陈述和第 5 条中列明的其他信息。

8. 案件陈述人的职责有:安排传唤证人和出示文件,整体负责向委员会恰当陈述该案件。

9. 除已根据第 5 条发出通知的文件和证人,未经委员会批准,案件陈述人不得传唤其他证人或出示其他文件。且除非有正当理由,不得作出此项批准。如果此新的引证得到批准,应准许被告休会足够长的时间来考虑此新证据和作出反应,并酌情提出新的证据。

10. 只有被告和听证会的其他当事人及其代理人有资格出席口头听证会,一项指控才可终止。

11. （举行听证会）尽管第 10 条有所规定,在有关人员或其代理人缺席的情况下,委员会有权继续听证会。如果认为为了维护秩序必须禁止某人出席听证会,主席有权发出此项禁令。

12. 委员会听证会的各当事人或其代理人,有权作开庭陈述、提出证据、传唤证人、就有关证词询问证人和在证人给出证词后向委员会作陈述。

13. 根据章程U和这些条例的规定,委员会有权规范自身程序。主席可为诉讼的每一阶段设定时间限制;自行决定推迟或中止委员会的任何会议。对于一宗案件,委员会和主席有义务确保在可行情况下尽早审理并作出判决。

14. 委员会不得裁定任何人员无行为能力而因医学原因正当解职,除非其确认该人员无行为能力证据确凿。

15. 委员会书记有权全程出席听证会和委员会的任何会议并充分记录委员会的所有诉讼。

16. (决议)委员会的决议应在一份主席署名的文件中予以记录。该文件包含:

(1) 委员会的医学调查结果;

(2) 委员会的其他事实认定;

(3) 委员会决议的理由。

17. 委员会书记须向有关人员、有关人员的代理人(如果有的话)和负责向委员会陈述案件的人员递送一份第16条所列文件的副本。同时还应向有关人员发放一份有关上诉的章程U第5节的复印件。

18. 凭借手头的证明文件,主席有权更正委员会决议记录文件中任何因偶然过失或疏忽造成的书写错误。

七 人 法 庭

1. (成员任命)除非章程U第五章第3条有规定,七人法庭法庭成员应任命如下:

(1) 主席须于米迦勒学期中任命,自任命后的1月1日起任职四年;

(2) 每年的米迦勒学期中任命三名七人法庭成员,其自任命后的1月1日起任职两年。

2. 教务长或其任命的代理人应出任七人法庭的书记。

3. (上诉通知)任何拟根据章程B第六章或章程U第五章的规定向七人法庭上诉的人员须向七人法庭的书记发出书面通知。通知应说明上诉的理由及上诉是针对某事实认定书整体还是某特定部分。未经七人法庭批准,上诉人不得以未在上诉通知中列出的理由发起上诉。

4. 若某人员向七人法庭提起上诉,七人法庭的主席须安排举行一场上诉听证会,具体日期、时间和地点由主席决定。在听证会开始前任何时间,主席有权应情势所需,取消既定的听证会,并选定新的日期、时间和地点来举行听证会。

5. (当事人)上诉的当事人有:

(1) 上诉人;

（2）① 在针对主管当局根据章程 U 第二章所做决议的上诉案件中，该主管当局即为当事人；

② 在针对大学特别法庭、学校任何其他法庭或医学委员会所做决议的上诉案件中，或在起因于上述机构诉讼的上诉案件中，大学出庭代讼人或负责向特别法庭或其他机构陈述案件的其他人员即为当事人；

③ 在针对学校任何其他机构的所做纪律性决议的上诉案件中，相关机构即为当事人；

④ 在针对解雇某学校职员（依据章程 U 第二、三、四章作出的解职除外）的上诉案件中，主管当局即为当事人。

（3）任何由七人法庭或七人法庭主席纳入作为一方当事人的人员，无论其是否主动申请。

6. 如果某场听证会安排既定，书记应立即向各当事人发出：

（1）听证会通知。通知包括有关下列事件的信息和指导：出席听证会、出示文件、委托他人代理和传唤新证人；

（2）一份上诉人根据第 3 条发出的通知的副本。

7. 在涉及听证会的事务中或在听证会上，任何当事人有权委托他人作其代理人，无论该代理人是否具有法律专业资格。

8. 只有原告及其代理人（如果有的话）有资格出席口头听证会，一项上诉才可终止。

9. （旁听许可）主席可自行决定七人法庭公开还是秘密审判。但若上诉人要求秘密审判，通常情况下，主席应满足其要求。在其认为适当的情况下，七人法庭可在同一场听证会上受理两名或更多当事人的上诉。

10. 尽管第 8 条有所规定，在任何有资格出席的人员缺席的情况下，七人法庭有权继续听证会。如果认为为了维护秩序必须禁止某人出席听证会，主席有权发出此项禁令。

11. （举行听证会）七人法庭听证会的各当事人有权发表声明和向七人法庭作陈述。但未经七人法庭批准，不得传唤证人。如果七人法庭确认为了公正起见需要批准提出新证据或重新传唤初审中已讯问的证人，可作出该批准。

12. 根据章程 B 第六章、章程 U 第五章和这些规章的规定，七人法庭有权规范自身程序。主席可为诉讼的每一阶段设定时间限制；自行决定推迟或中止七人法庭的任何会议。对于某项上诉，七人法庭和主席有义务确保在可行情况下尽早举行听证会并作出判决。

13. 七人法庭的主席不得根据章程 B 第六章第 20 条对任何人员处以超过 175 英镑的罚款。

14. 七人法庭有权批准或驳回上诉。若诉讼程序中无人作出行动，七人法庭有权驳回该上诉或依据章程 U 第四章第 8 条将其发回重审。

15. 七人法庭书记有权全程出席听证会和七人法庭的任何会议并充分记录所有诉讼。

16.（决议）七人法庭的决议应在一份主席署名的文件中予以记录。该文件包含：

（1）与学校任何其他机构考虑案件后所得结论不同的事实认定书；

（2）七人法庭决议的理由；

（3）七人法庭决定的任何处罚。

17. 七人法庭书记须向校长、原告和上诉的其他当事人递送一份第16条所列文件的副本。

18. 凭借手头的证明文件，主席有权更正七人法庭决议记录文件中任何因偶然过失或疏忽造成的书写错误。

申诉委员会

1. 如果根据章程U第六章第8条成立了申诉委员会，委员会主席应要求受害人和任何申诉对象向委员会提交一份书面陈述。

2. 只有举行了一场口头听证会，申诉才可被处理。在听证会上，受害人和任何申诉对象都应有机会陈词并有朋友或代理人陪伴。

3. 经过适当的考虑后，申诉委员会如果认为该项申诉是合理的，可提出其认为合理的申诉补救提案。

学 生 投 诉

校务理事会应出台并审查一项学校学生成员投诉处理程序。

校务理事会批准的学生投诉程序

学校致力于向学生提供高品质的教育和其他服务，并鼓励学生就个人或总体事务讲出自己担心的理由。学校保证认真对待此类陈述。为了合理地提出投诉，学生应知道自己作为学生成员承担的义务并确保自己遵守了义务。

学校致力于以和谐、公正和高效的方式处理投诉，鼓励非正式调解，促进纠纷尽早解决，保护个人隐私和机密并允许有用的反馈。

该程序适用于所有被录取为学校学生的人员、本科生和研究生。未录取的学生也有相应的程序（如通过继续教育委员会投诉）。

通常情况下，投诉针对学生在学校提供的教育和其他活动或服务中遇到的问题。尽管有些投诉是针对个人或学校机构的，但投诉并不一定要针对任何实体，无论是人员还是机构。很多事务由其他具体程序规定（如研究生和本科生考试结果审查程序或种族歧视和性骚扰处理守则），主要针对此类事务的投诉应依照该相应程序提出。

由于投诉程序的主要目标是尽可能的解决问题,投诉应尽快提出并力图快速和非正式地解决问题。因此,投诉程序有3个阶段,但校务理事会希望大多数问题能在前2个阶段——建议和非正式过程中得到解决。3个阶段分别为:

(1) 讨论和建议;
(2) 非正式程序;
(3) 正式程序。

后面段落将对每个阶段作出描述。

还有一个委员正式准巡查检阅系统。

程序的一些基本点

在一项投诉中,学生应被公平且独立地考虑。学生和被投诉者的权利都是重要的,应保持二者的平衡。应尽力确保双方受到公平而体面的对待。除非明确表示,否则不应认为投诉可能是针对学校的。关于投诉建议的规定有别于关于投诉处理和裁定的规定。学生不应因真诚地提出投诉而遭到报复,某学生若认为自己遭到了报复可将此事披露。如果发现某项不成立的投诉是恶意中伤,学生可诉诸纪律性程序。

在阶段1、2和3中的任何时候,征得专门小组主席的同意后,学生可撤销投诉或停止投诉程序。个人隐私应得到尊重。未经学生同意,不得传播有关该生的保密信息,特殊情况除外(例如向警察报告某指称罪行)。学生可自由选择顾问和代理人,二者应为同一个人。通常情况下,此人应为独立学院的导师,但学生可根据自身喜好自由选择其他人员。投诉应立即得到处理,如果未能立即得到处理,应确保该延迟不会影响决议的公平性。通常情况下,较小的投诉应在早期阶段得到解决。

尽管几个受波及的学生可联合提出投诉,但也只有受波及的学生才能提出投诉。通常情况下,一项特定投诉不能同时按照学校和独立学院程序进行。

如果某项投诉成立,须有令人满意的补救措施或结果。包括:

(1) 一个充分的解释;
(2) 道歉(并不仅是承认负有责任);
(3) 纠正的事务(如果可能的话);
(4) 恰当情况下的一些经济补偿(例如学生已付款却未收到东西);
(5) 恰当情况下可采取的纪律性行动。

应对所有投诉进行书面记录。学生有权查阅与自己相关的已递交文件,投诉中涉及的人员应被告知有此项规定。记录应对其他人员保密。应向校务理事会和学部总委员会提交年度报告,匿名报告所有个案。

阶段1:讨论和建议

1.1　尽早寻求关于问题的建议是非常重要的。早期建议经常可迅速和非正式地解决问题。

1.2　通常情况下,学生可向独立学院职员如导师或研究处主任寻求建议。

研究生还可向其学校指导教师寻求建议。

其他可能性包括：

学校教学人员中的相关成员；

学校咨询服务处；

残疾人士服务中心；

学校各学部或系内的有关顾问；

剑桥大学学生会职员（如福利管理职员、学术事务管理职员或女性职员）或研究生会主席；

各学部或系的行政人员；

中央机构的恰当官员（如对于研究生来说，研究生教育委员会办公室内的职员）。

1.3 学生有望得到以下建议：如何开展某项恰当行动和应寻求哪些恰当的补救措施。学生还有机会考虑是否真的有需要提交的投诉。在此情况下，学生可决定是否继续进行程序和怎样进行。

阶段2：非正式程序

2.1 待处理的投诉尽快在"地方"级别（在系、学部或相关的学校服务处内）上提出是符合学生利益的。若有延误，学生应解释原因。如果可能，学生应书面记录投诉（阶段3中书面陈述的建议可能会对此有所帮助）。

2.2 如果可能，学生直接向拟投诉事件的负责人提出投诉。如果投诉是针对该人员的行为，直接投诉就不那么容易。如果出于某种原因，学生不能单独直接接触该人员，则其应要求其他人员陪同前往，或向有关组织内的另一名成员提交投诉。

2.3 如果可能，应达成并实施一项合适的解决方案以解决问题。

2.4 如果学生对此非正式程序的结果不满意，可考虑是否通过阶段3正式提出投诉。

阶段3：正式程序

3.1 在开始一项正式投诉前，学生应尝试所有的非正式途径。如果没有尝试，应说明理由。充分的理由是：问题相当严重或非正式提出时有关机构拒绝受理。非正式程序适合用于处理许多问题。但如果某投诉包含非常严重的指控，尤其是被投诉者须有机会就该事务给出自己的观点，有必要将该事务直接提交至阶段3。如果还有未尝试的非正式途径，某项正式投诉应诉诸非正式解决方案。

3.2 拟提出正式投诉的学生应以书面方式提出投诉。书面陈述为正式程序的开端，其应对投诉的事件作出描述，包括日期、事件及其他详细情况。有必要表明在对学生履行某项学校义务时有些地方出现错误，且该生因此遭受了不当对待。该陈述应包含：

被投诉的人员姓名或学校机构的名称（但投诉并不一定要针对某人员或机构）；

支持投诉的证人的姓名，每个证人应书面声明其同意该投诉；

文件证据,同时应列出一份内容清单并标明页码数;

一份学生希望采取的行动或寻求的补救措施的概要;

将希望在任何会议或听证会上陪同、支持或代表该学生的人员姓名(如有必要);

学生与相关的顾问(例如段落1.2中列出的人员)讨论投诉的书面陈述总是明智的。投诉应提交给剑桥大学旧校建筑教务长办公室①。

3.3 投诉将被提交给与学生所属独立学院或系无联系的某审查人以供其考虑。如果学生愿意,审查人可与一名学生顾问协作,该学生顾问也与学生所属独立学院或系无联系。

3.4 校务理事会将设立一个准审查人专门小组和准学生顾问专门小组。对于某特定投诉,教务长或其代理人可指定一名审查人。必要情况下,还可指定一名学生顾问。如有正当理由,学生可以反对某被指定的人员的成员资格,教务长或其代理人应对此项反对意见作出裁决。

3.5 投诉的书面陈述也将提交给任何相关人员或学校机构,以便其能根据自己的意愿作出书面反馈供审查人和学生顾问参考。

3.6 通常情况下,审查人将亲自听取投诉的陈述。但审查人也可决定根据递交的书面材料处理此投诉而不举行听证会。如果举行听证会,学生可由顾问或朋友陪同。

3.7 审查人将发布一份报告。如果有学生顾问,学生顾问将在此报告上补充任何评论。报告将包含投诉事实认定书,还可提出关于补救措施的建议以供采纳或建议其他可采取的行动。

3.8 审查人可终止诉讼,决议一项投诉是诬告或琐屑无聊,或将投诉移交以阶段2中的非正式程序解决。

3.9 在阶段3中,法律代表和法律咨询不是必要的。

3.10 审查人将不(无须征得相关人员的同意)考虑投诉学生、审查人、任何相关人员或学校机构无法获得的文件和信息。若投诉学生、任何相关人员或机构作出请求,审查人可要求公开此类文件。审查人力求对公开文件的保密性进行恰当的保护。

3.11 教务长或其代理人,将任命一名行政职员以协助审查员。该职员有权全程出席整个诉讼过程中所有的听证会,并准备报告草案。如果认定学校内的审查和投诉程序已完结,鉴于投诉人可能要向独立裁定者办公室(QIA)作进一步申请,该职员应发布"诉讼完结"文书。

时限

除非审查人在特殊情况下因特殊的正当理由批准,开始于阶段2和3的投诉应在所投诉事件发生后3个月内提出。在阶段2之后的阶段3投诉应在阶段2完结后3个月内提出。

---

① 教务长办公室地址在剑桥的旧校建筑(Old Schools)。——校者注

决定医学学生是否符合临床前与
临床医疗实践要求的程序

1. 为了确保临床前和临床医疗实践的学生适合从事医疗实践,须以下列规章约束其程序。

2. (医学学生登记簿)生物学和临床医学学部委员会应通过医疗实践适合性委员会设立一本医学学生登记簿。该委员会根据第5条组建。

3. (裁定委员会)若某医学学生身染重病或有不当行为,关于其适合性的问题,委员会应指派一个医疗实践适合性裁定委员会来决定是否将该生姓名从医学学生登记簿上剔除。该裁定委员会的人员构成参照第12条,他们应向医疗实践适合性委员会提出建议。

4. 若医疗实践适合性委员会决议将某生从医学学生登记簿上剔除,则根据第15条,该生有权针对此项决议向医疗实践上诉特别法庭上诉。

医疗实践适合性委员会,医疗实践适合性裁定委员会,
医疗实践适合性上诉特别法庭

医疗实践适合性委员会

5. (人员构成)医疗实践适合性委员会的人员构成如下:

(1) 临床医学系医学教育处主任;

(2) 生物学系医学和兽医学教育处主任;

(3) 剑桥大学医学研究生课程处主任;

(4) 一名由临床医学学部委员会任命的临床学学部职员(应出任秘书);

(5) 学校职业保健医师(或其代理人);

(6) 一名高级导师委员会任命的人员;

(7) 四名临床医学学部委员会任命的人员。其中两名应为在综合医学委员会注册过的执业医生;另外两名是业外人士,其中一位应该具有国民健康服务信托基金会非执行董事经历;

(8) 一名生物学学部委员会任命的成员。

6. 上述第(5)至(8)类成员须在每年的米迦勒学期中任命,自任命后的1月1日起任职三年。

7. (主席)委员会的主席由临床医学学部委员会从委员会第(6)、(7)或(8)类成员中任命。

8. (委员会职责)医疗实践适合性委员会的职责如下:

(1) 代表生物学和临床医学学部委员会设立一本医学学生登记簿,考虑学生的健康状况和行为后,将其认为适合从事医疗实践的学生添加到登记簿中;

(2) 制定并审查一项供医学学生遵守的行为准则；

(3) 任命医疗实践适合性专家小组成员，并保留一份此类成员的名单；

(4) 从专家小组中任命一些成员加入医疗实践适合性裁定委员会，考虑是否将某人从医学学生登记簿中剔除的个案时，裁定委员会有必要举行会议；

(5) 审查医学学生登记簿程序，并向生物学和临床医学学部委员会建议修改程序。生物学和临床医学学部委员会应向学校报告所做修改。

9. 委员会每年至少要在米迦勒学期中及有事务需要商议时举行一次会议。五名成员可构成法定人数。委员会须向生物学和临床医学学部委员会和医学教育委员会提交所有会议的记录。

医疗实践适合性专家小组

10. 委员会应任命至少十名校务理事会成员加入医疗实践适合性专家小组。这些人员包含但不仅限于生物学习系和临床医学系成员，还可包含有从医资格的人员。每年应在《剑桥大学通讯》上刊发此专家小组成员名单。

11. 委员会成员不得加入该专家小组。

医疗实践适合性裁定委员会

12. （成员）医疗实践适合性裁定委员会由医疗实践适合性委员会任命的三名成员组成，该裁定委员会的职责包括：考虑是否将某生从医学学生登记簿中剔除的个案；向医疗实践适合性委员会建议是否保留该生登记资格。这三名人员应从医疗实践适合性专家小组中选出，且应包含：

(1) 在小组中抽签选出一名人员任主席；

(2) 一名由医疗实践适合性委员会提名的有从医资格的人员；

(3) 一名由医学学生提名的有从医资格的临床医学系成员。

13. 任何与此案有关联或在此案中有利害关系的人员及该医学学生的现任教师不得成为裁定委员会的成员。

14. （书记）该医学学生所属系的学部委员会书记或其提名的代理人，应出任裁定委员会书记。

医疗实践适合性上诉特别法庭

15. 医疗实践适合性委员会应设立两个专家小组——专家小组(1)和专家小组(2)。医疗实践适合性上诉特别法庭成员将从这两个小组中任命。专家小组成员如下：

小组(1)：有法律专业资格或有行使司法权利经验的人员，且其不是现任理事会成员。

小组(2)：摄政院成员，且其不是现任医疗实践适合性委员会小组成员、生物学系成员或临床医学系成员。

医疗实践适合性委员会应在每学年的米迦勒学期中任命其认为恰当数量的专家小组成员，此类成员自任命后的1月1日起任职一年。

16. 应任命一个医疗实践适合性上诉特别法庭，受理医学学生针对医疗实践适合性委员会决议提出的任何上诉。特别法庭可维持、撤销或修改委员会的决

议,也可将其发回重判。上诉法庭由以下三名成员组成:

(1) 从专家小组(1)中抽签选出的一名人员,任委员会主席;

(2) 从专家小组(2)中抽签选出的两名人员。

17. 任何与此案有关联或在此案中有利害关系的人员及该医学学生的现任教师不得成为特别法庭的成员。

18. 教务长或者教务长提名的一名人员应出任该委员会的书记。

程 序 规 则

1. 考虑一名学生是否适合从事医疗实践,须严格遵守以下程序。该程序由3个阶段组成——初步措施、调查、裁定。

2. 在每一步骤中,如果:

(1)该医学学生被指称的问题明显或可能是由健康欠佳或残疾引起的,则应暂停此程序,启动后面的委员会严重健康欠佳处理程序。

或(2)任何相关机构的主席认为该医学学生可能违反了学校纪律,则根据章程B第六章,主席应暂停诉讼,将情况报告给大学出庭代讼人以供其参考。在这种情况下,只有在大学出庭代讼人根据纪律总则裁定主席不得向该生发起诉讼后,或若诉讼已开始,在学校法庭对此案做出了最终判决后,一方或双方当事人才可重新开始对此案的讨论。

诉讼中学生的地位

3. 诉讼期间,一旦收到根据第7条所提出的忧虑,医疗实践适合性委员会主席在酌情咨询国民健康服务信托基金会有关职员后或主要全科医生后,有权对所关切的医学学生作出如下裁决:

(1)让其不受限制地继续其研究;

(2)让其在规定的限制和条件下继续其研究;

(3)禁止其作为一名医学学生进入规定的临床设施;

(4)暂时将其从医学学生登记簿中剔除,进而中止其临床学的课程。

4. 诉讼期间,主席可审查和更改对某学生地位的决议。

5. 如果某医学学生不满主席的决议,可以请求全体委员对此作出裁定。在裁定未决以前,主席的决议仍是有效力的。

6. 如果主席与当前案件有关联或在此案中有利害关系(因为程序的规则而牵涉入内的除外),则在审理过程中主席应从委员会中回避并任命另外一名委员会成员代其履行主席职责。在此情况下,此程序规则中提到的主席应视为该委员会成员。

初步措施阶段

7. 任何对某医学学生可能不适合从事医疗实践的忧虑都应以书面形式向委员会书记提出,同时应注明作者的姓名和地址并签字。匿名指控将不予考虑。

8. 收到任何书面且有署名的忧虑描述书,书记都须向委员会主席报告,并确定该生是否有会影响后续程序的残疾及是否需要采取适当的措施以保证该生不受歧视。

9. 根据上面第 7 条,忧虑第一次提出后 3 个月以内,主席应决定:此事件是否能够以及应该以非正式方式处理;或是否需要开展下面第 13 条—第 17 条中规定的调查;或是否需要根据上面第 3 条采取任何行动。在 3 个月期满前,主席可首先决定以非正式方式处理该事件,接着决定开展下面第 13 条至第 17 条中规定的调查和根据上面第 3 条需要采取行动。

10. 适当咨询后,如主席裁定有证据确凿的违反学校纪律的行为,则可以根据上面第 2 条(2)采取行动。

11. 主席须决定是否向警察提交报告。

12. (章程 B 第六章规定的程序)如果大学出庭代诉人根据章程 B 第六章对该医学学生发起诉讼,大学法庭的任何后续的裁定都可以视为下面第 13 条至第 36 条规定程序中的证据。如果学校法庭裁定对该生的指控成立,则在下面第 13 条至第 36 条规定程序中,该裁定可作为该生违反学校纪律的确证。

调查阶段

13. 一项调查开始后,委员会书记应书面通知相关的医学学生及该生所属独立学院的高级导师,表明一项关于该生医疗实践适合性的调查将展开。给学生的文书中应表明根据上面第 7 条所提出忧虑的实质及发起调查的根据。

14. (调查员)主席将此案移交给某调查员。该调查员是委员会从摄政院成员中任命的,且其此前与此案无任何关联。调查员将口头审查该医学学生、指控方和其他相关人员。调查员应对审查进行记录并准备书面报告以提交给主席。

15. 在审查期间,该医学学生可由一名大学成员或者其选择的其他代表人员陪同。

16. 根据调查员的书面报告,如果主席判断关于该学生的医学实践适合性有重要的问题需要得到确认,可根据下面的第 18 条至第 28 条,将此问题提请裁决。委员会书记应就主席的结论和裁定过程向该学生、学生的高级导师和导师发出通知。

17. 在根据自己的意愿咨询委员会其他成员后,主席若裁定没有须陈述的事件,应向委员会书记递交一份书面决议,表明无须采取进一步行动。书记应就此决议向该学生、该生的高级导师和导师发出通知。主席给书记的文书应在下次全体会议的时候提交。

裁定阶段

18. (裁定委员会)应根据医疗实践适合性委员会、医疗实践适合性裁定委员会、医疗实践适合性上诉特别法庭第 12 条至第 14 条任命一个由三名成员组成的裁定委员会。该裁定委员会应考虑调查员的报告,并代表委员会对该案件作出裁定。

19. 医学学生须亲自出席裁定委员会的会议。应至少提前 7 天就该会议的详细内容以书面形式向该生及其导师发出通知。给该学生的文书应送达该生所属独立学院和其在剑桥大学内的住所。

20. 如果该医学学生有充分的理由反对某委员会成员的成员资格,其应在委员会会议开始前以书面形式就详细情况向委员会主席发出通知。委员会主席可以考虑是否建议替换该成员并通知该学生。

21. 如果该医学学生无正当理由而缺席会议,委员会可以在该学生缺席情况下审理案件。委员会可自行决定"正当理由"的定义。

22. 委员会或该医学学生可要求知道案件相关信息的学校成员出席会议以作证。委员会还可传唤其他人员(无论其是否是现任大学成员)就此案某些具体方面举证或提供建议,既可以是书面陈述,也可以是亲自陈述。

23. 该医学学生可以选择由下列人员陪同:一名由该生提名的"朋友"(例如,一名亲戚或学生代表)、一名由该生提名的独立学院代表、法律代表(由该生自己承担费用)。

24. 该医学学生的导师(或其导师指定的代理人)即使没有根据第 23 条中被学生提名,也有权出席会议。

25. 对于整个会议或某个阶段,除非该医学学生要求会议秘密举行(此情况下,委员会主席通常应规定听证会秘密举行),或者主席认为秘密听证对所有相关人员都是有利的,否则会议应公开举行。

26. 委员会须为举行听证会订立程序。通常情况下,程序应包含:

(1) 在会议开始前,除了上面第 19 条和第 20 条规定的程序,委员会书记应向该生提供所有供委员会的成员传阅的资料的复印件,并告知其后续的程序。

(2) 委员会主席应指名介绍委员会各成员、职员及任何其他到场人员的职责。主席还应阐明委员会的权力。

(3) 委员会主席应要求调查员(或其提名的人)做开庭陈述,然后要求委员会成员询问学生。

(4) 委员会主席应要求该医学学生作陈述,然后要求委员会成员对其进行询问。

(5) 委员会主席应要求任何依照第 23 条陪同该生的"朋友"、独立学院代表和/或法律代表作陈述,然后要求委员会成员进行询问。

(6) 委员会主席应要求其他传唤出席会议的人员作简要陈述,然后要求委员会成员询问。

(7) 在上述每个阶段,委员会主席应允许各方互相质询。

(8) 当委员会主席确认委员会已完成询问,且已给予该医学学生和其他人员向委员会传递信息的充分机会,该医学学生和其他人员可退场,但委员会书记应留下来。

(9) 然后委员会应讨论案件。如果因为任何原因,委员会需要就案件的任何方面作进一步澄清,则当询问进行时,该医学学生或其他人应被全体召回。待委员会主席再次决定询问结束时,该医学学生或其他人可离场。

(10) 裁定委员会应向医疗实践适合性委员会提出建议。

(11) 建议的理由应作为委员会、医学学生、医学学生所属独立学院的高级导师、学生的导师以及相关监管机构之间的机密。

裁定的结果

27. 考虑过该案件后,委员会可:

(1) 宣布该医学学生适合从事医疗实践,并向委员会建议允许其无条件继续其课程(第一类建议);

(2) 宣布对其医疗实践适合性的忧虑是有根据的,并向委员会建议允许该生在规定条件下继续其课程学习以参加医学士二期或期末考试。此规定条件可包括建议委员会暂时将该生从医学学生登记簿上剔除(第二类建议);

(3) 宣布该医学学生不适合从事医疗实践,并向委员会建议将该医学学生从医学学生登记簿中剔除,同时向医学总会作出通报。仅当全体会员一致认为该学生不适合从事医疗实践证据确凿,一致认为将其从医学学生登记簿中剔除是合理的做法时,才可建议将其从医学学生登记簿中剔除(第三类建议)。

28. 医疗实践适合性委员须根据裁定委员会的建议作出决议。医疗实践适合性委员会书记应就该项决议以书面形式向医学学生、医学学生所属独立学院的高级导师、学生导师及相关学部委员会发出通知。当医疗实践适合性委员会考虑裁定委员的建议或作决议时,任何与当前案件有关联或在此案中有利害关系的委员会成员不得在场。

上诉

29. 对于医疗实践适合性委员会采纳第二类建议或第三类建议作出的决议,该医学学生有权向医疗实践适合性上诉特别法庭提起上诉。

30. 医学学生应在决议通知后 28 日内向委员会书记递送书面申请,要求向委员会上诉,并表明上诉的理由。一旦收到上诉申请,书记应立即向教务长报告。教务长应任命一个特别法庭来受理该上诉。在听证期间,未经特别法庭允许,医学学生无权使用未在上诉申请中列明的理由。

31. 在上诉审议期间,委员会的决定仍然是有效力的。

32. 应依据以下的程序尽快安排一场特别法庭听证会:

(1) 该医学学生可以选择由下列人员陪同:一名由该生提名的"朋友"(例如,一名亲戚或学生代表)、一名由该生提名的独立学院代表、法律代表(由该生自己承担费用)。该医学学生的导师(或其导师指定的代理人)即使没有被学生提名,也有权出席会议。

(2) 对于整个会议或某个阶段,除非该医学学生要求会议秘密举行(此情况下,委员会主席通常应规定听证会秘密举行),或者主席认为秘密听证对所有相关人员都是有利的,否则会议应公开举行。

(3) 裁定委员会的案件应由其主席或主席指定的代理人作出陈述。

33. 特别法庭应秘密考虑其决议。特别法庭的书记应全程出席听证会和决议考虑过程。

34. 特别法庭可以维持、废除、修改委员会决议,或者将其发回委员会重审。

35. 除非特别法庭成员一致毫无疑问地认为指控成立且案件的情况要求执行此项决议,否则不得维持采纳第三类建议作出的决议。

36. 通常情况下,作出决议后7个工作日内,委员会书记应尽快就所作决议和决议的理由书面通知该医学学生和其他当事人,包括:医疗实践适合性委员会主席和书记、医学教育处主任,并酌情考虑通知医学和兽医学教育处主任、学生所属独立学院的高级导师和学生导师。

可能影响医疗实践适合性的医学院学生健康严重欠佳或者残疾的处理程序

1. 医学学生有责任向其导师或者研究处主任汇报任何可能影响医疗实践适合性的疾病和残疾,并酌情考虑向医学教育处主任或者医学和兽医学教育处主任汇报。

2. 对于身体健康状况可能导致其不适合从事医疗实践的学生,应遵守如下程序:

(1) 学生的导师或者研究处主任应与医学教育处主任或者医学和兽医学教育处主任保持联络,后者应确保该医学学生得到适当的治疗。

(2) 如果疾病和残疾的实质将立刻危及病人自己或他人的安全,医学教育处主任或医学和兽医学教育处主任应通知医疗实践适合性委员会主席,主席将根据上面程序规章的第3至5条中规定的程序决定学生的地位。

(3) 如果有人依据健康欠佳或残疾提出对医学学生现在或将来医疗实践适合性的担忧,医学教育处主任和医学和兽医学教育处主任应要求大学职业健康服务和/或国民健康服务信托基金职业健康服务和/或恰当的医学专家对该生进行审查。

(4) 一旦收到职业健康服务和/或其他恰当的医学专家的报告,医学教育处主任或医学和兽医学教育处主任在考虑了报告中的任何建议后,应要求学生承诺遵守主任认为合理的安排。该安排针对管理和监督学生健康状况。如果主任认为该医学学生不可能作出承诺、不能遵守承诺、承诺后未能遵守,或者该生状况不适合作出保证,则须将此事件上报至委员会。

(5) 接到主任上报后,委员会应任命一个由三名本委员会成员组成子委员会,以根据学生的健康状况或残疾状况及委员会收到的建议对该生医疗实践适合性作出决议。

(6) 主任要求职业健康服务和/或其他恰当的医学专家提供的报告的副本,也应提供给医学学生和子委员会。该生有权向子委员会提供任何对其做过检查的专业人员所作报告的副本(除非子委员会另作要求,医学学生拟提交其报告的专业人员的数量不能超过主任要求的可提供报告的专业人员数量)。

(7) 稍后应举行一场子委员会听证会,医学学生有权在此听证会上作陈述。

除非医学学生另有要求,听证会应秘密举行。根据这些规定,子委员会应为听证会的进行订立程序。

(8) 考虑过该案件后,子委员会可通过上面程序第 27 条中列出的方式宣判。

(9) 委员会应根据子委员会的建议作出决议,由委员会书记以书面形式就委员会的裁定向医学学生、该生所属学院的高级导师和学生导师及相关学部委员会发出通知。

(10) 将上面程序规章的第 29 至 36 条稍加变通后,医学学生可依据其对委员会的决议提起上诉。

(11) 任何与当前案件有关联或在此案中有利害关系的委员会成员不得参与上述程序。

第三章 考试

荣誉学位考试

1. 学校的荣誉学位考试是指任何完整的荣誉学位考试以及荣誉学位考试所涉及的其各个部分、章节的考试。"荣誉学位考试"一词不包含与任何荣誉学位考试相关联的资格考试或者预考。

2. 任何一个成为或有资格成为评议会成员的学生或者已被登记为研究生的学生不得成为任何荣誉考试的考生。

3. 任何学生不得在同一学期内报考多项荣誉学位考试。

考生许可

1. 校务理事会应有如下权力：

（a）当依据条例某人没有资格参加考试时，校务理事会有权允许其获得考生资格或成为学校学生奖学金、学术奖学金、奖金、奖项或者奖章等的候选人资格；并且

（b）为了决定考试或者竞赛的考生资格，校务理事会有权在评估某特定考生地位时忽略一个或多个学期。

2. 除非获得校务理事会批准，任何学生如不符合条例、前述规章或特殊提案所规定的资格，不得参加考试以获得学位、毕业证书或文凭。校务理事会有权界定特批的条件以及其应支付的费用（如果有的话）。根据此规章而获准参加荣誉学位考试的考生，如果考试通过，其姓名应单独列表公布，并冠以以下标题：

下列非荣誉学位考生，

已经通过考试，或

已经获批获得普通文学学士学位①。

3. 如考生的导师能够提供可信证据证明，该生在备考或参加考试过程中突发疾病或受到其他重大因素影响，校务理事会有权在其认为适合的情况下行使如下权力（该项条款不适用于研究生，或即将获得医学学士、外科学学士学位或兽医学学士学位的考生）：

---

① 第二标题仅适用于作为该学位考生的学生。

(a) 如果考生缺席了完整考试,
(i) 允许考生降级,包括必要时允许其参加同样的考试;
或者(ii) 根据考生自身情况,酌情允许其获得以下许可中的一种:
允许其参加荣誉考试;或
参加一项普通考试或在符合普通文学士学位相应规章的情况下,允许其参加两项普通考试;
宣布考生已经达到荣誉学位标准。
(b) 如果考生缺席了部分考试,
(i) 当主考官认定考试考生已经在考试的基本部分获得学分,而主考官不能将考生列入通过考试的考生名单中或者他们只能将考试考生列入在主考官看来是低估考生能力的等级时,校务理事会可以批准主考官根据情况,宣布考生已经获得荣誉学位或者已经通过考试。
或者(ii) 根据考生自身情况,批准其获得上述(a)规章中的某一许可。
(c) 如果考生已经参加了所有考试并未能通过,
根据考生自身情况,批准其获得上述(a)规章中的某一许可。
(d) 如果考生参加了全部或部分考试并且获得某一等级荣誉学位,
(i) 将考生的名字从相关等级中除去并且宣布该考生获得与其水平相符的荣誉学位;
或者(ii) 如果主考官或由主考官任命的代理人,在征询两名以上其他考官意见后认为该考生在绝大部分考试部分已经达到更高等级水平,校务理事会有权批准主考官或其代理人将该生列入更高等级的名单中。
(e) 如果考生参加了部分考试并且根据(b)(i)已经被宣布获得荣誉学位且主考官或由主考官任命的代理人,在征询两名以上其他考官意见后认为该考生在绝大部分考试部分已经达到该等级水平,校务理事会有权批准主考官或其代理人将该考生列入该等级名单中。

4. 如校务理事会允许考生参加某项荣誉学位考试,相应地,考生即获得该荣誉学位的资格。

5. 对于普通文学士学位考试的考生,校务理事会不应依据第3条在多种情况给予一种许可。

6. 由校务理事会根据第3条[不包含子规章(b)(i)]授予许可的学生名单应当由教务长公布,但不应被附加在那些单独参加考试获得通过的考生名单中。

7. 如根据荣誉学位考试或预考规章规定,考生须在规定日期前提交专题论文、毕业论文或者小论文,无论其是作为书面试题的补充或用于替代一份或多份书面试卷,但如考生导师提交申请,校务理事会认为该申请所述理由充分,可依据申请在主考官同意的情况下,将论文提交日期延后。学位论文、毕业论文或者小论文的提交如晚于校务理事会规定的时间,或校务理事会未根据相关规章批准延期提交,那么该论文将不被接收。

8. 如依据第3条(b)(i)或者3(d)(i),考生已被宣布获得相应荣誉学位,考

生如有要求,应将下列声明附加在教务长颁发的与该考试相关的证书上:

  该考生,尽管由于合理原因缺席部分考试,但在考试其他重要部分表现优异。根据规章规定,学校相关部门认为由于缺考而使得考试并未充分反映出该生的整体水平,据此对其进行等级划分有失公平。因此,学校同意宣布该生在本次考试中获得相应荣誉学位。

根据第 1 条特许考生参加考试的通知

  对于根据此条例提出的申请,校务理事会已就所需程序给出通知(《剑桥大学通讯》,1972—1973,第 748 页):

  (i) 申请须由考生的导师提交,否则不予考虑。

  (ii) 申请必须写明依据的具体章节(a)或者(b),或两者皆有。根据章节(b)(该章节是涉及降级许可规定),如关于所涉及条例条款并未忽视任何学期,或两章节都许可降级,则申请应当根据章节(b)提交并予以考虑。

  (iii) 根据第 1 条(b),通常是在一个学年内的三个学期中批准降级许可。特殊的情况下,也可在一学年后的学期中批准降级。

  (iv) 根据第 1 条(b),依据医疗方面的原因而提出的申请必须提供证明,由一个在剑桥城内或附近的医生或者由学校顾问服务处的顾问提供证明者为佳。

  (v) 根据第 1 条(b),若非根据医疗原因而提交的申请,特别是如果该申请涉及一个住校学期内的三个学期内,则申请必须包含一份对有关原因的详细陈述并同时附上所有监督报告的复印件。

  (vi) 根据第 1 条(a)作出申请希望不通过学术的条件而参加某一特定的考试,通常是不被批准的,除非学部委员会或者相应机构表示赞同。并且在某些考试构成了一个专业资格的部分要求时,上述赞同是必不可少的。

  如要依据第 1 条(a)申请通过特别考试获得学位,学部委员会或相关机构必须一致赞同,尤其在专业资格要求的考试形式部分必须达成一致意见。

  导师需注意事项:

  (a) 在条例或根据条例制定的规章未许可情况下,无论是在一个考试之内还是在多个考试之中,校务理事会都无权批准考生提交一个论文组合。只有学部总委员会才能批准考生提交一份非标准的论文组合,且这一许可必须获得学部委员会或其他相关机构一致同意。

  (b) 如考生在一个或多个学期缺席,并不一定都要申请降级。在根据第 1 条(b)提交申请前,考生应查阅所参加考试的要求,以确定申请是否必要。

考生录入与名单

根据 2008 年 3 月 12 日第二号和 11 月 2 日第二号提案修改

1. 这些规章适用于所有荣誉学位考试、预考以及任何其他的笔试考试(博士学位、理科硕士学位、文学硕士学位、哲学硕士学位条例涉及的笔试除外)以及教育学研究生证书考试。

2. 每年 9 月,考试委员会秘书会发给高级导师一份时间表,内容包括下一学年考试时间、考生名册及修正名册的提交时间。

3. 如考生还是学校学生,要报名参加第 11 条列出的考试,须通过各自的研究指导(Director of Studies)同意,于每年 10 月 1 日至 11 月 15 日期间,将自己的详细信息录入到学校学生的在线数据库中。

4. 学生身份的考生如要报名参加第 12 条—第 15 条列出的考试,应当在这些考生签名后,由独立学院的高级导师(Senior Tutor)在考试委员会规定的日期前送至考试委员会。

5. 任何考生提交的材料如果未能达到考试规章要求,除非根据一般规章规定,其已被学位委员会批准录取为研究生,否则须经校务理事会核准。此类考生不得列入相关考试的优等生名册。

6. 录入和更正送至考试委员会的日期应以委员会收到录入的日期为准。

7. 如果录入和更正提交的最后日期是周六或周日的话,则考生应该提前至周五提交。如果考生名单的发出日期是周六或周日,则名单也应当提前至周五发出。

8. 每一次考试的第一份考生名单发布后,都应在随后发布一份经过校正的最终版名单。每次考试的第一份和最终版名单应当由考试委员会秘书送至:

(a) 相关考试的主考官处,如果没有主考官,则送至高级常驻考官处。

(b) 本学部或系主任处,如果该学部是非系科(Department)编制,则送至学部委员会书记处。

(c) 各个学院的高级导师①处。

9. 对于第 11 条—第 15 条中指定的考试,考试委员会书记应将登有每位考生详细资料的录入确认表格送至各学院,由学院转交给各考生。每位考生应当在表格上签字表示准确无误或者标明需要修改之处,再将表格返还高级导师,由其通知委员会秘书需要修改的地方。委员会秘书应随后将每位考生申请确认表格送至学院,表格中登记考生的详细资料,将要参加笔试的时间和地点,以及分配给每位考生的考号。

---

① 对于第 11 条—第 15 条制定的考试,考生名单应根据学院分开列表,而且送至各学院的名单应包含该学院中要参加该门考试的成员。

10. 第 11 条—第 15 条中对于提交录入信息、修改录入信息、公布考生名单、公布录入的核对和确认表格这一系列事项的截止日期都有明确说明,考试委员会可在复活节前对任何荣誉学位考试、预考或者其他考试的时间进行修改。

11. 根据第 3 条,指定考试的流程如下表所示:

事项	截止日
考试委员会通过在线学生数据库接受申请	11 月 15 日
发布第一版申请人名单	四分之三米迦勒学期结束时
发布录入情况核查表	四旬斋学期划分日
学院向考试委员会送交更改录入信息情况表	完整四旬斋学期的最后一天
发布最终考生名单和录入信息确认表	完整复活节学期的第一天

　　盎格鲁-撒克逊语、挪威语以及凯尔特语荣誉学位考试,第一部分和第二部分,以及第一部分预考

　　考古学和人类学荣誉学位考试,第一部分,第二部分 A 和 B

　　亚洲和中东研究荣誉学位考试,第一部分 A 和 B

　　化学工程荣誉学位考试,第一部分,第二部分 A 和 B

　　古典学荣誉学位考试,第一部分 A 和 B,第二部分以及第一部分 A,第二部分预考

　　计算机科学荣誉学位考试,第一部分 A 和 B,第二部分(总则)

　　计算机科学毕业证书

　　经济学荣誉学位考试,第一部分,第二部分 A 和 B

　　经济学文凭

　　教育学荣誉学位考试,第一部分和第二部分,以及第一部分和第二部分预考

　　教育研究学荣誉学位考试,第二部分

　　教育学研究生文凭

　　工程学荣誉学位考试,第一部分 A 和 B

　　英语荣誉学位考试,第一部分和第二部分,第二部分预考

　　地理学荣誉学位考试,第一部分 A 和 B,第二部分,以及第二部分预考

　　艺术史荣誉学位考试,第一部分,第二部分 A 和 B

　　绘画学文凭

　　历史学荣誉学位考试,第一部分和第二部分,以及第一部分和第二部分预考

　　土地经济学荣誉学位考试,第一部分 A 和 B,以及第二部分

　　法学荣誉学位考试,第一部分 A 和 B,以及第二部分

　　欧洲学生参加的法学考试

　　法学硕士的考试

　　语言学荣誉学位考试,以及预考

　　管理研究荣誉学位考试

制造工程学荣誉学位考试,第一部分和第二部分

数学荣誉学位考试,第一部分 A 和 B,以及第二部分

医学与兽医学荣誉学位考试,第一部分 A 和 B(复活节学期的第二个医学学士、兽医学学士考试将从这些条目中产生)

现代与中世纪语言学荣誉学位考试,第一部分 A 和 B,以及第二部分

现代语言文凭与证书

音乐学荣誉学位考试,第一部分 A 和 B,以及第二部分

音乐硕士考试

自然科学荣誉学位考试,第一部分 A 和 B,以及第二、三部分(不包括天体物理学),以及第二部分预考

东方学荣誉学位考试,第一部分

哲学荣誉学位考试,第一部分 A 和 B,以及第二部分

社会学与政治学荣誉学位考试(政治学、心理学以及社会学),第一部分,第二部分 A 和 B

神学与宗教学研究荣誉学位考试,第一部分,第二部分 A 和 B

神学与宗教学研究文凭

12. 根据第 4 条,指定考试的流程如下表所示:

事项	截止日
考试委员会收到录入信息	11 月 15 日
发布第一版考生名单	四分之三米迦勒学期结束时
发布录入情况核查表	四旬斋学期划分日
学院向考试委员会送交更改录入信息情况表	完整四旬斋学期的最后一天
发布最终考生名单和录入信息确认表	完整复活节学期的第一天

亚洲和中东研究荣誉学位考试,第二部分以及第二部分预考

东方学研究荣誉学位考试,第二部分

基督教神学,第一次和第二次考试

13. 根据第 4 条,指定考试的流程如下表所示:

事项	截止日
考试委员会收到录入信息	考试开始前八周
发布第一版考生名单以及录入情况核查表	考试开始前六周
学院向考试委员会送交更改录入信息情况表	考试开始前四周

现代与中世纪语言学的荣誉学位考试第二部分的口头考试

第二次医学学士考试(四旬斋学期以及九月份的考试)

第二次兽医学学士考试(四旬斋学期以及九月份的考试)

医学学士期末考试

兽医学学士期末考试

14. 根据第 4 条，关于指定考试的录入信息申请提交程序以及考生名单的发布程序如下表所示：

事项	截止日
考试委员会收到录入信息名单（仅限名字）	11 月 15 日
发布第一版考生名单（仅限名字）	四分之三米迦勒学期结束时
学部委员会书记发布录入名单（详细资料）	四旬斋学期第六个星期结束时
学院向考试委员会送交更改录入信息情况表	完整四旬斋学期的最后一天
发布最终考生名单和录入信息确认表	四旬斋学期最后一周的第一天

工程学荣誉学位考试，第二部分 A 和 B

15. 根据第 4 条，关于指定考试的录入信息申请提交程序以及考生名单的发布程序如下表所示：

事项	截止日
考试委员会收到录入信息名单（仅限名字）	11 月 15 日
发布第一版考生名单（仅限名字）	四分之三米迦勒学期结束时
考试委员会收到由学部委员会秘书发出的录入名单（详细资料）	复活节学期第二周结束时
发布最终考生名单和录入信息确认表	复活节学期第三周的第一天

数学荣誉学位考试，第三部分

自然科学荣誉学位考试，第三部分，天体物理学

16. 除非有人撤回申请，申请名单不得变动。且修改录入信息截止日期后，不再接受任何新增考生。

17. 根据研究生录取一般规章，任何荣誉学位考试或者法学硕士考试的主考官有权依据学位委员会的要求安排研究生考试，并将考试结果直接报告给学位委员会书记。参加这些考试的学生不得列示于任何优等生名册中。

18. 任何学生不得直接参加哲学硕士、医学学士、外科学学士、法学硕士、文学学士、音乐学士或者兽医学学士的考试，除非该生已拥有另一个大学的学位；不得参加第二医学学士考试，除非 (a) 该学生已经满足入学考试要求，或入学考试委员会认为该学生已经达到入学考试的要求，或 (b) 该学生属于校务理事会批准的具有入学考试资格的人员。

考试日期与优等生名册公布

根据 2008 年 3 月 12 日第二号和 2007 年 10 月 20 日第二号提案修订

1. 神学院的资格考试,神学学士学位的第一次和第二次考试,所有哲学硕士学位考试以及所有预考的考试日期,须由考试委员会咨询学部委员会以及其他相关部门后确定。

2. 所有在复活节学期进行的其他考试日期(除了医学学士学位、外科学学士学位、兽医学学士学位的考试以及研究生学历资格考试,这些考试的日期需要依据这些考试的专门规章来确定),在下列情况下,按照下表进行安排:

(a) 在任何学年中,如果一个考生被允许提交与另一门考试相同的试卷或主题论文,考试的时间表应根据具体情况重新安排。

(b) 在任何学年中,如果复活节学期开始的日期是 4 月 22 日或晚于 4 月 22 日,下表中指定的所有在这个学期中举行的考试,如原定安排在五月倒数第二个周日前的周一或之后的考试时间,将在原定基础上推迟一周。

(c) 根据自然科学荣誉学位委员会的建议,考试委员会有权依据在下表中规定的实践考试日期,将这一荣誉学位第一部分 A 类的实践考试日期提前至多 4 个工作日。同时考试委员会也有权将生理学、发展学以及神经科学荣誉学位第二部分中所有实践考试时间定在复活节学期第一天之后的任意一天。

(d) 在获得学部委员会以及其他相应部门的同意的情况下,考试委员会有权依据下表中列出的任意一份试卷的考试日期,将相应考试时间提前至多三天(星期六和星期日不算在内)。

复活节学期第一天前的星期一	工程学荣誉学位考试第二部分 B 自然科学荣誉学位考试第三部分[①](复活节学期考试)
复活节学期的第二天	制造工程学荣誉学位考试第二部分
复活节学期的第一个星期一	化工学荣誉学位考试第二部分 A
复活节学期的第一个星期四	工程学荣誉学位考试第二部分 A
复活节学期的第一个星期五	制造工程学荣誉学位考试第一部分
复活节学期的第二个星期二	管理学荣誉学位考试
五月倒数第二个星期日之前的星期三	教育学荣誉学位考试第一部分和第二部分 教育研究荣誉学位考试第二部分 现代语言学的毕业文凭与证书[②]

---

① 只有实验与理论物理考试。也见第 3 条。
② 不包含口语考试,该考试时间如下:文凭口语考试,复活节学期第一天前的星期一;证书口语考试,复活节学期的第四个星期五。

(续表)

五月倒数第二个星期日之前的星期四	英语荣誉学位考试第二部分 地理学荣誉学位考试第二部分
五月倒数第二个星期日之前的星期五	英语荣誉学位考试第一部分 土地经济学荣誉学位考试 语言学荣誉学位考试 近代和中世纪语言学荣誉学位考试第一部分 A,第一部分 B 类①和第二部分② 哲学荣誉学位考试
五月倒数第二个星期日之前的星期六	药学和兽医学荣誉学位考试第一部分 B③ 自然科学荣誉学位考试第一部分 B
五月倒数第一个星期日之前的星期一	化工学荣誉学位考试第二部分 B 经济学荣誉学位考试第二部分 B 法学荣誉学位考试 法学硕士考试 音乐荣誉学位考试第一部分 B 和第二部分 音乐学士学位考试
五月倒数第一个星期日之前的星期二	建筑学荣誉学位考试第一部分 A 和 B 神学和宗教学研究荣誉学位考试 神学和宗教学研究资格考试
五月倒数第一个星期日之前的星期三	建筑学荣誉学位考试第二部分 古典学荣誉学位考试第二部分 经济学毕业证书考试 地理学荣誉学位考试第一部分 A 音乐学荣誉学位考试第一部分 A 自然科学荣誉学位考试第二部分
五月倒数第一个星期日之前的星期四	历史学荣誉学位考试第一部分 艺术史荣誉学位考试第一部分 数学荣誉学位考试第一部分 A 和第三部分 社会与政治科学荣誉学位考试第二部分 A 和 B

---

① 不包括下列考试,该考试开始时间如下:
(i) 口语考试 A,复活节学期的第四个星期五;
(ii) 口语考试 B,复活节学期第一天前的星期一;
(iii) 几种语言试卷 B3 的(b)部分(听力理解测试),五月倒数第二个星期日前的星期一。
② 不包括口语考试,该考试时间不早于米迦勒学期第一天前的第八天。
③ 不包括比较脊椎动物生物学的口语考试,该考试时间在复活节学期第一天。

(续表)

五月倒数第一个星期日之前的星期五	亚洲和中东研究荣誉学位考试① 历史学荣誉学位考试第二部分 东方学研究荣誉学位考试②
六月第一个星期日之前的星期一	盎格鲁-撒克逊,挪威,凯尔特语荣誉学位考试 考古学和人类学荣誉学位考试第二部分 A 和 B 化工学荣誉学位考试第一部分 计算机科学荣誉学位考试第一部分 A、B 和第二部分 经济学第二部分 A 工程学荣誉学位考试第一部分 B 数学荣誉学位考试第二部分 药学和兽医学荣誉学位考试第一部分 A 自然科学荣誉学位考试第三部分
六月第一个星期日之前的星期二	计算机科学荣誉学位考试第二部分 数学荣誉学位考试第一部分 B
六月第一个星期日之前的星期三	古典学荣誉学位考试第一部分 B③ 地理学荣誉学位考试第一部分 B
六月第一个星期日之前的星期四	考古学和人类学荣誉学位考试第一部分 古典学荣誉学位考试第一部分 A 社会与政治科学荣誉学位考试(政治学、心理学和社会学荣誉学位)第一部分
六月第一个星期日之前的星期五	自然科学荣誉学位考试第一部分 A 艺术史荣誉学位考试第二部分 A 和 B
六月第一个星期日之后的星期一	经济学荣誉学位考试第一部分 工程学荣誉学位考试第一部分 A

3. 所有不在复活节学期举行的考试,时间安排如下所示(不包括医学学士学位、外科学学士学位以及兽医学学士学位的考试,这些考试的日期需要根据各自专门考试条例来确定):

自然科学荣誉学位考试,第三部分(四旬斋学期考试)

四旬斋学期第一天之前的星期一。

4. 无论出于什么理由,如果必须在规章指定的日期之外举行考试,且时间仓促无法获得变更时间的批准,或者委员会无法立即召开会议,那么教务长或副教务长有权根据主考官建议,批准变更考试时间。关于考试日期的变更必须尽快

---

① 不包括东亚研究口语考试,该考试时间不早于复活节学期的第三个星期一,时间由考官在咨询过考试委员会意见后宣布。

② 不包括东方语言口语考试,该考试时间不早于复活节学期的第三个星期一,时间由考官在咨询过考试委员会意见后宣布。

③ 不包括试卷 11 和 12,该考试时间在复活节学期的第一天和第二天。

在《剑桥大学通讯》中通告。

5. 公布预考以及第2条中指定的考试的优等生名册的最后日期应该如下所示：

正常入学日之前的星期二。

公布优等生名册包括：全部荣誉学位考试，荣誉学位考试第二部分，化工荣誉学位考试第二部分A，工程学荣誉学位考试第一部分B，医学和兽医学荣誉学位考试第一部分B，自然科学荣誉学位考试第一部分B，制造工程学荣誉学位考试第一部分，神学学士学位第二次考试。

正常入学日之后的星期五。

公布优等生名册包括：所有其他荣誉学位考试，法学硕士考试和音乐学士学位考试，预考，资格考试，证书资格考试，以及神学学士学位第一次考试。

考试形式与组织

1. 如更改考试形式和组织会对考生备考造成影响，则任何考试或考试的一部分都应比照上一年考试形式不得进行任何改动，除非出现下列情况：

（a）在上一年考试之后，对考试进行规定的条例已被有效地修正；或者

（b）在规章流程指定的时间之前，补充规章规定或限制的考试范围已公布或修改；或者

（c）在规章流程指定的时间之前，对于不受此规章或补充规章所限的考试形式和组织，学部委员会或者其他相关机构已公布变更考试的形式和组织的通知。

2. 对于所有第一次举行的考试或者考试部分，学部委员会或者其他相关机构应在进行考试的学期第一天前公布通知，详细说明考试的形式和组织。

3. 本条例中第1条和第2条所述期末考试应包括所有课堂作业，论文或者条例规定的考试所指定的其他练习。

时 间 表

事项	截止时间
复活节学期开始后至随后的米迦勒学期开始前举行的任何考试或者考试部分	考试之前的全部米迦勒学期的最后一天
米迦勒学期开始后至随后的四旬斋学期开始前举行的任何考试或者考试部分	考试之前的全部复活节学期的最后一天
四旬斋学期开始后至之后的复活节学期开始前举行的任何考试和考试部分	进行考试的学年的10月14日

笔试的持续时间

除非另行规定,规章中所涉及的单独预考、资格考试以及荣誉学位考试,以及文凭或者证书考试的笔试试卷,考试时间都应是三个小时(不包括作为实践考试或部分实践考试的组成部分的笔试或类似练习)。

面　　试

尽管条例有所规定,但是包括荣誉学位考试、资格考试或者预考,以及文凭或者证书考试(考生不为研究生)在内的各类考试,考官们可以在与考试委员会协商的前提下,就笔试中未曾涉及但考官认为考生需要阐述清楚的某方面内容对某一或某类特定考生进行面试。

考试评分及分级准则和标准

学部委员会和相关部门有权向考官和评审官发布考试相关细节的准则和标准,以便其在批改试卷或其他作业以及决定优等生名册时有所依据。这些详细规定以及任何对其进行的改动都应在考试前的完整米迦勒学年结束之日前发布。

通过考试的考生名单公布

1. 每个参与考试的考官都应出席考官最终会议,除非由于重大原因,在会议前得到校长批准。考官应参加会议的规定如下:

(a) 各位考官(参加医学和兽医学荣誉学位考试任一部分,或参加自然科学荣誉考试第一部分 A 或 B)应在他们负责的特定科目报考人成绩最终批准完毕时,出席考官会议;

(b) 对于其他优等生名册已经公布的考试来说,考官应在优等生名册被最终批准时出席考官会议。

2. 对于第 1 条(a)中指定的考试,除了特定科目需要举行考官最终会议,还应在整个考试优等生名册批准后举行主考官和高级考官的会议,以下人员须出席该会议:

(a) 主考官,如主考官缺席,则主考官助理须出席;

(b) 考试某一特定科目的高级考官(或其指定代表)。

3. 在第 1 条(b)所规定的考官最终会议,或者第 2 条所规定的主考官和高级考官的会议上,所有出席人员需在通过最终审批的两份优等生名册副本上签字。

这些副本应立即由主考官送交教务长。其中一份副本（若为打印版）或由主考官签名的副本的影印件（非打印版）应送交教务处作为权威名册备案。

4. 所有优等生名册都应由教务长公布,而后在《剑桥大学通讯》上出版。下列情况将视作名单已公布:(a) 教务长将名单副本在评议院外公告,或者(b) 名单已在评议院宣读。名单在评议院宣读后应立即公告于评议院外。在《剑桥大学通讯》上刊登班级名单之前,即使名单已公告于评议院外,或院系、部门、学校其他的机构内,或名单已在评议院内宣读,只要校务理事会有恰当理由,可从名单中除去任何考生的名字。

5. 教务长应在名册公布后尽快将各完整名册送至各独立学院、通过审核的基金会和社团。

6. 主考官应尽快向教务长通告其预计获得名册的日期以及名册是否将在评议院内宣读;教务长应将名单在评议院外公告或者在《剑桥大学通讯》上刊登通知,告知大家预计公布名册的日期。

7. 如主考官根据前述条例要求说服校长同意修改公布的名册,校长有权发布通知对名单进行修改,或者以修改后的名单代替最初名单。

考试成绩公布

1. 下列第2条—第5条适用于以下大学考试:
所有的荣誉学位考试,预考和资格考试
对欧洲学生的法律考试
法律硕士考试
第二次医学学士考试以及医学学士结业考试
音乐学士考试
第二次兽医学学士考试和兽医学学士学位结业考试
计算机科学文凭考试和现代语言文凭考试
现代语言证书考试
教育学研究生证书考试
牧职神学资格考试和神学学士学位第一和第二考试

2. 对于上述第1条中指定的各种考试,考官应与教务长和导师或其他指定的学院人员或者剑桥神学联合会中的机构人员保持联系,以便其向学生通报分数以及告知其他有效信息;对于授予医学学士、外科学学士和兽医学学士学位的考试,这种联系应符合该学位的相关规章。

3. 成绩和其他信息也应根据要求告知负责大学或者学院奖励的机构、负责授予研究生奖学金的机构、研究生教育委员会、系主任和不按科系组织的学部委员会的主席、学位委员会秘书。且如果是医学学士期末考试的分数,还应告知临床医学院医学教学主任。

4. 教务长可以根据考官提供的材料，为学生向校外考试机构提供分数和其他信息作为免试证明。这种证明要收取 2.50 英镑的费用。

5. 根据上述第 2 条—第 4 条的要求，通告的分数及其他信息应由学部委员会和其他相关机构定期进行归类，如涉及自然科学荣誉学位，应由自然科学荣誉学位考试管理委员会进行归类，并且通告学部总委员会进行审批。

6. 除非法律另行规定，否则依据第 2 条—第 4 条通告的分数和其他信息不应透露给任何个人或者机构，条例中指定允许的机构或个人，以及与分数有关的个别考生除外。

大学考试及某些资格考试的审查程序

1. 下列规章适用于大学的任何列入条例时间表中的考试。
2. 根据这些规章要求，考生须就相关的某一考试的组织情况提交陈述材料。
3. 根据第 5 条，考生应在完成其全部考试后第三天（周六和周日除外）下午 4 点之前将陈述材料提交给教务长。如情况特殊，教务长可允许将时间稍作延长。
4. 根据第 6 条，考生应在通过考试的考生名单签署之后一个月之内将陈述材料提交给教务长。若情况特殊，教务长可允许将时间稍作延长。
5. 在通过考试的考生名单签署之前，应当由考生自己或者考生导师代其向教务长提交考试组织情况的陈述材料。随即，教务长将该材料交给主考官作为考官在最终工作会议上讨论的参考。考官将根据材料，作出他们认为恰当的判断。在通过考试的考生名单签署之后的一周内，主考官应向教务长提交一份报告说明考官根据材料作出判断的原因。教务长应立即将该报告的副本发给提交材料的相关考生和导师（如有的话），以及考生所在学院的高级导师。如果考生在最终会议后才向主考官提出材料，则参考第 6 条规定予以考评。
6. 在通过考试的考生名单签署之后，应当由考生自己或者考生导师代其向教务长提交考试组织情况的陈述材料。随即，教务长将该材料交给主考官以及至少两名其他考官。考官们在收到陈述材料一个月内反馈给考生一份报告，用以说明对其作出的判断。而后教务长将该报告的副本交给提交材料的相关考生和导师（如有的话），以及考生所在学院的高级导师。
7. 如相关考生对主考官的回复有异议，可在收到考官报告之日（考官报告的时间依据第 5 条和第 6 条进行协商）起三个月之内，向教务长递交申请，由考试审查委员会（该委员会根据第 8 条组成）予以审查。如遇特殊情况，教务长可将期限延长。考生在申请时，应提供一份完整的申诉声明。
8. 根据规章规定，考试审查委员会应由三名成员组成，构成如下：
（a）由校务理事会任命一名在程序性事务方面有经验的成员担任主席；
（b）一名由学部总委员会任命的校外人员；

（c）一名由学部总委员会任命的摄政院成员。

如果主席提出由于涉及相关利益或其他原因而不能继续担任这一职务，则由（b）类指定的成员接替其职位，并任命两名摄政院人员作为委员会成员。

9. 学部总委员会应保留一组有意愿成为审核委员会成员的摄政院成员组成小组，该小组由12人组成，每年的米迦勒学期任命4人，从1月1日起任职三年。如有陈述材料提交至审查委员会，学部总委员会应指定一名小组成员担任审查委员会成员处理具体案例。在选择小组成员时，学部总委员会应排除那些早期曾参与相关案例的人员。受命人员应担任审核委员会成员直至案例结束。如受命人员无法解决事务，校务理事会应任命一名小组成员替代他。

10. 教务长，或由教务长指定的代表，应担任审查委员会的秘书。

11. 审查委员会秘书应通知考生被委任为审查委员会成员的人员。考生有权以正当理由拒绝该委任。校长应对此类拒绝委任的行为作出裁决，且此裁决即为最终裁定。如果校长同意此类拒绝行为，则应任命另一名成员替代被拒绝人员。

12. 根据第7条，审查委员会应从如下几方面对递交的陈述材料进行判断：

（a）对考官不了解的考试组织相关情况的审查（不包括考生所修课程的相关情况）；

（b）对与考试组织相关的程序违规行为进行审查，这种程序性违规事实上造成了人们对于考官在未违规程序中是否会得出同样结论的合理质疑；

（c）有明显的证据表明在考试过程中存在歧视、偏见或不合理评估。

如果委员会经审查认为此案例不涉及以上任何一种情况，应驳回申诉，并通知相关考生。

13. 依据第12条，审查委员会所收到的所有申诉材料都应提供给下列人员：

（a）主考官；

（b）受到控诉的相关人员；

（c）考试委员会指定的其他人员。

上述人员有权针对申诉向审查委员会提交书面材料。委员会有权根据具体情况要求其他人员提供材料。

14. 依照第13条，向审查委员会递交的所有陈述都应提供给考生，使其能够有机会对此做出解释。

15. 审查委员会应选定具体日期和时间进行听证，考生有权出席听证会，并由一名导师或其他指导老师（须为学校职员、剑桥大学学生会职员或摄政院成员）陪同；陪同考生参会的人员可担任考生的代表为其发言。被控人员也有权出席（并由一位摄政院成员陪同）。委员会也可根据情况邀请其他团体参加。

16. 审查委员会应依据第7条仔细评估所有申诉，并有权驳回申诉，或在正当情况下：

（a）要求主考官尽力重新召集当时参与考试的考官，针对具体案例对之前的决定重新进行审核（至少三名考官构成一个法定办公人数，其中包括主考官）；

（b）要求学部总委员会另外任命一个或多个考官完成一份或多份关于考生提交的作业的报告，并且要求主考官、尽可能多的原考官与另外任命的考官共同召开会议，就具体案例重新审议（至少三名考官构成一个法定办公人数，其中包括主考官和另外任命的考官）；

（c）在与主考官进行协商后，要求依据审查委员会指定的安排，对考生或考生的作业进行重新审核。

17. 审查委员会秘书应就委员会决议及其理由向考生、主考官及第13条中指定的其他团体发出书面通知。

18. 对于章程和条例的任何其他规定，审查委员会对某一案件的决定即为最终裁决。

19. 如主考官不在校内或有其他合理原因，可依据上述规章任命一名或多名考官作为其代表，代行其职。

20. 无论申诉结果如何，审查委员会有权根据意愿就考试程序方面向学部总委员会提出一般建议。

列　　表

上述条例适用的考试

考试（包括预备考试、平常的考试及资格考试）是针对学位考试的学生，并获得下列学位：

文学学士学位	工程学硕士学位
神学学士学位	理学硕士学位
医学学士学位	工程学硕士学位
音乐学学士学位	教育学硕士学位
兽医学学士学位	金融学硕士学位
法学硕士学位	

下列文凭：

计算机科学	现代语言学
绘画学	科技与宗教研究
管理学研究	
数学高级研究证书	
语言处理学人文学证书	
现代语言证书	
教育学博士后证书	
欧洲学生法律考试	

考官与评审官通则

1. 考官、主考官及评审官的任命条件参考下述第 2 条—第 3 条,在某特定考试过程中,学部总委员会有权在咨询考试委员会或其他相关权力机构之后批准实施另一套程序,或更改第 3 条中所指定的时间表。

2. 对于规章所规定列表中的考试,学部总委员会应从各项考试具体条例指定的团体中任命考官和评审官。对每个考官委员会而言,学部总委员会应任命一名摄政院成员为主考官。

3. 提名过程依下列时间表进行:

主考官和高级考官:考试举行前,不晚于学年下一年的完整复活节学期的最后一天。

考官:在考试举行前,不晚于学年下一年的 9 月 30 日。

评审官:不晚于相关考试开始前四周。

4. 如果由于某些原因需要在规定时间之后提名考官或评审官的,学部总委员会(如提名并未被不当延误)或学部总委员会秘书或其指定的代表,有权根据主考官意见批准提名并进行任命。

5. 必要时,主考官应参照考试相关规章召开会议以讨论需设置的考题、统一命题并草拟通过考试的考生名单。

6. 票数相同时,主考官可再次举行投票或投决定性的一票。

7. 每个考官委员会应起草一份计划,说明哪位考官需要在考试前参加其相关重要会议,该计划应由主考官提交给考试委员会秘书。

8. 除非规章对特定考试另行规定,如某一学年,考生在某门考试(考试 A)中提交了另一门考试(考试 B)的试卷,负责考试 B 的考官或评审官应为考试 A 的考官或评审官,并应就考生的表现给出建议;相应的,如果考试 B 中没有考生提交那份试卷,负责提名考试 B 考官的团体应在四旬斋学期任命评审官设定试卷,并就考生的表现给出建议。根据这一规章任命的评审官将参加考官会议以备咨询和提出建议,但无权投票。

9. 根据章程 D 第二章第 4 条规定,列表 J 中指定的每位大学公职人员所具有的监考学生的职责,应仅限于对下列学位学生的监督:法学、哲学、工程学、自然科学及商务管理的硕士,文学、医学、音乐学、兽医学及教育学的学士及大学的各种学位或证书。

列　　表

(a) 预考和资格考试。

(b) 荣誉考试。

(c) 法学硕士、工商管理硕士、教育学硕士、金融学硕士、医学学士、外科学学士、兽医学学士与音乐学学士的学位考试。
(d) 学位考试（国际法与法学研究除外）。
(e) 研究生入学考试。
(f) 欧洲学生的法律考试。
(g) 神学研究资格考试，神学学士学位的第一次与第二次考试。
(h) 人文科学计算语言及现代语言学的认证考试。

考官与评审官的费用支付

1.（a）除不从学校领取薪金的助理讲师外，任何大学官员不得因规章指定的考试职责收取报酬。
（b）剑桥大学神学联盟下属机构的任何成员不得因参与下列考试工作而收取报酬：神学院的资格考试；神学学士学位的第一次与第二次考试。

2. 不在剑桥大学担任职务，不在独立学院担任院士或其他职务，或不讲授与考试相关课程的考官可由学部总委员会或其他合适机构在相关团体提名的基础上委以外部考官或其他合适的职位，具体提名程序参见考试相关规章。但考官的职责存在争议时，根据相关责任和义务，学部总委员会可以根据相关部门提名委任外部主考官为外部协调考官。给予外部考官的报酬应遵照学部总委员会实时做出的建议确定。

3. 根据第1条的规定，主考官和评审官的报酬应按以下规定所提出的比率给予：
（i）除下述条款特别说明，考试及评审工作的报酬应由学部总委员会根据考试和评审的性质决定；
（ii）除非得到学部总委员会特别许可，任何外部考官或评审官必须根据下列规定(a)—(d)取得报酬，不得收取额外报酬；
（iii）如考官考察的笔试试卷或考试其他部分，同时用于多个考试，则作为考官或评审官不应重复领取报酬。

(a) 预考、资格考试和荣誉考试
欧洲学生的法律考试
法学硕士、工商管理硕士、教育学硕士、金融学硕士、音乐学学士的学位考试
神学院的资格考试，神学学士学位的第一次考试和第二次考试
绘画、经济学、神学及宗教研究的学位考试
研究生研究的认证考试，现代语言学学位和认证考试，以及人文科学计算语言学的认证考试
研究生教育认证考试
主考官　　　　　　　　　　　　　　　　　　　　　　　110 英镑

评审官	55 英镑
作为主持的外部考官（额外支付）	600 英镑
外部考官（额外支付）	330 英镑
为 3 小时时长的笔试考试进行判分	9 英镑
为 2 小时时长的笔试考试进行判分	5 英镑
为不足 2 小时时长的笔试考试判分	4 英镑
评阅论文	20 英镑

(b) 口试

(i) 口试：现代语言学和古代语言学荣誉学位考试第一部分 A 和 B，亚洲和中东研究荣誉学位考试第一部分，东方学荣誉学位考试第一部分，法律荣誉学位考试第一部分 A，教育学荣誉学位考试第一部分预科考试，现代语言学学位及认证考试

语言类的考官	55 英镑
外部考官（额外支付）	55 英镑
对每位参与考试的考生收取	5 英镑

(ii) 现代语言学和古代语言学荣誉学位考试第二部分，东方学荣誉学位考试第二部分，以及教育学荣誉学位考试第二部分

语言类的考官	55 英镑
外部考官（额外支付）	55 英镑
对每位参与考试的考生收取	17 英镑

(c) 实践考试：音乐荣誉学位考试、教育学荣誉学位考试、教育学研究荣誉学位考试

(i) 音乐荣誉学位考试第一部分 A 的听力考试和键盘测试

| 对每位参与考试的考生收取 | 5 英镑 |

(ii) 音乐荣誉学位考试第一部分 B 的操作测试和键盘测试，教育学预科考试，教育学荣誉学位考试第一部分和第二部分

| 对每位参与考试的考生收取 | 6 英镑 |

(iii) 教育学预科考试和教育学荣誉学位考试第一部分的实践练习和实践考试

| 对每位参与考试的考生收取 | 6 英镑 |

(iv) 操作测试：音乐荣誉学位考试第二部分，教育学荣誉学位考试第二部分，以及教育学研究荣誉学位考试第一部分的操作测试

| 评审官每半天 | 75 英镑 |
| 外部考官每半天（额外支付） | 75 英镑 |

(d) 学位考试：医学学士、外科学学士及兽医学学士

(i) 医学学士第二次考试

考官

| (1) 医学基础导论、健康与疾病的社会环境部分 | 55 英镑 |

(2) 其他主题
为患者做准备的评审官或外部考官　　　　　　　　　　　　　145 英镑
外部考官（额外支付）　　　　　　　　　　　　　　　　　　　　145 英镑
(1) 医学基础导论、健康与疾病的社会环境部分　　　　　　　　80 英镑
(2) 其他主题　　　　　　　　　　　　　　　　　　　　　　　　220 英镑
为 3 小时时长的笔试考试判分　　　　　　　　　　　　　　　　9 英镑
为 2 小时时长的笔试考试判分　　　　　　　　　　　　　　　　5 英镑
为不足 2 小时时长的笔试考试判分　　　　　　　　　　　　　　4 英镑
对患者做准备部分报告判分　　　　　　　　　　　　　　　　　5 英镑
(ii) 兽医学学士第二次考试
考官
(1) 脊椎动物生物学、畜牧业及兽医　　　　　　　　　　　　　55 英镑
(2) 其他主题　　　　　　　　　　　　　　　　　　　　　　　　145 英镑
外部考官（额外支付）
(1) 脊椎动物生物学、畜牧业及兽医　　　　　　　　　　　　　80 英镑
(2) 其他部分　　　　　　　　　　　　　　　　　　　　　　　　220 英镑
为 3 小时时长的笔试考试判分　　　　　　　　　　　　　　　　9 英镑
为 2 小时时长的笔试考试判分　　　　　　　　　　　　　　　　5 英镑
为不足 2 小时时长的笔试考试判分　　　　　　　　　　　　　　4 英镑
(iii) 医学学士期末考试，各部分
考官　　　　　　　　　　　　　　　　　　　　　　　　　　　　145 英镑
外部考官（额外支付）　　　　　　　　　　　　　　　　　　　　145 英镑
第一天后，每半天的报酬
(1) 临床、口试或实践考试的考官　　　　　　　　　　　　　　70 英镑
(2) 外部考官　　　　　　　　　　　　　　　　　　　　　　　　145 英镑
(iv) 兽医学期末考试，每部分
考官　　　　　　　　　　　　　　　　　　　　　　　　　　　　130 英镑
外部考官（额外支付）　　　　　　　　　　　　　　　　　　　　130 英镑
第一天后，每半天的报酬
(1) 临床、口试或实践考试的考官　　　　　　　　　　　　　　70 英镑
(2) 外部考官　　　　　　　　　　　　　　　　　　　　　　　　130 英镑
(e) 法律研究或国际法的学位考试
评审每篇论题　　　　　　　　　　　　　　　　　　　　　　　　70 英镑
(f) 哲学硕士学位考试
考官或评审官　　　　　　　　　　　　　　　　　　　　　　　　110 英镑
外部考官（额外支付）　　　　　　　　　　　　　　　　　　　　600 英镑
为条例规定的特定主题笔试作业或笔试考试判分　　　　　　　10 英镑
评阅论文　　　　　　　　　　　　　　　　　　　　　　　　　　70 英镑

（g）研究学位考试

考官或评审官	110 英镑
外部考官（额外支付）	600 英镑
对书面报告或条例规定的其他书面作业记分	10 英镑
评阅论文	70 英镑

4. 在外科学硕士、理学硕士、文学或研究的学位考试中，或哲学博士及更高的学位考试中，给予考官、评审官或评议人报酬均应符合学位制度的相关规定。

5. 主考官或高级考官需向考试委员会秘书通报应获酬劳的考官、评审官应得费用的详细情况。

6. 应向在校内参与考试的外部考官或评审官支付差旅费及生活补贴，具体规定如下：

（a）对于第 3 条中（a）—（e）部分涉及的考试，差旅费应为从剑桥大学往返考官的住所或其他地方（须经学部总委员会核准）的铁路票价；如搭乘火车不方便，考试委员会可按里程补贴汽车或其他交通方式的费用。对于任一单独考试，差旅费一般为不超过 3 次的来访旅费，但如相关的主考官提出建议，可取消此项限制。

生活补贴，须根据校务理事会财政委员会实时确定，按等级申领。如考官日间或晚上出席在剑桥的活动，而该活动与考试无关，则不予支付费用。

路费及生活补贴必须经相关考官主席批准后方可申领。除规定中涉及的相关费用补贴外，考试委员会可根据考官、评审官（校内或外部）职责履行，支付其他相应报酬。

（b）其他考试的考官应根据第 11 条中涉及博士、理科硕士、文学硕士学位的内容申领差旅费及生活补贴。

7. 根据第 1 条，参与医学学士期末考试某部分的考官，如其参与考试的医院距离圣玛丽大教堂超过十英里，可按照第 6 条所涉及的外部考官或评审官标准申领差旅费及生活补贴。

第四章　预考与文学学士荣誉学位考试

本章所包含条例为学部总委员会条例

预　考

总　章

　　1. 学部委员会或负责荣誉考试教学的其他机构应被授权举行全部或部分与其相关的文学学士荣誉学位的预考，其目的是为了测试荣誉学生的进步及其对荣誉考试的适应性。预考不应被视为学校的荣誉考试。

　　2. 根据学部总委员会和考试委员会的权限范围，学部总委员会及相关组织有权力决定与其相关的预考的标准、范围、管理和实施，且须在学部总委员会认同下制定有关这类考试的特别条例。每年复活节学期结束前，相关机构对特别规章如有任何修正应予以通知公告，以使其应用于下一年举办的考试。公告后，不得再对任何预考的特别规章作修改，除非情况特殊且须经学部总委员会特批。学部委员会或其他机构应有权力对阐释全部或部分与其相关的考试科目作出补充规章，并且可以按照它们认为正确的方式执行或撤销此类规定并对任何变动予以通告。

　　3. 复活节学期预考可变科目应由学部委员会或其他相关机构在复活节学期之后和考试举行之前予以公示；在确定没有对学生造成不利影响的情况下，学部委员会或其他相关机构有权作出修改。

　　4. 没能参加或通过预考的同学不应该被禁止进行相应的荣誉学位考试。

　　5. 任何学生如未完成一学期，不得参加预考。

　　6. 学部委员会或其他相关机构应在每次预考时推荐它们认为合适数量的考官和评审官，除非之前有规定考官对某项特殊学士荣誉学位考试有阅卷的责任。

　　7. 通过古典荣誉学位第一部分 A 和第二部分、教育学荣誉学位第一和第二部分、历史学荣誉学位第一部分以及语言学荣誉学位考试以外的预考的考试候选人名单应被安排在三个等级内。并且,如考官认为合适可以任意拆分等级。每个等级或等级中部分考试候选人名单应该按照字母顺序排列。通过古典学、教育学以及历史学第一部分荣誉学位中任意一个预考的考试候选人名单应按照字母顺序安排在一个等级。总章中关于优等生名册的公示和修改也适用于这些考试。

8. 除规定中赋予学部委员会的考官提名权外,应由自然科学学士荣誉学位管理委员会按照属于自然科学学士荣誉学位的预考规定严格执行。

特 别 规 章
盎格鲁-撒克逊语、古挪威语和凯尔特语

1. 应为盎格鲁-撒克逊语、古挪威语和凯尔特语第一部分的荣誉学位举行预考。

2. 试卷列表如下:
试卷1:诺曼征服之前的英格兰。
试卷2:北欧海盗时代的斯堪的纳维亚历史。
试卷3:从4世纪到12世纪的不列颠语民族。
试卷4:从4世纪到12世纪的盖尔语民族。
试卷5:古英语语言文学。
试卷6:古挪威语言文学。
试卷7:中世纪威尔士语言文学。
试卷8:中世纪爱尔兰语言文学。
试卷9:岛屿拉丁语言文学。
试卷10:古文字学。

3. 考生应提交其中任意四份。

亚洲和中东研究
2008年3月12日二号意见

1. 应为亚洲和中东研究荣誉学位考试第二部分举行预考。

2. 考试科目如下所示:
日译中
中译日
每位考生应提交一个科目

3. 每个科目须安排单独考试,具体如下:
(a) 日译中
每位考生应提交:
(i) 亚洲和中东研究荣誉考试试卷J1—3;

(ii) 从亚洲和中东研究荣誉考试试卷 J6、J9—10 和 C7—8 中选择一份试卷；

(iii) 在学部委员会实时设定的条件下的日语口语考试。

(b) 中译日

考试候选人应提交：

(i) 亚洲和中东研究荣誉考试试卷 C1—3；

(ii) 从亚洲和中东研究荣誉考试试卷 C7—8 和 J7—10 中选择一份试卷；

(iii) 在学部委员会实时设定的条件下的汉语口语考试。

4. 考生不得重复提交其在先前任何荣誉考试中已提交过的试卷。

5. 考官应为亚洲和中东研究学士荣誉考试第一部分 A 和第一部分 B 的考官。

古 典 学

1. 应当有古典学荣誉学位第一部分 A 和第二部分的预考。

第一部分 A

2. 考试应包含：

(a) 两份笔试试卷，每份三小时：

论文 1，拉丁语文本

论文 2，拉丁语问题

(b) 包括注释但不包括参考文献的两篇不超过 4000 字的文章，并以古典学学部委员会批准的题目为题。考生应在复活节学期的第三个星期一之前由导师向学院学术秘书提交论文的题目。论文应该用英文打印并应与委员会批准的具体安排一起在复活节学期第七个星期二考试之前由考生导师递交给学术秘书。考生需要声明论文是其自己的研究成果且没有包含为了相同目的而使用的材料。引用其他人的材料应以正确格式予以说明。

3. 在考试中表现突出的考生应在优等生名册中标出以示区分。

第二部分

4. 该考试中的试卷应从古典学荣誉学位考试第二部分的试卷中取出，并且考官应为后者考试的考官。每位考生应该提交两份试卷，且至多一份试卷从可选试卷目录中取出。

补 充 规 章

第一部分 A

论文 1，拉丁语文本

这份试卷分为两个部分。第一部分包含将学部委员会规定的文本中的文章由拉丁语翻译为英语。第二部分包含从规定文本中选取的重要问题讨论。

论文 2,拉丁语问题

这份试卷分为两个部分。第一部分包含事前无准备的拉丁语翻译。第二部分包括拉丁语的运用。

教 育 学

经公示修订(2007—2008 学年《剑桥大学通讯》,第 400 和 727 页)

1. 须有教育学荣誉学位考试第一部分的预考。
2. 考试应包含如下两个部分。考生应遵守第一部分规定考试要求和第二部分规定的关于某单科考试的具体要求。考官可自由裁量,第一部分的考试是否包括关于其课程作业的口试。

第一部分:教育学研究

第一部分包括两份手写试卷,一份用时三个小时,另一份用时两个小时。课程作业的要求需经教育系教务委员会确定,并于下一次考试的米迦勒学期开始前公布。

试卷 1:教育学基础课程
试卷 2:语言、传播与读写能力
课程作业
第二部分:学科研究

考生可以仅就某一学科领域提交论文。其论文可采用多种方式,而非仅限于书面论文一种形式。就教育学学部所提交的论文而言,教育学学部委员会应在下一次考试的米迦勒学期开始之前明确规定课程作业的要求、实践性考试的期间或工作成果。某些学科领域可以限制考生所提交论文的组合。

生物科学
所有考生需提交:
(1) ① 生物学初等数学(此科目的考试要求由自然科学荣誉学位考试第一部分 A 条例限定)
或者② 定量分析生物学(此科目的考试要求由自然科学荣誉学位考试第一部分 A 条例限定)
(2) ① 细胞生物学(此科目的考试要求由自然科学荣誉学位考试第一部分 A 条例限定)
或者② 进化论与行为主义(此科目的考试要求由自然科学荣誉学位考试第一部分 A 条例限定)
③ 有机生理学(此科目的考试要求由自然科学荣誉学位考试第一部分 A 条例限定)

古典学
所有考生需提交:

拉丁语翻译(古典学荣誉学位考试第一部分 A 试卷 3)和古典学问题研究(古典学荣誉学位考试第一部分 A 试卷 6)

英语

所有考生需提交：

试卷 Ed. E1：文学、戏剧、电影

试卷 Ed. E2：文学批判

英文与戏剧

所有考生需提交：

试卷 Ed. E1：文学、戏剧、电影

试卷 Ed. D1：戏剧作品(工作成果和笔记要求)

地理学

所有考生需提交：

人类地理学(地理学荣誉学位考试第一部分 A 试卷 1)和自然地理学(地理学荣誉学位考试第一部分 A 试卷 4)

历史学

所有考生需提交：

英国政治宪政史(历史学荣誉学位考试第一部分试卷 2 至 6 中的一份)和英国经济社会史(历史学荣誉学位考试第一部分试卷 7 至 11 中的一份)

或者

欧洲史(历史学荣誉学位考试第一部分试卷 12 至 18 中的一份)和欧洲以外的历史(历史学荣誉学位考试第一部分预考试卷 19)

数学

所有考生需进行如下选择：

试卷 1：向量和矩阵(包括数学荣誉学位考试第一部分 A 试卷 1 中的问题)

试卷 2：概率(包括数学荣誉学位考试第一部分 A 试卷 2 中的问题)

试卷 3：数集(包括数学荣誉学位考试第一部分 A 试卷 4 中的问题)

近代外语

所有考生需提交：

外语运用(现代和中世纪语言学荣誉学位考试第一部分 A 试卷 B1)、外语翻译(现代和中世纪语言学荣誉学位考试第一部分 A 试卷 B2)以及外语口试。

两份试卷和口试须为同一语言。

音乐

所有考生需提交：

试卷 1：音乐、表演和作品(实践性考试和书面作业的要求)

试卷 2：音乐风格、历史主题与分析(书面考试和书面作业的要求)

物理科学

所有考生需提交：

(1) 数学(此科目的考试要求由自然科学荣誉学位考试第一部分 A 的规章

限定）

（2）化学（此科目的考试要求由自然科学荣誉学位考试第一部分 A 的规章限定）或物理（此科目的考试要求由自然科学荣誉学位考试第一部分 A 的规章限定）

宗教研究

所有考生需提交：

（1）当代世界宗教（神学宗教研究荣誉学位考试试卷 A7）

或者宗教伦理哲学（神学宗教研究荣誉学位考试试卷 A8）

（2）从伯利恒到罗马：卢克法案和基督教起源（神学宗教研究荣誉学位考试试卷 A3）或者基督教与文化转变（神学宗教研究荣誉学位考试试卷 A4）

根据神学宗教研究荣誉学位考试条例的要求，试卷若以评估而非书面的形式给出，则该试卷应按照该荣誉学位规章所定形式提交。

3. 须有教育学荣誉学位的第二部分的预考。

4. 考试包括如下四个部分。考生需提交：

（1）考试要求由第一部分和第二部分设定；

（2）此外的两份试卷其考试要求由第三部分设定，如学部委员会允许，考生可遵循第 6 条中的条件以一篇论文代替一份试卷；

或者

（1）考试要求由第一部分制定；

（2）此外的三份试卷其考试要求由第二部分和第四部分设定，但考生从第四部分中所选试卷不得少于两份。

第一部分：教育学研究

第一部分包括两份书面试卷，每份试卷用时三小时。

试卷 1：教育学（一）

试卷 2：教育学（二）

第二部分：当代教育问题

第二部分包括一份书面试卷，用时三小时。

试卷 3：当下教育问题：教学和学习

第三部分：教育学中的特定科目

考生应在教育学领域内提供一份特定科目的试卷。学部委员会应实时公布特定科目及其考试要求，以使所有考生都充分知悉此事。

第四部分：科目学习

就教育学荣誉学位考试而言，考生只能呈交列表 1（见原文第 296 页）中某一学科领域内的两份或三份试卷。其试卷可采用多种方式，而非仅限于书面试卷一种。某些科目可以限制考生所提交试卷的组合。

5. 对于任何一门预考，任何考生不得呈交之前已提交给任何学校考试的试卷、专题报告或其他作业。

6. 如果考生希望遵循第 4 条中的要求提交论文，需由其导师将初拟题目提交给学部委员会秘书。据学部委员会的通知,初拟题目提交时间不得晚于下一次考试的米迦勒学期开学。学部委员会秘书应在下一次考试的完整的四旬斋学期开学前与考生沟通其初拟题目是被认可还是被拒绝。

包括摘要和附录在内,所提交的专题论文字数不得少于 8000 字或多于 10000 字。考生提交的论文经本科生办公室送交学部委员会秘书,学部委员会规定,其时间不得晚于下一次考试的米迦勒学期开学。除获得学部委员会的允许提交手写稿外,每篇论文需提交打印稿;提交的论文需注明考生考号并附文章大纲。

考生需郑重表明论文由其本人独立完成,并且不包含为相似目的而使用过的资料。考官有权对考生就其论文内容进行口试。

英　　语

1. 须有英语荣誉学位考试第二部分的预考。

2. 考试应包括英语荣誉学位考试第二部分试卷 1 至 15。为了对考生进行分类,考生需提供:

(1) 试卷 1 和试卷 2;

(2) 试卷 3 至 15 中的一篇。

若该考生尚未通过英语荣誉学位考试的第一部分,经学部委员会的批准,只能从第一部分中选取一份试卷提交,要求如下:

① 第一部分的试卷 5 可替换第二部分的试卷 2;

② 选自第一部分试卷 1 至 5 的一份试卷可替换上述(2)所要求的一份试卷。

3. 考官可为荣誉学位考试第一部分和第二部分的考官。

地　理　学

1. 须有地理学荣誉学位第二部分的预考。

2. 该部分考试的试卷取自于地理学荣誉学位考试第一部分 B 的试卷库,考官为该考试的考官。

3. 每位考生需:

① 从地理学荣誉学位考试第一部分 B 中选取四份提交;

② 向考官提交以下两份材料,并使其与地理学系主任要求一致,且提交时间不得晚于米迦勒学期前四分之一:

(i) 考试候选人进行的实践性练习记录;

(ii) 专题报告的计划书以及地理学荣誉学位考试第 25 条中所列举的声明。

历 史 学

1. 须有历史学荣誉学位第一部分和第二部分的预考。

第一部分：

2. 考试将包括如下 19 份试卷：

（一）

试卷 1：历史争论与实践

（二）英国政治与宪政史

试卷 2：从 380 年到 1100 年的英国政治与宪政史

试卷 3：从 1050 年到 1509 年的英国政治与宪政史

试卷 4：从 1485 年到 1750 年的英国政治与宪政史

试卷 5：从 1700 年到 1914 年的英国政治与宪政史

试卷 6：自 1867 年的英国政治与宪政史

（三）英国经济社会史

试卷 7：从 380 年到 1100 年的英国经济社会史

试卷 8：从 1050 年到约 1500 年的英国经济社会史

试卷 9：从约 1500 年到 1750 年的英国经济社会史

试卷 10：从 1700 年到 1914 年的英国经济社会史

试卷 11：自 1870 年起的英国经济社会史

（四）欧洲史

试卷 12：从公元前 776 年到公元 69 年的欧洲史

试卷 13：从公元前 31 年到公元 900 年的欧洲史

试卷 14：从 900 年到 1215 年的欧洲史

试卷 15：从 1200 年到 1520 年的欧洲史

试卷 16：从 1450 年到 1760 年的欧洲史

试卷 17：从 1715 年到 1890 年的欧洲史

试卷 18：1890 年之后的欧洲史

（五）欧洲以外的历史

试卷 19：1400 年之后欧洲以外的历史

3. 为了顺利进入考生名单，考生应从 B—E 部分提交试卷 1 和（二）到（五）部分中的两份试卷。每部分只能提交一份试卷。

第二部分：

4. 考试应包含历史学荣誉学位第二部分的试卷 3—30。为了分级，考生应提交 3 至 4 篇试卷，且考生应为被允许提交学士荣誉学位试卷的考生。提交四份试卷者，应以其中最佳的三份为基础来定级。考官应为荣誉学位第二部分的考官。

补 充 规 章

第 一 部 分

试卷 1,历史争论与实践

该试卷旨在为考生提供一个在历史性争论与实践的广阔平台表达的机会。该试卷被视为促进考生提升和讨论与其相关的专业知识和更为广阔的历史调查及阐述的基础性问题。试卷须有一道考生必答题。

试卷 2—19,英国、欧洲和欧洲以外的历史

试卷 2—18 的范围应与荣誉学位考试第一部分相同。试卷 19 的范围应与第一部分试卷 21—23 相同。

三个问题需要回答,但除试卷 17(1715—1890 年的欧洲历史)和试卷 18(1890 年之后的欧洲历史)需要考生在部分 A 和 B 中至少回答一个外,其他问题不强制回答。

语 言 学

1. 须有语言学荣誉学位的预考(旧规章)。
2. 考试应由以下试卷组成:
试卷 1:普通语言学(现代和中世纪语言学荣誉学位试卷 Li.1)
试卷 2:语言变异(现代和中世纪语言学荣誉学位试卷 Li.2)
试卷 3:语音(语言学荣誉学位试卷 3)
试卷 4:语法(语言学荣誉学位试卷 4)
试卷 5:语义学和语用学(语言学荣誉学位试卷 5)
试卷 6:音韵学和形态学(语言学荣誉学位试卷 6)
试卷 7:历史语言学(语言学荣誉学位试卷 7)
试卷 8:英语结构(语言学荣誉学位试卷 8)
试卷 9:言语沟通基础(语言学荣誉学位试卷 9)
3. 考生应提交试卷 1 或试卷 2 中任意一份和其他三份试卷;倘若:
(i) 考生之前在现代和中世纪语言学荣誉学位中提交了试卷 Li.1 或 Li.2 应在各自基础上提交试卷 1 或 2;
(ii) 考生之前在现代和中世纪语言学荣誉学位中提交了试卷 Li.1 和 Li.2 应提交语言学文学史荣誉学位试卷 1(语言学理论)。

自 然 科 学

特别通知修订(2007—2008 学年《剑桥大学通讯》,第 729 页)

1. 须有自然科学荣誉学位考试第二部分的预考。考试科目如下:

化学,科学史与科学哲学,实验和理论物理学,材料科学与冶金,地理科学,心理学。

2. 参加考试的考生应提交以上科目中的一个,并且符合如下规定中设定的要求。考生不得提交他们之前已经在自然科学学士荣誉学位考试中提交的试卷。

3. 化学考试部分应该包含荣誉学位考试第一部分B的化学A和B科目的考试。第一部分B的化学A和化学B的考官应为预考化学考试部分的考官。

4. 实验和理论物理学考试应包含如下部分:
(1) 荣誉学位考试第一部分B的物理A和物理B科目考试要求
(2) 荣誉学位考试第一部分B的物理A、物理B和数学科目考试要求

在第一部分B物理A、物理B和数学考试科目中的考官应适当考虑为预考中实验和理论物理科目考试的考官。

5. 地理科学考试应包含荣誉学位考试第一部分B中地理科学A、地理科学B和冶金学中的两个科目。第一部分B地理科学A、地理科学B和冶金学科目考试的考官应适当考虑为预考中地理科学的考官。

6. 历史和科学哲学考试应包含:
(1) 为荣誉学位考试第一部分B设置的科学史与科学哲学考试;
和(2) 三篇试卷,每篇不超过5000字且从下列科学史与科学哲学委员会批准的领域中选题:

科学中的古典传统

自然哲学:文艺复兴到启蒙运动

科学、工业和帝国

形而上学、认识论和科学

科学和技术研究

心灵哲学与历史

从古代到启蒙运动的医学

现代医学和生物医学科学

科学的形象

"一战"后的科学和技术

从任一领域中选择不超过一个题目

第一部分B中科学史与科学哲学的考官应为预考中科学史与科学哲学的考官。

7. 材料科学和冶金学考试应包含从荣誉学位考试第一部分B的材料科学和冶金学以及荣誉学位考试第一部分B的化学A、数学、材料科学和物理学中选择的两个科目。第一部分B的材料科学和冶金学科目考官应为预考中材料科学和冶金学的考官。

8. 心理学的考试应包含荣誉学位考试第一部分B的实验心理学。第一部分B的实验心理学考考官应为预考中的心理学科目考官。

9. 每个科目应公示各自的优等生名单且应有考官在科目上的签字。每份入选考生的名单应被安排在三个等级,其中第二年级应分为两个部分。

东 方 学
文学学士荣誉学位考试

盎格鲁-撒克逊语、古挪威语和凯尔特语文学学士荣誉学位考试

1. 盎格鲁-撒克逊语、古挪威语和凯尔特语文学学士荣誉学位考试由两个部分组成,每个部分须公布各自的课程清单。
2. 符合如下条件的学生可参加荣誉学位课程第一部分的考试:
(1) 该生尚未通过荣誉学位考试,已进行一个学期的学习,并且他(她)入校后的时间不超过六个完整学期;
(2) 该生已通过荣誉学位考试,将在随后的一年或两年内获得荣誉,并且在他(她)入校后的时间不超过一个完整学期。
3. 已通过某个荣誉学位考试的学生,若其在入校后的时间不超过12个学期,可以成为下一年或第二年学士荣誉学位第二部分考试的考生。
4. 在同一学期内,考生不得同时参加两部分考试,或者参加某一部分考试的同时参加另一种荣誉学位考试。
5. 已参加某一部分考试的考生不得重复参加该部分考试。
6. 英语学部委员会可实时为下面规章中设定的全部或部分科目制定补充规章,并在适当情况下修改、改变或撤销该补充规章,并对此类变动予以充分公告。
7. 如有恰当理由,才能保证变更不会对考生备考造成消极影响,英语学部委员会可变更考试内容,并在复活节学期结束前公告下一学年考试变更内容。
8. 英语学部委员会可以为荣誉学位考试的每一部分任命足够数量的考官,且有权任命试卷的评审官。
9. 任何一位考官或评审官提出的问题应提交全部考官核实。
10. 每个问题的答案应至少由两名考官或评审官审阅。
11. 在荣誉学位考试每部分的课程清单上,已通过荣誉学位考试的考生将被分为三个等级,第二等级将再细分为两个部分。第一等级和第三等级以及第二等级的两个部分中的考生名单将按姓名首字母排序。第一等级的考生姓名将被附上明显的区分标志,表明其在参加的部分或全部考试中表现优异。
12. 第一部分的考试包括如下内容:
试卷1:诺曼征服之前的英格兰
试卷2:北欧海盗时代的斯堪的纳维亚的历史
试卷3:从4世纪到12世纪的不列颠语民族

试卷4：从4世纪到12世纪的盖尔语民族

试卷5：古英语语言文学（同样作为英语文学荣誉学位考试第二部分试卷15的考试内容）

试卷6：古挪威语语言文学（同样作为英语文学荣誉学位考试第一部分试卷12和第二部分试卷17的考试内容）

试卷7：中世纪威尔士语言文学（同样作为英语文学荣誉学位考试第一部分试卷13和第二部分试卷18A的考试内容）

试卷8：中世纪爱尔兰语言文学（同样作为英语文学荣誉学位考试第二部分试卷19A的考试内容）

试卷9：岛屿拉丁语言文学（同样作为英语文学荣誉学位考试第一部分试卷11和第二部分试卷16的考试内容）

试卷10：古文字学和手稿学

试卷11：中世纪早期文学及其背景（同样作为英语文学荣誉学位考试第一部分试卷10的考试内容）

试卷12：1300年以前的法兰西文学思想及历史（同样作为现代和中世纪语言学荣誉学位考试法语部分试卷3的考试内容）

试卷13：650年至1300年中世纪拉丁文学（同样作为现代和中世纪语言学荣誉学位考试中世纪拉丁语部分的考试内容）

试卷14：公元第一个千年的欧洲（1）（同样作为考古学和人类学荣誉学位考试第二部分A和B的试卷25A的考试内容）

试卷15：公元第一个千年的欧洲（2）（同样作为考古学和人类学荣誉学位考试第二部分A和B的试卷26A和试卷27A的考试内容）

13. 参加第一部分考试的考生应提供第12条中所列举的六份试卷，并遵守如下条件：

（1）考生至多在试卷11至15之间选择两份试卷；

（2）考生不得同时提交试卷14和试卷15；

（3）考生可提交专题试卷以代替规章规定下的任何一份试卷，该专题试卷题目须经盎格鲁-撒克逊语、古挪威语和凯尔特语系主任的同意，其范围在试卷1至10内选择一个或者多个。

14. 第二部分的考试包括如下内容：

试卷1：由英语学部委员会指定的关于盎格鲁-撒克逊语历史的科目

试卷2：由英语学部委员会指定的关于北欧海盗时期斯堪的纳维亚历史的科目

试卷3：由英语学部委员会指定的关于凯尔特语历史的科目

试卷4：由英语学部委员会指定的关于盖尔语历史的科目

试卷5：由英语学部委员会指定的关于古英语文学的科目

试卷6：高级中世纪斯堪的纳维亚语言文学

试卷7：高级中世纪威尔士语言文学（同样作为英语文学荣誉学位考试第二

部分试卷 18B 的考试内容）

试卷 8：高级中世纪爱尔士语言文学（同样作为英语文学荣誉学位考试第二部分试卷 19B 的考试内容）

试卷 9：由英语学部委员会指定的岛屿拉丁语言文学

试卷 10：文本批评学

试卷 11：德国文献学

试卷 12：凯尔特语文学（同样作为语言学文学荣誉学位考试试卷 20 的考试内容）

试卷 13：1066—1500 年的中世纪英语文学（同样作为英语文学荣誉学位考试第二部分试卷 4 的考试内容）

试卷 14：中世纪欧洲史

试卷 15：历史语言学（同样作为语言学文学荣誉学位考试试卷 7 的考试内容）

15. 除了第 16 条中所列举的情况，参加第二部分考试的考生应提供如下资料：

（1）第 14 条中任选四份试卷，但每位考生只能在试卷 13 至 15 的题目中选择一份；

（2）专题试卷的题目经由盎格鲁-撒克逊语、古挪威语和凯尔特语系主任确定，其范围在第一部分试卷 1 至 10 和第二部分试卷 1 至 12 中选择一份或者多份。

16. 参加第二部分考试的考生可在第一部分试卷 1 至 10 之间选择一份试卷以替换遵照第 15 条（1）规定的任何一份试卷，但需符合如下条件：

（1）考生不得提供先前已提交给其他荣誉学位考试的试卷；

（2）考生不得提供以下部分的任何组合：

第一部分试卷 5 和第二部分试卷 5 的组合

第一部分试卷 6 和第二部分试卷 6 的组合

第一部分试卷 7 和第二部分试卷 7 的组合

第一部分试卷 8 和第二部分试卷 8 的组合

第一部分试卷 9 和第二部分试卷 9 的组合

17.（1）参加第一部分考试，并且希望根据第 13 条（3）提交一篇专题论文的考生，或者参加第二部分考试，并且希望根据第 15 条（2）提交一篇专题论文的考生，需提交一份申请。该申请包括初拟的试卷题目、研究范围的简要论述、考试中所交试卷的框架概述。此申请需提交系主任，并保证其在下一次考试的米迦勒学期之前送达。

（2）每位考生[①]必须在不晚于下一次考试的米迦勒学期的最后一天获得学部委员会对其初拟试卷题目的批准。试卷题目一经学部委员会确认，未经学部

---

① candidate：根据不同语境译为候选人或考生。——校者注

委员会另行批准,不得对题目或考生试卷框架进行任何修改。

(3) 在包括附录但不包括索引字数的情况下,第一部分专题论文的字数不得低于 7000 字,不得超过 10000 字;第二部分的论文字数不得低于 9000 字,不得超过 12000 字。考生需郑重表明论文由其本人独立完成,并且不包含为其他相似目的而使用过的资料。每篇论文须提交打印版。

(4) 每篇论文需及时提交给系主任,并保证在不晚于拟举行考试的复活节学期的第一天送达。

(5) 考官有权对考生就其论文和论文所涉及的背景知识进行口试。

补充规章

特别通知修订(2007—2008 学年《剑桥大学通讯》,第 263 页)

第 一 部 分

试卷 1:诺曼征服前的英格兰

从盎格鲁-撒克逊迁徙到诺曼征服,英格兰的历史和文化的介绍。要求考生使用原用语言或是翻译过来的一手资料。

试卷 2:维京时代的斯堪的纳维亚历史

对维京时代的斯堪的纳维亚历史文化的介绍。包括斯堪的纳维亚人的扩张,第一部分试卷 1、试卷 3、试卷 4 和第二部分试卷 1、试卷 3、试卷 4 的除外。要求考生使用原有语言或是翻译过来的一手资料。

试卷 3:4 世纪到 12 世纪的讲不列颠语言的人们

从罗马帝国覆灭到盎格鲁—诺曼入侵时代,讲不列颠语言的人民的历史和文化的介绍。要求考生使用原有语言或是翻译过来的一手资料。

试卷 4:4 世纪到 12 世纪的讲盖尔语言的人们

从罗马帝国覆灭到盎格鲁—诺曼入侵时代,讲盖尔语言的人民的历史和文化的介绍。要求考生使用原有语言或是翻译过来的一手资料。

试卷 5:古英语与文学(英语文学荣誉考试中的第二部分试卷 15 也作了要求)

介绍古英语散文和诗歌的语言和文字特征。将会有原始语言的考试,要求考生翻译背景材料和没有见过的古英语文章,并就指定话题撰写论文。

试卷 6:古诺斯语和文学(英语文学荣誉考试中的第一部分试卷 2 和第二部分试卷 17 也对此做了要求)

介绍古诺斯语散文和诗歌的语言和文字特征。将会有原始语言的考试,要求考生翻译背景材料和没有见过的古诺斯语文章,并就指定话题撰写论文。

试卷 7:中世纪威尔士语和文学[在英语文学荣誉考试中第一部分试卷 13 和第二部分试卷 18(一)也对比做了要求]

介绍中世纪时期中世纪威尔士语散文和诗歌的语言和文字特征。将会有对此原始语言的考试,要求考生翻译和评论试卷中文章的语言特点,并翻译未见过的中世纪威尔士语文章,并就指定话题撰写论文。

试卷8:中世纪爱尔兰语及文学[在英语文学荣誉考试中第二部分试卷19(一)对此也做了要求]

介绍早期尤其是到10世纪为止的中世纪爱尔兰的语言和文学,要求考生翻译和评论试卷中文章的语言特点,并翻译未见过的中世纪爱尔兰语文章,并就指定话题撰写论文。

试卷9:岛民的拉丁语及文学(在英语文学荣誉考试中第一部分试卷11和第二部分试卷16对此也做了要求)

介绍4世纪至12世纪英格兰和凯尔特语国家的拉丁文学。虽不要求对拉丁语知识有精深的掌握,但是对拉丁语有所了解者为佳。考试将提供原始语言的文本。考生需要对文本有细致的了解,并就指定的论题进行论述。

试卷10:古文书学和手稿学

介绍4世纪到12世纪不列颠岛的文字书写历史和实物手稿。候选人将要求回答一个必答的操作性问题和在选定题目范围内写文章。

第 二 部 分

试卷1:英语学部委员会指定科目:盎格鲁-撒克逊历史

盎格鲁-撒克逊迁徙到诺曼征服,英格兰历史和文化的前沿问题。

要求考生使用原用语言或是翻译过来的一手资料。

试卷2:英语学部委员会指定科目:维京时代的斯堪的纳维亚历史

维京时代的斯堪的纳维亚历史文化的前沿问题。包括斯堪的纳维亚人的扩张,在第一部分试卷1、试卷3、试卷4和第二部分试卷1、试卷3、试卷4的除外。要求考生使用原有语言或是翻译过来的一手资料。

试卷3:英语学部委员会指定科目:凯尔特人的历史

关于4世纪到12世纪讲凯尔特语的人民的历史文化的高级问题。要求考生使用原有语言或是翻译过来的一手资料。

试卷4:英语学部委员会指定科目:盖尔人的历史

关于4世纪到12世纪讲盖尔语的人民的历史文化的高级问题。要求考生使用原有语言或是翻译过来的一手资料。

试卷5:英语学部委员会指定科目:古英语文学

将指定考生对古英语文学中某个作者、某组作者或某文学主题、流派的作品进行特别研究。要求考生使用原有语言或是翻译过来的一手资料。

试卷6:高级的中世纪斯堪的纳维亚语言与文学

研究起源于整个中世纪的德国斯堪的纳维亚语言和文学。要求对这种古语言进行大量阅读。要求考生翻译未见过的章节,就中世纪斯堪的纳维亚语言和文学指定题目撰写文章。

试卷7:高级的中世纪威尔士语言和文学[在英语文学荣誉考试中第二部分

试卷 18（一）也对此做了要求］

研究从中世纪开始到结束的威尔士语言和文化。将会有部分古威尔士和中世纪威尔士语的阅读文本。要求考生翻译和评论阅读文本的摘录和一些未见过的篇章，还有对中世纪法国布里多尼地区和康沃尔人说的凯尔特语的文本深度阅读，并翻译和评论阅读文本的摘录和一些未见过的篇章，同时也要求就中世纪威尔士、法国布里多尼地区和康沃尔人说的凯尔特语的文化和语言指定题目撰写文章。

试卷 8：高级的中世纪爱尔兰语言和文学［在英语文学荣誉考试中第二部分试卷 18（二）也对此做了要求］

研究从中世纪开始到结束的爱尔兰语言和文化。将会有部分此种语言的阅读文本。要求考生翻译阅读文本的摘录和一些未见过的篇章，同时也要求就中世纪爱尔兰文化和语言的指定题目撰写文章。

试卷 9：英语学部委员会指定科目：不列颠岛的拉丁文学

将指定考生对不列颠岛拉丁文字某个（组）作者或某文学主题、流派的作品进行特别研究。要求考生使用原有语言或是翻译过来的一手资料。

试卷 10：文本批判

介绍用试卷 1、2、4、9 指定的语言书写的现存资料的流传过程，以及如何用学术方法使这些资料变得可用。考生必须回答一道实践性问题，并就选定题目撰写论文。

试卷 11：德国文献学（在语言学荣誉学位考试中也提出了这项要求）

联系另一门语言及其印欧语系背景来研究德语的历史和语法。要求考生对文章发表评论，并就选定题目撰写论文。

研究凯尔特语的历史和语法，并与另一种语言和它们的印欧语背景相联系。

考古学和人类学的荣誉学位考试

根据特别意见修订（2007—2008 学年《剑桥大学通讯》，第 369、645 和 905 页）

总　　章

1. 考古学和人类学的荣誉学位考试包含三个部分：第一部分、第二部分 A 和第二部分 B。在第二部分的 A 和 B 里，在下面三个科目中每一门都会有考试：考古学（包括亚洲学和埃及学）、生物人类学和社会人类学。针对这三门考试，第一部分将有单独的优等生名册；第二部分的 A 和 B 也分别有优等生名册。

2. 人类学和考古学系会提名一些考官负责第一部分的荣誉学位考试，第二部分的 A 和 B 两部分也是由一个高级考官和足够数量的被提名的考官负责。对于每部分来说，学部委员会都有权力提名足够数量的评审官以协助考官。相关评审官应为所负责的一科或多科选定试卷、为该试卷考生打分、审阅论文并就考生该次考试的成绩向考官提出建议。可召集评审官列席考官会议以备咨询和提供建议,但其无权投票。

3. 学部委员会可实时制定补充规章以界定全部或部分考试科目和特定考试内容,在适当情况下,其有权修改、改变或撤销这些规章,但要对此类变动予以充分公告。

4. 每年复活节学期结束前,学部委员会应对下一学年举行的考试的可变科目作出公告。公告后,如其有充分理由并确保不会对考生复习造成负面影响,学部委员会可作出修改。公告可变科目时,学部委员会有权限定考生可选的试卷组合。

5. 每个考官和评审官提出的问题应提交第一部分全体考官或第二部分 A 和 B 某特定科目的考官审批。

6. 每个问题的答案应由至少两名考官或评审官评议。

7. 第一部分全体考官和第二部分 A、第二部分 B 的三组考官都应举行单独会议,起草出相应的优等生名册。每份优等生名册中,应得荣誉的考生姓名应划分为三个等级,其中第二等级又应分为两个部分。第一、第三等级及第二等级中的姓名以首字母顺序排列。表现突出者应予以标记。第二部分 A 和第二部分 B 的优等生名册应标出是否给予考生在考试中选择亚述学和(或)埃及古物学的权利。

8. 每个学生只能选其中的一个部分,也只能参加其中一部分的考试。

9. 每个考生不得重复参加同一部分的考试。

10. 考生不得提交其曾在另一项大学荣誉学位考试时提交的试卷。

第 一 部 分

11. 下面是要获得第一部分荣誉学位的考生要求:

(1) 该生没有在其他荣誉考试中获得学位,且已完成一学期并在该生第一居住期后的三个完整学期之内参加考试。

(2) 获得过其他荣誉学位的学生,在获得荣誉学位一年后,假如他或她已经上了七个学期的课程并且其入校后的时间不超过九个完整学期。

12. 第一部分的考试计划如下:

第一卷:人类社会的发展(在东方研究荣誉学位的试卷 E.5 和 N.4,社会与政治科学第一部分第四卷也做了要求)。

第二卷:生物学视角下的人类(在社会与政治科学荣誉学位考试第一部分第五卷也做了要求)。

第三卷:人类社会:比较的视角(在东方研究荣誉学位考试的试卷 S E.6 和 N.5,社会与政治科学荣誉学位考试第一部分第六卷也做了要求)。

第四卷:(1) 作为人类:跨学科的一个研究

(2) 现代社会(社会与政治科学荣誉学位考试做了第一部分试卷2)

(3) 现代政治分析(社会与政治科学荣誉学位考试第一部分试卷1)

(4) 社会、交往与个人(社会与政治科学荣誉学位考试第一部分第三卷)

第五卷：埃及和美索不达米亚文化介绍

第六卷：阿卡得人语 I（亚洲与中东研究荣誉学位考试试卷第一部分 AX.1）

第七卷：埃及语言 I（亚洲与中东研究荣誉学位考试试卷第一部分 AX.2）

第一部分考生应提交下列的其中一组：

① 卷 1、2 和 3，卷 4A、4B、4C、4D，卷 5 中的一份

② 卷 5；卷 6 或 7；从卷 1、2 和 3 中选两份

③ 卷 5；卷 6 和 7；从卷 1、2 和 3 中选一份

第二部分 A 和第二部分 B

13. 如果一个学生已经取得了考古学与人类学第一部分荣誉学位，或者已经通过了另一个荣誉学位考试，那么，他将在取得荣誉学位的第二年自动成为考古学与人类学荣誉学位第二部分 A 的考生。

14.（1）如果一个学生已经取得其他领域的荣誉学位，而不是考古学与人类学第一部分的荣誉学位，那么，他在取得荣誉学位的第二年将自动成为考古学与人类学荣誉学位第二部分 B 的考生。但是他还需要满足下列条件：

① 这个学生必须完成七个学期的学习，同时他或她入住后的时间不超过十二个完整学期；

② 考古学荣誉学位考生需要满足下面（2）段的规定。

（2）考古学荣誉学位第二部分 B 的候选人必须从入学开始，在某一个或多个工程中，完成不少于六个星期的考古挖掘工作或实地调查工作（或者亚述学、古埃及学荣誉学位的候选人在埃及或中东或博物馆研究中作一次访问研究）。这些实习的方式必须经过系主任的批准，同时这些工作经历也需要通过考古学系主任的审核。同时系主任也有权力批准以其他方式实习，有同等实习经历的候选人免于这次实习。在每年四旬斋学期过半的时候，系主任应该列出一个清单，以表明哪些考生完成了实习的要求并通过审核，哪些考生可以免于实习。同时系主任也应该据此与教务长交流信息。

15. 第二部分 A 和第二部分 B 的考试策划如下所示：

考 古 学

A1. 考古学的历史和范围 I

A2. 考古学实践 I（这种试卷同时也是古典学荣誉学位第二部分试卷 O12）

A3. 考古学的历史和范围 II

A4. 考古学实践 II

特殊领域

A5. 早期人类发展的考古学研究

A6. 现代人类起源和西欧旧石器时代晚期考古学

A7. 从阿尔卑斯地区到美洲的旧石器时代晚期

A8. 欧洲史前的后期

A9. 关于欧洲史前时期的特别话题

A13. 史前的爱琴海(古典学荣誉学位考试第二部分的试卷 D1)

A14. 关于古典考古和/或艺术的一个话题(古典学荣誉学位考试第二部分的试卷 D2)

A15. 关于古典考古和/或艺术的一个话题(古典学荣誉学位考试第二部分的试卷 D3)

A16. 关于古典考古和/或艺术的一个话题(古典学荣誉学位考试第二部分的试卷 D4)

[A17. 古埃及:生存的框架 I 第一部分

A18. 古埃及:生存的框架 II 第一部分

A19. 古埃及:宗教的实践 I 第一部分

A20. 古埃及:宗教的实践 II 第一部分

A21. 史前的近东(东方学研究荣誉学位考试试卷 As.17)

A22. 关于两河流域的特别话题(东方学研究荣誉学位考试试卷 As.15)

A23. 两河流域的历史考古学 I:公元前 3000 年—公元前 1600 年(东方学研究荣誉学位考试试卷 As.16)

A24. 两河流域的历史考古学 I:公元前 1600 年—公元前 539 年(东方学研究荣誉学位考试试卷 As.16)]

〈A17. 古埃及的历史考古学 I

A18. 古埃及的历史考古学 II

A19. 古埃及的宗教 I

A20. 古埃及的宗教 II

A21. 两河流域的文化:文学

A22. 两河流域的文化:宗教和科学

A23. 两河流域的考古 I:史前及早期的国家

A24. 两河流域的考古 II:从国家到帝国〉

A25. 公元后第一个千年的欧洲 I:盎格鲁-撒克逊人的考古(也当做盎格鲁-撒克逊人、挪威人和凯尔特人的荣誉学位考试的第一部分的试卷 14)

A26. 公元后第一个千年的欧洲 II:斯堪的纳维亚的考古(也当做盎格鲁-撒克逊人、挪威人和凯尔特人的荣誉学位考试的第一部分的试卷 15)

A27. 公元后第一个千年的欧洲 II:移民时期的考古(也当做盎格鲁-撒克逊人、挪威人和凯尔特人的荣誉学位考试的第一部分的试卷 15)

A28. 中世纪不列颠的考古

A29. 古印度 I:史前的印度

A30. 古印度 I:印度河流域的文化及其他

A31. 古印度 II:早期印度的历史名城

A32. 古印度 II:古印度的艺术和建筑

A33. 古南美洲

A34. 两河流域和北美的考古

A35. 人类进化论

A36. 晚史前时期撒哈拉沙漠以南非洲的历史考古学

A37. 考古学中的科学方法导论

A38. 考古科学

〈亚述研究

M1. 阿卡得语 II（也当做亚洲和中东研究荣誉学位考试第一部分 B 的试卷 X.6）

M2. 阿卡得语 III

M3. 苏美尔人

M4. 两河流域的历史 I：国家和结构

M5. 两河流域的历史 II：帝国和体系

埃及学

E1. 埃及语 II（也当做亚洲和中东研究荣誉学位考试第一部分 B 的试卷 X.7）

E2. 埃及语 III。〉

学部委员会将在第三学年结束前公布在下一学年考试中将会用到的试卷。

生物人类学

BA1. 生物人类学的基础：人类

BA2. 生物人类学的基础：人类旅程

BA3. 生物人类学的基础：人类的生命历程

BA4. 人类学中的理论和实践

考古学和人类学的荣誉学位考试

BA5—17. 不超过 12 份试卷，每份涉及一个学部委员会指定的生物人类学的特殊主题。在公布将会涉及的特殊主题时，学部委员会也要公布以下内容：考试的形式，无论是在两个小时内的书面考试或者根据第 19 条规定的条款提交一篇论文以及其他的作业，也包括根据第 18 条规定的条款提交实习作业。

社会人类学

S1 社会人类学基础一

S2 社会人类学基础二

S3 理论、方法和社会人类学调查

S4 思想、信仰和伦理

S5 政治经济与社会转型

S6 民族地区

社会人类学的特别科目:
S7—11 五卷以内,由学部委员会决定社会人类学的特别科目
16. 除第 10 条的条文,考生应为第二部分 A 提供文章和其他作业如下:
(1) 选考考古学
(i) 试卷 A1 和 A2;
(ii) 从第 A5—A21,A23—A37 中选择一篇;
(iii) 或者选试卷 A5—A21,A23—A37 中其中一份;
或从试卷 S7—11 挑选一份;
或从试卷 BA5—17 选两份;
(iv) 提交实际工作记录,按照第 18 条的规定。
备选论文 1:
(i) 试卷 A1 和 A2;
(ii) 从第 A5—A37 选择一份试卷;
(iii) 从第 A5—A37 选一份试卷,
或一份试卷选自如下:试卷 S7—11 之一;
或两份试卷选自试卷 BA5—17;
(iv) 提交实际工作记录,按照第 18 条的规定。
备选论文 2(亚述学):
(i) 试卷 M1 或考古学和人类学荣誉学位考试第一部分的试卷 6;
(ii) 试卷 A23 或试卷 A24;
(iii) 从试卷 A2,A21—22,M4—5 中选两份试卷。
备选论文 3(埃及):
(i) 试卷 E1 或考古学和人类学荣誉学位考试第一部分的试卷 7;
(ii) 试卷 A2;
(iii) 试卷 A17 或 A18;
(iv) 试卷 A19 或 A20。
备选论文 4:
(i) 试卷 M1 或考古学和人类学荣誉学位考试第一部分的试卷 6;
(ii) 试卷 E1 或考古学和人类学荣誉学位考试第一部分的试卷 7;
(iii) 试卷 A17 或 A18;
(iv) 试卷 A21—24 之一。
(2) 选考生物人类学
(i) 试卷 BA1,BA2,BA3;
(ii) 选自 BA5—17 的两篇试卷;
(iii) 选自 BA5—17 的两篇试卷,或是选自试卷 A5—A37,S7—S11 中的一篇。

（3）选考社会人类学

(i) 试卷 S1—S3；

(ii) 以下任选其一：选自试卷 S7—S11 的一篇；选自试卷［A5—A21，A23—A37］〈A5—A37〉中的一篇；选自试卷 BA5—17 中的两篇；或是一篇试卷选自历史学荣誉学位考试第一部分，试卷 21：《15 世纪至"一战"的欧洲扩张》，或社会学与政治学荣誉学位考试第二（A）部分，试卷 pol. 3《现代政治分析》、论文 psy. 1《社会心理学》、论文 soc. 1《社会理论》、论文 soc. 2《当代社会与全球转型》。

17. 依照第 10 条的有关规定，第二(B)部分的选考生应该完成试卷，并参加如下考试：

（1）选考考古学〈选择一：考古学〉

(i) 试卷 A3、A4；

(ii) 选自试卷 A5—A38 的两篇；

(iii) 以下二者择一：选自试卷 A5—A38 的一份试卷；或根据第二十章的有关规定，提交一份关于一个已经由学部委员会批准的课题的论文；

(iv) 根据第 18 条的相关内容，上交实践作业的有关纪录。

如若考生没有上交试卷 A22、A23 或 A24，那么他/她无须上交试卷 A22；而如果考生没有上交 A37，则他/她也无须提交试卷 A38。

〈选择二：亚述学〉

(i) 试卷 M2 或 M1；

(ii) 试卷 A23 或 A24；

(iii) 选自 A4、M3、M4—5 中的两篇试卷；

(iv) 以下二者择一：选自试卷 A4、A21—22、M35、M4—5 的一份试卷；或根据第二十章的有关规定，提交一篇已经由学部委员会批准的专题论文。

选择三：埃及学

(i) 试卷 E2 或 E1；

(ii) 试卷 A17 或 A18；

(iii) 试卷 A19 或 A20；

(iv) 试卷 A4；

(v) 根据第 20 条的有关规定，提交一篇关于一个已经由学部委员会批准的专题论文。

选择四：亚述学与埃及学

(i) 试卷 M2 或 M1；

(ii) 试卷 E2 或 E1；

(iii) 试卷 A17 或 A18；

(iv) 选自试卷 A21—24 中的一篇；

(v) 以下二者择一：选自 A19—24、M3、M4—5 的一份试卷；或根据第 20 条的有关规定，提交一篇关于一个已经由学部委员会批准的专题论文。

(2) 选考生物人类学

(i) 如果学生选择第 16 条(2)中的第二(A)部分,则需要:

1) 试卷 BA4;

2) 以下二者择一:选自 BA5—17 中的六份试卷;或选自 BA5—17 中的四份试卷,并根据第 20 条的有关规定,提交一份关于一个已经由学部委员会批准的专题论文。

(ii) 如果学生没有选择第 16 条(2)中的第二(A)部分,则需要:

1) 试卷 BA1—3;

2) 选自试卷 BA5—17 的两份,或根据第 20 条规定需要提交的试卷;

(3) 选考社会人类学

(i) 试卷 S4—S6;

(ii) 选自试卷 S7—S11 中的一篇;

(iii) 以下二者择一:选自试卷 S7—S11 的另一份试卷;或根据第 20 条的有关规定,提交一份关于一个已经由学部委员会批准的专题论文。

18. 选考亚述学(以及生物人类学中同样使用的部分)第二(A)、(B)部分的考生需要为考官的考察准备一个演示,具体日期由相关院系的主任负责通知,但不得迟于第一学期前,而考生也应在此日期前完成。授课过程中的此类实践作业的分数将被计入考试成绩,并由学部委员会实时予以测评。考察人应当由院系主任在对选考人的实践作业进行评估的基础上选派,并将在考试分数的分配上同时考虑这些测评结果。

19. 对于那些选择了生物人类学第二(A)、(B)部分并选考试卷 BA5—17 中的某一篇的学生,根据学部委员会的通知,关于论文和其他作业提交的安排,遵照如下方式:

论文字数不多于 4000 字(不含脚注、数字、表格、附录以及参考书目)。学生必须在参考书目中注明他们所使用的全部原始资料;此外,除了在声明中说明的部分外,学生必须保证该论文是个人独立完成的。而关于其他作业的具体说明,则由生物人类学系主任负责,同时还应考虑学部委员会发布的有关各个学科安排的通知。除非学生已提前征得学部委员会同意而交手写稿,否则所有论文和作业都必须以打印版形式上交,并由学生导师统一上交至学部委员会秘书处,时间不得迟于考试举行的第三学期前一周,逾期将对其作出相关惩处。

20．(1) 如若选考第二(B)部分的学生有意愿递交由第 17 条规定的专题论文,则需要上交一份申请表,内容包括:初步设想的论文题目、一个关于其研究目的的简要报告以及对与最后考试有关的试卷的大纲的论述。有此意愿的考生可申请在最后的论文中包含一段不超过 20 分钟的电影或拍摄素材。相关申请将由学生导师统一上交至学部委员会秘书处,时间不得晚于米迦勒学期考试的最后一天。

(2) 每位考生应在四旬斋学期之前取得学部委员会对于预定题目的批准,一旦批准,学生将不得再对论文的题目和大纲做出任何改动,除非已经得到委员会的进一步同意。

(3) 学位论文字数不应多于10000字(不含脚注、数字、表格、附录以及参考书目)。除非学生已提前征得学部委员会同意而交手写稿,否则所有论文一律以打印版形式上交。

(4) 论文须由学生导师统一上交至学部委员会秘书处:

(i) 对于根据第17条(1)(iii)或17(3)(iii)规定选择提交相关论文的学生,时间不得迟于考试举行的复活节学期;

(ii) 对于根据第17条(2)(ii)规定选择提交相关论文的学生,时间不得迟于考试举行的复活节学期前一周。

学位论文应该同时包括:在独立成页的论文目录中有一份简单的摘要;或一份由学生签字的声明,保证该论文是由他/她本人独立完成的,其中不包含任何已经在相关领域被使用过的实质性材料。

21. 考官有权决定是否对第二(B)部分的考生进行口试。

补 充 规 章

经公示修订(2007—2008学年《剑桥大学通讯》,第67、645和905页)

第 一 部 分

试卷1:人类社会的演变(同时适用于东方学荣誉学位考试的试卷E5、N4以及社会学和政治学荣誉学位考试第一部分的试卷4)

本试卷包括考古学有关数据的收集、分析和阐释,重点关注人类社会演变过程中的主要问题,并从人类发展历程的整个跨度、原始人类行为范式的最初进化再到历史文献记载的政权和帝国形式的出现中选取例子。这些争论点是基于主要的考古学理论和方法,它们都有助于我们理解过去的社会。

试卷2:生物学视角的"人类"

本试卷是生物人类学的入门。其提纲涵盖了:生物的遗传学基础;进化论;灵长类生物、生态、习性;人类的进化;人类的多样性以及造成这种多样性的地理因素和遗传学基础;人类生态学,包括疾病、食物、能量以及习性;基因—环境相互作用和基因遗传分析中的相关问题。学部委员会将实时指定两个特别专题。

试卷3:比较视角下的人类社会(同时适用于东方学荣誉学位考试的试卷E6、N5以及社会学和政治学荣誉学位考试第一部分的试卷6)

本试卷概述了社会人类学的目的、范畴和研究方法,它涵盖了人类社会过去和现在的所有方面,既着眼于对它们的独立的深层理解,同时也引入了广阔的比较视角。它从很多角度对社会生活进行挖掘,并着重于对人类的观念、组织的形式、互动的方式以及生产的物品的研究。

试卷 4（A）：作为人类：跨学科的一个研究

本试卷融合了考古学、生物人类学和社会人类学对于人类状况的研究,具体阐述的问题包括：人类社会的起源和演变；符号、交际与文化；人类生态系统和适应性的相关问题。特别专题可能包括：性与性别、社会性与社会不平等、艺术与物质文化、技能、语言、健康与疾病、营养与发育。

试卷 4（B）：现代社会（社会学与政治学荣誉学位考试第一部分试卷 23）

现代社会的起源与制度特征、社会变革与现代世界的全球性互联。现代社会的备选方向包括：工作、满意度和不平等现象；性别与性别歧视；人种与种族分划；政治组织与现代政权；文化与大众传播；越轨行为与社会约束。

试卷 5：埃及与美索不达米亚文化简介

本试卷包括埃及与美索不达米亚文化,并就每个专题领域以讲座和讨论会的形式进行。试卷包括两个部分：A 部分包括了五个比较性问题；B 部分包括了十个专门的子问题,其中五个问题是关于埃及的,另外五个则是关于美索不达米亚的。学生必须从两个部分中各选一个问题回答,然后再任选一个问题进行作答。

试卷 6：古阿卡德语（一）

本试卷包括了几篇短文,其中有关于楔形文字的音译,也有对在课上念诵、偶尔也有口述者的内容的阿卡德语的翻译,另有一篇短文是关于从英语翻译成的音译阿卡德语及其语法问题。

试卷 7：古埃及语（一）

本试卷包括中期古埃及语中被认为是语言的经典形式的象形文字文本。学生需要对选定的文本进行音译并翻译成英语,并可做出适当的评论；同时,他们还需要将一篇未特别指定的文章进行音译并翻译成英语。

第二部分 A 和第二部分 B
考 古 学

试卷 A1. 考古学的历史与范围 I

为什么学习考古学,什么时候人们开始学习考古学,在当代社会中考古学扮演什么角色？试卷中这类问题的答案在课上都讨论过。这些问题回顾了考古学历史上的思潮。考古学自 19 世纪以来的主要研究议题都包含在内,并重点集中在 20 世纪中期科学考古学的兴起及人们对此的反应。

试卷 A2. 考古学实践 I（同样应用于古典学荣誉学位考试第二部分中的试卷 O12）

为本试卷开设的课程介绍了科学研究和人文研究如何在考古学的实践中结合起来,这种实践涵盖了有关过去社会性质的广阔领域的议题。课程涵盖了实践中利用考古学理论的多种方式,如资料修复、分析、诠释。同时通过专题研究探索考古学跨学科的特征,如：研究地貌和移民,人类对于环境的影响；家庭和社区研究,死亡与躯体的考古学；研究分类和风格,符号和权力；产品和交换；遗产的当代概念及其时间序列。

试卷 A3. 考古学的历史和范围 II

为这篇试卷设置的课程提供了一个供大家深入拓展研究试卷 A1 介绍的理论议题的机会。就深入研究而言，课程涵盖了所有考古学解释和诠释模型，并讨论在更为广泛的科学主义和人文主义的争论中，如何定位这些模型。就范围延展而言，考古学的知识范围拓展到全球性问题以及世界考古学领域内的新问题。

试卷 A4. 考古学实践 II

这份试卷接上试卷 A2 所涵盖的议题，探索在对过去社会性质的研究和诠释中，确立一系列科学方法和技术如何与人文主义和社会科学视角相结合的研究方法。

特殊领域

试卷 A5/A6，A17/A18，A19/A20，A23/A24，A26/A27，A29/A30，A31/A32，A33/A34

这些试卷是成对的。课程两年一循环，考试也是隔年一次。所以对于特定的某一年来讲，一对试卷之一将被采用，对应的是当年讲授的课程。

试卷 A5/A6 以及 A7. 旧石器时代和中石器时代考古学

本课程介绍的是人类社会从 200—300 万年前灵长类动物的起源至出现了粮食生产的早期冰河时代。课程的范围涉及全世界，并重点研究人口扩散的进程（包括最早的原始人类和生物学意义上的现代人）和技术与社会如何适应更新世时期不断变化的环境条件。特别重点关注人类社会和认知发展的模式，以及整个人类发展过程中生物进化和文化演变这两条并行进程的不可避免的密切联系。试卷 A5 和 A6 中的一个在第二年讲授。试卷 A7 同样在第二年讲授。

试卷 A8. 后史前时期的欧洲

这门课程从整体上介绍了从全新世到最早期史学社会为止的后史前时期的欧洲，其中涵盖了中石器时代、新石器时代、青铜器时代以及铁器时代。

试卷 A9. 史前时期欧洲专题

这门课程对史前时期欧洲的一些专题进行深入讨论。每年的议题按顺序取自一个清单，清单上列出的是有关后史前时期（中石器时代到铁器时代）欧洲区域性主题或/和理论性主题。通常学生将在课上即时完成试卷 A8（后史前时期欧洲）。

试卷 A13—A16. 古典考古学

在古典考古学中有四种不同的试卷。试卷 A13（史前爱琴海）是关于定居农业社会的起源，主要包括早期青铜器时代的克里特文明以及迈锡尼文明社会系统的研究。试卷 A14 将另行通知，其主题为"地中海景观（意大利，公元前 800 年—公元 500 年）"，主要是从希腊到意大利的区域研究，使用的方法从景观考古学，包括空间考古学、能见度、权力景观、宗教景观，到绘画雕塑纪念仪式景观的模式。试卷 A15 的主题是"古典人体：一个理念的考古学和遗产"。试卷内容涵盖以古希腊罗马艺术为代表的古典人体艺术的思想、风格和社会起源。试卷 A16（罗马城市考古学)通过分析考古学和文学的证据研究罗马的城市化问题,并思考如何研究城市以揭示罗马帝国的运作方式。

试卷 A17/A18 和 A19/A20. 古埃及

本课程回顾了精选的古埃及某些历史、考古和艺术,重点是古埃及社会的性质和发展。一些教学的重点将放在费茨威廉博物馆以及亚洲和中东研究系馆藏中埃及手工艺品和艺术品的鉴赏。课程共四个单元,历时两年,每年两个单元。第一年的课程涵盖了早期王朝时期到第二中间期的结束,第二年涵盖新的王国时期到第三期中间。四个单元的标题为:生活结构 I,生活结构 II,宗教实践 I,宗教实践 II。

试卷 A21—A24. 古美索不达米亚

本课程涵盖了现代的伊拉克和叙利亚、伊朗、地中海东部、东部土耳其的考古。科目包括:农业和城市化的发展,环境与复杂社会兴起的关系,原始资料与考古资料的相互作用,王权和政权的宣传,艺术与建筑的象征作用以及宗教仪式的考古证据。三个单元涵盖"新月沃"的考古,即从新石器时代到中东的公元前 1000 年;另外的一个单元集中在特定地区(如土耳其、伊朗)或专题课程,如宗教机构、贸易和汇率等。其中两个单元每年都可选(史前近东,美索不达米亚和特殊问题对应试卷 A21 和试卷 A22)。另外两个涵盖了美索不达米亚考古的两个时期(B.C3000—B.C1600 和 B.C1600—B.C539)共需两年教授,每年可选一个,对应试卷 A23 和 A24。

试卷 A17/A18. 古埃及的历史考古学 I 和 II

本课程从历史考古学的角度回顾了古埃及从它的起源到被罗马征服的阶段,并将考古的、文本的和艺术的证据整合到一起。重点放在研究社会的性质、城市化、王权和政治权力、意识形态以及埃及与邻国之间的相互关系。课程的教授历时两年一周期:A17 涵盖了从埃及统一到第二中间期的结束(约 B.C3000—B.C1550);A18 涵盖了新王国到埃及被罗马征服(约 B.C1550—B.C1530)。

试卷 A19/20. 古埃及宗教 I 和 II

本课程研究的是古代埃及宗教行为的考古、文字和艺术证据。课程内容包括皇家思想体系和寺庙建筑研究,民间信仰和宗教习俗研究以及丧葬宗教的研究。本课程的讲授周期历时两年:A19 涵盖的时期为埃及统一到第二中周期结束(约 B.C3000—B.C1550);A20 涵盖了新王国时期到埃及被罗马征服(约 B.C1550—B.C1530)。

试卷 A21. 美索不达米亚文化 I:文学

本试卷将涵盖苏美尔和阿卡德人文学文本的翻译,因此,将对没有这两种语言背景的学生开放。它将涵盖神话和史诗,包括吉尔伽美什和创世史诗,以及政治和"智慧"的文献。

试卷 A22. 美索不达米亚文化 II:宗教和科学

本试卷将讨论古美索不达米亚的文字和算术;科学和学术,包括占卜;文字和考古学资料表现出的宗教信仰。不需要语言知识。

试卷 A23/24. 美索不达米亚考古 I 和 II

本课程涵盖了现代伊拉克和叙利亚的考古。科目包括：农业和城市化的发展，环境的复杂社会兴起的关系，文字和考古资料的相互作用，王权和政权的宣传和介绍，艺术和建筑象征手法以及宗教仪式的考古证据。课程内容包括两个时期美索不达米亚的考古(B.C6000—B.C2000 以及 B.C2000—B.C539)。课程教授周期历时两年并使用试卷 A23 和 A24 考察。

试卷 A25 和 A26/A27. 公元 1000 年内的欧洲

本课程讲述罗马帝国兴起、发展和衰落，并考察早期中世纪的国家的出现，这些国家是现代欧洲的基础。课程主要涉及北部和西部欧洲（包括斯堪的纳维亚半岛），而相关地区延伸到北部非洲。课程内容包括三个单元，其中之一（盎格鲁-撒克逊考古）每年都可以选，而另外两个（斯堪的纳维亚考古，移民时期考古学）的单元每两年开一次，隔年可以选。此外，第四个议题，即罗马帝国西部行省考古，每年都可以选（见上文，试卷 A16）。

试卷 A28. 中世纪英国考古

本课程涵盖的是后征服时期的英国考古，约公元 1050—1500 年。这一时期是历史上英国前工业化时期的形态；这一时期残留的历史景观和村庄、城堡、城镇、教堂现在仍然可见。这些证据在东英吉利亚尤其丰富。作为讲座的补充，几乎每一个主题都会有学生实地考察或博物馆参观。

试卷 A29/A30 和 A31/A32. 古印度

本课程教授的是古印度的艺术和考古，涉及从史前时期到公元 5 世纪。第一年时间里的主要重点是在史前时期前期（直至农业的出现），同时考察主要历史遗址的挖掘（约 B.C600—A.D400）。第二年的重点放在后史前时期和第一历史时期，主要考察印度艺术、建筑、铭文和硬币的特点。该课程还考察古印度地理和环境的特点，以及印度次大陆考古研究的历史。四个单元的教授周期每两年一轮，每年可选两个：史前的印度；印度文明及其他；印度早期的历史文化名城；古印度的艺术和建筑。

试卷 A33/A34. 美洲考古

课程内容包括这一地区的主要发展，从新世界定居人口的出现、农业的起源到西班牙帝国前发展到极致的复杂社会的兴起模块课程（印加和阿兹台克文明）。重点放在理论方法上，以了解长期发展的社会不平等和复杂社会的兴起。同时关注人口与环境的相互作用。两个（古代南美洲和中北美洲考古学）两年一授，并在第二年考试。

试卷 A35. 人类进化

本课程联合讲授考古学和生物人类学，旨在通过人类生物和行为根源的考察，概述人类从起源到现代容貌和多样性的进化。重点是人类进化模式和原始人的多样性，研究方法是研究原始人的适应环境、生态、化石记录。

试卷 A36. 撒哈拉以南非洲后史前时期和历史时期的考古

本课程提供了一个史前非洲大陆的广泛的概述,从最早的时期,直到撒哈拉以南非洲地区历史时期的考古。重点将放在研究后更新世时期并且重点考察古代非洲考古学和其他信息来源之间的关系。主题教学是以非洲的视角来教学,同时适当注意外部视角的连接,并鼓励学生从人类发展的角度来认识非洲史前史。

试卷 A37 和 A38. 考古学中的科学方法说明:科学考古

针对这些试卷的多门课程让学生深入探索一系列的科学方法如何应用于考古学领域中。注意力将放在证据的地理考古环境以及保存、转化考古材料的机制上面。在这个基础上,学生可以选择一系列生物考古学和环境考古学的内容,例如以实验室实习为基础的植物考古学和动物考古学。对于那些希望将更多精力用于掌握科学方法的考生来说,这些试卷可以和其他试卷组合,并旨在补充特殊领域的各种试卷。

亚 述 学

试卷 M1. 阿卡德语 II

本试卷是专为考生在学习阿卡德语的第二年使用,并且将测试考生在文学和历史文本中的古巴比伦语和标准巴比伦阿卡德人方言的知识。学生将被要求必须从楔形文字直译,并且必须能够翻译看得到的文本和破损的文本。分数和评价将从语法和/或内容两个方面评分。

试卷 M2. 阿卡德语 III

本试卷是专为考生在学习阿卡德语的第三年使用。这门课程将包括音译和翻译以前未见过的文本,这些文本来自于本年度所有学习过的阿卡德人文本,包括信件和法律文件。其中的一些文件采用的是亚述方言。期末的考查和打分将从语法和/或内容两个方面来评分。

试卷 M3. 苏美尔语

本试卷是提供给选取第二部分 B 试卷 M2 的考生。试卷内容将包括音译、翻译,并同时考查考生对于苏梅利亚语法的掌握。试卷的文本材料选自在这一年中学习过的苏美尔语文本段落。

试卷 M4/M5. 美索不达米亚历史 I 和 II

为这些试卷设置的课程与美索不达米亚考古学的讲座类型相同(试卷 M4 也与试卷 A23/24 相同),课程的教授两年一轮。在第一年的学习中,课程的内容包括早期苏美尔和阿卡德的历史,主要研究的是古巴比伦时期的美索不达米亚和叙利亚文明。在第二年的学习中,课程涵盖了"阿玛尔纳时期"或者称之为公元前第二个千年的后期,并且包括了亚述和巴比伦帝国的衰落,最终在公元前 539 年居鲁士大帝征服巴比伦。课程内容将同时涵盖政治事件、社会和经济历史的叙述,这三者同样重要。

埃 及 学

试卷 E1. 古埃及语 II

本试卷主要包含指定和未指定的段落文本的音译,并翻译成英文。文本材料主要选自中古埃及文本。

试卷 E2. 古埃及语 III

本试卷主要包含指定和未指定的段落文本的音译,并翻译成英文。文本材料主要选自前古埃及、中古埃及和后古埃及文献。

生物人类学

BA1. 生物人类学的基础:作为动物的人类

本试卷将从一个广泛的比较的视角来审查作为一个物种的人类,共有两个主题。第一个主题是研究在何种程度上人类在他们的生物特征和行为特征上与其他动物类似,特别是灵长类动物。第二个主题关注的是比较人类和其他生物的异同,以及人类的独特性。材料将来自于遗传学、形态学和行为学领域。

BA2. 生物人类学的基础:人类的进化之旅

本试卷将探讨人类作为物种的进化,从它的古猿的起源到现代人类的进化,以及在一万年前发生的进化旅程的分歧,并最终导致现代化的进程。材料将来自于化石记录、考古学、遗传学以及人类人口生物学和生态学。

BA3. 生物人类学的基础:人类的生命历程

本试卷从个体发生学和发展学的角度来探讨人类生物学和行为学。从受孕到死亡,人类经历的历程是由基因和环境两个要素决定的。这种发展模式可以使用生命历史理论解释。主要包括:营养的作用;人口统计学和威胁人类生命的要素,如疾病之间的相互作用;研究繁殖方式以何种方式融入生命进程中。

BA4. 人类学的理论和实践

本试卷探讨了当前这一学科的最新进展,并且同时研究探讨人类学及相关学科的理论和方法的进展是如何影响人类学发展的,以及人们对人类物种及其多样性的理解。课程的重点是分析方法的理解以及如何评估解决生物人类学的问题的假设。

BA5—BA17. 专题

这些试卷的目的是详细考查生物人类学及相关学科研究中的特殊专题。专题的清单将由学部委员会公布,并将在课程手册中提供详细的说明。

社会人类学

试卷 S1. 社会人类学的基础 I

亲属关系和经济关系在关于生产、再生产、交换的重要理论中是相互关联的。为本试卷设置的这门课程考查的是在何种条件下亲属关系能够成为组织经济关系的模板,同时也研究在何种条件下亲属关系能够有效影响团体动态和两性关系。新的婚姻模式、夫妻生活、性行为和生育使得亲属关系的古典理论的有效性成为问题。在经济学的背景下,本门课程研究的是不同的系统下生产、分配和交换以及作为历史进程的经济转型的性质和它们之间的相互作用。本门课程同时回顾了不同的经济理论、主要理论著作以及当代经济人类学领域中主要争论的问题。

试卷 S2. 社会人类学的基础 II

为本试卷设置的课程综合了政治和宗教两个领域。在政治方面,课程研究:国家理论;社会不平等;战争和暴力;法律和争端解决;政治行为、战略和策略;"第四世界"政治行为和抵抗;社会运动;思想意识形态的作用和治理理论。在宗教方面,课程探讨了几种主要人类学理论的宗教部分,以及这些宗教理论与知识系统和意识形态系统之间的关系。具体领域包括:宗教仪式和牺牲、神灵附体和萨满教;传统知识的形式和分类;世界宗教;当代世界中宗教的转型。课程的重点将放在政治和宗教之间的诸多联系上。

试卷 S3. 社会人类学的理论、方法和问题

本课程提供了社会学理论的基础训练,并且提供一个平台供大家讨论这些社会学理论与最新的人类学理论和方法之间的关系。讨论题目包括:18 和 19 世纪的社会学理论;马克思、涂尔干、齐美尔、韦伯、莫斯的理论;功能主义、结构功能主义;结构主义;文化物质主义和新马克思主义;解释人类学、符号学和符号人类学。这些理论将在人类学田野研究和不同类型的人类学著述的背景中加以审视。

试卷 S4. 思想、信仰和伦理学

为本试卷设置的课程通常会涉及从人类学的观点如何看待心灵、思想和信仰。本门课程将特别关注人类学领域中对于认知、知识和信仰体系的研究,同时也将特别关注人类学对于伦理和道德经济学的研究。

试卷 S5. 政治经济学与社会转型

为本试卷设置的课程通常会涉及从人类学的观点如何看待政治经济学以及社会转型的进程。本门课程将特别关注人类学对于价值、财产和统治研究的贡献,同时也特别关注从人类学角度如何看待现代社会形态——包括资本主义和社会主义——的成长和遗产。

试卷 S6. 民族志领域

要求考生从三个民族地区中选取一个作为研究内容。这三个民族地区的指定是学部委员会每年从下列清单中选取的:欧洲、印度尼西亚、拉丁美洲、亚洲内陆、南亚、太平洋、南部非洲。

试卷 S7—S11. 社会人类学的特别专题

每年将有五份试卷可供选择。这些试卷目前取自下列清单:

(1) 医学人类学

本门课程主要关注的是从比较的角度来研究疾病和治愈。课程讨论了有关

健康和疾病、病因及治疗的诸多观点，同时考察了这些疾病是如何形成的，以及它们如何改变。广大地区的不同社会形态提供了不同研究方法所需的大量实例，从具有城市和工业化背景的社会到相对孤立的、自给自足的社会。不同于西方的医疗系统和地方区域系统，以及受到西方生物医学影响的当地医疗区域系统，被认为是有关医疗的多元化以及这种多元化的具体实践。课程还将考察不同文化对于疾病中的身体的理解，并且考察在不同的社会形态中的儿童生产与生育的管理。本门课程的教学方式是讲座和研讨班。

（2）城市和空间的人类学研究

这门课程的首要目的是探讨近代城市转型的进程，同时课程还将关注20世纪之前的城市和欧洲以外的城市。城市化进程使城市社会组织内的政治、经济、文化等方面趋于复杂。城市形象的确定是通过考察乌托邦式的思想和这种思想的研究和实验，考察社会工程、城市规划以及建筑的形式。城市作为一个象征性的形式，作为一个权力中心是通过城市礼仪、游行、纪念物、建筑确定的，同时也是通过审查空间、身体和性别的关系确定的。本试卷还包括研究城市如何成为理论研究的对象，同时也要研究如何调和人类学实地考察的独特方法与人类学应用于城市生活大规模的复杂组织的关系。

（3）性别、身体和性

本试卷关注的是不同但相互关联的三个方面的人类经验：权力的问题、代表的问题以及肉体的问题。在过去的二十年中，性别、身体和性的问题已经成为社会科学和人文科学领域许多重要工作的中心议题，本试卷的目的是向学生介绍关于这些问题的最重要的论据和争论，尤其侧重于从人类学的角度怎样看待这些问题，同时也探讨了一系列实质性问题。主题问题包括：通过生物和文化的路径研究性别、身体和性行为；性别等级和权力关系；男性气质和女性气质的建构；性别、性行为和殖民民族及国家的进程；性别歧视和资源的分配；性行为、体现和表现；生育的政治；女性主义与人类学。

（4）专业文本之外的人类学领域

人类学专业化为社会科学的一个领域，使得它被定义在一些范畴内：一种具体的实证研究（野外考察）和一种具体的叙述形式（民族志）。当然，也有一些其他领域的专家研究人类学的核心议题：其他社会科学家、哲学家、历史学家、小说家和诗人——其中许多人借用人类学的研究成果，而他们的作品也被人类学家所引用。本试卷试图提供一个广阔的基础，在这个基础的平台上可以分析人类学的文本，同时拓宽超越文本形式的人类学研究的批判意识。在这两个平台上，人类学的知识将被定义；以此为基础，这两个平台将被重新评估。试卷包括：审视人类学的专业化，以及学术传统在这一进程中的影响力；"代表"的理论问题，以及"他者"如何为他们自己代表自己。这门课程将与英语系合作，而本试卷也将通过审视具体的文本和文学手法、诗学，利用"多媒体"来确定文学理论方面的问题。同时本试卷也对人类学的文本和非人类学的文本进行比照。

(5) 人类学、交流和艺术

本试卷主要关注的是人类交流中的美学问题和表演问题。课程介绍了人类学家对于视觉和表演艺术的主要观点。本试卷首先提供了一个对独特艺术行为和作品的广泛的跨文化的回顾;同时每学年将有一个单元的课程着重在特定的文化领域的一些细节上。课程将广泛利用考古学和人类学博物馆的收藏以及社会人类学部内的视频图书馆。专题研究是从以下几个方面选取资料的:非西方艺术和美学理论;社会和技术方面的艺术生产和消费;在人类学分析中使用不同的媒介;表现的诗学和政治;博物馆学;纹身和身体装饰;舞蹈人类学;民族音乐方面,以及对电影和广告的分析。

(6) 人类学与发展

本试卷涵盖了社会、经济和政治方面的"发展",并特别关注自"二战"以来较穷的国家的发展经验,同时特别关注在这些发展经验中人类学理论和实践的参与度。案例研究主要集中在分析农村和城市地区的发展项目。案例研究需要特别注意的是本土的知识以及当地人民在改造他们生活的项目中的参与度。其他主题包括社会主义的发展、"农民经济"的衰落,以及第三世界城市中新社会运动的出现。课程同样关注以人类学的研究方法进行政策研究、规划和发展组织的研究。在全部课程里,要求并鼓励学生能够对"发展"这一概念始终保持一个批判的立场。

(7) 后社会主义转型期的人类学研究

本试卷旨在探讨苏联、东欧和中欧国家的社会形态,因为它们目前正处于转型期。这些国家放弃了社会主义而踏上了其他的政治和经济道路。本试卷旨在了解(一)当年实际存在的社会主义究竟是什么?(二)其转型的原因和后果,以及(三)在这些后社会主义社会有什么社会主义遗产和社会主义残留。我们考察的是转型的过程,考察集中在政治、经济、社会和文化领域。本试卷特别侧重于:我们应该用什么方法来分析突然出现的变化;如何分析"发展"和"衰退"这一对联系紧密的现象;如何分析新出现的社会和家庭形式;如何分析对历史和记忆的态度;如何分析"高级"和大众文化,意识形态和价值观念的改变。

(8) 民族主义、种族和族群

本试卷的目的是提供一个在人类学领域内外关于民族主义、种族和民族的文学作品的关键的介绍,同时课程探索从特定历史和文化背景中选取的材料,以及与这些材料相关的文学作品中体现出的思想。包括通过相关的理论文献来考察民族、种族概念的思想史。历史学、人类学和社会学的方法都包括在内。从一系列地理和历史背景中选取的具体案例的材料,将集中于解决本领域中的主要问题,如:英国的政治身份;北爱尔兰冲突;在撒哈拉以南非洲的"部落文化"和后殖民主义文化的国家;南亚的社区身份与暴力;宗教和社区动员;散居社区及其跨国主义;民族的性别。案例会实时变更。

（9）殖民主义和帝国的人类学研究

本试卷将把注意力集中在广泛区域的案例研究。本试卷探讨殖民政治、文化和帝国主义权力体系的出现，这同时是人类学分析的对象。本门课程也将思考西方的形成与衰落，非西方的帝国体系对人类学家所研究的文化与社会所产生的影响。各种各样的理论性的诠释性的方法将被讨论，但重点是人类学的解释，以及历史研究的人类学意涵。各种各样的例子将包括在课程之内，其中包括由西方在亚洲、非洲、美洲的殖民统治而引起的社会、文化和政治转型，以及在中华帝国、奥特曼帝国和俄罗斯/苏联统治下的帝国经验和概念。

（10）人类学与法律

在当代，法律框架已经重新出现，并成为为社会和政治行动辩护的方式。"法律"作为一种语言成功贯穿了多种领域，包括本地和全球性的，涉及经验、人格以及主体性领域。本试卷的目的是要表明法律是如何运用的，法律成为结构关系的工具，无论是国家之间，还是殖民地和殖民者之间，又或是特殊利益集团（如新技术集团）之间。法律制度取得了自己独特的社会和文化性质，并且似乎成为现代生活的组成部分，因而成为潜在的人种学研究对象。如果这种制度将自身表现为规范和理性，从人类学的观点看，它们成为其他现象的背景材料。本课程探索研究法律制度的意义，并由此对一些当代的重要的组织性概念（如"权利"）提出疑问。

（11）科学与社会

本试卷的目的是探索在广泛的社会和区域背景下以及不同的思想传统下科学人类学最近的发展和争论。这门课程通过比较的框架探讨研究科学与科学知识生产的社会、制度认识条件的意义。从人类学的观点出发，本门课程重点研究了作为人种学研究对象的"跨文化科学"，而这种研究在政治领域里缓解了"平行的世界"、"纯洁"、"驳杂"、"诚信"、"证据"和"有效性"等观念的碰撞，这些观念已经被合理化为特定社会形态和道德行为的主张。

建筑学荣誉学位考试

1. 建筑学荣誉学位考试应该有三个部分组成：第一部分 A、第一部分 B 和第二部分。每一个部分都应该公布自己的优等生名册。

2. 符合以下条件的学生可以参加第一部分 A 的荣誉学位考试：

（1）该学生已经住校满一个学期，并且这个学生自第一次住校后至今的时间不超过三个完整学期。

（2）该学生获得了另一个荣誉学位考试的荣誉学位之后下一年，前提是他或她已经学满四个学期，而且第一学期住校后时间不超过九个完整学期。

3. 符合以下条件的学生将有资格参加第一部分 B 的荣誉学位考试：

（1）一个学生获得了第一部分 A 荣誉学位之后下一年，前提是他或她已经学满四个学期，并且在第一部分 A 的工作室成果的考试中达到了考官的要求。

（2）一个附属的学生，如果他或她圆满地完成了建筑学专业的学习，并且得到了建筑学与艺术史学部委员会的承认，承认其具备了第一部分 A 的同等学力。那么，根据附属学生的相关规定，这名学生就可以被委员会允许成为一名荣誉学位的考生。

4. 每一个获得建筑学荣誉学位第一部分 B 的学生可能会成为第二年举行的第二部分荣誉学位的考生。考生还必须满足如下条件：

（1）已经学满七个学期，同时他或她第一学期住校后至今的时间不超过十二个学期。并且

（2）在第一部分 B 中关于工作室成果的考试中满足了考官的要求。

5. 任何学生不可以同时成为多于一个部分的荣誉学位的考生，也不可以成为一个部分的考生同时成为荣誉学位考试的考生。同样，任何一个学生不能占用两个荣誉学位考生的名额。

6. 根据第 5 条的规定，一个学生如果没有成为荣誉学位考生的资格，作为一名在读学生，他/她应该具有参加建筑学荣誉学位任何一个部分荣誉学位考试的资格，目的是使其具备免于参加专业协会考试的资格。同时他/她应该已经在其他的荣誉学位考试中获得了荣誉学位。只要第一部分 B 和第二部分的学生在他们相关的工作室成果上满足这些规定的要求就可以参加荣誉学位的考试。

7. 为了有效进行每一部分的考试，学部委员会应提名足够数量的考官。学部委员会还应为每名考官提名评审官。评审官负责为所辖的一门或多门科目设定问题并就考生的成绩向考官提出建议。

8. 在每一个部分中，获得荣誉学位的考生的名字必须按三个等级进行排列。其中第二个等级又分成两个部分。在第一个等级、第三个等级以及第二个等级的第一部分和第二部分中，考生的名字应该按照字母顺序重新排序。在第一个等级中，那些在某一部分或整个考试中特别优秀的学生的名字上将受到特别标记。在第一部分 A 和第一部分 B 的等级清单中，对于那些在工作室成果上特别优秀的考生，将会在他们的名字上标记 s。

9. 达到第 6 条中要求并达到荣誉学位标准的那些考生的名字应该被公布在名为"不是荣誉学位考生，但达到荣誉学位标准"的名单里。

10. 只要其认为合适，学部委员会应该有权对下述规定中所有的或任意的科目设置作出补充规定。

11. 在下述规定中的或在任何补充规章中的有关科目考试覆盖的时段、指定书目的公告应该由学部委员会最终决定：(1) 对于第一部分 A 和第一部分 B 的荣誉学位申请者来说，不能迟于继之前学生申请考试之后的第一个学期，即复活节学期；(2) 对于第二部分的荣誉学位的申请者来说，不能迟于继之前学生申请考试之后的第二个学期，即复活节学期。学部委员会有权在公告发布之后，在有合理理由的情况下，并且在没有影响到任何学生备考事宜的情况下修订并重新发布获得荣誉学位的学生名单。

第一部分 A

12. 建筑学荣誉学位第一部分 A 的考试应该由三个单元组成：

第一单元：下列五张试卷

试卷1. 建筑史导论

试卷2. 建筑学理论导论

试卷3. 建筑工程的基本原则

试卷4. 结构设计的基本原则

试卷5. 环境设计的基本原则

第二单元：工作室作业

第三单元：课程作业

13. 第一部分 A 的考生需要具备：

(1) 提交第一部分 A 第一单元的全部五张试卷。

(2) 对于第二单元来讲，考生需要参加考官的检查，检查不能迟于笔试第一天之前的星期五。工作室成果必须在当前学年完成并提供令人满意的证明。

(3) 对于第三单元来讲，考生需要在同一天参加考官的检查。检查的纪录方式是考生完成的课程作业。同样这类检查将对考生进行诚信记录。记录上必须有指导课程作业完成的指导老师的签字。

系主任应向考官提供考生根据(3)所提交的课程评估材料。

第一部分 B

14. 建筑学荣誉学位第一部分 B 的考试应该由三个单元组成：

第一单元. ① 有关建筑历史和理论专题以及建筑学背景的两个介绍性的试卷(试卷1和2)。

② 三张介绍性的试卷(试卷3—5)，都是有关建筑工程理论和实践以及有关结构和环境设计的理论和实践的专题。

第二单元. 工作室作业

第三单元. 课程作业

15. 第一部分 B 的考生需要：

(1) 提供所有第一单元所列出的五张试卷。

(2) 对于第二单元来讲，考生必须接受考官的检查，检查不能迟于笔试第一天之前的星期五。考试必须提供本学年完成的工作室作业的文件夹，并且提供令人满意的证明。

(3) 对于第三单元来讲，考生必须在同一天接受考官的检查，并以恰当的方式记录考生完成的课程作业。同样这类检查将对学生进行诚信记录。记录上必须有指导课程作业完成的指导老师的签字。

系主任负责向考官提供所有考生完成在(3)中进行记录的课程作业评价材料。

第 二 部 分

16. 建筑学荣誉学位第二部分的考试应该由四个单元组成：

第一单元. ① 一张关于建筑学和城市化的理论和历史研究的方面的试卷。（试卷1）。

② 三张试卷（试卷2—4），分别为建筑理论与实践的技术层面、结构设计理论与实践的技术层面、环境设计理论与实践的技术层面。

第二单元. 工作室作业

第三单元. 课程作业

第四单元. 毕业论文，或者是经学部委员会审核过的替代毕业论文的练习。论文或练习的主题也必须经过学部委员会的审核。

17. 第二部分的学生需要具备：

（1）对于第一单元来讲，需要提交试卷1—4。

（2）对于第二单元来讲，考生必须接受考官的检查，检查不能迟于笔试第一天之前的星期五。考试必须提供本学年完成的工作室作业的文件夹，而且必须提供令人满意的证明。

（3）对于第三单元来讲，考生必须在同一天接受考官的检查，并以恰当的方式记录考生完成的课程作业。记录上必须有指导课程作业完成的指导老师的签字。

（4）对于第四单元来讲，考生需要提交一篇毕业论文，或提交经学部委员会审核过的替代毕业论文的练习。本条规定应该和第18条和第19条的规定协调统一。

18. （1）每年不得迟于6月1日，学部委员会应该在建筑学系内以公告的形式公布来年第四单元考试的论文题目选择清单，以及第四单元规定的另外的练习。在公布这个清单的同时，学部委员会应该澄清哪一种练习（如果有的话）是被允许可以用来代替毕业论文的。

（2）每一个学生必须在四分之三米迦勒学期结束之前提交毕业论文，或者是其他替代毕业论文的练习。论文的选题必须是之前被审核过的题目，论文必须提交给学部委员会秘书。

（3）每一个学生必须在米迦勒学期的最后一天之前获得学部委员会审核指定的题目。

（4）学部委员会秘书应该通知考官考生的论题是什么；考官有权强制限定考生在试卷1中提交的问题，但是考官应该在四分之一复活节学期结束之前告知考生这类限定。

19. 第17条（4）中的毕业论文在长度上不能少于7000字，同时不能多于9000字，包括注释、附录和参考文献；另外，毕业论文也必须参照这一规定。每一篇毕业论文必须是打印的或用打字机打出的，并且必须由考生导师提交至建筑学系系主任处。论文提交不得迟于完整复活节学期的第一天。每一个学生将被要求签署一项声明,声明这篇毕业论文是他或她自己的独立成果,其中不包含任何已经在其他类似情况使用过的材料。

20. 在每一个部分的考试中,只要考官认为合适,可对考生进行口试或实践性测试,在排名时,考官要考虑考生在这些考试中的表现、工作室成果、课程作业、笔试试卷、毕业论文或替代性练习,以及系主任对课程作业的评估。第二部分考生可能会被要求口试,由考官决定,主要考查其毕业论文或替代毕业论文的练习的主要内容。

补 充 规 章

第一部分 A
第一单元试卷

试卷 1　建筑史导论

本试卷考查的是建筑历史和西欧城市历史的节选说明,时间段是从西欧古典时代到 20 世纪初期。

试卷 2　建筑理论入门

本试卷考查的是建筑理论著作的介绍以及建筑师在 19 世纪中期至今的建筑实践中的作用。

试卷 3　建筑的基本原则

本试卷可能包含有关建筑方法的发展的问题,以及关于建造小型建筑物的基本原理。同时也包含建筑材料的基本属性。

试卷 4　结构设计的基本原则

本试卷可能包含有关建筑的结构设计基本原理方面的问题,以及简单的关于静力学、压力分析和结构材料强度的问题。

试卷 5　环境设计的基本原则

本试卷可能包含有关建筑物内部环境控制的基本原理的问题,以及关于建筑物维修的问题。

第一部分 B
第一单元试卷

试卷 1　建筑历史的介绍

建筑学和艺术史学学部委员会将会根据时间将欧洲和北美的建筑历史划分为不同的时期。本试卷可能包含有关特定的建筑师和他们的作品的问题,同时也包含有关特定建筑类型、花园和地貌、城镇规划以及城市发展方面的问题。

试卷 2　建筑学、城市建筑规划以及设计的理论

本试卷可能会涉及下列问题:

(a) 建筑要素和建筑系统的性质,这些性质的数学描述和分析以及合成的

方法；

(b) 自 18 世纪中叶以来，对现代建筑理论的发展作出贡献的概念和理念；

(c) 现代城市理论的发展、城市系统的数学描述和分析，以及进行城市设计和决策的方法。

试卷 3　建造的原则

本试卷可能包含有关在复杂建筑类型中使用建筑元素的原则问题，以及关于材料属性、空间协调的问题，同时也有关于包络空间简单方法的分析。

试卷 4　结构设计的原则

本试卷可能包含有关建筑结构设计方面的问题，关于负载下的建筑材料表现的问题，关于抗负载砌砖、钢筋和混凝土应用的问题，关于房顶跨越系统以及它们的测算问题，以及简单结构系统的代数和图解确定。

试卷 5　环境设计的原则

本试卷包含环境控制和功能设计的原则，以及声学与热能反应原理的应用，同时试卷还涉及采光、微观气象、为用户量身订造的计划和设计。

第 二 部 分
第一单元试卷

试卷 1　建筑学和城市规划历史和理论的高阶研究

本试卷将分为多个单元，分别对应学部委员会根据第 18 条(a)规定公布的建筑学和城市规划理论和历史的专题和时期。根据第 18 条(b)规定，学部委员会有权禁止考生挑选与其毕业论文指定单元相同的试卷单元。

试卷 2　专业实践原则的介绍

试卷 3　与案例研究相关的关于结构分析、建筑工程技术以及环境设计的高阶研究

试卷 4　建筑工程学

亚洲和中东地区研究文学学士荣誉学位考试

总　　章

1. 亚洲和中东地区研究文学学士荣誉学位考试包括三个部分：第一部分 A、第一部分 B 和第二部分。

2. 以下人员可申请第一部分 A 荣誉学位考生资格：

(1) 已经注册学满一个学期，在第一个居住期后三个完整学期内没有获得荣誉学位的考生；

(2) 已获一项荣誉学位者，在其获该荣誉学位两年后，且不超过其第一居住期后的十二个完整学期内可参加考试。

3. 以下人员可申请第一部分 B 荣誉学位考生资格：

(1) 在通过亚洲和中东研究文学学士荣誉学位考试第一部分 A 并在获得荣

誉学位之后一年内参加本考试的学生；

（2）在其第一个居住期后的十二个完整学期中获得亚洲和中东地区研究学部委员会批准的任何学生。

4. 以下人员可申请第二部分荣誉学位考生资格：

（1）先前已获得亚洲和中东研究荣誉学位第一部分B的考生，如已完成了九个学期，且自第一个居住期至今不超过十五个完整学期，则在其获该荣誉学位第二年可参加考试；

（2）已经注册学满九个学期，第一居住期后的十五个完整学期内，且在除亚洲和中东研究文学学士荣誉学位考试第一部分A、B之外获得任何荣誉学位，获得了本考试委员会允许，批准参加考试的考生。

5. 任何学生在同一学期内，不得应试本考试多于一个部分的考试，或者同时应试本考试和其他荣誉学位考试。

6. 任何学生不得重复报考。任何应试考生不得在不同的考试中重复提交同一份试卷。

7. 在对任何考试相关内容的改变作出充分详尽的通知的前提下，学部委员会有权实时制定补充规章，定义和限制所有或任何考试内容，并对补充规章进行变更、修改和撤销。

8. 尽管学部委员会在第一部分B的考试中并不必须提供额外试卷，在第二部分中需要提供至少两份试卷，在考生申请的本次考试的复活节学期结束之前，学部委员会有权为考试的第一部分B和第二部分提供一些额外的试卷。当通知需要额外的试卷时，委员会应当有权进行后续修改，前提是考试如果确有原因并且确保没有对考生备考造成负面影响。

9. 每个部分的考试都应有各自独立的考官团体，学部委员会有权且应该为每个部分的考试任命足够数量的考官并为这些考官配备一名或更多的评审官。

10. 考官负责试卷的出题和评分，属于另一项荣誉学位的试卷除外，并也应按照第22条和第23条的规定提交对论文的意见。如果要求这样做，评审官应针对分配给他们的主题提出问题，应评阅考生回答的问题，并应视需要报告给考官。在考官会议中，评审官可被传唤来提出自己的建议，但他们无权投权。

11. 每一个部分口试的主题都须经考官团体核准，每一个考生的口试都由两个考官或评审官共同实施。

12. 考官应考虑到考生答案的方式和风格，并在此基础上对考生作出负责任的评判。考官团体应有权审查任何考生的口试情况。

13. 通过荣誉考试的考生，其姓名应被划分为三个等级排列，其中第二等级又将被划分为两个部分。第一、第三等级和第二等级中每个部分考生的姓名都应该按姓名字母顺序排列。每个等级都应列明考生参加的考试名称。表现优异者将被特别标明。

第一部分 A

14. 第一部分 A 的考试科目如下：
东亚研究
中东研究
以现代语言进行的中东研究
每一个考生都需选择其中一个科目。

15. 第一部分 A 的考试试卷如下：
EAS.1　东亚历史介绍
C.1　现代汉语翻译与写作 1
C.2　现代汉语文本 1
C.3　文言文 1
J.1　现代日语 1
J.2　日语语法和翻译
J.3　现代日语文章 1
MES.1　阿拉伯语 A
MES.2　阿拉伯语 B（一个半小时笔试）
MES.3　波斯语
MES.4　希伯来语 A
MES.5　希伯来语 B
MES.6　中东历史和文化介绍
MES.7　现代中东介绍
X.1　古阿卡德语 I
X.2　埃及语 I

除非特别注明，所有的试卷都需要在三个小时的考试时间内完成。

16. 每一个科目都将独立考试，列表如下：
（1）东亚研究
考生应提交以下试卷：
① EAS.1
② C.1—3 和汉语口语考试或者 J.1—3 和日语口语考试
将根据学部委员会实时作出的规定进行口试。
（2）中东研究
考生应提交以下试卷：
① MES.6—7 中的一份
② MES.3—7 和 X.1—2 中的一份
或者
① MES.3—5 中的两份
② MES.6—7 中的一份

③ MES. 6—7 和 X. 1—2 中的一份

根据学部委员会实时作出的规定,选择 MES. 2,MES. 3,MES. 5 中任意试卷的考生都将另外参加一场与其论文有关联的口试。

选择这些试卷中两篇的考生将参加两场口试。

(3) 以现代语言进行的中东研究

考生应提交以下试卷:

① MES. 1 和 MES. 2

或者 MES. 3—5 中的一份试卷和 MES. 6—7 中的一份试卷;

② 近代和中世纪语言学考试第一部分 A 中任意一门现代语言的 B1、B2 和口语考试 B;

③ 近代和中世纪语言学考试第一部分 A 原计划试卷中的任意一份。

根据学部委员会实时作出的规定,选择 MES. 2,MES. 3,MES. 5 中任意试卷的考生都将另外参加一场与其论文有关联的口语考试。

第一部分 B

17. 第一部分 B 的考试科目如下:

东亚研究

中东研究

以现代语言进行的中东研究

每一个考生都需选择其中一个科目。

18. 第一部分 B 的考试试卷如下:

AMES. 1　东方戏剧

C. 4　现代汉语翻译与写作 2

C. 5　现代汉语文本 2

C. 6　文言文 2

C. 7　中国王朝历史

C. 8　全球化在中国,1850 年至今(8000 字的论文,在复活节学期开始之前提交)

J. 4　现代日语 2

J. 5　现代日语文章 2

J. 6　日本历史

J. 7　日本文学

J. 8　日本现代文学

J. 9　日本社会

J. 10　日本政治

MES. 11　中级阿拉伯语

MES. 12　中级波斯语

MES. 13　中级希伯来语

MES.14　古代阿拉伯文
MES.15　古代波斯文
MES.16　希伯来文化
MES.17　伊斯兰教的形成
MES.18　希伯来研究问题
MES.19　现代中东的形成
MES.20　当代中东政治和社会
X.3　普通语言学
X.4　现代犹太主义：生活、思想和崇拜
X.5　伊斯兰教介绍
X.6　古阿卡德语2
X.7　埃及语2

除非特殊说明，所有的试卷均需在三个小时的考试时间内完成。

19. 每个科目都将单独进行考试，说明如下：
（1）东亚研究
考生应提交以下试卷：
① C.4—6
② C.7—8中的一份试卷
③ C.7—8,J.6,J.8—10,AMES.1,X.3中的一份试卷和学部委员会基于第8条增添的附加试卷
④ 汉语口试
或者
① J.4—6
② J.7—10中的一份试卷
③ J.7—10,C.7—8,AMES.1,X.3中的一份试卷和学部委员会基于第8条增添的附加试卷
④ 日语口试
将根据学部委员会实时作出的规定进行口试。
（2）中东研究
考生应提交以下试卷：
① MES.11—13中的一份试卷
② MES.11—20,AMES.1,X.3—5中的四份试卷和学部委员会根据第8条增添的附加试卷，其中X.3—5中不能有两份以上试卷（不含两篇）被选择
③ MES.11—20,AMES.1,X.3—7中的四份试卷和学部委员会根据第8条增添的附加试卷，其中X.3—7中不能有两份以上试卷（不含两篇）被选择，且X.6和X.7不能同时被选择

根据学部委员会实时作出的规定，选择MES.11—13的考生必须同时参加与其论文相关的口试，选择其中两份试卷的考生应参加两场口试。

（3）以现代语言进行的中东研究

考生应提交以下试卷：

① MES. 11—13 中的一份试卷

② MES. 14—20，AMES. 1，X. 3—5 和由学部委员会基于第 8 条增添的附加试卷，其中 X. 3—5 中不能有一份以上试卷被选

③ 近代和中世纪语言学考试第一部分 B 中任意现代语言的 B3

④ 近代和中世纪语言学考试第一部分 B 中任意一篇原计划中的试卷

根据学部委员会实时作出的规定，选择 MES. 11—13 的考生必须同时参加与其论文相关的口试。

第 二 部 分

20. 第二部分考试的科目如下：

汉语

日译中

日语

中译日

中东研究

以现代语言进行的中东研究

每一个考生都需选择一个科目。

21. 第二部分考试的试题有以下内容：

C. 11　现代汉语翻译与写作 3

C. 12　现代汉语文章 3

C. 13　文言文 3

J. 11　现代日语 3

J. 12　现代日语文章 3

MES. 31　高级阿拉伯语

MES. 32　高级波斯语

MES. 33　高级希伯来语

MES. 34　阿拉伯文学

MES. 35　波斯文学

MES. 36　希伯来文学

除非特别说明，所有的试卷都应在三个小时的考试时间内完成。

22. 每个科目都有单独的考试，如下：

（1）中文

考生应提交以下试卷：

① C. 11—13

② 学部委员会根据第 8 条规定的试卷中的两份

③ 根据第 23 条的规定写作一篇学位论文

考生需按照考试委员会的规定参加口试。
（2）汉语加日语
考生应提交：
① 第一部分 B 考试中的 J.4—5
② C.12
③ C.11 或 C.13
④ 学部委员会根据第 8 条规定的试卷中的两份
考生需按照学部委员会的规定参加日语口试。
（3）日语
考生应提交：
① J.11—12
② 学部委员会根据第 8 条规定的试卷中的两份
③ 基于第 23 条的规定写作一篇学术论文
考生需按照学部委员会的规定参加日语口试。
（4）日语加汉语
考生应提交：
① 第一部分 B 考试中的 C.4—5
② J.12
③ 学部委员会根据第 8 条规定的论文中的三篇
考生需按照学部委员会的规定参加汉语口试。
（5）中东研究
考生应提交：
① MES.31—33 中的一份试卷
② MES.31—36 中的三份试卷和考试委员会根据第 8 条规定增添的额外试卷，其中不得有两份以上试卷为其他院系科目
③ 根据第 23 条的规定写作一篇学术论文
选择 MES.31—33 中任意试卷的考生须参加与论文相关的口试，如选择其中两篇，则须参加两场口试，口试由学部委员会安排。
（6）以现代语言进行的中东研究
考生需提交：
① MES.31—33 中的一份试卷
② MES.34—36 中的一份试卷和学部委员会根据第 8 条增添的额外试卷
③ 近代和中世纪语言学荣誉学位考试第二部分中，任意现代语言的 C1 或 C2 试卷
④ 近代和中世纪语言学荣誉学位考试计划 2 中任意试卷
⑤ 根据第 23 条的规定，写作一篇学位论文或者基于近代和中世纪语言学荣誉学位考试中第 27(i) 条的规定，写作一篇学位论文
选择 MES.31—33 中任意论文的考生须参加与论文相关的口试，口试由学部委员会安排。

23. 根据第22条的规定提交学术论文的考生都应是至少入学8个月的考生,由学部委员会根据国家认可标准进行判别,在特定条件下,学部委员会可以放弃这个要求。

根据第22条的规定提交学术论文的考生应在米迦勒学期前将论文的标题和开题报告提交给学部委员会秘书,并在该学期结束前获准通过。论文长度在12000字以内,应显示出考生阅读了文献,并拥有学术判断能力和表达能力,但是并不要求作出原创性贡献,而对引用的资料必须提供完整的信息。论文应复印两份,写明考生的名字和学院,严格按照学部委员会要求的格式进行写作,论文提交日期须在考试开始之前,即复活节学期开始的第三天之前。

考生须签名以表示论文是他/她本人的作品,每份论文都应有300字英文摘要,如参加第22条(1)汉语考试的考生则相应提交600字中文摘要。本篇论文分值不超过考试总分值的1/4。

第一部分 A、B 和第二部分

24. 学部委员会有权准许考生使用与本节第14、17和20条中不同的科目和语言进行考试,以下是委员会作出许可的条件:
(1) 申请的语言的艺术性足以满足考试考查的要求;
(2) 申请科目的大致范围和本节第14、17、20条中的科目近似;
(3) 能提供必要的数字。

申请必须由考生导师提交至学部委员会秘书处,时间越早越好,截止日期为:

参加第一部分A和B的考生,在考试前一年的复活节学期中间假期;

参加第二部分的考试,在考试前两年的复活节学期假期。

25. 学部委员会应在每年的完整的米迦勒学期假期之前,通知教务长其基于第24条所作出的关于考试科目的调整,同时提交通过调整申请的考生名单。

临 时 规 章

26. 亚洲和中东研究文学学士荣誉学位考试第一次考试时间为:

第一部分 A 2009 年

第一部分 B 2010 年

第二部分 2012 年

补 充 规 章

第一部分 A

EAS.1 东亚历史入门

本课程包括东亚从古至今的历史,重点介绍中国、日本和朝鲜半岛。学生可以阅读文献、历史专著和原始资料来熟悉多样的历史事件。

C.1　现代汉语翻译和写作1

关于汉语语法基本元素的介绍。学生学习使用汉语进行简单日常对话,书写简单的汉字并进行以句子为主的简单英译汉。

C.2　现代汉语文本1

介绍把简体和繁体汉语文章翻译成英语的课程。

C.3　文言文1

文言文导论。本课程使学生掌握基本的词汇、句法和古代汉语语法。学习词源学以及谚语和成语的来源,并通过选择的文章和片段从字面体会深层次的精神世界。

J.1　现代日语1

本课程教授学生了解现代日语的读写。教科书是保陵和劳里的《现代日语介绍》。学生在米迦勒学期和四旬斋学期集中学习现代日语语法,在复活节学期学习听说技能。

J.2　日语语法和翻译

本课程在米迦勒学期和四旬斋学期与J.1一起授课,在复活节学期单独授课。同时也用到了J.3里的关于日语文章的内容。学生应有能力翻译日语文本,并理解日语语法。

J.3　现代日语文章1

通过对一两个简短故事的阅读,练习在米迦勒学期和四旬斋学期学习的课程。

MES.1　阿拉伯语A

MES.2　阿拉伯语B

这两个课程联合授课。教材是《阿拉伯语入门》第一部分。课程的目的是教授学生阿拉伯语基本语法,并使学生能使用简单阿拉伯语进行读写和日常对话。

MES.3　波斯语

教授简单的波斯语法、写作和口语应用。在语言实验室中的听力和理解,阅读课程将使学生接触实际使用的语言,以及语法规则的不同用法。

MES.4　希伯来语A

通过希伯来圣经来学习本门语言。

MES.5　希伯来语B

教授现代希伯来语的口语和写作。

MES.6　中东的文化和历史

介绍中东不同地区和时期的历史、政治、宗教、文化的发展情况。使学生熟悉中东的资料,了解中东社会状况。课程目的是使学生熟悉可获得的信息和主题,考生将在荣誉考试随后的几年中进一步接触它们。课程着重于讲座和学生讨论。

MES.7 当代中东

介绍当代中东社会的组织结构以及中东的政治和宗教。

第一部分 B

AMES.1 东方电影

介绍东亚、中东和南亚多样的电影传统,它们都在过去一个世纪的本国观众的文化体验中扮演了主要角色。电影同时也是文化产品当中最具国际性的,理解这些地区电影种类、明星、消费的流变,对我们理解跨地区的文化动力以及它们的历史和社会指示物都有助益。

C.4 现代汉语翻译和写作 2

深入拓展学生英译汉的能力和写作书信、信息、公告、叙事文等多种文体的汉语文章的能力。

C.5 现代汉语文本 2

学生阅读现代汉语文学和非文学的作品。了解作者、写作背景和作品的风格。目的在于使学生获得精读和泛读的经验。学生应从头至尾阅读无删节的文本,以此增加词汇量,进一步熟悉现代汉语作品,并加深对 20 世纪中国历史和文化的认识。

C.6 文言文 2

选读文言文的中国诗歌、散文和小说。课程选择的文本涵盖从中古早期到帝国晚期的作品,学生将被引导注意文本和风格的基本特征,并留意文本的学术背景和历史背景。

C.7 中国王朝历史

从秦到清的中国王朝历史。由讲座和论文研讨班组成的课程将使学生了解中华帝国的政治、社会、经济、宗教和文化。

C.8 1850 年以来中国的全球化

从 19 世纪中叶太平天国运动至今中国全球化的历史。考察因对外贸易而崛起并成为社会、政治与文化变革之中心的大型城市,还将考察中国移民、中国现代化的出现、对西方金融帝国主义的抵抗、革命与战争的影响。课程将在早期全球化背景下审视中国当下的全球化。

J.4 现代日语 2

学生掌握日语的中级写作和简单对话,可以用日语简单表达自己的观点,并提高自己的写作能力。

J.5 现代日语文章 2

阅读 20 世纪的日语文章,了解文章的风格和结构,增加阅读翻译现代日语的经验。

J.6 日本历史

从平安时代到今天的日本历史,着重介绍 19 和 20 世纪的日本。学生应熟悉日本的文化和政治传统,了解日本在几个世纪的时间里转变为亚洲经济强国的原因。关注日本与其周围邻国尤其是中国的外交关系。

J.7　日本古文

通过阅读简单的诗歌和散文,了解日本古文基本的语法,同时阅读一些日本古典文学的简单作品。

J.8　日本现代文学

介绍现当代日本的文学状况。包括一系列的主题,如文学现代性的审美和政治、殖民地作品、女性小说的发展、日本后现代的发展等。同时精读明治晚期到最近几十年的代表作家的作品。

J.9　日本社会

日本社会的现状及其历史文化背景。从我们想象中的日本社会入手,将深入研究日本的家庭、民主、教育、工作和休闲。同时了解日本不同阶层的日常生活。

J.10　日本政治

从比较的视角介绍1945年以后日本的政治情况,尤其是政党情况和政治体制。考虑到日本政治体制的特殊性,课程介绍了一些核心问题,如日本的经济增长,中央和地方关系,法律制度和外交国防政策。尤其关注20世纪90年代以来日本经济和国防政策的改变和挑战。

MES.11　中级阿拉伯语

锻炼学生的语法、词汇和听说能力。将学习《阿拉伯语导论2》,同时使用其他材料。

MES.12　中级波斯语

锻炼学生的语法、结构和口语能力,通过对现代波斯语文章的阅读,训练翻译能力和掌握词汇。

MES.13　中级希伯来语

通过精读希伯来语文章,提高学生对于现代希伯来语和古希伯来语的掌握,选择现代希伯来语的考生同时将参加口试。

MES.14　阿拉伯文学

通过对文章的阅读,提高学生归纳文章思想和了解文章结构的能力。

MES.15　波斯文学

介绍波斯文学,介绍从古至今的波斯作家和诗人,并研究作为文化扩张工具的波斯经典作家和波斯文学。

MES.16　希伯来文学

阅读大范围摘选的希伯来作家的作品。

MES.17　伊斯兰教的建立

探讨伊斯兰教前四个世纪的历史(包括对《古兰经》、伊斯兰圣经和伊斯兰律法的介绍),研究古代穆斯林社会的宗教、政治、社会和文化演变。

MES.18　希伯来研究

学习希伯来语言、文学、历史和文化。

MES.19 现代中东的形成

现代中东形成的一些关键时刻,加深学生对 19 世纪以来中东冲突的理解,重点介绍土耳其帝国,并同时关注临近它的伊朗和摩洛哥。

MES.20 现代中东政治和社会

大致介绍现在中东的政治和社会状况,重点关注某些特殊的地区和主题。

第 二 部 分

C.11 现代汉语翻译和写作 3

课程要求学生能够在中文翻译和中文写作中使用更大范围的汉语词汇、俗语和成语,增进自己英译汉和中文写作的水平,并能进行多种主题和不同风格的写作。

C.12 现代汉语文本 3

继续前几学年对现代汉语的学习。学生将接触到各种各样的文章,包括现当代小说、报纸、讨论当代中国的文章、学术论文以及政府文件等。

C.13 文言文 3

介绍中国文言文的诗歌、散文和小说,文本涵盖中古早期至帝国晚期,学生带着问题对选择的诗歌、散文和小说进行阅读,了解基本的语法、流派和它们的历史背景。

J.11 现代日语 3

学生掌握日语的高级写作和日常对话,可以用日语熟练表达自己的观点,并提高自己的写作能力。

J.12 现代日语文章 3

从对语法的考察提高到对文章中心思想的把握,要求泛读大量文章。

MES.31 高级阿拉伯语

培养学生使用阿拉伯语进行听说读写的能力,学生会接触复杂的对话和阿拉伯语文章,本课程完全使用阿拉伯语进行教学。

MES.32 高级波斯语

培养学生听说读写的能力,要求学生写作文章并用波斯语进行讨论。

MES.33 高级希伯来语

本课程分为两个级别教学,分别介绍古希伯来语和现代希伯来语。通过对希伯来文学的学习培养学生写作和翻译的能力。选择现代希伯来语课程的考生考试时须参加对应的口试。

MES.34 阿拉伯文学

以阅读文章的形式介绍阿拉伯文学,文章主题主要包括以下方面:城市、国家、妇女、思想和国内文化等。

MES.35 波斯文学

选用古代和当代波斯诗歌,通过学习使学生对波斯诗歌有一定的鉴赏能力。

MES.36　希伯来文学

主要介绍古代和现代希伯来文学中重要且有趣味的主题。学部委员会每年都应增添由其他学部委员会提供的加试试卷。这些试卷应包括学部委员会从下列列表中选取的试卷以及其他学部提供的试卷。

EAS.2　东亚地区

比 EAS.1 更深入地了解东亚地区。主要关注日本、朝鲜半岛、中国和东南亚的政策问题。课程分两个学期进行,用社会科学研究的方法来解释怎样更好地理解作为一个地区的东亚。教学主题会根据讲授者的研究兴趣逐年变化,但一般来说包括以下几个方面:东亚经济发展的比较模式、"理性规划"的政策制定的作用;民族国家的主导和历史认同的竞争模式;多边主义、东亚各国国家间交往和经济合作;政治合法性,权威统治的不同模式,最近的民主进程;冷战的历史现象;人口变化;地区安全;能源;环境保护政策和技术革命。

C.14　高级汉语文本

包括与学生选题相关的汉语文章的深入研读。

C.15　中国传统

介绍中国历史上政府组织、社会结构、战争、对外交流、经商行为和对超自然现象的思考,并讨论它们的历史发展及如何在今天仍然影响着中国。讨论的主题包括儒家在传统中国的角色及其在当代的复兴、中国人对待人与自然的关系、审美和艺术、宗教、反对皇权的民众运动、对待贫富的态度、消费和分配、商业组织、治理等。

C.16　早期中国王朝

这是一个高级的、以研讨班为基础的课程。可以用讨论早期和中世纪中国以及帝国晚期中国的模块课程来代替。课程鼓励学生深入研究形成早期中国社会的核心的社会、宗教、哲学和社会经济范式。学生需阅读这一时期的一手文本,并关注相关的二手研究文献。课程旨在确认那些渗透传统中国并塑造了遗存至今的中国传统的观念、社会实践和制度的起源。课程讨论了众多的课题,包括:宇宙学及相关思想、儒家经典、佛教和道教的传统、宗教祭祀、饮食文化、礼仪和法律观念、人体和医药研究、写作和印刷文化、农业和商业文化、城市和地方文化等。

C.17　中国现代文学

本课程旨在向学生介绍 20 世纪至今的中国现代文学,包括对现代经验有重要影响的大众文学和精英文学。在第一学期内学生要熟悉一些主要的经典作家和相关问题。教学中的第二个学期是围绕某一特定主题:后毛泽东时代和当代小说;台湾文学作品;大众文化下的共和国小说和中国现代性电影等。

C.18　中国和战争

太平天国运动,1894 年至 1895 年的中日甲午战争,1900 年的八国联军侵华,20 世纪一二十年代的军阀战争,1931 年至 1945 年的抗日战争,1945 年至 1949 年的国共内战,1950 年到 1953 年的朝鲜战争,都影响了中国的历史发展。

本课程将对这些战争本身进行分析，但将重点放在它们的文化、社会和政治影响上。课程也将分析有关战争如何影响中国人看待自己、他们与别国的关系以及他们在世界上的地位。

C.19　汉语语言学

本课程的目的是使学生了解汉语的性质和运用，并帮助他们建立描述、分析汉语的语言框架。它将使学生运用语言学理论理解和解释中文和英文的类型和句法差异，向他们介绍在中文学习中一些有争议的问题。

C.20　当代中国社会

以讲座和研讨会的形式教授当代中国社会的社会、文化、政治和经济发展。

J.13　高级日语文本

对学生选项中有关日语文章进行深入研读。

J.14　日本宗教和思想

本课程需要提前掌握古日语。重点研究佛教、儒家思想和日本本土宗教的传统。

J.15　日本现代文化史

这个研讨班式的课程将探讨一系列的主题，包括社会、历史和文化、日本少数民族的文化。并将特别注意对原住民和在日本韩国人社区以及他们的作家的文化表达形式，研讨班将辅以这两个论题的影片。本课程可包括一个可选的日文阅读。

J.16　德川幕府时期的日本

本课程将侧重于德川时期的印刷文化，特别是大学图书馆收藏的小说、历书、礼仪著作、地图和地方志。学生将熟悉原始文本和它们的书法形式，将学习德川时期商业出版文学的生产和消费情况。

J.17　日本现代史

本课程将以研讨班形式使学生进行每周讨论和阅读介绍。话题每年都将有所不同，但可能包括：宣传和社会动员、中日关系、战后日本的政治和社会发展、食品和文化、喜剧片和日本与东亚的关系，重点将是以英语和日语阅读一手文本。

J.18　日本政治和对外关系

这是一种高级的以研讨班为基础的课程，侧重于日本 20 世纪的国际关系。着重点每年将有所不同，但每个实例的重点都将放在对日本的国际关系和外交历史的学习上。本课程将探讨日本在东亚和全球范围内的主要双边关系，以及一些重要的专题问题，其中包括但不一定限于区域安全、同盟关系、政治经济、资源和贸易政策以及国家认同方面的争论。

J.19　当代日本社会

这是一种高级的以研讨会为基础的课程，侧重于当代日本社会。着重点每年将有所不同，如学习和教育、家庭、时间、空间、性别等，将从不同的角度探究这些问题。毫无例外地，重点将放在从社会人类学和社会学的学科视角研究日本问题。本课程旨在加深学生理解(某些方面的)日本社会的同时提高研究和写作技能。

K.1 基础韩语阅读

主要包括现代书面韩语的基础语法,以使学生能流利阅读韩文,阅读材料主要为韩文,但有些文本含有汉字。

MES.37 前现代中东的历史

课程从一些特殊的地区、时期或者特殊事件入手讲授中东历史的一些细节,使学生深入地理解中东历史进程和形成前现代中东社会的原因。

MES.38 现代中东历史

介绍19世纪以来的中东历史细节,着重于特殊的地区或事件。

MES.39 前现代中东专题

提供关于前现代中东的一些专题研究。

MES.40 现代中东专题

提供现代中东的一些专题研究。

MES.41 比较犹太语言学

使学习犹太语言的学生有机会从更宽广的比较犹太语言学的视角加深对自己语言作业的理解。

化学工程荣誉学位考试

(2008年2月13日第一号提案修改)

1. 化学工程荣誉学位考试由三个部分组成,第一部分、第二部分A和第二部分B。各自都有一个独立的优等生名册。

2. 已经在以下科目中获得优等成绩的学生有可能凭此在该年参加化学工程荣誉学位考试第一部分中的考试,倘若在该学生第一学期住校至今的时候不超过九个完整学期:

(1) 自然科学荣誉学位考试第一部分A,在该考试中含有化学或者物理或者细胞生物学,还有数学或者定量生物学;

(2) 计算机科学荣誉学位考试第一部分A,在该考试中含有自然科学荣誉学位第一部分A的化学或物理学或细胞生物学;

(3) 工程学荣誉学位考试第一部分A。

3. 在特殊情况下,化学工程和生物技术委员会可决定批准获得任何荣誉学位的学生参加化学工程荣誉学位第一部分的考试,前提是该生已完成了四个学期,且考试时间在其第一个居住期后九个完整学期之内。

4. 获得化学工程荣誉学位第一部分的学生可在次年参加该学位第二部分A的考试,前提是考试时间在该生第一个居住期后十二个完整学期之内。

5. 被化学工程和生物技术委员会安排在麻省理工学院学习了不少于三个学期,并且麻省理工学院校长在接受化学工程荣誉学位考试第一部分考官主席的咨询时证实在该院期间勤勉学习的学生，应因此而被视为已经获得了该等级的荣誉学位。符合此等条件的学生名单应由化学工程和生物技术委员会主席认证并刊印在《剑桥大学通讯》上。

6．特殊情况下，化学工程和生物技术委员会可决定批准已获得任何荣誉学位的学生在次年参加化学工程荣誉学位第二部分 A 的考试。前提是该生已完成了七个学期并且考试时间在其第一个居住期后十二个完整学期之内。

7．已经取得化学工程荣誉学位考试第二部分 A 荣誉学位的学生将有机会在获得该等级学位后的一年报考第二部分 B，倘若该生尚未取得学士学位，并且考试时间在该生的首个住校学期后 15 个学期之内。

8．学生不得在同一个学期报考另一个荣誉学位考试的任何等级。

9．学生不得重复报考其已通过的任一等级的荣誉学位考试。

10．化学工程和生物技术委员会应为荣誉学位各部分提名足够数量的考官，也应该在各个部分的考试中任命一名或更多的评审官。如果被要求如此，评审官们应该针对考官们提交给他们的试卷或部分试卷提出问题，在这些试卷或部分试卷上对考生的答案打分，并就考生在考试中的表现给出建议。在考官会议上可以召集评审官以咨询他们并获得建议，但不能赋予其表决权。

11．在荣誉学位考试的各个部分，每个考官或者评审官提出的问题都应该提交以获得该部分全体考官的批准。每个问题的答案都应尽可能由至少两个考官或评审官来检查。

12．在每个部分，获得荣誉学位考生的名字都应该排列为三等，其中第二等又应分为两个部分。第一等、第三等和第二等的各个部分中的名字应按字母顺序排列。对于第二部分 A 或第二部分 B 中特别优秀的学生可以做出特别标记。

13．化学工程和生物技术委员会有权制定补充规章界定每场考试试卷的范围与风格，并在其认为合适的时候对这些规章作出修正。对补充规章的任何更改都应在其预定生效的那个学年的复活节学期之前公布。

14．荣誉学位考试的第一部分由四部分笔试试卷组成，每部分持续三个小时。参加第一部分考试的学生应提交试卷 1、2、3 和补充规章中详细列出的试卷 4 第一部分第二部分。

15．荣誉学位考试第二部分 A 由四套试卷组成，每套试卷答题时间为三个小时。

16．(1) 第二部分 B 的荣誉学位考试应由一份所有考生都必答的试卷和从一系列课程单元中选出的其他六份试卷。必答卷答题时间为两个小时。

(2) 化学工程和生物技术委员会应为考试准备六到十二个课程单元：每课程单元考试方式为一到一个半小时的笔试试卷或作业或者两者的结合。不迟于每年的复活节学期末，化学工程和生物技术委员会应通告为下学年所准备的课程单元，同时明确规定每种课程单元的考试方式。委员会有权对考生可选的课程单元的结合作出限制。对于以作业方式考试的课程单元，考生作业细节的要求，应由化学工程与生物技术委员会在考试前的完整米迦勒学期开始前制定并通告。

17. 全体参加第一部分和第二部分 A 考试的考生都应该被要求在以下方面达到考官要求：能够根据考试主题进行简单的实验室测试和试验，能够制作并解释图纸，能够运用知识设计化学工程流程。为使自己在这些方面满意，考官会对考生进行其认为合适的口头或实践测试，并可能要求每个考生在委员会成员的指导下提交一份所选择的试验或其他方面的报告。

18. 所有参加第二部分 B 考试的考生都应被要求用以下的一种或更多的方式使其进行原创性工作的能力达到考官要求：理论研究、实验观察、论文、设计方案。对于这些调查和项目，考官可能会在其认为合适时进行口头或实践测试，并要求每个考生提交一篇或更多的报告。

19. 每个根据第 17 条或第 18 条提交一篇报告或论文的考生都将被要求签署一项声明，保证其所提交的报告或论文为本人的作品，除非声明中特别注明，非他人协助完成，报告或论文未在任何程度上以类似目的含有已使用过的材料；如果两个或更多的考生合作完成作业，他们将会被要求说明其在当中所作的贡献。

补 充 规 章

第 一 部 分

试卷 1，2，3

每份试卷将考查化工原理。例如，它们可能包含流体力学、工艺计算（含热力学）、热与质量的转换、平衡阶段进程、反应堆理论、生物技术、流程系统（含经济与安全、健康、环境）、计算机辅助工艺设计、数理方法等。

试卷 4(1)

这份试卷适用于先前已经在自然科学荣誉学位考试或计算机科学荣誉学位考试中获得荣誉学位的考生。除了一部分化工原理的题目，它还包含普通工程学的问题。

试卷 4(2)

这份试卷适用于先前已经通过工程学荣誉学位考试获得荣誉学位的考生。除了一部分化工原理的题目，它还含有化学题目。

附属学生或参加过第一部分考试的考生依据第 3 条的规定将要作答该部分由化学工程和生物技术委员会为其制定的题目。

古典学荣誉学位考试

经公告修订（2007—2008 学年《剑桥大学通讯》，第 98 页）

总　　章

1. 古典学荣誉学位考试由三部分组成：第一部分 A、第一部分 B 和第二部分。各自都有一个独立的优等生名册。

2. 符合以下条件的学生将有机会获得第一部分 A 的荣誉学位：

（1）已经完成一学期，且考试时间在其第一个住校学期后六个完整学期之内；

（2）在另一个荣誉学位考试中已经获得了荣誉学位，在取得该学位的下一年，且考试时间在其第一个住校学期后九个完整学期之内。

3. 已在第一部分 A 考试中或在另一个荣誉学位考试中获得学位的学生可在获得该学位的下一年报考第一部分 B，前提是该生已完成四学期且考试时间在其第一个住校学期后十二个完整学期之内。

4. 已在古典学荣誉学位考试的第一部分 A 和 B 考试中或在任何其他荣誉学位考试中获得学位的学生可以在接下来的一年报考第二部分，倘若在考试时其已完成七个学期并且考试时间在其第一个住校学期后十二个完整学期之内。在特殊情况下，已经获得古典学荣誉学位考试第一部分 A 学位，但未获得第一部分 B 学位的学生，在征得学部委员会同意的情况下，也可以报考古典学荣誉学位考试第二部分。

5. 不允许重复报考同一部分考试。

6. 不允许已获得考试中含有古希腊语和古拉丁语的近代和中世纪语言学荣誉学位考试的第一部分 A 和 B 考试学位的学生报考古典学荣誉学位考试第一部分 A 或第一部分 B。

7. 古典学学部委员会应为每一部分的古典学荣誉学位考试任命足够数量的考官。学部委员会有权为每一部分考试任命一名或更多的评审官。评审官应在必要时在考官分发的试卷上提出问题，对考生的答案打分，应阅读学位论文并参加该论文的口试，并在必要时向考官提出报告。

8. 根据第 7 条聘用的评审官可以因咨询、建议之需参加考官会议，但无表决权。古典学荣誉学位考试第二部分考试的每份试卷都应由至少两位以上的考官和评审官评阅。

9. 在考试前应举行由第一部分 A、B 和第二部分考官参加的全体会议，由各个考官或评审官设定的试卷应在会上提交以获得全体考官通过。

10. 考官应注意到考生答案的风格和方式，并对在这些方面表现优秀的考生予以奖励。

11. 学部委员会有权制定补充规章以界定下面的规章所设定的题目，并在其认为合适时修改、更正或撤销这些补充规章。

12. 学部委员会应在下一个复活节学期前依据下面的规章或补充规章通告古典学荣誉学位考试各级考试的相关书目和题目。倘若委员会有权在接下来有正当理由时发布修正案并保证学生的备考不会受到不利影响，委员会也有权在其第一次发布特定考试的书目和题目时宣告对考生选择的试卷组合的相应限制。

第一部分 A

13. 考试应由八份试卷组成，每份试卷答题时间三小时，如下所示：

试卷1. 希腊语翻译（同时也作为近代和中世纪语言学荣誉学位考试的试卷1和东方学荣誉学位考试的试卷1）。

试卷2. 希腊语交替翻译（同时也作为近代和中世纪语言学荣誉学位考试的试卷2和东方学荣誉学位考试的试卷2）。

试卷3. 拉丁语翻译（也作为近代和中世纪语言学荣誉学位考试的试卷3）。

试卷4. 拉丁语交替翻译。

试卷5. 希腊与拉丁文本（也作为近代和中世纪语言学荣誉学位考试的试卷5）

试卷6. 古典问答（也作为近代和中世纪语言学荣誉学位考试的试卷6和东方学荣誉学位考试的试卷3）。

试卷7. 希腊散文和诗歌（也作为近代和中世纪语言学荣誉学位考试的试卷7）。

试卷8. 拉丁散文与诗歌（也作为近代和中世纪语言学荣誉学位考试的试卷8）。

14. 每位考生都应选择试卷1或试卷2，试卷3或试卷4，试卷5和试卷6；试卷2主要是为在入校前对希腊语不甚了解的考生准备的，试卷4是为在这之前对拉丁语了解有限的考生准备的。除此之外，考生可在试卷7或试卷8中选一份或全选；考官应对在这些试卷上表现优秀的考生予以奖励。

15. 考官应将获得学位的考生的名字列为三个等级。每个等级中的名字按字母顺序排列。在优等生名册中，对在考试中变现特别优秀的考生的名字给予特别标记。特别标记为G或L，给予那些在试卷1或试卷2，试卷3，或试卷4中表现优异的考生。对于在这些试卷中达到考官要求的考生，则特别标记为g或l。

16. 在编排优等生名册时，考官应考虑到考生在每份试卷中所达到的水准及其所获得的特别标记的总数。

第一部分 B

17. 考试由以下几份试卷组成，每份设置的答题时间为三小时：

试卷1. 希腊语文章段落的翻译（也作为近代和中世纪语言学荣誉学位考试的试卷11）。

试卷2. 希腊语文章段落的交替翻译（也作为近代和中世纪语言学荣誉学位考试的试卷12）。

试卷3. 拉丁语文章段落的翻译（也作为近代和中世纪语言学荣誉学位考试的试卷13）。

试卷4. 拉丁语文章段落的交替翻译。

试卷5. 希腊文学（也作为近代和中世纪语言学荣誉学位考试的试卷15）。

试卷 6. 拉丁文学（也作为近代和中世纪语言学荣誉学位考试的试卷 16）。

试卷 7. 希腊与罗马历史（也作为近代和中世纪语言学荣誉学位考试的试卷 17）。

试卷 8. 希腊与罗马哲学（也作为近代和中世纪语言学荣誉学位考试的试卷 18）。

试卷 9. 希腊与罗马考古学（也作为近代和中世纪语言学荣誉学位考试的试卷 19）。

试卷 10. 希腊与拉丁语文学与语言学（也作为近代和中世纪语言学荣誉学位考试的试卷 20）。

试卷 11. 散文与诗歌—英语译为希腊语（也作为近代和中世纪语言学荣誉学位考试的试卷 21）。

试卷 12. 散文与诗歌—英语译为拉丁语（也作为近代和中世纪语言学荣誉学位考试的试卷 22）。

18. 考生应选择提交如下的 6 份试卷：

试卷 1 或试卷 2；试卷 3 或试卷 4；试卷 5 和试卷 6；在试卷 7 到试卷 10 之间选择的两份试卷；除非学部委员会在特殊情况下，允许进行选题的考生以以下方式提交试卷，否则这些考生应选试卷 2 与试卷 4：

(i) 从试卷 7 到试卷 10 之间另选出一份试卷取代试卷 2 或试卷 4。

(ii) 近代和中世纪语言学荣誉学位考试的第一部分 B 的试卷 7（荷马）或试卷 8（维吉尔）分别取代试卷 5 或试卷 6。

考生选择这样特别的试卷组合的申请，应在下个考试前的完整米迦勒学期的第二个星期一之前通过其导师提交给学部委员会秘书。

19. 除了第 18 条规定的试卷，考生还可以选择试卷 11 或试卷 12，或者同时选择这两套试卷。

20. 获得荣誉学位的学生的名字由考官分为三个等级，其中第二个等级又分为两个部分。第一个等级、第三个等级与第二个等级中的两个部分的名字应按字母顺序排列。在制定优等生名册时，考官应首先考虑考生被要求提交的 6 份试卷的成绩，不应因为考生未另外提交试卷 11 或试卷 12 而将其排除在名单之外。特别标记为一个星号，应该标记在那些在六份试卷中表现优异的考生的名字旁。在决定优等生名册中另外提交了试卷 11 或试卷 12 考生的排位时，考官应对在这两份试卷中表现优秀的考生予以奖励。特别标记如 G 或 L，应标记在提交试卷 11 或试卷 12 并在这两份试卷中表现出色的考生的名字旁。满足考官要求但未达到优秀水准的考生则特别标记为 g 或 l。

21. 在排列优等生名册时，考官应考虑考生在每份试卷中所达到的水准和其所获得的特别标记的总数。

A 组（文学）

A1. 一个或一组选定的希腊语作者，以及一个或一组选定的拉丁语作者（也适用于英语荣誉学位考试第二部分的试卷30)。

A2. 指定的希腊语文本。

A3. 指定的拉丁语文本(也适用于英语荣誉学位考试第二部分的试卷32)。

A4. 希腊和拉丁语文本的校勘与流传。

第 二 部 分

22. 考试将由五组试卷构成，分别为 A,B,C,D,E,对应的是五个领域的研究；另外还有一个 X 组，对应的是这五个领域中两个或多个的综合研究；此外还有一些从其他荣誉学位选取的试卷。具体试卷构成如下所述：

B 组(哲学)

B1. 柏拉图

B2. 亚里士多德

B3. 指定的古希腊罗马哲学的某个时段或某个主题

C 组(历史)

C1. 指定的古希腊历史的一个时段或一个主题(这张试卷同时也可能是东方学荣誉学位考试的试卷 N.9)

C2. 指定的古罗马历史的一个时段或一个主题

C3. 指定的古代历史中的某一个主题(这张试卷同时也可能是东方学荣誉学位考试的试卷 N.10)

C4. 一个古代或中世纪欧洲历史的主题(这张试卷有可能与历史学荣誉学位考试第二部分的试卷 12 完全一样,或有一部分一样)

D 组(考古学)

D1. 史前时期爱琴海(这张试卷同时也可能是东方学荣誉学位考试的试卷 N.7)

D2. 一个古典考古学或艺术的专题(这张试卷同时也可能是东方学荣誉学位考试的试卷 N.8)

D3. 一个古典考古学或艺术的专题

D4. 一个古典考古学或艺术的专题

E 组(语言)

E1. 比较语言学基础

E2. 古希腊语(这张试卷同时也是语言学荣誉学位考试中的试卷 21)

E3. 拉丁语(这张试卷同时也是语言学荣誉学位考试中的试卷 22)

X 组

X1. 学部委员会实时指定的一个专题
X2. 学部委员会实时指定的一个专题
X3. 学部委员会实时指定的一个专题

其他备选的试卷

试卷 O1. 语言学概论（这张试卷是近代和中世纪语言学荣誉学位考试的试卷 Li.1）

试卷 O2. 现代希腊语和文化介绍（这张试卷是近代和中世纪语言学荣誉学位考试的试卷 Gr.3）

试卷 O3. 悲剧（这张试卷是英语荣誉学位考试第二部分的试卷 2）

试卷 O4. 文学评论的历史和理论（这张试卷是英语荣誉学位考试第二部分的试卷 9）

试卷 O5. 形而上学与心灵哲学（这张试卷是哲学荣誉学位考试第一部分 B 的试卷 1）

试卷 O6. 18 世纪之前的政治思想史（这张试卷是历史学荣誉学位考试第一部分的试卷 19）

试卷 O7. 新拉丁文学的一个特殊专题：马鲁路斯、波利齐亚诺、比泽和布坎南（这张试卷是近代和中世纪语言学荣誉学位考试的试卷 NL 2）

试卷 O8. 犹太教和希腊文化［这张试卷是神学和宗教学荣誉学位的试卷 D2(d)］

试卷 O9. 中世纪早期文学及其背景（这张试卷是英语荣誉学位考试第一部分的试卷 10）

试卷 O10. 罗马语（这张试卷是近代和中世纪语言学荣誉学位考试的试卷 CS 1）

试卷 O11. 科学的古典传统（这张试卷是自然科学荣誉学位考试第二部分的试卷 1，主要设置为科学史与科学哲学专题）

试卷 O12. 考古学实践（这张试卷是考古学和人类学荣誉学位中考古学第二部分 A 的试卷 A2）

23. 如果一个学生是第二部分的考生，并在前一年获得了第一部分 B 或者其他荣誉学位，还需要提供如下材料：

(1) ① 上述六个组 A,B,C,D,E,X 中选择任意一组中的两份试卷。

或② 从上述六个组 A,B,C,D,E,X 中选择一份试卷，同时提交一篇主题论文。论文的要求参照第 25 条的规定，主题范围必须与试卷所在小组完全吻合，主题由考生确定并经过学部委员会审核。

(2) ① 另交两份试卷，可以从 A,B,C,D,E,X 组以及其他可选试卷列表中任选。

或② 另交一份试卷，可以从 A,B,C,D,E,X 组中以及其他可选试卷列表安排中任选。同时再交一篇主题论文，论文要求参照第 25 条的规定，论文主题范围必须与试卷所在小组完全吻合,主题由考生确定并经过学部委员会审核。

同时考生必须遵守以下规定:

(1) 考生不可以提交此类主题论文——这篇主题论文的主体和他或她在考试中提交的其他论文的主题实质上相同;

(2) 考生提交的专题论文数量不得多于一篇,从 X 组中选择的试卷不能多于两张,从其他可选试卷列表中选择的试卷不能多于一张;

(3) 如果考生已经获得了哲学荣誉学位第一部分 B 荣誉学位或者之前在这个荣誉学位考试中提交过试卷 4,那么该生不得提交试卷 B2。

24. 如果一个学生是第二部分的考生,并在两年前获得了第一部分 B 或者其他荣誉学位,还需要提供如下资料:

(1) ① 上述六个组 A,B,C,D,E,X 中选择任意一组中的两份试卷。

或② 从上述六个组 A,B,C,D,E,X 中选择一份试卷,同时提交一篇主题论文。主题论文的要求参照第 25 条,主题范围必须与试卷所在小组完全吻合,主题由考生确定并经过学部委员会审核。

(2) ① 另交三份试卷,可以从 A,B,C,D,E,X 组以及其他试卷选项安排中任选。

或② 另交两份试卷,可以从 A,B,C,D,E,X 组中以及其他可选试卷列表中任选。同时再交一篇主题论文,论文要求参照第 25 条,论文主题范围必须与试卷所在小组完全吻合,主题由候选人确定并经过学部委员会审核。

同时考生必须遵守以下规定:

(1) 考生不可以提交此类主题论文——这篇主题论文的主题和他或她在考试中提交的其他论文的主题实质上相同;

(2) 考生提交的主题论文数量不得多于一篇,从 X 组中选择的试卷不能多于两张,从其他可选试卷列表中选择的试卷不能多于一张;

(3) 如果考生已经获得了哲学荣誉学位第一部分 B 荣誉学位或者之前在这个荣誉学位考试中提交过试卷 4,那么这个考生不得提交试卷 B2。

25. 如候选人已经在该领域一组研究中提交了两篇或两篇以上论文,候选人可能被要求进行口试,口试范围为候选人已提交的论文主题。口试时间由考官决定,并在考试开始后第二天之前对外公布。

26. (a) 根据第 23 条或第 24 条,如候选人希望提交毕业论文须先递交一份申请,申请内容包括考试须提交毕业论文的拟写题目、讨论主题的范围以及写作计划。申请应由候选人的导师交给学院学术秘书。提交申请的时间不晚于考试前的米迦勒学期的第二个星期一。

(b) 每位候选人的拟写毕业论文题目必须在考试前的米迦勒学期最后一天前获得学院理事会的批准。一旦学院理事会批准了题目,除非经学院理事会再次批准,否则不得对题目及论文写作计划进行改动。任何关于论文题目或写作计划的改动都须提交申请,由候选人导师尽快交给学术秘书,而且时间最晚不迟于四旬斋学期学院理事会会议前十天。如候选人决定以小论文替代毕业论文,则视为对论文计划的修改，必须根据相应的时间表向学院理事会通报。

（c）毕业论文长度应不超过 10000 字，包括注释但不包括参考文献。候选人须注明该毕业论文为其独立完成，并说明不包含为其他相似目的而引用的原始材料。除希腊语引用可使用手写，所有毕业论文内容必须为打印（1.5 倍行距），除非候选人获得学院理事会许可，可提交手写稿。

（d）毕业论文应由候选人的导师交给学术秘书，时间不迟于举行考试的复活节学期的第一个星期一。

（e）每篇毕业论文应由两位考官，或由一位考官和一位评审官进行审查，他们据此对候选人进行口试。

27. 获得荣誉学位的候选人应由考官分为三个等级，其中第二等级又分成两个部分。第一等级和第三等级以及第二等级的各部分应按照字母排序安排。根据分数差别颁发特别优异奖。

补 充 规 章

修改条款（2007—2008 学年《剑桥大学通讯》，第 439、607 和 726 页）

第一部分 A

试卷 1. 希腊语翻译

这份试卷分为两部分。（a）部分包括三段希腊语，文章从学院理事会当时规定的课文一览表中的作品中选出。（b）部分包括对三段事先未经给出的希腊语章节进行翻译。

试卷 2. 可选择的希腊语翻译

该试卷包含几部分。候选人需要完成（a）部分和（b）部分，除非出现特殊情况，获得学院理事会同意，候选人可以完成（c）部分和（d）部分替代（a）（b）两部分。（a）部分包括三段希腊语，文章从学院理事会当时规定的课文一览表中的作品中选出。（b）部分包括对三段事先未经给出的希腊语章节进行翻译。如设置（c）部分，则包括三段希腊语，文章从学院理事会当时规定的课文一览表中的作品中选出。如设置（d）部分，则包括对三段事先未经给出的希腊语章节进行翻译。

试卷 3. 拉丁语翻译

该试卷分为两部分。（a）部分包括三段拉丁语，文章从学院理事会当时规定的课文一览表中的作品中选出。（b）部分包括对三段事先未经给出的拉丁语章节进行翻译。

试卷 4. 可选择的拉丁语翻译

该试卷分为两部分。（a）部分包括三段拉丁语，文章从学院理事会当时规定的课文一览表中的作品中选出。（b）部分包括对三段事先未经给出的拉丁语章节进行翻译。

试卷 5. 希腊语与拉丁语课文

该试卷包括试卷 1 至 4 中所规定的希腊语及拉丁语课文一览表中的作品的相关问题。试卷包含关于六段文章的问题。前三段文章是希腊语散文和诗歌的章节,其中两段选自试卷 2(a)部分规定的文章。后三段是拉丁语散文和诗歌的章节,其中两段选自试卷 4(a)部分规定的文章。每一段文章的前五个问题是关于语言理解的细节问题,最后一个问题是扩展分析和理解,候选人根据要求需回答两段文章的问题,包括一段希腊语文章和一段拉丁语文章。

试卷 6. 古典学问题

这份试卷分为五部分:

(a)希腊与拉丁文学

(b)希腊与罗马哲学

(c)希腊与罗马历史(公元前 800 年至公元 337 年)

(d)希腊与罗马艺术和考古学

(e)古典文献学与语言学

候选人根据要求需回答四个问题,这四个问题至少从(a)至(e)部分中的其中两部分中选出。

试卷 7. 希腊散文与诗歌写作

该试卷包括三部分。(a)部分包括将三段英文散文翻译成希腊文散文(其中两段是从指定的希腊散文作者中选出文章简单翻译成英文),以及一段英文诗歌翻译成希腊语抑扬格形式;选择这段翻译的候选人根据要求只需翻译一段。(b)部分包括一段英文散文,选择试卷 2(a)部分规定的希腊文书籍中的一本,将其翻译成希腊文散文。(c)部分包括一段英文诗歌,将其翻译成希腊抑扬格形式,其长度比(a)部分短,同时还包括一段英文诗歌,将其翻译成希腊哀歌。候选人根据要求只需完成一部分。选择试卷 1 的候选人可完成(a)部分或(c)部分。选择试卷 2 的候选人可选择任一部分作答。

试卷 8. 拉丁散文和诗歌写作

该试卷分为两部分。(a)部分包括将三段英文散文翻译成拉丁文散文(其中两段是从指定的拉丁文作者中选出文章简单翻译成英文),将一段英文诗歌翻译成拉丁六步格诗,以及将一段英文诗歌翻译成拉丁文哀歌。(b)部分包括将一段英文诗歌翻译成拉丁文六步格诗,以及将一段英文诗歌翻译成拉丁文哀歌,这部分文章比(a)部分相应内容短。候选人根据要求可以完成(a)部分中的一段,或完成(b)部分的两段。

第一部分 B

试卷 1. 选自希腊作者文章的段落翻译

试卷 2. 可选择的选自希腊作者文章的段落翻译

该试卷适用于那些入学前对希腊语了解较少或不了解的候选人。

试卷 3. 选自拉丁作者文章的段落翻译

试卷 4. 可选择的选自拉丁作者文章的段落翻译

该试卷适用于那些入学前对拉丁语了解较少或不了解的候选人。

试卷 5. 希腊文学

及

试卷 6. 拉丁文学

这两份试卷各包括三部分。(a)部分和(b)部分包含选自希腊语课文(试卷5)及拉丁语课文(试卷6)一览表的段落分析理解,该课文一览表是由学院理事会根据当时情况具体规定的。(c)部分包括关于学院委员会当时规定的作品或其他作品的小论文和其他问题。

在试卷 5 中,提交了试卷 1 的候选人需要回答(a)部分的两个问题和(c)部分的两个问题;提交了试卷 2 的候选人需要回答(b)部分的两个问题和(c)部分的两个问题。

试卷 7. 希腊与罗马历史

该试卷包括当时制定的希腊及罗马历史论题相关的问题;论题的时间范围是公元前 800 年至公元 476 年。候选人可自由选择问题。根据特定问题所涉及的历史资料的知识情况给出分数。近代和中世纪语言学荣誉学位候选人或东方学荣誉学位候选人不必同时掌握希腊和罗马历史两部分知识。

试卷 8. 希腊与罗马哲学

课文须经过指定。试卷分为两部分。(a)部分包括关于指定课文的问题。(b)部分包括古代哲学和哲学系统相关的问题。候选人需要回答三个问题,其中至少有一个问题选自(a)部分,有一个问题选择(b)部分。

试卷 9. 希腊与罗马艺术和考古

试卷分为三部分。(a)部分包括一个关于肖像评论的问题。(b)部分主要是关于爱琴海世界的相关问题。(c)部分主要是关于意大利和罗马帝国相关的问题。

候选人需要回答(a)部分,其他三个问题中至少有一个问题分别选自(b)部分和(c)部分。

试卷 10. 希腊与拉丁文献学和语言学

该试卷包括一些问题,这些问题是关于具体指定的希腊语、拉丁语以及比较希腊语/拉丁语文献学和语言学相关的主题。近代和中世纪语言学荣誉学位候选人或东方学荣誉学位候选人不必同时掌握希腊及拉丁文献学与语言学两部分知识。

候选人根据要求须从不少于三个部分中选出四个问题进行回答。

试卷 11. 英语翻译成希腊散文和诗歌

该试卷分为三部分。(a)部分包含三段英文散文,须将其翻译成希腊语散文(其中两段是从指定的希腊文作者中选出文章简单翻译成英文),以及一段英文诗歌翻译成希腊文抑扬格诗;选择这部分作答的候选人只需翻译一段。(b)部分包含一段英文散文,将其翻译成希腊语散文。(c)部分包括一段英文诗歌,将其翻译成希腊语抑扬格诗,段落比(a)部分短,一段英文诗歌翻译成希腊语哀歌。候选人根据要求只需完成一部分。选择试卷1的候选人可作答(a)部分或(c)部分。选择试卷2的候选人可选择任一部分作答。

根据希腊语重音总体原则的知识给分。

试卷12. 英文翻译成拉丁文散文和诗歌

该试卷分为三部分。(a)部分包含三段英文散文,须将其翻译成拉丁语散文(其中两段是从指定的拉丁文作者中选出文章简单翻译成英文),一段英文诗歌翻译成拉丁文六步格诗,以及一段英文诗歌将其翻译成拉丁语哀歌,选择这部分作答的候选人只需翻译一段。(b)部分包含一段英文散文,将其翻译成拉丁语散文。(c)部分包含一段英文诗歌翻译成拉丁语六步格诗,以及一段英文诗歌翻译成拉丁文哀歌,该部分相应段落比(a)部分短。候选人根据要求只需完成一部分。选择试卷3的候选人可作答(a)部分或(c)部分。选择试卷4的候选人可选择任一部分作答。

第 二 部 分

A 组(文学)

试卷 A1. 一位或多位指定的希腊语作家,以及一位或多位指定的拉丁语作家

该试卷包括关于希腊语作家或拉丁语作家的问题。这里指定的作品是从希腊文学和拉丁文学主要著作中选出。

试卷 A2. 指定的希腊课文

该试卷分为两部分。(a)部分包括文章的文学评论,(b)部分包括小论文问题。候选人根据要求须回答三个问题,并且至少从每个部分选择一个问题。

试卷 A3. 指定的拉丁课文

该试卷分为两部分。(a)部分包括文章的文学评论,(b)部分包括小论文问题。候选人根据要求须回答三个问题,并且至少从每个部分选择一个问题。

试卷 A4. 希腊语及拉丁语版本鉴定及文字演变

该试卷分为三部分。(a)部分包括选自一篇指定希腊课文及一篇指定拉丁课文的版本鉴定。(b)部分包括其他希腊及拉丁课文段落的相关问题。(c)部分包括古文字学相关问题[涉及(a)部分指定课文],及小论文问题。候选人根据要求须对(a)部分两段落进行作答,两种语言各选一段,并须回答(b)部分一个问题及(c)部分一个问题。

B 组(哲学)

试卷 B1. 柏拉图

任一年份中,研究的课文及/或主题需要经过指定。

试卷 B2. 亚里士多德

任一年份中,研究的课文及/或主题需要经过指定。

试卷 B3. 希腊及罗马哲学中指定的主题或时期

C 组（历史）

试卷 C1. 希腊历史指定的时期或主题

试卷 C2. 罗马历史指定的时期或主题

试卷 C3. 古代历史指定的主题

这些试卷可能包含指定时期或主题相关的文学、碑文以及考古资料的问题，以及涉及地理、地形、政治、法律以及社会古迹相关的知识；这些问题不需要考古学的技术知识。

试卷 C4. 古代或中世纪欧洲历史的主题

D 组（考古学）

试卷 D1. 史前爱琴海

试卷 D2. 古典考古学及/或艺术主题

试卷 D3. 古典考古学及/或艺术主题

在任一年份，如试卷 D2 指定主题与早期希腊考古有关，则试卷 D3 指定主题须与古典（希腊罗马）艺术相关；如试卷 D2 指定主题与早期希腊艺术相关，则试卷 D3 指定主题须与希腊和希腊文化世界的考古学有关。

试卷 D4. 古典考古学及/或艺术主题

E 组（语言）

试卷 E1. 比较语言学的基础

该试卷涉及比较方法、历史重构的原则，以及它们在印欧语系语音体系中的应用，词态学，语法和专用词汇。吠陀梵语相关现象的知识也需要掌握。

试卷 E2. 希腊语

希腊语历史指定主题。

试卷 E3. 拉丁语

拉丁语历史指定主题。

试卷 E2 和 E3 须由学院理事会指定课文作为特殊研究。每份试卷包含指定课文的一个必修问题。

X 组

这组试卷不超过三份，即 X1，X2，X3，试卷主题由古典学学院理事会即时指定。主题涉及 A、B、C、D、E 组多个具有代表性的研究领域中相互交叉的知识。

计算机科学荣誉学位考试

经提案修订（2007—2008 学年《剑桥大学通讯》，第 263 页）

总　　章

1. 计算机科学荣誉学位考试包括三个部分：第一部分 A、第一部分 B 和第二部分。

2. 同一学生在同一个学期内不得成为本学位考试一个以上部分的考生，也不得同时成为本学位考试的一个部分和其他荣誉学位考试的考生。

3. 同一学生不得重复报考同一部分荣誉学位。

4. 计算机科学学部委员会有权根据情况制定规定或者限制考试试卷的补充条例。学部委员会有责任及时公开补充规章的修改情况。

5. 对于荣誉学位考试的每个部分，学部委员会须提名他们认为的足够数量的、能够胜任的考官。学部委员会同样须任命理想的评审官。如果有相关要求，评审官须编写全部试卷或者部分试卷，并向主考官提出考生在该课程的评估建议。评审官可以被主席召集，须参与主考官的会议以备咨询和建议，但无投票权。

6. 每个考官或评审官提出的问题须向全体考官提交并由其通过。

7. 获得荣誉学位考试的考生名单将分为三个等级，其中第二等级又分为两个部分。三个等级，包括第二等级的每一部分，均须按照字母顺序排列名单。

8. 计算机科学考试试卷如下：

试卷1. 计算机科学1 　　　　 试卷6. 计算机科学6
试卷2. 计算机科学2 　　　　 试卷7. 计算机科学7
试卷3. 计算机科学3 　　　　 试卷8. 计算机科学8
试卷4. 计算机科学4 　　　　 试卷9. 计算机科学9
试卷5. 计算机科学5

第一部分A

9. 学生已注册学习一个学期，且第一学期住校后时间不超过三个完整学期，则有资格成为第一部分A学位考生。

10. 第一部分考生须根据第11条的规定，提交一系列实验室评估作业，同时须提供：

（1）① 计算机科学荣誉学位考试的试卷1和2；
② 数学荣誉学位考试第一部分A的试卷1和2；
或者：（2）① 计算机科学荣誉学位考试的试卷1和2；
② 自然科学荣誉学位考试第一部分A规定的数学学科考试要求；
③ 社会、互动和个体（社会和政治科学荣誉学位考试第一部分的试卷3）与以下自然科学荣誉学位考试第一部分A规定的考试科目列表中任选其一：

化学　　　　　　　　　物理
进化与行为　　　　　　生物生理学
地理

11. 第一部分A考生须向系主任提交一系列实验室评估作业。系主任须在考试学期前的米迦勒学期期中结束前公布实验室作业的性质、日期、规则以及须提交的结果要求。系主任须向考官提交每位考生作业的评估。考官须在评定考试分数时综合参考实验室作业的评估结果。

第一部分 B

12. 获得计算机科学荣誉学位第一部分 A 或者其他荣誉学位考试的学生如果已注册学习四个学期，而且第一学期住校后时间不超过九个完整学期，可在一年之内有资格成为第一部分 B 的考生。

13. 第一部分 B 学位考生须提交试卷 3、4、5、6，并根据第 14 条的规定提交一系列实验室评估作业。

14. 第一部分 B 学位考生须向系主任提交一系列实验室评估作业。系主任须在考试学期前的米迦勒学期期中结束前公布实验室作业的性质、日期、规则以及须提交的结果要求。系主任须向考官提交每位考生作业的评估。考官须在评定考试分数时综合考虑实验室作业的评估结果。

第 二 部 分

15. 获得计算机科学荣誉学位第一部分 B 的学生已注册学习七个学期，且第一学期住宿后的时间不超过十二学期，可在一年之后有资格成为第二部分学位的考生。

16. 第二部分考生须提交试卷 7、8、9，并根据第 17 条的规定提交毕业论文。

17. 第二部分考生须在考试学期前的米迦勒学期的第一个季度结束之前向系主任提交毕业论文的题目，并在米迦勒学期内得到系主任对该论文题目的认可。考生须在考试第一天前的第三个星期五中午之前，向系主任提交论文。论文须有两份电脑打印稿，包括附录、脚注和书目在内不超过 12000 字。每位考生须发表声明，表示论文系个人独立的研究成果，论文的实质性材料不得已用于其他类似目的。如果两位及以上的考生共同完成论文，则他们须说明各自的贡献。考官有权对任何考生进行口试.范围包括论文的主题和与论文相关的一般知识领域。

经济学荣誉学位考试

经公示修订（2007—2008 学年《剑桥大学通讯》，第 400 页）

1. 经济学荣誉学位考试包括三个部分：第一部分、第二部分 A 和第二部分 B。每个部分均公布不同的优等生名册。

2. 第一部分的考试方案遵循第 14 条、第 15 条；第二部分 A 的考试方案遵循第 16 条至第 18 条；第二部分 B 的考试方案遵循第 19 条至第 25 条。

3. 经济学学部委员会有权适时制定补充规章，决定考试课程、决定课程之间分数分配和给出包括阅读书单和规章修改在内的学习指南，以供考生参考。相关补充调整信息须及时通知考生。学部委员会须每年召开全体教师会议讨论学位考试涉及学部学的课程，以吸收意见充分考虑须补充的规章和阅读书目。

4. 学生已注册学习一学期，且第一学期住校后时间不超过三个完整学期，则有资格成为第一部分学位考生。

5. 以下为成为第二部分 A 考生的条件：

（1）已通过经济学荣誉学位第一部分考试，但尚未通过其他学位考试，并且已完成四学期学业，且第一个住宿学期至今时间不超过六个完整学期；

（2）通过其他荣誉学位考试已有一年，且在已注册学习四个学期，第一个住宿学期至今的时间不超过九个完整学期。

经过学部委员会同意，在麻省理工学院学习不少于三个学期的学生，在经济学荣誉学位考试考官咨询中经过麻省理工学院校长证明，已在此期间勤奋学习经济学第二部分 A，则可以获得第二部分 A 考试的优等成绩。这些学生的名单须经过学部委员会主席的确认，并刊登于《剑桥大学通讯》上。

6. 通过除第一部分荣誉学位考试之外的考试的学生，以及根据第 5 条规定被视为获得经济学荣誉学位考试第二部分 A 优等成绩的学生可以在其他学位考试一年之后，并在已完成七个学期学业、在第一个住宿期后的时间不超过十二个完整学期情况下，成为第二部分 B 学位考生。

7. 学生不得成为一个以上部分的经济学荣誉学位考生，也不得同时成为经济学某部分学位和其他学科荣誉学位的考生。

8. 学生不得多次成为某一部分的考生。

9. 学生不得向经济学任何一部分学位考试提交曾提交给其他大学考试的试卷。

10. 每一部分学位获取者名单须分成三个等级，其中第二等级又分为两个部分。三个等级，包括第二等级的每一个部分，都须按照字母顺序排列名单。

11. 对于荣誉学位考试的每个部分，学部委员会须提名足够数量的、能够胜任的考官。

12. 学部委员会有权任命一个以上的评审官，以协助各部分学位评定。辅助评估者须负责设置主考官指定课程的试卷或者试卷中的部分，核查考生的表现，并据此向主考官提交书面报告。辅助评估者有权参与主考官的会议，但是无投票权。

13. 每个部分学位考试评估中，考官或评审官提出的问题须提交全体考官并获得其同意。

第 一 部 分

14. 第一部分学位考试的方案如下：

试卷 1. 微观经济学

试卷 2. 宏观经济学

试卷 3. 经济学定量方法

试卷 4. 政治和社会经济学

试卷 5. 英国经济史

除试卷 3 以外，其他试卷均有 3 小时答题时间。试卷 3 包括了一张 3 小时的书面考卷和考生完成并提交的项目作业。项目作业的细节以及提交的安排均由学部委员会适时规定。

15. 在第一部分,每位考生须提交第14条规定的所有试卷。

第二部分 A

16. 第二部分 A 学位考试的方案如下：
试卷1. 微观经济学
试卷2. 宏观经济学
试卷3. 计量经济学理论与实践 I
试卷4. 经济发展
试卷5. 现代社会(社会和政治科学荣誉学位考试第一部分的试卷2)
试卷6. 经济学和统计学数学
试卷7. 劳动学

每张试卷均有3小时答题时间。试卷3的考核包括一张3小时的书面考卷和考生完成并提交的项目作业。项目作业的细节以及提交的安排均由学部委员会适时规定。

17. 第二部分 A 学位考生须提交：
(1) 试卷1、2、3；
和(2) 试卷4—7中任意1—2份。

18. 如果在第17条中,考生提交了两份试卷,那么考官评定较差的部分只有在对该生有利的情况下才予以考虑。

第二部分 B

19. 第二部分 B 学位考试的方案如下：
试卷1,2. 经济学原理和问题
试卷3. 某一经济学的课程
试卷4. 经济学理论与分析
试卷5. 经济数学
试卷6. 银行、货币和财政学
试卷7. 公共经济学
试卷8. 发展中国家经济学
试卷9. 产业经济学
试卷10. 计量经济学的理论与实践 II
试卷11. 时间序列和金融计量学
试卷12. 某一经济学的课程
试卷13. 某一经济学的课程
试卷14. 某一经济史的课程
试卷15. 某一经济史的课程

试卷16. 某一社会学的课程 II（社会和政治科学荣誉学位考试的社会学试卷5。该试卷可以为任一学期专题为现代英国的试卷）

试卷17. 某一社会学和政治学领域的课程

除试卷10以外，其他试卷均有3小时答题时间。试卷10包括了一张3小时的书面考卷和候选人完成并提交的项目作业。项目作业的细节以及提交的安排均由学部委员会适时规定。

20. 除第22条另有规定，第二部分B考生须提交：

（1）试卷1和2；以及

（2）试卷3—17中任意2—3份，其中候选人须在试卷3—15之中选择其一；以及

（3）根据第25条，从试卷1—4、6—9、12—15中或者学部委员会指定的其他领域中选择题目，提交一份毕业论文。

21. 如果在第20条（2）的规定中，候选人提交了三份试卷，那么考官评定较差的部分只有在对该生有利的情况下才予以考虑。试卷3—15中的至少一份须予以考虑。

22. 考生若在获取了除经济学第二部分A之外的其他学位之后的一年后参加考试，则须提供试卷1和2，以及试卷3—17中不少于2份的试卷。如果考生提供三份这样的试卷，那么考官评定较差的部分只有在对该考生有利的情况下才予以考虑。试卷3—15中的至少一份须予以考虑。

23. 对于试卷12、13和15，学部委员会须在四旬斋学期期中之前公告每张试卷的至少3个专题。考生须提交至少一个被公布的专题。对于试卷17，考生至多可以提供一个该试卷补充规章中的专题。

24. 所有试卷必须包括相关选择问题。

25. （1）根据第20条的规定，第二部分B考生须向学部委员会秘书提交申请表，以说明选择的毕业论文题目以及所属的主题和领域。申请表须经过考官审议，审议结果须与考生及时沟通。题目被否决的考生须提交修改后的申请表。

（2）若考生提交的题目通过考官审议，则除非获得相关许可，不可变更。

（3）段落（1）与（2）中的申请表的提交和批准的时间表须由学部委员会在米迦勒学期结束前公布。所有申请表须根据学部委员会确定的、细节化的操作指南提交。

（4）毕业论文须用英语写作，除参考书目外，包括脚注和附录的文字不少于6000字也不超过7500字。考生须对引用资源进行充分说明。

（5）根据学部委员会批准的细节安排，考生须在复活节学期的第一天，即考试举行的那一天前向学部委员会秘书提交论文的两份电脑打印稿。与论文同时须提交的还有：

（i）两份论文内容简述；

（ii）一份说明论文系考生独立完成、不包含类似目的已使用材料、不超过规

定字数的签字声明。

(6) 考官有权针对论文主题对考生进行口试。

补 充 规 章

第 一 部 分

试卷1和2

这两张试卷都强调理论问题(部分问题设置需相关的经济思想史知识)。

试卷1. 微观经济学

该试卷涉及以下专题:选择和需求的消费者理论;生产者理论;成本和供给;供给、需求和市场均衡;局部和一般均衡分析;生产要素市场的需求和供给;各种产业结构形式下的市场均衡;市场失灵和国家作用;博弈论基础。

试卷2. 宏观经济学

该试卷介绍以下专题:国民收入核算;产出和就业的古典理论;基础新古典增长理论;货币数量论;经济波动和短期均衡;商品和金融市场之间的互动;IS-LM模型;开放经济体的简单宏观经济学;总供给和劳动力市场;稳定政策。

试卷3. 经济学定量方法

该试卷涵盖了经济学系列问题中简单统计学和数学技能的运用。书面考试包括四个部分,占全部分值的80%。剩余20%分值适用于根据第14条规定提交的、关于经济学的某个专题的文章。

考生须就书面试卷的全部四个部分作答:每个部分的得分和答题数量将在答题纸上显示。试卷的A和B两部分包括了一系列问题,涉及数学技能及其在简单经济理论问题上的运用。A部分包括了一些短问题,考生须从中挑选4个作答。B部分包括了一些长问题,考生须从中挑选1个作答。C和D两部分内容讨论统计学如何贡献于经济问题的研究和公共政策议题。这两部分的问题旨在测试考生三方面的能力,分别是执行相对简单的统计推算、分析实用经济学问题和统计资料来源知识的能力。C部分包括了一些简短问题,考生须从中挑选4个作答。D部分包括了一些长问题,考生须从中挑选1个作答。统计学表格和重要的统计公式列表将附在试卷上。

学部委员会须在将要举行这一考试的学年的米迦勒学期开始前,公布该试卷涉及的具体数学和统计学技能的附表。

试卷4. 政治和社会经济学

该试卷涉及政治和社会因素对经济事务的影响。它重点关注战后英国经济发展和社会政策制定的历史,也包含其他发达国家和发展中国家的相关信息。它考查政策的多种影响因素:促成政策出台的政治意识形态;政策形成背景的国内和国际制度;更宽泛的、塑造经济政策出台环境的社会和经济过程。该试卷既考查政策规划的过程,也考查工会、雇员组织、城市、政党、选举过程和官僚机构影响决策过程的方式。

试卷 5. 英国经济史

该试卷主要涉及 1750—1939 年英国工业发展的三个专题：工业革命；至 1914 年成熟经济中的增长和贸易问题；内战年代。该试卷也包括了与工业发展相关的人口和社会变化。在专题分析中涵盖的具体主题包括产出的长期增长、生产力和生活水平；增长的代价；人口变化；资本积累和技术进步；创业；外贸；资本出口；帝国的角色；工业结构变化；劳动力市场；政府经济政策。

第二部分 A

试卷 1 和 2. 微观经济学和宏观经济学

这两张试卷与经济学学位第一部分试卷 1 和 2 的基础理论主题基本一致，强调分析工具及其运用。

考官须设定一系列问题，要求考生运用某些经济行为的数学模式，并对这些模式进行解释。一系列问题将被设置在同一张试卷上。考查所需的数学技能难度和范围不得超过经济学荣誉学位的第一部分试卷 3。这些问题主要测试考生的经济学见解和数学技能。

试卷 3. 计量经济学理论与实践 I

该试卷主要讨论统计学如何贡献于经济社会问题研究和公共政策议题讨论。主要目的首先是测试考生对构成统计学技能的基础直觉和概念理解，然后是考查在应用经济学中运用相关的经济学理论、统计资料知识和相对简单的统计推导分析问题的能力。学部委员会须在将要举行这一考试的学年的米迦勒学期开始前，公布该试卷涉及的具体数学和统计学技能的附表。

试卷 3 的考试须包括以下两部分：

（1）一份 3 小时的书面试卷，旨在考查考生对课程涵盖方法的逻辑理解能力。

（2）一份项目作业，包括在主考官确定的专题名单中由考生挑选的专题范围内对学院计算机设备的使用。考生须选择一个专题，其须涉及对经济问题的数据资源和统计方法使用。

书面试卷占 60% 的分值，而项目作业占 40%。

试卷 4. 经济发展

该试卷通过检测相关的经济原则以及选定国家的发展经验比较，来提供发展经济学中主要分析议题的介绍。该试卷不直接假设发展经济学的先验性知识。它可以成为感兴趣但不打算深入学习者在这个领域长达一年的独立课程，而且可以帮助考生准备第二部分 B 的选项——发展经济学或经济史。

其将涵盖以下分析议题：经济增长模式；人力资源投资（包括健康和教育）和人口增长；物质资本投资；学习和技术变革；市场失灵和政府政策的角色；增长中的不平等及其影响；经济发展中的农业和工业部门；二元结构和劳动力过剩模型；金融市场和财政政策；贸易与贸易政策的角色；经济发展中的政治经济议题。

这些议题涵盖了对选定国家或地区的历史发展经历的理论和经验的使用。

考试将包括两个部分。第一部分是纯粹的分析问题。第二部分要求考生将理论分析与某些国家和地区的比较性历史证据相结合。选用的国家或地区须由学部委员会在考试举行的学年中米迦勒学期开始时公布。考生须回答第一部分的一个问题和第二部分的两个问题。

试卷5. 现代社会（社会和政治科学荣誉学位考试第一部分的试卷2）

试卷6. 经济学和统计学数学

该试卷涉及线性代数、微积分、微分和差分方程、概率论和统计学。这些内容是经济学荣誉学位考试第二部分B的试卷5和11考查专题的主要数学基础。

试卷7. 劳动学

该试卷包括以下内容：基于雇主需求和家庭供给的、层次和结构上的薪酬和就业；人力资源、国内市场、信息失灵、流动性、工业冲突、歧视和集体组织活动的理论；劳资关系和雇佣关系管理的当前问题；劳动力市场的性别问题和公共政策。考生须掌握英国劳动力市场的主要经验特征、其他发达国家的比较属性以及了解社会学和政治学科对劳动学研究的部分文献。

第二部分 B

试卷1和2. 经济学原理和问题

该试卷主要涉及经济学的范围和方法、基础知识以及这些经济分析方法在实际问题中的运用。该试卷旨在提供在抽象推理和解读经济数据方面分析能力锻炼的机会。虽会出现更深层次的分析问题，但该试卷从总体上并不要求深入研究分析的能力。主要目的是测试考生在实际问题上运用理论推理的能力。考生须在特定领域展现相关的基本知识和理解度，如经济和就业事务中政府的角色，再如生产和销售、货币和银行、国际经济、就业、工作和工资确定中主要经济制度的作用。英国经济的相关知识是基础学习要求。考生须具备分析国际环境中英国问题的能力。有些问题将涉及国际经济问题和制度以及各种经济类型。问题设置并不要求与试卷3—9一样的细节知识，但要求对基本原则有所了解。

试卷3. 某一经济学的课程

该试卷留待通知再设置。

试卷4. 经济学理论与分析

该试卷中，问题将较试卷1和2更深入，其重点在于测试经济学的理论方面。该试卷将测试包括数学在内的分析方法的使用。

试卷5. 经济数学

试卷6. 银行、货币和财政学

该试卷将涉及一些深入专题，比如货币、存款、银行、金融市场和货币政策的经济作用。

该试卷具体涵盖以下专题：最佳证券投资理论；金融资产和选择的股价；货币政策和财政政策的协调；银行风险管理和监管；货币政策的设计和传达。该试卷问题要求了解在发达国家与新兴经济体银行、金融市场和货币政策方面的近期时事、相关经验证据和分析模型的知识。

试卷7. 公共经济学

该试卷主要有以下专题：公共物品；外部因素和环境政策；偏好显示机制；税收和收益优化体系；税收对人类行为的作用；社会安全；规范和积极的国家理论；政治决策和政治经济学；实践中的公共支出和税收体制。该试卷要求掌握相关理论和制度的知识。

试卷8. 发展中国家经济学

该试卷涉及发展中国家经济成长和发展的问题。它将提供一个框架，来解释发展中国家如何表现出信息和法律结构的失败，以及这些如何反过来影响制度和经济发展。同样，它也将阐明微观经济学和宏观经济学的标准分析工具如何运用于解释发展中国家的关键经济问题。

考生须熟悉相关理论知识并能运用于分析发展中国家的具体经历。考生须对计量技能有基本概念（约为经济学荣誉学位考试第二部分A的试卷3的水平），并能运用其评估发展的经验证据。

试卷9. 产业经济学

该试卷涵盖以下专题：现代企业及其内部组织、运行情况以及经济表现；竞争、选择和对企业行为的外部约束；公司与法律；公司的替代理论；金融体系、资本结构以及企业财务选择；跨国公司；公司控制的市场；企业、市场和工业的演化；不完全竞争和战略竞争的标准模型；工业结构、行为以及业绩之间的关系；信息技术和网络；技术变革；英国工业中的结构改革和去工业化；国际经济下的竞争和工业政策。

学部委员会须在举行考试的学年的米迦勒学期开始时公布该试卷的相关阅读书目。学生须熟悉这些阅读书目，并理解更深层次的相关文献。该考试分为两个部分。第一部分包括不超过3个与阅读书目专题紧密相关的问题，而第二部分包括不超过8个与试卷专题相关的、更宽泛的专题问题。考生须回答第一部分的1个问题和第二部分的3个问题。

试卷10. 计量经济学的理论与实践 II

该试卷将讨论如何运用统计数据和方法来帮助经济和社会问题的研究。它不要求使用更高级的数学方法。

该考试包括一张3小时的试卷和考生参与的项目报告。这两项平均分配分值。在笔试中，考生须回答一系列有关统计学方法、资料和运用的问题。试卷将提供统计表。

考生参与的项目须从考官确定的一系列专题中选取。这些专题须在四旬斋学期最后一天的两星期之前公布。考生须在复活节学期开学一星期内，以文章的形式提交项目的报告。这份报告，须以英文写作，字数不超过4000字（包括注释和附录）。须报告考生的数据来源、选用技术、结果和结论。考生须熟悉被广泛运用经济数据分析的统计技术，并能选择合适的技术和数据来分析自选的专题。

考生须了解除经济学荣誉学位考试第一部分试卷 3 和第二部分 A 试卷 3 内容之外的其他特定统计技术。学部委员会须在举行考试的学年的米迦勒学期开始前公布该试卷要求的技术细节表。考生同样须熟悉学部委员会适时决定的领域中主要计量经济学的研究，以及这些领域经济问题分析涉及的重要统计学和经济学问题。

另行通知的领域将包括：
（1）消费者行为；
（2）投资行为；
（3）英国的进出口；
（4）工资、价格和失业；
（5）宏观动力学；
（6）英国经济的宏观计量模型；
（7）劳动供给模型；
（8）静态面板数据模型；
（9）计量经济学的离散选择模型。

一年时间将涵盖不超过 6 个以上领域。在每年的米迦勒学期开始时，学部委员会将公布本学年要求的领域以及该领域相关的参考文献。

试卷 11．时间序列和金融计量学

该课程设计旨在帮助学生打下计量经济学，特别是在时间序列方面的坚实基础。较试卷 10，本试卷中证明和推导将占据更重要的地位。考生须对统计学理论及其在经济和金融方面的运用有良好的理解。

试卷上的问题可能有：回归分析、最大似然法和广义矩方法等估计程序，检验统计、模型选择、联立方程、有限因变量、时间序列模型的属性以及使用和选择的方法、动态模型和协整。

金融议题可能包括可预测性的资产回报、波动性、投资组合分析、资本资产定价模型、要素模型及其选择。

考试中允许使用计算器和统计表。该试卷分为两个部分，其一包括一些短问题，要求全部回答；其二是长问题，回答其中两个问题即可。

试卷 12．某一经济学的课程

试卷 13．某一经济学的课程

以上两张试卷留待通知再行设置。

试卷 14．某一经济史的课程

若无其他通知，该试卷专题为"两次世界大战期间的经济大萧条"。该试卷着重于 20 世纪 30 年代大萧条的起因和过程，同时也关注 20 年代的事件，比如 1919—1921 年间的通货膨胀和通货紧缩。所涉议题将包括：转让问题和国际货币安排，保护机制的增长和贸易集团的发展，垄断趋势和收入分配的变化，技术和结构的变化，农业衰退，以及不同国家的失业问题，特别是萧条时期失业问题的经验比较。

主要涉及的国家有英国、法国、德国、美国和日本，但试卷不局限于此，也将研究主要生产国的经历。

试卷 15. 某一经济史的课程

该试卷留待通知再行设置。

试卷 16. 某一社会学的课程 II（社会和政治科学荣誉学位考试的社会学试卷 5。该试卷可以为任一学期专题为现代英国的试卷）

选择该试卷的经济学荣誉学位考试考生须通过书面考试。

试卷 17. 某一社会学和政治学领域的课程

如无最新通知，该试卷专题可由考生从以下选项中选择一个：

（1）跨学科专题 III（社会和政治科学荣誉学位考试的试卷 Int.5）

（2）南亚的社会学和政治（东方学荣誉学位考试第二部分试卷 Sa.27 的特别专题）

（3）拉美的社会、政治和文化（社会和政治科学荣誉学位考试的试卷 Int.7）

（4）社会学专题 IV（社会和政治科学荣誉学位考试的试卷 Int.7，其专题为资本主义的政治经济）

教育学荣誉学位考试

1. 教育学荣誉学位考试包括两个部分。每个部分须公布各自的优等生名册。

2. 第一部分的考生资格如下：

（1）学生已经完成一个学期的学业，且第一个住宿学期至今的时间不超过六个完整学期。

（2）学生通过其他荣誉学位考试一年之内或者两年之内，且第一个住宿学期后的时间不超过十二个完整学期。

3. 学生若已经完成七个学期的学业，在第一个住宿学期后的时间不超过十二个完整学期，且兼具以下条件，则有资格成为第二部分荣誉学位考试的候选人：

（1）学生通过教育学荣誉学位考试第一部分一年之内；

（2）学生已经通过除教育学荣誉学位考试第一部分之外的学位考试，且距申请之日已有一年。

4. 在同一时期内，学生不得同时成为教育学荣誉学位考试一个以上部分的考生，也不得同时成为教育学荣誉学位考试和其他荣誉学位考试的考生。

5. 学生不得多次成为教育学荣誉学位考试同一部分的考生。

6. 教育学部委员会有权根据情况制定规定或者限制考试试卷的补充规定，并适时修改、变更或撤销。同时，须注意及时公开规定修改的内容。

7. 学部委员会须在考试举行之前的学年的复活节学期结束前公布有关考试

专题变化的信息;学部委员会在有充分理由且确保未对学生备考产生不利影响的情况下,有权在以上时段之后作出相关修改。

8. 在每年的米迦勒学期开始前,学部委员会须向全学部教职员工公布这个学年考生需要承担的课程论文、表演、专题讨论会和实践考试的细节。

9. 第一部分和第二部分分别设置独立的主考机构。学部委员会须提名他们认为足够数量的、能够胜任的考官。学部委员会同样须任命一个以上的评审官,以协助考官。评审官须编写主考官指定的全部或者部分试题,批改考生的相关全部或者部分答卷,并据此向考官汇报考生的情况。评审官可以参与考官的会议,以备咨询和建议。

10. 教育学荣誉学位考试任何部分的优等生名册中,考生姓名须分为三个等级,其中第二等级又分为两个部分。另外,若学生在第一等级内表现出特殊贡献,则主考官将特别标明该学生的姓名。第一等级和第三等级以及第二等级的两个部分名单均按照字母顺序排列。

11. 第一部分的考试包括如下三个分类。考生须提交:

(1) 分类一的考试要求;

(2) 分类二和分类三考试要求中选择三门考试,且选择分类三考试不少于2门。

分类一. 教育研究

分类一包括两门3小时的书面考试。

试卷1. 教育学

试卷2. 教育学 II

分类二. 当前的教育问题

分类二包括一门3小时的书面考试。

试卷3. 当前的教育问题:教与学

分类三. 专题研究

考生须从附录1中挑选一个专题领域,提交2—3篇答卷。

12. 第二部分考试分为以下4个分类。考生须提交:

(1) 分类一的考试要求;

(2) 分类二—四的考试要求中选择4份试卷,其中至少有分类二的1份试卷,至多有分类四的2份试卷。

经过学部委员会同意,考生如果没有在分类二和四中提交1份以上的论文,则可以提交一份专业论文,以代替分类二4份试卷中的一份试卷。若无附录2的另行说明,所有论文须遵照第14条的规定提交。

分类一. 教育的研究和调查

考生须提交一份涉及教育问题的调查和分析的专业论文。该论文须遵照第14条的规定提交。根据考官的意见,考试可以包括对该论文的口试。

分类二. 教育研究的高级专题

分类二. 包括了4份3小时的试卷

试卷 1. 教育心理学

试卷 2. 教育哲学

试卷 3. 教育社会学

试卷 4. 教育史

分类三. 教育学特别专题

考生须选择 1 个以上的教育学领域特别专题，分别提交论文。特别专题及其考试要求，须由学部委员会适时公布，并注意及时公开地传达至每位候选人。

分类四. 专题研究

考生须提交特定专题领域的两篇论文。专题自附录 2 中选取。

13. 在所有部分中，考生不得提交已在其他大学考试中提交过的试卷、论文和练习。

14. 若希望提交第一部分的分类二，或者第二部分的分类一、二、四的论文，考生须通过其导师向学部委员会秘书提交拟议主题。时间为举行考试学年的米迦勒学期中学部委员会公布的时限前。秘书须在四旬斋学期开始前将同意或者否决的意见通知考生。

包括注释和附录在内，提交的论文字数在 8000—10000 字之间。论文须通过本科生办公室向学部委员会秘书提交。时间为举行考试的学年的米迦勒学期中学部委员会公布的时限前。除非学部委员会许可，论文一般须提交打印版。论文构成考生的考试得分，并须提交概述。

考生须提交一份说明论文系考生独立完成、不包含类似目的已使用材料的签字声明。考官有权针对论文主题对考生进行口试。

15. 除非学部委员会秘书在考试开始前的学年收到证明，证实某学生经过学部委员会同意在与考试内容相关的其他国家有学习经历，否则第二部分候选人须学习一门外语。此类证明须包括来自大学或者雇主的出具证明。学生还须向学部委员会提交海外学习的报告，其格式由学部委员会适时规定。学生须随时告知学部委员会秘书在海外的地址。

16. 根据第 15 条的规定，考生如欲出国学习，须向学部委员会申请，以获得其同意。考生须在欲出国学习之前的学年的米迦勒学期结束之前，通过研究主任向学部委员会秘书提交申请表。申请表须说明学生欲前往的国家以及如何生活。若学生修改计划，须通知学部委员会秘书，获得新的许可。学部委员会一般要求学生在外学习不少于 8 个月，并获得在外校的助教奖学金，或者在其许可下获得其他被雇佣的机会。

暂 行 规 章

教育学荣誉学位考试须遵循以下条例，其中第一部分自 2009 年开始施行，第二部分自 2010 年开始施行。

附 录 1

经公示修订（2007—2008 学年《剑桥大学通讯》，第 727 页）

教育学荣誉学位考试第一部分的分类二的专题和试卷

考生须从附录中选择 1 个专题领域，提交 2—3 份试卷。须指出，部分试卷将以书面考试以外的形式考核。部分专题领域可能会限制所提供的试卷组合。

生物科学

所有考生须提交相当于 2—3 份的试卷。

以下选项可视为 1 份试卷：

细胞生物学（该专题的考试要求由自然科学荣誉学位考试第一部分 A 的规章设定）

进化与行为（该专题的考试要求由自然科学荣誉学位考试第一部分 A 的规章设定）

生命生理学（该专题的考试要求由自然科学荣誉学位考试第一部分 A 的规章设定）

以下选项可视为 2 份试卷：

动物生物学（该专题的考试要求由自然科学荣誉学位考试第一部分 B 的规章设定）

细胞与发育生物学（该专题的考试要求由自然科学荣誉学位考试第一部分 B 的规章设定）

生态学（该专题的考试要求由自然科学荣誉学位考试第一部分 B 的规章设定）

生理学（该专题的考试要求由自然科学荣誉学位考试第一部分 B 的规章设定）

植物和微生物学（该专题的考试要求由自然科学荣誉学位考试第一部分 B 的规章设定）

古典学

所有考生须提交以下 2 份试卷：

拉美作者翻译作品片段（古典学荣誉学位考试第一部分 B 的试卷 3）

拉美文学（古典学荣誉学位考试第一部分 B 的试卷 6）

愿提交 3 份试卷的考生可从古典学荣誉学位考试第一部分 B 的试卷 7—10 中选择其一。

英语

英语与戏剧

考生须提交 2—3 份以下试卷：

试卷 Ed. D2　电影、文化和认同

试卷 Ed.D3 戏剧制作 II（演出或专题讨论和课程作业）
试卷 Ed.E3 莎士比亚和文艺复兴时期的戏剧
英语文学及其背景，1300—1550（英语荣誉学位考试第一部分试卷 1）
英语文学及其背景，1500—1700（英语荣誉学位考试第一部分试卷 2）
英语文学及其背景，1688—1847（英语荣誉学位考试第一部分试卷 3）
英语文学及其背景，1830 至今（英语荣誉学位考试第一部分试卷 4）
文艺批评（英语荣誉学位考试第一部分试卷 6）
考生可提交毕业论文以代替这些试卷，但只能提交一篇。所有提交的论文须遵照第 14 条的规定。

地理学
考生可根据地理学荣誉学位考试相关规定制定的考试要求，从其第一部分 B 的试卷 1—10 中选择 2—3 份试卷。考生须根据地球科学和地理学学部委员会规定，在考试学年的米迦勒学期开始前，提交一系列课程作业。

历史学
考生可任选以下 2—3 份试卷：
考古学和人类学荣誉学位考试第一部分的试卷 1；
历史学荣誉学位考试第一部分的试卷 2—24 中的任意试卷。

数学
所有考生须提交：
试卷 Ed.Ma1 数学推理和数学教育（提交书面作业）
考生如希望提交 2 份试卷，则可选以下选项中的两个，以构成一份数学试卷：
试卷 Ed.Ma 向量和矩阵（涵盖数学荣誉学位考试第一部分 A 试卷 1 的问题）
试卷 Ed.Ma3 群组（涵盖数学荣誉学位考试第一部分 A 试卷 3 的问题）
试卷 Ed.Ma4 数与集合（涵盖数学荣誉学位考试第一部分 A 试卷 4 的问题)》
考生如希望提交 3 份试卷，须从以下选项中选择，以构成 2 份数学试卷：
试卷 Ed.Ma2 向量和矩阵（涵盖数学荣誉学位考试第一部分 A 试卷 1 的问题）
试卷 Ed.Ma3 群组（涵盖数学荣誉学位考试第一部分 A 试卷 3 的问题）
试卷 Ed.Ma4 数与集合（涵盖数学荣誉学位考试第一部分 A 试卷 4 的问题）
试卷 Ed.Ma5 数学分析 1（涵盖数学荣誉学位考试第一部分 A 试卷 1 的问题）
〈所有考生须提交：
试卷 Ed.Ma 数学推理和数学教育（提交书面作业）
考生如希望提交 2 份试卷，则可选以下选项中的两个，以构成一份数学试卷：

  试卷 Ed. Ma2　向量和矩阵（涵盖数学荣誉学位考试第一部分 A 试卷 1 的问题）

  试卷 Ed. Ma3　群组（涵盖数学荣誉学位考试第一部分 A 试卷 3 的问题）

  试卷 Ed. Ma4　向量演算（涵盖数学荣誉学位考试第一部分 A 试卷 3 的问题）

  考生如希望提交 3 份试卷，须从以下选项中选择，以构成 2 份数学试卷：

  试卷 Ed. Ma2　向量和矩阵（涵盖数学荣誉学位考试第一部分 A 试卷 1 的问题）

  试卷 Ed. Ma3　群组（涵盖数学荣誉学位考试第一部分 A 试卷 3 的问题）

  试卷 Ed. Ma4　向量演算（涵盖数学荣誉学位考试第一部分 A 试卷 3 的问题）〉

  近代外语

所有考生须提交以下试卷：

包括理解力考试在内的外语翻译（近代和中世纪语言学荣誉学位考试第一部分 B 试卷 B3）

  和

根据近代和中世纪语言学荣誉学位考试规定，从附录第一部分 B 中选择 1—2 份额外的试卷。

  音乐

考生须提交以下 2—3 份试卷：

音乐赏析（音乐荣誉学位考试第一部分 B 试卷 2）

自由作曲组合（音乐荣誉学位考试第一部分 B 试卷 3），须依据音乐荣誉学位考试规定的规定提交

从音乐学部委员会公布的音乐荣誉学位考试第一部分 B 增加试卷中任选部分试卷，同样须依据相关规定。

  试卷 Ed. Mu3　表演和练习技巧（实际排练和实践考试）

  自然科学

所有考生须提交与 2—3 份试卷相当的作业。

以下选项等同于 1 份试卷：

化学（该专题的考试要求由自然科学荣誉学位考试第一部分 A 的规章设定）

地质学（该专题的考试要求由自然科学荣誉学位考试第一部分 A 的规章设定）

材料和矿物科学（该专题的考试要求由自然科学荣誉学位考试第一部分 A 的规章设定）

物理学（该专题的考试要求由自然科学荣誉学位考试第一部分 A 的规章设定）

以下选项等同于 2 份试卷：

化学A（该专题的考试要求由自然科学荣誉学位考试第一部分B的规章设定）

化学B（该专题的考试要求由自然科学荣誉学位考试第一部分B的规章设定）

物理学A（该专题的考试要求由自然科学荣誉学位考试第一部分B的规章设定）

宗教研究

考生须从神学与宗教研究荣誉学位考试第18条规定的B部分中选择2—3份试卷。若试卷可以以除书面考试以外的评估形式提交，须遵循神学与宗教研究荣誉学位考试规章的相关规定。

附　录　2

经公示修订(2007—2008学年《剑桥大学通讯》，第401页)

教育学荣誉学位考试第二部分的分类四的专题和试卷

考生从附录中选择一个专题领域，并提交最多2份试卷。部分试卷采用书面考试以外的形式考核。部分专题领域可能会限制所提供的试卷组合。

生物科学

考生若愿提交1份试卷，则可以从自然科学荣誉学位考试第一部分B的2个主题科学的历史和哲学中，任选其一。

考生若愿提交2份试卷，则可从以下选项任选其一，抵充2份试卷：

动物生物学（该专题的考试要求由自然科学荣誉学位考试第一部分B的规章设定）

细胞与发育生物学（该专题的考试要求由自然科学荣誉学位考试第一部分B的规章设定）

实验心理学（该专题的考试要求由自然科学荣誉学位考试第一部分B的规章设定）

科学史与科学哲学（该专题的考试要求由自然科学荣誉学位考试第一部分B的规章设定）

生理学（该专题的考试要求由自然科学荣誉学位考试第一部分B的规章设定）

植物和微生物学（该专题的考试要求由自然科学荣誉学位考试第一部分B的规章设定）

古典学

考生须从古典学荣誉学位考试第二部分中选择，提交1—2份试卷。

英语

英语与戏剧

考生须提交1—2份以下试卷：

英语荣誉学位考试第二部分的任意试卷

试卷Ed.D4　现代戏剧和剧院

试卷Ed.A1　艺术与表演（书面考试和课程作业）

考生可提交专业论文以代替这些试卷，但只能提交一篇。提交的论文可代替英语荣誉学位考试第二部分试卷1—13中的任意试卷。所有提交的论文须遵照第14条的规定。

地理学

考生可根据地理学荣誉学位考试相关规定制定的考试要求，从其第二部分的试卷1—15中选择1—2份试卷。部分试卷要求考生提交一系列课程作业。

历史学

考生可从历史学荣誉学位考试第二部分的试卷3—29中任选1—2份试卷。

数学

根据第14条的规定，考生可提交1份专业论文以替代一份试卷。考生总共可以提交相当于1—2份试卷的论文。所有考生须回答数学荣誉学位考试第一部分B的全部4份试卷中的部分问题。

近代外语

依据近代和中世纪语言学荣誉学位考试规定的要求，考生须通过近代和中世纪语言学荣誉学位考试第二部分的口语考试C,

和

提交1—2份以下与口语考试同语种的试卷，其中必须从(1)和(2)中选择至少一份试卷：

(1) 母语与外语互译（近代和中世纪语言学荣誉学位考试第二部分的试卷C1)

(2) 外语作文（近代和中世纪语言学荣誉学位考试第二部分的试卷C2)

(3) 近代和中世纪语言学荣誉学位考试附录二中任选一份试卷

音乐学

考生须提交以下1—2份试卷：

音乐荣誉学位考试第二部分试卷1,须依据规定提交一份专业论文；

音乐荣誉学位考试第二部分试卷3—6中的任意试卷，须遵循音乐荣誉学位考试规定；

音乐学部委员会公布的音乐荣誉学位考试第二部分的增加试卷，须遵循学部委员会相关规定。

试卷Ed.A1　艺术与表演（书面考试和课程作业）

自然科学

考生若愿提交1份试卷，则可以从自然科学荣誉学位考试第一部分B的2个主题科学的历史和哲学中，任选其一。

考生若愿提交2份试卷，则可从以下选项任选其一，代替2份试卷：

考生须提交与 2—3 份试卷相当的作业。
以下选项等同于 1 份试卷：
化学 A（该专题的考试要求由自然科学荣誉学位考试第一部分 B 的规章设定）
化学 B（该专题考试要求由自然科学荣誉学位考试第一部分 B 的规章设定）
地质科学 B（该专题考试要求由自然科学荣誉学位考试第一部分 B 的规章设定）
科学史与科学哲学（该专题的考试要求由自然科学荣誉学位考试第一部分 B 的规章设定）
材料科学和冶金（该专题的考试要求由自然科学荣誉学位考试第一部分 B 的规章设定）
矿物科学（该专题的考试要求由自然科学荣誉学位考试第一部分 B 的规章设定）
物理学 A（相关考试要求由自然科学荣誉学位考试第一部分 B 的规章设定）
物理学 B（相关考试要求由自然科学荣誉学位考试第一部分 B 的规章设定）
宗教研究
考生须从神学与宗教研究荣誉学位考试第 18 条规定的 C 部分中选择 1—2 份试卷。若试卷可以以除书面考试以外的评估形式提交，须遵循神学与宗教研究荣誉学位考试的相关规定。

教育研究荣誉学位考试

经公示修订（2007—2008 学年《剑桥大学通讯》，第 50 页）

1. 教育研究荣誉学位考试包括两个部分。每部分须公布各自的优等生名册。
2. 第一部分的考生资格如下：
（1）学生已经完成一个学期的学业，在第一个住宿期后的时间不超过六个完整学期；
（2）学生获得其他荣誉学位考试一年之内或者两年之内，且在第一个住宿期后的时间不超过十二个学期。
3. 学生若已经完成七个学期的学业，在第一个住宿学期后的时间不超过十二个学期，且兼具以下条件，则有资格申请第二部分荣誉学位考试：
（1）学生通过教育研究荣誉学位考试第一部分或者其他荣誉学位考试一年之内，并参加了依据第 14 条（1）和第 14 条（2）举行的考试；
（2）学生获得除教育研究荣誉学位考试第一部分之外的其他学位一年之后，并参加了依据第 14 条（3）举行的考试。
4. 在同一时期内，学生不得同时成为教育研究荣誉学位考试一个以上部分的考生，也不得同时成为教育研究荣誉学位考试和其他荣誉学位考试的考生。

5. 学生不得多次成为教育研究荣誉学位考试同一部分的考生。

6. 教育学部委员会有权根据情况制定规定或者限制考试试卷的补充规章，并适时修改、变更或撤销。同时，须注意及时公开规定修改的内容。

7. 学部委员会须在考试学年之前的复活节学期结束前公布有关考试专题变化的信息；学部委员会在有充分理由并确保未对学生准备考试产生不利影响的情况下，有权在以上时段之后作出相关修改。

8. 在每年的米迦勒学期开始前，学部委员会须向全院教职员工公布该学年考生承担的课程论文、表演、专题讨论会和实践考试的细节。

9. 第一部分和第二部分分别设置独立的主考机构。学部委员会须提名他们认为足够数量的、能够胜任的考官。学部委员会同样须任命一个以上的评审官，以协助考官。评审官须编写主考官指定的全部或者部分试题，批改考生的全部或者部分答卷，并据此向主考官汇报考生的情况。评审官可以参与考官的会议，以备咨询和建议，但无投票权。

10. 依据第9条，第一部分的分类二和第二部分的分类四的评审官须符合以下条件：

（1）来自其他大学考试的试卷或者练习须由该门考试的考官评判，其因此成为教育研究荣誉学位考试的评审官；

（2）学校特殊课程的设置和批改者须被学部委员会或者其他机构任命为相关的评审官。

11. 教育研究荣誉学位考试任何部分的优等生名册中，考生姓名须分为三个等级，其中第二等级又分为两个部分。另外，若学生在第一等级中表现出特殊贡献，则主考官将特别标明该学生的姓名。第一等级和第三等级以及第二等级的两个部分名单均按照字母顺序排列。

12. 第一部分的考试包括以下两个分类。每位考生须同时提交两分类的试卷。

分类一．教育研究

课程作业涉及教育基础学科。

考官自主决定考试形式，可包括口试和提交课程作业。

分类二．专题研究

考生须依据相关规章，从附录一选择一个专题，提交试卷或者其他练习。这些专题可能来自教育研究荣誉学位考试设置，也可能来自其他大学考试。但考生不得提交已在其他大学考试中提交过的试卷，且须符合以下条件：

（1）在学部委员会许可下，考生可以依据第二部分的计划A，从教育研究荣誉学位考试第二部分分类二的试卷1—4中选择其一，或者一篇包括附录和脚注在内字数介于8000—10000之间的教育研究主题的论文，来代替附录一的一份试卷或者其他练习。

（2）在分类二中，考生不得提交超过1篇的论文。

13. 第二部分的考试包括以下四个分类：

分类一． 教育研究和调查

课程作业涉及教育研究的方法和分析。

考官自主决定考试形式，可包括口试和提交课程作业。

分类二． 教育研究的深层话题

试卷 1. 教育心理学

试卷 2. 教育哲学

试卷 3. 教育社会学

试卷 4. 教育史

试卷 5. 由学部委员会适时规定的教育研究专题

试卷 1—5 均有 3 小时答题时间。

分类三． 课程研究

试卷 6. 由学部委员会适时规定的课程研究专题

试卷 6. 有 2 小时考试时间。考官须考虑学部委员会要求的候选人课程作业。学部委员会须依据第 6 条，适时公布试卷 6 的专题，数量不超过 4 个。考生从中选择其一。

分类四． 专题研究

依据有关条例，从附录二中挑选专题，提交试卷或者其他练习。这些专题可能来自教育研究荣誉学位考试设置，也可能来自其他大学考试。

14. 第二部分有两个可替换计划，A 和 B。

(1) 考生选择 3(1)规定的考试，但没有进行专业安置，须遵照计划 A：

① 分类一要求的课程作业；

② 分类二—四中选择 3 份试卷或其他练习，其中至少从分类二中挑选 1 份。

(2) 考生选择 3(1)规定的考试，且着手承担过一段时间的专业安置，须遵照计划 B：

① 分类一要求的课程作业；

② 分类二的试卷 5；

③ 分类二的 1 份试卷或其他练习。

(3) 分类二中的 1 份试卷，或者分类三中的 1 份试卷，或者一份学部委员会许可的论文。论文须依据相关规定，从附录二中选择一个专题，字数介于 8000—10000（包括脚注和附录）。

(4) 考生依据第 3 条(2)的规定参加考试，或者考生为获得学部委员会许可休假的附属学生，在第二部分考试前并未参加过其他荣誉学位考试则须提交以下材料：分类一、分类二—四的 3 门书面考试或其他练习，其中至少从分类二中选择 1 门；

前提条件如下：

(1) 在学部委员会许可下，选择计划 A 或 B 的考生可以选择 1 篇包括脚注和附录，字数介于 8000—10000 的专业论文，来代替分类二试卷 1—4 的其中 1 份试卷。

（2）选择计划 A 的考生不得在分类二—四下提交 1 篇以上的论文。

（3）考生不得提交已在其他大学考试中提交过的试卷。

15．（1）代替其他大学考试的第一部分或者第二部分论文须依照相关考试条例的规定提交。

（2）代替特殊设置考试的第一部分或者第二部分论文，或者代替分类一或者分类二的第二部分论文须遵照以下安排提交：

① 考生须在学部委员会规定的时间内，通过导师向学部委员会秘书提交选题。秘书须就选题的通过与否，与考生的导师沟通。考生须在学部委员会规定的时间内，通过导师向学部委员会秘书提交论文。

② 若无学部委员会同意使用手写体，论文须打印。论文构成考生的考试得分，须提交一份概述。考生须提交一份说明论文系考生独立完成、不包含类似目的已使用材料的签字声明。

③ 考官自行决定考试形式，可要求考生就论文主题接受口试。

16．除非学部委员会秘书在考试开始前的学年收到证明，证实某学生经过学部委员会同意在与考试内容相关的其他国家有学习经历，否则第二部分候选人须学习一门外语。此类证明须包括来自大学或者雇主的出席证明。学生还须向学部委员会提交海外学习的报告，其格式由学部委员会适时规定。学生须随时告知学部委员会秘书在海外的地址。

17．根据第 16 条，考生如需海外学习须向学部委员会申请，以获得其同意。考生须在欲出国学习前的学年的米迦勒学期结束之前，通过研究主任向学部委员会秘书提交申请表。申请表须说明学生欲前往的国家以及如何生活。若学生修改计划，须通知学部委员会秘书，获得新的许可。

18．在米迦勒学期，学部委员会须公布第一和第二专业设置符合规定的考生名单。不在此名单或附属名单中的学生，通常不被允许进行第三专业设置考试。在四旬斋学期，学部委员会须公布所有第三专业设置符合规定的考生名单。

附　录　一

教育研究荣誉学位考试第一部分分类二的专题和试卷

在本附录中，星号代表该试卷为教育研究荣誉学位考试专设试卷
第一部分的考生均须从以下选项中择其一：

生　物　科　学

从第一组中选择一个选项，从两组中选择试卷。
第一组
从以下自然科学荣誉学位考试第一部分 A 中择其一：
细胞生物学（书面试卷和操作考试）

生物生理学（书面试卷和提交操作作业）

或者　从以下自然科学荣誉学位考试第一部分B中择其一：

动物生物学（书面试卷和提交操作作业）

生态学（书面试卷和提交操作作业）

科学史与科学哲学（书面试卷）

植物和微生物科学（书面试卷、操作考试和提交操作作业）

第二组

试卷3.生物伦理学。遵照教育研究荣誉学位考试第15条（2），提交一篇生物伦理学相关主题的专业论文。包括脚注和附录在内的字数介于6000—8000之间。

试卷4.生物学的特别研究。考试包括书面课程作业、操作考试和7000字的研究报告。

古 典 学

提交以下古典学荣誉学位考试第一部分B的4份试卷：

拉美作者翻译作品片段（古典学荣誉学位考试第一部分B的试卷3）

拉美文学（古典学荣誉学位考试第一部分B的试卷6）

从古典学荣誉学位考试第一部分B的试卷7—10中选择2份试卷

英语和戏剧

（1）以下选择任意4份试卷：

- 试卷E1.中世纪和文艺复兴时期文学，1350—1700
- 试卷E2.莎士比亚和文艺复兴时期的戏剧
- 试卷E3.奥古斯都时代和浪漫主义文学，1660—1820
- 试卷E4.文学和文化，1830至今
- 试卷E5.现代戏剧和剧场
- 试卷E6.戏剧制作（实践类）
- 试卷E7.电影、文化和认同
- 试卷E8.英语国际文学

前提是：

① 考生可提交一篇主题为文学、戏剧或戏剧兴趣的符合要求的论文，来代替1份试卷；

② 如果考生提交论文来代替试卷E1.，则其主题不需全是关于莎士比亚戏剧的。

这些论文须遵循教育研究荣誉学位考试第15条（2）的要求，包括脚注和附录在内的字数介于5000—7000之间。

或者　（2）以下选择任意4份试卷：

① 试卷A1.艺术与表演

和

② 试卷 E1—8.中的任意 3 份试卷

试卷 A1 的考试包括一份 3 小时的书面试卷和一次操作考试。

地 理 学

提交以下 3 份试卷和课程作业：

(1) 从地理学荣誉学位考试第一部分 B 的试卷 1—10 中选择 3 份试卷；

和

(2) 课程作业的内容与地理学荣誉学位考试第一部分 A 或者第一部分 B 有关，除(a)中试卷以外。包括脚注和附录在内的字数介于 5000—7000 之间。

历 史

以下 3 份试卷和 1 篇论文：

(1) 以下选择任意 3 份试卷：

＊试卷 H1. 历史与国家课程

试卷 1 考古学和人类学荣誉学位考试第一部分

试卷 2—24 历史学荣誉学位考试第一部分

和

(2) 从教育学部委员会公布的专题名单中选择 1 个专题，撰写 1 篇论文。须依据教育研究荣誉学位考试第 15 条(2)的规定，包括脚注和附录在内的字数介于 3000—5000 之间。

数 学

以下 5 份试卷：

- 试卷 M1.
- 试卷 M2.
- 试卷 M3.
- 试卷 M4.
- 试卷 M5.

试卷 M1—3 的考试都包括一份 3 小时的书面试卷和获批专题的项目报告。试卷 M4 的考试须提交数学教育主题的报告。试卷 M5 的考试包括一份 1.5 小时的书面试卷和获批专题的项目报告。

现代外语

近代和中世纪语言学荣誉学位考试第一部分 B 某一语言的 4 份试卷如下：

(1) 试卷 B3.翻译和听力理解考试(相当于 2 份试卷)

(2) 近代和中世纪语言学荣誉学位考试附录第一部分 B 中选择 2 份试卷

音 乐 学

3 份试卷和 1 篇论文或者 1 首自作曲,如下:

(1) 以下试卷中择其一或者全选:

试卷 A1. 艺术与表演

试卷 N1. 表演和排练技巧

(2) 从音乐荣誉学位考试以下试卷中挑选 1、或 2、或 3 份试卷:

试卷 1—5 音乐荣誉学位考试第一部分 A

试卷 2 或者其他学部委员会宣布的补充试卷

(3) ① 1 篇主题与音乐教育有关的论文。该论文须依据教育研究荣誉学位考试的第 15 条(b)的规定,包括脚注和附录在内的字数介于 5000—7000 字之间。

或者② 6—10 分钟的自创曲目。该曲目须由除独唱或独奏乐器以外的器乐协奏,并运用可识的符号清晰表达音乐特性。

试卷 A1 的考试包括 1 份 3 小时的书面试卷和 1 次操作考试。

试卷 N1 的考试包括 1 场排演技巧和表演的操作考试,乐器考试,或者演唱考试。

物 理 科 学

(1) 从以下自然科学荣誉学位考试第一部分 B 中选择一个专题,作为教育研究荣誉学位考试预备考试的研究专题:

化学 A(书面试卷和提交操作作业)

化学 B(书面试卷和提交操作作业)

物理 A(书面试卷和提交操作作业)

和 (2) 从以下自然科学荣誉学位考试第一部分 A 中选择一个专题,作为教育研究荣誉学位考试预备考试的研究专题:

化学(书面试卷和提交操作作业)

物理(书面试卷和提交操作作业)

宗 教 研 究

以下 4 份试卷:

或者(1) 从神学和宗教研究荣誉学位考试第一部分或者第二部分 A 中选择 4 份试卷;

或者(2) ① 试卷 R1. 宗教中妇女的声音

和

② 从神学和宗教研究荣誉学位考试第一部分或者第二部分 A 中选择 3 份试卷;

经教育学部委员会同意,考生可提交 1 篇宗教研究主题的论文,以代替 1 份试卷。该论文须依据教育研究荣誉学位考试第 15 条(2)的规定,包括脚注和附录在内的字数介于 5000—7000 字之间。

附 录 二

经公示修订(2007—2008 学年《剑桥大学通讯》,第 401 页)

教育研究荣誉学位考试第二部分分类四的专题和试卷

以下试卷和其他作业适用于教育研究荣誉学位考试第二部分分类四。考生须提交 2 份以上试卷或者其他作业。

生 物 科 学

欲提交 1 份生物科学试卷的考生须提交以下选项:

自然科学荣誉学位考试第一部分 B 的科学的历史和哲学 2 份试卷中选择 1 门;

欲提交 2 份生物科学试卷的考生须提交以下选项中的 1 项:

(1) 动物生物学(书面试卷和提交操作作业)自然科学荣誉学位考试第一部分 B;

或者(2) 生态学(书面试卷和提交操作作业)自然科学荣誉学位考试第一部分 B;

或者(3) 植物和微生物科学(书面试卷和提交操作作业)自然科学荣誉学位考试第一部分 B;

或者(4) 细胞和发育生物学(书面试卷和提交操作作业)自然科学荣誉学位考试第一部分 B;

或者(5) 实验心理学(书面试卷和提交操作作业)自然科学荣誉学位考试第一部分 B;

或者(6) 科学史与科学哲学(书面试卷和提交操作作业)自然科学荣誉学位考试第一部分 B。

古 典 学

古典学荣誉学位考试第二部分选择 2 份试卷。

英语和戏剧

(1) 附录一指定的试卷和其他作业;
(2) 英语荣誉学位考试第一部分:试卷 1—9;
(3) 英语荣誉学位考试第二部分:试卷 1—13;
(4) 依据英语荣誉学位考试第 20 条的规定,提交 1 篇字数为 6000—7500 字的论文。

地 理 学

1. 地理学荣誉学位考试第二部分：试卷1—15；
2. 依据地理学荣誉学位规章第22条至第24条的规定，提交1篇论文。

历 史 学

历史学荣誉学位考试第二部分：试卷3—29。

数 学

欲提交1门数学试卷的考生须提交以下选项中的1项：
(1) 从数学荣誉学位考试第一部分A中选择1份试卷，但不得为此前在教育研究荣誉学位考试第一部分已选的试卷；
或者(2) 1篇字数为8000—10000字、数学教育方面获批主题的书面报告；
或者(3) 依据数学荣誉学位考试第9条的规定，提交1份计算项目的课程作业；
或者(4) 试卷"科学史"，自然科学荣誉学位考试第一部分B；
或者(5) 试卷"科学哲学"，自然科学荣誉学位考试第一部分B。

欲提交2门数学试卷的考生须提交以下选项中的1项：
或者(1) 从以上(1)—(5)的选项中任意选择2门；
或者(2) 实验心理学（书面试卷和提交操作作业）自然科学荣誉学位考试第一部分B。

现代外语

依据近代和中世纪语言学荣誉学位考试条例，考生须通过近代和中世纪语言学荣誉学位考试第二部分的口语考试C，
和
与口语考试同语种的以下选项中1—2份试卷，其中(1)和(2)中必选其一：
(1) 语言互译（近代和中世纪语言学荣誉学位考试第二部分试卷C1）；
(2) 外语作文（近代和中世纪语言学荣誉学位考试第二部分试卷C2）；
(3) 从近代和中世纪语言学荣誉学位考试附录二中任选1份试卷。

音 乐

音乐荣誉学位考试第二部分除试卷2和7外的任意试卷。
附录一中音乐课程要求(1)规定的试卷和其他作业，但不得为此前在教育研究荣誉学位考试第一部分已选的试卷。

物理科学

欲提交1份物理科学试卷的考生须提交以下选项中的1项：

科学史与科学哲学中的 1 份试卷,自然科学荣誉学位考试第一部分 B。

欲提交 2 门物理科学试卷的考生须提交以下选项中的 1 项:

(1) 从以下自然科学荣誉学位考试第一部分 B 中择其一:

物理 A(书面试卷和提交操作作业)

物理 B(书面试卷和提交操作作业)

化学 A(书面试卷和提交操作作业)

化学 B(书面试卷和提交操作作业)

但不得提交此前在教育研究荣誉学位考试第一部分或者自然科学荣誉学位考试第一部分 B 已选的试卷。(如果化学 A 已在教育研究荣誉学位考试第一部分或者自然科学荣誉学位考试第一部分 B 提交过,则须提交自然科学荣誉学位考试第一部分 B 的化学 B 或者物理 A。如果物理 A 已在教育研究荣誉学位考试第一部分或者自然科学荣誉学位考试第一部分 B 提交过,则须提交自然科学荣誉学位考试第一部分 B 的化学 A 或者物理 B);

或者(2) 从以下自然科学荣誉学位考试第二部分的物理科学主题中挑选其一:

化学(2 份 1.5 小时的书面试卷和提交作业)

实验和理论物理(1 份 2 小时的书面试卷,1 份 1.5 小时的书面试卷和 3 单元的作业)

或者(3) 科学史与科学哲学(均为书面试卷),自然科学荣誉学位考试第一部分 B。

宗 教 研 究

(1) 从神学和宗教研究荣誉学位考试第二部分 A 中选择试卷;

或者(2) 从神学和宗教研究荣誉学位考试第二部分 B 中选择试卷,但前提是考生已经圆满完成神学和宗教研究荣誉学位考试第二部分 A 的试卷。考生可依据神学和宗教研究荣誉学位考试第 16 条,提交 1 份论文,代替 1 份试卷。

工程学荣誉学位考试

根据 2008 年 2 月 13 日第二号提案补正

总　　章

1. 工程学荣誉学位考试包括四个部分,第一部分 A、第一部分 B、第二部分 A 和第二部分 B。

2. 学生不得多次成为工程学荣誉学位考试同一部分的考生。

3. 在工程学荣誉学位考试的每一部分,学部委员会须提名他们认为足够数量的、能够胜任的考官。学部委员会同样须任命一个以上的评审官,以协助主考官。评审官须设置考官指定的全部或者部分试题,批改考生的全部或者部分答卷,并据此向考官汇报考生的情况。评审官可以参与考官的会议,以备咨询和建议,但无投票权。

4. 在工程学荣誉学位考试的每一部分,任何考官或评审官提议的问题须提交给考官团队审议通过。

5. 学部委员会有权根据情况制定或限制补充条例。这些条例涉及考试的专题、每个专题的分数分配以及学习指南。学部委员会同样有权适时修改、变更或撤销补充条例。同时,须注意及时公开条例修改的内容。

第一部分 A

6. 以下为第一部分 A 考生的资格:
(1) 学生已完成一个学期课程,在第一个住宿期后时间不超过三个学期;
(2) 学生获得其他荣誉学位考试一年之内,且第一个住宿期后的时间不超过九个学期。

7. 以下为第一部分 A 设置的试卷:
(1) 机械工程学
(2) 结构与材料
(3) 电气和信息工程
(4) 数学方法

每位考生须提交4份试卷。每份试卷都有3个小时的考试时间。

8. 考官须充分考虑学部委员会所要求的考生课程作业的完成情况。工程学系主任须向考官提交各考生课程作业的详细报告。作业的细节要求由学部委员会在举行考试的学年的米迦勒学期之前通知工程学系。

9. 第一部分 A 考生名单须分为三个等级,其中第二等级又分为两个部分。所有名录须按照字母顺序排列。

第一部分 B

10. 以下为第一部分 B 考生的资格:
(1) 学生获得工程学荣誉学位考试第一部分 A 一年之内;
(2) 学生获得除工程学荣誉学位考试第一部分 A 之外的荣誉学位考试一年之内,并达到工程学学部委员会对其最近的荣誉学位考试成绩的满意标准,且已完成四个学期的学业,在第一个住宿期后至今的时间不超过九个完整学期。

11. 以下为第一部分 B 设置的试卷:
(1) 机械学
(2) 结构
(3) 材料
(4) 热流机械学
(5) 电气工程学
(6) 信息工程学

（7）数学方法

（8）选定主题

除试卷 8 以外，第一部分 B 所有试卷均为 2 小时考试时间。试卷 8 可包括 1 份 2.5 小时的书面试卷，也可为 1 份 1.5 小时的书面试卷和提交外语写成的课程作业。每位考生须提交 8 份试卷。

12. 考官须充分考虑学部委员会所要求的考生课程作业的完成情况。工程学系主任须向考官提交各考生课程作业的详细报告。作业的细节要求由学部委员会在举行考试的学年的米迦勒学期之前通知工程学系。

13. 第一部分 B 考生须向考官证明学部委员会所要求的产业经历或其他类似经历。

14. 第一部分 B 考生名单须分为三个等级，其中第二等级又分为两个部分。所有名录须按照字母顺序排列。

第二部分 A

15. 以下为第二部分 A 考生的资格：

（1）学生获得工程学荣誉学位考试第一部分 B 一年之内；

（2）学生获得除工程学荣誉学位考试第一部分 A 和第一部分 B 之外的荣誉学位考试一年之内，并达到工程学学部委员会对其最近的荣誉学位考试考试成绩的满意标准，且已完成七个学期的学业，在第一个住宿期后至今的时间不超过十二个完整学期。

16. 以下为工程学荣誉学位考试第二部分 A 的计划：

A 组：能源、流体力学和涡轮机械

B 组：电气工程学

C 组：机械学、材料和设计

D 组：市政、结构和环境工程学

E 组：管理和制造

F 组：信息工程学

G 组：生命科学工程

I 组：来自其他课程的借鉴模块

M 组：跨学科模块

S 组：与工程学荣誉学位考试第二部分 B 共享的模块

在 A、B、E 和 F 组中，学部委员会须规定模块所有的书面试卷考试时间为 9 小时。在 C 和 D 组中，学部委员会须规定模块所有的书面试卷考试时间不得超过 9 小时。学部委员会须在举行考试之前的学年复活节学期结束前公布模块信息。在通知中，学部委员会须明示符合其要求的每个工程学领域的模块组合以及对模块组合的限制。

17. A、B、C、D、E、F 和 G 组中的每个模块可以是 1 份 1.5 小时的书面试卷，也可以是 1 份 3 小时的书面试卷。I、M 和 S 组中的每个模块可以是 1 份 1.5 小时的书面试卷，也可以是 1 份 1.5 小时的书面试卷加上提交课程作业。

18. 考生须依据第 16 条学部委员会公布的限制条件，提交书面试卷总共考试时间为 15 小时的模块。

19. 考官须充分考虑学部委员会所要求的考生课程作业的完成情况。工程学系主任须向考官提交关于各考生课程作业的详细报告。作业的细节要求由学部委员会在举行考试的学年的米迦勒学期之前通知工程学系。

20. 考生依据第 18 条或第 19 条提交课程作业，须签署 1 份声明，说明作业系考生独立完成，若有协助亦须说明。如果 2 个以上的考生合作完成作业，则须说明各自完成的比例。

21. 第二部分 A 考生须向考官证明学部委员会所要求的产业经历或其他类似经历。此类经历的声明须由工程学系主任鉴定。

22. 学部委员会依据第 16 条所公布的第二部分 A 工程学领域的每个专题组合，须准备独立的优等生名册。每个领域的名单须分为三个等级，其中第二等级又分为两个部分。所有名录须按照字母顺序排列。若考生有特别突出的表现，则须有所标示以示鼓励。

23. 遵从学部委员会的安排，考生已完成不少于三个学期的、在附录所列举的机构的学习，且由该机构负责人与考官主席沟通后，鉴定其学习勤奋，则可获得工程学荣誉学位考试第二部分 A 资格。所有符合要求的人员名单由学部委员会主席鉴定并公布在《剑桥大学通讯》上。

第二部分 B

24. 欲获得工程学荣誉学位考试第二部分 B 的学生须在依据第 23 条的规定获得工程学荣誉学位考试第二部分 A 一年之内或者两年之内，成为工程学荣誉学位考试第二部分 B 的考生。以下为资格要求：

（1）在此前荣誉学位考试中达到学部委员会要求的满意标准；

（2）并未获得学士学位；

第一个住宿学期至今的时间不超过十五个完整学期。

25. 以下为工程学荣誉学位考试第二部分 B 的计划：

A 组：能源、流体力学和涡轮机械

B 组：电气工程学

C 组：机械学、材料和设计

D 组：市政、结构和环境工程学

E 组：管理和制造

F 组：信息工程学

G 组:生命科学工程

I 组:来自其他课程的借鉴模块

M 组:跨学科模块

R 组:研究模块

除 G、I 和 M 组外,学部委员会均要求考试模块为 6—12 个;每个模块可提交 1 份 1.5 小时的书面试卷,或者课程作业,或者两者都提交。学部委员会须在举行考试之前的学年的复活节学期结束前公布模块信息以及模块考试方式。在通知中,学部委员会须明示符合其要求的每个工程学领域的模块组合以及对模块组合的限制。若以课程作业形式完成模块,则学部委员会须在米迦勒学期开始前公布细节要求。

26. 每位考生:

(1) 须完成 1 个项目。学部委员会须在申请学年的米迦勒学期第一个星期五之前公布项目作业的细节因素和提交报告的要求;以及

(2) 除第 27 条的规定外,须提交 8 个模块,并服从于学部委员会依据第 25 条的规定公布的限制条件。

27. 经学部委员会许可,第二部分 B 考生可从模块所涉及领域内选择主题提交 1 篇论文,以代替第 25 条(2)规定中要求的 1 个模块。

28. 根据第 27 条的规定,欲提交论文的考生须根据学部委员会的相关说明,在候选年份米迦勒学期第四个周三之前,向学部委员会秘书提供第 25 条(2)的规定中要求的模块情况、第 25 条(1)规定中要求的项目细节以及论文拟议题目。候选人拟议考试计划和论文题目须在米迦勒学期的 3/4 结束前得到学部委员会通过。

29. 依据第 27 条的规定提交的论文须充分说明引用的资料来源,包括脚注和附录在内的字数介于 4000—5000 之间。考生须在候选学年复活节学期的第一周结束前向考官主席提交论文。除非事前通过导师得到学部委员会许可使用手写体,否则论文一律须打印。

30. 欲依据第 25 条(1)提交项目作业或依据第 25 条(2)的规定提交课程作业的考生须签署 1 份声明,说明作业系考生独立完成,若有协助亦须说明。如果 2 个以上的考生合作完成作业,则须说明各自完成的比例。欲根据第 27 条的规定下提交论文的考生也须提交 1 份声明,说明论文系考生独立完成,且不包含类似目的已使用材料。

31. 学部委员会根据第 25 条的规定公布的、作为工程学领域的第二部分 B 的每个专题组合,须准备独立的优等生名册。每个领域的名单须分为三个等级,其中第二等级又分为两个部分。所有名录须按照字母顺序排列。若考生有特别突出的表现,则须有所标示以示鼓励,其中 d 表示优异,m 表示良好。

附 录

第 23 条通过的机构（交换项目）

麻省理工学院

巴黎中央理工学院

补 充 规 章

第一部分 A

试卷1. 机械工程学

该试卷涉及的问题有：粒子和固体的运动学与动力学；机械震动；热力学、流体力学和热传导的基本概念和运用。

试卷2. 结构与材料

该试卷涉及的问题有：结构的平衡、兼容性和弹性；简单结构中的屈曲现象；工程材料的性能和运用；性能的物理起源。

试卷3. 电气和信息工程

该试卷涉及的问题有：线性电路和设备；电磁学；数字电路和信息处理。

试卷4. 数学方法

该试卷涉及的问题有：向量、函数和复数；常微分方程；傅立叶级数和矩阵；多变量方程；概率；计算机运算。

第一部分 B

试卷1. 机械学

该试卷涉及的问题有：粒子和固体的动力学和运动学；动量矩；达朗贝尔原理；机械装置的加速和动态压力；机械应用。

试卷2. 结构

该试卷涉及的问题有：静态不定横梁和结构的弹性分析；薄壁结构的压力和拉力；压力和拉力的分析；特雷斯卡屈服准则和冯·米赛斯屈服准则；结构的塑性理论。

试卷3. 材料

该试卷涉及的问题有：工程材料的热能和热机表现；工程材料的构成、连接、热处理与微观结构和性能的控制；制造过程对设计和材料选择的影响。

试卷4. 热流机械学

该试卷涉及的问题有：包括边界和内部流动的流体力学；热对流传导；热交换；包括不可逆性、工作流的性能、非理想周期和发电等内容在内的热力学。

试卷5. 电气工程学

该试卷涉及的问题有：双极晶体管；对反馈的运算放大器；交流电路的功率；电气机械；电磁波。

试卷 6. 信息工程学

该试卷涉及的问题有：控制系统；转移函数；反馈；稳定性；信号和数据分析；通信；信号和传输路径的特性；调制；信号数字化。

试卷 7. 数学方法

该试卷涉及的问题有：向量演算；概率；线性代数。

试卷 8. 选定主题

该试卷涉及学部委员会适时决定的专业工程学活动，并根据这些活动分为几类。考生须回答两类的问题，或者用外语回答一类问题。另外在商业经济学导论的分类中，考生须回答一个问题。

英语荣誉学位考试

经公示修订（2007—2008 学年《剑桥大学通讯》，第 728、958 页）

总　章

1. 英语荣誉学位考试包括两个部分。
2. 第 15 条至第 18 条规定考试的计划。
3. 学部委员会须在考试学年之前的复活节学期结束前公布可选专题以及专题的内容和比例；学部委员会在有充分理由并确保未对学生备考产生不利影响的情况下，有权在以上时段之后作出相关修改。学部委员会有权在公布某门考试可选专题时公布试卷组合的限制条件。

学部委员会有权根据情况制定或限制考试专题的补充规定。学部委员会同样有权适时修改、变更或撤销补充规定。

4. 第一部分考生资格如下：

（1）学生尚未获得其他荣誉学位考试，已完成一个学期学业，在第一个住宿期后的时间不超过六个学期；

（2）学生在获得其他荣誉学位考试一年之后或者两年之后；已完成一个学期学业，在第一个住宿期的时间不超过十二个学期。

5. 学生获得英语荣誉学位考试第一部分或者其他荣誉学位考试一年之内或者两年之内，且在第一个住宿期的时间不超过十二个学期，可成为第二部分的考生。

6. 在同一时期内，学生不得同时成为英语荣誉学位考试一个以上部分的考生，也不得同时成为英语荣誉学位考试和其他荣誉学位考试的考生。

7. 学生不得多次成为英语荣誉学位考试同一部分的考生。

8. 若学生无法达到第一部分的标准，则不得成为第二部分的考生。

9. （1）对于荣誉学位考试的每一部分，学部委员会须提名他们认为足够数量的、能够胜任的考官。

（2）学部委员会同样须任命评审官，以协助考官。评审官可以参与考官的会议，以备咨询和建议，但无投票权。

10. 在考试前，每个部分的考官须召开会议。每个考官或评审官设置的试卷都须通过考官团队的审议同意，由各部分考官共同决定。

11. 每个部分中，每张试卷的回答须由该部分考官和评审官团队中的两人评审。

12. 考生回答的风格和方式须纳入考虑范围。

13. 各部分的考官须举行各自独立的会议，准备各部分独立的优等生名册。任何部分的优等生名册中，候选人姓名须分为三个等级，其中第二等级又分为两个部分。第一等级和第三等级以及第二等级的两个部分名单均按照字母顺序排列。

14. 若考生有特别突出的表现，须有所标示，以示鼓励。

第一部分

15. 第一部分的试卷如下：

试卷1. 英语文学及其背景，1300—1550（也是英语荣誉学位考试第二部分试卷33）

试卷2. 英语文学及其背景，1500—1700（也是英语荣誉学位考试第二部分试卷34）

试卷3. 英语文学及其背景，1688—1847（也是英语荣誉学位考试第二部分试卷35）

试卷4. 英语文学及其背景，1830至今（也是英语荣誉学位考试第二部分试卷36）

试卷5. 莎士比亚（也是英语荣誉学位考试第二部分试卷37）

试卷6. 文艺评论

试卷7. 欧洲语言与文学

试卷8. 文学中的英语语言，1300至今

试卷9. 英语文学及其背景，1300至今（开放论文）

试卷10. 中世纪早期文学及其背景（也是英语荣誉学位考试第二部分试卷14，也是古典学荣誉学位考试第二部分试卷09，还是盎格鲁-撒克逊、斯堪的纳维亚和凯尔特荣誉学位考试第一部分试卷11）

试卷11. 岛屿拉丁语及其文学（也是盎格鲁-撒克逊、斯堪的纳维亚和凯尔特荣誉学位考试第一部分试卷9）

试卷12. 古斯堪的纳维亚语及其文学（也是盎格鲁-撒克逊、斯堪的纳维亚和凯尔特荣誉学位考试第一部分试卷6）

试卷13. 中古威尔士语及其文学（也是盎格鲁-撒克逊、斯堪的纳维亚和凯尔特荣誉学位考试第一部分试卷7）

试卷6、7和8须设置3.5小时的考试时间。试卷9包括1篇论文。论文依据第20条的规定提交，其主题须从试卷1—5的范围内选取，但可以跨越该组每份试卷的时间界限。

16. 第一部分考生须提交试卷 1 和 5,还须提交:

(1) 试卷 2—4 和试卷 6—10 中的两份试卷;或者

(2) 试卷 2—4,试卷 6—10 中的一份试卷,以及试卷 11—13 中的一份试卷;或者

(3) 试卷 2—4 中的两份试卷,试卷 6—10 中的两份试卷,以及试卷 11—13 中的一份试卷;或者

(4) 试卷 2—4 中的两份试卷,试卷 6—10 中的三份试卷;

另有补充如下:

① 没有提交试卷 9 的考生可以依据第 20 条的规定提交 1 篇论文代替试卷 2—4 中的 1 份试卷。论文的主题须选择该试卷的范围,但不得提交主要重点在于外语写就的文学的论文。若考生提交论文代替试卷 2,则不能全部或者主要写莎士比亚的专题。

② 考生亦可依据第 17 条的规定,提交一系列作文代替试卷 2—4 中的 1 份试卷。作文的主题须选择该试卷的范围。但不得在试卷 9 中提交被代替的试卷专题的作文。若考生提交一系列作文代替试卷 2,则不能全部或者主要写莎士比亚的专题。

17. (1) 根据学部委员会同意的安排,依据第 16 条②规定提交一系列作文的考生须通过系主任通知研究主任。时间不得迟于学部委员会在米迦勒学期公布的四旬斋学期内某个日期。

(2) 依据第 16 条②规定提交的系列作文须有 3 篇,每篇字数在 1500—2000 字之间。作文主题须在所代替的试卷主题范围内。系列作文须作为一个整体,展现出与所代替的试卷要求相当的范围和主旨。系列作文须体现所代替试卷标题规定日期前后的工作知识。考生须声明,作文系考生独立完成,且不包含类似目的的已使用材料。作文中须向其他人的贡献表示适当和充分的鸣谢。

(3) 作文须采用英文的打印体,并注意风格和格式;通过系主任向研究主任提交。提交事宜由学部委员会规定,最晚不迟于考试学年之前四旬斋学期的最后一个星期四。可要求考生就其系列作文进行口试。

第 二 部 分

18. 第二部分的试卷如下:

A 组(必选试卷)

试卷 1. 实践批评

试卷 2. 悲剧(也是古典学荣誉学位考试第二部分试卷 03)

B①组

试卷 3. 乔叟

试卷 4. 中古英语文学,1066—1500(也是盎格鲁-撒克逊、斯堪的纳维亚和

凯尔特荣誉学位考试第二部分试卷13）

    试卷5．英语文学的特别时期（1500—1700）

    试卷6．英语文学的特别时期（1700—）

    试卷7．特设专题Ⅰ

B②组

    试卷8．英文伦理学家

    试卷9．文艺批评的历史和理论（也是古典学荣誉学位考试第二部分试卷04）

    试卷10．［小说］〈英联邦和国际英语文学〉

    试卷11．美国文学

    试卷12．特设专题Ⅱ

C①组

    试卷13．英语的历史（也是语言学荣誉学位考试的试卷18）

    试卷14．中世纪早期文学及其背景（也是英语荣誉学位考试第一部分试卷10）

    试卷15．古代英语及其文学（也是盎格鲁-撒克逊、斯堪的纳维亚和凯尔特荣誉学位考试第一部分试卷5）

C②组

    试卷16．岛屿拉丁语及其文学（也是盎格鲁-撒克逊、斯堪的纳维亚和凯尔特荣誉学位考试第一部分试卷9）

    试卷17．古斯堪的纳维亚语及其文学（也是盎格鲁-撒克逊、斯堪的纳维亚和凯尔特荣誉学位考试第一部分试卷6）

    试卷18A．中世纪威尔士语及其文学（也是盎格鲁-撒克逊、斯堪的纳维亚和凯尔特荣誉学位考试第一部分试卷7）

    试卷18B．中世纪后期威尔士语及其文学（也是盎格鲁-撒克逊、斯堪的纳维亚和凯尔特荣誉学位考试第二部分试卷7）

    试卷19A．中世纪爱尔兰语及其文学（也是盎格鲁-撒克逊、斯堪的纳维亚和凯尔特荣誉学位考试第一部分试卷8）

    试卷19B．中世纪后期爱尔兰语及其文学（也是盎格鲁-撒克逊、斯堪的纳维亚和凯尔特荣誉学位考试第二部分试卷8）

    试卷20．法语文学、思想和历史，1510—1622（也是近代和中世纪语言学荣誉学位考试的试卷Fr.6）

    试卷21．法语文学、思想和历史，1594—1700（也是近代和中世纪语言学荣誉学位考试的试卷Fr.7）

    试卷22．法语文学、思想和历史，1690—1799（也是近代和中世纪语言学荣

誉学位考试的试卷 Fr. 8)

试卷 23. 法语文学、思想和历史,1789—1898(也是近代和中世纪语言学荣誉学位考试的试卷 Fr. 9)

试卷 24. 法语文学、视觉文化、思想和历史,1890—1958(也是近代和中世纪语言学荣誉学位考试的试卷 Fr. 10)

试卷 25. 法语世界的文学、视觉文化、思想和历史,1945—(也是近代和中世纪语言学荣誉学位考试的试卷 Fr. 11)

试卷 26. 但丁及其同时代文化(也是近代和中世纪语言学荣誉学位考试的试卷 It. 7)

试卷 27A. 新拉美文学导论,1350—1700(也是近代和中世纪语言学荣誉学位考试的试卷 NL 1)

试卷 27B. 新拉美文学专题:玛鲁路斯、波利齐亚诺、贝泽和布坎南(也是近代和中世纪语言学荣誉学位考试的试卷 NL 2)

试卷 28. 比较文学①和②的专题(也是近代和中世纪语言学荣誉学位考试的试卷 CS 4 和 5)

试卷 29. 英语的结构(也是语言学荣誉学位考试的试卷 8)

试卷 30. 指定的希腊作家或者拉美作家(也是古典学荣誉学位考试第二部分的试卷 A1)

试卷 31. 指定的希腊文文本(也是古典学荣誉学位考试第二部分的试卷 A2)

试卷 32. 指定的拉丁文文本(也是古典学荣誉学位考试第二部分的试卷 A3)

D　组

试卷 33. 英语文学及其背景,1300—1550(也是英语荣誉学位考试第一部分试卷 1)

试卷 34. 英语文学及其背景,1500—1700(也是英语荣誉学位考试第一部分试卷 2)

试卷 35. 英语文学及其背景,1688—1847(也是英语荣誉学位考试第一部分试卷 3)

试卷 36. 英语文学及其背景,1830 至今(也是英语荣誉学位考试第一部分试卷 4)

试卷 37. 莎士比亚(也是英语荣誉学位考试第一部分试卷 5)

除试卷 1 考试时间为 3.5 小时外,其他试卷均为 3 小时。依据第 3 条数量的规定,学部委员会每年须公布试卷 7 的专题,数量不多于 4 个;试卷 12 的专题,不多于 3 个。考生须从以上试卷专题中各挑选不超过 1 个的专题。只要有考生选择,每个专题均须设置相关的问卷。选择有专题选项的试卷的考生只需回答 1 份问卷,考试中须标明其选择的专题。

19. 第二部分考生须提交：

（1）1篇以英语文学为主题的论文；

（2）A组中的2份试卷；

（3）① 若考生在获得其他荣誉学位考试一年之后参加考试，则从以下组合中择其一：

从B、C两组中选择2份试卷；

或者从B、C两组中选择1份试卷和另1篇以英语文学为主题的论文。

或者② 如果考生在获得其他荣誉学位考试两年之后参加考试，或者该考生为附属学生，则从以下组合中择其一：

或者从B、C两组中选择3份试卷；

或者从B、C两组中选择2份试卷和另1篇以英语文学为主题的论文。

前提是：

① 不得提交已在其他荣誉学位考试中提交过的试卷。

② 考生不得同时提交试卷9和试卷24或试卷25。如果学部委员会宣布特定专题已有规定，不得同时提交试卷9和试卷12中的某个专题，则考生须遵循该规定。从C(i)组中提交试卷数量不得超过1份。不得同时提交试卷18A和18B，也不得同时提交试卷19A和19B。

③ 已经获得英语荣誉学位考试第一部分或者通过其他考试的考生不得同时提交试卷5和试卷6。

④ 考生挑选论文题目时可参考其他考试试卷的相同领域。但如果第（1）段要求的论文采用考生其他考试试卷领域，则学部委员会可酌情要求考生再在其他考试试卷的领域中提交另一篇论文。

⑤ 论文须依据第20条的规定提交。

⑥ 尚未获得英语荣誉学位考试第一部分的考生可从以下选项中择其一：试卷3—7中至少选择1份试卷；服从学部委员会规定，从试卷33—37中选择1份代替之前的1份试卷，但如果考生已根据学部委员会规定提交了莎士比亚专题，则不得再提交试卷37。提交试卷33—37中的1份试卷的申请须通过系主任提交给研究主任。时间不得晚于考试学年之前米迦勒学期的倒数第二个星期五。申请须说明所选的试卷计划、第（1）段要求的论文题目以及第（3）段下要求的论文。学部委员会须均衡考虑拟议计划和试卷间的重叠情况，以决定是否同意该申请。申请通过后，未经学部委员会许可，不得更改计划。

第一部分和第二部分

20.（1）若考生欲提交第二部分第19条（1）规定的必选论文，试卷9，第16（1）或19（3）条规定的可选论文，则须通过系主任，将初步选题提交给本科研究主任。提交细节服从学部委员会安排，时间不迟于考试学年之前米迦勒学期的倒数第二个星期五。

（2）本科研究主任须将学部委员会对初步选题的决定告知系主任。一旦学部委员会通过,则未经许可,不得更改题目以及工作计划。若考生欲提交修改后的题目给研究主任,时间不得迟于学部委员会于米迦勒学期公布的四旬斋学期内某个日期。除非情况特殊,学部委员会一般不予以批准。

(3) 论文长度要求如下:

第一部分,不多于 5000;

第二部分,6000—7500。

指定论文长度均包括脚注和附录。总体长度限制之外,脚注在特别情况下,须服从学部委员会在考试学年前的四旬斋学期期中的规定。考生须声明作文系考生独立完成,且不包含类似目的已使用材料。

(4) 作文须采用英文的打印体,并注意风格和格式;须通过系主任向本科研究主任提交,并附带一份内容和引用资料的概述。提交事宜由学部委员会规定,最迟不迟于考试学年复活节学期的第二天。

(5) 可要求考生就其论文进行口试。

21. 在提交论文题目的同时,考生须提交考试的完整工作计划。本科研究主任须将学部委员会对拟议题目的决定告知系主任。

22. 每个部分的考生均须提交 1 篇英文原创作品,除脚注外字数不得超过 5000。若此作品足够优秀,则考官须在对学生分等排名时予以考虑,并有权对学生进行口试。不得提交非书面材料。作品须为打印稿,通过考生的导师向本科教育主任提交。提交事宜由学部委员会规定,不得迟于考试学年复活节学期的第二天。考生须声明作文系本人独立完成,且不包含类似目的已使用材料。

补 充 规 章

经公示修订(2007—2008 学年《剑桥大学通讯》,第 728 页)

第 一 部 分

在英语荣誉学位考试第一部分规章以及补充规章中,"英语文学"须被理解为包括爱尔兰在内的大不列颠岛屿范围内的英语写就的文学。在试卷 1—5 中,考生主要回答此定义下的英语文学。若作者不在大不列颠岛出生或未在此度过人生的关键时期,则相关问题不需回答或重点回答。此时,不排除其他英语类文学(比如美国或英联邦地区),但主要重心仍是英语文学。以上规章同样适用于替代试卷 2、3、4 的阶段论文和试卷 9 中的开放论文。不得提交多于 1 篇的论文。提交试卷 9 中论文的考生被允许提交涵盖同一时期主题的考试试卷。以系列作业代替试卷 2—4 的考生不得在试卷 9 中提交所代替试卷主题范围内的论文。更多有关具体考试主题或论文题目涉及作者的规定由学部委员会适时决定并修改。

试卷 1. 英语文学及其背景,1300—1550

专题研究须规定中世纪文本;须设置段落片段以供翻译或者评论。学部委员会须适时公布可选项涉及的系列主题。问题设置涉及当时的文学以及生活和思想。

  试卷 2. 英语文学及其背景，1500—1700

  问题设置涉及当时的文学以及生活和思想。

  试卷 3. 英语文学及其背景，1688—1847

  问题设置涉及当时的文学以及生活和思想。

  试卷 4. 英语文学及其背景，1830 至今

  问题设置涉及当时的文学以及生活和思想。

  试卷 5. 莎士比亚

问题设置涉及指定作品的解读和讨论。问题也涉及莎士比亚其他的作品和对其作品的历史兴趣点和评论焦点。

  试卷 6. 文学批评

  试卷设置为两个部分。考生须回答 3 个问题，其中每个部分至少 1 个问题；第二部分中不得回答同一题目下超过 2 个的问题。第一部分（实践批评）问题涉及不同时期对英语散文或诗歌的批评和评论。这些问题要求对给出片段进行封闭的批评和分析，但也可能涉及该片段阅读相关的一般批评和理论问题。约有半数问题要求考生借鉴第二部分指定的题目来考虑；至少有 1 个问题对应于每个题目。第二部分（题目）包括 3 个指定题目的问答题。2003 年，指定题目为批评的作用、诗歌写作理论、写作与无意识。正式考试持续 3.5 小时，其中 30 分钟指定为阅读时间。

  试卷 7. 欧洲语言与文学

  该试卷范围内的语言有：古希腊语、古拉丁语、法语、德语、意大利语、古英语。考生无须展示超过 1 种的语言，如果个人愿意，也可以这样做。除古英语以外的其他语言将指定 2 个文本（或者文本集）。考生须了解两个这样的文本（除古英语外，古英语只需设置 1 个文本）。

  试卷 8. 文学中的英语语言，1300 至今

  该试卷要求考生能够识别和描述：1300 年至今的英语作品；语言特征（比如语法、词汇、记录、基础语音和修辞）；口语和书面语的关系；语言在文学和其他作品中的历史发展和研究；英语和其他语言的联系。学部委员会须适时指定题目以及相关阅读材料。考生须回答至少 1 个以上的指定题目。

  试卷 9. 英语文学及其背景，1300 至今：开放论文

  该试卷提交的论文主题须在试卷 1—5 的范围中选。可在同时期的个人试卷中进行比较。论文须依据第 20 条的规定准备和提交。

  试卷 10. 中世纪早期文学及其背景（也是英语荣誉学位考试第二部分试卷 14，也是古典学荣誉学位考试第二部分试卷 9，还是盎格鲁-撒克逊、斯堪的纳维亚和凯尔特荣誉学位考试第一部分试卷 11）

  该试卷涵盖时间为 1066—1350 年。专题学习须指定阅读英语、法语和拉丁语文本，并设置相关段落要求考生翻译或解释。问题设置在此时期的英语、法语和拉丁文文本。考生须掌握三种语言中的一种,并且了解其中另外一种语言的文本,如果愿意,他们可以通过翻译文本学习这些著作。考生须表现出对这一时期生活与思想的掌握,因为这对于理解当时的文学是必需的。

第 二 部 分

试卷 1. 实践批评
对英语散文和诗歌进行批评和评论。

试卷 2. 悲剧(也是古典学荣誉学位考试第二部分试卷 03)
古代和现代悲剧的联系与英语悲剧的比较。

试卷 3. 乔叟
考生须对乔叟的作品有全面和细致的了解。问题设置将涉及这些作品、乔叟与同时代人、当时的生活和思想的关系。

试卷 4. 中古英语文学,1066—1500(也是盎格鲁-撒克逊、斯堪的纳维亚和凯尔特荣誉学位考试第二部分试卷 13)
专题研究指定 1 个具体的文学专题。该试卷要求阅读中世纪早期和晚期的英语文学,也可能涉及其他语言相关文本的研究。

试卷 5. 英语文学的特别时期(1500—1700)
考生须对该时期的文学、生活和思想有扎实的了解。

试卷 6. 英语文学的特别时期(1700—)
考生须对该时期的文学、生活和思想有扎实的了解。

试卷 7. 特设专题 I
专题研究须指定一位作者或一群作者的作品、文学主题或流派、试卷 5—6 未涉及时期的英语文学并适时推荐相关文本。学部委员会依据第 18 条的规定,适时指定系列专题。

试卷 8. 英文伦理学家
问题设置涉及广义解释的道德思想的历史和性质。考生须对一系列自柏拉图至今的文学、哲学、社会和政治作品有所了解。但试卷会集中在某段特殊时期或者特定作者。考生亦有机会将试卷主题与个人在诗歌、戏剧和小说方面的兴趣相结合。研究将适时指定特设的主题。

试卷 9. 文艺批评的历史和理论(也是古典学荣誉学位考试第二部分试卷 4)
该试卷包括历史的、批评的和比较的问题,主要涉及公元前 4 世纪至今文学批评历史和文学理论方面。须设置数量充足的问题,以便考生在有限的时间期限内(包括现代)选择问题。

试卷 10. 小说
该试卷涉及小说的批判和历史研究。考生须广泛阅读小说和某些特定小说作者的其他作品。考试将设置历史、比较、理论和批判性的问题。考生可以对英文小说及其他语种的小说发表比较性与具体性的看法。

〈试卷10. 英联邦和国际英语文学

该试卷须服从以下条件，即大不列颠岛之外以及美国之外的英语文学。它包括侨民在这些国家出版的作品（比如拉什迪、德奎亚、莱辛）。可以对英国、爱尔兰、美国与外语文本的进行比较性和偶尔的引用，但不得占用任何单一问题的过多比例。可回答翻译的文本但是不得成为试卷的主要部分。

该试卷分为两个部分。第一部分包括设定文本的段落评论。学部委员会须公布规定文本名单。第二部分包括不同地区文本比较的问答题。〉

试卷11. 美国文学

该试卷涵盖1820年至今的美国文学、生活和思想的主题。专题研究须适时推荐系列书籍。所有考生须了解该时代与文学理解相关的生活和思想。

试卷12. 特设专题Ⅱ

依据第18条适时指定专题时，专题研究须指定一位作者或一群作者的作品、文学主题或流派、试卷5—7未涉及时期的英语文学。须适时推荐相关外语和英语文本。学部委员会须依据第18条适时指定一系列专题，以供考生选择。

试卷13. 英语的历史（也是语言学荣誉学位考试的试卷18）

该试卷涉及英语的历史发展和结构以及在国内外的变化品种。专题研究须指定相应的专门题目。

该试卷分为两个部分。第一部分包括对应相关指定题目的问题；第二部分包括更广泛的问答题。考生须回答第一部分的1个问题和第二部分的2个问题。

毕业论文

根据英语荣誉学位考试第二部分第19条(1)和(3)的规定，提交论文时，"英语文学"指的是用英语写就的文学（包括古英语）、大不列颠岛作者用其他语言写就的作品（比如拉丁语或者法语）和用古斯堪的纳维亚语和中世纪凯尔特语写就的作品。它包括英语和英语荣誉学位考试范围内的其他相关哲学、历史和其他作品。

当论文题目涉及与其他相关文学的对比时，论文重点在于英语文学主题。当论文题目涉及文学和音乐、视觉艺术等其他媒介形式的比较时，论文重点在于文学（比如歌剧剧本）。用文学之外的媒介制作的作品不能成为毕业论文的主题。

学部委员会将适时公布并修改有关论文题目的具体要求指示。

地理学荣誉学位考试

1. 地理学荣誉学位考试包括三个部分：第一部分A、第一部分B和第二部分。

2. 第一部分A考生资格如下：

(1) 学生未获得其他荣誉学位考试，已完成一个学期学业，在第一个住宿期后的时间不超过三个完整学期；

（2）学生获得其他荣誉学位考试一年之内，已完成四个学期学业，在第一个住宿学期后的时间不超过九个完整学期。

3. 学生获得地理学荣誉学位考试第一部分A或者其他荣誉学位考试一年之内，已完成四学期学业，在第一个生宿期后的时间不超过十二个完整学期，则可成为第一部分B考生。

4. 第二部分考生资格如下：

（1）获得地理学荣誉学位考试第一部分B一年之内；或者

（2）获得除地理学荣誉学位考试第一部分A之外的其他荣誉学位考试一年之内或两年之内。

前提是其已完成七个学期学业，在第一个住宿期后的时间不超过十二个完整学期。

5. 在同一时期内，学生不得同时成为地理学荣誉学位考试一个以上部分的考生，也不得同时成为地理学荣誉学位考试和其他荣誉学位考试的考生。

6. 学生不得多次成为地理学荣誉学位考试同一部分的考生。

7. 地球科学和地理学部委员会有权根据情况制定或限制考试专题的补充条例，并须及时充分地公布相关改动信息。

8. 对于荣誉学位考试的每一部分，学部委员会须提名他们认为足够数量的、能够胜任的考官。须设置两个独立的考官团队，一个负责管理第一部分A和第一部分B，另一个负责管理第二部分。每个团队须设各自的主席。

9. 学部委员会有权任命一个以上评审官，以协助考官。评审官可以参与考官的会议，以备咨询和建议，但无投票权。

10. 每个考官或评审官设置的试卷均须通过考官团队的审议同意。

11. 主考官须考虑考生答案的风格和方式，并表扬在这些方面表现突出者。

12. 各部分独立的优等生名册须分为三个等级，其中第二等级又分为两个部分。

13. 若考生有特别突出的表现，须有所标示，以示鼓励。

14. 每部分考试中，考官须考虑考生与考试相关课程的实验室和实地考察工作。

15. 学部委员会须在考试学年前的复活节学期结束前，在《剑桥大学通讯》上公布指定领域；在有充分理由并确保未对学生准备考试产生不利影响的情况下，学部委员会有权作出相关修改。

第一部分A

16. 考试须包括以下5份试卷：

试卷1. 人文地理 I

试卷2. 人文地理 II

试卷3. 人文地理 III

试卷 4. 自然地理 I

试卷 5. 自然地理 II

17. 每份试卷须设置 3 小时考试时间。第一部分 A 考生须：

（1）提交所有 5 份试卷；以及

（2）根据地理学系主任的安排提交给考官。提交日期须在米迦勒学期的 1/4 结束前公布。同时须依据第 25 条提交 5 份实践练习的记录和 1 份声明，考官有权就所提交内容对考生进行口试。

第一部分 B

18. 第一部分 B 试卷如下：

A 组

试卷 1. 人文地理 I：城市

试卷 2. 人文地理 II：理解经济：当代资本主义的地理学

试卷 3. 人文地理 III：发展

试卷 4. 人文地理 IV：地理和公共政策

试卷 5. 人文地理 V：文化与社会

B 组

试卷 6. 自然和环境地理 I：地球观测

试卷 7. 自然和环境地理 II：冰川过程、地貌和沉积物

试卷 8. 自然和环境地理 III：环境危害

试卷 9. 自然和环境地理 IV：集水系统

试卷 10. 自然和环境地理 V：生物地理学和生物地理形态学

每张试卷包括或者 1 份 3 小时的书面试卷，或者 1 份 2 小时的试卷和 1 份课程作业。学部委员会须在考试学年前的复活节学期期中之前公布课程作业提交的安排。

19. 第一部分 B 考生须：

（1）提交 4 份试卷，包括 A 和 B 每组至少 1 份试卷；以及

（2）根据地理学系主任的安排提交给考官。提交日期须在米迦勒学期的 1/4 结束前公布。须提交 1 份作业，不多于 4000 字，主题为考官公布的地理学领域里的系列专题。须依据第 25 条提交 3 份实践练习的记录、1 份论文概述和 1 份声明。

考官有权就候选人提交的作业对其进行口试。

第 二 部 分

20. 第二部分试卷如下：

试卷 1. 人文地理 I

试卷 2. 人文地理 II

试卷 3. 地理学指定题目 I

试卷 4. 地理学指定题目 II
试卷 5. 地理学指定领域 I
试卷 6. 地理学指定领域 II
试卷 7. 历史地理 I
试卷 8. 历史地理 II
试卷 9. 地理学指定题目 III
试卷 10. 地理学指定题目 IV
试卷 11. 环境地理学指定题目
试卷 12. 自然地理 I
试卷 13. 自然地理 II
试卷 14. 地理学指定题目 V
试卷 15. 地理学指定题目 VI

每份试卷包括或者 1 份 3 小时的书面试卷,或者 1 份 2 小时的试卷和 1 份课程作业。学部委员会须在考试学年之前复活节学期期中之前公布课程作业提交的安排。

21. 第二部分考生须按照第 20 条指定的试卷中选择 4 份提交。

22. 除了以下(1)和(2)的情况外,学生须在完整学期的第一个周二前,向考官主席提交地理学专题的论文。但此规则不适用于以下情况:

(1) 考生为附属学生,且尚在完成第一学期学业之后的 1、2、3 个学期内;

(2) 若考生并未获得地理学荣誉学位考试的第一部分 A 和第一部分 B,而是超过了其他荣誉学位考试一年之后或为第二部分的考生;此类学生可提交批判性评论的、与论文同长度的作文以代替学位论文。

23. 考生依据第 22 条(2)规定提交学位论文或者批判性评论的作文,须得到系主任对其题目的同意。时间不迟于考试学年之前米迦勒学期期中。

24. 论文字数在 8000—10000 之间。除非通过导师获得考官主席许可采用手写体,否则一律采用打印体。根据第 25 条的规定,还须附带 1 份声明。主考官须充分考虑学位论文的情况,并有权就其对候选人进行口试。

25. 当提交第一部分 A 的实践练习记录[第 17 条(b)规定],或者第一部分 B 的作文、实践练习记录和论文方案[第 19 条(b)规定],或者第二部分的课程作业和论文(第 20 条、第 24 条规定),或者第二部分的批判性评论作文时,考生须签署声明,作文系本人独立完成(充分标明采用他人作品的来源),且不包含类似目的已使用材料。若两名以上考生合作完成,则均须说明各自贡献的比例。

补 充 规 章

第一部分 A

试卷 1. 人文地理 I

人、空间和地理的差异。该试卷向学生介绍全球化、当代经济和社会改组的基本概念。

  试卷 2. 人文地理 II

  历史地理。该试卷向学生介绍现代世界历史地理的主题。

  试卷 3. 人文地理 III

  社会、环境和发展。该试卷向学生介绍在环境和发展领域的关键概念，探索其在各种情况和不同尺度下对社会的意义。

  试卷 4. 自然地理 I

  环境过程。该试卷关注当前大气、海洋和地球表面的变化。

  试卷 5. 自然地理 II

  时间变迁中的环境变化。该试卷介绍时间范畴为几十年、上百年乃至新生代晚期的环境变化的性质和程度。

第 二 部 分

  指定题目和指定领域：试卷 3、4、5、6、9、10、14、15。

  以上每份试卷都会指定 1—2 个题目或领域。试卷分为两个部分，与两个题目或领域一一对应；考生须选择一个部分作答。

历史学荣誉学位考试

<small>经公示修订（2007—2008 学年《剑桥大学通讯》，第 183、423 页）</small>

  1. 历史学荣誉学位考试包括两个部分，每个部分均公布独立的优等生名册。

  2. 历史学部委员会有权根据情况制定或限制考试专题的补充规定；决定专题的分数分配；选定学习的内容大纲；并在需要的情况下修改任何补充规定。其亦有权适时公布推荐书目。

  3. 每年复活节学期结束前，学部委员会须公布下个考试学年的可选专题，且：

  （1）在有充分理由并确保未对学生准备考试产生不利影响的情况下，学部委员会有权作出相关修改。

  （2）学部委员会须在《剑桥大学通讯》上公布第一部分试卷 1 的指定专题，时间须在考试学年前的米迦勒学期结束前。

  4. 第一部分考生资格如下：

  （1）学生已完成四个学期学业，且第一个住宿学期至今的时间不超过六个完整学期；

  （2）学生获得其他荣誉学位考试一年以内或者两年之内，且学生已完成七个学期学业，在第一个住宿期后至今的时间不超过十二个完整学期。

  5. 获得其他荣誉学位考试一年之内或者两年之内，已完成七个学期学业，在第一个住宿期后至今的时间不超过十二个完整学期，则学生也可成为第二部分考生。

6. 根据附属学生条例,经学部委员会同意,附属学生可成为第一部分或第二部分考生。

7. 在同一时期内,学生不得同时成为历史学荣誉学位考试一个以上部分的考生,也不得同时成为历史学荣誉学位考试和其他荣誉学位考试的考生。

8. 学生不得多次成为历史学荣誉学位考试同一部分的考生。

9. 对于荣誉学位考试的每一部分,学部委员会须提名他们认为足够数量的、能够胜任的考官。

10. 学部委员会有权任命一个以上评审官,以协助主考官。评审官须设置主考官指定的全部或者部分试题,批改相应全部或者部分答卷,并据此向主考官汇报考生的情况。评审官可以参加考官的会议,以备咨询和建议,但无投票权。

11. 考官须考虑考生答案的风格和方式,并对在这些方面表现突出者给予表扬。

12. 各部分独立的优等生名册须分为三个等级,其中第二等级又分为两个部分。第一等级和第三等级以及第二等级的两个部分名单均按照字母顺序排列。第一等级的考生若有特别突出的表现,须有所标示,以示鼓励。其标示文字为记号 e。

13. 第一部分考试计划如下:

A 组

主题和来源

试卷 1. 主题和来源

B 组

英国政治和宪法史

试卷 2. 英国政治和宪法史,380—1100

试卷 3. 英国政治和宪法史,1050—1509

试卷 4. 英国政治和宪法史,1485—1750

试卷 5. 英国政治和宪法史,1700—1914

试卷 6. 英国政治和宪法史,1867 至今

C 组

英国经济和社会史

试卷 7. 英国经济和社会史,380—1100

试卷 8. 英国经济和社会史,1050—1500

试卷 9. 英国经济和社会史,1500—1750

试卷 10. 英国经济和社会史,1700—1914

试卷 11. 英国经济和社会史,1870 至今

D 组

欧洲史

试卷 12. 欧洲史,公元前 776—公元 69

试卷 13. 欧洲史,公元前 31—公元 900

试卷 14. 欧洲史,900—1215

试卷 15. 欧洲史,1200—1520

试卷 16. 欧洲史,1450—1760

试卷 17. 欧洲史,1715—1890

试卷 18. 欧洲史,1890 至今

E 组

政治思想

试卷 19. 政治思想史,至 1700(也是古典学荣誉学位考试第二部分试卷 06,也是社会和政治科学荣誉学位考试试卷 Pol.1)

试卷 20. 政治思想史,1700—1890(也是社会和政治科学荣誉学位考试试卷 Pol.2)

F 组

欧洲以外的历史

试卷 21. 15 世纪至"一战"的欧洲扩张(15 世纪至"一战"的帝国和世界历史)

试卷 22. 1607—1865 年的北美历史

G 组

适时设定的其他历史专题

试卷 23. 学部委员会适时指定的其他历史领域专题

试卷 24. 学部委员会适时指定的其他历史领域专题

除试卷 1 外,其他试卷考试时间都为 3 小时。试卷 1 的考试包括提交作业。其主题从学部委员会公布的系列题目中选取。其长度以及提交安排均由学部委员会适时决定。

14. 第一部分考生须提交的试卷如下:

(1)考生完成一学期学业后的在第一个住宿学期后第 4、5、6 个学期内参加考试,或者获得其他荣誉学位考试两年之内,或者作为附属学生享有学部委员会许可的假期,在第 4、5、6 个学期内参加第一部分考试,则须提交试卷 1 和 5 份其他试卷;

(2)考生获得其他荣誉学位考试一年之内,则须提交试卷 1 和其他 4 份试卷;

且:

① 考生至少从 B 组中选择 1 份试卷,从 C 组中选择 1 份试卷,从 D—G 组中选择 1 份试卷;

② 考生已获得古典学荣誉学位考试任意部分,则不得提交试卷 12 和试卷 13;

③ 学部委员会可指定试卷 2—24 中的 1 份或几份试卷为附属学生必选或禁选试卷。

第 二 部 分

15. 第二部分考试计划如下：

A 组

专题

试卷 1. 史料试卷

试卷 2. 史论试卷

B 组

政治思想

　　试卷 3. 政治思想史，古代至 1700（也是社会和政治科学荣誉学位考试试卷 Pol. 14）

　　试卷 4. 政治思想史，1700—1890（也是社会和政治科学荣誉学位考试试卷 Pol. 15）

　　试卷 5. 政治哲学和政治思想史，1890 至今（也是社会和政治科学荣誉学位考试试卷 Pol. 6）

C 组

比较和专题研究

　　试卷 6. 学部委员会指定的经济史专题

　　试卷 7. 学部委员会指定的国际关系史专题

　　试卷 8. 学部委员会适时指定的思想史专题

　　试卷 9. 学部委员会适时指定的比较和专题研究主题

　　试卷 10. 学部委员会适时指定的比较和专题研究主题

　　试卷 11. 学部委员会适时指定的比较经济和社会史专题

D 组

英语、欧洲或两者结合的专题

　　试卷 12. 学部委员会指定的古代史专题

　　试卷 13. 学部委员会指定的中世纪英语史专题

　　试卷 14. 学部委员会指定的中世纪欧洲史专题

　　试卷 15. 学部委员会适时指定的中世纪英语、或欧洲、或两者结合的专题

　　试卷 16. 学部委员会适时指定的中世纪英语、或欧洲、或两者结合的专题

　　试卷 17. 学部委员会适时指定的现代早期英语、或欧洲、或两者结合的专题

　　试卷 18. 学部委员会适时指定的现代早期英语、或欧洲、或两者结合的专题

　　试卷 19. 学部委员会指定的现代英语史专题

　　试卷 20. 学部委员会指定的现代欧洲史专题

　　试卷 21. 学部委员会适时指定的现代英语、或欧洲、或两者结合的专题

　　试卷 22. 学部委员会适时指定的现代英语、或欧洲、或两者结合的专题

　　试卷 23. 学部委员会适时指定的英语、或欧洲、或两者结合的专题

　　试卷 24. 学部委员会适时指定的英语、或欧洲、或两者结合的专题

E 组

欧洲以外的历史

试卷 25. 学部委员会指定的非洲史专题

试卷 26. 学部委员会指定的亚洲史专题

试卷 27. 学部委员会适时指定的北美史专题

试卷 28. 学部委员会适时指定的欧洲以外的历史

试卷 29. 学部委员会适时指定的欧洲以外的历史

F 组

试卷 30. 历史观点和实践

试卷 6—30 每份的指定专题不得超过 1 个。

16. 第二部分考生须提交试卷或者试卷和毕业论文,具体要求如下:

(1) 考生获得历史学荣誉学位考试第一部分或者其他荣誉学位考试一年之内;或者考生为附属学生享有学部委员会许可的假期,在第 1、2、3 学期参与第二部分考试,则须提交试卷 1、试卷 2、试卷 30 和:

B—E 组中 2 份试卷

或者 B—E 组中 1 份试卷和 1 篇第 17 条规定指定的毕业论文。论文题目涵盖历史学荣誉学位考试范畴,须得到学部委员会同意,但不得为考生参加考试提交试卷的题目范围;

(2) 考生获得历史学荣誉学位考试第一部分或者其他荣誉学位考试两年之内;或者考生为附属学生享有学部委员会许可的假期,在第 4、5、6 学期参与第二部分考试,则须提交试卷 1、试卷 2、试卷 30 和:

B—E 组中 4 份试卷

或者 B—E 组中 3 份试卷和 1 篇第 17 条规定指定的论文。论文题目涵盖历史学荣誉学位考试范畴,须得到学部委员会同意,但不得为考生参加考试提交试卷的题目范围;

另有要求为:

① 考生不得提交已在其他荣誉学位考试中提交过的试卷;

② 学部委员会须在考试学年前的复活节学期结束前发出通知,告知已在历史学荣誉学位考试第一部分中特定试卷或者试卷组合的考生,无须在第二部分的 D 组中提交特定试卷或者试卷组合;

③ 已获得古典学荣誉学位考试第二部分的考生无须提交试卷 12;

④ 若考生在古典学荣誉学位考试第二部分 C 组中提交过相关试卷,则无须提交试卷 1 和 2;

⑤ 若考生在历史学荣誉学位考试第一部分提交过试卷 19,则无须提交试卷 3;

⑥ 若考生在历史学荣誉学位考试第一部分提交过试卷 20,则无须提交试卷 4;

⑦ 学部委员会可指定试卷 3—29 中的 1 份或几份试卷为附属学生必选或禁

选试卷；

⑧ 考生已获得历史学荣誉学位考试第一部分，未提交过以下部分试卷：

试卷 2—4，7—9，12—15 和 19，

或者试卷 23—24（如果试卷指定专题在 1750 年前的时期）

则须提交第二部分：

试卷 1 和试卷 2，且考生选择专题时须从学部委员会公布的 1750 年前的时期专题中选择，

或者以下试卷中的 1 份（如果可用），且考生选择专题时须从 1750 年前的时期专题中选择：

试卷 3 和 6—18；

试卷 23、24 和 27—29；

或者第 17 条指定的 1 篇论文，且专题须从 1750 年前的时期专题中选择；

⑨ 考生已获得历史学荣誉学位考试第一部分，未提交过以下试卷：

试卷 5—6、10—11、17—18 和 20，

或者试卷 23 和 24（如果试卷指定专题在 1750 年前的时期）

则须提交第二部分：

试卷 1 和试卷 2，且考生选择专题时须从学部委员会公布的 1750 年前的时期专题中选择，

或者以下试卷中的 1 份（如果可用），且考生选择专题时须从 1750 年前的时期专题中选择：

试卷 4—5 和 6—11；

试卷 19—29；

或者第 17 条指定的 1 篇毕业论文，且专题须从 1750 年前的时期专题中选择

⑩ 考生已获得历史学荣誉学位考试第一部分，但未提交试卷 12—18 中的试卷，则须在第二部分提交试卷 14、20 以及学部委员会适时指定的欧洲史的 1 份试卷。

17.（1）欲根据第 16 条提交论文的第二部分的考生须提交申请，说明拟写题目和考试试卷计划。系主任签名的申请表须在考试学年前的七月第 10 天前，向学部委员会学术秘书提交。此日期之后提交的申请除非极特殊情况否则不予考虑。

（2）考生须在考试学年前的八月最后一天前，获得学部委员会对其题目的通过。一旦学部委员会通过题目，除非学部委员会许可否则一律不得更改。考生须在四旬斋学期期中之前向学部委员会学术秘书提交修改后的题目；此日期之后提交的题目除非极特殊情况否则不予以考虑。

（3）论文字数为 7000—15000 字之间，论文要展示考生对一手材料的掌握，须标明所引材料的完整信息。除学部委员会通过系主任特许考生使用手写体外，论文一律采用打印稿。考生须提交论文内容的概述，并声明文章系考生独立完成的原创性工作，所使用的实质性材料不得已使用于类似目的。

(4) 论文须依据学部委员会通过的安排,通过系主任向学部委员会学术秘书提交。须不迟于考试学年的复活节学期第一个周五之前提交。

(5) 若论文打印不清晰,则考官有权要求重新打印论文。

(6) 考生可能被要求就论文及其涉及的一般性知识领域进行口试。

补 充 规 章

经公示修订(2007—2008学年《剑桥大学通讯》,第906页)

第 一 部 分

试卷1. 主题和史料

该试卷力图帮助考生获得在某个主题框架中解释史料的经验。考生须从学部委员会公布的选项中择其一。每个选项都包括一定数量的作文主题。须从学部委员会公布主题中择其一,提交作文。部分主题可能涉及某些外文资料的使用。

试卷2—6. 英国政治和宪法史,公元380年至今

考生须了解政治和宪法方面的知识,也须了解该时期研究相关的英格兰、爱尔兰、苏格兰和威尔士的历史。考生须展现其使用和解释当代文献的能力。每张试卷都有3个问题须回答,但没有问题被指定为必答题。

试卷7—11. 英国经济和社会史,公元380年至今

考生须了解经济、社会和文化方面的知识,也须了解该时期研究相关的英格兰、爱尔兰、苏格兰和威尔士的历史。考生须展现其使用和解释当代文献的能力。每张试卷都有3个问题须回答,但没有问题被指定为必答题。

试卷12—18. 欧洲史,公元前776年至今

该试卷考查相关时期的欧洲政治、宪法、文化、经济和社会方面的历史。考生须对欧洲历史有基本了解。每份试卷考生须回答3个问题。

试卷17和试卷18都分为两个部分。一个部分着重于政治和宪法历史,另一个部分着重于经济、社会、学术和文化历史。

试卷19. 政治思想史,古代至1700年(也是古典学荣誉学位考试第二部分试卷06,也是社会和政治科学荣誉学位考试试卷Pol.1)

试卷20. 政治思想史,1700—1890年(也是社会和政治科学荣誉学位考试试卷Pol.2)

该试卷涉及政治思想和观点及其兴起的历史背景。每份试卷分为两个部分。第一部分包括指定文本的问题。学部委员会公布指定的文本以及辅助这些文本的二手文献,须在学部办公室网上公布官方书单。第二部分的涉及该试卷涵盖时期的政治思想史的系列重要主题。由系列文本指定的每个主题都附有用于理解这些主题的二手文献。此类一手文献和二手文献登载于学部委员会办公室,作为官方的书单。第二部分每份试卷的问题将来自但不局限于此类主题。

所有试卷须回答3个问题;其中第二部分须选且只能选1个问题。

试卷21. 15世纪至"一战"的欧洲扩张

该试卷涉及1400年以来欧洲和世界的其他地区政治、经济和文化关系发展及其在世界历史上的影响。这些专题对以下内容进行历史介绍:非洲和亚洲主要国家的制度和文化;欧洲财富和权力扩张的动机和形式的比较分析;欧洲扩张对土著社会和现代民族主义出现的影响;在美洲(除1776年以后的美国)、澳洲、北非和南非,欧洲的政治和经济殖民和殖民地民族主义发展;现代世界帝国主义和民族主义的基本理论。

试卷22. 1607—1865年的北美历史

该试卷着重于形成美国的北美历史。考生须回答3个问题。

试卷23. 学部委员会适时指定的其他历史领域专题

最新通知以前,该试卷暂名"'一战'至今的西方与第三世界"。该试卷考查1918年以来西方与第三世界的政治、经济和战略关系的历史互动。该试卷涉及以下内容:世界经济波动和两次世界大战对西方社会和现代民族运动发展的影响;西方在包括去殖民化在内的政治和战略调整的动作;"新国家"的出现及其独立化的演进;帝国主义、新殖民主义和欠发展的现代理论的性质和相关性。该试卷重点关注海外社会的社会和经济结构,以恰当地解释主要的政治趋势。

试卷24. 学部委员会适时指定的其他历史领域专题

最新通知以前,该试卷暂名"1865年以来的美国历史"。该试卷重点关注形成美国的北美历史。考生须回答3个问题。

试卷25. 语言和方法

该试卷要求发展考生与历史研究相关的外语、定量方法等辅助技术手段。每个考生须从学部委员会公布的系列选项中择其一,每个选项包括一系列作文题目。作文字数为4000—6000之间,题目来自学部委员会公布的名单。外语选项的主题包括使用外文材料,定量方法的主题包括使用统计数据。

第 二 部 分

试卷1—2. 专题:史料和长作文

考生须从学部委员会公布的系列专题中择其一。每个专题会指定主要资源,其中部分是外语资料。考生须完成3小时考试试卷和一篇5000—6000字的作文。考试试卷包括从一手资料中提取精华并对其进行评论。考生须从学部委员会公布的系列选项中择其一,并讨论专题指定的一手资料相关的历史话题。

试卷3. 政治思想史,古代至1700年(也是社会和政治科学荣誉学位考试试卷Pol. 14)

试卷4. 政治思想史,1700—1890年(也是社会和政治科学荣誉学位考试试卷Pol. 15)

该试卷涉及政治思想和观点及其兴起的历史背景。每份试卷分为两个部分。第一部分包括指定文本的问题。文本以及推荐的二手阅读材料登载于学部委员会公布的书籍清单中。第二部分涉及该试卷涵盖时期政治思想史的系列重要问题。由系列文本指定的每个主题均附有有助于理解该主题的二手阅读文献。此类一手和二手文献登载于学部委员会公开的书籍清单。第二部分每份试卷的问题将来自但不局限于此类主题。所有试卷须回答3个问题；其中第二部分必须选而且只能选1个问题。

试卷5. 政治哲学和政治思想史，1890年至今（也是社会和政治科学荣誉学位考试试卷 Pol. 6）

该试卷着重于以下学习内容：国家的性质和目的、政治义务的基础、影响现代世界政府结构和功能的主要理论。考生须了解现代思想运动的相关知识，并具备独立批评讨论政治概念和广泛政治话题的能力。主要讨论的概念和话题如下：对政治和社会的一般性理解；政治思想和行动之间的联系和政治行动可能性的限制；权威、权力和安全的概念；契约、权利和代表；自由、社会正义、平等、福利和公共利益；法律、道德观念和政治行为的关系。

该试卷探讨主要文本和20世纪政治思想的关键观点，并考查其分析性概念和历史背景。该试卷分为两个部分。第一部分涵盖著名作者和作品，第二部分涵盖当代政治哲学的广泛主题。第一部分包括指定文本的问题，学部委员会办公室将保存并在其网站发布指定文本及其所推荐的二手文献的清单。第二部分包括政治概念方面的问题，这些概念及其推荐读物的清单将由学部委员会办公室保存，并在其网站上作为正式书单适时公布。考生须回答3个问题，从每个部分中至少选择1个问题。

试卷19. 学部委员会指定的现代英语史专题

最新通知以前，该试卷暂名"自大饥荒以来的爱尔兰"。该试卷讨论妇女和男子在地方与国家层面上对政治和政府进程参与的理论和实践。它讨论这一时期婚姻和家庭法的主要变化。讨论着重于整个大不列颠岛屿，也包括1922年之后的爱尔兰岛。该试卷为持续的比较研究提供重要机会。该试卷分为两个部分。第一部分包括1—2个指定文本为出发点的问题。文本清单和相关二手材料存放于学部委员会办公室，并作为正式书单由其网站上公布。第二部分测试该试卷涉及领域的重要主题的知识。考生须回答3个问题；其中第一部分须选且只能选1个问题。

试卷25. 学部委员会指定的非洲史专题

最新通知以前，该试卷暂名"1800年至今的非洲历史"。该试卷涉及整个非洲大陆的历史。考生须充分理解非洲历史进程，包括社会、经济、政治组织、国家和帝国的发展、欧洲影响下的变化、现代民族主义的出现、去殖民化的时期、后殖民时代政府和经济的问题。考生须特别注意1个以上的地理区域，可进行比较研究。该试卷不分类，但是本着专门化和比较的目的，非洲大陆被分为4个区域：包括苏丹中部和东部、埃塞俄比亚、索马里在内的北非和东北非；包括安哥拉和莫桑比克在内的南非和南中部非洲；包括卢旺达和布隆迪在内的东非；包括西部苏丹语族和扎伊尔（刚果）在内的西非。

试卷 28. 学部委员会适时指定的欧洲以外的历史

最新通知以前，该试卷暂名"1500—1830 年殖民时代的拉美历史"。

试卷 30. 历史观点和实践

该试卷要求考生回顾三年历史学荣誉学位考试特别是第二部分涉及的历史学观点和实践。该试卷要求考生提出和讨论基础问题，涉及专业知识以及更普遍的历史研究和解释的主题。与第二部分其他试卷不同的是，该试卷重点在于从概念的、史学的和方法的角度理解历史观点和实践。该试卷要求考生了解与第二部分其他试卷相关的概念的、史学的和方法的话题，比如批评性评估其他试卷中具体、经验材料中不同方法的优点。问题涉及来源于第二部分或与之相关的广泛讨论话题。考生也可在第一部分和第二部分内外广泛阅读。该试卷提供可选问题，考生可择其一回答。

艺术史荣誉学位考试

1. 艺术史荣誉学位考试包括三个部分，第一部分、第二部分 A 和第二部分 B。

2. 第一部分考生资格如下：

（1）学生未获得其他荣誉学位考试，已完成 1 个学期学业，在第一个住宿学期后的时间不超过 3 个完整学期；

（2）学生已获得其他荣誉学位考试一年之内，已完成 4 个学期学业，在第一个住宿学期后的时间不超过 12 个完整学期。

3. 学生获得艺术史荣誉学位考试第一部分或者其他荣誉学位考试一年之内，已完成 4 个学期学业，在第一个住宿期后的时间不超过 9 个完整学期，则可称为第二部分 A 考生。

4. 学生获得除艺术史荣誉学位考试第一部分之外的其他荣誉学位考试，已完成 7 个学期学业，在第一个住宿期后的时间不超过 12 个完整学期，则可称为第二部分 B 考生。

5. 在同一时期内，学生不得同时成为艺术史荣誉学位考试 1 个以上部分的考生，也不得同时成为艺术史荣誉学位考试和其他荣誉学位考试的考生。

6. 学生不得多次成为艺术史荣誉学位考试同一部分的考生。

7. 对于荣誉学位考试的每一部分，学部委员会须提名他们认为足够数量的、能够胜任的考官。

8. 学部委员会有权任命一个以上评审官，以协助主考官。评审官须设置考官指定的全部或者部分试题，批改相关全部或者部分答卷，并据此向考官汇报考生的情况。评审官可以参与考官的会议，以备咨询和建议，但无投票权。

9. 每个考官或评审官设置的问题都须通过考官团队的审议同意。

10. 学部委员会有权：

（1）有权根据情况制定或限制有关考试专题、风格和范围的补充条例，并在

需要的情况下修改或者撤销任何补充条例,但须充分公布改动的信息;

(2) 决定每份试卷的分数分配,决定评估作品和制定优等生名单的指导方针。

11. 学部委员会须公布规定和补充规定指定的专题、特定时期和书籍。第一部分须在考试学期的复活节学期结束前提交。第二部分 A 和第二部分 B 须在考试学期前的复活节学期结束前提交。学部委员会在有充分理由并确保未对学生准备考试产生不利影响的情况下,有权在以上时段之后做出相关修改。

12. 各部分准备独立的优等生名册。所有有资格获得荣誉学位的考生都须列在该名单中。任何部分的优等生名册中,考生姓名须分为三个等级,其中第二等级又分为两个部分。第一等级和第三等级以及第二等级的两个部分名单均按照字母顺序排列。若有特别突出的表现,须有所标示,以示鼓励。

第 一 部 分

13. 第一部分考试计划如下:

试卷 1. 艺术史的对象

试卷 2 和 3. 艺术制作

试卷 4 和 5. 建筑和艺术的意义

试卷 3 和 5 须提供需要评论和阐释的艺术品的复制品。

考生须依据第 18 条规定,提交 5 份试卷和 1 篇第一部分的短文。短文主题由学部委员会指定,与剑桥的艺术和建筑相关。

第二部分 A 和第二部分 B

14. 第二部分 A 和第二部分 B 考试计划如下:

试卷 1. 艺术史导论及作品批评

试卷 2. 艺术展览

试卷 3—22. 学部委员会须依据第 10 条规定适时公布此类试卷的专题。总共须 8—10 对专题的试卷。每对试卷须涉及艺术史上特定的人物、专题或时期。每对试卷的第二份试卷须包括对仿制艺术品的评论和解释。

15. 第二部分 A 考生须提交试卷 1 和两对专题。

16. 第二部分 B 考生:

(1) 已获得艺术史荣誉学位考试第二部分 A,则提交试卷 2、两份专题试卷、1 篇第二部分 B 7000—9000 字的论文。论文专题由学部委员会通过,与艺术史上特定的人物、作品、专题或时期相关;

(2) 获得其他荣誉学位考试一年之内,则须提交试卷 1 或者 2;两份专题试卷、1 篇第二部分 B 7000—9000 字的论文。论文专题由学部委员会通过,与艺术史上特定的人物、作品、专题或时期相关。

第一部分、第二部分 A 和第二部分 B

17. 考生不得提交已在其他大学考试中提交过的试卷。

18.（1）第一部分考生须提交拟写议论文题目，获得学部委员会通过。题目须在考试学期前的四旬斋学期期中之前提交给艺术史系秘书。

（2）第二部分 A 考生须向艺术史系秘书提交试卷计划声明。时间不迟于考试学期前的米迦勒学期第二个周一。

（3）第二部分 B 考生须提交论文题目，获得学部委员会通过。题目须向艺术史系秘书提交。时间不迟于考试学期前的米迦勒学期最后一天。

（4）学部委员会秘书须将学部委员会通过与否的决定告知考生。一旦学部委员会同意该题目，第二部分 A 和第二部分 B 的试卷若未经学部委员会许可，一律不得修改。

（5）第一部分和第二部分的论文长度要求如下：

第一部分考生提交的短文字数不得超过 5000 字。第二部分 B 考生提交的论文字数介于 7000—9000 字之间。

所有指定长度都包括脚注和附录，但不包括文献目录。论文须用打印稿。

（6）① 第一部分短文须依据学部委员会通过的具体安排，向艺术史系秘书提交。时间不得迟于考试学年复活节学期期中之后的首个周五。

② 两份第二部分 B 论文的打印稿须依据学部委员会通过的具体安排，向艺术史系秘书提交。时间不得迟于考试学年复活节学期的第一天。

考生须声明论文除已指出的来源外，系考生独立完成，且论文的实质性材料没有用于其他类似目的。

补 充 规 章

第 一 部 分

试卷 1. 艺术史的对象

该试卷考查西方和部分非西方的视觉艺术发展。它使用费茨威廉博物馆和其他剑桥收藏的资源，考查第一手材料及其历史和艺术背景。

试卷 2 和 3. 艺术制作

该试卷涉及绘画和雕塑。学部委员会将指定特定的艺术家、专题或时期。课程的前半部分涉及：构成图像世界的过程和态度，比如方法和材料；质量和品位的创造过程和概念；图像再造。课程要求学生着重于特定艺术家、时期和传统。课程的后半部分涉及雕塑，涵盖了广泛的主题，比如技术和材料、古典雕塑及其遗产和现代的发展。

试卷 4 和 5. 建筑和艺术的意义

该试卷课程分为两部分，分别涉及表现传统和建筑意义。学部委员会指定特定艺术家或时期。课程考察考生对西欧的建筑和艺术观念变化的认识。重点在于对关键范例及其背景的细致的批判研究。课程第一部分涵盖视觉艺术的研究主题,重点放在形象艺术的内容和解释。第二部分涵盖经典形式、建筑类型学以及设计和建造的关系的主题。

第二部分 B

试卷 1. 艺术史导论及作品批评

该试卷涉及:古代作者对文艺复兴艺术和建筑的影响;18 世纪对古代和中世纪艺术的态度变化;19 世纪和 20 世纪艺术和建筑的理论和批判方式;艺术史方法的最新进展、鉴赏发展、正式和风格批评、艺术和建筑作品的社会学和肖像学解读。

土地经济学荣誉学位考试

1. 土地经济学荣誉学位考试包括三个部分:第一部分 A、第一部分 B 和第二部分。

2. 学生已完成 1 个学期学业,在第一个住校学期后不超过 3 个学期,则可成为第一部分 A 考生。

3. 学生获得荣誉学位考试第一部分 A 或者其他荣誉学位考试一年之内,已完成 4 个学期,在第一个住校学期后不超过 9 个完整学期,可成为第一部分 B 考生。

4. 学生获得荣誉学位考试第一部分 B 或者其他荣誉学位考试一年之内,已完成 7 个学期,在第一个住校学期后不超过 12 个完整学期,可成为第二部分考生。

5. 在同一时期内,学生不得同时成为土地经济学荣誉学位考试 1 个以上部分的考生,也不得同时成为土地经济学荣誉学位考试和其他荣誉学位考试的考生。

6. 学生不得多次成为土地经济学荣誉学位考试同一部分的考生。

7. 须设置两个独立的考官团队,一个负责管理第一部分 A 和第一部分 B,另一个负责管理第二部分。对于每一个团队,学部委员会须提名他们认为足够数量的、能够胜任的考官。

8. 学部委员会有权任命一个以上评审官,以协助考官。评审官须设置考官指定的全部或者部分试题,批改相关全部或者部分答卷,并据此向考官汇报考生的情况。评审官可以参与考官的会议,以备咨询和建议,但无投票权。

9. 每个考官团队须从团队中选出一人作为主席。

10. 每个考官或评审官设置的问题都须通过考官团队的审议同意。

11. 各部分准备独立的优等生名册。所有有资格获得荣誉学位的考生均须列在名单中。任何部分的优等生名册中,候选人姓名须分为三个等级,其中第二等级又分为两个部分。第一等级和第三等级以及第二等级的两个部分名单均按照字母顺序排列。若有特别突出的表现,须有所标示,以示鼓励。

12. 以下土地经济学的试卷分为一——五组：

一组

试卷1. 经济学

试卷2. 公法

试卷3. 会计和数据评估

试卷4. 土地、环境和结构变化

二组

试卷5. 环境经济学、法律和政策

试卷6. 金融和投资基础

试卷7. 区域经济学

三组

试卷8. 不动产法:原则、政策和经济意义

试卷9. 私法

四组

试卷10. 建筑环境

试卷11. 土地和城市经济学

试卷12. 法律和经济

五组

试卷13. 业主和租户的法律

试卷14. 规划法律和政策

试卷15. 金融和不动产投资的高级技术

试卷16. 农业、林业和农村发展

试卷17. 土地政策和发展经济学

除试卷4有2小时考试时间,其他每份试卷有3小时答题时间。另外,试卷3、4、6和15的考试包括提交项目报告;项目作业和报告提交安排须由学部委员会适时指定。

13. 第一部分A考生须从一组中选交4份试卷。

14. 第一部分B考生须提交以下试卷：

（1）考生已获得土地经济学荣誉学位考试第一部分A的考试资格,则须从二——四组中选交5份试卷,其中至少从二组和三组中选择至少1份试卷；

（2）考生未获得土地经济学荣誉学位考试第一部分A的考试资格,则须提交：

① 试卷3；

② 二组中选交1份试卷；

③ 三组中选交1份试卷；

④ 从二——四组中选交2份试卷；

其他条件为：

(1) 依据第 15 条免交试卷 3 的考生可再从二—四组中选交 1 份试卷；

(2) 已在法律荣誉学位考试中提交过试卷 11 的考生不得在土地经济学荣誉学位考试中提交试卷 8；

(3) 已在法律荣誉学位考试中提交过试卷 4 和 10 的考生不得在土地经济学荣誉学位考试中提交试卷 9；

(4) 已在法律荣誉学位考试中提交过试卷 4、10 和 11 的考生须从二组和四组选交 1 份试卷，代替第③条三组中须提交的试卷。

15. 学部委员会有权依据第 14 条(2)的规定，免除试卷 3 的提交。免交的考生须通过统计或计量方法下的可接受标准的考试。此类免除的申请须通过考生导师向学部委员会秘书提交，时间不迟于考试学期前米迦勒学期的第二个星期结束时；学部委员会须在米迦勒学期期中之前通知考生其决定。

16. 第二部分考生须提交以下试卷或论文与试卷：

(1) 如考生已获得土地经济学荣誉学位考试第一部分 B 的考试资格，则须提交：

① 从二—五组选交 4 份试卷，其中至少包括五组的 2 份试卷；但考生不得提交已在其他荣誉学位考试中提交过的试卷；考生未获得学部委员会许可、未达到第一部分 B 试卷 6 的满意标准，则不得提交试卷 15。

② 依据第 17 条提交论文。

(2) 考生未获得土地经济学荣誉学位考试第一部分 B 的考试资格，则须提交：

① 从二—五组选交 4 份试卷，其中至少包括四组和五组的各 1 份试卷；

② 依据第 17 条规定提交论文。

17. 依据第 16 条提交论文须遵照以下规定：

(1) 在考试学年前的四旬斋学期结束前，学部委员会须公布论文专题单。论文须从此范围中选取。

(2) 遵循第 16 条(1)规定参加考试的考生须向学部委员会提交申请表，告知拟议论文题目、题目领域的简单说明和考试计划的说明。考生须在米迦勒学期期中之前向土地经济学系秘书提交申请。

(3) 学部委员会须在米迦勒学期结束前通知考生对拟议题目的通过结果。一旦学部委员会通过，未得到学部委员会许可不得更改题目或者考试计划。

(4) 在四旬斋学期系主任指定的日期，考生须向包括考官在内的师生组成的观众进行论文的口头陈述。在斟酌考试得分时，考官须对口头陈述的情况进行考虑。

(5) 包括脚注、表格和附录在内的论文字数不得超过 10000 字。考生须签署声明，表明文章除已指出的来源外，系考生独立完成，论文的实质性材料没有用于其他类似目的。除非获得学部委员会许可采用手写体，否则一律采用打印稿或者电脑打印稿。

（6）论文须在考试学年的复活节学期的第七天前，递交至系秘书处。迟交会受罚。

18. 土地经济学学部委员会有权根据情况制定或限制考试专题的补充规定，并在情况许可的情况下修改或者撤销任何补充规定，但须充分公布改动的信息。

补 充 规 章

一　　组

试卷1. 经济学
介绍在私人部门、政府和公共组织中的经济概念、理论和环境。

试卷2. 公法
研究以下专题：欧盟、议会、行政部门、后续机构、半官方机构和其他官方机构、地方政府方面的宪法和行政法以及司法审查。

试卷3. 会计和数据评估
介绍须用于私营企业和公共组织的会计原则和数据评估。
该试卷考试包括项目报告的提交（见下文）。

试卷4. 土地、环境和结构变化
主要经济的、人口统计学的、体制的和技术的变化及其对英国自然环境和建筑环境的影响。该试卷考试包括项目报告的提交（见下文）。

二　　组

试卷5. 环境经济学、法律和政策
环境经济和环境法的原则、环境政策和政策分析、城乡环境治理。

试卷6. 金融和投资基础
介绍房地产市场和其他金融市场上确认风险和回报机会的分析技术、房地产专业人员使用的不同投资战略类型。
该试卷考试包括项目报告的提交（见下文）。

试卷7. 区域经济学
介绍涉及区域增长、区域发展的经济分析以及影响增长和发展的政策的理论。"区域"是指国际贸易区域、国家和特定国家的区域。

三　　组

试卷8. 不动产法：原则、政策和经济意义
介绍英格兰和威尔士的土地法，涉及地产、土地使用权、权益、登记制度、抵押和其他土地权益。

试卷9. 私法
合同原则和侵权、公司法介绍。

四　组

试卷 10．建筑环境

设计和建筑的因素、社会、经济、法律和技术因素对环境的影响。

试卷 11．土地和城市经济学

土地市场的经济学，土地市场的公共干预政策，城市经济学，房产及房产政策的经济学，商业财产。

试卷 12．法律和经济

法律和经济学科的关系，涉及经济理论和法律分析，法律推理的经济理论，资源配置和纠正市场失灵中的法律角色，价值和补偿的经济和法律理论。

五　组

试卷 13．业主和租户的法律

英格兰和威尔士的土地法，特别是业主和租客关系的内容：通用租赁和权利的法律与租赁各方的义务；住宅、商业和农业租用者的法定规则；无家可归。

试卷 14．规划法律和政策

英国土地使用规划的法律、行政、实践和理论。

试卷 15．金融和不动产投资的高级技术

介绍在房地产、混合资产组合和风险管理的评估和融资中使用的方法。

试卷考试包括项目报告的提交（见下文）。

试卷 16．农业、林业和农村发展

英国农业、林业和一般农村的发展和现状；农村发展相关政策的分析。

试卷 17．土地政策和发展经济学

土地、农业和自然资源在低收入国家的增长和发展中的角色；低收入国家和富裕国家的关系。

一、二和五组

试卷 3、4、6 和 15：项目报告

试卷要求的项目须由土地经济学学部委员会指定和公布，时间不迟于四旬斋学期期中。考生须提交打印稿的和扩展作文形式的项目说明。说明须使用英文，长度不超过 4000 字（包括脚注，但不包括附录和文献目录）。该说明须提交考生使用的统计、其他资料和技术及其结果和结论。考生须提交声明，说明项目和报告系考生独立完成，不包含他人协助，且实质性材料没有用于其他类似目的。如果 2 名以上的考生合作完成，则须说明各自贡献的部分。

法学荣誉学位

根据公示修订(2007—2008 学年《剑桥大学通讯》,第 401 页和第 1045 页)

1. 法学荣誉学位包含三个部分:第一部分 A,第一部分 B 和第二部分。
2. 该荣誉学位第一部分 A 考生须满足如下条件:已完成一学期,且在其第一个住校学期后未满三个完整学期。
3. 以下人员可参加法学荣誉学位第一部分 B 的考试:
 (1) 未在任何荣誉学位考试中取得荣誉学位的学生,且其已完成四个学期,且在其第一个住校学期后未满六个完整学期。
 (2) 已在法学荣誉学位第一部分 A 或其他荣誉学位考试中取得荣誉学位,且在其第一个住校学期后未满十二个完整学期,可在取得该学位的下一年参加本部分考试。
4. 对于在住校学期前通过法学学部委员会设定标准和考试范围的某项法学考试的学生,只要其已完成一学期,法学学部委员会可在前述规定时间前授予其参加法学荣誉学位第一部分 B 考试的资格。
5. 已在法学荣誉学位第一部分 B 中取得学位的学生,如已完成七个学期,可成为法学荣誉学位第二部分的考生,具体规定如下:
 (1) 已根据第 6 条的规定在某一欧洲大学中学习了一段时间且已满足第 6 条所有要求的学生,若在其第一个住校学期后未满十五个完整学期,可在取得法学荣誉学位第一部分 B 的下下一年成为法学荣誉学位第二部分的考生。
 (2) 任何其他学生若在其第一个住校学期后未满十二个完整学期,可在取得法学荣誉学位第一部分 B 的下一年或下下一年成为法学荣誉学位第二部分的考生。
6. 为了取得第 5 条(1)规定的荣誉学位第二部分考生资格,学生要向学部委员会秘书提交证据以证明自己在获取资格的前一年已在某欧盟成员国内由学部委员会为此指定的大学内圆满完成了某一课程的学习。
7. 学生若想根据第 6 条的规定在国外学习,须填表申请。该表格由学部委员会发布,可在学部办公室领取。申请表由学生的导师在学生计划国外学习前一学年的米迦勒学期的前四分之一学期结束前提交至学部委员会秘书处。秘书应尽早通知学生其申请是否得到批准。
8. 根据第 4 条取得荣誉学位第一部分 B 的考生如已完成四个学期,可成为荣誉学位第二部分的考生[①]。

对于在住校学期前通过法学学部委员会设定标准和考试范围的某项法学考试的学生,只要其已完成一学期,法学学部委员会可在前述规定时间前授予其参加法学荣誉学位第二部分考试的资格且不要求其在住校学期后再通过任何考试。

---

① 亦可见附属学生条例。

根据此条例取得法学荣誉学位第二部分的学生,在完成六个学期后有资格继续攻读文学士学位。但在完成六个学期之前,通过法学硕士学位考试并选择攻读法学硕士学位的学生,不得同时允许其攻读文学士学位。

9. 学生若根据法学学部委员会批准的协定在巴黎第二大学完成了至少六个学期的学习且有资格取得法学硕士学位,则应认为其已取得法学荣誉学位第二部分。此类人员的名单应由学部委员会主席证明并刊发于《剑桥大学通讯》上。

10. 任何学生不得在同一学期内报考本荣誉学位多个部分考试或者本荣誉学位某部分和另一荣誉学位考试。

11. 任何学生不得重复报考本荣誉学位同一部分考试。

12. 根据第10条不得成为荣誉学位考生者,如其已完成了四个学期,可批准其参加第一部分B或第二部分的考试,但不取得学位。

13. 应针对荣誉学位第一部分A、第一部分B和第二部分分别设立三个独立的考官团体。学部委员会应为每一部分任命其认为足够数量的考官以督导考试。

14. 学部委员会有权为荣誉学位任一主题任命一名或多名评审官。评审官应为所辖主题设置试卷并根据要求向考官提交书面报告。可召集评审官参加考官会议以备咨询和提供建议,但不得授予其投票权。

15. 荣誉考试的每一部分须有独立的优等生名册。每份名册中,通过考试的考生姓名分为三个等级,其中第二等级又分为两个部分。第一和第三等级以及第二等级的两部分中,考生姓名以字母表顺序排列。每份名册中表现突出者为第一等级,须将其姓名做特殊标记。第二部分的优等生名册中依据第5条(1)参加考试的考生姓名前须标上记号 e。

16. 依据第12条参加考试并达到考官要求的考生姓名应以字母表顺序排列打印,并以如下语句开头:"以下人员(非荣誉学位考生)已达到荣誉学位标准",同时视其已取得攻读普通文学士学位的资格。

17. 对于根据第12条参加考试却未能达到荣誉学位标准的考生,考官也可授予其攻读普通文学士学位的资格。

18. 法学荣誉学位试卷分为下列 I—IV 组:

第 I 组

试卷 1　民法 I

试卷 2　宪法

试卷 3　刑法

试卷 4　民事侵权法

试卷 5　法国法①

第 II 组

试卷 10　合同法

---

① 此试卷只有根据第9条获准在巴黎第二大学学习课程(见第9条)的考生可选。

试卷 11　土地法
试卷 12　国际法
第 III 组
试卷 13　民法 II
试卷 20　行政法
试卷 21　家庭法
试卷 22　法制史
试卷 23　量刑和刑罚制度
试卷 24　衡平法
试卷 25　刑事诉讼程序和刑事证据
试卷 26　欧盟法
第 IV 组
试卷 40　商法
试卷 41　劳动法①
试卷 42　知识产权
试卷 43　公司法
试卷 44　义务
试卷 45　法律冲突
试卷 46　比较法
试卷 47　法律体系
试卷 48　指定主题(半份试卷)

学部委员会应在这些试卷所适用考试举行的前一年复活节学期结束之前就试卷 48 指定不超过十二个主题或者将第 II 组中的任何试卷划归到第 III 组中。除试卷 48 以外,每份试卷用时 3 小时。对于试卷 48 中的每个主题,考试包含半份试卷,用时 2 小时。

19. 荣誉学位第一部分 A 的考生须提交第 I 组中的试卷 1 至 4,但依据第 9 条获准在巴黎第二大学学习一门课程并打算选修该课程的考生可用试卷 5 代替试卷 1。

20. 荣誉学位第一部分 B 的考生可在以下试卷中选择 5 份提交:试卷 1、试卷 2、试卷 4、第 II 组试卷和第 III 组试卷。但是:

(1) 任何考生不得重复提交其已在学校其他考试中提交过的试卷;

(2) 依据第 9 条获准在巴黎第二大学学习一门课程并打算选修该课程的考生,其选择范围可增加以下选项:第 IV 组中的试卷 40—43,试卷 45 和试卷 47。该生也可选择参加一门研讨课程并根据第 22 条就指定主题提交一篇作文来代替一份试卷。

---

① 此试卷停用直至 2001 年 10 月 1 日。

21. 荣誉学位第二部分的考生应：

（1）在试卷3（刑法）、第II和第III组试卷中选择五份试卷提交；或

（2）在试卷3（刑法）、第II和第III组试卷中选择四份试卷提交，再参加一门研讨课程并就学部委员会指定的主题或考生自己在给定主题中选择的某一主题提交一篇作文。

但是：

① 任何考生不得重复提交其已在学校其他考试中提交过的试卷；

② 之前未提交试卷1（民法I）的考生不得提交试卷13（民法II）。

22. 对于根据第20条（2）或第21条选择参加一门研讨课程并就规章指定主题提交一篇作文来代替一份试卷的考生，考官可在考虑该研讨课程指导讲师的报告后对其进行评估。该讲师由学部委员会指定。考官还可就考生所参与的研讨课程中一个或多个主题对其进行口试。

为研讨课程指定一个或多个主题、公告考生参与该课程的意向、评估考生在课程中的表现及其就该课程提交的作文，程序如下：

（1）在该研讨课程开课的前一学年划分复活节学期之前，学部委员会应即时通知研究指导老师该课程指定的主题并在《剑桥大学通讯》上刊发该主题。

（2）想参加研讨课程的考生须在其想参加的研讨课程开课的前一学年复活节学期结束之前向学部委员会秘书提交书面申请。考虑到每门研讨课程申请人数的多少，学部委员会有权批准或驳回申请。学部委员会秘书应在7月31日前通知考生其申请是否得到批准。逾期的申请，如其提交时间是在研讨课程开课当年完整米迦勒学期第一周结束之前，学部委员会可自行裁定是否批准该申请。此类申请如果得到批准，应在划分米迦勒学期之前通知考生。

（3）在研讨课程开课的前一学年长假结束之前，学部委员会应为研讨课程指定主题并将其刊发于《剑桥大学通讯》上。研讨课程开课当年完整米迦勒学期的前三周之内，学部委员会可通过在《剑桥大学通讯》上发通知的方式撤销之前指定的主题。学部委员会秘书应就此类撤销事项通知每个申请参加该课程的考生。

（4）研讨课程的指导讲师应为每个考生设定一个作文主题。若无学部委员会特批，作文不得超过12000字，包括注释和附录，但不包括参考书目。此类特批应该在不晚于下文规定的学生作文送达学部委员会秘书处日期前十四日申请。考生须在序言中注明其所使用材料来源并申明除了已注明的部分，该作文系自己的独立成果。作文应在考试举行当年的完整复活节学期第七天之前送达学部委员会秘书处。逾期提交的考生将受到处罚。作文须用计算机或打字机打印。

（5）研讨课程的指导讲师若非考官，根据实际情况应为第一部分B或第二部分的评审官。其应评估考生的作文和在班级中的表现，并据此向考官报告考生成绩（等同于试卷的得分）。

23. 法学学部委员会有权实时发布补充条例以界定或限制考试的任一或全

部主题，设定试卷的范围、性质、结构及每部分的分值；并有权修改或撤销此类补充条例。但任何补充条例或对现存补充条例的修改都应予以充分公告以得到应有的关注。

欧洲学生的法学考试

1. 欧洲学生法学考试的试卷应在法学荣誉学位第I—IV组试卷中出。每位考生须：

（1）提交三份试卷；或

（2）提交两份试卷，再根据法学荣誉学位第22条的规定参加一门研讨课程并就法学学部委员会指定的主题或考生自己在给定主题中选择的某一主题提交一篇作文。

2. 下列学生可为欧洲学生法学考试的考生：

（1）该生已得到法学学部委员会的批准；且

（2）其已依据学部委员会与欧盟成员国的某一大学签订的交换协议完成了一学期。

3. 学部委员会应为考试任命足够数量的考官，并有权为考官任命一名或多名评审官。

4. 通过考试的考生姓名应列入一个等级，按字母表顺序排列。

语言学荣誉学位

旧　条　例[①]

根据公示修订(2007—2008学年《剑桥大学通讯》，第401页和959页)

1. 语言学荣誉学位仅包含一个部分。

2. 已在另一荣誉学位考试中取得荣誉学位的学生，如其已完成七个学期且在其第一个住校学期后未满十二个完整学期，可在下一年或下下一年中成为语言学荣誉学位的考生。[②]

3. 任何学生不得重复报考语言学荣誉学位考试。任何学生不得在同一学期内报考语言学荣誉学位和另一荣誉学位考试。

4. 近代和中世纪语言学学部委员会应任命其认为足够数量的考官以督导考试，并有权就考试中的任何主题任命一名或多名评审官以协助考官。评审官须应要求为所辖主题设置试卷、给考生打分、评估主题论文并就考生在考试中的表现向考官提出建议。可召集评审官参加考官会议以备咨询和提供建议，但不得授

---

① 依据第346页的新条例中临时条例17所规定的时间表，此条例将被新条例取代。

② 亦可参见附属学生条例。

予其投票权。

5. 每个考官或评审官设置的试卷都应提交给考官主席和另外一名考官审批。

6. 学部委员会有权：

（1）实时发布补充条例以界定或限制考试的任一或全部主题，设定试卷的范围和性质，并有权根据形势需要修改或撤销此类补充规章。但任何此类变动都应予以充分公告以得到应有的关注。

（2）确定每份试卷的分值，并为考官评估学生在考试中表现和制定优等生名册提供准则。

（3）指明哪些试卷除了笔试以外还须包含课程作业或其他练习。考生应提交的课程作业或其他练习的有关细节以及提交时间由学部委员会实施确定。考生须签署声明表明该课程作业或其他练习系自己的独立成果，除了声明中已注明的部分不包含其他实质上已用于其他类似目的的材料。

7. 在每年复活节学期结束前，学部委员会须公告来年将举行的考试的可选主题。且如有恰当理由并确保不会对考生备考造成不利影响，学部委员会随后可对可选主题进行修改。

8. 可取得学位的考生姓名分为三个等级，其中第二等级又分为两个部分。第一和第三等级以及第二等级的两个部分中，考生姓名以字母表顺序排列。成绩优异者应予以特殊标记。

9. 语言学荣誉学位考生不得重复提交其已在其他荣誉学位考试中提交过的试卷。

10. 语言学荣誉学位试卷设置如下：

A 组

试卷 1　语言理论

B 组①

试卷 3　语音学（同时也作为近代和中世纪语言学荣誉学位试卷 Li. 3）

试卷 4　句法（同时也作为近代和中世纪语言学荣誉学位试卷 Li. 4）

试卷 5　语义学与语用学（同时也作为近代和中世纪语言学荣誉学位试卷 Li. 5）

试卷 6　音韵学与形态学（同时也作为近代和中世纪语言学荣誉学位试卷 Li. 6）

试卷 7　历史语言学（同时也作为近代和中世纪语言学荣誉学位试卷 Li. 7 和盎格鲁-撒克逊语、挪威语和凯尔特语荣誉学位第二部分的试卷 15）

试卷 8　英语结构（同时也作为近代和中世纪语言学荣誉学位试卷 Li. 8 和英语荣誉学位第二部分的试卷 29）

试卷 9　言语沟通的基础（同时也作为近代和中世纪语言学荣誉学位试卷 Li. 3）

C 组

试卷 10　意大利语（近代和中世纪语言学荣誉学位试卷 It. 10）

---

① 这些试卷也作为语言学荣誉学位预考试卷。

试卷 11　西班牙语（近代和中世纪语言学荣誉学位试卷 Sp. 11）

试卷 12　[德语历史①]〈德语历史的方方面面〉②（近代和中世纪语言学荣誉学位试卷 Ge. 11）

试卷 13　法语历史（近代和中世纪语言学荣誉学位试卷 Fr. 13）

试卷 14　俄语历史（近代和中世纪语言学荣誉学位试卷 Ru. 9）

试卷 15　现代希腊语的历史与结构（近代和中世纪语言学荣誉学位试卷 Gr. 7）

试卷 16　罗马语（近代和中世纪语言学荣誉学位试卷 CS　1）

试卷 17　斯洛文尼亚语（近代和中世纪语言学荣誉学位试卷 CS　3）

试卷 18　英语历史（英语荣誉学位第二部分试卷 13）③

试卷 20　凯尔特语（盎格鲁-撒克逊语、挪威语和凯尔特语荣誉学位第二部分试卷 12）

试卷 21　希腊语（古典学荣誉学位第二部分试卷 E2）

试卷 22　拉丁语（古典学荣誉学位第二部分试卷 E3）

试卷 23　德语（盎格鲁-撒克逊语、挪威语和凯尔特语荣誉学位第二部分试卷 11）

试卷 24　实验心理学（自然科学荣誉学位第一部分 B 的实验心理学主题）

11. 已在其他荣誉学位考试中取得学位的考生如在下年参加语言学荣誉学位考试，须提交：

(1) 试卷 1；

(2) 从 B 组中任选的两份试卷；

(3) 从 B 组和 C 组中选择的另外一份试卷。

12. 已在其他荣誉学位考试中取得学位的考生如在取得该学位的下下一年参加语言学荣誉学位考试，须提交：

(1) 试卷 1；

(2) 从 B 组中任选的三份试卷；或

从 B 组中选择的两份试卷，再依据第 13 条的要求提交一篇主题论文；

(3) 从 B 组和 C 组中选择的另外两份试卷。

13. 以下条款适用于根据第 12 条提交的主题论文：

(1) 主题论文的主题应在 B 组中试卷的范围中选择。④ 任何考生的论文主题不得与其拟在考试中选择试卷主题相同。

(2) 想提交主题论文的学生应通过其导师向学部委员会秘书提交论文的主题和一份关于考试中拟提交试卷结构的说明，并在考试举行前一年的完整米迦勒学期第五天前送达。考生须在划分该学期之前得到学部委员会对其所选主题

---

① 2008—2009 学年此试卷停止使用。

② 从 2009 年 10 月 1 日起，尖括号内的标题将替代方括号内的标题。

③ 该试卷已停止使用直至进一步的通知出台。

④ 除非考生在预考中已选择了相应的试卷，学部委员会不得允许其提交一篇主题论文。

的批准。

（3）主题论文以英文书写，但对原文献的引用应使用原语言。论文须提交打印版，除非有非罗马字体或符号字体而无法打印。如出现上述情况，可插入手写版或影印版。通常情况下，论文长度应介于 8000～10000 字之间（包括注释和附录，但不包括参考书目）。

（4）根据学部委员会批准的详细约定，考生须通过其导师向学部委员会秘书提交两份论文复印件并在考试举行前一年的完整四旬斋学期第二个周五前送达。每个考生都要签署声明表明该论文系自己的独立成果，除了声明中已注明的部分不包含其他实质上已用于其他类似目的的材料。

（5）可要求考生就其论文的主题接受口试。

补 充 规 章

试卷 3　语音学
这份试卷的考试包含笔试和实践部分。实践部分考查学生在语音学印象方法和数量方法方面的能力。

试卷 9　言语沟通的基础
这份试卷的考试包含笔试和一份 4000 字的计划。计划的提交时间为举行该考试的完整米迦勒学期的第一天。

语言学荣誉学位

新 条 例

2008 年 6 月 4 日第一号提案

1. 语言学荣誉学位包含三个部分：第一部分、第二部分 A 和第二部分 B。每部分有独立的优等生名册。

2. 未在荣誉学位考试中取得学位的学生，只要其已完成一学期且在其第一个住校学期后未满三个完整学期，可参加第一部分的考试。

3. 已在其他荣誉学位考试中取得学位的学生，只要其已完成四个学期且在其第一个住校学期后未满十二个完整学期，可在取得该学位次年参加第二部分 A 的考试。

4. 已在语言学荣誉学位第二部分 A 考试中取得学位的学生，只要其已完成七个学期且在其第一个住校学期后未满十五个完整学期，可在取得该学位次年参加第二部分 B 的考试。

5. 任何学生不得在同一学期内报考本荣誉学位多个部分考试或者本荣誉学位某部分和另一荣誉学位考试。

6. 任何学生不得重复报考本荣誉学位同一部分考试。

7. 近代和中世纪语言学学部委员会应任命其认为足够数量的考官以督导考试并有权就考试中的任何主题任命一名或多名评审官以协助考官。评审官须应要求为所辖主题设置试卷、给考生打分、评估主题论文并就考生在考试中的表现向考官提出建议。可召集评审官参加考官会议以备咨询和提供建议,但不得授予其投票权。

8. 每个考官或评审官设置的试卷都应提交给考官主席和另外一名考官审批。

9. 学部委员会有权:

(1) 实时发布补充条例以界定或限制考试的任一或全部主题,设定试卷的范围和性质,并有权根据形势需要修改或撤销此类补充规章。但任何此类变动都应予以充分公告以得到应有的关注。

(2) 确定每份试卷的分值,并为考官评估学生在考试中表现和制定优等生名册提供准则。

(3) 指明哪些试卷除了笔试以外还须包含课程作业或其他练习。考生应提交的课程作业或其他练习的有关细节以及提交时间由学部委员会实施确定。考生须签署声明表明该课程作业或其他练习系自己的独立成果,除了声明中已注明的部分不包含其他实质上已用于其他类似目的的材料。

10. 在每年复活节学期结束前,学部委员会须公告来年将举行的考试的可选主题。且如有恰当理由并确保不会对考生备考造成不利影响,学部委员会随后可对可选主题进行修改。

11. 荣誉学位每部分的优等生名册分为三个等级,其中第二等级又分为两个部分。第一和第三等级以及第二等级的两个部分中,考生姓名以字母表顺序排列。成绩优异者应予以特殊标记。

12. 语言学荣誉学位考试试卷分为 A、B、C 三组,具体如下:

A 组

试卷 1　发音和单词

试卷 2　结构和语义

试卷 3　语言、大脑和社会

试卷 4　英语的历史与种类

B 组

试卷 5　语音学

试卷 6　言语沟通的基础

试卷 7　音韵学与形态学

试卷 8　句法

试卷 9　语义学与语用学

试卷 10　历史语言学(也作为盎格鲁-撒克逊语、挪威语和凯尔特语荣誉学位第二部分的试卷 15)

试卷 11　语言理论

C 组

试卷 13　意大利语（近代和中世纪语言学荣誉学位试卷 It. 10）

试卷 14　西班牙语（近代和中世纪语言学荣誉学位试卷 Sp. 11）

试卷 15　德语历史的方方面面（近代和中世纪语言学荣誉学位试卷 Ge. 11）

试卷 16　法语历史（近代和中世纪语言学荣誉学位试卷 Fr. 13）

试卷 17　俄语历史（近代和中世纪语言学荣誉学位试卷 Ru. 9）

试卷 18　现代希腊语的历史与结构（近代和中世纪语言学荣誉学位试卷 Gr. 7）

试卷 19　罗马语（近代和中世纪语言学荣誉学位试卷 CS 1）

试卷 20　斯洛文尼亚语（近代和中世纪语言学荣誉学位试卷 CS 3）

试卷 21　实验心理学（自然科学荣誉学位第一部分 B 的实验心理学主题）

试卷 22　凯尔特语（盎格鲁-撒克逊语、挪威语和凯尔特语荣誉学位第二部分试卷 12）

试卷 23　希腊语（古典学荣誉学位第二部分试卷 E2）

试卷 24　拉丁语（古典学荣誉学位第二部分试卷 E3）

试卷 25　德语（盎格鲁-撒克逊语、挪威语和凯尔特语荣誉学位第二部分试卷 11）

13．语言学荣誉学位第一部分考生须提交试卷 1 至 4。

14．（1）取得语言学荣誉学位第一部分后参加第二部分 A 考试的考生须在试卷 5 至 10,13 至 21 中选择四份试卷提交。

（2）在其他荣誉学位考试中取得学位后并于下一年参加第二部分 A 考试的考生须提交：

① 试卷 1 和 2；

② 试卷 5 至 10,13 至 21 中的两份试卷。

但如果考生已在之前取得荣誉学位考试中提交过试卷 1 和 2 中的一份或全部,相应地应从试卷 5 至 10,13 至 21 中选择一份或两份试卷来作为替代。

15．参加第二部分 B 考试的考生须提交：

（1）试卷 11；

（2）试卷 5 至 10,13 至 25 中的两份试卷,但任何考生不得提交其已在其他荣誉学位考试中提交过的试卷；

（3）第 16 条规定的学位论文。

16．以下条款适用于根据第 15 条提交的学位论文：

（1）学位论文的主题应在 B 组试卷 5—10 的范围中选择。文学士论文主题不得与其拟在考试中选择试卷主题相同。

（2）想提交学位论文的学生应通过其导师向学部委员会秘书提交论文的主题和一份关于考试中将提交试卷构成的说明并在即将举行考试的前一个完整米迦勒学期第三个周五前送达。考生须在该完整学期结束前获得学部委员会对其所选主题的批准。

（3）学位论文以英文书写,但对一手文献的引用应使用原语言,并且提供英文翻译。论文须打印提交,除非有非罗马字体或符号字体而无法打印。如出现上述情况,可插入手写版或影印版。通常情况下,论文长度应介于 8000~10000 字之间(包括注释和附录,但不包括参考书目)。

（4）根据学部委员会批准的详细约定,考生须通过其导师向学部委员会秘书提交两份论文复印件并在即将举行考试的前一个完整四旬斋学期最后一周周五前送达。每个考生都要签署声明表明该论文系自己的独立成果,除了声明中已注明的部分不包含其他实质上已用于其他类似目的的材料。

（5）可要求考生就其论文的主题接受口试。

临 时 规 章

17. 语言学荣誉学位考试首次适用新条例的时间规定如下：
第一部分——2011 年,
第二部分 A——2011 年,
第二部分 8——2012 年。
语言学荣誉学位考试最后一次适用旧条例的时间为 2011 年。

管理研究荣誉学位

1. 管理研究荣誉学位仅包含一个部分。
2. 以下学生若在第一个住校学期后未满十二个学期,可报名参加管理研究荣誉学位考试：
（1）在首个住校学期后三个学期之内取得某项荣誉学位,且随后通过了预考的学生；
（2）在首个住校学期后第四、五或六个学期取得某项荣誉学位的学生。
3. 任何学生不得在同一学期内报考管理研究荣誉学位和另一荣誉学位考试。任何学生不得重复报考管理研究荣誉学位考试。
4. 商业与管理学部委员会应任命其认为足够数量的考官并可根据需要就考试中的任何主题任命一名或多名评审官以协助考官。评审官须设置试卷或部分试卷并就考生在这些主题上的表现向考官提出建议。可召集评审官参加考官会议以备咨询和提供建议,但不得授予其投票权。
5. 每个考官或评审官提出的问题都应提交给整个考官团体审批。
6. 取得学位的考生姓名分为三个等级,其中第二等级又分为两个部分。第一和第三等级以及第二等级的两个部分中,考生姓名以字母表顺序排列。成绩优异者应予以特殊标记。
7. 商业与管理学部委员会有权制定补充规章以界定或限制考试的任一或全部主题并根据形势需要修改或改变此类补充规章。其还有权确定每个试卷主题的分值和学生学习应遵守的方针。

8. 应设置以下试卷:
M1　市场营销和组织行为学
M2　定量方法和运营管理
M3　经济学和金融学

9. 每位考生都须提交全部三份试卷,并在完整复活节学期最后一周周五前就指定的项目向考官提交一份报告以证明自己的工业、商业经验或其他同等经验。论文不应超过 3000 字,注释和参考书目不算在内。完整四旬斋学期结束之前,考生应在贾奇管理学院主任宣告的已批准主题中选定自己的报告主题。报告应打印提交(除非已预先得到商务与管理学部委员会批准提交手写版)。考生须签署声明表明该报告系自己的独立成果,除了声明中已注明的部分不包含其他实质上已用于类似目的的材料。如果两个考生合作完成一个项目报告,还须指出各自的贡献。

10. 考官应考虑学生根据商业与管理学部委员会实时要求所做的课程作业。为此,贾奇管理学院主任应向考官提供一份有关考生课程作业的详细报告。考试举行前的完整米迦勒学期开始之前,考生须提交的课程作业详情应由学部委员会在贾奇管理学院内公示通知。

补 充 规 章

M1　市场营销和组织行为学
此试卷主要包含以下理论和实践方面的问题:市场营销、组织、工作中人的行为。

M2　定量方法和运营管理
此试卷主要包含以下方面的问题:管理中用到的定量方法、运营管理。

M3　经济学和金融学
此试卷主要包含以下方面的问题:公司和市场经济学、金融学理论、财务会计学。

制造工程学荣誉学位

根据公示修订(2007—2008 学年《剑桥大学通讯》,第 496 页)

1. 制造工程学荣誉学位包含两个部分,每一部分应有独立的优等生名册。
2. 已取得工程学第一部分 B 荣誉学位或化学工程学荣誉学位第一部分荣誉学位的考生可在其取得该学位的次年参加制造工程学荣誉学位第一部分的考试。但其还须已完成七个学期且在其第一个住校学期后未满十二个完整学期。
3. 特殊情况下,工程学学部委员会可特批在任一荣誉学位考试中取得学位的某考生参加制造工程学荣誉学位第一部分的考试。该生在此前的荣誉学位考试中的表现必须达到学部委员会的标准，且其还须已完成七个学期且在其第一个住校学期后未满十二个完整学期。

4. 根据工程学学部委员会批准的协定，学生如果在麻省理工学院学习了三个学期以上，且麻省理工学院校长在回答制造工程学荣誉学位第一部分考官主席的咨询时认为其在校期间学习勤奋并出具了相关证明，则应视该生已取得了此部分荣誉学位。此类人员的名单应由工程学学部委员会主席出具证明并刊发于《剑桥大学通讯》上。

5. 任何已在制造工程学荣誉学位第一部分考试中取得学位或依据第4条视为已在制造工程学荣誉学位第一部分考试中取得学位的学生可在下一年或下下一年中参加第二部分的考试，恰好为取得第一部分学位次年的情况除外。且学生须：

（1）在此前的荣誉学位考试中达到学部委员会要求的标准；

（2）未继续攻读文学士学位。

另外，还要求该生第一个住校学期后尚未满十五个完整学期。

6. 任何学生不得在同一学期内报考本荣誉学位任一部分考试和另外一项荣誉学位考试。

7. 工程学学部委员会应为荣誉学位每部分任命其认为足够数量的考官。每部分的考官应选出一人任主席。学部委员会应为荣誉学位每部分任命一名或多名评审官以协助考官。评审官的职责包括下列事务中的一项或全部：按要求设置试卷；给考生打分并就考生在考试中的表现向考官提出建议，具体职责由考官确定。考官如作出要求，评审官须参加考官会议以备咨询并提供建议，但没有投票权。

8. 荣誉学位每部分中，每个考官或评审官提出的问题都应提交给整个考官团体审批。

9. 考官应考虑学生根据商业与管理学部、工程学学部委员会实时要求所做的课程作业。为此，工程学院院长应向考官提供一份有关考生课程作业的详细报告。考试举行前的完整米迦勒学期开始之前，考生须提交的课程作业详情应由工程学学部委员会在工程学院内公示通知。

10. 在荣誉学位第一部分中取得学位的考生姓名应分为三个等级，其中第二等级又分为两个部分。第一和第三等级以及第二等级的两个部分中，考生姓名以字母表顺序排列。在第一部分考试中表现突出者应予以特殊标记。在荣誉学位第一部分中取得学位的考生姓名仅列在一个等级中，以字母表顺序排列。考官认为应得到特别表扬的考生姓名应予以特殊标记。记号 d 代表表现卓越，记号 m 代表表现值得嘉奖。

11. 工程学学部委员会有权制定补充规章以界定或限制试卷的范围和性质，并在其认为适当的情况下实时修改此类补充规章。补充规章的任何变动应在划分复活节学期之前予以公示，次年生效。

第 一 部 分

12. 第一部分考试包含五份笔试试卷,具体规定如下:
试卷 P1 设计与制造
试卷 P2 制造系统的组织与控制
试卷 P3 管理经济学、会计学和金融学
试卷 P4 工程材料及加工
试卷 P5 人力资源

13. 考生若想取得荣誉学位第一部分的考试资格,其工业经验或学部委员会实时确定的其他经验须达到考官的要求。关于学生经验的声明应由工程学院院长出具证明。

第 二 部 分

14. 第二部分考试包含两份笔试试卷。

补 充 规 章

第 一 部 分

试卷 P1 设计与制造
此试卷主要包含以下方面的问题:功能设计与制造,设计程序,制造要素及系统设计,工业工程学。

试卷 P2 制造系统的组织与控制
此试卷主要包含以下方面的问题:机器、操作和企业的控制与整合,制造中信息系统的运用。

试卷 P3 管理经济学、会计学和金融学
此试卷主要包含工业管理中经济学和金融学方面的问题。

试卷 P4 工程材料及加工
此试卷主要包含以下方面的问题:材料加工的原则与分析,设计的综合性,制造流程,工程组件的性能。

试卷 P5 人力资源
此试卷主要包含以下方面的问题:组织理论和行为,国际人力资源管理和雇佣。

第 二 部 分

试卷 1 主要包含制造中技术方面的问题。
试卷 2 主要包含制造中管理方面的问题。

数学荣誉学位

根据公示修订(2007—2008 学年《剑桥大学通讯》,第 264 页)

1. 数学荣誉学位包含四个部分:第一部分 A、第一部分 B、第二部分和第三部分。

2. 学部委员会应为荣誉学位每部分任命其认为足够数量的考官,为每部分考试任命一名或多名评审官。评审官的职责如下:应考官要求为所辖试卷设置问题;给考生整份或部分试卷打分并就考生在考试中的表现向考官提出建议。可召集评审官参加考官会议以备咨询和提供建议,但不得授予其投票权。

第一部分 A

3. 考生可在以下两项中选择一项:
(1) 纯数学与应用数学
(2) 物理数学

第一部分 A 的考试包含五份试卷。数学学部委员会应确定如何在各份试卷中分配不同主题的问题。

4. 每个考生都须提交试卷 1、2 和 3,此外还要按照下列要求再提交一份试卷:

(1) 选择第(1)项的考生须提交试卷 4。

(2) 选择第(2)项的考生须提交数学荣誉学位试卷 5,并应依据计算机科学荣誉学位第 11 条的规定提交一组实验作业。

(3) 提交第(3)项的考生须提交自然科学荣誉学位第一部分 A 的物理主题(包括笔试试卷和记录本)。

5. 以下人员可报考荣誉学位第一部分 A 的考试:

(1) 已完成一学期的学生,且在其第一个住校学期后未满三个完整学期;

(2) 已在其他荣誉学位考试中取得学位的考生,且在其第一个住校学期后未满九个完整学期,在其取得学位的次年可报考本荣誉学位考试。

任何学生不得重复报考第一部分 A 的考试。

6. 在考试中取得学位的考生姓名应分为三个等级,其中第二等级又分为两个部分。第一和第三等级以及第二等级的两个部分中,考生姓名以字母表顺序排列。选择"物理数学"并达到考官要求的考生姓名前应标以记号 p。

第一部分 B

7. 第一部分 B 的考试包含四份试卷。数学学部委员会应确定如何在各份试卷中分配不同主题的问题。

8. 已在其他荣誉学位考试中取得学位的考生,且在其第一个住校学期后未满十二个完整学期,在其取得学位的次年可报考本荣誉学位考试。① 任何学生不得重复报考第一部分 B 的考试。

9. 第一部分 B 的考生可提交一份记录本,其中记录了自己所做的实践工作。此类实践工作由数学学部委员会实时指定;其操作程序应遵循有关指示。指示由该实践工作开展地的学院院长在不晚于考试举行前一年划分米迦勒学期之前公布。为表诚信,每位考生在提交其工作记录的同时,还应提交一份声明表明自己遵守了相关指示。学院院长须向考官提供一份关于学生工作的评估书。考官在起草优等生名册时应将此评估书考虑在内。可对考生就其所提交工作记录进行口试。

10. 在考试中取得学位的考生姓名应分为三个等级,其中第二等级又分为两部分。第一和第三等级以及第二等级的两个部分中,考生姓名以字母表顺序排列。

11. 根据数学学部委员会批准的协定,学生如果在麻省理工学院学习了三个学期以上,且麻省理工学院校长在回答数学荣誉学位第一部分 B 的考官主席的咨询时认为其在校期间学习勤奋并出具了相关证明,则应视该生已取得了此部分荣誉学位。此类人员的名单应由数学学部委员会主席出具证明并刊发于《剑桥大学通讯》上。

第 二 部 分

12. 第二部分的考试包含四份试卷。数学学部委员会应确定如何在各份试卷中分配不同主题的问题。

13. 已在其他荣誉学位考试(数学荣誉学位第一部分 A 除外)中取得学位的考生,只要其已完成四个学期,且在其第一个住校学期后未满十二个完整学期,可在取得该荣誉学位的下下一年报考本荣誉学位考试。② 任何考生不得重复报考数学荣誉学位第二部分考试。

14. 第二部分的考生可提交一份记录本,其中记录了自己所做实践工作。此类实践工作由数学学部委员会实时指定;其操作程序应遵循有关指示。指示由该实践工作开展地的学院院长在不晚于考试举行前一年划分米迦勒学期之前公布。为表诚信,每位考生在提交其工作记录的同时,还应提交一份声明表明自己遵守了相关指示。学院院长须向考官提供一份关于学生工作的评估书。考官在起草优等生名册时应将此评估书考虑在内。可对考生就其所提交工作记录进行口试。

15. 在考试中取得学位的考生姓名应分为三个等级:第一等级、第二等级和第三等级,其中第二等级又分为两个部分。第一和第三等级以及第二等级的两个部分中,考生姓名以字母表顺序排列。

---

① 亦可参见附属学生条例。
② 同上。

第 三 部 分

16. 第二部分的考试包含笔试试卷和可选的论文，每份笔试试卷用时 2 或 3 小时。在考试举行前一年的 11 月 1 日前，学部委员会须公布将设置笔试试卷的份数、主题和考试时长。学部委员会成员可在考试举行前一年划分米迦勒学期前向学部委员会秘书请求增设一份或多份笔试试卷。该成员须负责准备一份计划书，内含课程大纲；且如果考官要求，该成员应负责设置并批阅试卷。考试举行前一年的米迦勒学期结束前，学部委员会须公布其批准增设的每份试卷的主题和考试时长。

17. 每位考生都应通过教务长向考官主席提交一份其拟提交的试卷题目并在考试举行当年的完整复活节学期第二个周五前送达。考生所提交试卷的总时长不得超过 19 个小时；且根据第 19 条的规定提交了一篇论文的考生，其所提交试卷总时长不得超过 16 个小时。

18. 考官应在考试举行前一年的完整米迦勒学期结束前公布论文可选的主题。除已公布的主题以外，考生可在考试举行前一年的 2 月 1 日前通过教务长向学部委员会秘书请求增加某论文主题。考试举行前一年的 5 月 1 日前，考官须公布其批准增加的主题。

19. 考生可在已公布的主题中任选一个提交一篇论文。有此意愿的学生须在考试举行当年的前四分之一复活节学期结束前通过教务长告知考官主席。论文须在完整复活节学期第二个周五前通过教务长提交至考官主席处。每篇论文都须注明参考资料，开头应有一段声明表明该论文系自己的独立成果，除了声明中已注明的部分不包含其他实质上已用于其他类似目的的材料。考官主席有权自行决定就考生论文的主题对其进行口试。

20. 在第一个居住期后第四个学期之后取得其他荣誉学位的学生可参加本荣誉学位第三部分的考试，但该生必须已完成了七个学期，且在其第一个居住期后未满十二个完整学期。

21. 任何学生不得重复报考本荣誉学位第三部分考试，不得在同一学期内报考本荣誉学位第三部分考试和另一荣誉学位考试。

22. 不满足第 20 条所规定的本部分考生资格的学生，如果数学系学位委员会认为其准备充分，也可授予其在下列时间参加第三部分考试的资格，但不得取得学位。

（1）如该生未在其他荣誉学位考试中取得学位，第一个居住期后的第一、二或三学期；

（2）如该生此前已达到文学士学位要求，返校居住期后的第一或第二学期。

23. 在第三部分考试中取得学位的考生姓名应按字母表顺序排列在一个等级中。在该优等生名册中，根据第 24 条（1）有资格取得"高等数学证书"的考生姓名前应标上字母 c。此类考生如果依据第 22 条（1）或（2）提出申请并达到考官要求，则应在优等生名册上附上一份名册，并冠以如下开头：以下人员（非荣誉学位考生)已达到荣誉学位标准并授予其取得"高等数学证书"的资格。每份名册中,考官认为成绩优秀的考生姓名应予以特殊标记。记号 d 代表表现卓越,记号 m 代表表现值得嘉奖。

24. 已完成三个以上学期并满足以下条件的学校成员可被授予"高等数学证书":

(1) 之前已达到文学士学位的要求,根据第 20 条取得荣誉学位考生资格并取得第三部分荣誉学位;或

(2) 根据第 22 条(1)或(2)参加考试并达到荣誉学位要求但不取得学位。

根据第 20 条参加荣誉学位考试的考生也可将其之前完成的学期算作此处"高等数学证书"要求的期限之内。

25. 证书格式如下:

兹证明:

该生勤奋学习了高等数学的课程,学校批准其参加考试并由考官批准获得①和"高等数学证书"。

医学和兽医学荣誉学位

总　　章

1. 医学和兽医学荣誉学位包含两个部分:第一部分 A 和第一部分 B。

2. 以下人员可成为荣誉学位第一部分 A 的考生:

(1) 未在任何荣誉学位考试中取得荣誉学位的学生,且其已完成一个学期,且在其第一个住校学期后未满三个完整学期。②

(2) 已在其他荣誉学位考试中取得荣誉学位的学生,且在其第一个住校学期后未满九个完整学期,可在取得该学位的下一年参加本部分考试。

3. 已在医学和兽医学荣誉学位第一部分 A 考试中取得学位的考生,若在其第一个住校学期后未满十二个完整学期,可在取得该学位的下一年参加荣誉学位第一部分 B 的考试。

4. 尽管第 2 条和第 3 条有所规定,但不符合上述条件的学生也可以参加第一部分 A 和第一部分 B 的考试,不过不得取得学位。该生参加考试是为了取得以后参加医学学士结业考试或兽医学学士结业考试第一部分资格。

5. 任何学生不得在同一学期内报考本学位两个部分的考试,或报考本荣誉学位任一部分和另外一项荣誉学位考试。

6. 任何学生不得重复报考本荣誉学位同一部分的考试。

7. 生物学学部委员会有权实时发布补充规章以界定或限制第一部分 A 和

---

① 如果考生成绩优秀应在此处填入特殊标记。
② 亦可见附属学生条例。

第一部分B考试的任一或全部主题。补充规章的任何变动都应予以充分公告以得到应有的关注。

8. 应分别为每部分考试设立考官团体。须根据生物学学部委员会的提名为每个团体任命一名考官主席和一名主席助理。

9. 针对每部分考试的每个主题，应任命一名高级考官和适当数量的考官和评审官以督导考试。考官由生物学学部委员会任命。

10. 每个主题的考官须对该主题下所有问题负责。每个考生关于任何主题的答卷都要由至少两名负责该主题的考官批阅，每个主题的所有考官共同对该主题的成绩负责。每项口试或实践考试须由至少两名考官或一名考官和一名评审官督导。考官须考虑学生作答的形式和方法，并对这些方面表现突出者予以加分。

11. 评审官须为所辖主题设置问题、批阅考生答卷并据此向考官报告。可要求评审官协助考官组织实施口试或实践考试。可召集评审官参加考官会议以备咨询和提供建议，但不得授予其投票权。

12. 考官主席须将所有考生成绩发送给教务长。

13. 依据第4条提出申请并达到规定要求的考生姓名应由考官公布，开头如下：以下人员（非荣誉学位考生）已达到荣誉学位标准。

第一部分A

14. 第一部分A考试包含以下主题：
机体的功能体系结构（FAB）
体内平衡（HOM）
医学分子学（MIMS）
兽医解剖学与生理学（VAP）

15. 每个主题的考试至少包含两份笔试试卷或一份笔试试卷和一项实践考试。考试涵盖下文中列出的Ⅰ、Ⅱ、Ⅲ三部分。另外，体内平衡主题的考试还须提交一份记有考生所做实践工作的记录本。

（1）体内平衡主题的考试包括以下内容：

① 一份用时3小时的笔试试卷，包含论文题（第Ⅲ部分）和必答的简答题（第Ⅰ部分）[①]；允许考生用1小时来完成第Ⅰ部分；

② 一项用时2小时的实践考试（第Ⅱ部分）；

③ 提交一份记有考生所做实践工作的记录本；此记录本应在划分复活节学期之前提交给考官检查且记录本上须有实践指导老师的签名。

（2）医学分子学主题的考试包括以下内容：

① 一份用时3小时的笔试试卷，包含论文题（第Ⅲ部分）和必答的简答题

[①] 对于第一部分A的每个主题，考试第Ⅰ和第Ⅱ部分也作为医学学士二级考试或兽医学学士二级考试对应主题的试题。

（第 I 部分）；允许考生用 1 小时来完成第 I 部分；

② 一份用时 2 小时的笔试试卷。

（3）机体的功能体系结构主题和兽医解剖学与生理学主题的考试都包括：

① 一份用时 3 小时的笔试试卷，包含论文题（第 III 部分）和必答的简答题（第 I 部分）；允许考生用 1 小时来完成第 I 部分；

② 一项用时 2 小时的实践考试（第 II 部分）。

16. 每个主题考试的总分应一致；第 I 部分和第 II 部分的总分应为整个主题考试总分的一半。

17. 每个考生都应选择体内平衡主题和医学分子学主题，并在机体的功能体系结构主题和兽医解剖学与生理学主题中任选其一。

18. 在荣誉学位第一部分 A 考试中取得学位的考生姓名分为三个等级，每个等级中考生姓名按字母表顺序排列。

第一部分 B

19. 第一部分 B 考试包含以下主题：

疾病生物学（BOD）

脊椎比较生物学（CVB）

人类繁衍（HR）

药物作用机制（MODA）

动物行为的神经生物学（NAB）

人类行为的神经生物学（NHB）

兽医生殖生物学（VRB）

20. 每个主题的考试包含一份笔试试卷和一项实践考试，涵盖下文中列出的 I、II、III 三部分。

（1）疾病生物学主题和药物作用机制主题的考试都包括以下内容：

① 一份用时 3 小时的笔试试卷，包含论文题（第 III 部分）和必答的简答题（第 I 部分）[①]；允许考生用 1 小时来完成第 I 部分；

② 一项用时 2 小时的实践考试（第 II 部分）。

（2）动物行为的神经生物学主题和人类行为的神经生物学主题的考试都包括以下内容：

① 一份用时 3 小时的笔试试卷，包含论文题（第 III 部分）和必答的简答题（第 I 部分）；允许考生用 1 小时来完成第 I 部分；

② 一项用时 1 小时的实践考试（第 II 部分）。

（3）兽医生殖生物学主题和人类繁衍主题的考试都包括以下内容：

① 一份用时 2.5 小时的笔试试卷，包含论文题（第 III 部分）和必答的简答题

---

① 对于第一部分 A 的每个主题，考试第 I 和第 II 部分也作为医学学士二级考试或兽医学学士二级考试对应主题的试题。

(第Ⅰ部分);允许考生用1小时来完成第Ⅰ部分;

② 一项用时1小时的实践考试(第Ⅱ部分)。

(4)脊椎比较生物学主题的考试包括以下内容:

① 一项用时1.5小时的笔试和实践综合考试,包含的必答简答题(第Ⅰ部分)和一项实践考试;允许考生用1小时来完成第Ⅰ部分;

② 一份用时1.5小时的笔试试卷,包含论文题(第Ⅲ部分);

③ 口试。

实践考试和口试都属于第Ⅱ部分。

21. 每位考生都须选择:

(1)列表A中每个主题的笔试试卷和实践考试,并再提交一份用时3小时的笔试试卷(特别选项),这份笔试试卷包含有关列表A中每个主题的问题;或

(2)列表B中每个主题的笔试试卷和实践考试。

列表A

疾病生物学(BOD)

人类繁衍(HR)

药物作用机制(MODA)

人类行为的神经生物学(NHB)

列表B

疾病生物学(BOD)

兽医生殖生物学(VRB)

药物作用机制(MODA)

动物行为的神经生物学(NAB)

脊椎比较生物学(CVB)

22. 每个主题考试的总分分配如下:

疾病生物学(BOD)	10
脊椎比较生物学(CVB)	8
人类繁衍(HR)	8
药物作用机制(MODA)	10
动物行为的神经生物学(NAB)	10
人类行为的神经生物学(NHB)	10
兽医生殖生物学(VRB)	8
特别选项试卷	8

每个主题的考试中,第Ⅰ部分和第Ⅱ部分的总分应为整个主题考试总分的一半。

23. 学部委员会应在考试举行前一年划分复活节学期之前公布特别选项试卷所涵盖主题。但如有适当理由并确保不会对学生备考造成不利影响,学部委员会有权随后做出修改。学部委员会有权:

(1)在公布特别选项时,对准许提交该特别选项试卷的人数作出限制;

(2) 在某特别选项试卷选择人数超过限制时,给学生安排另一个特别选项考试。

24. 在荣誉学位第一部分B考试中取得学位的考生姓名分为三个等级,其中第二等级又分为两个部分,第一和第三等级以及第二等级的两个部分中,考生姓名按字母表顺序排列。

补 充 规 章

第一部分 A

机体的功能体系结构(FAB)

第 I 部分是必答的简答题,考查以下方面的问题:组织解剖学,器官形成知识,人体的结构、功能和实用剖析。第 II 部分是实践考试,也包含类似的知识。第 III 部分要求学生写论文。

体内平衡(HOM)

第 I 部分是机读简答题,考查以下方面的问题:神经和神经肌肉传导、肌肉、自主神经系统、心血管系统、呼吸作用、肾、盐水平衡、消化、吸收以及体温调节。第 II 部分包含实验生理学和组织学实践工作方面的问题。第 III 部分是论文题。考生还须提交记录实践工作的记录本[见第 15 条(1)③]。

医学分子学(MIMS)

该考试测试学生对于医学分子学课程材料的了解与理解。第 I 部分是有关讲座材料的简答题。第 II 部分是实践方面的问题,包括怎样解读与运用数据。第 III 部分是论文题,包含 A、B、C 三个子部分,每部分有一组可选的问题。考生须在每个子部分中选择一个问题作答。子部分 A 主要考查米迦勒学期中的讲座内容;子部分 B 主要考查四旬斋和复活节学期中的讲座内容;子部分 C 涵盖所有讲座和实践课程的内容。第 III 部分旨在考查考生的整体理解而非细节知识。

兽医解剖学与生理学(VAP)

第 I 部分是机读简答题,考查以下方面的问题:家养哺乳动物解剖,食草型哺乳动物肠胃系统的结构和功能。第 II 部分包含相关实践工作方面的问题。第 III 部分要求学生在不超过八个选项中选择书写二或三篇短文。

第一部分 B

疾病生物学(BOD)

疾病生物学考试从异常生物学的角度对学生进行考核,包括:活体细胞、组织和器官的结构与功能出现的变异,寄生虫、细菌和病毒生物学。第 I 部分是有关讲座材料的必答简答题。第 III 部分是论文题。第 II 部分是一项用时 2 小时的实践性考试,包含实验室操作以及实践和疑难解决方面的问题。

脊椎比较生物学(CVB)

此考试考查以下方面的知识:鸟类、鱼类、两栖和哺乳动物的结构与功能,实验动物的种类。

人类繁衍（HR）

第 I 部分是必答的简答题。第 II 部分是实践问题。第 III 部分是一份笔试试卷，包含以下方面的论文问题：生殖生物学，繁衍的社会和伦理问题，生殖活动对人口的影响。

药物作用机制（MODA）

药物作用机制第 I 和 III 部分的考试考查以下方面的知识：药物对整个有机体和哺乳系统的作用，细胞层、亚细胞层和分子层上药物的作用方式。第 I 部分是必答的简答题。第 III 部分是论文题。第 II 部分是实践性考试，包含数据运用和疑难解决方面的问题，实验室操作不在此部分考核范围内。三个部分都会涉及统计程序方面的基本知识。

动物行为的神经生物学（NAB）

药物作用机制考试考查以下方面的知识：中枢神经系统的结构和功能，特殊感官，神经药理学和动物尤其是家养动物的行为。第 I 部分有一部分或全部是必答的简答题。第 III 部分是论文题。第 II 部分考查考生对神经解剖学实验神经心理学方面的实践性知识，涉及统计程序方面的基本知识。

人类行为的神经生物学（NHB）

药物作用机制考试考查以下方面的知识：中枢神经系统的结构和功能，特殊感官，神经解剖学，实验心理学及其在药物上的一些应用。特别主题有：神经药理学，学习和记忆，知觉和信息处理，智力及其发育，情绪及其心理基础，社会心理学。第 I 部分有一部分或全部是必答的简答题。第 III 部分是论文题。第 II 部分考查考生对神经解剖学实验神经心理学方面的实践性知识，涉及统计程序方面的基本知识。

兽医生殖生物学（VRB）

此考试第 I 部分是机读简答题，考查哺乳动物尤其是家养哺乳动物生殖系统的结构和功能方面的知识。第 II 部分考查相关实践工作方面的问题，可能包含一项数据运用练习。第 III 部分是论文题。

近代和中世纪语言学

根据公示修订（2007—2008 学年《剑桥大学通讯》，第 401 页和 582 页）

总　章

1. 近代和中世纪语言学荣誉学位包含三个部分：第一部分 A、第一部分 B 和第二部分。

2. 以下人员可成为荣誉学位第一部分 A 的考生：

（1）未在任何荣誉学位考试中取得荣誉学位的学生，且其已完成一个学期，

且在其第一个居住期后未满三个完整学期;

(2) 已在其他荣誉学位考试中取得荣誉学位的学生,且在其第一个居住期后未满九个完整学期,可在取得该学位的下一年参加本部分考试。

3. 以下人员可成为荣誉学位第一部分 B 的考生:

(1) 已在近代和中世纪语言学荣誉学位第一部分 A 考试中取得学位的考生,可在取得该学位的下一年参加本部分考试。

(2) 已在其他荣誉学位考试中取得荣誉学位的学生,若其已完成四个学期,且在其第一个居住期后未满九个完整学期,则经过近代和中世纪语言学学部委员会事先批准,可在取得该学位的下一年参加本部分考试。

4. 以下人员可成为荣誉学位第二部分的考生:

(1) 已在近代和中世纪语言学荣誉学位第一部分 B 考试或其他荣誉学位考试中取得学位且随后根据第 28 条和第 29 条的要求在国外学习了一段时间的考生,若其已完成七个学期,且在其第一个居住期后未满十五个完整学期,可在取得该学位的下下一年参加本部分考试。

(2) 已在其他荣誉学位考试中取得学位的学生,若其已完成七个学期,且在其第一个居住期后未满十二个完整学期,可在取得该学位的下一年参加本部分考试。

(3) 特殊情况下,已在近代和中世纪语言学荣誉学位第一部分 B 考试中取得学位的考生可在取得该学位的下一年参加本部分考试。这种情况下,考生须在其拟参加考试的前一年划分四旬斋学期之前向学部委员会提出申请。此类考生须提交第 24 条(2)中所列试卷。

(4) 符合第 24 条(4)规定的附属学生可成为本部分考生;根据第 24 条(5)和附属学生条例得到近代和中世纪语言学学部委员会批准,附属学生可成为本部分考生。

5. 任何学生不得在同一学期内报考本学位两个或以上部分的考试,或报考本荣誉学位任一部分和另外一项荣誉学位考试。

6. 任何学生不得重复报考本荣誉学位同一部分的考试。

7. 除非列表 A 中另有规定,每部分考试中的笔试试卷均用时 3 小时。

8. 应针对每部分考试分别设立考官团体。学部委员会有权任命一名考官参加多个部分考试的督导工作。学部委员会应在常驻考官中任命其认为足够数量的高级考官。

9. 学部委员会有权就考试中的任何主题任命一名或多名评审官以协助考官。评审官须应要求为所辖主题设置试卷、给考生打分、评估主题论文、项目报告和课程作业并就考生在考试中的表现向考官提出建议。可召集评审官参加考官会议以备咨询和提供建议,但不得授予其投票权。

10. 在每一部分中,对于考生拟报考的每门现代语言,学部委员会至少须任命两名考官以督导考试。学部委员会有权任命任何考官参加多门语言考试的督导工作。

11. 对于第一部分 A 和第一部分 B 中的古拉丁语和古希腊语考试,学部委员会须任命其认为足够数量的考官。

12. 对于荣誉学位考试的每一部分,考官主席和高级考官须举行一次或多次会议。会上,笔试试卷的问题和口试的主题应由相关高级考官呈交考官主席和高级考官共同审批。

13. (1)考官或评审官须评估考生依据第 16 条提交的课程作业。除非另有规定,考生的笔试试卷答案和其他课程作业以英文书写。

(2)每位考生在每门语言中的口试由两名考官或评审官实施。

14. 第一部分 A 应有独立的优等生名册。该名册是由考官主席和负责该语言的考官(包括高级考官)开会制定出来的。每份名册都应注明考生是否选择了选项 A 或选项 B。其他两部分也应分别设立优等生名册,由该部分考官开会制定。

15. 在荣誉学位考试中取得学位的考生姓名应分为三个等级,其中第二等级又分为两个部分。第一和第三等级以及第二等级的两个部分中,考生姓名以字母表顺序排列。以下情况应予以特别标记:

第一部分 A 中任一门语言成绩优秀。

第一部分 B 和第二部分中总体成绩优秀。

第二部分中口试成绩优秀。[①]

对于从试卷 GL9、GL10、GL20 或 GL21 中提交了一份试卷的考生,考官主席在决定该生在优等生名册中的位置时,应对精通者予以表扬。提交了试卷 GL9、GL10、GL20 或 GL21 中之一,并得到考官表扬的考生,其姓名前应根据情况标上 G 或 L 的字样。提交了试卷 GL9、GL10、GL20 或 GL21 中之一,并达到了考官要求的考生,其姓名前应根据情况标上 g 或 l 的字样。

16. 学部委员会有权:

(1)实时发布补充规章以界定或限制考试的任一或全部主题,设定试卷的范围和性质;并有权根据形势需要修改或撤销此类补充规章。但任何此类变动都应予以充分公告以得到应有的关注。

(2)确定每份试卷的分值,并为考官评估学生在考试中表现和制定优等生名册提供准则。

(3)指明哪些试卷除了笔试以外还须包含课程作业或其他练习。考生应提交的课程作业或其他练习的有关细节以及提交时间由学部委员会实施确定。考生须签署声明表明该课程作业或其他练习系自己的独立成果,除了声明中已注明的部分不包含其他实质上已用于其他类似目的的材料。

17. 每年学部委员会都应就考试可选主题的所有变动发布公告,具体时间要求如下:

(1)第一部分 A 和第一部分 B 笔试——相关考试举行前一年的复活节学期

---

① 这类标记应注明口试所使用的语言。

结束前；

（2）第二部分笔试——相关考试举行前一年划分复活节学期前；

（3）第二部分口试——口试举行前一日历年度划分复活节学期前。

但如有适当理由并确保不会对学生备考造成不利影响，学部委员会有权随后做出修改。在公告特定考试可选主题的变动时，限定考生可提交的试卷组合以及考生提交论文的可选主题。

18. 考试所用语言如下：

（1）荣誉学位每部分考试中，列表 A 的笔试和口试应以下列现代语言进行：德语、法语、意大利语、现代希腊语、葡萄牙语、俄语和西班牙语。第二部分的试卷 C1 和 C2 考试应以中古拉丁语进行。

（2）列表 B 中的第一部分 B、第二部分试卷、语言学和类似科目的考试应以中古拉丁语[①]和近代拉丁语进行。

（3）列表 C 中规定的第一部分 A 和第一部分 B 试卷考试应以古希腊语和古拉丁语进行。

（4）第二部分中允许考生从其他荣誉学位考试中选取的试卷在列表 D 中给出。

19. 荣誉学位任一部分的考生不得提交其已在学校其他考试中提交过的试卷。

第一部分 A

20. （1）对于第 18 条（1）规定的每门现代语言（法语除外），第一部分 A 的考试由下文中的 A 选项或 B 选项组成。而法语考试，仅可由 B 选项组成。

选项 A. 试卷 A1、A2 和 A3。

口试 A。

选项 B. 试卷 B1 和 B2。

口试 B。

和相关语言有关的列表 IA 中的一份试卷。

（2）第一部分 A 古希腊语和古拉丁语考试由 A 选项（仅古拉丁语可选）或 B 选项（古希腊语和古拉丁语皆可选）组成。规定如下：

选项 A. 试卷 GL2、GL5 和 GL6。

选项 B. 试卷 GL1、GL3、GL5 和 GL6。

古希腊语考试的考生还须提交试卷 GL7；古拉丁语考试的考生还须提交试卷 GL8。

21. 根据第 19 条的规定，第一部分 A 的考生须选择：

两门现代语言，或一门现代语言以及古希腊语和古拉丁语中的一门。

考生可在一门语言考试中选择 A 选项，而在另一门中选择 B 选项；或在两门

---

① 除非有进一步的通知，此类试卷不可选。

语言考试中都选择 B 选项。

22. 考生须在两门语言考试中都达到荣誉学位标准,才能取得第一部分 A 荣誉学位。

第一部分 B

23. 根据第 19 条的规定,第一部分 B 的考生须提交以下笔试试卷和其他练习:

(1) 在第一部分 A 中选考两门现代语言的考生,若在一门中选择 A 选项在另一门中选择了 B 选项,则其在第一部分 B 中须:

① 提交试卷 B1 和 B2,口试 B;语言同其之前在选项 A 中所选。

② 从与相关语言有关的列表 IB 中选择一份试卷。①

③ 再从列表 IB 中选择一份试卷。

④ 从列表 IB 中再选择一份试卷或选择试卷 B3,语言同其之前在选项 B 中所选。

(2) 在第一部分 A 中选考两门现代语言的考生,若在两门中都选择 B 选项,则其在第一部分 B 中须提交两门语言的试卷 B3 以及列表 IB 中的三份试卷。

(3) 在第一部分 A 中选考一门现代语言以及古希腊语和古拉丁语中一门的考生,其在第一部分 B 中须提交的试卷见补充规章规定。

(4) 对于根据第 3 条(2)②参加第一部分 B 考试的考生,学部委员会有权根据上述(1)或(2)的规定决定其须提交的试卷。

考生可提交一组(三篇)小论文来替代列表 IB 中的指定试卷,每篇小论文字数介于 1500～2000 之间。所有小论文的主题应与试卷范围一致并须遵守试卷规范。考试举行前一年划分米迦勒学期之前,系或学院须发布详细指示,列明整个论文组合必须包括的内容和主题以及其他要求。考生必须声明论文是自己的成果。论文应以英文说明所做的工作,连同研究指导老师的评论一起提交。考生不得对研究指导老师的评论做任何修改。根据学部委员会批准的详细协议,考生应在考试举行当年完整复活节学期第一周周五前将论文提交至学部委员会秘书处。可对考生就其组合的内容进行口试。

第 二 部 分

24. 根据第 19 条的规定,第二部分考生须提交以下笔试试卷和其他练习:

(1) 根据第 4 条(1)③参加第二部分考试的学生须:

① 提交任何语言的试卷 C1 和 C2,两份试卷所选语言可以不同。

---

① 见列表 IB 的附注。
② 这是指在除近代和中世纪语言学第一部分 A 以外其他荣誉学位考试中取得学位的考生。
③ 这是指已在近代和中世纪语言学荣誉学位第一部分 B 考试或其他荣誉学位考试中取得学位且随后根据第 28 条和第 29 条的要求在国外学习了一段时间,并在其取得学位的下下一年参加第二部分考试的学生。

② 根据第 27 条的规定提交一年的国外项目报告。

③ 从列表 II 和列表 D 中选择三份试卷，其中从列表 D 中选择的试卷不得超过两份；

或从列表 II 和列表 D 中选择两份试卷，再根据第 27 条的规定提交一篇学位论文。

④ 接受一项口试，语言为考生在试卷 C1 或 C2 中选择的语言。如果考生在近代和中世纪语言学荣誉学位第一部分 B 考试中取得学位后参加本部分考试，则其所选语言应与其在第一部分 B 中所选语言一致。针对此规章，学部委员会规定下述试卷组合构成一门语言的考试：Du5、Gr3 和 Pg3。

（2）根据第 4 条（3）①参加第二部分考试的学生须：

① 提交任何语言的试卷 C1 和 C2，两份试卷所选语言可以不同。

② 从列表 II 和列表 D 中选择三份试卷，其中从列表 D 中选择的试卷不得超过两份；

或从列表 II 和列表 D 中选择两份试卷，再根据第 27 条的规定提交一篇学位论文。

③ 接受一项口试，语言为考生在试卷 C1 或 C2 中选择的语言。如果考生在近代和中世纪语言学荣誉学位第一部分 B 考试中取得学位后参加本部分考试，则其所选语言应与其在第一部分 B 中所选语言一致。针对此规章，学部委员会规定下述试卷组合构成一门语言的考试：Du5、Gr3 和 Pg3。

（3）根据第 4 条（2）②参加第二部分考试的学生须：

① 提交任何语言的试卷 C1 和 C2，两份试卷所选语言可以不同。

② 从列表 II 和列表 D 中选择三份试卷，其中从列表 D 中选择的试卷不得超过两份；

或从列表 II 和列表 D 中选择两份试卷，再根据第 27 条的规定提交一篇学位论文。

（4）在其第一个居住期后第五个学期参加考试的附属学生须：

① 提交任何语言的试卷 C1 和 C2，两份试卷所选语言可以不同。

② 根据第 27 条的规定提交一份项目报告。

③ 从列表 II 和列表 D 中选择三份试卷，其中从列表 D 中选择的试卷不得超过两份；

或从列表 II 和列表 D 中选择两份试卷，再根据第 27 条的规定提交一篇学位论文。

④ 接受一项口试，语言为考生在试卷 C1 或 C2 中选择的语言。

---

① 这是指已在近代和中世纪语言学荣誉学位第一部分 B 考试中取得学位，并在取得该学位的下一年参加第二部分考试的学生。

② 这是指已在除近代和中世纪语言学荣誉学位第一部分 B 以外其他荣誉学位考试中取得学位，并在取得该学位的下一年参加第二部分考试的学生。

(5) 在其第一个实际居住期后第二学期经学部委员会特许参加考试的附属学生应根据上述第(2)条提交试卷和其他练习。只是其中的口试 C 应以学部委员会授予该特许时规定的语言进行。

除非学部委员会特批,依据条例(1)③、(2)②、(3)②或(4)③提交学位论文的考生,不可再从列表 D 中选择两份试卷。因为列表 D 中的试卷也是以非笔试形式考核。

25. 依据第 4 条(1)和第 4 条(3)参加第二部分考试的考生,其在第一部分 B 考试中所选语言试卷 B3 的成绩或试卷 B1 和 B2 的总成绩如未达到学部委员会规定的通过标准,不得选择该门语言的试卷 C1 和 C2。

26. 特殊情况下,如考生导师提出申请,学部委员会有权批准学生免于参加第 24 条(1)、(2)和(3)规定的口试。笔试举行当年复活节学期第一天前,学部委员会秘书应将此类学生的名单发送给教务长。

27. (1)第 24 条规定的一年的国外项目报告和学位论文,须按照下列①—⑧条的规定提交:

① 每年依据第 24 条(1)② 提交的国外项目报告,其主题应属于近代和中世纪语言学领域,包括语言学和其他比较研究。依据第 24 条(1)③、(2)②、(3)②或(4)③ 提交的学位论文(下文称为"可选论文"),其主题应与列表 II 中某份试卷一致。

② 一年的国外项目报告

根据第 24 条(1)规定需要提交一年的国外项目报告的考生,须在考试举行前两年划分复活节学期后第一个工作日之前通知学部委员会秘书自己拟提交项目报告的主题及其大概领域。通知后,如果考生想修改自己的选择并提交一份主题与其原先所属领域不同的项目报告,必须在考试举行前一年划分完整四旬斋学期前得到学部委员会的批准。

③ 可选论文①

拟提交此类学位论文的考生,须根据学部委员会发布的指示和列表 E 设定的时间表向学部委员会秘书提交论文的题目。考生须依据列表 E 设定的时间表取得学部委员会对其题目的批准。学部委员会一旦作出批示,除非考生在考试举行前一年完整四旬斋学期第二周周五前向学部委员会申请修改论文题目,否则不得对论文题目做任何修改。根据第 24 条(1)、(2)或(3)选择提交两份试卷和一篇主题论文而非三份试卷的考生以及根据第 24 条(4)选择提交三份试卷和一篇主题论文而非四份试卷的考生,在截止日期前若未取得学部委员会对其题目的批准或未能如期提交论文,应在考试中根据情况提交三份或四份试卷。

④ 一年的国外项目报告应以英文书写,但其中对于原始材料的引用必须使

---

① 学部委员会允许学生提交一篇可选论文以替代第二部分列表中已被废止的试卷,前提是有督导的教学仍在继续。学生自己和研究指导应书面确认其已知悉如果未能如期提交论文并且未用一份第二部分列表中的试卷来替代,则该项成绩为零。

用原语言。如果学部委员会批准,可以用一种近代外语代替英语来写可选论文。

⑤ 一年的国外项目报告有两种形式。若是论文形式,报告长度应介于 7000～8000 字之间。若是翻译项目形式,其长度应介于 6000～7000 字之间。可选论文长度应介于 8000～10000 字之间。

⑥ 上面第⑤条规定的字数限制包含注释和附录但不包含参考文献。项目报告或主题论文须打印提交,除非有非罗马字体或符号字体而无法打印。如出现上述情况,可插入手写版或影印版。比较研究领域的项目报告或主题论文应至少与两门语言相关。考生须签署声明,表明该项目报告或主题论文系自己的独立成果,除了声明中已注明的部分不包含其他实质上已用于其他类似目的的材料。

⑦ 根据学部委员会批准的详细协议,考生应在列表 E 规定的时间前将项目报告或主题论文的两份副本送达学部委员会秘书处。

⑧ 可对考生就其一年的国外项目报告或可选论文的主题进行口试。口试用英语进行,若考生的可选论文以某门外语书写,口试可以该种语言进行。

(2)① 上述子条例①和③到⑧中关于一年国外项目报告的规定也适用于第 24 条(4)②规定的项目报告。

② 根据第 24 条(4)规定须提交项目报告的考生,须在学部委员会宣布的日期前通知学部委员会秘书自己拟提交项目报告的主题及其大概领域。该日期不晚于考试举行前一年划分复活节学期后第一个工作日。作出上述通知后,考生须根据学部委员会发布的指示和列表 E 设定的时间表向学部委员会秘书提交论文的题目。

28. 除非已向学部委员会秘书提供证据证明在考试举行的前一学年,自己已得到学部委员会的批准在国外学习了一段时间,否则不得根据第 4 条(2)参加第二部分的考试。① 此类证据包含一份由某大学或雇主出具的出勤证明。对于在国外生活的一年,每个学生都要以学部委员会实时要求的形式提交一份报告。学生保证学部委员会秘书始终知晓其在国外的地址。

29. 拟根据第 28 条的规定在国外学习的考生,应请求学部委员会批准其计划。申请的表格由学部委员会发布,学生可从国外学习办公室获取。申请表由学生的导师在学生计划去国外学习前一学年的完整米迦勒学期结束前提交至学部委员会秘书处,申请中应注明考生拟访问的国家及其在国外将从事何种工作。随后学生若须修改其计划,应通知学部委员会秘书并重新申请。

30. 学部委员会有权批准荣誉学位任一部分的考生在考试中选择第 18 条(1)所规定的语言以外的其他现代语言,只要学部委员会确定:
(1) 该语言有值得考核的文学;
(2) 学部委员会能够提供必要的教学。

---

① 通常情况下,学部委员会要求学生在国外居住至少 8 个月,期间可担任的职务如下:某大学的讲师,某项课程的学生,某学院的助教或学部委员会特批的其他职务。

此类批准的申请应由学生的导师尽早向学部委员会秘书提出。任何情况下，该申请不得晚于考试举行前一年的 10 月 21 日。

对于根据此规章选择的语言，应依据列表 A 提交笔试试卷并进行口试。学部委员会有权决定就以下方面内容设置试卷：相关国家的文学、历史和文化，该语言的历史。

31. 在划分米迦勒学期之前学部委员会秘书应告知教务主任根据第 30 条所批准选择的语言，以及取得此类批准的学生名单。

列　表　A

对于第 18 条(1)中规定的每门语言，须设置下列试卷和其他练习：

试卷 A1　　外语导论 1
试卷 A2　　外语导论 2（用时 2 小时）
试卷 A3　　外语导论 3
口试 A
试卷 B1　　外语运用
试卷 B2　　翻译外文（用时 2 小时）
试卷 B3　　翻译为外文，并通过视听媒体测试外语
口试 B
试卷 C1　　外语与本地语言互译
试卷 C2　　用外语写作文
口试 C

列　表　B

根据公示修订(2007—2008 学年《剑桥大学通讯》，第 50 页、401 页、582 页和 906 页)

荷兰语
　　Du. 1　荷兰语文学导论
　　Du. 2　低地国家中世纪以及 16 世纪的文学和历史（公元 1170 年至 1585 年）
　　Du. 3　1585 年至 1700 年间尼德兰联省共和国的文学、历史和文化
　　Du. 4　1830 年以后比利时和荷兰的文学、历史和文化
　　Du. 5　低地国家语言与文学导论
法语
　　Fr. 1　现代法语的结构与种类
　　Fr. 2　法语文学文本：导论
　　Fr. 3　1300 年以前的法语文学、思想和历史（也作为盎格鲁-撒克逊语、挪威语和凯尔特语荣誉学位第一部分考试的试卷 12）
　　Fr. 4　1356 年以前的奥西坦语文学、思想和历史

Fr.5 1300 年至 1510 年①间的法语文学、思想和历史

Fr.6 1510 年至 1622 年间的法语文学、思想和历史（也作为英语荣誉学位第二部分考试的试卷 20）

Fr.7 1594 年至 1700 年间的法语文学、思想和历史（也作为英语荣誉学位第二部分考试的试卷 21）

Fr.8 1690 年至 1799 年间的法语文学、思想和历史（也作为英语荣誉学位第二部分考试的试卷 22）

Fr.9 1789 年至 1898 年间的法语文学、思想和历史（也作为英语荣誉学位第二部分考试的试卷 23）

Fr.10 1890 年至 1958 年间的法语文学、视觉文化、思想和历史（也作为英语荣誉学位第二部分考试的试卷 24）

Fr.11 1945 年以后法语国家的文学、视觉文化、思想和历史（也作为英语荣誉学位第二部分考试的试卷 25）

Fr.12 法语文化的一个特别主题：近代早期思想

Fr.13 法语历史（也作为语言学荣誉学位考试的试卷 13）

德语

Ge.1 当代德语的结构与种类

Ge.2 1750 年以后的德国历史和思想导论

Ge.3 德语文学原文导论

Ge.4 德语文化的形成

Ge.5 现代德语文化 I

Ge.6 现代德语文化 II

Ge.7 德语历史导论

Ge.8 1700 年至 1815 年间的德语文学、思想和历史，包括歌德 1832 年以前的作品

Ge.9 1815 年至 1914 年间的德语文学、思想和历史

Ge.10 1910 年以后的德语文学、思想和历史

Ge.11 [德语历史]②〈德语历史的有关内容〉③（也作为语言学荣誉学位考试的试卷 12）

Ge.12 德语文学、思想和历史中的一段特殊时期或一个特殊主题（1）

Ge.13 德语文学、思想和历史中的一段特殊时期或一个特殊主题（2）

Ge.14 德语文化的形成，II

Ge.15 现代德语表演文化

现代希腊语

Gr.1 1880 年以后的希腊语文学、思想和历史

---

① 该试卷已停止使用直至进一步的通知出台。
② 此试卷从 2009 年 10 月 1 日停用。
③ 从 2009 年 10 月 1 日起，尖括号里的题目将替代方括号里的题目。

Gr. 2　克里特文艺复兴导论

Gr. 3　现代希腊语文学和文化导论（也作为古典学荣誉学位第二部分考试的试卷 O2）

Gr. 4　文艺复兴时期克里特岛和塞浦路斯的文学、思想和历史

Gr. 5　1700 年至 1900 年间的希腊语文学、思想和历史

Gr. 6　1900 年以后的希腊语文学、思想和历史

Gr. 7　现代希腊语的历史与结构（也作为语言学荣誉学位考试的试卷 15）

意大利语

It. 1　意大利语文本和语境

It. 2　意大利语结构和种类

It. 3　意大利现代主义

It. 4　意大利语文化中的自传和自我表达

It. 5　1321 年至 1500 年间的佛罗伦萨文化

It. 6　现代意大利语文化的主题

It. 7　但丁及其所处时代的文化（也作为英语荣誉学位第二部分考试的试卷 26）

It. 8　1500 年至 1600 年间的意大利语文化

It. 9　意大利语文化中的一个特别主题①

It. 10　意大利使用的语言（也作为语言学荣誉学位考试的试卷 10）

中世纪拉丁语

ML1　200 年至 650 年②间拉丁语文学的延续与变迁

ML2　中世纪拉丁语文学，650 年至 1300 年（也作为盎格鲁-撒克逊语、挪威语和凯尔特语荣誉学位第一部分考试的试卷 13）

近代拉丁语

NL1　1350 年至 1700 年③间近代拉丁语文学导论

NL2　近代拉丁语文学中的一个特别主题：马鲁路斯、波利齐亚诺、贝泽和布坎南（也作为古典学荣誉学位考试的试卷 07）

葡萄牙语

Pg. 1　现代葡萄牙语结构与种类导论

Pg. 2　葡萄牙语文学导论

Pg. 3　葡萄牙、巴西和非洲葡语系国家的语言和文学导论

Pg. 4　帝国梦：葡萄牙语文化中的殖民主义、独裁和法西斯主义

Pg. 5　1595 年以后葡萄牙和巴西的文化④

---

① 此试卷从 2009 年 10 月 1 日停用。
② 该试卷已停止使用直至进一步的通知出台。
③ 英语荣誉学位考生也可选择此试卷。
④ 此试卷从 2009 年 10 月 1 日停用。

俄语

Ru. 1　1861 年以前的俄语文学、历史和文化导论
Ru. 2　1855 年以后的俄语文学、历史和文化导论
Ru. 3　早期俄语的历史与文化
Ru. 4　1300 年至 1725 年间的近代早期俄语：文学、历史、视觉文化
Ru. 5　从启蒙到现实主义时期的俄语文学和思想
Ru. 6　1880 年以后的俄语文化
Ru. 7　1861 年至 1917 年间的俄国革命
Ru. 8　1917 年至 1991 年间的社会主义俄国
Ru. 9　俄语历史（也作为语言学荣誉学位考试的试卷 14）
Ru. 10　俄语文学、思想或文化中的一段特殊时期或一个特殊主题①

西班牙语

Sp. 1　现代西班牙语结构与种类导论
Sp. 2　西班牙文本导论
Sp. 3　有关中世纪伊比利亚和西班牙黄金时期文化的主题
Sp. 4　有关现代西班牙文化的主题
Sp. 5　有关西班牙语系国家文化和历史的主题
Sp. 6　有关中世纪伊比利亚文化的主题②
Sp. 7　1492 年至 1700 年间的西班牙语文学、思想和历史
Sp. 8　西班牙语电影和电视③
Sp. 9　1820 年以后的西班牙语文学、思想和历史
Sp. 10　加泰罗尼亚语及其文化导论
Sp. 11　西班牙语系语言（也作为语言学荣誉学位考试的试卷 11）
Sp. 12　拉丁美洲文化
Sp. 13　当代拉丁美洲文化
Sp. 14　西班牙文学、生活和历史，1492 年以前

乌克兰语

Uk. 1　乌克兰语言、文学和文化

语言学

Li. 1　语言学总论（也作为语言学荣誉学位预考的试卷 1 和古典学荣誉学位第二部分考试的试卷 O1）④
Li. 2　语言变迁（也作为语言学荣誉学位预考的试卷 2）
Li. 3　语音学（也作为语言学荣誉学位考试试卷 3）

---

① 此试卷从 2009 年 10 月 1 日起停用。
② 该试卷已停止使用直至进一步的通知出台。
③ 2009 年考试中此试卷不可选。
④ 东方研究荣誉学位考生也可选择此试卷。

Li. 4 句法（也作为语言学荣誉学位考试试卷 4）
Li. 5 语义学与语用学（也作为语言学荣誉学位考试试卷 5）
Li. 6 音韵学和形态学（也作为语言学荣誉学位考试试卷 6）
Li. 7 历史语言学（也作为语言学荣誉学位考试试卷 7）
Li. 8 英语的结构（也作为语言学荣誉学位考试试卷 8）
Li. 9 言语沟通的基础（也作为语言学荣誉学位考试试卷 9）(3)①

比较研究

CS1 罗曼语（也作为语言学荣誉学位考试试卷 16 和古典学荣誉学位第二部分考试的试卷 O10）

CS2 日耳曼语②

CS3 斯拉夫语（也作为语言学荣誉学位考试试卷 17）

CS4 比较研究文学领域内的一个特别主题（1）（也作为英语荣誉学位第二部分考试的试卷 28）③

CS5 比较研究文学领域内的一个特别主题（2）（也作为英语荣誉学位第二部分考试的试卷 28）

CS6 现代欧洲电影

列 表 IA

第一部分 A 考试试卷如下：

德语： Du. 1
法语： Fr. 1 和 2
德语： Ge. 1、2 和 3
现代希腊语： Gr. 1
意大利语：It. 1
葡萄牙语：Pg. 1 和 2
俄语：Ru. 1 和 2
西班牙语：Sp. 1 和 2

列 表 IB④⑤

根据公示修订（2007—2008 学年《剑桥大学通讯》，第 401 页、582 页和 748 页）

第一部分 B 考试试卷如下：

德语：Du. 2†、3†、4† 和 5†

---

① 此试卷包含课程作业，详见第 16 条。
② 该试卷已停止使用直至进一步的通知出台。
③ 该试卷已停止使用直至进一步的通知出台，考生最多只能从试卷 CS4 至 6 中选择一份试卷。
④ 列表 IB 中带 * 号的试卷，只有在第一部分 A 考试的相关语言中选择了选项 A 的考生可选。此类考生在第一部分 B 中至少须选择一门该种语言带星号的试卷。
⑤ 根据第 23 条，带 † 号的试卷都可以用一组论文来替代。

法语：Fr. 1、3†、4†、5†、6†、7†、8†、9†、10†、12†和 13†

德语：Ge. 1*、2*、3*、4†、5†、6†和 7†

现代希腊语：Gr. 1*、2†、3、4、5、6 和 7

意大利语：It. 2†、3†、4†和 5†

中世纪拉丁语：ML1 和 2

近代拉丁语：NL1†

葡萄牙语：Pg. 1、2†、3、4†和 Sp. 11

俄语：Ru. 1*、2*、3†、4†、5†、6†、7†、8†、9†和 10†

西班牙语：Sp. 1、2†、3†、4†、5†、6、10 和 11

乌克兰语：Uk. 1

语言学：Li. 1 和 2

比较研究：CS1

列 表 II

根据公示修订(2007—2008 学年《剑桥大学通讯》，第 401 页、582 页和 748 页)

第二部分考试试卷如下：

德语：Du. 2、3 和 4

法语：Fr. 3、4、5、6、7、8、9、10、11、12 和 13

德语：Ge. 7、8、9、10、11、12、13、14 和 15

现代希腊语：Gr. 4、5、6 和 7

意大利语：It. 6、7、8、9 和 10

中世纪拉丁语：ML1 和 2

近代拉丁语：NL1 和 2

葡萄牙语：Pg. 4 和 5

俄语：Ru. 3、4、5、6、7、8、9 和 10

西班牙语：Sp. 7、8、9、10、11、12、13 和 14

乌克兰语：Uk. 1

语言学：Li. 1、2、3、4、5、6、7、8 和 9c

比较研究：CS1、2、3、4、5 和 6

列 表 C

GL1 希腊语翻译(古典学荣誉学位第一部分 A 考试的试卷 1)

GL2 备选希腊语翻译(古典学荣誉学位第一部分 A 考试的试卷 2)

GL3 拉丁语翻译(古典学荣誉学位第一部分 A 考试的试卷 3)

GL5 希腊语或拉丁语原文(古典学荣誉学位第一部分 A 考试的试卷 5 的修改版)

GL6 古典学问题(古典学荣誉学位第一部分 A 考试的试卷 6 的修改版)

GL7 希腊语散文或诗作品(古典学荣誉学位第一部分 A 考试的试卷 7)

GL8　拉丁语散文或诗作品(古典学荣誉学位第一部分 A 考试的试卷 8)

GL11　希腊语作者作品的段落翻译(古典学荣誉学位第一部分 B 考试的试卷 1)

GL12　备选希腊语作者作品的段落翻译(古典学荣誉学位第一部分 B 考试的试卷 2)

GL13　拉丁语作者作品的段落翻译(古典学荣誉学位第一部分 B 考试的试卷 3)

GL15　希腊语文学(古典学荣誉学位第一部分 B 考试的试卷 5)

GL16　拉丁语文学(古典学荣誉学位第一部分 B 考试的试卷 6)

GL17　希腊和罗马历史(古典学荣誉学位第一部分 B 考试的试卷 7)

GL18　希腊和罗马哲学(古典学荣誉学位第一部分 B 考试的试卷 8)

GL19　希腊和罗马艺术与建筑(古典学荣誉学位第一部分 B 考试的试卷 9)

GL20　希腊和拉丁哲学与语言(古典学荣誉学位第一部分 B 考试的试卷 10)

GL21　将英语散文和诗翻译成希腊语(古典学荣誉学位第一部分 B 考试的试卷 11)

GL22　将英语散文和诗翻译成拉丁语(古典学荣誉学位第一部分 B 考试的试卷 12)

列　表　D

根据公示修订(2007—2008 学年《剑桥大学通讯》,第 906 页)

第二部分考试中可选的其他荣誉学位考试试卷。

根据第 24 条,近代和中世纪语言学荣誉学位的考生如选择下列任一试卷,可以用批准的备选练习替代该试卷。

盎格鲁-撒克逊语、挪威语和凯尔特语荣誉学位第一部分。

试卷 2　维京时期的斯堪的纳维亚半岛历史

试卷 5　古英语语言和文学

试卷 6　古挪威语语言和文学

试卷 7　中世纪威尔士语言和文学

试卷 8　中世纪爱尔兰语言和文学

盎格鲁-撒克逊语、挪威语和凯尔特语荣誉学位第二部分。

试卷 7　高级中世纪威尔士语言和文学

试卷 8　高级中世纪爱尔兰语言和文学

试卷 11　德语

试卷 12　凯尔特语

古典学荣誉学位第二部分

试卷 A1　指定的希腊语作家和拉丁语作家

试卷 A2　指定的希腊语文本

试卷 A3　指定的拉丁语文本

试卷 B1　柏拉图
试卷 B2　亚里士多德
试卷 C4　有关古代或中世纪欧洲历史的一个主题
试卷 D3　古典考古学和/或艺术
试卷 E2　希腊语
试卷 E3　拉丁语
英语荣誉学位第二部分
试卷 2　悲剧
试卷 3　乔叟
试卷 12　特别主题 II,选项(1)(英语学部委员会指定任一年此选项主题为"联邦内或国际上的英语文学")和选项(2)文学和视觉文化(英语学部委员会指定任一年此选项主题为"文学和视觉文化")
试卷 13　英语历史[①]
历史学荣誉学位第一部分
试卷 18　1890 年后的欧洲历史
历史学荣誉学位第二部分
试卷 4　公元 1700 年至 1890 年的政治思想史
试卷 20　学部委员会指定的一个现代欧洲历史的主题
试卷 22　学部委员会实时指定的一个英国或欧洲内的主题,或现代英国或欧洲历史的一个主题
试卷 28　学部委员会实时指定的一个非欧盟国家历史的主题
自然科学荣誉学位第一部分 B
有关实验心理学主题的试卷
东方研究荣誉学位
试卷 Is.13　中东和伊斯兰文化
试卷 Is.22　中东和伊斯兰历史,6
试卷 Is.23　中东和伊斯兰历史,7
哲学荣誉学位第二部分
试卷 11　美学
社会学和政治学荣誉学位第二部分 A 和第二部分 B
试卷 Int.7　拉丁美洲的社会、政治和文化

列　表　E

第二部分中项目报告和可选论文的要求

[①] 该试卷已停止使用直至进一步的通知出台。

	题目提交截止日期	获得批准的截止日期	项目报告和主题论文提交的截止日期
项目报告	考试举行前一年完整复活节学期第三周周五	复活节学期结束	完整米迦勒学期第二周周五
可选论文	考试举行前一年完整米迦勒学期第三周周五	完整米迦勒学期最后一天	完整四旬斋学期最后一周周一

补 充 规 章

第一部分 A 和第一部分 B

试卷 A1,A2,A3 和口试 A

这些试卷和相应口试(口试 A)的难度适用于入学前没有外语基础或基础薄弱的考生。

试卷 A1,A2 和 A3 外语导论

试卷 A1 和 A2(均用时 2 小时)包含一些指定练习,旨在测试学生对必要的词汇和语法结构方面的掌握、理解(特定情况下须翻译)外语真实材料的能力和灵活运用外语的技能。学部委员会将实时为每门语言指定试卷 A1 和 A2 的练习。每门语言的练习不一定要相同。

试卷 A2 总分值不得超过时长 3 小时的试卷总分值的 2/3。

试卷 A3 包含一些文学、文化和历史主题方面的问题,其中一些问题基于学部委员会实时指定的更广泛的外语材料。

口试 A

此考试要求考生(1)大声朗读考官所选课文中的一段,并(2)就课文相关的主题或于学部委员会实时指定的其他主题进行一段对话。

不晚于考试开始前十五分钟,应将选定的课文复印件发放到每位考生手中。

试卷 A2 总分值为时长 3 小时的试卷总分值的 1/3。

试卷 B1,B2,B3 和口试 B

试卷 B1 外语运用

此试卷至少含有一篇短文。关于短文的练习包括以下方面的问题:语法和词汇,批判性回应,摘要写作和引导性写作。通常情况下,考生应以外语作答。尽管可能要求将选定的摘录或句子从外语翻译成英语或从英语翻译成外语来测试语法,但考生无须将整篇短文翻译成外语。

试卷 B2 翻译外文

此试卷(用时 2 小时)包含一项外语翻译方面的练习,如对一段外语短文或译文的评论或一项比较翻译的练习。西班牙语和葡萄牙语试卷将设置四个问题,考生须从中选择三道作答;其他语言试卷设置三道题,考生须从中选择两道作答。荷兰语、法语、德语、意大利语、葡萄牙语和西班牙语试卷中的短文选自

1500年以后的外语材料;俄语试卷中的短文选自1700年以后的外语材料;现代希腊语、匈牙利语和波兰语试卷中的短文选自1800年以后的外语材料。

试卷总分值不得超过时长3小时的试卷总分值的2/3。

试卷B3　翻译为外文,并通过视听媒体测试外语

此考试包含两项练习:(1)将英语翻译成外文(用时2小时)和(2)听力理解测试(用时1.5小时)。

第(1)部分至少包含一段英语散文,总字数不超过400字,要求考生将其翻译成外文。

第(2)部分的听力理解测试要求考生听一段不超过十分钟的外语材料录音,期间考生可做笔记。稍后录音会重复播放一遍,考生须就所听材料回答书面问题。问题以外文形式出现,考生亦需要用外文作答。

口试B

此考试要求考生(1)大声朗读考官所选课文中的一段,并(2)就课文相关主题进行一段对话。考试也可包含一般性话题的对话。

不晚于考试开始前十五分钟,应将选定的课文复印件发放到每位考生手中。

口试总分值为时长3小时的试卷总分值的1/3。

第 二 部 分

试卷C1、C2和口试C

口试C

此考试要求考生就自选的某个主题或从学部委员会为每门外语指定的四个主题中选择的某个主题与考官进行20分钟的对话。每年划分复活节学期之前,学部委员会将宣布下一年十月中举行的口试的可选主题,其范围与列表II中可选试卷的范围相对应。

口试的总分值为试卷C1或C2总分值的一半。

第一部分 B

在第一部分A考试中选择某现代语言A选项和古希腊语或古拉丁语B选项的考生。

在第一部分A考试中选择一门现代语言和一门古典语言的考生,如在现代语言中选择了A选项并在古典语言中选择了B选项,则其在第一部分B考试中须选择:

(1) 该现代语言的试卷B1、B2和口试B;

(2) 列表IB中与该语言相关的一份试卷;

(3) 试卷GL15和GL16;

(4) 以下试卷中的又一份试卷:试卷GL11或GL13、试卷GL17至20和列表IB中的试卷。

希腊语的考生还可再选择试卷GL21;拉丁语的考生还可再选择试卷GL22。

在第一部分 A 考试中选择某现代语言 B 选项和古希腊语 A 选项的考生

在第一部分 A 考试中选择一门现代语言和古希腊语的考生,如在现代语言中选择了 B 选项并在古希腊语中选择了 B 选项,则其在第一部分 B 考试中须选择:

(1) 试卷 GL12 和 GL15;

(2) 试卷 GL17 至 20 中的一份试卷;

(3) 以下试卷中的两份试卷:试卷 GL17 至 20 中的一份,列表 IB 中的试卷和该门现代语言的试卷 B3。

考生还可再选择试卷 GL21。

在第一部分 A 考试中选择某现代语言 B 选项和古希腊语或古拉丁语 B 选项的考生

在第一部分 A 考试中选择一门现代语言和一门古典语言的考生,且在两门语言中都选择了 B 选项,则其在第一部分 B 考试中须选择:

(1) 该现代语言的试卷 B3;

(2) 试卷 GL15 或 GL16;

(3) 以下试卷中的三份试卷:试卷 GL11 或 GL13、试卷 GL17 至 20 和列表 IB 中的试卷。

希腊语的考生还可再选择试卷 GL21;拉丁语的考生还可再选择试卷 GL22。

音乐学荣誉学位

根据公示修订(2007—2008 学年《剑桥大学通讯》,第 50 页和 369 页)

1. 音乐学荣誉学位考试包含三个部分:第一部分 A、第一部分 B 和第二部分。

2. 已完成一个学期,且在其第一个居住期后未满三个完整学期的学生可成为荣誉学位第一部分 A 的考生。

3. 已在音乐学荣誉学位第一部分 A 或其他荣誉学位考试中取得学位的考生,若在其第一个居住期后未满十二个完整学期,可在取得该学位的下一年参加第一部分 B[①] 的考试。

4. 已在音乐学荣誉学位第一部分 B 考试中取得学位的考生,若在其第一个居住期后未满十二个完整学期,可在取得该学位的下一年参加第二部分的考试。

5. 任何学生不得在同一学期内报考本学位两个或以上部分的考试,或报考本荣誉学位任一部分和另外一项荣誉学位考试或音乐学学士考试。

6. 任何学生不得重复报考本荣誉学位同一部分的考试。

7. 根据第 5 条的规定,不具有荣誉学位考试资格的考生,若其已完成了四个以上学期,也可参加荣誉学位任一部分的考试,以取得参加音乐学学士考试的

---

① 亦可见附属学生条例。

资格。

8. 应针对每部分考试分别设立考官团体。音乐学学部委员会须任命其认为足够数量的考官以督导考试。

9. 学部委员会有权就考试中的任何主题任命一名或多名评审官以协助考官。评审官须为所辖主题设置试卷或测试并根据考官要求提交书面报告。可召集评审官参加考官会议以备咨询和提供建议，但不得授予其投票权。

10. 荣誉学位每部分应有独立的优等生名册。每部分名册中，取得学位的考生姓名分为三个等级，其中第二等级又分为两个部分。第一和第三等级以及第二等级的两个部分中，考生姓名以字母表顺序排列。成绩优异者应予以特殊标记。

11. 依据第 7 条参加考试并达到考官要求的考生姓名应以字母表顺序排列成册，并冠以如下开头："以下人员（非荣誉学位考生）已达到荣誉学位标准"。

12. 第一部分 A 考试列表如下：

试卷 1　和声学和对位法 Ⅰ

试卷 2　和声学和对位法 Ⅱ

试卷 3　历史主题 Ⅰ

试卷 4　历史和文化研究

试卷 5　分析

试卷 6　实践音乐技巧

试卷 1、3、4 和 5 均用时 3 小时。试卷 2 包含一组写作任务，该组合提交的具体事宜由学部委员会决定。试卷 6 包含一项听觉测试和一项独立的键盘测试，总时长不超过 3 小时。第一部分 A 的考生须提交列表中的所有试卷。

13. 第一部分 B 考试列表如下：

试卷 1　声调作品组合

试卷 2　分析

试卷 3　自由作品组合

试卷 4　主题论文

试卷 5　高级键盘测试

每年划分米迦勒学期之前，学部委员会有权为下年举行的考试增加七份试卷，分为两组：(1) 历史主题；(2) 其他主题。

除下列试卷以外，每份试卷用时 3 小时：

(1) 试卷 1 和 3，依据第 18 条提交；

(2) 试卷 4，依据第 19 条提交；

(3) 试卷 5，包含一项键盘操作测试，要求学生弹奏多种键盘乐器。

(4) 如得到总务委员会批准，学部委员会有权在公布增补试卷时为其中一份或多份试卷指定一种备选测试方式。

14. 第二部分考生须在所有试卷中选择五份试卷：试卷 1 和 2 必选，再从试卷 3 至 5 和学部委员会指定的增补试卷中选择三份，且从增补试卷列表 A 中选择的不少于一份。所选试卷中,至少应有两门为用时 3 小时的笔试。

15. 允许第一部分 B 的考生进行独奏或独唱。只有此独唱或独奏足够优秀,考官才会考虑允许其进行。

16. 第二部分考试列表如下:

试卷 1　　主题论文
试卷 2　　高级声调作品
试卷 3　　自由作品组合
试卷 4　　分析组合
试卷 5　　乐谱组合
试卷 6　　演奏测试
试卷 7　　赋格曲

每年划分米迦勒学期之前,学部委员会有权为下年举行的考试增加不超过十份试卷。

除下列试卷以外,每份试卷用时 3 小时:

(1)试卷 1,依据第 19 条提交;
(2)试卷 2 至 5,依据第 18 条提交;
(3)试卷 6 的考试要求独奏或独唱;
(4)试卷 7,用时 4 小时;
(5)如得到总务委员会批准,学部委员会有权在公布增补试卷时为其中一份或多份试卷指定一种备选测试方式。

17. 考生须在下列试卷中选择六份:试卷 1—5 中的试卷,不少于一份但不超过四份;至少两份从试卷 6、7 和学部委员会根据第 16 条公布的增补试卷中选出的试卷。考生所选试卷组合所包含的笔试总时间不得少于 6 小时。

18. 在第一部分 B 中选择试卷 1 或试卷 3,或在第二部分中选择试卷 2 至 5 的考生,须向考官主席提交一个组合,送达截止时间要求如下:第一部分 B 或第二部分的试卷 3——考试举行当年完整复活节学期的第四天;第二部分的试卷 4——考试举行当年完整复活节学期的第 17 天;第一部分 B 的试卷 1 或第二部分的试卷 3 和 5——考试举行当年完整复活节学期的第 15 天。组合中包含的作曲、分析和编曲应是考生在本学年完成的。每个独立项目都应由指导老师签上自己姓名的首字母以示导师同意考生提交该项目。考生须声明该组合系自己的独立成果,不包含其他实质上已用于类似目的的材料。

19. (1)第一部分 B 的试卷 4 或第二部分的试卷 1 要求就考生自己选择且经学部委员会批准的某主题写一篇论文,该主题应完全或基本与考生所选的其他试卷主题不同。拟提交此类主题论文的考生应在考试举行前的完整四旬斋学期第四天前向有关考官主席递交拟定的题目。

(2)在划分四旬斋学期前,学生必须取得学部委员会教学委员会对其拟定主题的批准。

(3)第一部分 B 的主题论文长度介于 5000~7000 字之间(包括注释,但不包括参考书目和附录)。第二部分的主题论文长度介于7000～10000字之间(包括注释,但不包括参考书目和附录)。除非事先得到考官主席同意提交手写稿,否则一律提交打印版。

(4)论文应于考试举行当年的完整复活节学期第八天前送达相关的考官主席处。

20. 每个考生都须签署声明,表明其为第一部分B试卷2提交的作业、根据第19条提交的论文或为其他试卷提交的作文系自己的独立成果,除了声明中已注明的部分不包含其他实质上已用于类似目的的材料。

21. 在起草优等生名册时,考官主席可就考试中出现的问题要求考生接受口试。但只有在对学生有利时,考官才会考虑举行口试。

22. 学部委员会有权实时发布补充规章以界定或限制考试的任一或全部主题,还有权根据需要修改或修订补充规章。但任何对现存补充规章的修改都应予以充分公告以得到应有的关注。

23. 每年划分复活节学期之前,学部委员会都应公告下一年第一部分A考试试卷3和4的主题。公告后,如有适当理由并确保不会对学生备考造成不利影响,学部委员会有权随后作出修改。不晚于考试举行前两周,学部委员会须通知考生第一部分A试卷5和第二部分试卷2须提交的作业。

补 充 规 章

根据公示修订(2007—2008学年《剑桥大学通讯》,第50页、369页和991页)

第一部分A

试卷1　和声学和对位法Ⅰ
此试卷包含一项16世纪对位法的练习,并要求完成一首歌的伴奏。

试卷2　和声学和对位法Ⅱ
此试卷要求考生准备一项赋格展示和一组变奏曲(钢琴或其他基础乐器皆可)并完成一段弦乐四重奏(开头已给出)。该试卷在完整复活节学期的第四个周五上午十点至十二点之间分发,在下一个周二中午前回收(例如:48小时后回收)。

试卷3　历史主题Ⅰ
此试卷分为两个部分。第一部分包含一些与西方音乐有关的问题,考生须回答两个问题。第二部分考核剪辑或运用该时期材料或第一部分指定的曲目时应遵循哪些原则,考生须回答一个问题。

试卷4　历史和文化研究
此试卷分为两个部分。第一部分包含一些与西方音乐有关的问题。第二部分的问题与下列主题有关:西方音乐、民族音乐学、音乐与科学或乐谱。考生总共须回答三个问题,每部分至少一个。

试卷 5 分析

此试卷分为两个部分。第一部分要求考生对 1700 年至 1780 年间或 1780 年至 1830 年间某作品或作品选段进行分析。考试开始时,该作品或选段的录音会播放一遍,允许考生在听的同时记录乐谱。第二部分要求考生对上述时间段以外的某作品或作品选段进行分析。第二部分所考曲目或选段出自学部委员会在考试当年学年开始时指定的全部曲目。考生总共须回答两个问题,每部分一个。

试卷 6 实践音乐技巧

听觉测试包括:记忆测试(旋律),听写练习(曲调和三步对位),标错测试,音色识别和配乐练习,固定片段的识别,听力分析。

键盘测试包括:弦乐四重奏乐谱朗读,赞美诗变调,乐曲的调和(用 1830 年以前的某种风格),在键盘上弹奏数位低音,用 C3,C4 和 F4 音部朗读 16 世纪三步对位法。

第一部分 B

试卷 1 声调作品组合

考生须提交以下组合:两首声调作品、一曲三段或四段的赋格曲和一段以传统乐器演奏两首作品之一的录音。两首作品应选择下列形式中不同的两种:二重奏、三重奏、谐谑曲、三重唱、间奏曲、回旋曲、主旋律、变奏曲和奏鸣曲。赋格曲要展现出可逆对位法方面的知识,如结合了某种传统乐器将有加分。赋格曲长度不得超过七小节。

考生也可提交一首贯穿作曲法歌曲或组曲来代替两首作品中的一首。组曲中,每首歌都须有清晰而恰当的正式结构,独唱并以钢琴或一组乐器伴奏。两首非赋格曲作品之一长度不得超过八分钟,另外两首长度不得超过 5 分钟。上述长度限制都不包括重奏部分。每首组品或组曲演奏人员不得超过五名。其中一首作品可使用钢琴或其他和音乐器独奏,但旋律乐器只能在合奏中使用。赋格曲也可以键盘乐器演奏。考生有责任提交质量良好的录音,但录音质量不影响最终成绩。

试卷 2 分析

此试卷分为两个部分。第一部分要求考生对 1830 年至 1914 年间或 1914 年至今某作品或作品选段进行分析。作品或作品选段范围在不晚于笔试开始前两周指定。考官自行决定选择哪个时期的作品。允许考生携带未标记的相关乐谱进场。考生须回答与作品有关的问题。第二部分要求考生对上述时间段以外的某作品或作品选段进行分析。第二部分所考曲目或选段不在指定的作品范围内。考生总共须回答三个问题,每部分至少一个。

试卷 3 自由作品组合

考生须提交一组(三首)作品。一首为文字的配曲,一首须包含赋格曲元素或运用基础低音和恰康舞曲技巧中的一种或两种。提倡提交普通乐谱,但电声乐谱也可以接受。另外,考生还须提交其中至少一首曲子的录音。

试卷5　高级键盘测试

此考试分为五部分。其中三项,考生共有 10 分钟的准备时间:(1)乐曲的调和;(2)管弦乐谱朗读;(3)声乐乐谱朗读(C1,C3,C4 和 F4 音部)。另外两部分——(4)基础低音和(5)歌曲伴奏的变调——将在考试前两天进行。陪同演奏或演唱的人员由考官指定。

独奏会

此考试要求进行不超过 10 分钟的乐器独奏或独唱。考生应在考试举行前一年划分四旬斋学期前告知考官主席自己所选择的乐器或歌唱类型(此信息应以书面形式提交并由考生的研究指导老师签上自己姓名的首字母)。如有要求,考生须推荐一名伴奏者或翻页人员(或二者皆须推荐)。

第 二 部 分

试卷2　高级声调作曲

考生须提交一个组合,其中包含一首有价值的作品,可以是四乐章的乐器作品或加长的联篇歌曲。作品采用 19 世纪中期到晚期的声调风格,时长介于 30 到 45 分钟之间。考生须在传统乐器上演奏该作品并录音提交。作品所有参演人员(包括联篇歌曲的演唱者)不得超过五名。有以下乐器备选:长笛、双簧管、单簧管、巴松、圆号、钢琴、小提琴、中提琴、大提琴和低音提琴。钢琴二重奏或三人以上的合奏中可使用旋律乐器;钢琴可单独使用。

试卷3　自由作品组合

考生须提交一组(三首)作品。一首为文字的配曲,一首须包含赋格曲元素或运用基础低音和恰康舞曲技巧中的一种或两种。提倡提交普通乐谱,但电声乐谱也可以接受。另外,考生还须提交其中至少一首曲子的录音。一首应为管弦乐作品(有无歌唱均可)或十人以上的合奏。一曲时长应在 8 分钟以上。提倡提交普通乐谱,但电声乐谱也可以接受。另外,考生还须提交其中至少一首曲子的录音。

试卷4　分析组合

考生须提交两篇讲述分析技术运用的论文,但总长度不超过 8000 字。

试卷5　乐谱组合

考生须提交三份项目报告,内容涉及乐谱和原始材料的学习。除改编曲以外总长度不得超过 6000 字。

试卷6　演奏测试

此考试是一项演奏测试。

此演奏测试要求考生当众用乐器独奏、伴奏或伴唱,演出时间不超过 23 分钟。考试举行前一年划分四旬斋学期之前,整个节目的详细安排应送达学部委员会秘书处以备学部委员会审批。如有要求,考生须推荐一名伴奏者或翻页人员(或二者皆须推荐)。考生须向考官提交其当前演奏曲的副本。另外,考试还须向考官提交两份规划的副本以说明其演奏乐曲的顺序。

试卷 7　赋格曲

考生须选定一个主题并就此写作一首四段以内的赋格曲。

自然科学荣誉学位考试

根据公示修订（2007—2008 学年《剑桥大学通讯》，第 51 页、第 457 页和第 959 页）

总　　章

1. 自然科学荣誉学位考试应包含四个部分：第一部分 A、第一部分 B、第二部分和第三部分。

2. 以下将介绍第一部分 A 的荣誉学位考试考生资格：

（1）还没有在其他荣誉学位考试中获得学位的学生，如果已经完成一个学期的学业，而且第一个住宿学期后的时间不超过三个完整学期，可以成为该部分的考生；

（2）已经在其他荣誉学位考试中获得学位的学生，如果已经完成了七个学期的学业，而且第一个住宿学期后时间不超过九个完整学期，可以在获得其他学位后的第二年报考。

3. 已经在其他荣誉学位考试中获得学位的学生，如果已经完成四个学期的学业，而且第一个住宿学期后的时间不超过六个完整学期，可以在获得其他学位后的第二年成为第一部分 B 的学位考试的考生。

4. 如果学生在第一个居住期限结束之后，不早于第四个学期通过了一个荣誉学位考试，这个荣誉学位不包含自然科学第一部分 A 或医学和兽医科学的第一部分 A，而且已经完成了七个学期的学业，第一个住宿学期后的时间不超过十二个学期，可以在获得学位一年后，成为第二部分荣誉学位考生。

如果该学生在麻省理工学院已经学习至少三个学期，而且麻省理工学院的校长在回答自然科学荣誉学位考试第二部分主考官的咨询时证明该学生在这段期间学习努力，那么在自然科学荣誉学位管理委员会许可的情况下，可以认定该生已经获得该部分的荣誉学位。获得该资格的学生名单应在管理委员会主席签字后发布在公告中。

5. 下面介绍对于还未完成文学学士学位的学生成为第三部分荣誉学位考试考生的条件：

（1）已经获得第二部分自然科学荣誉学位或根据第 4 条的规定已经被认为可以获得第二部分荣誉学位的学生，在获得该荣誉学位一年后，如果根据相关负责部门指定，在之前的荣誉考试中已经达到一个令人满意的标准，则可以成为第三部分荣誉学位考试的考生；

（2）已经获得或者被认为可以获得除自然科学荣誉考试第二部分之外的其他荣誉学位的学生，如果已经被相关负责部门在他们可以自行决定的特殊情况下，批准学生报考，则该生可以成为荣誉学位的考生。

6. 任何学生不得在同一学期内报考超过一个部分,或同时成为一部分和其他荣誉学位考试的考生。

7. 任何学生不得重复报考某一部分荣誉学位。

8. 自然科学荣誉学位考试管理委员会通过与学部委员会或与其相对应的负责单位商量后,有权时常对外发布补充规章,以定义或限制所有或部分考试题目。对此类补充规章的任何变动应给予足够的关注。

9. 学部委员会或相应的负责单位,如下面详细列表中所示,应该作为提名团体,负责提名一个高级考官和他们认为足够数量的考官和评审官。一个考官可以在任何一年荣誉考试的任何一个部分中被指定参与考试。

提名团体	科目
第一部分 A	
生物学学部委员会	细胞生物学
	生物学基础数学
	进化与行为
	有机体生理学
	定量生物学
地球科学与地理学学部委员会	地质学
数学学部委员会	数学
理化学部委员会	化学
	物理
地球科学与地理及理化联合学部委员会	材料与矿物科学
第一部分 B	
生物学学部委员会	动物生物学
	生物化学和分子生物学
	细胞和发展生物学
	生态学
	实验心理学
	神经生物学
	病理学
	药理学
	生理学
地球科学与地理学学部委员会	地质科学 A
	地质科学 B
	矿物科学
科学史与科学哲学学部委员会	科学史与科学哲学
数学学部委员会	数学
理化学部委员会	化学 A
	化学 B

	材料科学与冶金
	物理 A
	物理 B

第二部分

生物学学部委员会	生物化学
	生物化学和生物医学科学
	遗传学
	神经系统科学
	病理学
	药理学
	生理学、发展与神经系统科学
	生理学与心理学
	植物科学
	心理学
	动物学
地球科学与地理学学部委员会	地质科学
科学史与学部哲学学部委员会	科学史与学部哲学
理化学部委员会	天体物理学
	化学
	实验与理论物理学
	材料科学与冶金
地球科学与地理及理化联合学部委员会	自然科学

第三部分

生物学学部委员会	生物化学
地球科学与地理学学部委员会	地质科学
理化学部委员会	天体物理学
	化学
	实验与理论物理学
	材料科学与冶金

10. 应该有三个考官团体，分别负责第一部分 A、第一部分 B 和第二、三部分。这三个团体各自应有一个考官主席，一人可兼任两个或更多团体的主席。每个团体也可以有一个或更多的考官主席助理。考官主席和主席助理应该由自然科学荣誉学位管理委员会提名；提名提交最迟不能晚于次年考试前的复活节学期的最后一天。

11. 每一科目的考官应该共同负责为该科目设置所有考试题目以及判定分数。至少有两名考官，或一名考官和一名评审官负责设置并管理全部口试和实践考试。

12. 考官应该考虑到考生答案的类型和方法，而且应该对在这些方面表现优秀者给予表扬。

13. 评审官应对考官指定科目的各部分进行出题,检查考生对这些问题的答案,而后立即报告考官。评审官需要辅助考官制定和管理全部口试和实践考试。评审官可以在得到通知后参加考官会议,参与协商和提出建议,但是没有表决权。

14. 考官主席应该向教务长递送所有考生的成绩。

第一部分 A

15. 第一部分 A 的考试科目将分为 A、B 两组,内容如下:

A 组

细胞生物学	地质学
化学	材料与矿物科学
计算机科学	物理学
进化与行为	有机体生理学

B 组

生物学基础数学	定量生物学
数学	

每个科目分配的最高分应为:

A 组的每门科目	100
生物学基础数学	70
数学	75
定量生物学	75

16. 每位考生应从 A 组选出三门科目,从 B 组选出一门科目,但是不可同时选择细胞生物学和计算机科学。根据第 2 条(2)参加考试的考生如果此前获得了医学与兽医学荣誉学位则不必选择细胞生物学、进化与行为,或有机体生理学。

17. (1)需要分开设置考试的科目具体如下:
① 一份三小时书面试卷:

化学	材料与矿物科学
计算机科学	物理学
生物学基础数学	有机体生理学
进化与行为	定量生物学

② 两份三小时书面试卷
数学
③ 一份三小时书面试卷和一次应用考试

细胞生物学	地质学

实践考试(如果有此类考试)可包含一次口试。

(2) 除了书面和实践考试，细胞生物学之外的所有考试都需要考生提交实践工作报告和/或野外工作报告。这类报告需要根据考官的如下要求按时提交：计算机科学，需要根据计算机实验室主任所公布的日期，不迟于在米迦勒学期分期之前提交；材料与矿物科学，需要根据地球科学、原料科学与冶金系主任所公布的日期，不迟于米迦勒学期开始之前；数学，需要根据考官所通告的日期，不迟于米迦勒学期开始之前；有机体生理学，不迟于复活节学期分期之前；其他科目，在该科目最后一门书面考试结束之日提交。报告需要具有指导老师的签名。

(3) 对于地质学考试的分数判定，考官可以根据自己的判断，考虑考生提交的笔记。对于所有其他科目考试的分数判定，除细胞生物学之外，考官应考虑考生提交的实践工作报告和/或实地调查报告。由考官对报告进行评估，或者根据下列科目，由下列人员负责向考官提交评估。

科目	评估提供人
化学	化学系主任
计算机科学	计算机实验室主任
生物学基础数学	生物学学部委员会主席
进化与行为	生物学学部委员会主席
材料与矿物科学	地球科学、材料科学与冶金联合系主任
物理学	物理系主任
定量生物学	生物学学部委员会主席

18. 获得第一部分 A 荣誉学位的考生应分为三个等级，每个等级的学生名字按照字母顺序排列。

19. 在安排优等生名册时，考官应考虑到学生获得的各科目合计分数，也应进一步考虑到考生每门科目的标准。

第一部分 B

20. 第一部分 B 考试科目如下：

动物生物学	材料科学与冶金
生物化学与分子生物学	数学
细胞与发展生物学	矿物科学
化学 A	神经生物学
化学 B	病理学
生态学	药理学
实验心理学	物理学 A
地质科学 A	物理学 B
地质科学 B	生理学
科学史与科学哲学	植物与微生物科学

21. 以下条件的考生应选择三个科目：
(1) 没有同时提交物理学 B 和动物生物学，或物理学 B 和药理学的候选人；
(2) 从下列①至⑨组中的任何一组中选择不超过一门科目的考生：
① 化学 A；神经生物学
② 病理学；物理学 A
③ 细胞与发展生物学；物理学 B
④ 生态学；地质科学 B；物理学 B
⑤ 生物化学与分子生物学；地质科学 A
⑥ 实验心理学；材料科学；植物与微生物科学
⑦ 动物生物学；数学；药理学
⑧ 化学 B；生理学
⑨ 科学史与科学哲学

22. 此前在数学荣誉学位考试第一部分 B 中已经获得荣誉学位的考生不必选择数学科目，除非该考生有以下情况：
① 此前在自然科学荣誉学位第一部分 A 中选择过数学；或者
② 已经获得数学荣誉学位第一部分 A 的学位，或计算机科学荣誉学位第一部分 A 学位，或工程学荣誉学位第一部分 A 的学位；或者
③ 考生属于附属学生。

23. (1) 每门科目应根据下列详细要求设置单独考试：
① 两份三个小时的书面试卷：

*动物生物学	*材料科学与冶金
*化学 A	*数学
*化学 B	*矿物科学
*生态学	*物理学 A
*科学史与科学哲学	*物理学 B

② 两份书面试卷，其中一份试卷两小时，一份试卷三小时：
生理学
③ 两份三小时书面试卷和一个实践考试：

生物化学与分子生物学	*地质科学 A
细胞与发展生物学	*地质科学 B
*实验心理学	*植物与微生物科学

④ 两份书面试卷，其中一份试卷一小时，一份试卷三小时，另外还有一个实践考试：

神经生物学	*药理学

⑤ 两份书面试卷，其中一份试卷一个半小时，一份试卷三小时，另外还有一个实践考试：
病理学
实践考试（如果有此考试）应作如下安排：实验心理学和神经生物学，考试时

长应为一个半小时;地质科学 A 和地质科学 B,应分为两部分,一部分考试时长为三小时,另一部分时长为一个半小时;所有其他科目,考试时长应为三小时。

(2) 选择了一个或多个带有星号(＊)的科目的考生,除了参加书面和实践考试之外,还需要提交每门科目的实践工作报告和/或实地调查报告。这种报告应该根据有关专业的系主任所公布的时间交由考官检查;报告应该有指导老师的签名。

(3) 对于地质科学 A 和地质科学 B 科目的考试分数判定,考官可以根据他们的判断,考虑提交的实践工作报告和/或实地调查报告(如果有提交的话)。对于所有其他科目的分数判定,考官应考虑到学生提交的报告(如果有提交报告)。由考官对报告进行评估,或根据下列科目,由下列人员向考官提交报告的评估结果:

科目	提供评估者
动物生物学	动物学系主任
化学 A	化学系主任
化学 B	化学系主任
实验心理学	实验心理学系主任
材料科学与冶金	材料科学与冶金系主任
物理学 A	物理学系主任
物理学 B	物理学系主任

24. 获得第一部分 B 学位的学生应分为三个等级,第二等级应被分成两个部分。第一和第三等级以及第二等级的每个部分应按照字母顺序排列。

25. 安排优等生名册时,考官可在考虑考生获得的合计总分的同时也考虑他们所选的每门科目应达到的标准。

第 二 部 分

26. 第二部分的考试科目如下:

天体物理学	神经系统科学
生物化学	病理学
生物学与生物医学科学	药理学
实验与理论物理	生理学、发展与神经系统科学
遗传学	生理学与心理学
地质科学	植物学
科学史与科学哲学	生理学
材料科学与冶金	动物学

27. 第二部分的每位考生应选择这些科目中的一门,而且需要满足第 30 条中对各被选科目所设定的要求。

28. 每一位按照第 30 条的要求提交学位论文、小论文、专题论文、项目报告,或类似练习的考生,按要求需要签署一份声明:提交的作业为他或她本人独立完成,未接受除声明内容中详细说明以外的任何帮助,不包含那些已经为了相关目的在实质范围内被利用的材料;如果两位或多位考生合作完成作业,他们需要指出自己各自的贡献份额。考官如果认为一份已提交的作业不够清晰可读,有权要求学生重新提交打印版本。

29. 对于第二部分的每个科目,考官可以自行决定,对学生进行口试。
30. 对于具体科目的考试要求如下:

天体物理学。 每位考生需要提交:
(1) 四份每份三小时的书面考卷;
(2) 实践报告、项目报告或其他报告。

实践报告、项目报告或其他报告以及考试要求,应由天文学院院长根据时间提出,而且各项考试要求应根据通告说明来实行,通告应在次年考试之前的米迦勒学期分期前提出。为表示遵守承诺,每位考生须在提交报告的同时提交一份声明,表示已经遵守了通告说明。实践报告、项目报告或其他报告须根据天文学院院长公告的时间,在考试之前不晚于次年米迦勒学期分期前提交。

院长将考生们的报告评估结果提交给考官,考官在草拟优等生名册时应考虑这份报告。

生物化学。 每位考生需要提交:
(1) 四份书面报告,三份每份三小时的试卷(试卷1、2和3),一份三小时十五分钟的试卷(试卷4)(一小时的第一个十五分钟不应被用作书面答题时间);
(2) 一篇不超过3000字(不包含脚注和参考书目)的小论文;
(3) 一篇不超过5000字(不包含脚注和参考书目)的专题论文。

考生应在米迦勒学期分期之前,从生物化学系主任公布已被批准的科目列表中选择一门科目写小论文。小论文应在四旬斋学期的第八天前提交。

论题应陈述考生所从事的研究内容,主题应由考生同生物化学系老师协商确定。每位考生应在米迦勒学期结束之前将论题主题通告生物化学系主任。论题应在复活节学期的第九天前提交给考官。

考官对考试分数的判定应考虑考生的小论文和论题。

生物学与生物医学科学。 每位考生应提交:
(1) 一门主修主题的考试要求;
(2) 一门辅修主题的考试要求;
(3) 一篇不超过6000字(不包括表格、数据和参考书目)的学位论文。

主修和辅修主题应根据生物学学部委员会的公告在次年考试之前四旬斋学期分期前提交。在发出提交主题的公告时,生物学学部委员会在同考试委员会协商后,有权宣布对考生在考试中可能选择的主题组合作出限制。

学位论文的主题应与学生提交的主修或辅修主题相关。主题可以由学生提出,经生物学学部委员会主席批准,也可由学生从学部委员会主席公布的一系列主题中选择一个作为主题。每个学生应在米迦勒学期分期前获得论文主题的正式批准。论文的准备应与生物学学部委员会于米迦勒学期分期前公布的指导方针相一致。论文提交给考官的时间应不迟于复活节学期的第一个星期五。

化学。考试由两个可供选择的选项（A）和（B）组成。两个选项都需要考生提交：

（1）四份三小时的书面试卷；

（2）下一步工作报告。

下一步工作的类型和他们的考试要求应由化学系主任在次年考试前的米迦勒学期分期前公布出来。下一步工作报告应在复活节学期的第一个星期五前提交给系主任，报告应具有指导老师签名。系主任应向考官提交对考生所作报告的评估，并应在判定考试分数时将这些评估考虑在内。

在草拟优等生名册时，考官应在考虑考生获得的合计总分的同时，也参考考生每部分考试应达到的标准。

实验与理论心理学。这个考试由可供选择的（A）和（B）两部分组成，具体如下：

选择了（A）选项的考生应提交

（1）试卷 1 和 2；

（2）试卷 3 或试卷 4 或从试卷 3 和 4 中各抽出的一半试卷组成的混合试卷；

（3）下一步工作的四个部分。

选择了（B）选项的考生应提交

（1）试卷 1—4；

（2）下一步工作的三个部分；

或（1）试卷 1 和 2；

（2）或者试卷 3 和从试卷 4 中抽出的一半试卷组成的混合试卷，或者试卷 4 和从试卷 3 中抽出的一半试卷组成的混合试卷；

（3）下一步工作的四个部分。

试卷 1、3 和 4 的考试时长应为三个小时；试卷 2 的考试时长应为两个小时。每半份试卷规定用时一个半小时。

下一步工作的类型和他们的考试要求应由物理系主任在米迦勒学期开始前公布出来。下一步工作报告应在复活节学期的第四个星期一前提交给系主任，且报告应具有指导老师的签名。系主任向考官提交对考生所交报告的评估结果，考官在判定考试分数时应将这些评估结果考虑在内。

在草拟优等生名册时，考官应在考虑考生所获合计总分的同时，也应参考学生每部分考试应达到的标准。

遗传学。每位考生需要提交：

（1）五份每份三小时的书面试卷；

（2）一份 3000～5000 字的小论文；

（3）一份不超过 3500 字（不包括表格、数据和参考文献）的专题论文。

小论文的主题可以由学生提出，再经考官批准，也可由考生从考官公布的一系列主题中选择一个作为主题。每位考生最迟应在米迦勒学期结束前，获得考官对其所申报主题的正式批准,或者将从列表中选择的主题通报考官。小论文应在四旬斋学期的第一天前提交给考官,而且应该包含一篇遗传学范围或与遗传学相关范围的评论性回顾。

论题的主题可以由考生提出,再经考官批准,也可由考生从考官公布的一系列主题中选择一个作为主题。每位学生的主题应在米迦勒学期结束前获得考官的正式批准。主题应在四旬斋学期结束后的第七天前提交给考官。

考官在进行分数判定时,应将已提交的小论文和论题考虑在内。

地质科学。考试应包含两个可选择的选项,(A)和(B)。

选择(A)选项的考生应提交:

(1) 一份三小时的书面试卷和两份各两小时的书面试卷,并进行应用考试或提交与每份上交考卷相关的持续性的可供评估的实践作业;

(2) 一份时长三小时的书面试卷,包括一篇小论文,小论文的主题可以从自然科学主要方面有特定意义的主题列表中选择;

(3) 一份不超过 5000 字的文献报告;

(4) 一份不超过 5000 字的研究项目报告(不包括脚注);

(5) 课堂作业和野外作业的报告。

选择(B)选项的考生应提交

(1) 三份各三小时的书面试卷,并进行实践考试或提交与每份所交考卷相关的持续性的可供评估的实践作业;

(2) 一份时长三小时的书面试卷,包括一篇小论文,小论文的主题可以从自然科学主要方面有特定意义的主题列表中选择;

(3) 一份不超过 5000 字的文献报告;

(4) 课堂作业和野外作业的报告。

与各份试卷相关的考试和实践作业的要求应由地球科学系主任在米迦勒学期开始前公布出来。系主任将向考官提交对考生的一系列持续性的可供评估的实践的评估结果;在判定考试分数时,考官应将这些评估结果作为参考。

文献报告应对一篇地质科学中被选择领域里已出版的文献材料进行评论性的回顾,报告主题可以由学生自己提出,也可从系主任公布的已审核过的主题列表中选择一个,提交主题的时间应在四旬斋学期开始前。每位考生应在四旬斋学期分期前,获得考官对自己提出的主题的批准,或者向考官通报自己已选择的列表中的主题。报告应在复活节学期的第一个星期三之前提交给考官。

研究项目报告的主题可由考生提出,再经地球科学系主任批准而选定,也可由考生从一份已得到系主任批准的主题列表中选择,在次年考试前的复活节学期开始前提交。每位考生应在次年考试之前的 6 月 30 日前,获得考官对自己所提出的主题的批准,或者向考官通报自己已选择的列表中的主题。报告应在四旬斋学期第二天之前提交给考官。

课堂作业和课外作业应在书面考试前一天由地球科学系主任提交给考官,而且作业应有指导老师的签名。课堂作业和课外作业的类型应由系主任在米迦勒学期开始前公布出来。

科学史与科学哲学。考试由(A)和(B)两个可供选择的部分组成。

选择(A)选项的考生应提交：

(1) 三份各三小时的书面试卷,学生可从不超过十份试卷的一个列表中选择三份试卷；

(2) 一份字数在5000~12000(包含注释)的学术论文；

(3) 两篇小论文,每篇长度不超过3000字。

选择(B)选项的考生需要提交：

(1) 四份各三小时的书面试卷,学生可从不超过十份试卷的一个列表中选择四份试卷；

(2) 两篇小论文,每篇长度不超过3000字。

两篇小论文的论题应从科学史与科学哲学学部委员会在次年考试前的复活节学期结束前出版的一系列资料列表中选择其一。考生提交的小论文主题应在米迦勒学期最后一天之前获得学部委员会的批准。小论文应在四旬斋学期分期前提交给考官。

学位论文的主题可以由考生自己提出,在四旬斋学期分期之前得到科学史与科学哲学学部委员会的批准。学位论文应该体现阅读、判断、评论的依据以及说明的力度,而且对所用材料应列出详细的参考文献。论文应在复活节学期的第一个星期一之前提交给考官。

材料科学与冶金。考试由可供选择的(A)和(B)两部分组成。选择这两部分的考生都需要提交：

(1) 四份各三小时的书面试卷；

(2) 下一步研究报告。

下一步研究报告和它的考试要求和提交安排应由材料科学与冶金系主任在米迦勒学期开始前公布出来,公告应由课程作业和应用作业组成。下一步研究报告应由系主任提交给考官,报告需要具有指导老师的签名。

系主任对考生提交的作业进行评估,然后将结果提交给考官,考官在判定考试分数时应将评估结果考虑在内。

神经科学。每位考生需要提交：

(1) 四份各三小时的书面试卷；

(2) 一篇不超过2000字(不包含表格、数据和参考书目)的评论性综述,复印或打印形式均可；

(3) 一份不超过5000字(不包含表格、附录、脚注和参考书目)的研究项目报告,复印或打印形式均可。

评论性综述应针对一份已出版的科学性论文进行回顾,论文自生物系学部委员会主席在米迦勒学期的第二个星期五之前公布的一系列论文列表选取。每位考生应该在米迦勒学期结束之前向主席通报自己选定的准备回顾的论文。回顾应在四旬斋学期的第二个星期五前提交给考官。

研究项目报告的主题可以由考生自己提出，再经生物系学部委员会主席批准，或者由考生在主席公布的已被批准的主题列表里择一，截止时间为米迦勒学期期末。每个学生应该在米迦勒学期结束之前，获得考官对自己提出的主题的批准，或者通报考官自己已选择的列表中的题目。报告应在复活节学期的第五天前提交给考官。

在复活节学期，生物系学部委员会主席指定的日期，每个学生都需要向包括全体教师、学生以及考官在内的听众进行一次演讲。

考官在判定考试分数时应将学生的研究项目（包括报告和演讲）考虑在内。

病理学。每位考生需要提交：

（1）四份各三小时的书面试卷和一份两个半小时的实践考试；

（2）一份研究项目报告。

研究项目报告的主题可以由考生自己提出，再经病理学系主任批准，或者由学生在系主任公布的已被批准的主题列表中选择其一，考生须在米迦勒学期开始前选定主题。每位考生应该在米迦勒学期第五天之前，获得考官对自己提出的主题的批准，或者向考官通报自己已选择的列表中的主题。报告或小论文应在四旬斋学期结束之前提交给考官。其论文形式应由系主任在米迦勒学期开始前作出详细规定。

药理学。每位考生应提交：

（1）四份各三小时的书面试卷；

（2）一份研究项目报告。

考生可在米迦勒学期分期之前从在药理学系主任公布的已被批准的主题列表中择一作为研究项目报告的主题。每位考生应在米迦勒学期结束之前，向系主任通报自己根据主题列表所选主题。报告或小论文应在复活节学期的第十天之前提交给考官。

在复活节学期的第二或第三周，每位考生都须对包括全体教师、全系学生以及考官在内的听众进行一次简短的口头交流。

考官在判定考试分数时应将学生研究项目的书面和口头报告考虑在内。

物理科学。每位考生应提交：

（1）选自化学、实验与理论物理学、地质科学、材料科学与冶金的一半科目的考试要求；

（2）或者是上述列表中的另外一半科目的考试要求，或者是选自荣誉考试第一部分 B 的一门科目的考试要求（具体见第 23 条的规定），对科目的大致要求如下：

① 化学的一半科目的考试要求应包含三份书面试卷，每份时长一个半小时，提交下一步研究的笔记。下一步研究的形式和考试要求应由化学系主任在次年考试前的复活节学期之前公告出来。下一步工作报告应在复活节假期的第一个星期一前提交给系主任，而且报告应具有指导老师的签名。系主任应将对学生所交报告的评估结果提交给考官，考官应在判定考试分数时将这些评估结果考

虑在内。

如果学生之前在第一部分 B 的荣誉考试中没有选择过化学 A 或化学 B 的话,可以不选择化学的一半科目。

② 实验与理论物理学的一半科目的考试要求应包括一份两小时的书面试卷和一份一个半小时的书面试卷,以及一份由三部分组成的下一步研究报告。下一步研究的形式和考试要求应由物理系主任在米迦勒学期开始之前公告出来。下一步工作报告应在复活节学期的第四个星期一前提交给系主任,而且报告应具有指导老师的签名。系主任应将对学生提交的报告的评估结果提交给考官,考官应在判定考试分数时将这些评估结果考虑在内。

如果学生之前在第一部分 B 的荣誉考试中没有选择过物理学的话,可以不选择实验和理论物理学的一半科目。

③ 地质科学一半科目的考试要求应包括:

(1) 一份一个半小时的书面试卷和两份一小时的书面试卷,以及应用考试或与每份试卷相关的持续性可评估的实践作业;

(2) 一份三小时的书面试卷,主题可从对科学主要方面有重要意义的主题列表中选择;

(3) 一份长度不超过 5000 字的文献综述;

(4) 实践作业和实地作业的报告。

与每份试卷相关的实践作业和考试要求应由地球科学系主任在米迦勒学期开始前公布出来。系主任应将对持续性可评估的实践作业的评估结果提交给考官,考官在判定考试分数时应将评估结果考虑在内。

需要提交的文献报告应评论性的回顾一篇在地质科学被选定领域中的出版文献,而且可以由考生自己提出,或从系主任公布的被批准的主题列表中选择,考生须在四旬斋学期开始前选定。每位考生应在四旬斋学期结束前,获得考官对自己提出的主题的批准,或者向考官通报自己已选择的列表中的主题。报告应在复活节学期的第一个星期三之前提交给考官。

课堂作业和课外作业应在书面考试最后一天由地球科学系主任提交给考试,而且应有指导老师的签字。课堂作业和课外作业的类型应由系主任在米迦勒学期开始前公告出来。

如果学生之前在第一部分 B 的荣誉考试中没有选择过地质科学 A 或地质科学 B 的话,可以不选择地质科学的一半科目。

④ 材料科学与冶金的一半科目的考试要求应包括四份一个半小时时长的书面试卷和具体的下一步研究报告。下一步研究报告和它的考试要求以及提交的安排应由材料科学与冶金系主任在米迦勒学期开始前公布出来,而且应包括课程作业和实践作业。下一步研究报告应由系主任提交给考官,而且应有指导老师的签字。系主任应对持续性可评估的实践作业进行评估并将结果提交给考官,考官在判定考试分数时应将评估结果考虑在内。

如果考生之前在第一部分 B 的荣誉考试中没有选择过材料科学与冶金的

话，可以不选择材料科学与冶金的一半科目。

生理、发展与神经科学。考试应由两个可供选择的选项(A)和(B)组成。

选择(A)选项的考生应提交：

(1) 四份各三小时的书面试卷；

(2) 一份不超过 8000 字（不包含表格、数据图表和参考书目）的印刷或打印的研究项目报告；

(3) 实践作业的报告；

(4) 一篇不超过 2000 字的小论文。

研究项目报告的主题可以由考生自己提议，再经生理、发展和神经系统科学系主任批准，或由学生在系主任公布的已被批准的两个选项（A 和 B）主题列表里选择一个主题。每位考生应该在项目工作开始前，获得考官对自己提出的主题的批准，或者向考官通报自己已选择的列表中的主题。对于每个选项（A 和 B），公布已批准的主题列表的时间以及系主任批准主题的时间应由系主任在次年复活节学期结束前公布出来。报告应在复活节学期第三天之前（考试开始前）提交给考官。

实践作业的形式应由系主任在米迦勒学期中期前公布出来。实践作业的报告应该在四旬斋学期的第十天前提交给考官，而且需要指导老师的签名。

小论文的主题应在米迦勒学期开始时由考生在系主任公布的已被批准的主题列表里选择一个主题。每位考生应在米迦勒学期中期前向考官通报自己已从列表中选择的题目。小论文应在四旬斋学期的第三天前提交给考官。

生理学与心理学。每位考生需要提交：

(1) 四份三小时的书面试卷，两份是关于生理学方面的，两份是关于心理学方面的；

(2) 学生需要完成生理学的实践工作报告；

(3) 一份项目报告的三份印刷或打印版本，字数不超过 5000 字（不包括表格、图表、脚注和参考文献），主题是关于生理学或心理学领域的。

生理学实践作业报告的类型应由生理、发展和神经系统科学系主任在米迦勒学期分期之前公布出来。实践作业报告应在四旬斋学期第十天之前提交给考官，而且需要具有负责指导实践作业的指导老师的签名。

参与生理学领域项目的考生需要提交一份报告，报告的主题可以由考生自己提出，再经生理、发展和神经系统科学系主任批准，或由考生在系主任在米迦勒学期分期前公布的已被批准的主题列表里选择一个主题。每位考生应该在米迦勒学期结束前，获得考官对自己提出的主题的批准，或者向考官通报自己从主题列表中选择的题目。报告的三份复印版本应在复活节学期的第三天（考试开始）之前提交给考官。

参与心理学领域项目的考生需要提交一份报告，报告的主题应由考生在米迦勒学期开始前根据实验心理学系主任公布的已被批准的主题列表，从中选择一个主题。每位考生应该在米迦勒学期分期前，获得考官对自己从主题列表中选择的题目的批准。报告的三份复印版本应在复活节学期第十天之前提交给考官。

植物科学。每位考生应提交：

(1) 四份各三小时的书面试卷；

(2) 一篇不超过 2500 字(不包含表格、数据表格和参考文献)的小论文；

(3) 一份研究项目报告，字数不超过 5000 字(不包括表格、数据图表、附录和参考文献)。

小论文的主题应由考生根据植物科学系主任公布的已被批准的主题列表，从中选择一个主题，并应提交给考官。公布主题列表和提交小论文的时间应由系主任在米迦勒学期的第二个星期五之前公布出来。

研究报告的主题应由考生根据植物科学系主任公布的已被批准的主题列表，从中选择一个主题，并应提交给考官。公布主题列表和提交小论文的时间应由系主任在米迦勒学期的第二个星期五之前公布出来。

心理学。考试由可供选择的两个选项(A)和(B)组成。两个选项都需要考生提交：

(1) 四份每份三小时的书面试卷，试卷 1—4，除此之外，考生还可提交一份论文初稿的两份复印件，论文字数不超过 8000 字(不包括附录、脚注和参考文献)；

(2) 一篇研究报告的两份复印件，字数不超过 5000 字(不包括图表、附录、脚注和参考文献)。

论文题目的主题应由考生选择并在四旬斋学期分期前经由高级考官批准。论文初稿的两份复印件(如果需要)，应该在复活节学期的第一个星期一之前提交给高级考官。

研究项目报告的主题应在米迦勒学期开始时由考生自己提议，再经实验心理学系主任批准，或者由考生在系主任公布的已被批准的主题列表里选择一个主题。每位考生应该在米迦勒学期分期前，获得考官对自己已选择的主题的批准。报告应在复活节学期第十天之前提交给考官。

如果考生提交了四份试卷和一篇论文，考官应评估他在：①试卷 1、2、3；以及②试卷 4 或者论文中的表现，在试卷 4 和论文中去掉一项较差的。

动物学。每位考生需要提交：

(1) 四份各三小时的书面试卷；

(2) 一份时长两小时的书面试卷，包括一篇选自自然科学主要方面有重要意义的主题列表的小论文；

(3) 一篇不超过 2000 字(不包含图表和参考文献)的小论文；

(4) 项目作业或/和实践作业报告。

小论文的主题应在米迦勒学期的四分之一结束前由学生在动物学系主任公布的已被批准的主题列表里选择一个主题。小论文应在系主任公布的时间(不迟于米迦勒假期的四分之一结束)之前提交给考官。

研究项目报告或/和实践工作报告的主题应在米迦勒学期的四分之一结束前由候选人在系主任公布的已被批准的主题列表里选择一个主题,或者由候选人自己提议,再经实验心理学系主任批准。报告应在书面考试的第一天提交给考官,并有负责指导实践作业的指导老师的签名。

动物学系主任应对考生提交的(3)和(4)的材料进行评估,然后将结果提交给考官,考官在判定分数时,应将这些评估结果列入考虑范围之内。

31. 对于第二部分的每一门科目都应公布一个单独的优等生名册,这份列表需要具有该门科目考官的签名,而生理学和心理学科目的列表应有这两门科目的考官的签名。

获得每一门科目或联合科目的荣誉学位的考生应分成三个等级,其中第二等级应分成两个部分。第一、三等级和第二等级的每个部分的名单应按字母顺序排列。

化学、试验和理论物理学以及地质科学科目的优等生名册上,应在那些选择了(A)选项的考生名字处标记上 A,在选择了(B)选项的考生名字处标记上 B。另外,在地质科学科目的等级上,有些考生已经提交了两份或更多份试卷,如果这些试卷内容与矿物学和矿物物理学科领域中的一个或两个都相关,而且考生在矿物科学领域的研究项目已经被地球科学系主任批准,则需要在这些考生的名字处标记 m。

在心理学科目优等生名册中,应在那些已经提交了四份与心理学(认知神经系统科学)相关试卷,并且考生在认知神经系统科学的研究项目和论文,已经获得实验心理学系主任批准的考生的名字处标记 cn。

第 三 部 分

32. 第三部分的考试科目如下:

天体物理学	实验与理论物理学
生物化学	地质科学
化学	材料科学与冶金

33. 第三部分的每位考生应从这些科目中选择一门,并满足第 36 条对所选科目设置的要求。除了第 36 条设置的要求,自然科学荣誉学位管理委员会可以批准不超过十门附加跨学科试卷(应该包括一个或更多学科的考试要求)。跨学科试卷的公开通告应在次年复活节学期结束前(考试之前)公布出来,而管理委员会如果有充足的理由需要修改通告,并确保考生的备考不会因此受到不良影响的话,他们有权在之后对通告进行修改。管理委员会有权:

① 公布考试通知,限制需要提交试卷的科目;
② 详细说明每份试卷的评估模式;
③ 对于每门科目,详细说明或修改每门考试(第 36 条中规定的考生选择提交一门或更多的跨学科试卷)的考试时长。

34. 每位考生根据第 36 条需要提交学位论文、小论文、论题、项目报告或类似的练习,都需要签署一个声明:他或她所提交的内容除声明中详细列出的内容外,均属独立完成,而且不包含那些已经作为相应目的在各种实质范围内被应用的材料;如果两个或更多考生进行合作研究,他们需要指出各自对研究的贡献。如果考官认为考生提交的材料不够清晰,有权要求考生重新提交打印版本。

35. 对第三部分的每门科目,考官可以自行决定,对考生进行口试。

36. 具体科目的考试要求如下:

天体物理学。每位考生应提交:

(1) 一些书面试卷;

(2) 提交一份不超过 8000 字(不包括数据、表格、标题、参考文献和附录)的研究项目报告。

书面试卷的数量的设置以及每份试卷的主题和时长都应由天体物理学院院长在 11 月 1 日前(考试之前)公布出来。

研究项目报告的主题应在次年复活节学期结束前(考试之前)由学生在系主任公布的已被批准的主题列表里选择一个主题。每位考生应该在米迦勒学期的第二个星期五之前,向系主任通报自己已选择的主题。研究项目报告应在复活节学期的第二个星期一之前提交给考官。

生物化学。每位考生须提交:

(1) 两份书面试卷,其中一份时长三小时,另一份时长三小时十五分钟(一小时的第一个十五分钟不应作为书面答题时间);

(2) 一份不超过 8000 字(不包括脚注和参考文献)的研究项目报告。

研究项目报告的主题应在次年复活节学期结束之前(考试之前)由考生自己提议,再经生物化学系主任批准,或者由考生在系主任公布的已被批准的主题列表里选择一个主题。每位考生应该在次年 8 月 31 日之前(考试之前),获得考官对自己提议的主题的批准或向系主任通报自己在主题列表中选定的主题。报告应在复活节学期的第九天之前提交给考官。

考官在判定分数的时候,应将考生的研究报告列入考虑范围。

化学。每位考生须提交:

(1) 三份各三小时的书面试卷;

(2) 一份不超过 5000 字(不包含脚注)的研究项目报告。

研究项目报告的主题应在次年复活节学期中期(考试之前)前由考生自己提议,再经化学系主任批准,或由考生在系主任公布的已被批准的主题列表里选择一个主题。每位考生应该在学年的复活节学期结束前(考试之前),获得考官对自己已提议的主题的批准,或者向系主任通报自己在列表中选定的主题。报告应不迟于四旬斋学期最后一天之后的星期五通过系主任提交给考官。

考官在分配考试分数时,应将研究项目的书面报告考虑在内。

实验与理论物理学。每位考生须提交:

(1) 一份关于综合物理的三小时书面试卷;

(2) 三个主修主题和三个辅修主题,考生可以在前期长假期间提交下一步研究的各部分(包括课堂作业和/或课外作业)或者提交一份项目报告,字数不超过5000字(不包含脚注),以此来替代一到两门辅修主题;

(3)一份不超过5000字(不包含脚注)的研究项目报告。

物理学系主任应在米迦勒学期开始前公布不少于五门主修主题和十门辅修主题,以及与考试有关的下一步研究的类型,包括每个主题的评估形式或下一步研究的篇幅。

下一步研究报告应在复活节学期的第五个星期一(考试开始)之前由系主任提交给考官,报告应有指导老师的签名。

长假期间的项目报告(如需提交),应在米迦勒学期的第一个星期一之前提交。项目主题应由考生自己提议,再经物理学系主任批准;考生应在复活节学期前期向系主任提交选定的主题,每位考生应在该学期的最后一天前,获得考官对自己已选定主题的批准。

研究项目报告的主题应在米迦勒学期中期前由考生自己提议,再经物理系主任批准,或由考生在系主任公布的已被批准的主题列表里选择一个主题。每位考生应在米迦勒学期结束之前,获得考官对自己已提议的主题的批准,或向系主任通报自己在列表中选定的主题。报告应在复活节学期的第三个星期一之前由系主任提交给考官。

物理学系主任应对学生提交的报告或与(2)和(3)相关的下一步研究材料进行评估,然后将结果提交给考官,考官在判定分数时,应将这些评估结果列入考虑范围之内。

地质学。每位考生须提交:

(1)三份书面试卷(试卷1—3),每份试卷时长三个小时,并应进行应用考试或提交与试卷2、3相关的持续性可评估的实践作业;

(2)一份不超过7500字(不包括脚注)的研究项目报告;

(3)课堂作业和课外作业报告。

与每份试卷相关的实践作业和考试要求应由地球科学系主任在米迦勒学期开始前公布出来。地球科学系主任应对持续性可评估的实践作业进行评估,而后将评估结果提交考官;考官在判定考试分数时,应将评估结果列入考虑范围。

研究项目报告的主题应在次年考试前的四旬斋学期开始前由考生自己提议,经地球科学系主任批准,或由考生在系主任公布的已被批准的主题列表里选择一个主题。每位考生应在次年四旬斋学期中期前,获得考官对自己已选定主题的批准,或向系主任通报自己在列表中选定的主题。报告应在四旬斋学期的第一个星期五之前由系主任提交给考官。

课堂作业和课外作业的报告应在书面考试的最后一天前由地球科学系主任提交给考官,报告应有研究指导老师的签名。课堂作业和课外作业的形式应在米迦勒学期开始前由系主任公布出来。

材料科学与冶金。每位考生须提交:

(1)三份各三个小时的书面试卷;

(2) 一份字数不超过 7000 字（包括脚注、附录和参考文献）的研究报告；

(3) 课程作业报告和相关练习。

研究项目报告的主题应在米迦勒学期中期之前由考生自己提出，再经材料科学与冶金系主任批准，或由考生在系主任公布的已被批准的主题列表里选择一个主题。每位考生应在米迦勒学期结束之前，获得考官对自己已选定主题的批准，或向系主任通报自己在列表中选定的主题。报告应在系主任公布的日期（不迟于米迦勒学期中期）之前通过系主任提交给考官。

课堂作业和其他练习的具体要求以及考试要求应在米迦勒学期开始前由系主任公布出来。课堂作业和相关练习的报告应在系主任公布的日期（米迦勒学期开始）前由系主任提交给考官。

课堂作业和其他练习的评估结果应由系主任提交给考官，考官在判定考试分数时应将评估结果考虑在内。

37. 第三部分的每门科目应发表单独的优等生名册，列表应具有该科目考官签名。每门科目获得荣誉学位的考生名字应被分为三个等级，其中第二等级应分成两个部分。第一和第三等级，以及第二等级的每个部分名单应按照字母排序。在安排优等生名册时，第三部分化学科目的考官应考虑已经在第二部分考试中被分过等级的考生的表现。

补 充 规 章

根据公示修订（2007—2008 学年《剑桥大学通讯》，第 959 页）

除非另行表述，一门科目的书面试卷与实践考试应包括课程的所有方面。

第一部分 A

生物学基础数学
这份试卷适用于进入大学前没有数学高级资格证书的考生。

第一部分 B

物理学 B
所有考生须提交试卷 1。在自然科学荣誉学位考试第一部分 B 中没有选择过数学的考生需要提交试卷 2A。在自然科学荣誉学位考试第一部分 B 中选择过数学的考生应提交试卷 2B。

第 二 部 分

生物学与生物医学
除在次年四旬斋学期中期前（考试之前）公布的通告中另行提出具体差别之外，考试要求如下：

主修科目	四份时长各三个小时的书面试卷
辅修科目	一份时长三个小时的书面试卷

每部分的最高分数如下：

主修课目	65
辅修课目	15
学位论文	20

化学

考试由可选择的两个选项(A)和(B)组成。选项(A)是针对那些计划在获得第二部分学位后毕业的学生；选项(B)是针对那些计划继续第三部分学位的学生。所有考生应提交试卷2。此前在自然科学荣誉学位考试第一部分B中提交过化学A和化学B的考生还应提交试卷1A和试卷4A；此前只提交了化学A和化学B两门中其中一门的考生，还应提交试卷1A和试卷4A，或者提交试卷1B和试卷4B。另外，选择选项(A)的考生必须提交试卷3A，而选择选项(B)的考生必须提交试卷3B。

实验和理论物理学

考试由可选择的选项(A)和(B)组成。选项(A)是针对那些计划获得第二部分学位后毕业的学生；选项(B)是针对计划继续第三部分学位的学生。

地质科学

考试由可选择的选项(A)和(B)组成。选项(A)是针对那些计划获得第二部分学位后毕业的学生；选项(B)是针对计划继续第三部分学位的学生。

科学史与科学哲学

考试由可选择的选项(A)和(B)组成。选项(A)是针对那些计划获得第二部分学位后毕业的学生；选项(B)是针对计划继续第三部分学位的学生。

试卷设置如下：

试卷1. 科学的古典传统(也作为古典学荣誉学位考试第二部分试卷O11)

试卷2. 古典哲学：从文艺复兴到启蒙思想运动

试卷3. 科学、工业与帝国

试卷4. 形而上学、认识论与各门科学

试卷5. 科学与技术研究

试卷6. 历史与心灵哲学

试卷7. 从古代到启蒙时代的医学

试卷8. 当代医学与生物医学科学

试卷9. 科学的形象

试卷10. 第一次世界大战以来的科学与技术

材料科学与冶金

考试由可选择的选项(A)和(B)组成。选项(A)是针对那些计划获得第二部分学位后毕业的学生；选项(B)是针对计划继续第三部分学位的学生。

物理科学

一半科目的试卷应为第二部分同名科目的试卷或来自这些试卷的问题中某部分。每部分的最高分数应如下：

一半科目　　　　　　　　　　200
第一部分 B 科目　　　　　　　100

生理学与心理学

两份生理学试卷应包含与学生提交的生理学科目的试卷 2—4 中的两份相同的问题。

心理学

考试由可选择的选项(A)和(B)组成。选项(A)是针对那些希望获得英国心理学协会关于心理学方面的合格鉴定的学生，标志为心理学(心理学)；选项(B)是针对不要求获得该协会的合格鉴定的学生，标志为心理学(认知神经科学)。

东方学荣誉学位考试

根据公示修订(2007—2008 学年《剑桥大学通讯》，第 100 页、第 285 页和第 858 页)，2008 年 3 月 12 日第二号提案

总　　章

1. 东方学荣誉学位考试应包含两个部分。
2. 以下介绍第一部分荣誉学位的考生条件：

（1）还没有在其他荣誉学位考试中获得学位的学生，如果已经完成一个学期的学业，而且在第一个居住学期后的时间不超过六个完整学期，可以成为该荣誉学位考试的考生；

（2）已经在其他荣誉学位考试中获得学位的学生，如果第一个住宿学期后的时间不超过十二个完整学期，可以在获得其他学位后的第二年或第三年成为该学位考试的考生。

3. 下面将介绍第二部分荣誉学位考生条件，如果学生已经完成七个学期的学业，而且第一个住宿学期后的时间不超过十二个完整学期，则需要以下资格：

（1）此前获得了第一部分荣誉学位或其他荣誉学位的学生，如果根据第 15 条参加了考试，可在获得荣誉学位一年后成为该部分荣誉学位考试考生；除非亚洲及中东研究学部委员会在特殊的学年取消这个要求。

① 学生在大学入学后，需经学部委员会批准，已经在东亚学习了至少六个月，才可以根据第 15 条提供的第(2)选项中国研究（整个科目）成为第二部分的考生；

② 学生在大学入学后，经学部委员会批准，已经在东亚学习了至少八个月，方可根据第 15 条提供的选项(6)日本研究（整个科目），成为第二部分的考生；

③ 学生在大学入学后，经学部委员会批准，在中东国家或印度生活了至少八

个月的时间,才可以根据第 15 条提交下列具体选项中的任意一门:

(7) 中东和伊斯兰研究(整个科目);

(8) ② 印度与南亚研究(整个科目);

④ 如果学生在大学入学后,经学部委员会批准,在地中海或近东国家或印度生活了至少 3 周的时间,则可以根据第 15 条参加下列具体选项中的任意一门考试:

(3) 爱琴海和近东地区早期文明社会(整个科目);

(4) 埃及古物学(整个科目);

⑤ 如果学生在大学入学后,经学部委员会批准,在中东国家或印度生活了至少 8 个月的时间,则可以根据第 15 条提交选项第二部分 B 或第二部分 C 中半个科目的结合,包括下列具体选项中的一门或多门:

(9) 阿拉伯

(11) 北印度

(13) 波斯

⑥ 如果学生在大学入学后,经学部委员会批准,在以色列生活了至少 6 周时间,则可以根据第 15 条提交第二部分的选项(5)(i)"希伯来和以色列研究"或选项(10)"希伯来研究"。

(2) 此前已获得第一部分荣誉学位或其他荣誉学位考试的学生,如果他或她根据第 16 条参加考试,可在获得荣誉学位一年后成为该部分荣誉学位考试候选人。

4. 任何学生不得同一学期内在超过一个部分,或同时成为一部分和其他荣誉学位考试的考生。

5. 任何学生不得重复成为某一部分荣誉学位考试的考生。

6. 学部委员会应为考试的每一部分任命足够数量的考官。考官应负责制定所有书面试卷(除来自其他荣誉学位考试的试卷)并判定分数,同时对根据第 17 条的规定提交的学位论文判定分数,还应组织考古学的实践考试和口试。

学部委员会也有权任命一个或多个评审官协助荣誉学位考试任一部分的考官。如果需要,评审官应该对分配下来的科目制定考题,判定候选人对这些问题的答案,设置和管理口试和实践考试,同时应根据考官要求进行汇报。评审官可以在得到通知后参加考官会议,参与协商和提出建议,但是没有表决权。

7. 在荣誉学位考试的每一部分,考官和评审官提出的问题均应被提交给考官全体进行审批。

8. 考官应该考虑到考生答案的类型和方法,而且应该对在这些方面表现优秀者授予荣誉。他们应根据考生在口试中的表现给予适当的荣誉。

考官有权对任何考生进行口试。

9. (1) 考生如果已经在第 14 条的列表第一部分 A(所有科目)指定选项之一或第 14 条列表第一部分 B 和第一部分 C(一半科目)指定选项中的两项,达到获得荣誉学位的标准,则应被认为已经获得第一部分荣誉学位。

(2) 考生如果已经达到下列荣誉学位标准，可被认为已获得第二部分荣誉学位：

① 第 15 条列表第二部分 A（所有科目）或第 16 条列表第二部分 F（所有科目）中指定选项之一；或

② 第 15 条列表第二部分 B、第二部分 C、第二部分 D 和第二部分 E（一半科目）中指定选项中的两项；或

③ 第 15 条列表第二部分 G 和第二部分 H（一半科目）中指定选项中的两项。

（3）根据这一规章的目的，考生可以在学部委员会认可下，经学部委员会根据第 18 条对科目进行正式批准后，将第 14 条、第 15 条或第 16 条中具体制定的选项中的任何一项替换为一个综合试卷（以及口试和实践考试，如果适合的话）。

10. 那些在各部分获得荣誉学位的考生应分为三个等级，其中第二等级应分为两个部分。第一和第三等级以及第二等级的每个部分名单都应按照字母顺序排列。优等生名册也应指明学生在考试中已经提交的科目。在第二部分获得优异成绩可授予特别优异奖。

11.（1）根据考生意愿选择，下列试卷设置为：

阿拉姆语

Am. 1. 阿拉姆语指定与未指定文本，1

Am. 2. 阿拉姆语指定文本与作文

Am. 3. 阿拉姆文学与历史背景

Am. 11. 阿拉姆语指定与未指定文本，2

Am. 12. 阿拉姆语指定文本

Am. 13. 阿拉姆语未指定文本和作文

Am. 14. 特别科目

亚述学

As. 1. 阿卡得语指定文本

As. 2. 阿卡得语未指定文本与作文

As. 3. 美索不达米亚文明介绍

As. 4. 基本阿卡得语

As. 11. 美索不达米亚文学文本

As. 12. 美索不达米亚文献文本

As. 13. 美索不达米亚历史

As. 14. 美索不达米亚文学与文明

As. 15. 美索不达米亚特别科目（也作为考古学和人类学荣誉学位考试第二部分 A 和 B 的试卷 A22）

As. 16. 美索不达米亚考古历史（也作为考古学和人类学荣誉学位考试第二部分 A 和 B 的试卷 A23）

As. 17. 近东史前史（也作为考古学和人类学荣誉学位考试第二部分 A 和 B

的试卷 A21)
    As.18. 美索不达米亚考古学实践考试

中国研究

C.1. 文言文文本,1
C.2. 文言文文本,2
C.3. 现代中文文本,1
C.4. 现代中文文本,2
C.5. 现代中文翻译与作文,1
C.6. 中国历史:指定主题,1
C.7. 中国历史:指定主题,2
C.11. 文言文文本 3
C.12. 传统中国文化各方面
C.13. 现代中文文本,3
C.14. 现代中文翻译与作文,2
C.15. 中国朝代:指定主题
C.16. 中国朝代:阅读
C.17. 当代中国:指定主题
C.18. 当代中国:阅读

埃及古物学

E.1. 中古埃及指定文本
E.2. 中古埃及未指定文本
E.3. 埃及古语指定文本,1(Sa'idic 方言)
E.4. 埃及古语未指定文本,1(Sa'idic 方言)
E.5. 人类社会发展(考古学与人类学荣誉学位考试第一部分试卷 1)
E.6. 人类社会:比较观察(考古学与人类学荣誉学位考试第一部分试卷 3)
E.7. 埃及文明介绍
E.11. 古代、中古和近代埃及指定文本
E.12. 古代、中古和近代埃及未指定文本
E.13. 中古和现代国家宗教书籍指定文本
E.14. 埃及古语指定文本,2
E.15. 埃及古语未指定文本,2
E.16. 埃及基督教语言与文学历史
E.17. 埃及基督教教派、修道院制度和艺术的早期历史
E.18. 远古埃及,1
E.19. 远古埃及,2
E.20. 远古埃及,3
E.21. 远古埃及,4

爱琴海与近东的早期文明社会

N.1. 希腊语翻译（古典学荣誉学位考试第一部分 A 试卷 1）

N.2. 可选择的希腊语翻译（古典学荣誉学位考试第一部分 A 试卷 2）

N.3. 古典学问题（古典学荣誉学位考试第一部分 A 试卷 6）

N.4. 人类社会发展（考古学与人类学荣誉学位考试第一部分 A 试卷 1）

N.5. 人类社会：比较观察（考古学与人类学荣誉学位考试第一部分 A 试卷 3）

N.6. 早期文明社会：比较与理论问题

N.7. 爱琴海早期历史（古典学荣誉学位考试第二部分试卷 D1）

N.8. 古典考古学和/或古典艺术范围的一个主题（该主题为根据亚洲与中东研究学部委员会关于这一规章的目标，在各年已经由学部委员会批准的古典学荣誉学位考试第二部分试卷 D2）

N.9. 希腊历史中一个指定的时代或主题（该主题为根据亚洲与中东研究学部委员会关于这一规章的目标，在各年已经由学部委员会批准的古典学荣誉考试第二部分试卷 C1）

N.10. 古代历史中一个指定的主题（该主题为根据亚洲与中东研究学部委员会关于这一规章的目标，在各年已经由学部委员会批准的古典学荣誉学位考试第二部分试卷 C3）

N.11. 希腊考古学实践考试

N.12. 古典学特别主题

希伯来研究

H.1. 希伯来语文本，1

H.2. 希伯来未指定文本与作文

H.3. 以色列与犹太人历史与文学

H.4. 当代希伯来语，1

H.5. 当代希伯来语，2

H.6. 米西拿和中世纪希伯来语

H.11. 希伯来语文本，2

H.12. 希伯来语

H.13. 概要试卷

H.14. 后犹太圣经文本

H.15. 当代希伯来语，3

H.16. 当代希伯来语，4

H.17. 闪族语指定文本

H.18. 特殊主题

H.19. 犹太教 II（神学与宗教研究荣誉学位考试试卷 C8）

日本研究

J.1. 当代日本语，1

J.2. 当代日本语文本，1

J.3. 当代日本语文本，2

J. 4. 当代日本历史

J. 5. 古代日本语

J. 6. 日本文化

J. 7. 当代日本,1

J. 8. 当代日本,2(也作为社会与政治科学荣誉学位考试试卷 Pol. 10)①

J. 10. 当代日本语,2

J. 11. 当代日本语未指定文本②

J. 12. 日本语文本,1

J. 13. 日本语文本,2

J. 14. 古典文学研究:指定主题

J. 15. 日本文学:指定主题

J. 16. 日本历史指定主题

J. 17. 日本社会:指定主题

J. 18. 日本政治与国际关系:指定主题

中东与伊斯兰研究

Is. 1. 阿拉伯语,1

Is. 2. 阿拉伯语,2

Is. 3. 中东与伊斯兰文学

Is. 4. 阿拉伯文学,1

Is. 5. 波斯语,1

Is. 6. 波斯文学课文

Is. 7. 波斯文学,1

Is. 8. 中东与伊斯兰历史,1

Is. 9. 中东与伊斯兰历史,2

Is. 10. 中东与伊斯兰历史,3

Is. 11. 阿拉伯语,3

Is. 12. 阿拉伯语,4

Is. 13. 中东与阿拉伯文化

Is. 14. 阿拉伯文学,2

Is. 15. 阿拉伯文学,3

Is. 16. 波斯语,2

Is. 17. 波斯语,3

Is. 18. 波斯文学,2

Is. 19. 波斯文学,3

Is. 20. 中东与伊斯兰历史,4

---

① 该试卷在2009年10月1日前暂时搁置。

② 此试卷在新通报前暂时搁置。

Is. 21. 中东与伊斯兰历史,5

Is. 22. 中东与伊斯兰历史,6

Is. 23. 中东与伊斯兰历史,7

东方研究

OS. 1. 东方电影:关于亚洲语中东电影传统的介绍

南亚研究

Sa. 1. 梵语指定与未指定文本,1

Sa. 2. 梵语指定与未指定文本,2

Sa. 3. 北印度语文本,1

Sa. 4. 北印度语文本,2

Sa. 5. 印度语作文、语法或小论文

Sa. 6. 印度文学

Sa. 7. 印度宗教与哲学,1

Sa. 8. 印度文化历史

Sa. 9. 南亚社会、政治与传媒

Sa. 11. 梵语指定文本,1

Sa. 12. 梵语指定文本,2

Sa. 13. 梵语指定文本,3

Sa. 14. 巴利语与古代印度语指定文本

Sa. 15. 梵语未指定文本

Sa. 16. 北印度语文本,3

Sa. 17. 北印度语文本,4

Sa. 18. 北印度语文本,5

Sa. 19. 北印度语选读文本

Sa. 20. 印度史诗

Sa. 21. 南亚历史特殊主题

Sa. 22. 莫卧儿帝国

Sa. 23. 印度女性与文学

Sa. 24. 南亚宗教与哲学特殊主题

Sa. 25. 南亚文学特殊主题

Sa. 26. 19世纪或20世纪印度历史特殊主题

Sa. 27. 南亚研究指定主题(也作为经济学荣誉学位考试第二部分B试卷17和社会与政治科学荣誉学位考试试卷Int. 8的主题之一)

Sa. 28. 当代南亚历史特殊主题,1

Sa. 29. 当代南亚历史特殊主题,2

(2)除了书面试卷,阿拉伯语、中文、希伯来语、北印度语、日语和波斯语以及由学部委员会根据第18条审批通过的任何语言,都应进行现代口语形式的口试。

（3）古典学荣誉学位和近代和中世纪语言学荣誉学位的试卷也应有效，如下：根据第14条选项（15）和（11）的详细说明，古典学荣誉学位第一部分B试卷和近代和中世纪语言学荣誉学位第一部分B试卷；根据第16条选项（12）的详细说明，近代和中世纪语言学荣誉学位第二部分试卷。

（4）其他荣誉学位试卷也可供选择，如下：

列表A

考古学与人类学荣誉学位，第二部分A，社会人类学

S2. 社会人类学Ⅱ基础

历史学荣誉学位，第一部分

19. 1700年前的政治思想历史

20. 1700年至1890年政治思想历史

21. 从15世纪到第一次世界大战前的欧洲扩张

23. 学部委员会指定的从一个时间段到另一时间段的历史的任一方面主题（各年已经被亚洲下中东研究学部委员会批准的主题）。

近代和中世纪语言学荣誉学位

Li.1. 语言学概论

社会与政治科学荣誉学位

Pol.11. 当代政治五的一个主题（各年已经被亚洲与中东研究学部委员会批准的主题）。

B15. 伊斯兰介绍

C9. 伊斯兰教Ⅱ

12. 学部委员会在每年复活节学期中期结束前，公告为下一学年即将举行的考试而选定的具体的文本和各种主题，而且学部委员会如有充足理由，且其确保不会对学生备考造成不良影响，有权在之后对公告进行修改。

13. 学部委员会有权时常公布增补规定，以确定或限制所有或任一考试主题；同时应适当注意到，根据场合变化，对任何改变以及修改或改变这种增补规定都应予以重视，对那些即将进行的学习的学生的计划予以规划。

第 一 部 分

14. 除了第18条的要求，第一部分的考生应提交所有学科中的一门，或下列列表中列出的一半学科中的两门，并应提交书面试卷或其他可选择的练习及具体指定的口试；具体要求如下：

① 列表第一部分B或列表第一部分C中的一半科目可与同一列表的另外一半科目组合，除非选项（8）阿拉伯语与列表第一部分B或列表第一部分C的任何选项组合。

② 此前已经提交了其他荣誉学位考试的学生不必提交试卷。

第一部分A（所有科目）

（1）中国研究

C.1—7　中文口语

(2) 爱琴海与近东早期文明社会

(a) 从 As.3，E.7，N.3 中选择两份试卷。

(b) 从 As.4，E.1，N.1,2,4,5 中选择两份试卷；如果没有考生同时提交 N.1 和 N.2 的话。

(3) 埃及古物学

(a) E.1,2

(b) 或者(i) E.3,4,7；

或者(ii) E.5,6,7。

(4) 希伯来研究

H.1,2,4,5　从当代与中世纪语言学荣誉学位 H.3，H.6，Am.1，Li.1(语言学概论)中选择两份试卷；希伯来语口语。

(5) 日本研究

J.1—4　从当代与中世纪语言学荣誉学位 J.5—8 和 OS.1 或 Li.1(语言学概论)中的一项中选择两份试卷；日语口语。

(6) 中东与伊斯兰研究

(a) 从 Is.1,2,5,6 中选择两份试卷；

(b) 从神学与宗教学研究荣誉学位 Is.3,4,7—10 和 OS.1 或 B15(伊斯兰教介绍)中的一项中选择四份试卷；

(c) 上述(a)中提到的每一门语言的口语考试。

(7) 南亚研究

(a) 三份选自 Sa.1—5 的试卷；

(b) 三份选自 Sa.6—9 的试卷，或两份选自 Sa.6—9 的试卷以及当代与中世纪语言学荣誉学位的 OS.1 或 Li.1(语言学概论)。

提交 Sa.3 或 Sa.4 的学生也应提交北印度语口语。

第一部分 B(一半科目)

(8) 阿拉伯语

Is.1　两份选自 Is.3—4,8—10；阿拉伯语口语。

(9) 希伯来语

两份选自 H.1—6,Am.1 的试卷；如果学生已经提交了 H.4 或 H.5，也应提交希伯来语口语。

(10) 北印度语

Sa.3　Sa.4 或 Sa.5；从当代与中世纪语言学荣誉学位中 Sa.4—9,OS.1，Li.1(语言学概论)中选择一份试卷。

(11) 一门近代欧洲语言

近代和中世纪语言学荣誉学位设定的试卷和其他练习，如下：

(a) 近代和中世纪语言学荣誉学位第一部分 B 设定的任何一门当代语言的试卷 B3；

(b) 在荣誉学位列表第一部分 B 中没有标幸好的试卷中选择一份试卷。

(12) 波斯语

Is. 5,7　一份选自 Is. 6,8—10 的试卷；波斯语口语。

第一部分 C(一半科目)

(13) 阿拉姆语(2.这个一半科目在新通告发布前暂时搁置)

Am. 1—3.

(14) 亚述学

As. 1—3.

(15) 希腊语

古典学荣誉学位考试第二部分 B 的下列试卷：

(a) 试卷 1 或试卷 2；

(b) 试卷 5；

(c) 选自试卷 7—10 的一份试卷。

(16) 希伯来语

(a) H. 1；

(b) 两份选自 H. 2—6 的试卷；若学生提交了 H. 4 或 H. 5 也应提交希伯来语口语。

第 二 部 分

15. 除了第 18 条的要求外,根据 3(1)条,参加第二部分考试的考生应提交所有科目中的一门或下列列表中两门一半科目中,还应参加书面考试或其他可选择的练习和指定的口试：

① 没有学部委员会的许可,任何学生不得提交列表第二部分 E 中的一半科目；希望从列表上提交一半科目的考生应在次学年考试前复活节学期中期前向学部委员会秘书申请,指定两个自己希望能在该考试中提交的一半科目。

② 列表第二部分 B 或列表第二部分 C 的一半科目可以与同一列表的一半科目或列表第二部分 E 组合,除了选项(9)阿拉伯语可另外与列表第二部分 C 的下列选项中任一选项组合,选项包括：(15) 亚述学,(16) 埃及古语,(17) 埃及古物学。

③ 列表第二部分 D 的一半科目可与列表第二部分 E 的一半科目组合。

④ 任何考生不得从时间表第二部分 E 中提交一门以上一半科目。

⑤ 考生如在此前已经在其他荣誉考试中提交过的试卷不得提交。

⑥ 考生不得提交多于一篇的学位论文。

第二部分 A(所有科目)

(1) 亚述学；

(a) 或者 As. 11,12,或者 As. 1,2；

(b) As. 13,14,16,18；

(c) 或者 As. 17 或当代与中世纪语言学荣誉学位 Li. 1(语言学概论)；

(d) As. 15 或一篇学术论文。

(2) 中国研究

(a) C.11—14;

(b) 或者 C.15,C.16,

或者 C.17,C.18,

或者 OS.1,C.18;

(c) 一篇学术论文;

(d) 中文口语。

(3) 爱琴海与近东地区早期文明社会

(a) N.6;

(b) 下列组合之一:

① 希腊语选项:N.7,8,11;选自 N.9,10,12 的一份试卷;选自 E.18,20,21,As.13,14,16,17 的一份试卷;

② 埃及选项:E.18—21;选自 N.7—10,As.13,14,16,17 的一份试卷;

③ 美索不达米亚选项:As.13,14,16,18;选自 E.18,20,21,N.7—10 的一份试卷;

(c) 或者是下一份选自 N.12,As.17 试卷或者一篇学位论文。

(4) 埃及古物学

(a) E.11,12 和一篇学位论文;

(b) 或者(i) 四篇选自当代或中世纪语言学荣誉学位 E.13 或 Li.1(语言学概论)的试卷,E.14—15,E.18—19;

(5) 希伯来语

或① 希伯来与以色列研究

(a) H.11,15;

(b) 希伯来语口语;

(c) 五份选自 H.12—14,16—19,Am.11 的试卷;

(d) 一篇学位论文;

或② 希伯来与犹太研究

(a) H.11,12.15;

(b) 希伯来语口语;

(c) 四份选自 H.13,14,16—19,Am.11 的试卷;

(d) 一篇学位论文。

(6) 日本研究

J.10,12,13;一份选自 J.14—18 的试卷;一篇学位论文;日语口语。

(7) 中东与伊斯兰研究

(a) 或① 两份选自 Is.11,12,16,17 的试卷;或

② Is.11 和一份选自 Is.13—15,20—23 的试卷;或

③ Is.16 和一份选自 Is.18—23 的试卷;

(b) 或① 三份选自 Is.13—15,18—23 的下一步试卷;

或② 两份选自 Is.13—15,18—23 的下一步试卷,和一份选自列表 A 的试卷;

(c) 一份根据上述(a)的每种语言的口语考试;

(d) 一篇学位论文。

(8) 南亚研究

或① 梵语与南亚研究

(a) 六份选自 Sa.11—29 的试卷;

(b) 一篇学位论文。

如果:

(1) 从 Sa.16—20 中选择的试卷不超过两份;

(2) 提交 Sa.16—18 中任何一个的学生也应提交北印度语口语;

(3) 提交 Sa.28 的学生也应提交 Sa.29 和口语考试。

或② 北印度语与亚洲研究

(a) 选自 Sa.11—29 的六份试卷,包括至少三份选自 Sa.16—20 的试卷;

(b) 一篇学位论文;

(c) 北印度语口语;

如果学生已经提交了 Sa.28 也应提交 Sa.29 和口语。

第二部分 B(一半科目)

(9) 阿拉伯语

(a) Is.11;

(b) 或者① 两份选自 Is.13—15,20—23;

或者② 一份选自 Is.13—15,20—23 的试卷和一篇学术论文;

(c) 阿拉伯语口语。

(10) 希伯来研究

或希伯来与以色列研究

(a) H.15;

(b) 或者① 两份选自 H.11—14,16—18 的试卷;

或者② 一份选自 H.11—14,16—19 的试卷和一篇学位论文;

或希伯来研究

(a) H.11,12;

(b) 一份选自 H.13—14,16—18 的试卷;

(c) 一份选自 H.13—14,16—18 的下一步试卷或一篇学位论文。

(11) 北印度语

(a) Sa.16 或 Sa.17;

(b) Sa.18;

(c) 北印度语口语。

(12) 一门近代欧洲语言

近代和中世纪语言学荣誉学位设置的试卷和其他练习,如下:

(a) 相关语言的试卷 C1 或试卷 C2；
(b) 或① 两份选自近代和中世纪语言学荣誉学位的列表第二部分的试卷；
或② 一份选自该荣誉学位的列表第二部分的试卷和一篇学位论文。
(13) 波斯语
(a) Is. 16；
(b) 或① 两份选自 Is. 18—23 的试卷；
或② 一份选自 Is. 18—23 的试卷和一篇学位论文。
(c) 波斯语口语。
第二部分 C(一半科目)
(14) 阿拉姆语与古叙利亚语(1. 该一半科目在新通告公布之前暂时搁置)
或① Am. 11—14；
或② Am. 11—13 和一篇学位论文。
(15) 亚述学
(a) As. 11, 12；
(b) 或 As. 13, 14；
或一份选自 As. 13, 14 的试卷和一篇学位论文。
(16) 埃及古语
E. 14—17
(17) 埃及古物学
E. 11—12, 18.
(18) 希伯来语
(a) H. 11；
(b) 两份选自 H. 12—18, Am. 11 的试卷；
(c) 一份选自 H. 12—18, Am. 11 的下一步试卷,或一篇学位论文；
如果
① 提交了 H. 16 的学生也应提交 H. 15 和口语；
② 提交了 H15. 的学生也应提交口语。
第二部分 D(一半科目)
(19) 中文
(a) 一份选自 C. 11—13 的试卷；
(b) 或者① C. 15, 16；
或者② C. 17, 18。
(20) 日语
J. 12, 13；一份选自 J. 14—18 的试卷。
(21) 梵语
四份选自 Sa. 11—15, 20, 24 的试卷,其中至少三份试卷选自 Sa. 11—15。
第二部分 E(一半学科)
(22) 阿拉伯语
Is. 1；两份选自 Is. 3—4, 8—10 的试卷；阿拉伯语口语。

(23) 阿拉姆语(1.)

Am. 1—3.

(24) 亚述学

(a) As. 1,2;

(b) 或 As. 13,14;

或一份选自 As. 13,14 的试卷和一篇学术论文。

(25) 中文

三份选自 C. 1—5 的试卷;C. 6 或 C. 7;中文口语。

(26) 希伯来语

四份选自 H. 1—6,Am. 1 的试卷;如果学生提交了 H. 4 或 H. 5 应该也提交希伯来语口语。

(27) 北印度语

(a) Sa. 3;

(b) 两份选自 Sa. 4—9 的试卷;

(c) 北印度语口语。

(28) 日语

J. 1—3;一份选自当代与中世纪语言学荣誉学位 J. 4—8,Li. 1(语言学概论)的试卷;日语口语。

(29) 波斯语

Is. 5,7;一份选自 Is. 6,8—10 的试卷;波斯语口语。

(30) 梵语

(a) Sa. 1,2,5;

(b) 一份选自 Sa. 6—9 的试卷。

16. 除了第18条的要求之外,参加第二部分考试的学生根据第3条(2)应提交所有科目中的一门或下列列表中的两门一半科目中,还应参加书面考试或其他可选择的练习和具体指定的口试:

① 列表第二部分 B 或列表第二部分 C 的一半科目只可与同一时间表的另一半科目组合。

② 考生此前已经在其他荣誉考试中提交过的试卷不得再次提交。

③ 考生不得提交多于一篇的学位论文。

第二部分 F(所有科目)

(1) 希伯来研究

(a) H. 11,12,15;

(b) 或者从 H. 13—14,16—19,Am. 11 中选择三份试卷;

(c) 希伯来语口语。

(2) 希伯来与以色列研究

(a) H. 15;

(b) 或五份选自 H. 11—14,16—19,Am. 11 的试卷;

或两份选自 H.11—14,16—19,Am.11 的试卷和一篇学位论文；

(c) 希伯来语口语。

(3) 南亚研究

五份选自 Sa.11—29 的试卷；如果

(1) 应从 Sa.21—29 中选不超过两份试卷；

(2) 提交 Sa.16—18 中任何一项的学生也应进行北印度语口语测试；

(3) 提交 Sa.28 的学生也应提交 Sa.29 和口语。

第二部分 G(一半科目)

(4) 希伯来研究

或希伯来与以色列研究

H.11,15,16;希伯来语口语；

或希伯来研究

H.11,12;两份选自 H.13—14,16—18 的试卷。

(5) 北印度语

两份来自 Sa.16—19 的试卷；一份来自 Sa.20—26;北印度语口语。

(6) 一门当代欧洲语言

当代与中世纪语言学荣誉学位设置试卷,如下：

(a) 相关语言的试卷 C1 或 C2;

(b) 两份选自当代与中世纪语言学荣誉学位列表第二部分的试卷。

第二部分 H(一半科目)

(7) 阿拉姆语

Am.11—13.

(8) 亚述研究

As.11,12;一份选自 As.13—14 的试卷。

(9) 希伯来语

(a) H.11;

(b) 两份选自 H.12—18 的试卷,如果

① 提交 H.16 的考生也应提交 H.15;

② 提交 H.15 的考生也应进行希伯来语口语测试。

17. 根据第 15 条和第 16 条的要求,希望或需要提交学术论文的考生应将提议的论文题目与在考试中需要提交的论文综述一并提交给学部委员会秘书,时间是在次年考试前的米迦勒学期中期前。每位考生需在米迦勒学期结束之前获得学部委员会对于提议的题目的批准。学位论文长度不超过 12000 字(包括注释和附录),应该体现阅读、判断的依据和说明的力度,但无须显示出原创性研究证据,必须给出已用资料的完整参考书目。需要将标有考生姓名和学部的两份论文复印件提交给学部委员会秘书,最迟不得晚于复活节学期的第三天(考试举行前)。每位考生都需要签署一项声明,表明论文是自己独立完成,除声明中所列之外没有受到其他帮助,不包含那些已经为了相应的目的在实质范围内应用的

材料。考官如果认为论文不够清晰,有权要求学生再次提交打印版本。论文的每一份复印件上交同时需要提交一份不超过 300 字的英文摘要,而学习中国研究的学生需要完成不超过 600 字的中文摘要。论文判定的最高分数是考试总分数的四分之一。

第一部分和第二部分

18. 学部委员会对荣誉学位任一部分有权批准考生在考试中提交一门东方学主题或语言,而不是第 14 条、第 15 条和第 16 条中详细说明的主题或语言,如果学部委员会同意:

(1) 任何因此而提交的语言对考试而言拥有足够的文学著作。

(2) 已提交主题的大致范围与第 14 条、第 15 条和第 16 条中具体指定的科目的范围相似。

(3) 可以提供必要的教学。

考生应尽可能早的,绝不迟于下列日期前,通过自己的指导教师向学部委员会秘书申请这种许可:

对接受第一部分或第二部分的考生来说,根据第 16 条,次年考试前复活节学期中期;

对于接受第二部分的学生来说,根据第 15 条,次年考试前复活节学期中期。

对于根据此规定提交的科目,学部委员会应有权① 在与第 14 条、第 15 条和第 16 条相符的情况下,决定试卷的设置,以及② 具体说明这门科目是作为全部科目还是作为一半科目。

19. 每年米迦勒学期中期之前,学部委员会秘书应根据第 15 条向各科教务主任通告已被批准许可的科目,及获得这些许可的学生名单。

20. 东方研究荣誉学位考试应被提交的最后时间是:

第一部分,2009 年

第二部分,2011 年

补 充 规 章

试卷 As.15　美索不达米亚专门科目

这份试卷的考试应包括提交这种实践作业的报告,在课程进行考试期间报告的提交应由学院学部委员会实时确定。这类报告应具有指导老师签署的表示承诺的签名。

试卷 As.18　美索不达米亚考古学实践考试

这份试卷的考试应包括提交这种实践作业的报告,在课程进行考试期间报告的提交应由学院学部委员会实时确定。这类报告应有指导老师签署的表示承诺的签名。

试卷 C.7　中国历史:指定主题 2

试卷考查的是中国从 1850 年到 1950 年间全球化的历史。这份试卷应包括提交一篇不超过8000字的小论文,小论文材料基于相关的一手和二手材料,提交截止时间是在复活节学期第一天前。

试卷E.21　古代埃及,4

试卷应通过(1)和(2)两个部分考查:(1)一份书面试卷;(2)提交此类课程作业的报告。这类进行考试的课程应由学部委员会实时确定。(1)和(2)两部分同等重要。

试卷Is.12　阿拉伯语,4

该试卷的考试由(1)和(2)两部分组成:(1)一份三小时的书面考试;或(2)提交一系列材料,包括将一段阿拉伯语段落翻译成英文,连同一些由学部委员会实时确定的附加材料。这一系列材料应具有一份声明,表明这个项目是由学生独立完成的,没有接受声明详细列出的内容以外的任何帮助。

试卷N.11　希腊考古学实践考试

该试卷的考试应包括提交这种实践作业的报告,在进行考试期间报告的提交应由学部委员会实时确定。这类报告应有指导老师签署的表示承诺的签名。

试卷Sa.9　南亚社会、政治与媒体

这门课程包括演讲和研讨会,学生需要为此发表陈述。课程由重要的影片部分组成,影片的拷贝可以由教职人员交由学生在家利用个人时间观看。除了发表陈述,学生还需要每学期至少写两篇小论文。

试卷Sa.27　南亚研究的指定主题(也作为经济学荣誉学位第二部分B的试卷17,以及社会与政治科学荣誉学位试卷Int.8的主题之一)

在进一步公告之前,这份试卷暂被命名为"南亚社会与政治"。这份试卷涉及广泛定义的南亚的社会制度,城镇间的冲突,工业化和农业发展,识字率的增长,当代宗教与文化运动。在政治研究中,需要注意帝国统治的最后十年,但重点是1947年以来印度政治的发展。政治体系、政党在其中的作用、一党统治和党派之争的问题,都需要特别注意。巴基斯坦、孟加拉国和斯里兰卡政治也属于这份试卷范围之内。

哲学荣誉学位考试

1. 哲学荣誉学位考试应包含三个部分:第一部分A、第一部分B和第二部分,每部分公布各自的优等生名册。

2. 学部委员会应根据荣誉学位每一部分的需要,任命相应数量的考官。学部委员会也可以根据荣誉学位每一部分情况,任命一个或更多的评审官。评审官有责任对考官分配给他们的科目制定试卷,根据这些问题中的学生表现向考官提供意见。评审官可以在接到通知的情况下,参加考官会议,参与协商和意见,但不具有投票权。

3. 每一位考官或评审官对该部分设置的问题都应提交该部分考官全体进行审批;每个问题的答案应尽可能地由至少两名考官或评审官判定。考官和评审官应考虑考生答案的形式和方法,并在这些方面对于优秀者给予奖励。

4. 第一部分 A 的试卷如下:

试卷 1. 形而上学与心灵哲学

试卷 2. 伦理学

试卷 3. 逻辑

试卷 4. 指定的一篇或多篇文本

试卷 5. 小论文

每位考生应提交试卷 1—5。

5.(1)第一部分 B 试卷如下:

试卷 1. 形而上学与心灵哲学(也作为古典学荣誉学位考试第二部分试卷 O5)

试卷 2. 逻辑

试卷 3. 伦理学

试卷 4. 古代哲学史

试卷 5. 当代哲学的历史

试卷 6. 科学哲学

试卷 7. 政治哲学

试卷 8. 实验心理学(自然科学荣誉学位第二部分的实验心理学主题)

试卷 9. 小论文

(2)在这一规定下列段落(3)和(4)许可的主题中,第一部分 B 的考生应提交如下试卷:

① 此前没有获得荣誉考试学位的考生,或获得哲学荣誉学位第一部分 A 后的第二年参加这门考试的考生,应提交试卷 1,2 和 9,以及两份选自试卷 3—7 的试卷;或试卷 1,2 和 8,以及一份选自试卷 3—7 的试卷。

② 如果考生在第一个住校学期后的时间不超过六个完整学期,那么他在除哲学荣誉学位第一部分 A 以外的考试中获得荣誉学位的一年后,参加这门考试,需要提交试卷 1,2 和 9,以及一份选自试卷 3—7 的试卷。

③ 如果考生已经完成了至少七个学期,那么他在除哲学荣誉学位第一部分 A 以外的考试中获得荣誉学位的一年后,参加这门考试,需要提交试卷 9,以及四份选自试卷 1—7 的试卷;或试卷 8 以及三份选自试卷 1—7 的试卷。

学生所提交的试卷 8 的权重应双倍于其他试卷。

(3)此前在自然科学荣誉学位第一部分 B 中提交实验心理学的考生,不得提交试卷 8。

(4)此前在哲学荣誉学位第一部分 A 已经获得荣誉学位的考生在申报第一部分 B 时可以提交两份小论文来替代试卷 1—7 中的一份,每篇小论文不得少于 3000 字,不得多于 4000 字,包括脚注和附录,不包括参考书目,两篇小论文的主题由主考官根据试卷的范围审批;如果学生根据下述条例选择提交小论文,则在试卷 9 上所写的小论文主题不应与提交的小论文中的任何一篇主题重叠。

6. 第二部分试卷如下：

试卷1. 形而上学

试卷2. 心灵哲学

试卷3. 伦理学

试卷4. 当代哲学的历史

试卷5. 古代哲学的历史

试卷6. 科学哲学

试卷7. 数学逻辑

试卷8. 哲学逻辑

试卷9. 学部委员会不时指定的特殊主题

试卷10. 政治哲学

试卷11. 美学

试卷12. 小论文

7. 除了下列第8条的情况之外，第二部分的候选人应提交下列试卷：

(1) 获得哲学荣誉学位第一部分B之后第二年参加这门考试的学生，需要提交：

① 四份选自试卷1—12的试卷和那些规定的列表中指定的试卷，以及② 与第9条相符合的学位论文；

或① 四份选自试卷1—11的试卷和那些条例的列表中指定的试卷，以及② 试卷12；

(2) 获得除哲学荣誉学位第一部分B以外的其他考试的荣誉学位之后第二年参加这门考试的学生，需要提交：

① 三份选自试卷1—12的试卷和那些规则的列表中指定的试卷，以及② 与第9条相符合的学位论文；

或① 三份选自试卷1—11的试卷和那些规定的列表中指定的试卷，以及② 试卷12；

(3) 在任何一门考试中最终获得荣誉学位之后第二年参加这门考试的学生，需要提交：

① 四份选自试卷1—12的试卷和那些规定的列表中指定的试卷，以及② 与第9条相符合的学位论文；

或① 四份选自试卷1—11的试卷和那些规定的列表中指定的试卷，以及② 试卷12；

如果考生此前已经获得古典学第二部分荣誉学位，则不得提交任何那门考试中已经提交过的试卷。

8. 此前在哲学荣誉学位第一部分B已经获得荣誉学位的考生可以提交两份小论文来替代试卷1—11中的一份，每篇小论文不得少于3000字，不得多于4000字，包括脚注和附录，不包括参考书目，两篇小论文的主题由考官主席根据试卷的范围进行批准；如果

① 候选人不必同时提交第 7 条要求的学位论文和本段规定的小论文。

② 候选人根据本段规定选择提交小论文,则在试卷 12 上写的小论文主题不应与提交的小论文中的任何一篇主题重叠。

9. (1) 第一部分 B 根据第 5 条(4)选择提交两份小论文的考生,或第二部分根据第 7 条选择提交一份学位论文,或根据第 8 条选择提交两篇小论文的考生,应提交学位论文或小论文的题目,同时包括一份考试时已提交试卷的陈述,对于希望以小论文替换试卷,需要通过他或她的研究主任在米迦勒学期最后一天前的一周内提交给主考官。考生必须在米迦勒学期最后一天前获得主考官对于提交的题目的批准。学位论文和小论文应根据学部委员会批准的详细安排提交给主考官,时间不迟于次年考试前的四旬斋学期最后一天之前。每位提交学位论文或两份小论文的考生都需要签署一项声明,表明论文是自己独立完成,除声明中所列之外没有受到其他帮助,不包含那些已经为了相应的目的在实质范围内被应用的材料。考官有权:① 如果认为论文不是足够清晰,可以要求学生再次提交打印版本,以及② 对任何考生就其学位论文或小论文相关内容进行口试。

(2) 由主考官批准的哲学方面主题的学位论文长度应不多于 6000 字且(除非有考官主席的许可)不少于 4000 字,包括脚注和附录,但是不包括参考书目。如果提交了试卷 12 和学位论文,学位论文的主题不应属于试卷 1—11 范围内的任何试卷,而且考生提交的试卷 12 的小论文主题不应与学位论文的主题重叠。

10. 学部委员会有权发布之前提及的一些主题的补充规章,以及发布一些与设置的问题相关的一系列书目。学部委员会在其以为适当的情况下,有权修订或更改补充规章,需要对任何更改予以足够的注意。学部委员会应在次年考试前复活节学期结束之前对学生已申请的特别研究指定的各类主题以及论文发表公告;学部委员会如有相应理由且确保对考生备考没有不利影响,有权实时发布修订声明。

11. 学生在考试时已经完成一个学期的学业,而且其第一个住校学期后不超过三个完整学期,有资格报考第一部分 A。

12. 下面介绍第一部分 B 考生资格:

(1) 还没有在荣誉学位考试中获得学位的学生,如果已经完成四个学期的学业,而且第一个住校学期后不超过六个完整学期,可以成为该部分候选人;

(2) 已经在哲学荣誉学位第一部分 A 或其他荣誉学位考试中获得学位的学生,而且在其第一个住校学期后不超过十二个完整学期,可以在获得其他学位后的第二年成为该部分考生。

13. 如果学生已经获得了第一部分 B 或其他荣誉学位,而这个荣誉学位不包含哲学荣誉学位第一部分 A,而且考试时已经完成了七个学期的学业,并且第一个住宿学期至今的时间不超过十五个完整学期,可以在获得学位一年后,成为第二部分 B 荣誉学位考生。

14. 任何学生不得同一学期内报考超过一个部分,或同时成为一部分和其他荣誉学位考试的考生。

15. 每一部分,获得荣誉学位的考生名字应安排在三个等级,其中第二等级应分成两个部分。第一、三等级以及第二等级的两个部分的考生名字应按照字母排序安排。每一个等级应用一些简洁的符号标注出考生是否通过了一些特殊等级。

附　录

可能在第二部分考查的试卷选自古典学荣誉学位第二部分。
古典学荣誉学位第二部分学生可以提交一份或两份下列试卷：
B 组（哲学）
B1. 柏拉图
B2. 亚里士多德
B3. 希腊和罗马哲学中一个指定的主题或时期

社会与政治科学荣誉学位考试

根据公示修订(2007—2008 学年《剑桥大学通讯》,第 402 页、648 页和 649 页)以及由提案在 2008 年 5 月 21 日重命名

1. 社会与政治科学荣誉学位应包括三个部分：第一部分、第二部分 A 和第二部分 B,每部分公布各自的优等生名册。
2. 如果学生在考试时已经完成一个学期的学业,而且在他第一个住校学期结束之后还有三个完整学期没有完成,可以成为第一部分荣誉学位考生。
3. 下面介绍第二部分 A 考生资格：
(1) 已经在哲学荣誉学位第一部分 A 获得学位而且没有随后在其他荣誉学位考试中获得学位的学生,如果其第一个住校学期后不超过六个完整学期,可以报考；
(2) 已经在其他荣誉学位考试中获得学位的学生,如果其第一个住校学期后不超过九个完整学期,可以在获得其他学位后的第二年报考。
4. 如果学生已经获得了其他荣誉学位,而这个荣誉学位不包含社会与政治科学荣誉学位第一部分,并且已经完成了七个学期的学业,并且第一个住宿学期至今的时间不超过十二个完整学期,可以在获得学位一年后,报考第二部分 B 荣誉学位。
5. 任何学生不得同一学期内报考超过一个部分,或同时成为一部分和其他荣誉学位考试的考生。
6. 任何学生不得重复成为某一部分荣誉学位考试的考生。
7. 社会与政治科学学部委员会有权实时发布补充规章,来确定或限制所有或任何考试的主题。应对此类补充规章的改变予以足够的关注。学部委员会也有权实时向考生发布推荐参考书目。

8. 学部委员会应在次年考试前复活节学期中期之前对荣誉学位第二部分 A 和第二部分 B 考试相关的各类主题发布通告；学部委员会如有相应理由且确保对学生备考没有不利影响，有权实时发布修订声明。

9. 学部委员会可以根据对荣誉学位每一部分需要考官数量的判断，任命相应数量的考官。学部委员会也可在荣誉学位任一部分任命一名或多名的评审官协助考官。评审官有责任对考官分配给他们的科目制定试卷，批改学生在这一科目方面的作业，而且需要根据要求向考官汇报情况。评审官可以在收到通知的情况下参加考官会议，参与协商和意见，但不具有投票权。

10. 由每个考官和评审官提议的问题应提交给整个考官团体进行审批。

11. 考生此前已经在其他学校考试中提交过的试卷不得在该荣誉学位考试的任何部分中提交。

第 一 部 分

12. 第一部分考试列表如下：

第一部分 A

试卷 1. 政治学介绍：当代政治学分析 I（也作为考古学与人类学荣誉学位考试第一部分试卷 4C）

试卷 2. 社会学介绍：当代社会（也作为考古学与人类学荣誉学位考试第一部分试卷 4B 和经济学荣誉学位考试第二部分 A 试卷 5）

试卷 3. 心理学介绍：社会、互动与个体（也作为考古学与人类学荣誉学位考试第一部分试卷 4D）

第一部分 B

试卷 4. 人类社会发展（也作为考古学与人类学荣誉学位考试第一部分试卷 1）

试卷 5. 生物学视角的人类（也作为考古学与人类学荣誉学位考试第一部分试卷 2）

试卷 6. 人类社会：比较观察（也作为考古学与人类学荣誉学位考试第一部分试卷 3）

试卷 7. 计算机科学介绍（也作为计算机科学荣誉学位考试第一部分 A 试卷 1）

试卷 8. 英国经济史（也作为经济学荣誉学位考试第一部分试卷 5）

试卷 9. 语言、交流与文学（也作为教育学荣誉学位预科考试第一部分试卷 2）

第一部分的学生需要提交如下四份试卷：

(1) 第一部分 A 所有三份试卷；

(2) 选自第一部分 B 的一份下一步试卷。

13. 第一部分获得荣誉学位的考生名字应安排在三个等级，其中第二等级应分成两个部分。第一、三等级以及第二等级的两个部分的学生名字应按照字母排序安排。

第二部分 A 和 B

14. 第二部分 A 和 B 考试时间安排如下：

政治学

Pol. 1　公元 1700 年之前的政治思想史（历史学荣誉学位第一部分试卷 19）

Pol. 2　自 1700 年至 1890 年以来政治思想史（历史学荣誉学位第一部分试卷 20）

Pol. 3　当代政治学分析 II

Pol. 4　当代政治学分析 III

Pol. 5　当代政治学中的概念性问题

Pol. 6　自 1890 年以来的政治哲学与政治思想史

Pol. 7　当代政治主题 II

Pol. 8　当代政治主题 III

Pol. 9　当代政治主题 IV

Pol. 10　当代日本，2

Pol. 11　当代政治主题 V

Pol. 12　当代政治主题 VI

Pol. 13　政治方面的概念性问题与文本

Pol. 14　公元 1700 年之前的政治思想史（历史学荣誉学位第二部分试卷 3）

Pol. 15　自 1700 年至 1890 年以来政治思想史（历史学荣誉学位第二部分试卷 4）

社会科学中的心理学

Psy. 1　社会心理学

Psy. 2　实验心理学（自然科学荣誉学位第一部分 B 实验心理学主题）

Psy. 3　发展与精神病理学

Psy. 4　心理学主题 I

Psy. 5　心理学主题 II

Psy. 6　心理学主题 III

社会学

Soc. 1　社会理论

Soc. 2　当代社会与全球变革

Soc. 3　社会学中的概念与争论

Soc. 4　社会学主题 I

Soc. 5　社会学主题 II

Soc. 6　社会学主题 III

Soc. 7　社会学主题 IV

Soc. 8　教育社会学主题（教育学研究荣誉学位第二部分试卷 3）

Soc. 9　社会学主题 V

Soc. 10　　社会学主题 VI

跨学科试卷

Int. 1A　　调查与分析 I

Int. 1B　　调查与分析 I

Int. 2　　 调查与分析 II

Int. 3　　 一个跨学科主题 I

Int. 4　　 一个跨学科主题 II

Int. 5　　 一个跨学科主题 III

Int. 6　　 犯罪与异常

Int. 7　　 拉美社会、政治与文化

Int. 8　　 南亚研究中的指定主题（东方研究荣誉学位试卷 Sa. 27）

Int. 9　　 一个跨学科主题 IV

Int. 10　　一个跨学科主题 V

　　试卷 Pol. 4,7—9,11,12, Psy. 4—6, Soc. 4—7,9,10 以及 Int. 3—5,9,10 中的每一个不得多于一个指定主题。

　　15.（1）每份试卷，除了试卷 Pol. 5，Psy. 2，Soc. 3，以及 Int. 1A, Int. 1B 之外，时长应为三个小时，试卷 Pol. 7—9,11, Soc. 4—7,9,10 以及 Int. 3—9 可以通过可替换的评估模式考察，包括提交两篇字数不超过 5000 字的小论文。试卷 Pol. 5 和 Soc. 4 的考试应由两篇不超过 5000 字的小论文组成。试卷 Int. 1A 的考试应由一篇研究项目、一篇统计分配以及一个小论文组成，而试卷 Int. 1B 的考试应由一篇研究项目和一篇统计作业以及一个小论文或者两篇小论文组成；提交一篇统计作业以及一个小论文的考生可提交一篇方法性论文或一篇哲学性论文，而提交两篇小论文的学生应同时提交一篇方法性论文和一篇哲学性论文。

　　(2) 学部委员会应在次年米迦勒学期中期前将社会与政治科学学院各系指定的小论文题目或主题公布出来。研究项目将要进行的工作需由学部委员会不时予以指定。

　　(3) 小论文、统计作业以及研究项目的报告应向学部委员会秘书提交复印或打印版本，要求如下：除试卷 Int. 1A 和 Int. 1B 的所有试卷（具体指试卷 Pol. 5, Pol. 7—9, Pol. 11, Soc. 3—7, Soc. 9—10, Int. 3—9），一篇小论文在四旬斋学期的第一个星期结束前提交，一篇小论文在复活节学期第一个星期结束前提交。试卷 Int. 1A 和 Int. 1B 哲学性小论文应在米迦勒学期结束前提交，统计作业应在四旬斋学期中期前提交，方法性小论文应在四旬斋学期结束前提交，项目报告应在复活节学期中期前提交。每篇小论文、统计作业和项目报告都应有考生的考号而无须署名。考生可被要求针对他们的小论文、统计作业或研究项目接受口试。

　　16. 根据第 11 条列出的主题,第二部分 A 的考生需提交下列选项之一：

　　(a) 或选择 Pol. 1 或 Pol. 2 之一,或选择 Pol. 3 或 Pol. 4 和 Pol. 5 之一；

　　(b) Psy. 1, Psy. 2, 和 Int. 1A；

　　(c) Soc. 1,或者 Soc. 2 或 Pol. 3 或 Pol. 4,或者 Soc. 3 或 int. 1B 之一；

(d) Psy. 1,或者 Soc. 1 或 Soc. 2,以及 Int. 1A；

17. 根据第 11 条列出的主题,在第二部分 A 中已经接受选项(1)的第二部分 B 的考生需提交：

(a) 一份选自 Pol. 6—12,14,15 的试卷；

(b) Pol. 13；

(c) ① 两份选自 Pol. 6—12, Int. 1B, Int. 3—10, Psy. 1, Soc. 1,4,5,7 或 9 的进一步试卷；

或② 一份选自 Pol. 6—12, Int. 3—10, Psy. 1, Soc. 1,4,5,7 或 9 的进一步试卷和一篇学术论文。

选择(1)选项或(3)②选项的试卷 Pol. 7—9,11, Soc. 4,5,7,9, Int. 3—9 中的任何试卷的考生(这些提交的试卷中不包含 Int. 1B),可以根据第 15 条,将这些试卷中的一个,替换为两篇小论文。

18. 根据第 11 条列出的主题,在第二部分 A 中已经接受选项(2)的第二部分 B 的考生需提交：

(1) Psy. 3；

(2) 一份选自 Psy. 4—6 的试卷；

(3) 一份选自 Psy. 4—6, Pcl. 1—4, Soc. 1, Soc. 2, Soc. 4, Soc. 8, Soc. 10, Int. 2—10 的进一步试卷和根据第 22 条指定的一篇学位论文。

学生不得提交扩大范围的小论文替代这些试卷中的任何试卷。

19. 根据第 11 条许可的主题,在第二部分 A 中已经接受选项(3)的第二部分 B 的考生需提交：

(1) 一份选自 Soc. 4—10 的试卷；

(2) ① 三份选自 Soc. 4—10, Pol. 1—2, Psy. 1, Int. 2—10 的试卷,这其中两份也可以选自 Pol. 7—8, Pol. 10—11；或

② 两份选自 Soc. 4—10, Pol. 1—2, Pol. 7—8, Pol. 10—11, Psy. 1, Int. 2—10 的试卷,以及根据第 22 条指定的一篇学位论文。

选择(1)选项或(2)选项①的试卷 Soc. 4—7, 9, 10, Pol. 7, 8, 11, Int. 3—9 的考生根据第 15 条的规定,可提交两篇小论文替代那些试卷中的一份。

20. 根据第 11 条列出的主题,在第二部分 A 中已经接受选项(4)的第二部分 B 的考生需提交：

(1) 两份选自 Psy. 2—6, Soc. 4—10 的试卷；

(2) ① 两份选自 Psy. 2—6, Soc. 1,2,4—10, Pol. 1—4, Int. 2—10 的试卷；或

② 一份选自 Psy. 2—6, Soc. 1,2,4—10, Pol. 1—4, Int. 2—10 的试卷,以及根据第 22 条指定的一篇学位论文。

选择(1)选项或(2)选项①的试卷 Soc. 4—7,9,10, Int. 3—9 的考生,根据第 15 条的规定可提交两篇小论文替代那些试卷中的一份。

21. 根据第 11 条列出的主题,此前没有在第二部分 A 中获得荣誉学位的第二部分 B 的考生需在学部委员会的批准下由考生的指导老师申请提交四份选自

第二部分 A 和第二部分 B 的有效试卷,申请时间为次年米迦勒学期中期之前;如果考生选择的试卷中不包含试卷 Int.1,可以根据第 15 条的许可,提交两份不超过 5000 字的小论文代替试卷 Pol.7—9,11,Soc.4—7,9—10,Int.3—9 中的一份试卷。

22.(1)根据第 17 条至第 20 条,希望提交学位论文的学生应提交一份包括被提议的论文主题、论文范围的简要说明的申请,而且需要在考试时提交一份试卷安排的陈述。学生不得在试卷 Pol.1 或 Pol.2,或 Pol.14 或 Pol.15 中选择相同领域作为学位论文主题。申请需与根据学部委员会发布的所有指示相一致,在次年米迦勒学期第二个星期五之前提交给学部委员会秘书。

(2)每位考生必须在米迦勒学期最后一天之前获得学部委员会对于自己提交的主题的批准。在学部委员会对该主题批准之后,没有委员会进一步批准不得对其进行实质性改变。

(3)学位论文中应用的任何材料须注明详细的参考书目,而且字数长度不得少于 6000 字,不得多于 10000 字,包括脚注和附录,但是不包括参考书目。

(4)学位论文必须在考试开始前的复活节学期第二个星期结束之前以复印或打印版本的形式提交给学部委员会秘书。每篇论文应具有学生的考号,但不能署名,而且论文应附有:① 以单独一页纸介绍学位论文内容的简要大纲;② 一份由学生签名的声明,表明论文是自己独立完成,除声明中所列之外没有受到其他帮助,不包含那些已经为了相应的目的在实质范围内被应用的材料。

(5)考官有权根据考生的学位论文和一些论文中涉及的主要知识领域对其进行口试。

23.第二部分 A 和第二部分 B 荣誉学位考试应有单独的优等生名册。每一个列表里获得荣誉学位的学生名字应安排在三个等级,其中第二等级应分成两个部分。第一、三等级以及第二等级的两个部分的学生名字应按照字母排序安排。考官应对在考试中表现突出的学生名字前附上特殊标记。

补 充 规 章

第 一 部 分

试卷 1. 当代政治分析

这份试卷考察一系列与实践政治范例相关的政治思想家及其著作,从而对与当代政治有关的一些重要问题进行研究。

试卷 2. 当代社会(也作为考古学与人类学荣誉学位第一部分试卷 4B 和经济学荣誉学位第二部分 A 试卷 5)

通过研究马克思、韦伯和涂尔干的著作,介绍社会学关键概念与理论。当代社会的特征与核心制度的考试包括:权力与现代国家;民族主义的兴趣;公民与社会福利;文化与媒体;阶级与不平等;性别与家庭;全球化与社会变革。

试卷3. 社会、互动与个体

社会心理学的范围。分析的水平与方法。包括下述主题:

社会背景中的自我;个性与个性特征;社会化中的本性—教养问题;社会行为的认知与情感基础;父子关系;家庭、婚姻与离婚;性别与性别角色;社会互动过程;小群体过程;态度与意识形态;关于社会的学习;工作的社会心理学;社会方面的精神疾病;在理解、思考和社会行为方面的跨文化变异。

第二部分 A 和 B

试卷Pol. 1. 公元1700年之前的政治思想史(历史学荣誉学位第一部分试卷19)

试卷Pol. 2. 从1700年至1890年以来的政治思想史(历史学荣誉学位第一部分试卷20)

试卷Pol. 3. 当代政治学分析 II

试卷考试范围是理解经验主义政治的一系列问题。

试卷Pol. 4. 当代政治学分析 III

试卷通过比较考察一系列实质的和方法的问题,特别涉及英国等西欧国家。

试卷Pol. 5. 当代政治学中的概念性问题

当代政治研究中产生的概念性问题。本试卷通过两篇5000字的小论文来考察。

试卷Pol. 6. 自1890年以来的政治哲学与政治思想史(历史学荣誉学位第二部分试卷5)

本试卷探索20世纪政治思想的核心内容与关键思想,关注分析概念和历史背景。它分为两部分,A部分涵盖作者和他们的著作,B部分涵盖当代政治哲学的各类主题。

试卷Pol. 7. 当代政治主题 II

学部委员会不定期指定的当代政治的一个主题。

试卷Pol. 8. 当代政治主题 III

学部委员会不定期指定的当代政治的一个主题。

试卷Pol. 9. 当代政治主题 IV

学部委员会不定期指定的当代政治的一个主题。

试卷Pol. 10. 当代日本,2(东方学研究荣誉学位试卷J. 8)

试卷Pol. 11. 当代政治主题 V

学部委员会不定期指定的当代政治的一个主题。

试卷Pol. 12. 当代政治主题 VI

学部委员会不定期指定的当代政治的一个主题。

试卷Pol. 13. 政治方面的概念性问题与文本

当代政治的综合性问题,理论性、概念性和实践性问题。

试卷 Pol. 14. 自 1700 年以来政治思想史(历史学荣誉学位第二部分试卷 3)

试卷 Pol. 15. 自 1700 年至 1890 年以来政治思想史(历史学荣誉学位第二部分试卷 4)

试卷 Psy. 1. 社会心理学

这份试卷的范围包括与理解人类社会行为和发展相关的心理学的所有方面。试卷将向学生提供学习人与人之间互动过程的机会,其学习范围包括:进攻、利他主义、实用社会心理学、态度、归因理论、交流、冲突、一致、合作、情感、群体过程、认同、印象构成、团体间关系、人与人之间的吸引、个性、偏见、前社会行为、关系、社会认知、社会影响、社会精神病、刻板印象、信任。试卷还向学生提供学习人类社会行为研究中的可选择的概念化的框架,包括:推论心理学、实验社会心理学、心理分析、社会角色理论。需要处理社会心理学与心理学其他部分之间的关系。

试卷 Psy. 2. 实验心理学(自然科学荣誉学位第一部分 B 实验心理学主题)

试卷包括两份三小时的试卷,一个时长一个半小时的实践性书面考试,以及实践报告。

试卷 Psy. 3. 发展心理学

这份试卷的课程涉及从胚胎到老年的人类发展,内容包括历史根源和主要理论,以及发展科学方面的当代问题。主题包括:自然/环境争论和当代行为遗传学;心理分析理论和孩子与父母关系研究;皮亚杰和维果茨基的认知发展理论和对儿童心智理论的当代研究;人类一生当中的人与人之间的关系。

试卷 Psy. 4. 心理学主题 I

学部委员会根据实践情况指定的心理学的一个主题。

试卷 Psy. 5. 心理学主题 II

学部委员会根据实践情况指定的心理学的一个主题。

试卷 Psy. 6. 心理学主题 III

学部委员会根据实践情况指定的心理学的一个主题。

试卷 Soc. 1. 社会理论

试卷对于当代社会理论的主要学术传统和重要贡献进行说明。时间范围是从 1920 年至今,但是试卷重点是近期著作与发展(1960 年以后)。一些方向和传统被选出做详细讨论,这些传统和方向被设置在其社会和理性背景下,而且在一定深度上考察重要思想家的著作。

试卷 Soc. 2. 当代社会与全球变革

全球范围政治经济变革理论:资本主义与帝国主义马克思理论;世界体系论;发展理论;现代化;全球化。全球经济演变:福特制与后福特制;多国跨国公司;经济信息与知识;资本主义的相同点与不同点;全球金融。当代政府的发展:跨国体系与地缘统治的新形势;经济全球化与国家权力。后共产主义社会与"转型"的问题。全球通讯与网络信息:通讯与发展;文化认知与信息时代。全球化与社会改变：健康，家庭。

试卷 Soc. 3. 社会学中的概念与争论

当代社会研究中产生的概念性与说明性问题。试卷通过两份 5000 字的小论文考察。

试卷 Soc. 4. 社会学主题 I

学部委员会实时指定的社会学的一门主题。

试卷 Soc. 5. 社会学主题 II

学部委员会实时指定的社会学的一门主题。

试卷 Soc. 6. 社会学主题 III

学部委员会实时指定的社会学的一门主题。

试卷 Soc. 7. 社会学主题 IV

学部委员会实时指定的社会学的一门主题。

试卷 Soc. 8. 教育社会学主题（教育学研究荣誉学位第二部分试卷 3）

试卷 Soc. 9. 社会学主题 V

学部委员会实时指定的社会学的一门主题。

试卷 Soc. 10. 社会学主题 VI

学部委员会实时指定的社会学的一门主题。

试卷 Int. 1. 调查与分析 I

试卷向学生介绍社会研究的概念与方法。它将告诉学生概念性和方法性知识，从而评估社会调查的不同形式，提供设计和贯彻调查的必要技巧。试卷将向学生介绍加强社会研究的基础哲学思想，也将向学生讲授基本的描述性和推论性的统计技术。试卷的考查方法包括：(1) 一篇 2500 字的方法性小论文或一篇 2500 字哲学性小论文，一篇 2500 字的统计作业，以及一篇 5000 字的项目报告；或 (2) 一篇 2500 字的方法性小论文，一篇 2500 字哲学性小论文，以及一篇 5000 字的项目报告。

试卷 Int. 2. 调查与分析 II

这份试卷扩展了学生对于社会调查与分析的理论与实践的理解。鼓励学生通过结合定量和定性方法解决问题。学生也将了解到社会研究中的各种方法的应用，包括高级多变量分析技术和长期追踪设计与分析。

试卷 Int. 3. 一个跨学科主题 I

学部委员会实时指定的一门跨学科主题。

试卷 Int. 4. 一个跨学科主题 II

学部委员会实时指定的一门跨学科主题。

试卷 Int. 5. 一个跨学科主题 III

学部委员会实时指定的一门跨学科主题。

试卷 Int. 6. 犯罪与异常

本试卷的课程探索在当代理论、研究和政策中的犯罪与异常及其控制。它试图介绍社会秩序与道德的问题，包括理解犯罪与异常之间的关系，尤其是犯罪与异常的社会建构,作为社会行为的犯罪与异常,在塑造个体服从与异常行为中的个体角色与社会背景,受害与犯罪恐惧的分布与结果,预防和控制犯罪的问题。

试卷 Int. 7. 拉美社会、政治与文化

运用来自社会学、政治科学、政治经济学、社会人类学与文化研究的一系列方法,该试卷的课程覆盖了第二次世界大战以来的拉丁美洲历史。尤其需要注意的是在国际经济中,地区经济与关系的结构改变,使得在世纪末出现国家主导的内向型发展模式向更加外向的新自由主义模式的结果转变,以及民主化过程中伴随而来的变化。这些改变的结果和推论追溯到文化和宗教领域,群众动员的模式改变,以及非正式经济模式的扩散等多方面。

试卷 Int. 8. 南亚研究中的指定主题(东方学研究荣誉学位试卷 Sa. 27)

试卷 Int. 9. 一个跨学科主题 IV

学部委员会实时指定的一门跨学科主题。

试卷 Int. 10. 一个跨学科主题 V

学部委员会实时指定的一门跨学科主题。

神学与宗教学研究荣誉学位考试

根据公示修订(2007—2008 学年《剑桥大学通讯》,第 285 页)

1. 神学与宗教学研究荣誉学位考试应由第一部分、第二部分 A 和第二部分 B 这三部分组成。

2. 每年神学与宗教学研究荣誉学位考生与其他荣誉学位考生若想提交两个学位通用的试卷,应适当安排考试时间表。

3. 每年关于各种选定考试科目的公布通知应在第二年考试前复活节学期中期结束前由神学学部委员会发布;如果学部委员会有充足理由,并确保对学生备考没有不利影响,则有权实时对公告进行修订。

4. 神学学部委员会有权发布补充规章以确定或限制所有考试科目,以及发行档案或书籍列表。这些考试相关的书目或档案的列表和其他阅读内容列表在次年考试前米迦勒学期结束前在院系图书馆内可以借到。学部委员会也有权改变这种补充规章和列表,并对任何改变应给予足够的关注。

5. 下面介绍第一部分考生资格:

(1) 还没有在荣誉学位考试中获得学位的学生,如果已经完成一个学期的学业,而且在第一个住宿学期后的时间不超过三个完整学期,可以成为该学位考生;

(2) 已经在其他荣誉学位考试中获得学位的学生,如果已经完成了四个学期的学业,而且第一个住宿学期后的时间不超过十二个完整学期,可以在获得其他学位后的第二年成为该学位考生。

6. 已经在其他荣誉学位考试中获得学位的学生,如果已经完成四个学期的

学业,而且第一个住校学期后的时间不超过六个完整学期,可以在获得其他学位后的第二年成为第二部分 A 学位考试的考生。

7. 如果学生在第一个住校学期限结束之后,获得除神学与宗教学研究荣誉学位以外的其他荣誉学位,而且已经完成了七个学期的学业,并且第一个住宿学期后的时间不超过九个完整学期,可以在获得学位一年后,成为第二部分 B 荣誉学位考生。

8. 任何学生不得同一学期内报考超过一个部分,或同时成为一部分和其他荣誉学位考试的候选人。

9. 任何学生不得重复成为其一部分荣誉学位考试的考生。

10. 此前已在其他学校考试中提交过的试卷不得在该荣誉学位考试中提交。

11. 学部委员会应根据荣誉学位每一部分的需要任命相应数量的考官。

12. 学部委员会也可以根据对荣誉学位每一部分的判断,任命相应数量的评审官。评审官有责任对考官分配给他们的科目制定试卷,查看学生在这一科目方面的作业,而且需要根据要求向考官汇报情况。评审官可以在接到通知的情况下参加考官会议,参与协商和意见,但不具有投票权。

13. 由每个考官和评审官提议的问题应提交给整个考官团体进行审批。

14. 考官和评审官应考虑考生答案的形式和方法,而且应对在这些方面表现突出者予以表扬。

15. 考官应考虑考生在附加考卷(或两份试卷中较差的试卷可认为是附加考卷)中的表现,只要该试卷体现考生的优势。考官不应因考生没有提交附加试卷而将其排除在任何等级之外。

16. (1) 根据第 26 条(2)或第 27 条(2)的要求,希望提交学位论文的学生应将提议的论文题目提交给学部委员会秘书,时间不早于次年考试前复活节学期开始,不迟于次年考试前的米迦勒的第一个星期一。学位论文的主题可以是与该荣誉学位任何试卷相关科目的主题,但是学部委员会可以在批准特殊主题的同时增加条款,即提交该主题论文的考生可以不提交一份特殊试卷或试卷上一个被指定的特殊主题。秘书必须在米迦勒学期结束前尽快地通知考生,他们的论文主题是否得到学部委员会批准。

(2) 米迦勒学期结束后不得再对学生的论文主题进行任何更改,但是学部委员会应有权批准题目在词汇方面的最小改动,这些改动是对之前批准的主题的范围进行更准确阐明和定义,而改动必须在四旬斋学期中期前提交给学部委员会秘书。

(3) 学位论文长度不多于 12000 字(包括注释,但不包含参考书目),应在复活节学期的第三个星期一之前连同一份书面声明一起交给学部委员会秘书,声明应表明论文是自己独立完成,除声明中所列之外没有受到其他帮助,不包含那些已经为了相应的目的在实质范围内被应用的材料。学位论文应该体现阅读、判断的依据和说明的力度,但无须表明原始研究的证据,必须给出已用资料的完整参考书目。论文必须用英文完成,除非学生获得学部委员会许可才可使用其他具体指定的语言;这种许可的申请必须在最初申请提交时就提出。

（4）学位论文应在学部委员会批准的详细安排下提交。考官有权就学生的学位论文方面和总体知识方面对学生进行口试。

17. 每一部分应有优等生名册。每一个列表里获得荣誉学位的学生名字应安排在三个等级,其中第二等级应分成两个部分。第一、三等级以及第二等级的两个部分的学生名字应按照字母排序安排。考官应在那些作业表现突出的学生名字前附上特殊标记。

18. 神学与宗教研究荣誉学位考试的试卷应分为 A—D 四组,具体如下：

A 组

试卷 A1.《圣经》语言与文本

A. 希伯来语 I（基础希伯来语）

B. 希腊语新约《圣经》

C. 梵语

D. 阿拉伯语《古兰经》

试卷 A2. 一个上帝？聆听《旧约》

试卷 A3. 从伯利恒到罗马:《路加福音》——《使徒行传》和基督教起源

试卷 A4. 基督教与文化的转型

试卷 A5. 谁是耶稣基督？

试卷 A6. 理解当代宗教

试卷 A7. 比较观察世界各种宗教

试卷 A8. 宗教哲学与伦理哲学

B 组

试卷 B1. 媒介语言与文本

A. 希伯来语

B. 希腊语新约《圣经》

C. 梵语

D. 阿拉伯语《古兰经》

试卷 B2. 流亡时代的文学、历史与神学

试卷 B3. 希腊和罗马时期的犹太教

试卷 B4. 保罗书信

试卷 B5. 福音传统中的耶稣

试卷 B6. 早期教会的信仰与惯例

试卷 B7. 基督教历史的改革与复兴

试卷 B8. 神学研究 I

试卷 B9. 西方世界的基督教文化

试卷 B10. 宗教哲学:上帝、自由与灵魂

试卷 B11. 伦理与信仰

试卷 B12. 心理学与宗教

试卷 B13. 文学著作中的宗教主题

试卷 B14. 当代犹太教的生命、思想与崇拜

试卷 B15. 伊斯兰教介绍

试卷 B16. 印度教与佛教的生命与思想

C 组

试卷 C1. 高级语言与文本

A. 希伯来语

B. 希腊语

C. 梵语

D. 阿拉伯语

试卷 C2. 诗人、先知、作家和圣人

试卷 C3. 新约基督学

试卷 C4. 宗教、权利与政治社会

试卷 C5. 神学研究 II

试卷 C6. 基督教传统中的争议问题

试卷 C7. 宗教研究的主题

试卷 C8. 犹太教 II（也作为东方学研究荣誉学位试卷 H.19）

试卷 C9. 伊斯兰教 II

试卷 C10. 印度教与佛教 II

试卷 C11. 形而上学

试卷 C12. 神学与科学

D 组

试卷 D1. 学部委员会指定的特殊主题

试卷 D2. 学部委员会指定的跨学科主题

19. 每份试卷时长为三小时，学部委员会有权根据第 20 条的许可，通过增补规定指定每组中的一份或多份试卷由一个可选择的评估模式来代替考查。

20. 根据第 19 条，学部委员会指定试卷的考试应在次年米迦勒学期的第一个星期五之前提交两篇小论文，小论文的主题由考生在学部委员会公布的主题列表中选择；对于第一部分的考生来说，每篇小论文的长度不超过 3000 字，对于第二部分 A 和第二部分 B 的考生来说，每篇小论文的长度不超过 5000 字（包括注释，但不包括参考书目）。论文要求英文打印版，而且需要通过考生的研究指导者根据学部委员会通过的详细安排提交给学部委员会秘书，第一篇小论文提交时间不迟于复活节学期第一个星期一下午 1 点，第二篇小论文提交时间不迟于复活节学期第三个星期一下午 1 点。

21. （1）提交了可以选择主题的试卷的考生应只选择这些问题试卷中的一项（除非遇到第 23 条①，24①，24②，26①和 27②规定的情况）；考生的考试记录应注明他或她希望提交哪项主题。

（2）对于试卷 D1 和 D2，学部委员会应不时对主题进行如下规定：

对于试卷 D1,不超过七项主题。

对于试卷 D2,不超过七项主题。

(3) 对于提交了试卷 D1 和 D2 中特殊主题的学生,学部委员会也可规定他们不必提交其他特殊试卷。

22. 第一部分考生应提交:

(1) 一种选自试卷 A1 的语言。

(2) 试卷 A2 或 A3;

(3) 三份其他选自试卷 A2—A8 的试卷。

如果

① 此前已经在古典学荣誉学位或东方研究荣誉学位中获得荣誉学位的考生可不必提交此前已经在荣誉学位考试中提交过的试卷 A1 的语言。

② 根据第 19 条,考生不必提交两份以上学部委员会指定的试卷。

23. 如果学生获得神学与宗教研究荣誉学位第一部分荣誉学位之后第二年成为第二部分 A 学位考试的考生,则需要提交四份选自 B 组的试卷,并且:

① 如果候选人愿意,可以提交一份附加试卷或试卷 A1 中的另一门语言,而不必提交他已在第一部分提交过的试卷,或一门选自试卷 B1 的语言;

② 根据第 19 条,考生不必提交超过两份学部委员会指定的试卷。

24. 如果学生获得一项神学与宗教研究荣誉学位第一部分之外的荣誉学位之后第二年成为第二部分 A 学位考试考生,或者学生是一名附属学生,则需要提交四份试卷,包括:

(1) 试卷 A1,除非考生已经① 根据第 28 条的许可免除此项要求,或② 根据此项条例的(3)部分提交了试卷 B1;

(2) 一份选自试卷 B2—B5 的试卷;

和

(3) 或①如果他或她提交了试卷 A1,则选两份 B 组的其他试卷,

或②三份选自 B 组的其他试卷;

并且

① 考生如果愿意可以提交一份附加试卷

(i) 另外一份选自 B 组的试卷,

或(ii) 如果他或她已经免除提交试卷 A1 的要求,选自试卷 A1 的还没有同意免除的一门语言;

或(iii) 如果他或她提交了试卷 B1,选自试卷 B1 的另一门语言;

② 此前已经在古典学荣誉学位或东方研究荣誉学位中获得荣誉学位的学生可以不必提交此前已经在荣誉学位考试中提交过的试卷 A1 的语言。

③ 根据第 19 条,学生不必提交超过两份学部委员会指定的试卷。

25. 如果学生获得一项神学与宗教研究荣誉学位第一部分之外的荣誉学位之后第二年成为第二部分 A 学位考试考生并且在学七个学期,需要提交选自 G 组的试卷,如果:

（1）考生愿意的话可以提交试卷 A 代替试卷 B；

（2）此前已经在古典学荣誉学位或东方学荣誉学位获得荣誉学位的学生不可提交此前已经在荣誉学位考试中提交过的试卷 A1 的语言；

（3）根据第 19 条，考生不可提交超过两份学部委员会指定的试卷。

26. 如果学生在获得第二部分 A 荣誉学位之后第二年成为第二部分 B 学位考试候选人，根据第 23 条或第 24 条需提交：

（1）两份选自 C 组的试卷，以及试卷 D1 和 D2；

或（2）三份选自 C 组的试卷，以及一份选自 D 组的试卷；并且

① 已经在第二部分 A 中提交了试卷 A1 的候选人，可提交同一语言的试卷 B1，而不必从 C 组里选出一份试卷作为试卷 C1；

② 考生可提交一份附加试卷，或是一份他或她之前没有提交过的选自试卷 A1 或 B1 的语言，或是另一门选自试卷 C1 的，他或她正在提交的语言，或是选自 C 组的下一步试卷；

③ 根据第 19 条，考生不必提交两份以上学部委员会指定的试卷；

④ 考生可提交一篇经过学部委员会批准其主题的学位论文来代替选自 D 组的试卷。此类考生，根据第 19 条，可不必提交多于一份学部委员会指定的试卷。

27. 如果学生获得一项神学与宗教研究荣誉学位第一部分或第二部分 A 之外的荣誉学位之后第二年成为第二部分 B 的考生，或者学生是一名附属学生，则需要提交：

（1）两份选自 C 组的试卷；以及试卷 D1 和 D2；

或（2）三份选自 C 组的试卷；以及一份选自 D 组的试卷；并且

① 考生可提交同一语言的试卷 B1，而不必从 C 组里选出一份试卷作为试卷 C1；

② 考生可提交一份附加试卷，或是一份他或她之前没有提交过的选自试卷 A1 或 B1 的语言，或是另一门选自试卷 C1 的，他或她正在提交的语言，或是选自 C 组的试卷；

③ 此前获得古典学荣誉学位或东方研究荣誉学位的学生可不必提交此前在这两项荣誉学位考试中已经提交的试卷 A1 的语言。

④ 根据第 19 条，考生不必提交两份以上学部委员会指定的试卷。

⑤ 考生可提交一篇经过学部委员会批准其主题的学位论文来代替选自 D 组的试卷。此类考生，根据第 19 条，可不必提交多于一份学部委员会指定的试卷。

28. 根据第 24 条，第二部分 A 的考生如可以提供证明说明自己已经在希腊语或希伯来语或梵语或阿拉伯语方面已经达到满意水平（无论是在剑桥还是其他地方学习），学部委员会有权免除学生必须提交的一门选自试卷 A1 的语言。这类学生不必提交第二部分中已经得以免除的语言的试卷 A1。任何免除申请都需要在次年考试前米迦勒学期的第一个星期一前，通过学生的指导老师提交给学部委员会，并应包含申请人资格的细节。在米迦勒学期中期前，秘书应尽快通知学生的指导老师，申请是否批准。

补 充 规 章

根据公示修订（2007—2008 学年《剑桥大学通讯》，第 857 页）

试卷 A1. 《圣经》语言与文本

这份试卷由四个部分组成：A 部分，希伯来语 I（基础希伯来语）；B 部分，希腊语新约《圣经》；C 部分，梵语；D 部分，阿拉伯语《古兰经》。考生需要限定一个单独部分的答案。A 部分包含：① 希伯来语语法问题；② 段落翻译，语言评析，根据学部委员会规定指出并重新翻译旧约《圣经》的一部分或几部分。B 部分包含：段落翻译，根据学部委员会实时规定的对新约《圣经》中一部分或几部分进行解经和文法评析。根据考生需要，可在考场上使用希腊语词典的复印本。C 部分包含：① 梵语语法问题；② 段落翻译。D 部分包含：根据学部委员会规定选自《古兰经》、穆罕默德言行录和早期伊斯兰教神学著作的一部分或几部分的语言及解经评析。

试卷 A2. 一个上帝？聆听《旧约》

这份试卷将提供一个对于《旧约》文学与宗教的评论研究的介绍，关注在多神教占有支配地位的环境下一神教的发展。特别研究的文本将由学部委员会规定。

试卷 A3. 从伯利恒到罗马，《路加福音》——《使徒行传》及基督教起源

这份试卷向学生介绍两部重要的新约《圣经》著作。它将关注路加对于耶稣一生以及教会早期的表述。这些著作包含各种各样的材料，关注重要的历史、神学和文学问题的研究。

试卷 A4. 基督教与文化的转型

这份试卷将通过思考关键历史时期和关键问题上基督教与当时设定的文化之间的相互作用，向学生介绍基督教的历史。该试卷的主题每年由学部委员会公布。

试卷 A5. 谁是耶稣基督？

这份试卷将通过关注耶稣基督介绍一些基督教神学的主题和原则。学部委员会可以实时规定特别研究的文本。

试卷 A6. 理解当代宗教

这份试卷将具体关注英国从 1945 年以来的变化，如世俗化、卡里斯玛宗教、新时代、新宗教运动和多元文化，从而对宗教的社会学研究进行广泛介绍。

试卷 A7. 比较观察世界各种宗教

这份试卷将通过学部委员会每年制定的一个或多个主题研究，通过学习世界主要宗教的历史、信仰和惯例来了解至少两种宗教。根据第 20 条的规定，这份试卷将通过提交两份小论文来进行考查。

试卷 A8. 宗教与道德规范哲学

这份试卷将向学生介绍宗教和道德规范的哲学。学部委员会可实时指定课

文作特殊研究。

试卷 B1. 媒体语言与文本

A. 希伯来语

这份试卷包含：① 翻译段落、语言和解经评论，以及根据学部委员会的规定重新翻译文本的一些段落；② 有关指定段落、文学与神学性质方面的问答题。之前在试卷 A1 中已经提交了规定文本的学生不必再提交这份试卷。

B. 希腊语《新约》

这份试卷包括：① 段落翻译，根据学部委员会实时规定的文本的这类段落的原文、解经以及神学评析；② 指定段落在历史、文学和神学方面的论文问题。

C. 梵语

这份试卷包含选自学部委员会实时规定的一定数量的文本中的段落翻译，以及这些段落的内容和语言方面的内容。

D. 阿拉伯语《古兰经》

这份试卷包括学部委员会实时规定的选自《古兰经》、《古兰经》注释以及其他伊斯兰文学的指定段落翻译。这份试卷还包括将段落从英语翻译成阿拉伯语。

试卷 B2. 流亡时代的文学、历史与神学

这份试卷是关于希西家统治到塞勒斯的巴比伦统治的旧约《圣经》历史，对巴比伦入侵及占领时期的文学著作，以及：与《民数记》起源相关部分的特殊文献参考；《申命记》；《约书亚书》—2；《列王记》；《约伯记》；《圣诗集》中的流亡元素；《以赛亚书》40—55；《耶利米书》；《耶利亚哀歌》；《以西结书》。学部委员会将规定作为特殊研究的旧约《圣经》的段落。

试卷 B3. 希腊和罗马时代的犹太教

这份试卷是关于犹太教以及在希腊和罗马时期的历史和政治背景，包括：写于基督教《新约》与《旧约》之间的文学著作；菲洛；约瑟夫；库姆兰会社；《启示录》；法利赛主义和早期的拉比；《圣经》注释。学部委员会将规定作为研究的特殊文本的段落。

试卷 B4. 保罗书信

这份试卷是研究使徒保罗文集，包括《以弗所书》和《教牧书信》。其中有关于历史的评论性问题，但是重点是使徒保罗的神学思想和实践。学部委员会将规定作为特殊文本的研究段落。

试卷 B5. 耶稣的福音传统

这份试卷是关于福音和历史上有关耶稣的研究中的主要问题（来自原始资料和评论性的学术）。学部委员会将规定作为研究的特殊文本的段落。

试卷 B6. 早期教会的信仰与惯例

这份试卷是考查教父遗书时期到 6 世纪的信仰和惯例，特别强调基督论与三位一体学说的发展。

试卷 B7. 基督教历史上的改革与复兴

这份试卷是以基督教传统的改革与复兴为主题的。课程目的是向学生介绍基督教徒渴望在制度、教条或精神和道德复兴方面坚持、重现和改变的目标,从而帮助理解在基督教徒认同与自我理解方面,不同时代、宗教以及社会对其产生的影响。学生需要学习由学部委员会规定的两个主题。

试卷 B8. 神学研究Ⅰ

这份试卷是关于基督教徒对上帝和人类的理解。课程目的是通过研究不同时期的经典原文,理解其时期和相关的最新神学讨论。学部委员会可以实时规定特殊研究的主题和原文。

试卷 B9. 西方世界的基督教文化

这份试卷是关于基督教信仰和惯例的文化形式与影响的一方面,由学部委员会实时指定。根据第 20 条,这份试卷是通过提交两篇小论文来进行考查。

试卷 B10. 宗教哲学:上帝、自由与灵魂

这份试卷是探究宗教哲学中的一些经典论题,其中包括:上帝的特性,上帝与世界的关系问题,上帝与灵魂的问题。

试卷 B11. 伦理与信仰

这份试卷是研究那些在西方哲学史上已经经过提炼升华的道德判断的属性和形式。

试卷 B12. 心理学与宗教

这份试卷是关于宗教的经验主义心理学主题,例如宗教发展、宗教与精神健康、宗教的体验、改变信仰、神授与原教旨宗教和人类精神品质。这份试卷也涵盖理论与方法论问题,包括:心理学与神学的对话,宗教与心理分析,在社会科学领域心理学与宗教研究的关系,以及宗教心理学的当代评论。

试卷 B13. 文学著作中的宗教主题

这份试卷是关于一系列主题在文学中的宗教主题,这些主题由学部委员会在次年复活节学期结束前公布。

试卷 B14. 当代犹太教的生活、思想与崇拜

这份试卷是关于当代基督教的生活、思想与崇拜的。学部委员会可以实时规定特殊研究的原文。

试卷 B15. 介绍伊斯兰教

这份试卷涵盖伊斯兰神学、法律和神秘主义的起源、发展和当代状况。它将讲述宗教创立档案相关的文学评论与解释性问题,以及适用于伊斯兰教的宗教哲学、性别研究与比较法方面的当代方法论。基督教参考书目应该包含在内。学部委员会可以实时规定特殊研究的原文。

试卷 B16. 印度教与佛教的生活与思想

这份试卷是关于印度教与佛教起源和发展,以及当代的信仰与实践。它涉及对创立时期原文的理解和形式的解释问题,性别研究与精英以及殖民主义的影响等领域的相关问题。学部委员会可以实时规定特殊研究的原文。

试卷 C1. 高级语言与文本

A. 希伯来语

这份试卷是关于希伯来语指定文本的注释。它涉及学部委员会规定的文本翻译、语言研究、文本评论和注释,包括:旧约《圣经》中的预言和诗歌集;希伯来语翻译成英语的段落;英语翻译成希伯来语的段落;指定文本的文学和神学方面的论文问题。

B. 希腊语

这份试卷包含:① 段落翻译,学部委员会不时规定的文本段落的原文、文法、注解和神学注释;② 指定文本在历史、文学和神学方面的论文问题。

C. 梵语

这份试卷包含段落翻译和学部委员会规定的一定数量的文本评论,以及这些文本在语言和内容方面的问题。

D. 阿拉伯语

这份试卷是关于学部委员会规定的《古兰经》、《古兰经》注释以及其他伊斯兰文学著作段落的翻译、语言和注释评论。

试卷 C2. 诗人,先知,作家和圣人

这份试卷是关于旧约《圣经》时期的历史及其在文学、神学和宗教方面的发展,包含直至公元 100 年的犹太文学研究。需要特别重视的包括:关于《创世纪》的文学研究和《撒母耳记》;《出埃及记》;在《出埃及记》20—23,《利未记》和《申命记》中的律法的发展;《圣歌》、《箴言篇》和《传道书》;至 8 世纪的预言(特别是《阿摩斯书》,《何西阿书》,《以赛亚书》1—39);《哈该书》、《撒迦利亚书》和《以赛亚书》55—56;《历代记》和《以斯拉—尼希米记》;《雅歌》;其他古代近东法律、预言和名言;《便西拉智训》,《托比特书》和《厄斯德拉后书》。学部委员会可以实时规定特殊研究的原文。

试卷 C3. 新约基督学

这份试卷是有关新约《圣经》时期的基督学研究中,来源于一手材料和相关研究中的主要问题。

试卷 C4. 宗教、权力与政治社会

这份试卷涉及教会、政府和广泛社会的关系。其目标是向学生介绍教会结构、世俗合法权威、政治渴望和大众化的宗教运动之间的相互关系,从而能够阐明涉及的神学问题和教会学方面的问题。学生应根据学部委员会的规定学习两个主题。

试卷 C5. 神学研究 II

这份试卷是有关神学研究中的高级主题。主题由学部委员会规定。

试卷 C6. 基督教传统中的争议问题

这份试卷考查在主要神学核心问题上关于经典基督教神学所产生的神学问题。学部委员会可以实时规定特殊研究的主题和原文。

试卷 C7. 宗教研究中的主题

这份试卷是由学部委员会详细指定的神学研究的一方面。

试卷 C8. 犹太教 II（也作为东方研究荣誉学位试卷 H.19）

这份试卷涉及中世纪和当代犹太教的生活、思想和崇拜。学部委员会可以实时规定特殊研究的主题和原文。

试卷 C9. 伊斯兰 II

这份试卷是关于根据学部委员会指定的伊斯兰研究中的两个高级主题。学部委员会可以实时规定特殊研究的原文。

试卷 C10. 印度教与佛教

本试卷包括学部委员会实时指定的两个有关印度教与佛教的高级问题。学部委员会将为此实时指定文本。

试卷 C11. 形而上学

这份试卷将研究当代哲学和理论提出的问题,也包括从古典、中世纪和现代材料中提取的有关形而上学与神学的问题。这份试卷的目的是鼓励关于当代核心问题的争论,包括:原教旨主义与反原教旨主义问题;上帝与人;上帝、时间与历史;语言、逻辑和隐喻;神学中的建构与解构;相关的其他问题。

试卷 C12. 神学与科学

这份试卷涵盖:(1) 在神学中与当代科学有实际联系的主题;(2) 神学与科学的对话中历史的、哲学的和方法论的观察。

试卷 D1.

这组试卷中除了 D1(1) 和 D1(2) 之外都应根据第 20 条的规定通过提交两份小论文来考查。

(1) 旧约《圣经》

通过一系列研讨会对一个具体指定的主题进行研究,主题主要包括学部委员会指定的文本中的文学、历史和神学问题,古代近东的类比事物,以及早期犹太教徒和基督教徒对文本的理解和应用。

(2) 新约《圣经》的伦理

这份试卷详细探究学习基督教前两百年历史的学生特别感兴趣的一些主题。主题由学部委员会规定。

(3) 一个关于基督教历史的主题

这份试卷具体研究一段基督教的历史。主题由学部委员会规定。

(4) 上帝教义

这份试卷从几个时期的经典文本中研究上帝教义。学部委员会可以实时规定特殊研究的主题与文本。

(5) 宗教哲学

(6) 进化

这份试卷探讨由于进化生物学而提出的宗教和神学问题,包括如下主题:① 宗教对进化论的反映的历史;② 进化论科学的当前问题;③ 进化生物学的哲学,包括进化伦理学和认识论;④ 鉴于进化论思想的基督教教义的改革;⑤ 宗教的进化理论。

(7) 印度与西方思想的自我与救赎

选自一个比较观点的主题的研究。学部委员会可以不时规定特殊研究的主题与文本。

试卷 D2.

(1) 肉体、自我与社会

这份试卷是有关人类属性的基督教义。它对从教父时期到文艺复兴时期的基本文本进行研究,安排了四个主题。

(2)《圣经》的应用与解释

这份试卷对从教父时期至今一直被应用的《圣经》解释的不同形式进行介绍,其中包括犹太教和基督教。重点强调不同的个人解释策略如何在历史语境中出现,这些策略如何在特定的《圣经》文本解释中展现自身。

(3) 犹太人和基督徒对大屠杀的反应

这份试卷是有关犹太人和基督徒对大屠杀的反应。学部委员会可以实时规定特殊研究的主题与文本。

(4) 犹太教与希腊文化(也作为古典学荣誉学位第二部分试卷 O8)

这份试卷是有关亚历山大大帝以来的五百年中犹太人中的希伯来人与希腊人之间的互动。主题是研究这一时期文化、历史和宗教之间的关系,特别涉及希腊和罗马文化背景下的《圣经》传统的发展,包括那些恰当的异教徒与基督教徒以及犹太教的材料。

(5) 世界基督教主题

这份试卷是全球背景下有关当代基督教的普遍主题与差异。特别需要关注的是自 1914 年以来欧洲外部关于本土文化与全球政治经济力量的结构之间的关系在基督教理论中反映出的对话属性。

(6) 基督教伦理的主题

这份试卷关注由学部委员会实时指定的有关基督教伦理的主题。

(7) 想象

这份试卷不仅通过一些柏拉图到艾里斯默多克以来的经典哲学与宗教传统方面的核心文本,而且通过一些宗教文学文本,探究宗教想象的主题。